금붕어의 철학

알튀세르, 푸코, 버틀러와 함께 어항에서 빠져나오기

일러두기
이 책의 판형은 148*222mm이다.
표지와 내지의 재질은 각각 아르떼 울트라화이트 $210g/m^2$, 마카롱 백색 $80g/m^2$이다.
표지는 먹과 별색(PANTONE 814C)의 2도, 내지는 먹 1도로, 오프셋 방식으로 인쇄했다.
표지 후가공은 무광코팅, 골사초(에폭시의 일종), 유광먹박을 했으며, 무선 제본으로 제작했다.
서체는 주로 AG최정호 스크린, Sandoll 라바, Sandoll 눈솔, 윤슬바탕체, Sandoll 단편선 바탕, 수성바탕체, Sandoll 명조가 쓰였다. 이 밖에 Sandoll 고딕, Sandoll 그레타산스 등도 적재적소에 쓰였다.

금붕어의 철학
알튀세르, 푸코, 버틀러와 함께 어항에서 빠져나오기

2025년 4월 19일 초판 1쇄 발행
2025년 8월 23일 초판 2쇄 발행

지은이: 배세진
기획: 지다율
편집: 지다율, 김윤우
디자인: 기경란
일러스트: hokipoki
발행처: 출판공동체 편않
등록일: 2022년 7월 27일
홈페이지: editorsdontedit.com
이메일: editors.dont.edit@gmail.com
인쇄: 세걸음
ISBN 979-11-988733-4-7 03160

책에 실린 원고 및 디자인의 저작권은 저자와 디자이너에게 있습니다.
잘못된 책은 바꿔 드립니다.
책값은 뒤표지에 있습니다.

금붕어의 철학

알튀세르, 푸코, 버틀러와 함께 아홍에서 빠져나오기

배세진

출판공동체 편않

— 입말의 맛과 철학적 어감을 살리기 위하여 맞춤법을 지키지 않은 경우가 조금 있습니다.
— 외국 인명과 지명 등은 외래어 표기법을 따랐으나 일부에 한해서는 통용되는 표기를 따랐습니다.
— 책 제목과 신문·잡지·학술지 등의 매체명은 겹낫표(『 』)로, 예술 작품·기사·논문 등의 제목은 홑낫표(「 」)로, 강좌명·영화·시리즈 등의 제목은 홑화살괄호(〈 〉)로 묶었습니다.

● 저자와의 협의에 따라 본문 인용에 대한 개별 허락 절차는 생략합니다. 다만, 인용 시 출처(저자, 출판사, 발행 연도, 쪽수 등)를 명확히 표기해 주시기 바랍니다.

차례

들어가며 ─ 7

첫 번째 강의 ─ 17
○ 기호와 텍스트, 그리고 규범에 관한 사유로서 포스트-구조주의

두 번째 강의 ─ 89
○ 담론주의란 무엇인가 그리고 주디스 버틀러의 포스트-구조주의

세 번째 강의 ─ 227
○ 루이 알튀세르의 포스트-구조주의

네 번째 강의 ─ 325
○ 미셸 푸코의 포스트-구조주의

다섯 번째 강의 ─ 397
○ 오늘날 지금 여기의 철학이란 무엇인가?

나가며 ─ 459
미주 ─ 467

부록 1: 인문사회과학에서 '공부'란 도대체 무엇인가? ─ 481
부록 2: 인문사회과학에서 '번역'이란 도대체 무엇인가? ─ 497
부록 3: 현대 프랑스철학 입문자는 무엇을 읽어야 하는가? ─ 504

감사의 말 ─ 512

첫 번째 강의는 유럽인문아카데미에서 2024년 봄학기에 진행한 〈'이단점'을 사유하기: 현대 프랑스철학 입문 Ⅱ〉의 초반부 강의를 바탕으로 집필한 것입니다. 두 번째 강의는 필로버스 아카데미에서 2023년 여름 진행한 〈주디스 버틀러 『권력의 정신적 삶』 함께 읽기〉의 전반부 강의를 바탕으로 집필한 것입니다. 세 번째 강의는 유럽인문아카데미에서 2022년 가을학기에 진행한 〈알튀세르의 철학적 유산 Ⅰ: 1965~1975〉 전체, 2022년 겨울학기에 진행한 〈알튀세르의 철학적 유산 Ⅱ: 1976~1990〉 전체, 2023년 봄학기에 진행한 〈루이 알튀세르의 『마르크스를 위하여』 함께 읽기〉 전체, 또한 말과활 아카데미에서 2022년 여름 진행한 〈현대 프랑스 정치철학 교실 첫 번째 강의: 알튀세르와 그의 제자들〉 중 알튀세르에 관한 초반부 강의, 캣츠랩에서 2024년 초 진행한 〈알튀세르와 함께 『자본』을 읽자〉 전체를 바탕으로 집필한 것입니다. 네 번째 강의는 필로버스 아카데미에서 2023년 겨울 진행한 프레데릭 그로 『미셸 푸코』 출간 기념 역자 북토크를 바탕으로, 필로버스 아카데미에서 2024년 여름 진행한 〈바깥의 사유: 발리바르와 함께 푸코를〉의 핵심 내용을 추가해 집필한 것입니다. 다섯 번째 강의는 유럽인문아카데미에서 2023년 겨울학기에 진행한 〈'진리의 역사'를 사유하기: 현대 프랑스철학 입문 Ⅰ〉, 2024년 봄학기에 진행한 〈'이단점'을 사유하기: 현대 프랑스철학 입문 Ⅱ〉, 2024년 가을학기에 진행한 〈미셸 푸코와 현행성의 철학: 현대 프랑스철학 입문 Ⅲ〉, 대안연구공동체에서 2022년 여름에 진행한 〈에티엔 발리바르의 『개념의 정념들』 강독 Ⅰ〉과 그 후속 강의로 2023년 초에 진행한 〈마르크스와 함께 푸코를: 에티엔 발리바르의 『개념의 정념들』 함께 읽기〉〈에티엔 발리바르의 『개념의 정념들』 강독 Ⅱ〉의 핵심 내용을 바탕으로 집필했습니다. 본서 전체의 흐름은 '틈을 내는 사유와 실천 짓:다'에서 2023년 여름 진행한 〈처음 만나는 포스트–구조주의: 알튀세르, 푸코, 버틀러〉, 종로도서관에서 2023년 여름 진행한 〈너와 나의 프랑스철학〉에서 구성한 것입니다. 또한 이 모든 강의는 2022년 가을학기, 2023년 가을학기, 2024년 가을학기 연세대학교 커뮤니케이션 대학원 미디어문화연구 전공 〈동시대 비판이론의 쟁점〉에서 반복, 심화되었습니다. "들어가며"와 "나가며"는 본서를 위해 처음부터 새로 집필했습니다.

들어가며

"자네는 학자야,
그것에게 말을 걸어 봐, 호레이쇼."
―
셰익스피어, 『햄릿』

포스트-구조주의 사상에 관한 다섯 번의 강의를 한 권의 책으로 엮어 출간합니다. 읽고 확인할 수 있겠지만, 우선 이 책은 현대 프랑스철학 전체가 아니라 제가 생각하는 현대 프랑스철학의 가장 중심적인 조류인 포스트-구조주의만을 다룹니다. 다음으로 이 책은 포스트-구조주의의 개별 사상가들에 대한 기초적인 입문을 제시하지 않습니다. 입문서에서 독자들이 기대하는 이 사상가들의 생애랄지 핵심 개념들에 대한 정의랄지 이런 것들을 제시하지 않습니다. 그러니까 이 책은 부제에 등장하는 세 명의 사상가인 루이 알튀세르Louis Althusser, 미셸 푸코Michel Foucault, 주디스 버틀러Judith Butler에 관한 일반적인 설명을 제시하지 않는다는 것이죠.

물론 이 책의 설명은 세 사상가를 중심으로 전개됩니다. 하지만 이 책은 독자들을 포스트-구조주의 사상에 입문하도록 돕기 위해 개별 사상가들에 대한 친절한 안내를 수행하는 것이 아니라, 포스트-구조주의라는 사상 전체를, 조금 더 넓게는 현대 프랑스철학을 일이관지一以貫之하는 하나의 핵심 관념으로서 주체와 권력이라는 개념쌍을 설명한다는 독특한 전략을

들어가며

취합니다. 그래서 이 책은 알튀세르, 푸코, 버틀러 각자의 사상에 관한 평이한 해설을 제시하기보다는, 주체와 권력이라는 개념쌍으로 이 세 사상가를 해제하는 방식을 취합니다. 그래서 이 책의 제목에 '독특한 입문'이란 표현이 사실은 숨어 있다고 봐 주면 좋겠습니다.

여기에 어떤 논리적 순환성이 있다는 점을 예리한 독자라면 이미 눈치챘을 거예요. 그러니까 이 책은 알튀세르, 푸코, 버틀러 각자의 사상을 살펴본 뒤 그로부터 주체와 권력이라는 공통된 개념쌍을 검출해 이것이 포스트-구조주의 사상을 일이관지하는 관념이라는 점을 보여 주는 방식을 취하지 않고, 거꾸로 이 개념쌍이 포스트-구조주의 사상 전체를 꿰뚫는다는 점을 전제하고서 이 세 사상가를 해제함으로써 포스트-구조주의 사상 전체를 관통하는 관념이 바로 주체와 권력이라는 개념쌍이라는 점을 보여 주는 방식을 취한다는 것이죠. 이러한 논리적 순환성을 감내하는 것은 이 책이 연구서가 아니라 입문서이기 때문인데요. 이 책의 목적은 어떠한 테제를 주장하고 이를 뒷받침하는 논거들을 제시하는 것이 아니라 독자들이 조금 더 정확하고 효율적인 방식으로 포스트-구조주의 사상을 이해하도록 돕는 것이죠. 그래서 이 책은 개념의 정확한 정의와 개념 간 구분에 초점을 맞추기보다는 포스트-구조주의에 관한 독자들의 직관적 이해에 초점을 맞춥니다. 틀린 설명이 되어 버리는 그 정확함의 어떤 경계가 분명히 존재하지만, 이 책은 이런 이유로 필요할 때마다 가끔은, 아니 실은 자주, 그 경계를 넘어 버리기도 합니다.

그렇다면 이 책은 왜 이런 방식을 취할까요? 저는 대학생 때부터 포스트-구조주의 사상가들, 그중에서도 특히 알튀세르와 푸코 등에게 큰 매력을 느껴 이들의 글을 읽기 시작했습니다. 하지만 '포스트-구조주의'라는 이름표 아래 하나로 묶이는 이 사상가들이 공유하는, 이들을 관통하는 관념이 무엇인지, 더욱 근본적으로는 왜 제가 이 사상가들의 사유에 매력을 느꼈는지를 해명해 주는 입문서를, 그리고 선생님을 만나지는 못했습니다. 왜인지 스스로도 정확히 납득하지 못한 채 오랜 시간 포스트-구조주의 사상가 중 몇몇을 전공해 석사학위와 박사학위를 취득한 뒤, 상당수의 포스트-구조주의 사상가들에게 공통된 어떤 관념이 존재하고 바로 이 관념에 제가 깊은 매력을 느꼈던 것임을 깨닫게 되었습니다.

제가 이러한 관념에 매력을 느끼게 만들었던 정세적이고 주체적인 경험에 대해서는 언젠가 다른 곳에서 이야기할 기회가 있을 텐데요. 이 책에서는 제가 매력을 느꼈던 대상인 이 관념이 무엇인지를 다섯 번의 강의를 통해 해명하고자 노력했습니다. 이를 통해 독자들은 저와 달리 긴 우회를 거치지 않고 포스트-구조주의의 핵심 관념에 정확하고 효율적인 방식으로 도달하기를 바라면서요. 물론 공부에서의 기나긴 우회란 사유를 강인하게 만들어 주는 훈련이기도 하다는 점에서 단순한 시간 낭비가 아니라는 점을 잘 알고는 있습니다. 하지만 제 책이 좋은 책도 아니고 제가 좋은 선생도 아니라는 점을 인정하면서도, 좋은 책과 좋은 선생을 만난다면 진리에 조금은 더 빠르게, 효율적으로, 그리고 가장 중요하게는 정확히 도달할 수 있다는 점을 말하고 싶습니다.

그러나 포스트-구조주의 사상 전체를 일이관지하는 핵심 관념이 주체와 권력이라는 개념쌍이라는 저의 설명은 독창적이지도 않고 더욱이 정답도 아닙니다. 독창적이지 않은 이유는 이러한 설명이 알튀세르의 제자이자 생존해 있는 '최후의 프랑스 포스트-구조주의자'인 에티엔 발리바르 Étienne Balibar의 역사적 포스트-구조주의에 대한 결산과 애도 작업에서 전적으로 영감을 얻은 것이기 때문이고, 정답이 아닌 이유는 포스트-구조주의를 바라보는 다른 여러 관점이 충분히 존재할 수 있기 때문입니다. 저의 이러한 설명 방식, 그러니까 이해 방식은 지극히 주관적인 것, 한 명의 정치철학 연구자로서 제가 포스트-구조주의에 느꼈던 매력이 인도하는 길을 따라 발리바르식으로 고안한 것에 불과합니다.

하지만 저의 이해 방식이 포스트-구조주의 사상을 이해하는 여러 방식 중에서도 꽤나 설득력 있는 하나의 방식이라고는 자신 있게 말할 수 있습니다. 차후에 포스트-구조주의, 더 넓게는 현대 프랑스철학 전문가들과 이 이해 방식에 대해 토론할 기회가 있기를 희망하는데요. 이와 함께, 포스트-구조주의 사상을 종종 단순하게 설명했다는 점에 대해서는 전문가들에게 양해의 말씀도 드리고 싶습니다. 박사학위 취득 후 3년여간 포스트-구조주의 사상을 교양대중에게 소개하는 일종의 교육 실험을 대학 안팎의 여러 강의를 통해 수행하면서 많은 어려움을 느꼈습니다. 이 과정에서 교육에서는 이해하기 쉬운 직관적 설명과 난해하지만 정확한 설명 사이의 줄타기가 불가피하다는 점을 깨달았습니다. 그리고 입문서 또는 입문 강의란 저자 또는 강사가 아는 모든 것을 정확하고 자세하게 제시하는 것이 아니라는 점도 인지하고 있습니다. 그래서 종종 단순화된 설명을 과감하게 제시하기도 했습니다. 부족한 점들에 대해서는 아주 조금의 양해를, 하지만 동시에 날카로운 비판을 부탁드립니다. 자신의 이해 방식이 설득력 있다고 생각하면서도 동시에 동료 연구자들이 어떻게 받아들일지 걱정하고 교양대중이 잘 이해할 수 있을지 염려하는 마음을 전문가들은 충분히 공감할 거라 믿습니다.

다음 두 가지 사항을 말해야 할 것 같습니다. 첫 번째로, 포스트-구조주의 사상 전체를 관통하는 주체와 권력이라는 개념쌍은, 더욱 근본적으로는 기호와 텍스트에 관한, 더 나아가서는 규범에 관한 포스트-구조주의의 사유로부터 도출되는 개념쌍입니다. 두 번째로, 저는 최후의 프랑스 포스트-구조주의자로서 발리바르가 행한 역사적 포스트-구조주의에 관한 결산과 애도 작업에 의거해 이 포스트-구조주의 사상 전체를 관통하는 주체와 권력이라는 개념쌍이라는 점을 전제하고, 이러한 전제 위에서 포스트-구조주의 사상가 중 알튀세르, 푸코, 버틀러를 해제합니다. 그리고 이러한 포스트-구조주의 사상의 결론이란 것이 있을 수 있다면 이는 무엇일지 현행성 개념을 중심으로 설명하면서 강의를 마무리합니다.

현행성 개념에 대해 당장은 몰라도 괜찮습니다. 다만 '오늘날 지금 여기'로 간단히 이해할 수 있는 이 개념이 포스트-구조주의 사상의 결론을 구성한다는, 조금 더 쉽게 말하자면 포스트-구조주의 사상은 '그래서 무엇을 하고자 하는 것인가?'를 이해하는 데에 핵심적이라는 점은 기억해 두세요. 발리바르는 알튀세르, 푸코, 버틀러를 '현행성의 철학', 더 정확히는 '구조로서 현행성의 철학'이라는 이름표 아래 하나로 묶으면서 포스트-구조주의 사상의 의의, 쓸모, 결론, 정확히는 그 '정치' 또는 '저항' 관념을 강조하죠.

우리는 기호와 텍스트, 더 나아가 규범에 관한 사유에서 출발해 주체와 권력에 관한 사유를 거쳐 이 주체의 현행성 내에서의 규범 권력에 관한 저항의 사유에 도달합니다. 첫 번째 강의에서는 기호와 텍스트, 그리고 규범에 관해 설명하고, 두 번째, 세 번째, 네 번째 강의에서는 순서대로 버틀러, 알튀세르, 푸코의 사유와 함께 주체와 권력이라는 개념쌍에 관해 설명하고, 다섯 번째 강의에서는 현행성과 정치 또는 저항, 그러니까 포스트-구조주의 사상의 결론을 설명합니다. 이러한 여정을 통해 우리는 포스트-구조주의 사상에 인간, 사회, 세계, 즉 존재와 역사를 사유하는 자신만의 독특한 관점이 있다는 점을 확인하게 되는데요. 그 요체는 바로 반본질주의, 반실증주의, 반실체론, 반경험주의로 표현 가능합니다.

조금 더 쉽게 표현해 보자면, 포스트-구조주의는 보이지 않는 것, 실증할 수 없는 것에 주목하고, 더 나아가서는 가시성과 비가시성 간 비가시적 관계에 천착해, 첫 번째 강의에서 설명될 '보이는 것이라는 헛것'을 비판합니다. 포스트-구조주의는 이 보이는 것이라는 헛것에 관한 비판으로부터 눈에 보이지 않는 것, 즉 부정적인 것으로서 갈등과 모순이 역사에 구성적이라는 점을, 다시 말해서 역사에는 보이지 않는 차원이 존재한다는 점을 주장합니다. 그리고 이 보이지 않는 것, 보이지 않는 힘에 어떻게 저항할 수 있는지를 현행성 내에서 담론의 차원에서 실행되는 철학적 사유와 글쓰기라는 관념을 통해 해명합니다. 당연히 이러한 관점에서는 실재, 실체, 본질, 경험에 주목하기보다는 기호와 텍스트 그리고 규범으로 구성된 사회와 문화에 주목하게 되고, 이 사회와 문화라는 현실, 그것도 오늘날 지금 여기의 사회와 문화라는 현실 속에서 이 보이지 않는 힘에 대한 저항을 고민하게 됩니다. 이러한 고민이 포스트-구조주의의 결론이라고 할 수 있겠죠.

강의 전체의 구성에 관해 하나만 더 말하자면, 두 번째, 세 번째, 네 번째 강의는 각각 버틀러, 알튀세르, 푸코를 '도대체 어떻게 읽을 것인가'라는 질문에 대한 제 나름의 답변이기도 하다는 점을 기억하세요. 이 세 강의에서는 버틀러, 알튀세르, 푸코를 포스트-구조주의자로 확고히 자리매김하기 위한 저의 독해 전략을 제시합니다. 말 그대로 이 사상가들에 대한 '독특한' 방식의 입문입니다. 그런데 이 핵심적인 세 가지 강의로 진입하기 위해서는, 첫 번째 강의와 두 번째 강의 전반부를 거쳐야만 합니다. 이 두 부분은 제 나름의 철학 연구를 집약하는 본론과 달리, 기존의 연구 성과를 제 나름의 방식으로 요약해 만든 가교와 같습니다. 이렇듯 두 번째 강의의 전반부와 후반부를 기점으로 우리는 본론으로 넘어가게 됩니다.

마지막으로 꼭 필요한 핵심 교재를 언급해 볼게요. 강의마다 주되게 참조하는 텍스트가 하나씩 존재합니다. 첫 번째 강의는 김민호 선생님의 『데리다와 역사』를, 두 번째 강의는 최원 선생님의 『라캉 또는 알튀세르』를, 세 번째 강의는 과천연구실의 『알튀세르의 철학적 유산』을, 네 번째 강의는 프레데릭 그로Frédéric Gros의 『미셸 푸코』를, 다섯 번째 강의는 에티엔 발리바르의 『개념의 정념들』을 참조합니다. 물론 이 다섯 번의 강의 전체가 사실은 발리바르의 『개념의 정념들』이라는 책과 함께하는데요. 포스트-구조주의에 관한 이 책의 개념화 자체가 발리바르의 이 저서에서 영감을 얻은 것이기 때문이죠. 이 다섯 권의 책을 옆에 두고 강의를 들어 주기를 바라겠습니다.

현행성이라는 개념과 정치 또는 저항이라는 관념을 통해 눈치챘겠지만, 포스트-구조주의의 의의, 쓸모, 결론, 그러니까 지향점은 또 하나의 지식으로 도서관에 남는 것이 아니라 바로 현실에 대한 개입을 통해 이 현실을 변화시키는 것입니다. 물론 이러한 개입은 실재적인 것이 전혀 아니라 지극히 기호적, 텍스트적, 담론적인 것이고, 포스트-구조주의는 지식 중의 지식, 과학 중의 과학, 사상 중의 사상이 되고자 하는 것이 아니라 바로 이러한 개입이 생산하는 효과 속에서 글쓰기의 흔적을 남기고 연기처럼 사라지는 사유가 되기를 원한다는 점을 기억해야 하지만요. 그래서 포스트-구조주의는 자신의 현실 개입과 지식으로서의 그 존재가 전혀 다르지 않다는 점을 주장하는, 흔한 표현으로는 이론과 실천이 하나의 쌍을 이루는 독특한 사상입니다. 사상임에도 사상 그 자체로 남아 있지 않으려 하는, 그래서 현실 속에서 시험과 시련을 통과해 그 유효성을 인정받거나, 또는 그렇지 못해 소멸하게 되는 것을 두려워하지 않는 그러한 사상, 포스트-구조주의란 무엇인지 저와 함께 차근차근 알아봅시다.

첫 번째 강의

기호와 텍스트,
그리고 규범에 관한 사유로서 포스트-구조주의

강의를 시작하며

안녕하세요. 여러분과 함께 포스트-구조주의 강의를 진행할 정치철학 연구자 배세진입니다. 저는 한국 대학의 학사과정에서부터 포스트-구조주의와 마르크스주의에 깊은 관심을 가져 왔고, 그래서 한국 대학의 석사과정에서도 이에 관한 논문을 써서 학위를 취득했습니다. 이후 포스트-구조주의를 더 깊이 공부해 보고자 그 본고장인 프랑스로 건너가 역시 이 두 사상에 관한 논문을 써서 석사학위와 박사학위를 취득했습니다. 귀국 후 이 두 사상을 교양대중에게 알리기 위한 강의를 대학 안팎에서 꾸준히 하고 있죠.

조금 더 정확히 말하면 저는 학사과정에서부터 박사학위를 취득해 귀국한 이후까지 마르크스주의와 포스트-구조주의, 이 둘 간의 '마주침'을 연구해 왔습니다. 단순히 마르크스주의의 마르크스주의만을, 포스트-구조주의의 포스트-구조주의만을 연구한 것이 아니라, 이 두 사상이 어떻게 마주칠 수 있을지 오랜 시간 고민해 온 것입니다. 이에 관해서는 나중에 여러 포스트-구조주의자 중에서도 이 두 사상의 마주침을 정면으로 사유한 루이 알튀세르라는 철학자를 중심으로, 그리고 또한 이 두 사상을 치열하게 대결시킨 미셸 푸코라는 철학자를 중심으로 더 자세히 설명하겠습니다.

이 강의는 대학에 막 입학한 신입생들에게, 또는 철학 일반에 관심이 있는 교양대중에게, 평이한 수준에서 하지만 동시에 최대한 정확히 포스트-구조주의라는 사상을 소개하는 것을 목표로 합니다. 최대한 정확히 설명하려는 욕심 때문에 꽤 자주 어려운 내용이 등장할 수도 있지만, 너무 겁먹지 말고 편하게 들어 주면 좋겠어요.

사실, 우리에게 더 큰 문제는 어려운 내용보다는 포스트-구조주의라는 사상이 현재 전혀 유행하지 않는다는 점일 것 같아요. 포스트-구조주의의 유행은 한국에서는 2000년대에 이미 끝났으니까요. 미국이나 유럽만 해도 1980~1990년대를 지나면 포스트-구조주의의 영향력은 급격히 퇴조하고요. 눈치가 빠른 분은 이 시기가 현실 사회주의와 마르크스주의가 몰락한 시기와 일치한다는 점을 인지했을 겁니다. 그래서 여러분 중에, 특히 대학에 막 입학한 신입생 중에, 포스트-구조주의 사상에 대해 들어 본 분은 거의 없으리라고 짐작합니다. 포스트-구조주의를 품는 더 큰 사유 단위인 현대 프랑스철학에 대해서는 분명 들어 본 분이 있겠지만요.

하지만 걱정하지 않아도 됩니다. 따라가기 쉬운 강의는 분명 아니겠지만, 여러분이 포스트-구조주의에 관해 자세히는 모른다는 것을 전제로 강의를 진행할 테니까요. 더욱 중요하게는, 유행이 지난 사상이니 공부하는 것은 시간 낭비 아닐까 걱정하지 않아도 된다고 강조하고 싶습니다. 물론 무엇인가를 공부하는 이유에 대한 고민은 반드시 필요하겠지만요. 저는 담론의 유행과는 상관없이 포스트-구조주의는 여전히 현재적인 사상이고 앞으로 더욱더 그럴 것이라고 자신 있게 말할 수 있습니다. 이 점은 이 강의의 핵심 키워드인 '현행성', 즉 '오늘날 지금 여기'란 어휘가 드러내 주고 있는데, 이에 대해서도 조금씩 조금씩 설명할 생각이에요. 그러니까 왜 포스트-구조주의에 관한 강의에서 이 어휘가 중요한지를요.

이 강의는 포스트-구조주의라는 사유의 핵심을 평이하면서도 정확하게 설명하는 것을 목표로 합니다. 그렇다면 이 '핵심'이란 무엇일까요? 마르크스Karl Marx 또한 『자본』을 집필하면서 고민했던 지점인데요. 모든 것을 한 번에 제시하고 설명하는 것은 불가능합니다. 그게 '글쓰기의 불가능성'이겠죠. 앞으로 우리는 너무 지겹다고 느낄 정도로 정말 한 걸음 한 걸음 천천히 이 핵심에 다가가는 방식을 취할 거예요. 마치 집을 짓기 위해 벽돌을 하나 하나 쌓아 나가듯이요. 더 탄탄한 집을 짓고자 약간의 지루한 반복은 감수할 생각입니다.

이렇듯 지금 당장 말할 수는 없지만, 이 사유의 핵심이 포스트-구조주의의 세계관과 깊이 연결되어 있다는 점은 염두에 두어야 합니다. 세계관이란 인간, 사회, 세계를 바라보는 관점을 의미하는데요. 다르게 말해 '존재와 역사'를 바라보는 관점을 의미합니다.[1] '포스트-구조주의는 인간, 사회, 세계를, 결국 존재와 역사를 어떻게 바라볼까?' 이에 대한 해명을 중심으로 논의를 진행시켜 나가면 포스트-구조주의라는 사유의 핵심에 도달할 수 있을 것입니다.

노파심에 한 가지만 더 말할게요. 제 강의에서 제시되는 포스트-구조주의에 관한 설명 중 저 자신만의 독창적인 무엇인가는 전혀 없습니다. 저는 한국에서 포스트-구조주의를 공부하기 시작했고 이를 기반으로 프랑스에서 포스트-구조주의에 관한 연구를 일단락할 수 있었는데요. 이 모든 것은 한국의 포스트-구조주의 선배 연구자들이 한국어로 탁월한 연구 결과물들을 생산해 주었기에 가능했습니다. 이후에 제시되는 포스트-구조주의에 관한 설명 전체는 모두 한국의, 더 나아가서는 프랑스의 포스트-구조주의 자들, 특히 에티엔 발리바르의 설명으로부터 가져온 것입니다. 저의 강의에 어떤 독창성이 있다면 이런 식으로 포스트-구조주의를 종합해 정리한 방식 그 자체일 뿐이겠죠. 강의하면서 제가 누구의 설명을 가져오는지 최대한 자세히 언급할 생각입니다. 강의에 방해가 되더라도 그렇게 할 생각입니다. 지적 정직성이야말로 학문의 근본이기 때문이죠.

포스트-구조주의를 공부하기 위한 몇 가지 배경

정말 간단하게 몇 가지 배경을 설명하고 싶습니다. 배경을 전제하지 않으면 첫 번째 강의는 말할 것도 없고 이어지는 강의 또한 진행이 어려워지거든요. 말하자면 본론도 아니고 서론으로 진입하기 위해 배경 설명이 필요한 것인데요. 역시 무엇인가를 알려면 고된 노동이 필요합니다. 배경 설명은 두 번째 강의 전반부에서도 어느 정도 반복됩니다.

현실 사회주의 붕괴(1989~1991)와 민주화(1987~1991) 이후 한국에서 그 유행이 1990년대에 시작해 2000년대에 끝난, 그래서 조금 나이가 있는 교양대중들은 충분히 그 핵심 개념 중 몇몇을 들어 보았을 법한 포스트-구조주의는, 현대 프랑스철학을 이루는 여러 조류 중 하나입니다. 독일의 철학이 있고 영국의 철학이 있듯 프랑스의 철학이 있습니다. 대략 20세기 이후의 철학을 현대철학이라고 부르는데요. 그래서 20세기 이후의 프랑스철학을 현대 프랑스철학이라고 부르죠. 현대 프랑스철학은 대략 앙리 베르그송Henri Bergson에서부터 시작된다고 봅니다. 현대 프랑스철학이 오늘날 끝났으며 이제 초국가적이고 다종다양한 탈현대철학으로 넘어갔다고 보는 입장도 있고, 여전히 현재진행형이라고 보는 입장도 있습니다. 하지만 통상적으로는 베르그송에서부터 가장 최근의 퀑탱 메이야수Quentin Meillassoux나 파트리스 마니글리에Patrice Maniglier 등에 이르기까지의 프랑스철학을 현대 프랑스철학이라고 부릅니다.

현대 프랑스철학은 당연히 하나의 조류로만 이루어져 있지 않습니다. 동의하지 않는 전문가도 많겠지만, 상당히 무리를 해서 두 가지 조류로 나누어 보겠습니다. 첫 번째는 프랑스적 현상학이고, 두 번째가 바로 포스트-구조주의입니다. 실존주의 철학을 제창한 장-폴 사르트르Jean-Paul Sartre를 비롯해 모리스 메를로-퐁티Maurice Merleau-Ponty, 미셸 앙리Michel Henry, 에마뉘엘 레비나스Emmanuel Lévinas 등의 철학들로 구성된 것이 프랑스적 현상학입니다. 베르그송의 생기론 또는 생명주의 철학의 영향하에서 독일의 에드문트 후설Edmund Husserl과 마르틴 하이데거Martin Heidegger 등의 현상학을 프랑스화한 것이 바로 현대 프랑스철학 내의 프랑스적 현상학입니다.

그런데 이와 깊은 영향을 서로 주고받으면서도 독립적으로 존재하는 또 하나의 조류가 있는데 그것이 바로 포스트-구조주의죠. 뒤에서 알튀세르의 제자인 발리바르의 정리를 통해 훨씬 더 자세히 설명하겠지만 포스트-구조주의는 사실 구조주의와 포스트-구조주의 둘 모두로 구성되어 있죠. 그래서 저는 엄밀하게 서술해야 할 경우 '(포스트-)구조주의'라고 표현한답니다. 하지만 포스트-구조주의자인 데리다Jacques Derrida가 후설의 독자로서 프랑스의 현상학자로 지적 경력을 시작한 것에서 알 수 있듯, 이러한 구분은 초심자를 위한 것일 뿐임을 기억하세요.

현대 프랑스철학의 시작점인 베르그송은 알베르트 아인슈타인Albert Einstein과 거의 동시대인으로 양차 대전을 겪었던 철학자입니다. 양차 대전 이후 베르그송의 뒤를 이어 새로운 현대 프랑스철학자들이 등장하는데, 대표적으로 실존주의적 현상학을 주창한 사르트르가 있죠. 인류사 최악의 전쟁으로 인해 인류와 문명에 대한, 아니 인간 그 자체에 대한 회의가 극에 달했습니다. 당연히 이에 대한 반작용으로 '인간의 본질' 또는 '인간의 본성'을 강조하는 사상이 등장할 수밖에 없었는데 그게 바로 사르트르의, 그리고 알베르 카뮈Albert Camus의 실존주의였죠. 여기에서 '반작용réaction'은 선행하는 무엇인가에 대한 단순한 거부나 비난이 아니라, 그에 대한 능동적이고 입체적인 여러 가지 비판적 '반응'을 표현하기 위해 제가 애용하는 단어입니다. 이 인간의 본질을 중심으로 짜여진 사유를 알튀세르의 용어를 써서 '이론적 인간주의', 조금 더 넓게는 '철학적 인간주의'라고 부를 수도 있습니다.

후배 세대의 숙명은 선배 세대를 비판하는 것이죠. 사르트르 이후 세대, 그러니까 푸코나 알튀세르 등은 이러한 이론적 인간주의에 대한 반작용으로 '이론적 반反인간주의'를 주창하는데, 이를 다르게 말해 '구조주의'라고 할 수 있습니다. 직관적으로만 생각해도 '인간'이 아니라 이 인간을 만드는 '구조'를 강조하는 사유가 인간을 중심으로 짜인 사유와 대립된다는 것을 알 수 있겠죠. 물론 푸코나 알튀세르 등이 구조주의라는 사상을 만들어낸 것은 아닙니다. 20세기 초부터 이미 발전하고 있던 구조주의적 사유를 자신들의 것으로 취해 발전시키면서, 이를 선배 세대의 이론적 인간주의를 비판하기 위해 활용한 것이죠.

구조주의의 시작점으로는 크게 두 가지를 설정할 수 있습니다. 하나는 스위스의 언어학자 페르디낭 드 소쉬르Ferdinand de Saussure의 유산으로부터 출발하는 구조주의 언어학이고, 다른 하나는 프랑스의 인류학자 클로드 레비-스트로스Claude Lévi-Strauss의 구조주의 인류학이죠. 그래서 어떤 사람들은 소쉬르를 구조주의의 아버지, 레비-스트로스를 구조주의의 아들이라고 부르기도 한답니다. 이렇듯 구조주의는 철학에서 발원한 사유가 아니라 철학 바깥에서 형성된 사유이고, 이론적 인간주의에 대항하기 위해 이론적 반인간주의를 내세우는 철학자들이 철학 안으로 끌어온 것이죠. 철학 바깥에서 형성된 사유, 하지만 동시에 철학과 깊은 관련을 맺는 사유, 더 나아가 철학에는 이단적인 철학. 이를 '비-철학'이라고 부르기도 하는데, 구조주의는 이러한 비-철학의 전형이라고 볼 수 있어요. 물론 푸코도 알튀세르도 구조주의자라는 딱지를 거부한 바 있는데, 그럼에도 사후적으로 이들을 구조주의자로 규정할 수 있다는 것이 제가 이 문제에 관해 의거하고 있는 발리바르의 주장입니다.

구조주의 언어학과 구조주의 인류학에서 출발해 1950~1960년대 현대 프랑스철학의 무대 위에서 구조주의의 전성기가 진행됩니다. 이 기간 동안 정말 많은 구조주의적 사유가 꽃을 피웠습니다.[2] 사르트르 등의 이론적 인간주의의 유행은 완전히 끝나게 되었죠. 어느 정도는 현대 프랑스철학계 내의 세대 간 대결이라고 볼 수도 있는데, 인류사 어디에서나 그러하듯 여기에서도 후배 세대가 승리를 거두게 됩니다. 우리가 관심을 기울일 포스트-구조주의자들 가운데에서는 알튀세르와 푸코가 구조주의적 사유를 각자의 방식으로 전개해 선배 세대를 비판합니다. 그 핵심은 이 선배 세대의 이론적 인간주의를 비판하는 이론적 반인간주의죠. 단순화해 말하자면 인간의 본질 같은 것은 존재하지 않고 중요한 것은 바로 인간을 구성하는 구조라는 것인데요. 그러면서 이들은 이 인간 개념 자체를 주체 개념으로 대체합니다.

흥미롭게도 현대 프랑스철학계 내에서 이러한 구조주의에 대한 비판이 곧바로 등장하게 됩니다. 구조주의에 대해 반작용하는 다른 사상이 등장하게 된다는 겁니다. 그것이 바로 질 들뢰즈Gilles Deleuze와 자크 데리다의 포스트-구조주의입니다. 물론 이 당시 포스트-구조주의라는 딱지는 존재하지 않았고, 들뢰즈와 데리다는 각자의 방식으로 구조주의 사상을 비판했을 뿐이었죠. 그 비판의 핵심을 아주 과도하게 단순화하자면, 이들은 구조의 재생산보다는 이 구조의 해소, 즉 그 한계에 주목합니다.[3] 그런데 아주 우연한 계기로 1960~1970년대 미국에 그 당시 유행하고 있던 최신 현대 프랑스철학이 알려지게 됩니다. 프랑수아 퀴세Francois Cusset라는 지성사가의 역작 『루이비통이 된 푸코?』에 자세히 나오는 내용인데요. 1966년 포드 재단의 지원으로 존스 홉킨스 대학교 볼티모어 캠퍼스에서 '비평의 언어와 인간 과학'이라는 주제로 국제 학술대회가 열리는데, 바로 이 역사적 사건을 계기로 많은 현대 프랑스철학자들의 작업이 미국에 수용되기 시작합니다.[4]

　미국 학계는 여기에 '포스트-구조주의'라는 딱지를 붙입니다. 그러니까 포스트-구조주의라는 딱지는 그 당시까지 프랑스 학계에는 존재하지 않았고, 단지 유행 중인 구조주의와 그에 대한 비판이 서로 뒤섞인 상태로 존재했을 뿐이었단 거죠. 이 포스트-구조주의라는 딱지가 이후 프랑스로 역수입됩니다. 그러면서 구조주의를 비판하는 들뢰즈와 데리다 등의 사조에 포스트-구조주의라는 이름이 붙게 된 것이죠. 그래서 이 포스트-구조주의자들 중 상당수가 이러한 딱지를 불편해합니다. 자신들의 사상이 이렇게 하나로 묶이기도 힘들뿐더러 자신들이 만든 이름도 아니니까요. 하지만 모든 사조라는 게 다 그렇죠. 개별 사유에만 집중한다면 어떠한 딱지 붙이기도 불가능하지만 한 덩어리의 사상이 퇴조한 이후에는 인식적 차원에서 이러한 분류 작업은 필연적으로 진행됩니다.

　이렇게 현대 프랑스철학이 수입되기 시작하면서 미국에서도 구조주의와 함께 포스트-구조주의가 유행하게 되고, 이는 더 넓은 외연을 가지는 '포스트-담론'과 '포스트모더니즘'으로 발전하게 되죠. 포스트-담론은 포스트-구조주의가 미국에 도입된 뒤 철학과 문학비평 등의 경계를 넘어 인문사회과학의 여러 분야로 퍼져 나가면서 만들어진 사유 경향이라고 보면 되고, 포스트모더니즘은 포스트-구조주의가 미국에 도입되면서 여러 학문 분야뿐만 아니라 학문 밖 장들까지에도 퍼져 나가면서 만들어진 사유 경향이라고 보면 됩니다. 그래서 포스트모더니즘의 경우 철학이나 문학비평과 같은 인문사회과학 내에서보다는 오히려 건축이나 예술 등에 큰 영향을 끼쳤습니다. 포스트-담론과 포스트모더니즘은 사실 그 자체 규정하기가 힘든 개념이기 때문에 이 둘이 동일한지, 아니면 하나가 다른 하나를 포섭하는지도 역시 규정하기 힘듭니다. 일단은 이렇게 포스트-담론과 포스트모더니즘을 병치해 제시하도록 하겠습니다.

중요한 것은 포스트-담론과 포스트모더니즘이 미국 학계에서 포스트-구조주의라는 사유가 유행한 결과라는 점입니다. 프랑스 학계에서는 이와 다른 역사가 전개됩니다. 물론 1990년 정도부터 진행되는 '본격적' 세계화 이후에는 국가 간 장벽이 약화되면서 학계 간 장벽도 약화되는데요. 그래서 미국 학계 내에서 독자적으로 여행하던 포스트-구조주의가 프랑스 학계에도 역으로 큰 영향을 미치게 되죠. 오늘날에는 포스트-담론 및 포스트모더니즘으로 발전한 미국 학계의 포스트-구조주의와 프랑스의 '진짜' 포스트-구조주의를 구분하는 일이 결코 쉽지 않습니다. 애초에 포스트-구조주의라는 딱지 자체를 미국 학계가 만들었는데 이를 프랑스 학계에서 가져다 쓰고 있으니 말 다 했죠.

그렇기 때문에 이 복잡한 역사 속에서 길을 잃을 우려가 있습니다. 이러한 사상의 혼종성 자체야 당연히 생산적이지만 그만큼 부정적인 오해들 또한 많이 만들어진다는 게 문제입니다. 그래서 저는 이 강의에서는 이러한 오해들을 어느 정도는 걷어 내야 한다고 생각해요. 프랑스의 '진짜' 포스트-

구조주의와 미국의 '가짜' 포스트-구조주의라는 비생산적이고 잘못된 이분법을 거부한다는 전제하에서요. 정리해 보자면, 미국의 포스트-담론 및 포스트모더니즘은 프랑스의 포스트-구조주의와는 구별해야 합니다. 그래야 우리가 더 유의미한 방식으로 포스트-구조주의를 향유할 수 있기 때문이죠. 물론 학술적인 정교한 논의를 위해서는 이렇게 도식적으로 구분하지 않는 것이 좋겠지만, 이 강의는 입문자를 위한 것이므로 이러한 정리가 분명 공부의 첫걸음에 도움이 되리라고 생각합니다.[5]

이러한 복잡한 역사 속에서, 최종적으로는 프랑스 학계 내에서, 좁게는 현대 프랑스철학 내에서 구조주의에 대한 반작용으로 포스트-구조주의가 등장한다고 보면 됩니다. 그런데 앞서 구조주의자로 규정했던 푸코와 알튀세르는 각자의 방식으로, 그러니까 자신들의 사상에 내재적인 방식으로, 구조주의에서 포스트-구조주의로 이행하게 됩니다. 매우 어려운 내용이지만 뒤에서 평이한 방식으로 설명해 볼게요. 결국 알튀세르, 푸코, 들뢰즈, 데리다, 이렇게 네 명이 대표적인 포스트-구조주의자로 인정된다고 말할 수 있습니다.

알튀세르, 푸코, 버틀러

논의가 복잡해지는 것은 이 밖에도 몇 사람이 더 추가되어야 하기 때문입니다. 이 책의 부제를 보면 '알튀세르, 푸코, 버틀러'가 있잖아요? 당연히 이 포스트-구조주의자에는 우선 주디스 버틀러가 추가되어야 하고요. 그다음 많은 사람들이 포스트-구조주의, 특히 포스트모더니즘이라고 하면 떠올리는 프랑스 사상가들인 장-프랑수아 리오타르Jean-François Lyotard, 장

보드리야르Jean Baudrillard, 안토니오 네그리Antonio Negri 등을 언급해야 하죠. 물론 네그리는 이탈리아인 철학자이기는 하지만 프랑스로 이주한 뒤 사실상 현대 프랑스철학자로 통용됩니다. 네그리와 현대 프랑스철학 간 깊은 상호작용을 고려한다면 네그리는 현대 프랑스철학자라고 충분히 말할 수 있습니다.

하지만 이들 중 버틀러를 제외한 나머지 철학자들에 대해서는 다루지 않을 것입니다. 단순히 강의 시간이 부족해서도 아니고, 이 철학자들의 사상이 현대 프랑스철학에서 사소한 위치를 차지하고 있어서도 결코 아닙니다. 이 철학자들이 제가 발리바르를 따라 규정하는 포스트-구조주의로부터는 미묘하게 어긋나 있기 때문입니다. 포스트-구조주의, 포스트모더니즘과 포스트-담론, 포스트-마르크스주의 등과 같은 다양한 '포스트주의'들 속에서 이 철학자들은 포스트-구조주의자들과는 다른 미묘한 입장을 취하는데요. 아쉽게도 우리 강의에서 이 점을 다룰 수는 없습니다.

그렇다면 버틀러는 왜 굳이 현대 프랑스철학자로 간주할까요? 버틀러는 미국의 포스트-구조주의자입니다. 하지만 저는 그녀를 한 명의 현대 프랑스철학자로, 현대 프랑스철학의 자장 내 포스트-구조주의자로 다시 자리매김하는 것이 그녀의 사상을 이해하는 데에 필수적이라고 생각합니다. 저의 버틀러 독해 전략은 그녀를 미국의 포스트모더니즘과 포스트-담론의 자장으로부터 추출해 현대 프랑스철학 내 포스트-구조주의의 자장에 이식시키는 것입니다. 간단히 말해 그녀를 미국 포스트-담론 내 포스트모더니스트가 아니라, 현대 프랑스철학 내 포스트-구조주의자로 읽어야 그녀의 사상을 온전히 향유할 수 있습니다.

그녀는 현대 프랑스철학 내 포스트-구조주의의 핵심 테제를 섹스와 젠더 간 이분법을 해체하고 섹스에 관한 '생물학적' 본질주의를 비판하는

첫 번째 강의
기호와 텍스트, 그리고 규범에 관한 사유로서 포스트-구조주의

데로까지 확장하는 업적을 세웠습니다. 만일 버틀러를 그녀의 사상에 대한 오해 속에서 포스트-담론 내 포스트모더니스트로 환원한다면 그녀의 이러한 공적을 전혀 이해할 수 없게 됩니다. 그래서 저는 이 강의에서 무리해서라도 버틀러를 현대 프랑스철학 내 포스트-구조주의자로 다시 자리매김하고자 하는 것입니다. 심지어 그녀의 섹스와 젠더 간 이분법의 해체와 섹스에 관한 '생물학적' 본질주의 비판은 포스트-구조주의의 핵심 테제를 정확히 체현합니다. 그래서 그녀를 현대 프랑스철학 내 포스트-구조주의자로 다시 자리매김하는 작업은 포스트-구조주의의 유산을 상속받기 위해서도 필수적인 작업입니다.

이렇듯 제가 발리바르를 따라 규정하는 포스트-구조주의에 적합한 현대 프랑스철학자는 알튀세르, 푸코, 데리다, 들뢰즈, 버틀러입니다. 그렇다면 이제 왜 이들 중 알튀세르, 푸코, 버틀러를 특권화하는지 해명해야겠죠. 정말 아쉽지만 들뢰즈는 아예 다루지 않고 데리다는 우리 논의에 필요한 정도로만 다루니까요.

이 지점에서 우리는 발리바르를 따라 포스트-구조주의를 들뢰즈, 데리다, 알랭 바디우Alain Badiou를 대표자로 취하는 '사건의 철학'과 알튀세르, 푸코, 버틀러를 대표자로 취하는 '구조로서 현행성의 철학'을 구분해야만 합니다. 이제 우리 강의의 키워드가 등장하는군요. 들뢰즈, 데리다, 바디우의 사건의 철학은 구조, 필연, 경향(과 반경향), 재생산의 우위라는 견지에서 존재와 역사를 이해할 것인지, 사건, 우연, 정세, 이행, 생산, 창조의 우위라는 견지에서 존재와 역사를 이해할 것인지의 양자택일 속에서 후자를 선택하는 철학을 뜻합니다. 반면, 구조로서 현행성의 철학은 이 양자택일 속에서 전자와 후자 모두를, 하지만 그 사이에서 끊임없이 진동하면서 선택하는 철학을 뜻합니다. '구조'와 '현행성'이라는 개념을 모두 취하고 있는 것에서 이 점을 파악할 수 있는데요. 현행성이라는 철학적 개념은 전혀 어려운 게 아닙니다. '오늘날 지금 여기'를 뜻하는 것이죠.

참고삼아 말하자면, 바디우와 마찬가지로 자크 랑시에르$^{Jacques\ Rancière}$ 또한 이러한 도식 속에서 어느 한 범주로 넣기가 참 힘든 사상가입니다. 바디우는 사건의 철학자로라도 규정할 수 있지만 랑시에르는 그마저도 불가능한, 독특한 사유를 전개하죠. 그래서 이 중요한 사상가 둘을 우리 강의에서는 다루지 못합니다.

사건의 철학과 구조로서 현행성의 철학이라는 대당에 대해서는 강의 전체를 통해 더 자세히 설명하도록 하고요. 여기에서 여러분이 기억해야 할 가장 중요한 한 가지는 들뢰즈와 데리다의 포스트-구조주의가 알튀세르, 푸코, 버틀러의 포스트-구조주의와는 변별적이라는 점입니다. 이 둘 간 차이의 핵심은 바로 존재와 역사를 어떠한 견지에서 사유하느냐이고요. 들뢰즈와 데리다가 애초 구조주의에 관한 비판가로서 출발했다면 알튀세르와 푸코는 구조주의자로 출발해 포스트-구조주의에 도달한 이들이라는 점, 그리고 버틀러 또한 포스트-구조주의자이면서도 구조주의자로서의 면모를 강하게 지닌다는 점만은 기억합시다.

포스트-구조주의의 사상적 핵심으로서 반본질주의

포스트-구조주의의 사상적 핵심은 여러 가지로 표현할 수 있습니다. 크게는 두 가지인데요. 첫 번째는 원본 또는 기원이란 존재하지 않는다는 테제, 대리되는 것에 대한 대리하는 것의 우위라는 테제, 재현^{représentation} 이전의 현전^{présentation}은 없다는 테제, 한 마디로 '원본 없는 재현' 테제이고요. 두 번째는 이성에 대한 불신이라는 테제, 그러한 불신 속에서의 끝도 없는 기호와의 놀이를 통한 진리의 폐기라는 테제, 그래서 진리는 우화 또는 허구에, 모든 것은 해석에 불과하다는 테제, 한 마디로 '기호의 유희' 테제죠.

그런데 포스트-구조주의의 핵심을 표현하는 이 두 가지 테제는 항상 너무나도 많은 오해들을 몰고 다닙니다. 이러한 오해들은 이 테제들을 충분히 이해하지 못한 상태에서 단순히 이를 포스트모더니즘적인 방식으로 전유하기 때문에 생산된다고 저는 생각합니다. 그래서 제가 앞서 포스트-구조주의와 포스트모더니즘을 서로 구분하는 게 필요하다고 전제하기도 했고요. 이 자리에서 이 오해들을 정면으로 다룰 수는 없지만, 일단 포스트-구조주의의 핵심 테제들에 대해 제기되는 많은 비판들이 사실은 포스트모더니즘에 대해 타당한 것이라고 생각하면 됩니다.[6]

그렇다면 제가 생각하는 포스트-구조주의의 사상적 핵심은 무엇일까요? 앞서 언급한 몇몇 테제들도 포스트-구조주의의 사상적 핵심을 잘 설명해 주는 것은 맞습니다. 물론 추가 설명이 없다면 많은 오해들을 초래할 뿐이라고 할지라도요. 하지만 저는 포스트-구조주의의 사상적 핵심이 앞서 언급한 몇몇 테제들이 기반하고 있는 근본 테제인 반본질주의, 즉 본질주의 비판이라고 생각합니다. 재현 없는 원본 따위는 없다고 표현할 수도 있겠지만, 이와 동일하게 '본질이란 없다'고도 표현할 수 있습니다. 물론 이 반본질주의 테제 또한, 그 자체만으로는 많은 오해들을 낳을 수 있겠지만요.

포스트-구조주의의 반본질주의 테제를 정확히 이해하기 위해서는 각 사상가의 텍스트를 정말 정교하게 독해해야 합니다. 본질이 있다, 없다로 단순히 이분법적으로 사고해 결론에만 주목하면 결국 이 테제를 받아들일지 말지의 문제밖에 남지 않습니다. 이는 우리 지성의 경계를 한 걸음 더 앞으로 밀어붙이는 데에 아무런 도움이 되지 않죠. 오히려 각 사상가가 자신의 텍스트에서 반본질주의 테제에 도달하기 위해 어떤 지적 여정을 거치는지를 따라가 보는 것이 중요합니다. 한 걸음 한 걸음 따라가 본 뒤 이 테제를 받아들일지 말지 결정해도 전혀 늦지 않습니다. 이 과정을 거치고 나면, 놀랍게도 우리 지성의 경계는 한 걸음 더 전진해 있을 것입니다.

하지만 우리 강의는 포스트-구조주의를 본격적으로는 처음 접하는 대학교 신입생 또는 교양대중을 위한 강의입니다. 각 사상가의 텍스트를 한 땀 한 땀 다시 기워 나가면서 반본질주의 테제를 정교하게 이해하는 것을 목표로 하지 않죠. 대신 저는 많은 오해를 초래하더라도 포스트-구조주의의 반본질주의 테제를 평이하게, 하지만 가능한 한 정확하게 설명해 볼 겁니다. 강의가 끝난 뒤 여러분이 직접 각 사상가의 저작들과 씨름하면서 이러한 반본질주의 테제가 옳은지 그른지 따져 보는 작업을 해야 합니다. 그래야 여러분의 사유가 강해질 수 있습니다. 물론 각 사상가에 대한 저의 접근 방식, 즉 주체와 권력이라는 개념쌍이 구성하는 아리아드네의 실을 따라서요.

이러한 포스트-구조주의의 반본질주의 테제를 어떻게 평이하면서도 가능한 한 정확히 설명할 수 있을까요? 저도 이 전달의 문제, 일종의 '철학 커뮤니케이션'의 문제를 정말 많이 고민했는데요. 버틀러가 다루었던 섹스와 젠더 간 이분법이라는 문제에서 출발하는 게 교육적으로 가장 효과적인 직관적 설명 방식이라는 결론에 도달했습니다. 그 이유는 섹스와 젠더 간 이분법이 우리에게 가장 자명한 것, 가장 '본질적'인 것이기 때문이죠.

이 강의를 듣는 분들 중 일부는 '생물학적'으로 남성이고 일부는 '생물학적'으로 여성일 것입니다.[7] 예외적으로 남성도 아니고 여성도 아닌 간성 intersex인 분이 존재합니다만, 대부분의 경우 태어나자마자 부모의 결정에 따라 생물학적인 남성 또는 여성이 되는 수술을 겪게 되고 이후에는 생물학적인 남성 또는 여성으로 살아가게 되죠. 자, 이보다 더 자명한 것이 있을까요? 무슨 얘기가 더 필요할까요? 하지만 이보다 더 자명한 것일 수 없는 바에 대해서는, 그렇기에 오히려 철학적으로 한 번 더 생각해 볼 필요가 있습니다. 포스트-구조주의자들은 남들이 뭐라 하든 용기 있게 이러한 작업을 수행했던 이들이죠.

우리 강의의 목표는 포스트-구조주의가 인간, 사회, 세계, 즉 존재와 역사를 어떤 관점에서 바라보는지를, 즉 포스트-구조주의의 존재와 역사에 대한 사유를 배우는 것입니다. 존재론이라고 해도 좋고 역사관이라고 해도 좋고 세계관이라고 해도 좋습니다. 어찌 되었든 그 관점의 핵심은 바로 반본질주의입니다. 어떻게 섹스, 즉 성에 관한 반본질주의적 관점에 대한 설명을 시작할 수 있을까 고민을 많이 하다가, 저는 다음의 칼럼에서 출발하면 어떨까 생각해 보았습니다.

현 홍준표 대구시장이 2023년 6월 17일 대구에서 퀴어문화축제가 개최되지 못하게 막으려고 했던 사건이 있었습니다. 지금 그 이야기를 하려는 것은 아니고요. 대신 이 사건과 관련해 이틀 뒤 『한겨레』에 실린 칼럼 「홍준표 대구시장을 위한 성교육」에 대해 말해 봅시다.[8] 강병철 소아청소년과 전문의가 쓴 칼럼인데요. 이 칼럼 덕분에 저도 성에 관한 여러 개념을 정확히 정리할 수 있었습니다. 하지만 좋은 칼럼인 것과 별개로, 이 칼럼을 읽고서 강 선생님은 저와 '존재와 역사'에 관해 다른 관점을 가지고 있다는 생각을 했습니다.

강 선생님과 저 모두 '성소수자를 차별해서는 안 된다'는 점에는 동의합니다. 하지만 제 해석에 따르면, 강 선생님은 성소수자를 차별해서는 안 된다는 주장의 '최종심급', 즉 최종적 근거를 의학적 사실에서 찾습니다.[9] 그에 따르면, 우리가 익히 알고 있는 여성과 남성은 생물학적 성 구분이며, 여기에 성적 정체성, 성적 표현, 성적 지향이 추가되면서 성에는 네 가지 차원이 존재하고, 각 차원에 남성과 여성이 존재하므로 2의 4제곱, 즉 총 16가지 성 유형이 나오며 여기에 간성, 중성, 양성애, 무성애 등이 추가되는데, 과학은 이 점을 밝혀냈다고 합니다. 그러니까 과학은 우리가 정상적이라고 여기는 성을 가지지 않은 이들, 즉 퀴어가, 정상적이라고 여기는 성을 가진 비-퀴어와 동일하게 타고나는 것임을 밝혔고, 그렇기에 차별해서는 안 된다는 주장이죠. 저는 퀴어를 차별해서는 안 된다는 결론에 동의하면서도, 그 주장의 최종심급을 의학적 사실에 두고 퀴어가 선천적이라고 과학이 밝혔다는 점을 강조하는 것에 대해서는 한번 의문을 가져 보는 게 어떨까 생각합니다.

오히려 강 선생님이 칼럼에서도 주목하는 정상과 비정상이라는 이분법적 규범에 주목해 보는 건 어떨까요? 칼럼에서는 과학이 밝혀낸 의학적 사실, 즉 퀴어가 타고나는 것이라는 점과 사회에는 이분법적 규범이 작동한다는 점이 서로 분리되어 있습니다. 과학적 사실에도 '불구하고' 사회는 이러한 이분법적 규범을 작동시켜 퀴어를 차별한다는 거죠. 퀴어임이 정말 타고나는 특성, 즉 본성이며 과학이 밝혀낼 수 있는 의학적 사실이라면, 사회는 도대체 왜 이런 이분법을 작동시키는 걸까요? 생물학적 본성만큼 자연스러운 것은 없으니까요. 그냥 그 본성을 따르면 될 텐데 도대체 왜? 이런 질문이 따라 나오지 않나요?

여기에서 퀴어임이 타고나는 특성임을 과학이 밝혀냈다는 주장에 대해 따져 보려는 것은 아닙니다. 그렇지만 이런 주장이 정말 참인지는 확인해 봐야 합니다. 인간의 섹스는 일단 넘어가더라도, 섹슈얼리티sexuality, 포스트-구조주의적으로 말하자면 '주체의 성적 진리'로서 섹슈얼리티가 의학적으로, 즉 생물학적으로 타고나는 것이며 과학적으로 밝혀낼 수 있는 사실이라고 생각하지 않기 때문입니다.[10]

오히려 포스트-구조주의가 훨씬 더 근본적으로 질문하고자 하는 것은 왜 우리가 항상 과학적 진실로서 생물학적 본질과 그 바깥의 사회문화적인 것 간 이분법으로부터 벗어나지 못하는지입니다. 정말로 과학이 퀴어임이 타고나는 특성임을 '밝혀'냈다면, 방금 전 질문했듯 왜 우리는 여전히 생물학적 본질과 사회문화 간 이분법에 갇혀 있는 것일까요? 애초에 왜 생물학적 본질을 거슬러 이런 이분법이 생겨나게 된 것인지는 차치하더라도요.

사실 이 칼럼에는 '섹슈얼리티'라는 개념이 전혀 사용되고 있지 않습니다. 이 점이 굉장히 증상적이에요. 강 선생님이 주체의 성적 진리로서 섹슈얼리티라는 개념을 활용하지 않는 것은, 이 개념이 생물학적 본질과 사회문화 간 이분법을 불가능하게 만들기 때문이라고 저는 생각합니다. 그렇게 되면 이 칼럼의 논리 자체가 성립하지 않게 되니까요. 인문사회과학에서 주체의 섹슈얼리티를 생물학적 본질과 사회문화 간 이분법의 틀로 접근하려는 시도는 모두 실패했습니다. 그래서 인문사회과학은 오히려 생물학적 본질과 사회문화 간 이분법 그 자체를 의문에 부치는 방향으로 나아가며 섹슈얼리티의 문제를 다루어 왔죠. 요즘 인문사회과학의 추세가 그 역방향으로, 어떠한 본질주의의 방향으로 가고 있는 건 사실이지만요.

이 칼럼에서는 섹슈얼리티 개념이 부재하기 때문에 결국 과학적, 의학적, 생물학적 사실을 최종심급으로 취하면서 퀴어를 차별해서는 안 된다는 주장을 전개하고, 여기에 부수적인 사회문화의 이분법적 규범에 대한 문제가 외재적으로 그리고 사후적으로 추가되는데요. 질문해야 할 것은 역시 과학적, 의학적, 생물학적 사실과 사회문화의 이분법적 규범 사이의 관계입니다. 왜 사회는 이러한 과학적, 의학적, 생물학적 사실에도 불구하고 사회의 이분법적 규범에 따라 작동하며 퀴어를 차별하고 여성을 차별할까요? 왜 사회는 이러한 차별을 행하면서 과학적, 의학적, 생물학적으로 나는 '남자'이고 너는 '여자'라는 '사실' 또는 '진리'를 끊임없이 생산하고 강조할까요? 이러한 질문에 답하기 위해서는 의학과 생물학을 포함한 과학 그 자체에 대해 질문해 보면서 생물학적인 것과 사회문화적인 것 간 관계에 대해서도 질문해 보아야 합니다. 포스트-구조주의자들 모두는 이러한 질문을 던져 본 철학자들입니다.

　이 강의를 듣기 위해 여기까지 온 분은 대부분 퀴어를 차별해서는 안 된다는 주장에 아마 동의할 겁니다. 강 선생님도 저도 이 지점에서는 의견이 일치합니다. 하지만 그 근거를 의학과 생물학을 포함한 과학에 두어야 하는지, 아니면 다른 방식으로 근거를 마련해야 하는지에서 의견이 갈리는데, 이는 정말 핵심적인 논쟁 지점입니다. 사태를 바라보는, 그러니까 인간, 사회, 세계를 바라보는 관점이 다른 것이고, 그렇다면 결국에는 서로 다른 정치를 사유하고 실천할 수밖에 없기 때문이죠.

　그래서 이제 여기서부터는 버틀러를 따라 생물과 사회 또는 문화 간 이분법에 주목해 보자면요. 저는 생물과 사회 또는 문화 간 이분법이 '허구적'이라고 생각하며 권력은 바로 이러한 이분법을 통해 작동한다고 주장하고자 합니다. 그렇기에 생물에 대한 학뿌으로서 생물학, 더 나아가 의학, 이 모두를 포괄하는 과학이 한편에서 성에 대한 진리를 담지하고 있고, 이 성의 '본질', 즉 진리에 관한 오인 속에서 사회와 문화가 성에 대한 이분법적 규범을 작동시키고 생물학적 '인간들'을 차별하고 있다는 논리를 저는 받아들일 수 없습니다.

　여기에서 사회문화적 성을 지칭하는 젠더라는 개념을 가져와 보자면, 포스트-구조주의는 생물학적 성, 즉 섹스sex와 사회문화적 성, 즉 젠더gender

간 이분법을 섹슈얼리티 개념을 통해 지양하려는 지적 기획입니다. 다음의 한 가지만 질문해 보아도 이러한 이분법이 서 있는 기반이 취약하다는 점을 우리는 파악할 수 있습니다. 우리가 생물학적 성이라고 말할 때, 이는 '생물적' 성입니까, 아니면 생물'학'적 성입니까? 생물학이 생물에 대한 진리를 담지하는, 다르게 말해 생물에 대한 진리적 표상을 담지하는 과학이 맞다면 생물적 성과 생물학적 성을 구분할 필요도 없겠죠. 하지만 이미 많은 과학학 연구들이 주장하듯 그러한 의미의 과학적 진리란 없습니다. 생물적 진리로서의 생물적 성이 있는 것이 아니라, 생물학적 진리로서의 생물학적 성이 있을 뿐이죠. 아주 쉽게 말해 생물학이 생산하는 생물적 진리에 관한 표상, 더 나아가 인식과 지식이 생물적 진리와 동일한 것은 아니란 거죠. 여기에서 한 걸음 더 나간다면 생물적 진리라는 것이 정말 존재하는지에 대해서도 질문해 보아야 하는 것이고요.

말도 안 되는 이야기일까요? 남자는 XY 염색체를, 여자는 XX 염색체를 가지고 있고, 그래서 남자의 성기는 앞으로 튀어나와 있는 모양이고 여자의 성기는 안으로 말려 있는 모양이며, 남성과 달리 여성은 생식능력이 있고 등등⋯⋯. 이런 '생물적 진리'를, 그러니까 '생물학적 진리' 이전의 '생물적 진리'를 포스트-구조주의는 부정하는 것일까요?

다음 단계로 넘어가기 전에 결론만 간단히 말하자면, 포스트-구조주의는 우리가 이러저러하게 '생물적인 존재'라는 점을 전혀 부정하지 않습니다. 하지만 포스트-구조주의는 우리가 생물적인 존재임과 '동시에' 담론적 주체이며, 우리가 사유 속에서 절대로 생물적인 존재와 담론적 주체를 혼동해서는 안 된다는 점을 강조합니다. 이 둘 간에는 어떠한 관계도 존재하지 않습니다. 어떠한 관계가 존재한다면, 이는 '비-관계로서의 관계', 즉 '관계 아닌 관계', '관계 없는 관계'입니다. 우리는 이러한 역설적 관계에 관한 확정적 지식을 앞으로도 결코 획득하지 못할 것입니다. 그러한 지식을 획득하기 위해 노력해야 한다는 것과는 별개로요.

이 둘을 절대로 혼동해서는 안 됩니다. 생물적 존재로서 우리는 철두철미 담론적 주체이기도 합니다. 담론 바깥의 생물적 존재는 없습니다. 그러므로 생물적 존재에 관한 순수한 진리로서 생물학적 진리도 없습니다. 과학자라는 주체가 생물이라는 생물학의 대상을 순수한 방식으로 탐구함으로써 획득하는 진리적 표상, 더 나아가 진리적 인식과 지식으로서 생물학적 진리란 없습니다. 과학자라는 주체가 획득한 표상이 대상으로서 생물과 일치한다는 의미에서의 생물학적 진리란 없다는 말이죠.[11] 근본적으로 이는 과학자가, 우리가 뒤에서 열심히 씨름할 개념을 가져오자면, '주체', 그중에서도 과학의 주체이기 때문입니다. 여기에서 두 권의 참고문헌을 가져오자면, 첫 번째는 임소연 선생님의 『신비롭지 않은 여자들』입니다. 이 책은 우리가 지금까지 당연한 것으로 알고 있었던 '생물학적' 진리들, 그중에서도 특히 Y 염색체가 성염색체라는 관념이 잘못된 것이었음을 지적합니다. 두 번째는 루시 쿡의 『암컷들』인데요.[12] 이 책 또한 섹스와 섹슈얼리티에 관한 편견들을 하나하나 깨부숩니다. 결국 생물과 생물학은 구분해야 한다는 거죠.

그래서 포스트-구조주의는 섹스와 젠더를 구분해 전자는 생물학, 의학, 과학의 편으로, 후자는 사회와 문화의 편으로 반송시키려는 시도를 거부합니다. 오히려 이러한 이분법 그 자체를 질문함으로써 이를 넘어서려고 시도하죠. 이를 위해 포스트-구조주의가 벼려 내는 개념이 바로 섹슈얼리티이고요. 포스트-구조주의가 궁극적으로 도달하고자 하는 지점은, 남성 또는 여성이라는 섹스란 사실 주체의 성적 진리로서 섹슈얼리티와 다르지 않다는 겁니다. 강 선생님 칼럼에서 섹슈얼리티 개념의 부재는 이러한 이분법의 증상입니다. 이러한 이분법으로 인해 강 선생님의 성교육에서 놀랍게도 성에 대한 논의의 핵심인 섹슈얼리티 개념을 발견할 수 없는 것이죠.

이제 포스트-구조주의자들에게 생물적인 것과 사회문화적인 것, 그러니까 주체적인 것 간의 이 비-관계는 무엇이냐 하는 질문이 제기됩니다. 아니, 포스트모더니스트에게든 포스트-구조주의자에게든 공통적으로 제기되는 혐의인 상대주의와 구성주의를 가져와 조금 노골적으로 표현해 보자면, 그 질문은 곧 포스트-구조주의자들은 지금 상대주의적이고 구성주의적인 주장을 전개하는 것 아니냐 하는 질문이겠습니다.

포스트-구조주의자들은 본연의 생물적 성과 그에 대한 진리란 존재하지 않으며 모든 것은 사회문화적 젠더라고 주장하는 것 아닌가. 이 본연의 생물적 성과 그에 대한 진리란 사회문화적 젠더 속에서 '구성'되는 것이고 그렇기에 '상대적'이라 주장하는 것 아닌가. 포스트-구조주의자들은 우리가 이러저러하게 생물적인 존재라는 점을 부정하지는 않는다고 했으나, 그 생물적인 것이, 사회문화적인 것이라고 부르든 주체적인 것이라고 부르든, 그러한 생물적인 것의 외부에 포섭된다고 주장하는 것 아닌가. 그래서 포스트-구조주의는 약한 의미에서는, 이 생물적인 것이 분명 존재하고 있으나 사회문화적인 것 또는 주체적인 것에 포섭되어 있기에 그 '본질'을 알 수도 없고 그에 접근할 수도 없다고 주장하는 것이고, 강한 의미에서는, 이 생물적인 것은 사회문화적인 것 또는 주체적인 것에 의해 구성된다고 주장하는 것 아닌가. 그러므로 포스트-구조주의는 강한 의미로 이해하든 약한 의미로 이해하든 상대주의 또는 구성주의, 아니면 이 둘 모두에 불과한 것 아닌가.

하지만 이러한 '이성에 대한 불신'이 파국을 초래한 '탈진실의 시대'인 오늘날, 우리는 다시 본질이든 뭐든 실재 그 자체의 존재를 인정하고 이를 과학적으로 탐구해야 하는 것 아닐까요? 특히 의학과 생물학과 같은 자연과학의 힘을 빌려서요. 당연히 본질 중의 본질, 실재 중의 실재, 가장 자명한 것으로서의 인간의 성은 말할 것도 없고요. 하지만 여기에서 이미 포스트-구조주의에 대한 이러한 비판은 사회, 주체, 담론, 언어 등을 전혀 구분하지 않고 있음을 알 수 있습니다. 반면 포스트-구조주의는 이 중에서 주체와 담론이라는 개념을 다른 개념들과의 구분 속에서 사용하죠. 물론 개념들을 명확히 정의해 한정하는 방식으로 개념들을 구분하는 게 아니라, 개념들이 사유하고자 하는 바와의 관계 속에서 이 개념들을 구분하면서요. 저는 이 지점을 뒤에서 파고들 겁니다.

그럼 여기에서 약간 더 우회해 봅시다. 제가 본론으로 들어가기 전에 너무 많은 우회를 하고 있다고 비난해도 좋습니다만, 이러한 우회는 포스트-구조주의에 대한 정확한 이해를 위해 필수적이라고 생각합니다. 무엇인가를 안다는 것이 참으로 어렵습니다. 이번에는 바로 이 '실재'의 문제에 대해, 데리다의 철학을 경유해 함께 생각해 봅시다. 실재는 본질과 다를 바 없는 것 아닐까요? 정말 문제가 그렇게 쉬웠으면 좋겠습니다.

실재라는 쟁점

포스트-구조주의를 포스트-담론 그리고 포스트모더니즘과 구분해야 한다고 말했습니다. 하지만 포스트-구조주의를 언급하는 사람들 대부분은 포스트-구조주의를 이 두 가지로부터 구분하지 않죠. 미치코 가쿠타니 Michiko Kakutani의 『진실 따위는 중요하지 않다』라는 책이 있습니다.[13] 이 책은 도널드 트럼프Donald Trump의 2016년 대통령 당선으로 상징되는 탈진실 시대의 도래를 비판하는 책입니다. 여기에서 저자는 이성에 대한 불신으로서의 포스트모더니즘을 강하게 비판하며 이러한 포스트모더니즘의 상대주의가 탈진실 시대의 도래를 위한 지적 토양이 되었다고 주장하죠. 그러면서 그 배후에 현대 프랑스철학자들, 즉 제 식대로 정확히 표현하자면 바로 포스트-구조주의자들이 있다고 말합니다. 탈진실 상황을 악화시키는 정치인들이 현대 프랑스철학자들의 책을 읽고 그렇게 행동하는 것이 아니라는 건 저자도 인정하지만요. 물론 이러한 비난은 전혀 새로운 것이 아닙니다. 앨런 소칼Alan Sokal과 장 브리크몽Jean Bricmont의 『지적 사기』가 이미 한참 전에 포스트-구조주의의 상대주의적이고 구성주의적인 과학관, 즉 과학에 대한 불신을 비판한 바 있죠.[14]

이러한 비판들 대부분은 여러 가지 개념들을 끊임없이 혼동하면서 논의를 진행합니다. 포스트-담론과 포스트모더니즘을 포스트-구조주의와 구분하지 않고, 포스트-구조주의가 무엇이고 어떤 사상가들이 포스트-구조주의에 속하는지 정의하지 않고, 상대주의란 무엇이며 구성주의란 무엇인지 정의하지 않고, 구성된다고 말할 때 그것이 언어에 의해 구성되는 것인지 사회에 의해 구성되는 것인지 구분하지 않고, 생물학적인 것이 무엇인지 정의하지 않고, 사회, 문화, 주체, 권력 등의 개념들을 마구 섞어서 사용합니다.

물론 포스트-구조주의 또한 이러한 개념들을 모두 정의해 사용하지 않습니다. 섹슈얼리티라는 개념만 해도 그렇습니다. 어떤 분들은 여성학 수업을 들으면서 섹슈얼리티 개념에 대한 정의가 학자마다, 수업마다 다르며, 명확히 정의 내리고 수업을 시작하는 경우도 많지 않다는 점에 당혹스러웠을 수도 있습니다. 결론부터 말하자면, 섹슈얼리티라는 개념의 정확한 정의는 존재하지 않습니다. 연구자마다, 이론가마다 그 개념 정의가 모두 달라요. 포스트-구조주의자들 간에도 서로 다르죠. 하지만 이는 포스트-구조주의 비판가들이 개념을 마구 섞어 쓴다는 것을 의미하는 게 아닙니다.

다섯 번째 강의에서 더 자세히 설명하겠지만, 그 이유는 섹슈얼리티 개념이 사유하고자 하는 바, 즉 섹슈얼리티라는 '실재'가 입체적이기에 개념을 둘러싼 갈등과 논쟁이 종결될 수 없기 때문입니다. 오히려 이 개념적 갈등과 논쟁이 종결될 수 없음을 정직하게 인정한다는 점에서 포스트-구조주의가 취하는 과학적 태도를 발견할 수 있는 거죠. 실재가 '입체적'이라는 것은 그것이 갈등적이고 모순이라는 건데, 포스트-구조주의는 바로 이 입체적 실재로 뛰어듦으로써 이를 과학적으로 사유하려는 태도를 취합니다.

이는 포스트-구조주의가 학문의 기초라고 할 수 있는 개념조차 제대로 정의하지 않는 엉터리 학문이 결코 아니라는 증거입니다. 포스트-구조주의는 정의될 수 없는 개념과 그 배후의 입체적 실재를 정의하고자 시도합니다. 이를 '정의될 수 없는 것을 정의하려는 불가능한 시도'로 정식화해 봅시다. 포스트-구조주의는 명확한 개념을 정의하면서 연역적으로 앞으로 나아가는 행보를 취하지 않습니다. 프랑스철학의 글쓰기 방식이 영미철학의 글쓰기 방식과 너무나도 다른 근본 이유이기도 하죠.

오히려 포스트-구조주의는 정의될 수 없는 개념과 그 배후의 입체적 실재를 규정하기 위해 개념들을 서로 엄밀히 구분하고 이러한 구분에 기반해 각 개념을 심원하게, 하지만 매우 독특한 방식으로 탐구합니다. 이 독특한 방식이 도대체 무엇인지는 우리 강의가 포스트-구조주의의 핵심 개념들을 어떤 방식으로 제시하는지를 보면 확실히 알게 될 것입니다. 그래서 두 번째 강의에서부터는 이 포스트-구조주의의 핵심 개념 중 몇 가지를 다루어 볼 것입니다. 포스트-구조주의 전체를 관통하는, 특히 알튀세르, 푸코,

버틀러라는 사상가들에 공통된 몇 가지 핵심 개념을요.

그 전에, 이에 대한 배경지식으로서 포스트-구조주의가 실재를 어떻게 바라보는지 탐구하고자 합니다. 포스트-구조주의가 섹스와 젠더 간 이분법을 넘어선다, 데리다식으로 말해 해체한다는 점을 강병철 선생님 칼럼을 경유해 잠시 살펴봤고요. 이제는 어떤 방식으로 포스트-구조주의가 섹스와 젠더 간 이분법을 해체하는지를 확인해야 하는데, 이를 확인하기 위해서는 포스트-구조주의에서의 실재 개념을 조금 더 깊이 들여다보아야 합니다. 포스트-구조주의 내부의 두 경향을 구분하는 것으로 이러한 작업을 시작해 봅시다.

사건의 철학과 구조로서 현행성의 철학

포스트모더니즘과 포스트-구조주의를 구분하는 것은 포스트-구조주의를 정확히 이해하기 위한 첫 번째 단계입니다. 일반적으로 사람들이 포스트-구조주의의 주장이라고 규정하며 비판하는 것들 대부분은 포스트모더니즘의 것이기 때문에, 포스트모더니즘의 언어구성주의, 사회구성주의와 그로부터 귀결되는 해석과 정치에서의 극단적 상대주의와는 무관한 포스트-구조주의가 실재를 어떻게 바라보는지 확인해야 합니다. 이를 위해서는 두 번째 단계가 필요한데, 바로 이 포스트-구조주의를 구조로서 현행성의 철학과 사건의 철학으로 구분하는 것이죠.

앞서 제 포스트-구조주의 해석은 발리바르의 그것을 따른다고 말했습니다. 이에 대해 조금은 더 자세히 말해 보죠. 발리바르는 알튀세르, 푸코, 데리다, 더 나아가서는 우리 강의에서는 다루지 않을 조르주 캉길렘Georges

Canguilhem 모두의 제자입니다. 물론 알튀세르의 가장 충실한 제자로서 발리바르는 마르크스주의 연구자로 자신의 지적 커리어를 쌓아 나갔죠. 하지만 이후 발리바르는 알튀세르, 푸코, 데리다 모두의 제자로서 포스트-구조주의 연구자로도 자신의 정체성을 확립합니다. 마르크스주의와 포스트-구조주의를 결합해 포스트-마르크스주의를 발전시킴으로써 스승 알튀세르의 지적 유언을 집행하고 있는 것이죠.

발리바르는 포스트-마르크스주의에 방점을 두는 포스트-구조주의자인데요. 1942년생인 그는 지금까지의 자신의 모든 사유를 2020년부터 총 여섯 권의 논선집으로 정리하는 작업을 시작했습니다. 이를 '에크리Écrits'라고 부릅니다. 프랑스철학에 조금 관심이 있는 분들이라면 이 단어에서 자크 라캉Jacques Lacan의 책『에크리』를 떠올릴 수도 있겠습니다. 맞습니다. 라캉의『에크리』라는 책 또한 라캉이 쓴 논문들을 모은 '논선집'입니다. 프랑스어 Écrits가 '글모음', 논문의 경우라면 '논문모음집' 즉 '논선집'을 뜻하는 것이죠.

발리바르는 총 여섯 권의 에크리를 출간하겠다고 예고했는데, 그중 세 권이 이미 출간되었습니다. 첫 번째 에크리는 역사에 관한 성찰들을 한 권에 모은『끝날 수 없는 역사』, 두 번째 에크리는 철학에 관한 성찰들을 한 권에 모은『개념의 정념들』, 세 번째 에크리는 정치에 관한 성찰들을 한 권에 모은『세계정치』입니다. 이 중 두 번째 에크리가 우리에게 중요한데, 왜냐하면 바로 이 철학에 관한 에크리인『개념의 정념들』에 발리바르가 오랜 시간 세공해 온 자신의 포스트-구조주의에 대한 사유 전체를 집약하고 있기 때문입니다.[15]

다르게 말하자면,『개념의 정념들』에서 발리바르는 현대 프랑스철학의 자장 안에서 자신의 스승들, 선배들, 동료들과 자신이 세공해 온 포스트-

구조주의라는 사유의 형성 작업을 정리하는 것입니다. 자신과 함께 포스트-구조주의라는 사유를 형성하고 그 역사를 쓴 스승들, 선배들, 동료들 대부분은 타계했죠. 미국의 버틀러를 제외한다면 이제 발리바르를 포함해 몇 사람 안 되는 포스트-구조주의자들이 남아 있고, 이 중 발리바르가 가장 나이가 어린 인물입니다. 사람들은 '대가'에 미치지 못하는 또는 그로부터 지적 유산을 상속받은 그 '추종자들', 좋은 의미에서든 나쁜 의미에서든 이 후배들을 '에피고넨epigonen'이라고 부르는데요. 발리바르에 이르기까지 포스트-구조주의의 대가들의 시대가 저물고, 이제는 이 대가들 밑에서 제자와 학생으로서 공부했던 에피고넨들이 오늘날에는 프랑스 대학의 주축이 되어 포스트-구조주의 연구를 이어 오고 있죠. 이렇게 굳이 대가와 에피고넨을 구분한다면, 발리바르는 포스트-구조주의의 최후의 대가, 최후의 포스트-구조주의자라고 부를 수 있을 텐데요. 이런 발리바르가 포스트-구조주의라는 사유를 결산하는 아주 중요한 역할을 맡은 것입니다.

저는 이를 역사적 포스트-구조주의의 유산에 대한 상속이라고 부르고 싶네요. 발리바르는 이 작업을 바로 『개념의 정념들』에서 수행하고 있는 것이고요. 『개념의 정념들』에 수록된 구조주의와 포스트-구조주의에 관한 두 편의 논문인 8장 "구조주의: 사회과학의 방법인가, 전복인가?"와 부록 1번 "구조주의: 주체의 파면?"에서 발리바르는 구조주의와 포스트-구조주의를 개념적으로 규정하는데, 이에 대해서는 본격적인 논의가 진행되는 두 번째 강의에서 다루도록 하죠.

일단은 발리바르의 이러한 개념 규정이 구조주의와 포스트-구조주의에 대한 통상적인 개념 규정과는 다르다는 점을 지적합시다. 어떤 점이 다른지에 대해서도 두 번째 강의에서 설명할 거예요. 지금은 발리바르의 이러한 개념 규정이 통상적인 개념 규정과는 다르다는 것, 하지만 이론적으로 정확하다는 점을 강조하고자 합니다. 반복하자면, 특히 포스트-구조주의에 대한 통용되는 개념 규정은 사실 포스트모더니즘에 더 적절한 경우가 훨씬 많죠. 발리바르는 포스트-구조주의에 관한 수많은 오해들을 무시하고, 이 두 편의 논문에서 구조주의와 포스트-구조주의를 개념적으로 정확히 규정합니다.

『개념의 정념들』서문과 7장 "철학과 현행성: 사건을 넘어서?"에서 발리바르는 포스트-구조주의, 더 나아가 현대 프랑스철학을 두 가지 사유 경향으로 도식적으로 구분하죠. 첫 번째 경향은 알튀세르, 푸코, 버틀러, 그리고 암묵적이긴 하지만 발리바르 자신 또한 포함하는 '구조로서 현행성의 철학'을 행하는 포스트-구조주의이고, 두 번째 경향은 데리다, 들뢰즈, 그리고 바디우를 포함하는 '사건의 철학'을 행하는 포스트-구조주의죠. 앞서도 언급했듯 바디우를 포스트-구조주의자로 규정할 수 있는지는 논의의 여지가 분명 존재하지만, 여기에서는 입문 강의의 취지에 맞게 상당히 유연한 방식으로 발리바르의 구도를 따라가 보겠습니다.

이 두 사유 경향 간에는 어느 정도 명확한 구별이 가능할 만큼 차이가 존재합니다. 기본적인 정신은 공유하면서도, 동시에 변별적인 것이죠. 그리고 우리 강의는 포스트-구조주의 전체를 다루기보다는, 그 초점을 구조로서 현행성의 철학에 맞춥니다.

포스트-구조주의에서 데리다로

설명이 어려워지는 지점이 바로 이곳입니다. 발리바르는 논문을 통해 이를 설명하기 때문에 미묘한 지점들을 전부 다루면서 이러한 구분을 엄밀하게 제시하지만, 우리 강의는 입문 강의라 그럴 수는 없거든요. 결국 우리 강의에서 제시하는 구분은 도식적일 수밖에 없고, 전문가들 입장에서는 이견이 많을 것 같아요. 이 점은 조금 너그럽게 이해해 주기를 바랍니다.

엄밀한 방식으로 설명할 수 없기에 논의가 오히려 복잡해집니다. 포스트-구조주의의 정신을 자신의 사상에서 가장 잘 체현하고 있는 것은 바로 사건의 철학자 데리다이거든요. 강의를 준비하면서 데리다 없이 구조로서 현행성의 철학들만으로 포스트-구조주의의 정신을 설명할 수는 없을까, 이리저리 고민을 많이 해 봤는데요. 하지만 역시 데리다의 포스트-구조주의를 간단히라도 다루지 않고는 불가능하다는 걸 깨달았죠. 그래서 이 첫 번째 강의에서 데리다의 포스트-구조주의를, 특히 데리다가 실재를 어떤 방식으로 사유하는지를 다룸으로써 그 정신을 설명해 볼게요. 이후 데리다가 실재를 사유하는 방식이 정확히 구조로서 현행성의 철학자들이 실재를 사유하는 방식과 일치한다는 점을 강조하겠습니다.

결론을 당겨 말하자면, 데리다가 실재를 '기호와 텍스트'를 통해 사유한다면 구조로서 현행성의 철학자들은 실재를 '담론'을 통해, '지식-권력'을 통해, 다르게 말해 '규범' 또는 '권력', 더 나아가 '규범권력'을 통해 사유합니다. 이로써 포스트-구조주의의 반본질주의에 대한 설명이 어느 정도 완료되는 것입니다. 이러한 논의에 기반해 두 번째 이후 강의에서는 드디어 포스트-구조주의를, 더욱 정확히는 포스트-구조주의 중 구조로서 현행성의 철학을 알튀세르, 푸코, 버틀러라는 사상가들을 중심으로 설명합니다. 여기에서 중심이 되는 것이 바로 주체와 권력이라는 개념쌍입니다. 결국 이 개념쌍이 포스트-구조주의, 특히 구조로서 현행성의 철학의 핵심적 개념쌍인데, 이를 설명하기 위해서는 데리다의 기호와 텍스트에 관한 사유와 그로부터 발전되는 포스트-구조주의의 규범권력에 관한 사유를 배경으로 취해야 하는 것이죠.

    데리다는 실재를 어떤 방식으로 사유할까요? 이 문제는 앞서 다루었던 강병철 선생님의 의견을 반본질주의, 더 구체적으로는 반생물학주의의 관점에서 비판하기 위해 필수적인 논의입니다. 물론 거듭 강조하지만, 우리 강의는 입문 강의이기 때문에 테제를 제출함으로써 구도를 짜고 쟁점을 형성하는 것, 즉 질문을 제기하는 것에 만족합니다. 여러분이 '아, 내가 당연하게 결론이 나 있다고 생각했던 문제에 결론은 아직 없고 대립되는 주장들이 있었던 거구나. 이런 사유 경향은 이런 주장을 하고, 이와 대척점에 서 있는 저런 사유 경향은 저런 주장을 하는구나. 그중에서도 특히 포스트-구조주의는 이런 주장을 하는데, 그게 사람들이 말하는 것처럼 단순한 건 아니었구나' 정도를 깨닫는다면, 우리 강의의 목표는 달성된 것이죠.

    포스트-구조주의의 정신을 사상적으로 체현하고 있는 인물이 바로 데리다라고 했습니다. 그런 데리다 사상의 정신을 체현하고 있는 단 하나의 테제가 바로 '텍스트-바깥은 없다'죠. 1970년대 이후 포스트-구조주의라는 사상이 미국에 뿌리내리고, 그것이 당대의 급진 좌파 운동과 결합되면서 '포스트-구조주의 = 진보좌파적 사상'이라는 등식이 확립됩니다. 물론 정확한 등식은 전혀 아니지만 시대적으로 이러한 등식이 형성되었다고 볼 수 있죠. 이후 신자유주의적 반격으로 인해 신보수주의 사상이 미국 학계 내에서 패권을 잡게 되면서 포스트-구조주의 또한 도매금으로 매도당하게 됩니다. 이때 사람들이 포스트-구조주의를 비난할 때 사용했던 표현이 바로 '포스트모던 상대주의'죠. '포스트-구조주의자들에게 진실이란 존재하지 않고 모든 것은 구성되어 있기 때문에 결국 모든 것은 상대적인 것에 불과하다. 걸프전도, 홀로코스트도 일어난 적이 없다. 일본군 위안부도 없었다. 재현 이전의 원본이란 존재하지 않으므로 모든 것은 해석일 뿐이고 유일하게 가능한 것은 기호와 함께 유희하는 것일 뿐이다.' 포스트-구조주의가 이렇게 주장했다고 말하는 것이에요.

이러한 관점에서의 최초의 '공식적인' 공격은 저 유명한 1996년의 '소칼의 장난질 Sokal's hoax'과 이를 바탕으로 한 1997년의 『지적 사기』라는 저서의 출간이죠. 그 뒤 오늘날까지 이러한 오해는 지속되고 있고, 트럼프의 당선과 영국의 브렉시트 결정 등으로 대표되는 탈진실 시대의 도래 이후에 이러한 공격은 더욱 강해지고 있습니다. 포스트-구조주의를 비난하는 사람들 입장에서 쓴 책이지만 앞서 언급한 미치코 가쿠타니의 『진실 따위는 중요하지 않다』를 보면 논쟁의 구도를, 그리고 포스트-구조주의를 비난하는 사람들이 그 사상을 어떻게 이해하고 있는지를 충분히 파악할 수 있습니다.

저는 포스트-구조주의에 대한 비난을 넘어선 이러한 끈질기고 집요한 혐오의 근원이 무엇인지 항상 궁금했습니다. 전부를 해명하지는 못하겠지만, 우리 강의를 통해 포스트-구조주의를 제대로 이해해 본다면 이러한 혐오의 근원도 어느 정도 파악할 수 있지 않을까 생각합니다. 포스트-구조주의에 대한 혐오는 그만큼 포스트-구조주의가 급진적이고 근본적인 무시할 수 없는 진실을, 특히 정치적 진실을 보여 주기 때문이라고 생각합니다. 그게 바로 뒤에서 살펴볼, 우리의 끈질기고 집요한 편견에 대한 비판인 반본질주의이죠. 여기에서 '보이는 것이라는 헛것'이라는 제가 만든 정식을 가져오자면, 포스트-구조주의는 본질 또는 실재, 그러니까 '보이는 것'이 '헛것'에 불과하고, 그렇기에 이런 헛것에 기반해 정치를 사유하고 실천해서는 안 된다는 점을 주장합니다. 당연히 이는 다섯 번째 강의의 주제인 현행성 그리고 포스트-구조주의적 정치와 깊이 연결되어 있습니다.

물론 포스트-구조주의를 비난하는 이들의 이러한 주장이, 그 서술이 완전히 틀린 것은 아닙니다. 하지만 포스트-구조주의가 이렇게 단순한 논의를 하고자 했다면 그렇게 많은 사상가들이 그렇게 많은 텍스트들을 써야만 했을까요? 이들의 비난은 포스트-구조주의에 대한 이해 없이, 포스트-구조주의자들의 텍스트들에 대한 독해 없이 그들의 결론 격 테제들만을 가지고서 논의한 결과라고 생각합니다. 어찌 되었든, 이러한 오해 속에서 포스트-구조주의의 시대는 저물고 다시 '실재', '본질', '사물', '몸', '물질'로 돌아가자는 흐름이 등장하게 됩니다. 오히려 포스트-구조주의의 포스트모던 상대주의가 신보수주의의 반격에 취약성을 노정했고, 이러한 극단적 상대주의가 탈진실 시대의 도래를 위한 길을 열어 주었다는 것이죠. 전적으로 포스트-구조주의 때문은 당연히 아니겠지만, 최소한 사상적으로는 그 토양을 마련해 주었다는 것입니다.

이러한 오해 속에서 포스트-구조주의라는 사상 자체가 퇴조하고 있기에, 발리바르는 역사적 포스트-구조주의를 결산해 후배 세대가 그 유산을 상속받을 수 있게 작업합니다. 저는 이것이 아주 유의미하다고 생각합니다. 제 강의 또한 이런 맥락에서 진행하는 것이고요. 노파심에 지적하자면, 포스트-구조주의를 설명하기도 전에 그에 대한 비판부터 소개하는 게 이상해 보일 수도 있습니다. 하지만 꼬여 버린 담론 상황 때문에 불가피하다는 걸 이해해 주세요.

포스트-구조주의에 대한 오해를 걷어 내기 위해서는 첫 번째로 포스트모더니즘과 포스트-구조주의를 구분해야 합니다. 포스트모더니즘과 포스트-구조주의가 역사적으로든 사상적으로든 다른 것이라면, 포스트-구조주의를 간단히 포스트모던 상대주의로 규정할 수는 없겠죠. 이것이 앞서 포스트-구조주의가 미국에 뿌리내린 그 역사를 간략히라도 살핀 이유이기도 하죠. 두 번째로 포스트-구조주의의 사상적 핵심을 정확히 이해해야 합니다. '재현 이전의 원본은 없다, 모든 것은 해석일 뿐이다, 모든 것은 상대적

이다, 그러니 실재, 본질, 사실, 진실, 실체, 몸, 물질과 같은 개념들을 폐기하자, 유일하게 가능한 것은 기호의 유희뿐이다.' 포스트-구조주의를 이렇게 규정하는 것이 완전히 틀리지는 않습니다. 하지만 정확히 하자면 이러한 규정은 포스트모더니즘의 것이지, 포스트-구조주의의 것은 아닙니다. 포스트모더니즘은 이러한 규정에서 한 치도 앞으로 나아가지 못합니다. 반면 포스트-구조주의는 이러한 규정으로부터 지적으로 한 걸음 더 앞으로 나아가는 과정입니다. 그렇기 때문에 포스트-구조주의에서 이러한 규정이 지니는 의미도 포스트모더니즘과는 완전히 다릅니다.

앞서 말했듯 포스트-구조주의 사상의 정신을 가장 명확하게 체현하고 있는 사상가는 데리다이고, 그 데리다의 사상을 가장 명확하게 체현하고 있는 단 하나의 테제가 있다면 그건 바로 '텍스트-바깥은 없다'입니다. 그렇다면 포스트-구조주의 사상을 올바르게 이해하고 이를 포스트모더니즘과 구분하기 위해서는 바로 이 테제를 올바르게 이해해야겠죠. 사람들은 이 테제를 두고 포스트모던 상대주의라고 비난했습니다. 텍스트 바깥에는 실재가 있고 본질이 있고 사실이 있고 진실이 있고 실체가 있고 몸이 있고 물질이 있기 때문이라고 합니다. 텍스트 바깥에 아무것도 없다면 존재도 역사도 없을 것이며 걸프전과 홀로코스트도 없을 것이며 일본군 위안부도 없을 것이고 베트남전에 반대할 명분도 트럼프의 신권위주의를 비판할 근거도 없을 것입니다. 결국 그 어떠한 윤리도 정치도 불가능해질 것입니다. 모든 것은 해석에 달린 것이고 우리에게 허용되는 것은 기호의 유희뿐일 테니까요. 하지만 정말 포스트-구조주의는 이런 주장을 한 것일까요? 포스트-구조주의는 윤리와 정치를 사유할 수 없는 것일까요?

나는 뇌가 아니다

포스트-구조주의의 정신을 체현하고 있는 데리다의 사유에 다가가기 위해 두 권의 책을 맞세우는 전략을 취해 봅시다. 첫 번째 책은 뇌과학자 디크 스왑Dick Swaab이 쓴 『우리는 우리 뇌다』이고, 두 번째 책은 독일의 소장 철학자 마르쿠스 가브리엘Markus Gabriel이 쓴 『나는 뇌가 아니다』입니다.[16] 실제로 가브리엘은 『나는 뇌가 아니다』에서 스왑의 『우리는 우리 뇌다』를 언급하면서 이 책이 '신경중심주의'에 빠져 있다고 비판하는데요. 신경중심주의란 간단히 말해 우리의 정신과 주관을 뇌와 신경으로 환원할 수 있다는 입장입니다. 뇌를 연구하면 우리의 정신까지도 모조리 설명할 수 있다는 거죠. 『우리는 우리 뇌다』의 입장을, 더 나아가서는 뇌과학의 입장을 이렇게 간단히 정리할 수는 없다고 생각하지만, 그래도 가브리엘이 제시하는 논쟁의 구도만큼은 흥미롭습니다.

물론 이러한 논쟁이 새로운 것은 전혀 아닙니다. 철학사 내에서, 그리고 철학과 과학이라는 두 분과학문 사이에서 항상 반복된 것이긴 하죠. 의식철학에서는 뇌에 관한 과학적 연구를 통해 의식의 수수께끼를 풀 수는 없다는, 결국 이는 철학의 문제일 수밖에 없다는 주장도 여전히 존재하는데, 이 또한 동일한 맥락에 속하는 것이라고 보면 됩니다. 물론 의식철학 자체에 대한 저의 무지로 인해 이런 서술에는 이론의 여지가 분명 있을 수 있겠지만요.[17]

논쟁의 구도를 살펴보면, 한편에는 물질이 있고 다른 한편에는 이념이 있습니다. 단순화를 무릅쓰고 조금 더 대립항들을 나열해 보자면, 한편에는 물질, 자연, 우주가 있고 다른 한편에는 관념, 이념, 의미, 정신, 주관, 진리가 있습니다. 그러니까 한편에는 이 물질을 탐구하는 자연과학이 있고 다른 한편에는 관념, 이념, 의미, 정신, 주관, 진리를 탐구하는 철학이 있는 것이죠. 또는 철학사 내에서 이 둘 중 어느 한 편을 자신의 것으로 취하는, 대립하는 입장들이 존재하죠. 자연과학 중 아주 일부의 이야기이지만 이 일부는 관념, 이념, 의미, 정신, 주관, 진리를 물질로 환원할 수 있다고, 이 관념, 이념, 의미, 정신, 주관, 진리는 환각이라고 주장합니다. 이런 식의 태도를 '환원주의'라고 하는데, 특히 오늘날에는 뇌과학이 헤게모니적 학문이 되면서 신경중심주의라는 환원주의가 횡행하게 됩니다.[18]

노파심에 강조하자면, 학계 내에서 진지하게 연구에 임하는 뇌과학자들이 허술하게 신경중심주의를 주장하지는 않는다고 저는 생각해요. 이런 면에서 보면 가브리엘의 뇌과학 비판은 분명 과도합니다. 하지만 대중적 인식의 차원으로, 즉 담론과 여론의 차원으로 하강한다면 오늘날 신경중심주의에 따라 뇌과학을 통해 인간과 사회에 관한 모든 것을 설명하려는 환원주의가 횡행한다는 점을 부정하기는 힘들 것 같습니다. 오늘날 인간과 사회에 관한 모든 것을 '도파민'으로 설명하려는 태도는 너무나 익숙하잖아요? 하지만 뇌과학자들조차 이런 현상을 우려할 거예요. 기본적으로 과학에서는 환원주의를 경계하고 해당 과학이 취하는 유효범위와 한계를 존중하거든요.

어쨌든 이렇게 인간과 사회에 관한 모든 것을 물질로 환원한 뒤 이를 자연과학으로, 조금 더 철학적으로 말하면 기계론적인 방식으로 설명하려는 경향이 한편에 있고, 이에 맞서 인간과 사회에 관한 모든 것에는 물질로 환원되지 않는 관념, 이념, 의미, 정신, 주관, 진리가 존재하며 이는 철학으로 설명할 수밖에 없다고 주장하는 경향이 다른 한편에 있죠. 사실 철학 내에서도 이 두 가지 경향이 반복되는데요. 한편에는 관념, 이념, 의미, 정신, 주관, 진리는 '허구적 가상'으로서 이편에, 즉 물질적 지상계에 놓여 있다고 보는 '상대주의적 경험론'이 있고, 다른 한편에는 이 관념, 이념, 의미, 정신, 주관, 진리가 저편에, 즉 이념적 천상계 또는 예지계에 있다고 보는 '절대주의적 관념론'이 있죠. 철학사에서의 경험론과 관념론 간 대결을 너무 단순하게 요약하는 것이기는 하지만 중요한 것은 직관적인 방식으로 논쟁 구도를 파악하는 것이니 양해 부탁드립니다.

포스트-구조주의에 관한 오해의 핵심은 포스트-구조주의가 이념을 허구적 가상으로 취급하는 상대주의적 경험론이라는 것입니다. 사람들은 포스트모더니즘을 이성과 진리를 부정하는 사상으로 규정하는데, 그러면서 포스트-구조주의 또한 이성을 부정함으로써 관념, 이념, 의미, 정신, 주관, 진리를 부정하고 상대주의적 경험론에 빠지게 된다고 비판합니다. 하지만 논의가 그렇게 단순하지는 않습니다.

다시 신경중심주의의 문제로 돌아오자면, 자연과학, 특히 뇌과학으로 인간과 사회에 관한 모든 것을 설명할 수 있다는 오늘날의 지배적인 사유 경향에 맞서 영국의 로저 스크루턴 Roger Scruton은 『인간의 본질』이라는 저서에서 물질로 환원되지 않는 인간의 본질이 있다고 주장합니다.[19] 특히 인간이 '상호인격적 관계 속의 주체'이며, 자연과학이 객체만을 다룰 수 있는 것과 달리 철학은 바로 이 주체를 자신의 대상으로 취해 다룰 수 있다고 주장합니다. 그리고 인간이라는 부류의 성격이 온전히 생물학적인 용어로만 규정될 수는 없으며 오히려 '상호인격적 관계의 그물망'을 통해서 이해된다고 주장하고, 바로 이 주체적 관계가 인간을 '이 세상에 속하지 않으며 육체를 지니지 않는 인격적 존재'로 이끌어 준다고 주장합니다. 여기에서 말하는 '이 세상에 속하지 않으며 육체를 지니지 않는 무엇인가'가 바로 관념, 이념, 정신, 주관, 진리겠죠. 이 세상에, 즉 이편에, 지상계에, 감성계에 속하지 않으며 저편에, 천상계에, 예지계에 속하는 진리 말입니다. 스크루턴은 근대 유럽 대륙철학 연구자답게 철학의 입장을, 그중에서도 특히 절대주의적 관념론의 입장을 잘 대변합니다. 그는 이를 '인간의 본질'이라고 표현하고 있으며, 자연과학이, 특히 생물학이 인간의 본질을 부정하고 인간을 동물의 지위로 환원하는 데에 반대하면서 인간의 본질의 자리를, 진리의 자리를, 결국 철학의 자리를 보존하고자 노력합니다.

이러한 논쟁 구도 속에서 우리는 어떤 입장을 취해야 할까요? 물론 제가 정답을 제시할 수는 없겠죠. 하지만 우리는 첫 번째로 우리 강의의 출발점이었던 소아청소년과 전문의 강병철 선생님의 주장이 어디에 놓여 있는지 파악해야 하며, 두 번째로 그렇다면 포스트-구조주의의 입장은 어디에 놓여 있는지 파악해야 합니다. 우선 강 선생님의 입장은 단순화를 무릅쓰고 규정하자면 자연과학을 통해 환원주의적인 방식으로 인간과 사회를 설명하는 것이라고 볼 수 있죠. 그러니까 강 선생님에게서 사회와 문화 내 규범의 이분법과 차별은 거짓, 가상, 허상 같은 것에 불과한 거예요. 이런 입장 속에서는 오히려 이 규범을 진지하게 분석하는 게 불가능해진다고 저는 생각해요. 짐작하겠지만, 제가 생각하는 정답은 포스트-구조주의의 입장입니다. 그래서 이 문제와 관련해 포스트-구조주의의 정신을 체현하고 있는 데리다의 사유를 검토해야 하는 것이고요.

그렇다면 포스트-구조주의의 입장은 이 논쟁 구도 속에서 어디에 위치할까요? 자연과학과 철학 사이의 논쟁 구도에서 철학사 내 논쟁 구도로 다시 이동하자면요. 사람들이 말하듯 포스트모더니즘은 이성을 불신함으로써 절대적 진리는 없다는 상대주의에 빠지게 됩니다. 그래서 포스트모더니즘과 마찬가지로 포스트-구조주의도 절대주의적 관념론이 아니라 상대주의적 경험론에 빠져 있고, 심지어 앨런 소칼과 장 브리크몽이 『지적 사기』에서 '폭로'하듯 포스트-구조주의는 자연과학에 대한 잘못된 이해 속에서 자연과학을 착취하고 남용하고 있기에 그조차 자연과학과 달리 제대로 된 경험론도 아닌 것이죠. 이제 제가 논쟁 구도를 굳이 조금 더 복잡하게 짜서 자연과학 대 철학이라는 구도와 철학사 내에서의 상대주의적 경험론 대 절대주의적 관념론이라는 구도를 겹쳐 놓은 이유를 알겠죠.

미셸 푸코와 노엄 촘스키 Noam Chomsky가 1971년 네덜란드에서 TV 토론을 한 적이 있습니다. 그 결과물이 『촘스키와 푸코, 인간의 본성을 말하다』[20]로 국내에 소개되어 있는데요. 이 토론의 중심 주제인 '인간의 본성', 즉 스크루턴 식으로 말해 '인간의 본질'에 한번 주목해 봅시다. 이 토론에서 촘스키는 처음부터 끝까지 인간의 본질이 존재한다고 말하고, 푸코는 처음부터 끝까지 인간의 본질 같은 건 없다고 주장합니다. 그러니까 촘스키나 스크루턴과 달리 푸코는 인간의 본질이 저편에 존재한다는 절대주의적 관념론을 거부하는데, 이것이 포스트-구조주의의 기본적인 입장이죠. 알튀세르는 인간의 본질이 존재한다는 철학적 입장을 '이론적 인간주의'라고 명명하며 강하게 비판한 바 있습니다.

다른 한편으로 보자면, 문제는 푸코를 포함한 포스트-구조주의자들이 상대주의적 경험론을 주장한 것도 아니라는 겁니다. 이들은 저편에 어떠한 진리가 존재하는 것이 아니라 물질로 이루어져 있는 이편에서의 경험만이 존재하기에 진리는 없다는 식의 상대주의를 주장하지 않았습니다. 포스트-구조주의를 비판하는 이들의 저작인 『지적 사기』나 『진실 따위는 중요하지 않다』만 보더라도, 오히려 이들에 따르면 포스트-구조주의는 이성을 불신함으로써 자연과학을 거부한다죠. 하지만 자연과학의 기초는 경험에 대한 탐구니까, 이들에 따르면 포스트-구조주의는 경험론적 성향이 아니라 반경험론적 성향을 가지는 것인데요. 여기에서 제가 개념들을 마구 뒤섞고 있다고 보는 분도 있겠지만, 이는 전적으로 포스트-구조주의 비판가들이 만드

첫 번째 강의
기호와 텍스트, 그리고 규범에 관한 사유로서 포스트-구조주의

는 혼동으로부터 기인하는 것입니다.

　이러한 복잡한 논쟁 구도는 포스트-구조주의를 비판하는 여러 입장들이 생각하는 포스트-구조주의라는 게 서로 다르고 심지어 모순되기까지 하다는 사실을 우리에게 알려 줍니다. 결국 포스트-구조주의의 주장을 편견 없이 듣고 이해한 뒤 비판하는 입장이 별로 없다는 거죠. 특히 여기에서 우리가 따져 물어야 할 것은 물질과 이념 간 대립에서 이념을 물질로 환원하는 입장과 물질을 이념으로 환원하는 입장 모두가 처한 곤란입니다. 한편에서, 이념을 물질로 환원하는 입장, 즉 신경중심주의 등에 따르면, 자연과학적 진리란 도대체 어디에 있는 것일까요? 그 또한 뇌의 환각에 불과한 것 아닐까요? 그렇다면 이 모든 자연과학적 논의의 진리는 어떻게 담보될까요? 다른 한편에서, 물질로부터 벗어난 이념의 자리를 마련하려는 입장, 즉 인간의 본질을 철학적으로 이론화하는 이론적 인간주의에 따르면, 이 인간의 본질은, 즉 인간의 진리는 이 기계적 우주로부터 어떻게 발생하는 것일까요? 그런 것이 아니라면 진리라는 것은 본원적으로, 결국 '천상에' 존재하는 것이고 이를 우리가 알 수 없는 어떠한 '계시'를 따라가 발견하면 되는 것일까요? 인간의 진리와 자연의 진리는 같은 것인가요, 아니면 다른 것인가요? 이론적 인간주의는 이런 물음들에 대해 적절한 답변을 제시하지 못하고 있습니다. 저의 관점에서는 양편 모두 인간의 진리이든 자연의 진리이든 진리 그 자체를 부당전제하고 있을 뿐입니다.

　포스트-구조주의는 어떨까요? 이성을 불신함으로써 도출되는 포스트모던 상대주의로서 포스트-구조주의는 한편에서는 진리를 포함한 모든 것이 언어 또는 사회에 의해 구성된다는 구성주의를 주장하고, 다른 한편에서는 모든 것을 기호의 유희로 환원하는 방식으로 이루어지는 자연과학에 대한 착취와 오용 속에서 물질 또는 경험의 가치를 박탈하는 반과학주의를 주장합니다. 그러니까 철학에도 자연과학에도 자신의 자리를 마련하지 않으며, 절대주의적 관념론으로도 상대주의적 경험론으로도 나아가지 않는 포스트-구조주의.

여기에서 우리는 포스트-구조주의에 대한 우리 시대의 끈질기고 집요한 혐오의 토대에는 바로 '진리는 없다'는 '상대주의'가 놓여 있다는 것을 파악할 수 있습니다. 앞서 우리는 이를 실재와 본질이라는 관념을 중심으로 언급했던 건데요. 자연과학, 철학, 절대주의적 관념론, 심지어 자연과학의 진리성을 배제하지 않는다는 점에서는 상대주의적 경험론까지도, 이 모든 입장이 취하는 공통 기반은 바로 진리예요. 하지만 포스트-구조주의는 이성을 불신함으로써 진리를 부정하는 포스트모던 상대주의라는 점에서 이 모든 입장들의 공격을 받을 수밖에 없습니다. 포스트-구조주의에 관한 이 모든 공격들의 핵에 진리가, 결국 상대주의가 있다는 점을 알아야 합니다. 하지만 과연 포스트-구조주의는 포스트모던 상대주의일까요?

데리다의 포스트-구조주의 개요

이제 데리다의 포스트-구조주의를 설명해 보겠습니다. 사실 알튀세르, 푸코, 버틀러에 관한 이어지는 강의들에서와 마찬가지로 여기에서도 저는 '데리다를 어떻게 읽을 것인가?'라는 질문을 제기하고 그에 대한 답변을 여러분에게 드려야 할 텐데요. 저에게는 그럴 지식과 능력이 없습니다. 그래서 저는 국내 데리다 전문가 중 한 명인 김민호 선생님이 역서『비밀의 취향』에 관한 강연에서 자신의 박사학위 논문에 기반해 제출한 답변, 즉 데리다 사상 전체에 관한 해설에 의거해 보고자 합니다.[21]

김 선생님은 이 해설에서, 데리다 철학의 일부가 아니라 데리다 철학 전체에 접근하기 위해서는 '텍스트-바깥은 없다'라는 말도 많고 탈도 많은 그의 테제를 정확히 이해하는 것을 목표로 삼아야 한다고 강조합니다. 조금 더 구체적으로는 이 목표를 달성하기 위해 데리다가 '상속받은' 문제로부터 데리다가 '발명한' 문제로 나아가는 행보를 취해야 한다고 강조합니다. 그래서 김 선생님이 최근에 출간한, 이번 강의의 핵심 교재인 『데리다와 역사』의 도달점 또한 '텍스트-바깥은 없다'라는 테제에 대한 해명인 거죠.

제가 여기서 제시하는 데리다철학 전체에 관한 해설은 김 선생님의 이러한 답변을 중심으로, 진태원 선생님, 김상환 선생님, 주재형 선생님, 강선형 선생님과 같은 국내 데리다 연구자들의 연구 성과를 제 식대로 정리해 교양대중이 조금 더 쉽게 접근할 수 있도록 푸는 것에 불과합니다. 이 점을 꼭 기억해 두고, 반드시 제가 제시하는 참고문헌들, 그중에서도 특히 『데리다와 역사』를 강의 이후 직접 읽어 보기를 바랍니다.

발리바르가 『개념의 정념들』 1부 「진리의 역사」에서 설명하고 있듯, 현대 프랑스철학의 판별적 특징은 '진리의 역사'라는 화두를 사유한다는 것이죠. 마찬가지로 데리다 또한 철학사로부터, 구체적으로는 후설로부터 진리의 역사의 문제설정, 결국 '진리와 시간'이라는 문제를 상속받는데, 이를 김 선생님은 '진리와 시간의 교착어법'으로 정식화합니다. 김 선생님과 발리바르의 설명에 따르면, 영미 분석철학을 포함한 '영미적 사유'와 현대 프랑스철학을 포함한 '프랑스적 사유'는 진리를 사유하는 방식에서 서로 분기하는데요. 영미적 사유는 심리-경험적 주체가 자신의 마음mind과 신체를 수단으로 외부 세계, 실재, 사물을 '인지recognition'하고 이를 참·거짓을 판단할 수 있는 문장으로서 명제에 적용해 그 명제의 참·거짓을 판단함으로써 참, 즉 진리를 획득하는 '명제적 진리관'을 제출하죠. 이러한 영미적 인식론을

'인식이론theory of knowledge/théorie de la connaissance 또는 gnosiology/gnoséologie'이라고 부르는데, 그 핵심 목표는 올바른 인식의 조건 또는 토대를 확립해 인식을 법적으로 보증하는 것입니다. 물론 이러한 정리는 영미적 사유에 대한 과도한 일반화인데, 프랑스적 사유와의 비교를 위한 것이니 양해를 부탁드립니다.

반면 프랑스적 사유는 진리가 시간, 즉 역사 내에서 어떻게 운동하는지를, 특히 그 변증법적 측면에 집중해서 사유합니다. 물론 여기에서 변증법이란 표현은 헤겔적인 것을 넘어서는 상당히 넓은 의미로 받아들여야 합니다. 김 선생님은 이 운동을 지시하기 위해 진리와 시간의 '교착어법chiasme'이라는 표현을 쓰는데, 다르게 말해 이를 '교차' 또는 '상호-얽힘' 또는 '키아즘'이라 부를 수도 있겠죠. 이러한 프랑스적 진리관은 '인식론' 또는 '에피스테몰로지epistemology/épistémologie'라고 부르며, 심리-경험적 주체가 올바른 인식을 획득할 수 있는 인식의 조건 또는 토대를 확립해 인식을 법적으로 보증하는 문제가 아니라, 인식의 가능조건이란 곧 불가능조건이라는 관념하에 진리가 역사 내에서 어떻게 운동하는지, 진리와 시간은 어떻게 서로 얽혀 있는지를 탐구합니다. 「진리의 역사」에서 발리바르는 이를 '진리의 역사'라는 표현으로 집약하며 프랑스철학 내에서 이 표현의 역사를 추적하고, 결국 이 진리와 시간의 교착어법의 문제설정이 프랑스철학 내에서 파스칼Blaise Pascal에서부터 시작되었으며 데리다를 포함한 많은 현대 프랑스철학자들, 특히 조르주 캉길렘, 미셸 푸코, 알랭 바디우 등에게 공통된 것이라는 결론을 내리죠.

진리와 시간이라는 개념쌍에 대한 데리다 사유의 출발점은 진리와 시간 또는 역사가 서로를 배제한다는 문제를 해결하는 것입니다. 김 선생님의 도식적인 설명을 가져오자면, 한편에는 '무시간적이고 몰역사적인 진리'

가 있고, 다른 한편에는 '유동하고 변전하는 시간', 즉 '역사'가 있습니다. 당연한 이야기이지만, 진리는 시간적이어서는 안 되고 역사적이어서는 안 되죠. 그 정의상 어디에서나 변하지 않고 모두에게 통용되어야 하는 것, 그러니까 '반복가능한 것'이자 '보편타당한 것'이 진리입니다. 특히 영미적 사유에서는 그렇죠. 그래서 일반적으로 진리를 무시간적이고 몰역사적인 것이라고 규정하고요. 유동하고 변전한다는 건, 철학에서는 변전 대신 '생성변화becoming/devenir'라고도 하는데, 시간 또는 역사의 특징이죠. 그리고 이 중에서 전자, 즉 무시간적이고 몰역사적인 진리를 사유하는 것이 바로 철학입니다. 반면 유동하고 변전하는 시간을 사유하는 것은 역사학을 중심으로 한 몇몇 다른 분과학문들일 테고요.

김민호 선생님이 지적하듯, 데리다는 진리의 편에 '구조' 또는 '기원'을, 시간의 편에 '발생' 또는 '사건'을 배치하면서 서로 배제적인 이 둘을 동시에 그리고 함께 사유하고자 시도합니다. 초기 데리다는 후설 현상학에 대한 비판을 통해 '사변적이고 본질적인 문제의식', 즉 철학이 항상-이미 경험적 즉 역사적이며, '경험론적 문제의식', 즉 역사가 항상-이미 사변적 즉 철학적이라는 테제를 이끌어 내죠. 데리다의 표현에 따르면 '가장 원본적인 구성적 원천에 도달하는 바로 그때 구성된 것이 항상-이미 거기에 있기'에, 즉 역사가 항상-이미 거기에 있기에, 시간 속에서만 사유를, 철학을 개시할 수 있다는 것입니다. 다르게 말하면, 기원을 보호하기 위해서는 발생을 희생시킬 수밖에 없다는 기원적 사유를 데리다는 거부합니다. 바로 이러한 거부를 위해 기록, 문자기록, 글쓰기 등으로 번역 가능한 '에크리튀르écriture' 개념이 도입되는 겁니다.

우리가 진리를 과거로부터 어떻게 상속받았는지 생각해 보면 에크리튀르 개념이 쉽게 이해됩니다. 우리는 그것이 문자의 형태이든 영상의 형태이든 소리의 형태이든 기록장치에 의해 기록물질에 기입된 진리를 학교라는 제도 등으로부터 배워서 상속받죠. 그렇다면 이러한 기록장치와 기록물질을 단순히 부차적인 것으로만 볼 수 있을까요? 여기에서 장치와 물질은 세 번째 강의에서 배울 알튀세르에게서와 동일한 것으로 봐도 되는데요. 데리다의 문제의식의 핵심은 이러한 기록장치와 기록물질이 진리를 전달하는 부차적인 수단이 아니라 '진리의 가능조건'이라는 점에 놓여 있습니다. 역사시대 이후 인류는 지금까지 여러 기록장치와 기록물질을 수단으로 진리를 한 세대에서 다음 세대로 전승해 왔습니다. 오늘날의 우리는 이렇게 기록장치와 기록물질을 통해 아주 오랜 시간 이어지며 발전된 그러한 진리를 상속받는 것이죠. 이러한 기록 그 자체를 데리다는 에크리튀르라고 개념화하는 것입니다.

에크리튀르는 데리다가 기원을 대신해 도입하는 개념으로, 진리와 시간의 가능조건으로서 '가장 역사주의적인' 철학적 개념이죠. 데리다는 진리가 기록물질과 기록장치를 수단으로 상속되는 것이라고 주장하면서, 진리의 상속을 위해서는 에크리튀르에 의한 기입이 필요불가결하다고 주장합니다. 즉 진리는 에크리튀르를 매개로 시간 또는 역사와 마주치는 것입니다. 진리는 에크리튀르를 통해서만 상속되고 생을 누리게 되는 것이죠. 데리다는 더 나아갑니다. 진리는 바로 이 에크리튀르를 통해서 '생산'된다는 테제로까지 나아갑니다. '발견'되는 순간에 단순히 발견되는 것이 아니라 '생산'되는 것이라고요. 진리가 발견되는 것인지, 생산되는 것인지 정확히 결정할 수 없다는 건데요. 진리는 생산될 때는 항상-이미 자명했던 것 즉 반복가능한 것으로 발견되고, 발견될 때는 전대미문의 새로운 것으로 생산된다는 역설이죠.[22]

정리하자면, 데리다에게 에크리튀르는 '진리의 장소'입니다. 철학에서는 이 진리를 '이념'이라고도 부르는데요. 그래서 진리 또는 이념은 이곳에도 없고 저곳에도 없고, 여기에도 없고 저기에도 없고, 차안에도 없고 피안에도 없고, 지상계에도 없고 천상계에도 없고, 감성계에도 없고 예지계에도 없습니다. 이념적 진리는 이 두 항 사이에 있는데, 그게 바로 진리의 장소로서 에크리튀르입니다. 김민호 선생님이 설명하듯, 지상계 또는 감성계에 진리를 유폐시키는 것, 결국 진리를 다른 무엇인가로 환원시키는 것을 '심리-경험주의'라고 부를 수 있다면, 천상계 또는 예지계에 진리를 유폐시키는 것을 '플라톤적인 논리주의'라고 부를 수 있겠죠. 앞서 우리는 '상대주의적 경험론'과 '절대주의적 관념론'이라는 표현을 활용한 바 있는데 동일한 이야기입니다.

    사람들은 데리다의 이러한 논의가 결국 진리의 불가능조건에 주목하는 것이라고, 취약하디 취약한 기록장치와 기록물질의 파괴가능성으로 인한 진리의 소멸가능성에 주목하는 것이라고만 생각해 왔습니다. 하지만 진태원 선생님 또한 강조하듯 데리다에게 가능조건은 곧 불가능조건이지만 동시에 불가능조건은 곧 가능조건이라는 점을 잊어서는 안 되죠.[23] 에크리튀르가 진리의 장소라는 건 오히려 어떠한 가능성, 즉 진리 생산의 가능성이기도 한 것입니다. 그런데 모든 진리는 기록되고 전승되어야 하며 이러한 기록물질이 진리의 장소라는 점에 동의한다고 해도, 바로 이 에크리튀르가 진리를 생산한다는 점에는 동의하지 못할 수도 있을 것 같아요. 하지만 특히 김민호 선생님은 데리다의 독특한 기호학을 통해 바로 이 에크리튀르가 진리를 생산한다는 점을 해명하고 강조합니다. 이미 어딘가에 놓여 있는, 즉 '이미 처방받은prescribe' 진리를 에크리튀르에 '전사transcribe', 즉 옮겨 적는 것이 아니라요. 이 점을 파악하기 위해서는 데리다의 역사관, 즉 시간관을 간단히 살펴볼 필요가 있습니다. 우리는 지금 진리와 역사, 즉 시간 간 관계에 대한 데리다의 사유를 톺아보고 있으니까요.

김민호 선생님이 설명하듯, 데리다의 시간관을 이해하기 위해서는 철학사 내의 시간에 관한 두 가지 개념화를 배경으로 취해야 합니다. 한편에는 과거의 현재 → 현행의 현재 → 미래의 현재로 이어지는 '크로노스의 자연학적 시간'이 있습니다. 여기에서 자연학은 물리학의 옛 이름이니까, 물리학에서 다루는, 특히 측정하는 그런 시간이라고 보면 됩니다. 다른 한편에는 사건들이 돌발하는 '카이로스의 형이상학적 시간'이 있습니다. 이 두 번째 시간이 문제인데, 이 형이상학적 시간은 자연학적 시간의 흐름을 뒤틀리게 만들기 때문입니다.

데리다의 시간관으로부터 저 유명한 그의 '사건' 개념이 도출되는데요. 사건은 진리와 사실 사이에 놓여 있습니다. 진리의 본질은 당연히 '보편타당성'이죠. 이 보편타당성이란 다르게 말하면 '반복가능성'입니다. 데리다 기호론과 관련해 반복가능성 개념이 중요하니까 이 표현에 주목해 주세요. 진리는 어떠한 시간과 공간에서도 반복가능한 것입니다. 반면 사실은 일회적이고 독특한 것이죠. 김 선생님의 설명대로 사건이란 사실들 중에서 이 사실과 대립되게도 진리가 된 것, 즉 반복되는 유의미한 것이 된 것이며, 그래서 진리와 사실 사이에 놓여 있는 사건은, '독특한 진리'이자 '보편적 사실'이라 말할 수 있죠.

그런데 시간과 관련해 중요한 것은, 우리는 사건을 애초부터 사건이라 인지하고 규정할 수 없으며, 더 나아가 사건이 애초부터 사건인 것은 아니라는 점입니다. 사건은 사후적으로, 즉 크로노스의 자연학적 시간 속 미래와는 다른 카이로스의 형이상학적 시간 속 '장래'에 우리가 어떠한 힘을 가하고 의미를 부여함으로써 사건이 됩니다. 물론 아무 사실이나 그것이 가능한 게 아니라, 사건이 될 수 있는 어떠한 에너지를 품고 있는 사실에만 그것이 가능합니다. 하지만 어떠한 사실에 그것이 가능한지 아닌지 또한 사후적으로만 알 수 있습니다. 시간성이 완전히 꼬여 있기 때문입니다.

여기에서 힘을 가하고 의미를 부여한다는 것을 에크리튀르와 곧장 연결시켜 볼 수 있는데요. 어떠한 사실에 힘을 가하고 의미를 부여해 이를 사건화한다는 것은 결국 이를 '기록한다', '기입한다', '쓴다'는 것과 다르지 않습니다. 이렇게 사건과 에크리튀르 개념은 직접적으로 연결되는데, 여기에서 중요한 것은 이 사건과 에크리튀르 개념 모두에서 과거의 현재 → 현행의 현재 → 미래의 현재로 이어지는 크로노스의 자연학적 시간이 완전히 뒤틀려 버린다는 것입니다.[24]

이제 자연스럽게 시간성의 뒤틀림이라는 다음 단계로 넘어가게 되는데요. 김민호 선생님의 정리에 따르면, 진리와 시간의 교착어법은 데리다가 자신 이전의 철학사로부터 상속받은 문제이고, 이러한 시간성의 뒤틀림, 그러니까 '또 다른 시간성', '또 다른 역사성'으로서의, '동시성 내부의 시대착오'로서의 해체는 데리다가 철학사 내에서 발명한 문제입니다.[25] 김 선생님에 따르면 데리다는 현전과 부재 사이의 무엇인가로서 '부재의 고유한 현전'을 사유하고자 하는데, 이를 위해 데리다는 선형적 시간성이라는 관념을 '고장' 냄으로써 '시간을 이음매에서 빼내고자' 합니다. '시간이 이음매에서 빠져 있다'는 표현은 데리다가 자신의 주저 『마르크스의 유령들』에서 인용한 셰익스피어 『햄릿』의 표현입니다.[26] 김 선생님은 이를 '동시성 내부의 시대착오'로서의 해체라고 정식화한 것이죠. 그리고 이러한 정식화에서 핵심이 되는 관념이 바로 '현재의 자기 자신과의 비동시성'입니다. 현재가 자기 자신과 비동시적이기에 과거의 현재 → 현행의 현재 → 미래의 현재로 이어지는 선형적 시간이란 존재하지 않고 시간 그 자체가 뒤틀려 있다는 것이죠. 이러한 현재의 자기 자신과의 비동시성은 사실 알튀세르 또한 1965년

의 저서 『『자본』을 읽자』에서 활용하는 것인데, 1960년대 현대 프랑스철학은 이러한 뒤틀린 시간성을 공통적으로 사유했다고 보아도 무방합니다. 푸코 또한 1966년의 저서 『말과 사물』의 결론부에서 탈근대 에피스테메épistémè의 도래를 논하며 암묵적이기는 하지만 뒤틀린 시간성을 자신의 것으로 취하거든요.

이 점을 인지하고 있으면 데리다 철학도 어느 정도 이해 가능해집니다. 한편에는 과거와 현재의 동시성으로서 '항상-이미always-already/toujours-déjà'의 시간성이 존재하고, 다른 한편에는 현재와 미래의 동시성으로서 '도래할-것to-come/à-venir'의 시간성이 존재합니다. 현재의 자기 자신과의 비동시성, 즉 뒤틀린 비선형적 시간이란 바로 이 두 가지 시간성으로 구성되어 있는 것이죠. 이는 앞서 지적했던 데리다 사상의 전반기와 후반기의 구분, 상속받은 문제와 발명한 문제의 구분과도 어느 정도 일치합니다.

김 선생님이 지적하듯, 이로써 데리다가 벼려 낸 개념들 또한 이 두 가지 시간성에 따라 분류 가능합니다. 과거와 현재의 동시성을 사유하기 위해 데리다가 마련한 항상-이미의 개념들이 바로 에크리튀르, 흔적, 아카이브 등이고, 현재와 미래의 동시성을 사유하기 위해 데리다가 마련한 도래할 것의 개념들이 바로 사건, 책임성, 환대, 용서, 애도, 메시아주의 없는 메시아적인 것, 유령, 타자 등입니다. 항상-이미의 개념들은 데리다가 대체로 초기에 벼려 낸 개념들이고, 도래할-것의 개념들은 데리다가 대체로 후기에 벼려 낸 개념들입니다. 물론 이는 아주 도식적인 정리일 뿐입니다. 유령이나 타자 같은 개념을 통해 알 수 있듯 이 모든 개념들이 사실은 이 두 시간성 모두에 동시에 속하기 때문입니다. 데리다 사유에서는 시간성이 뒤틀려 있기 때문에 그의 개념들을 두 가지 시간성으로 일관되게 분류하는 것은 애초 무의미합니다.

데리다 사유 전체를 관통하는 개념 두 가지를 꼽으라면 결국 차연과 해체일 텐데, 특히 차연과 해체는 이 두 시간성 모두에 속하는 개념들로, 두 부류로 나뉘는 앞서 언급한 모든 개념들이 바로 이 차연과 해체라는 개념의 파생 개념들이죠. 현재의 자기 자신과의 비동시성을 사유함으로써 현재 관념을 탈구시키는, 차연과 해체를 중심으로 두 가지 시간성에 따라 분류되는 이 개념들 모두는 현전의 형이상학을 해체합니다. 현전의 형이상학은 '현행의 현재'를, 그러니까 과거와 미래를 무시하고 내 눈앞에 지금 여기에서 생생하게 현전하고 있는 현재를 특권화하는 사유를 의미합니다. 이러한 현전의 형이상학은 항상-이미도, 도래할-것도 사유하지 못하죠. 이제 김상환 선생님의 설명을 따라 차연, 해체 등의 개념들을 정리해 봅시다.

김상환 선생님도 데리다의 사유에 사회철학, 정치철학으로의 전회란 없다고 지적합니다.[27] 김 선생님의 정리에 따르면, 물론 데리다가 초기에는 문자학 즉 그라마톨로지grammatologie에서 출발해 후기에 유령학 즉 타자론에 도달하는 것은 사실입니다. 데리다는 초기의 문자학 즉 그라마톨로지를 통해 항상-이미의 시간성을 사유하면서 에크리튀르, 흔적, 아카이브 등의 개념들을 벼려 내는 데에 집중하면서 철학사와 대결하는 반면, 후기의 유령학 즉 타자론을 통해 도래할-것의 시간성을 사유하면서 사건, 책임성, 환대, 용서, 애도, 메시아주의 없는 메시아적인 것, 유령, 타자 등의 개념들을 벼려 내는 데에 집중하면서 사회철학, 정치철학, 즉 '실천학'을 행하죠. 하지만 이러한 사유 운동의 일관된 중핵은 해체론이고, 이 모든 개념은 차연과 해체라는 개념으로부터 파생된 것들입니다. 그래서 데리다 사유에 전회란 없단 거예요.

사실 알튀세르, 푸코, 버틀러 또한 마찬가지입니다. 우리가 피상적 독해에 따라 이 사상가들에게서 어떤 전회가 있다고 강변하곤 하지만, 깊이 독해해 보면 그들의 사상은 특정한 한 가지 화두와 죽을 때까지 씨름하고 있다는 점을 발견할 수 있습니다. 데리다는 『비밀의 취향』에서 이를 '정말 단조로울 수도 있는 특정한 고집'이라고 표현하기도 하죠.

김상환 선생님이 제시한 정의를 가져오자면, 차연이란 '사물들 사이에서 어떠한 구별이 성립하는 역동적 과정'으로서, '시간적 차이 내기' 즉 '시간-화'와 '공간적 차이 내기' 즉 '공간-화' 또는 '사이-화'를 하나로 엮는 개념입니다. 이 차연은 모든 대립적 이항 사이에 숨어 있는 '궁극적 결정불가능성'을 표기하며, '현전과 부재의 중간'인 '흔적'의 양태로만 나타나면서 개념화에 저항하는 것입니다. 데리다는 이러한 차연 개념을 통해 음성중심주의를 포함한 현전의 형이상학을 해체합니다.[28]

조금 더 쉽게 설명해 보면요. 가령 배세진이라는 사람을 포함해 모든 사물은 시간과 공간에서의 변화를 겪죠. 하나의 사물은 시공간의 변화 속에서 자기 자신과는 다른 사물이 됩니다. 아무리 내가 어제도 오늘도 배세진이라 해도 어제와 오늘 나의 신체는 변화하죠. 그럼 어제의 내가 진짜 나일까요, 오늘의 내가 진짜 나일까요. 어제도 오늘도 내가 배세진이라면, 그 동일성의 근거는 무엇일까요.

나의 동일성은 붙잡을 수 없습니다. 붙잡으려 뒤를 돌아보아도 이미 어제의 나와 오늘의 나 사이에는 차이가 존재해요. 동일성을 찾으려 해도 궁극적으로 내가 만나는 것은 차이와 지연, 즉 차연뿐입니다. 우리가 만날 수 있는 것은 흔적의 양태로 존재하는 궁극적 결정불가능성뿐인 거죠. 현전의 형이상학이 말하는 생생한 현재 같은 건 없는 거예요. 배세진으로서의 내가 나의 본질이자 실재, 즉 기원을 찾고자 그곳으로 절망적으로 거슬러 올라간다고 해도, 내가 만나게 되는 것은 오직 차연뿐입니다. 하지만 그럼에도 내가 어제, 오늘, 내일 모두 배세진으로 '반복가능'하다면, 여기에는

첫 번째 강의
기호와 텍스트, 그리고 규범에 관한 사유로서 포스트-구조주의

어떠한 '자기지시성'이 있는 것 아닐까요?

'텍스트-바깥은 없다'

　　차연과 해체를 중심으로 일관된 방식으로 짜여 있는 데리다 철학의 개요를 이해했으니, 이제는 이러한 데리다 철학의 정신을 표현하는 단 하나의 테제 '텍스트-바깥은 없다'를, 결국 데리다의 기호론을 살펴보죠. 데리다의 철학이 다른 포스트-구조주의자들의 철학보다도 훨씬 더 포스트-구조주의의 정신을 강하게 체현하고 있다고 앞서 말했습니다. 그러니까 이 테제를 이해한다면 포스트-구조주의의 정신을 효율적이고 정확하게 이해할 수 있겠죠. 그래서 김민호 선생님 또한 『데리다와 역사』라는 책 전체를 통해 궁극적으로는 '텍스트-바깥은 없다'라는 테제를 해명하는 것입니다.

　　우선 이 '텍스트-바깥은 없다'라는 테제가 데리다의 기호론 즉 '그라마톨로지' 또는 '문자학'의 결론이라는 점을 알아야 합니다. 데리다는 에크리튀르에 관한 학문으로서 그라마톨로지를 '기호의 자의성에 관한 학문'이라고 표현하는데, 기호의 자의성이라고 하면 소쉬르의 관념과 혼동될 수 있기 때문에 김 선생님의 논의를 염두에 두면서 그라마톨로지를 '기호의 해방에 관한 학문'으로 이해하면 어떨까 저는 제안합니다. 데리다의 기호론은 기호의 해방을 모색하는 학문으로서 그라마톨로지인 것이죠.

　　그렇다면 기호는, 더 나아가 텍스트는 무엇으로부터 해방되어야 할까요? 우선 기호와 텍스트 개념을 간단히 정리해 둡시다. 기호의 핵심 특징은 반복가능성입니다. 기호는 시공간의 변화에도 불구하고 항상 그것으로 반복될 수 있어야만 기호일 수 있습니다. 제가 방금 칠판에 그린 못생긴 기린 그림은 기호가 아니죠. 반복될 수 없기 때문입니다. 이 반복가능성이란 특징이 기호를 다른 여러 그림들 또는 표시들로부터 구분해 주는 것이죠. 데리다에게 기호가 가지는 유일한 특징은 바로 반복가능성입니다. 텍스트는 바로 이러한 기호들로 이루어진 실로 짜인 직물입니다. 에크리튀르란 이러한 텍스트를 생산하는 기록과 기입을 의미하죠. 그리고 우리가 일반적으로 기호의 삼각형이라 부르는 것은 기표, 기의, 지시체라는 세 가지 꼭짓점으로 이루어져 있는데요. 소쉬르적 맥락을 강조할 것이 아니라면 기표를 기호로, 기의를 의미로 바꿔 읽어도 괜찮습니다.

김 선생님의 설명에 의거하면, 데리다는 자신의 기호론 즉 그라마톨로지를 통해 이 기표 즉 기호와 이 기호들의 연쇄로서의 텍스트를 삼중으로 해방시키는 기획에 착수합니다.[29] 첫 번째로, 실재론적 차원에서 텍스트는 '지시체'로부터 해방되어야 합니다. 즉 텍스트는 이 텍스트가 가리키는 현실 또는 실재로부터 해방되어야 합니다. 예를 들어 사과라는 기호는 현실의 사과로부터 해방되어야 합니다. 두 번째로, 관념론적 차원에서 텍스트는 '기의' 또는 '의미'로부터 해방되어야 합니다. 즉 텍스트는 이 텍스트가 의미하는 바로부터 해방되어야 합니다. 예를 들어 사과라는 기호는 이 기호의 의미인 사과로부터 해방되어야 합니다. 세 번째로, 주관주의적 차원에서 텍스트는 '말뜻', '의지', '주관'으로부터 해방되어야 합니다. 즉 텍스트는 이 텍스트를 생산한 주체의 주관으로부터 해방되어야만 합니다. 예를 들어 사과를 먹고 싶어서 사과라고 말한 이의 의지와 욕망 또는 의도 등으로부터 해방되어야 합니다.

김 선생님이 강조하듯 포스트-구조주의 이전 논의들이 기호 또는 텍스트가 지시체, 의미, 주관에 비하면 '영원히 열등'하며 이 지시체, 의미, 주관이라는 심급이 텍스트를 텍스트 바깥에서 규제, 감독, 지배, 관장하는 지고의 원리라고 주장한 데 반해, 데리다, 더 나아가 포스트-구조주의 전체는 기호 또는 텍스트가 지시체, 의미, 주관으로부터 해방되어 있다고, 또는 해방되어야 한다고, 해방될 수 있다고, 해방될 수밖에 없다고 혁신적으로 사유합니다.

그래서 '텍스트-바깥은 없다'라는 데리다의 테제는, 역시 김 선생님의 명쾌한 정리에 의거하자면, 첫 번째로 텍스트의 생산이 지시체, 의미, 주관이라는 심급으로 환원되지 않는다는 점을, 두 번째로 이렇게 환원될 수 없음이 텍스트가 텍스트로 기능하기 위한, 그러니까 텍스트가 텍스트다움, 텍스트됨, 텍스트성textualité을 가지기 위한 절대적 조건이라는 점을, 세 번째로, 제 생각에는 이것이 가장 발본적인데, 지시체, 의미, 주관이라는 심급은 텍스트 체계의 효과로서 생산되는 것이라는 점을 주장합니다. 이것이 '텍스트-바깥은 없다'라는 테제의 핵심적 의미입니다.

김 선생님이 강조하듯, 포스트모더니즘과 하나의 쌍을 이루는 언어적 전회의 핵심이 언어가 다른 무엇인가를 대리한다는 '언어적 대리구조의 절대화'임에 반해, 데리다의 테제는 언어의 바깥이 없다고 주장하지 않고 텍스트의 바깥이 없다고 주장하면서 언어적 전회와는 다른 사유의 길을 모색합니다. 이러한 데리다의 테제가 현대 프랑스철학과 문학에서 면면히 이어져 내려오는 저자의 죽음 테제와 공명한다는 점은 말할 필요도 없겠고요. 데리다가 현대 프랑스문학의 대표자 모리스 블랑쇼Maurice Blanchot의 사유와 맺는 친연성은 바로 이 저자의 죽음 또는 텍스트의 해방이라는 관념에서 기원합니다.

여기에서 포스트-구조주의이든 포스트모더니즘이든 언어적 전회이든 이 모든 '재현-중심적 사유'에 공통된, '대체되는 것'과 '대체하는 것'의 관계에 대해 한번 생각해 보겠습니다. 대체되는 것과 대체하는 것의 관계에서 대체되는 것에 속하는 것들은 원본, 실재, 기의, 이념, 진리, 정신, 주관, 의미, 관념 등이죠. 기호 삼각형에서 기호를 제외한 나머지 두 꼭짓점인 의미와 지시체를 아우르는 것입니다. 우리는 이를 통칭해 '원본'이라고 부를 수 있습니다. 반면 대체하는 것에 속하는 것들은 재현, 언어, 기표, 기호 등이겠죠. 우리는 이를 통칭해 '재현'이라고 부를 수 있습니다. 그래서 포스트모더니즘의 핵심을 '원본 없는 재현'이라고 간략히 정식화할 수 있고요.

하지만 김민호 선생님이 『데리다와 역사』에서 데리다의 사유를 포스트모더니즘과 언어적 전회로부터 구분하기 위해 지적하듯, 대체되는 것과 대체하는 것의 관계를 둘 간 '자의성' 또는 '무동기성' 즉 필연적인 관계가 없음과 '이화성' 즉 차이가 있음을 통해 복잡화하는 것으로는 언어적 전회를 넘어서지 못하는데, 오히려 그것이 언어적 전회 그 자체라고 볼 수 있겠죠. 사실 이는 소쉬르의 구조언어학의 수준에 머물러 있을 뿐입니다.[30] 여기에서 대체되는 쪽보다 대체하는 쪽이 열등하다는 이전의 통상적 위계를 전도시키는 것이 바로 포스트모더니즘입니다. 즉 원본보다 재현이 우위에 있다, 더 나아가 원본이란 존재하지 않는다는 것이죠.

포스트모더니즘은 이러한 이전의 통상적 위계의 전도 속에서 실재, 진리, 이념 등과 같은 심급을 아예 폐기해 버립니다. 김 선생님은 포스트모더니즘에서는 진리가 파면되고 그 자리에 '우화fable'가 들어서게 된다고 정리하는데, 이러한 포스트모더니즘은 데리다의 포스트-구조주의 등과 달리, 사유를 그 경계에서 한 걸음 더 앞으로 나아가게 하는 것이 아니라 그저 진리의 파면과 그 우화화를 지성적이지 않은 방식으로 선언하고 전제할 뿐입니다.

문제는 다음과 같아요. 이로 인해 포스트모더니즘이 진리를 사유할 수 없게 된다는 문제는 둘째 치더라도, 더욱 심각한 문제는 이러한 사유 방식으로는 대리의 구조 그 자체를 벗어나지 못한다는 점입니다. 김 선생님이 지적하듯 오히려 역설적이게도 이러한 사유 방식에서 대체작용은 대체되는 것 즉 원본으로부터 어떠한 동력을 끊임없이 받게 되기 때문이죠. 포스트모더니즘은 대리의 구조를 넘어섬으로써 언어적 전회와 결별하기는커녕 언어적 전회를 완성하고, 그래서 포스트모더니즘과 언어적 전회는 긴밀히 연결되어 있는 하나의 쌍이라고 말한 겁니다.

반면 데리다의 포스트-구조주의는 이러한 대리의 구조 그 자체를 넘어섬으로써 포스트모더니즘 그리고 언어적 전회와 결별합니다. 이를 위해 데리다는 기호 또는 텍스트 관념을 대리의 구조 그 자체와는 완전히 무관하게 사유하는 전략을 취하는데, 이것이 바로 기호 또는 텍스트의 '해방'이죠. 데리다는 기호 또는 텍스트를 지시체, 의미, 주관으로부터 해방시킴으로써 소쉬르보다 더 발본적인 방식으로 기호의 자의성 또는 무동기성을 보여 줍니다. 그 핵심은 바로 포스트모더니즘과 언어적 전회의 기호론과는 달리 대리의 구조에 전혀 종속되지 않는 기호론, 즉 그라마톨로지입니다.

다시 한번 반복하지만, 포스트모더니즘과 언어적 전회와 같이 대리의 작용을 무한정한 것, 결코 끝나지 않는 것으로 설정하는 것 그 자체만으로는 지시체, 기의, 주관의 초월성을 제거할 수 없습니다. 오히려 이러한 관념에서 무한정한 대리의 작용은 이 지시체, 기의, 주관이라는 초월적인 것들로부터 동력을 얻습니다. 이러한 사유 방식은 기호의 자의성 즉 무동기성을 사유하는 데 실패합니다.

반면, 김민호 선생님뿐만 아니라 주재형 선생님도 이 점을 특히 강조하는데, 데리다는 대리의 구조 그 자체를 넘어서기 위해 기호가 다른 무엇인가를 대리 즉 반복하기에 앞서 무엇보다도 자기 자신을 대리 즉 반복하고 있다는 점, 기호가 '자기지시성autoréférence'을 가진다는 점에 주목합니다.[31]

이를 '기호적 동일성', '기호적 이념성'이라고 부를 수 있습니다. 언어적 전회 또는 소쉬르적 수준에서 기호의 자의성은 기호와 의미 간 관계에 관한 것이고 기호의 이화성은 한 기호와 다른 기호들 간 관계에 관한 것이었습니다. 반면 데리다에게서 기호의 자의성과 이화성은 의미나 다른 기호들과의 관계가 아니라 무엇보다도 먼저 기호 자기 자신과의 관계에 관한 것입니다. 이 점이 바로 데리다의 포스트-구조주의가 언어적 전회나 포스트모더니즘을 넘어서는 지점이고요.

언어적 전회 또는 소쉬르적 수준에서 '책'이라는 기호는 실제의 책을 가리키면서도 이 기호와 실재 사이에는 자의성, 다르게 말해 무동기성만이 존재하죠. 동시에 이 '책'이라는 기호는 '사과' 등과 같은 다른 기호들과는 변별적이기 때문에, 다르게 말해 이화적이기 때문에 기호로 존립할 수 있죠. 반면 김민호 선생님과 주재형 선생님이 강조하듯 데리다의 기호론에서 핵심은, 여기에서 데리다에게서의 두 가지 시간성, 즉 과거와 현재의 동시성과 현재와 미래의 동시성을 떠올려야 하는데, 과거에도 미래에도 '책'이라는 하나의 기호로 반복될 수 있기 때문에, 즉 그 반복가능성 때문에 '책'이 기호라는 점입니다.

언어적 전회나 소쉬르의 구조언어학에서와 달리 데리다 기호론에서 기호의 자의성이란 이 기호 자신이 어떠한 자연적 필연성 없이 과거의 자기 자신과 미래의 자기 자신과 자의적으로 묶여 기호로 반복된다는 점을 의미하며, 기호의 이화성이란, 차연에 관한 김상환 선생님의 정의를 떠올려 보면 되는데, 다른 시공간에서 하지만 동일하게 반복된다는 점을 의미합니다. 동일하게 반복됨에도 이러한 반복이 이화적인 이유는 시공간의 차이, 즉 차연 때문입니다. 그러니까 데리다는 소쉬르와 달리 기호의 자의성과 이화성을 '기호의 자기 관계로 반송'시킴으로써 기호를 지시체, 의미, 주관으로부터 해방시키는 것이죠. 기호의 이러한 해방을 모색하는 데리다의 기호론이 바로 그라마톨로지이고, 그래서 그라마톨로지를 '기호의 해방에 관한 학문'이라고 제가 데리다의 표현을 조금 고쳐서 앞서 정식화했던 것이죠.

이제 '텍스트-바깥은 없다'라는 테제 즉 텍스트의 삼중의 해방론과 반복가능성이라는 유일한 특징을 중심으로 한 기호론을 엮어서 지금까지의 논의를 정리해 볼 수 있습니다. 데리다의 기호론의 핵심은 기호의 유일한 특징이 반복가능성이라는 점, 하지만 기호는 자기 자신 이외의 다른 무엇인가를 대신한다는 대리의 구조를 취하기 이전에 항상-이미 자기 자신을 그리고 도래할 자기 자신을 대신한다는 대리의 구조를 취하며 반복되고 있다는 점입니다. 기호는 항상-이미 기호인 자기 자신을 그리고 도래할 기호인 자기 자신을 대신하고 있다는 의미에서 자신의 '타자'를, 즉 '유령'을 함축하고 있는 것입니다.

주재형 선생님의 설명을 조금 변형해서 가져오자면, 데리다의 포스트-구조주의에서 진리는 '경험적 변양과 우연 일체'와 무관한 동시에 그러한 변양과 우연으로 '변질될 수 있는 가능성'을 자신 안에 내포하고 있어야 합니다. 언뜻 보면 불가능해 보이는 이것을 가능케 하는 출발점이 바로 반복가능성만을 유일한 특징으로 지니는 기호의 '이념성'입니다. 기호는 그것이 출현하는 최초의 순간에 이미 미래의 반복을 자신 안에 내포합니다. 항상-이미 기호인 자기 자신의 타자 또는 유령과 함께하는 것입니다.

다르게 표현하면 기호는 이미 이념을 머금고 있는 것인데, 역시 주 선생님의 설명을 살짝 변형해 가져오자면 기호는 이념성을 머금고 있기에 '매 순간의 현재를 동시에 과거의 것으로 만들면서 넘어서고 또 서로 다른 무수한 미래의 순간들을 가로질러 여전히 같은 것으로 남아 있는 것'입니다. 기호의 이러한 '끝나지 않는 무한한 운동'이 바로 진리를 구성하는 운동이고요. 그래서 데리다가 의미란, 진리란 텍스트 체계의 효과로서 생산되는 것이라고 한 겁니다.

놓쳐서는 안 될 중요한 지점은, 이렇듯 기호가 진리의 출발점인 반면 앞서 반복해 강조했듯 기호로 이루어진 실을 씨실과 날실로 엮어서 텍스트를 직조함에서 텍스트 바깥에서 이를 규제, 감독, 지배, 관장하는 초월적 심급 또는 지고의 원리란 존재하지 않는다는 점입니다. 김민호 선생님이 지적하듯 '기호들의 연쇄, 절취, 반복, 인용, 이접, 재단 등의 운동'을 규제하는 초월적 심급이란 없단 거죠. 기호는 반복가능해야 합니다. 하지만 동시에, 이러한 기호들을 '활용'함에는 그 어떠한 초월적 심급이 가하는 제약도 존재하지 않습니다. 서로 다른 역사적 맥락 속에서 이 기호들의 '운동'은 서로 다를 수밖에 없고, 거기에서 서로 다른 진리가 다양하게 돌발하는 것입니다. 이것이 바로 '진리의 역사'인 것이고요.

여기에서 김 선생님은 데리다를 추수하며 '글쓰기의 무신론적 성격'에 관한 논의로까지 전진하는데요.[32] 텍스트-바깥이 없다는 것은 반복가능한 기호들을 엮어 텍스트를 생산하는 것, 즉 글을 쓰는 것에서 정해진 목적지가 존재하지 않는다는 것을 뜻합니다. 그것이 '신의 섭리' 같은 것이라 할지라도요. 앞서 진리는 에크리튀르에 기입되면서 생산되는 기묘한 시간성의 꼬임이 있다고 했잖아요. 텍스트 바깥에 놓여 있는 진리란 없고, 그래서 글쓰기란 텍스트 바깥에 놓여 있는 진리를 전사하는 것이 아니며, 대신 진리는 기호들의 연쇄, 절취, 반복, 인용, 이접, 재단의 다양한 과정 속에서 돌발하고 생산되는 다수적인 것이란 얘기죠.

데리다에게 진리는 '경험적 변양과 우연 일체'와 무관해야 합니다. 이는 기호의 반복가능성을 지시하죠. 동시에 진리는 그러한 변양과 우연으로 '변질될 수 있는 가능성'을 자신 안에 내포하고 있어야 합니다. 이는 기호들의 연쇄, 절취, 반복, 인용, 이접, 재단의 과정, 역사적 맥락 속에서 이루어지는 그러한 과정을 텍스트 바깥에서 규제, 감독, 지배, 관장하는 초월적 심급, 지고의 원리 따위는 없다는 얘기입니다. 거기에는 단지 기호들이 처해 있는 역사적 맥락만이 있을 뿐이고, 그렇기에 이 반복가능한 기호들로부터 다양한, 다수적인 진리가 돌발할 수 있는 것이죠.

결국 텍스트 바깥은 없다는, 진리는 텍스트 체계의 효과로서 생산되는 것에 불과하다는 일면 비상식적으로 보이는 '포스트모던한' 테제는 진리를 부정하려는 시도가 전혀 아니며, 오히려 진리의 불가능조건과 함께 그 가능조건을 모색하려는 시도였던 거죠. 이러한 시도의 핵심에는 반복가능성이라는 특징만을 유일하게 지니는 기호가 자신과는 다른 무엇인가를 대리하기 이전에 차연 속에서 자기 자신을 대리한다는 점, 그래서 기호는 자기 자신의 유령이자 타자라는 점, 하지만 이렇듯 반복가능한 기호들을 서로 다른 역사적 맥락 속에서 연쇄시키는, 글을 쓰는 과정을 규제, 감독, 지배, 관장하는 텍스트의 바깥은 없다는 점이 놓여 있습니다. 말 그대로 글쓰기는, 더 나아가 진리는 '무신론적인 것'입니다. 이렇게 진리가 차안에 있는 것도, 피안에 있는 것도 아니며 단지 에크리튀르에 기입된 채 있다는, 더 나아가 기입됨으로써만 또는 글로 쓰여짐으로써만 그것이 생산된다는 데리다의 수수께끼 같은 주장이 어느 정도 해명됩니다. 그렇다면 이러한 사유는 진리의 문제에만 적용되는 것일까요? 우리가 앞서 지시체라 불렀던 바, '실재', 즉 '사물'의 경우는 어떠할까요?

사물의 기호-되기, 결국 '텍스트-바깥은 없다'

반복가능하다는 것은 그것이 이념적, 쉽게 말해 진리적이라는 것을 의미합니다. 주재형 선생님이 지적하듯 기호는 '이미 이념을 머금고' 있습니다. 그래서 김민호 선생님은 『데리다와 역사』에서 기호를 '이념이 적재된 물질'이라고 부르기도 하죠. 그런데 주 선생님이 지적하듯 에크리튀르, 즉 기호로 기록해 텍스트를 생산한다는 것은 그 자체로 '넓은 의미의 기술'을 활용하는 것입니다. 넓은 의미의 기술을 통해, 즉 기호의 모습으로 이념이 현재를 지나 미래에도 존재할 수 있도록 만드는 것, 그것이 바로 에크리튀르죠. 그런데 이것이 꼭 이념만의 문제일까요? 이념뿐만 아니라 사물 또한 기술을 통해 기호가 됩니다. 이를 주 선생님의 표현대로 '사물의 기호-되기'라고 부를 수 있을 것입니다. 간단히 살펴보겠습니다.

가설적으로 데리다는 기호와 텍스트의 외연을 사물로까지 확장시키는데, 여기에서 앞서 언급했던 기호적 동일성과 이념성의 기반으로서 '자기지시성'이라는 관념이 중요한 역할을 합니다. 기호의 유일한 특징은 반복가능성이라고 했습니다. 과거에도, 현재에도, 미래에도 기호는 동일하게 반복가능해야 합니다. 그것이 기호가 기호 이외의 것들, 가령 상징이나 그림 등과 다른 차이죠. 주 선생님의 설명에 따르면 데리다가 주목했던 지점은, 정말 그렇다면 이 기호는 자기의식을 가지고 있어서 어제도 '나'였고 오늘도 '나'이고 내일도 '나'일 것인 우리 모두와 동일하게, 기호 또한 자기지시성을, 즉 일종의 '나'임을 가지고 있다고 볼 수 있다는 점입니다. 이 자기의식 즉 '나'임의 문제는 두 번째 강의에서 알튀세르와 버틀러의 호명 개념과 관련해 재등장하니까 주목하세요. 주 선생님의 설명에 따르면 여기에서 사물 또한 이러한 반복가능성을 가진다는 점에서 자기지시성을 지닌다고 볼 수 있다고 데리다는 조심스레, 그러니까 가설적으로 추측합니다. 바로 기술이 자연적 사물로부터 기호적 동일성과 이념성을 출현시킨다는 것이죠. 이를 제 식대로 '사물 → 기술 → 기호'로 표현해 볼 수도 있을 것 같아요.

주 선생님은 데리다가 이러한 사유를 생명체에 적용시켜 본다는 점에 주목하는데요. 비-생명체도 다르지 않겠지만 아무래도 생명체가 직관적으로 이해하기가 쉬울 것입니다. 당연한 이야기이지만 생명체는 죽음을 미루기 위해 자기-재생산되어야, 반복되어야 합니다. 김민호 선생님도 『데리다와 역사』에서 데리다 사유의 중심 주제로서 '죽음의 차연'으로서의 '생'에 주목하죠. 그런데 생명체의 이러한 재생산, 반복은 생명체가 자기지시성을 가지기에 가능한 것이며, 역으로 이러한 자기지시성은 생명체가 재생산, 반복되기에 가능한 것이죠.

결국 생명체 자체가 기호인 것인데, 조금 더 구체적으로 이야기하자면 대를 내려오며 재생산되는 이 생명체의 신체라는 서판 또는 기록물질 위에 기입된 기호가 바로 DNA, 즉 유전자 물질입니다. 유전자 물질이 이미 기호적 이념성을 가지고 있는 것이죠. 자기의식뿐만 아니라 바로 이 DNA 때문에 우리는 어제도 나였고 오늘도 나이고 내일도 나일 것입니다. 말년의 데리다는 에크리튀르 개념을 이렇게 확장해 보는 사유 실험을 했던 것이죠.

이러한 재생산, 반복은 넓은 의미의 기술 없이는 불가능하다는 점을 기억해야 합니다. 오늘도 어제처럼 하루를 살아가기 위해 필요한 영양분이 담긴 음식은 물론이고 점점 나이가 들며 고장 나는 신체를 유지시키기 위해 필요한 의료 체계도 마찬가지입니다. 조금 더 나아가자면 결국 인간뿐만 아니라 사회과학에서 말하는 '사회' 자체도 재생산을 위해서는 기술이 필요하죠. 데리다의 관점에서는 생명체의 역사 전체가 '광의의 기술적 변형', 즉 '사물의 기호-되기'에 의해 구성되는 것입니다.

넓은 의미의 기술의 매개에 의해 사물은 끊임없이 '기호로-생성되는-중'인 건데요. 그러나 데리다에게서는 선형적 시간관이 폐기된다는 점을 고려했을 때, 사물 → 기술 → 기호라는 벡터 또한 사물이 시작점이고 기호가 도착점이라는 식으로 이해해서는 안 될 것입니다. 이미 사물은 끊임없이 기호로-생성되는-중이기에 발본적으로는 '사물 = 기호'인 것이죠. 데리다는 '실재'라는 개념에 형이상학적인 전제들이 과다하게 적재되어 있다고 비판하며 이 실재를 기호적으로, 텍스트적으로, 결국 그라마톨로지적으로 이해해야 한다고 주장합니다. 데리다에게서는 기호작용, 즉 세미오시스semiosis를 벗어난 그 바깥의 실재 또는 사물은 존재하지 않는다는 거죠.

그런데 김민호 선생님이 지적하듯, 데리다의 친구이자 데리다 사상에 어느 정도 익숙한 마우리치오 페라리스Maurizio Ferraris조차 이러한 급진적 함축을 지니는 데리다의 '텍스트-바깥은 없다'라는 테제를 받아들이지 못해 이를 비판하면서 마르쿠스 가브리엘의 신실재론으로 전향합니다. 구실재론과 신실재론의 차이를 무시하고 단순화해 보자면, 저는 구실재론이든 신실재론이든 결국 '소박 실재론'이라고 생각합니다.[33] 김 선생님에 따르면 '저기에 산이 있다'는 이러한 소박 실재론의 주장에 대해 데리다는 산 또한 대지의 운동이 지표면에 기입된 흔적, 기호, 텍스트라 말한다고 볼 수 있습니다. 사물의 기호-되기에 관한 데리다의 논의를 염두에 둔다면, 산이라는 실재 또는 사물 또한 시간과 역사 속에서 대지가 기호로 생성된 것이죠. 저기에 현전하는 산이 있다고 손가락으로 가리키는 순간, 그곳에는 흔적이, 즉 차연이 있을 뿐입니다.

'텍스트-바깥은 없다'라는 이러한 논의를 통해 데리다는 사물과 기호 간 이분법을 해체하고 기호의 해방을 모색합니다. 사물은, 진리는 기술을 매개로 기록물질 안에 기입됨으로써만 생산됩니다. 이러한 생산 이전의 사물이란, 진리란 없습니다. 기호들을 일정하게 배열해 텍스트를 생산하는 기술적 과정으로서 '글쓰기'라는 '사건'을 통해서만 사물이, 진리가 생산됩니다. 기호를 지시체, 의미, 주관으로부터 해방시킴으로써 물질과 이념 간 악무한으로부터 벗어나 사물의, 진리의 장소를 진정으로 사유할 수 있게 됩니다. 그리고 그 결론이 바로 텍스트-바깥은 없다는 테제이고요. 결국 지금까지 우리가 '글쓰기 즉 에크리튀르 = 사건 = 진리 = 사물'이라는 등식을 재구성했다는 점 이해하겠죠?

버틀러의 섹스-젠더 이분법 해체

그럼 자신의 사유를 형성하는 데에 그 누구보다 데리다의 이러한 관념에 의존했던 버틀러에 대해 언급해 볼까요? 이어지는 설명은 그녀의 주저 『젠더 트러블』에 대한 저의 데리다적 독해입니다.[34] 데리다의 논의를 염두에 두고 버틀러를 다시 읽어 보면, 궁극적 결정불가능성이라는 관념에 근거해 사물과 기호라는 대립적 이항을 해체하는 데리다의 논의는 버틀러에게서 섹스와 젠더, 남성과 여성, 이성애와 동성애 간 이분법을 해체하는 '생물학적' 본질주의 비판이 됩니다.

우리는 항상 섹스를 '생물학적인 것'으로, 젠더를 사회문화적인 것으로 간주해 이를 대립적 이항으로 설정합니다. 하지만 이 '생물학적' 섹스를 사물로, 사회문화적 젠더를 기호로 치환한다면, 데리다에게서 사물은 항상-이미-기호가-되는-중이며 DNA라는 유전자 물질이 '생물학적' 본질주의가 주장하는 어떤 실체 같은 것이 아니라 신체라는 '서판', 즉 기록물질 위에 역사적으로 기입된 생명체의 기호, 기술을 수단으로 한 생명체의 반복과 재생산의 흔적이라는 점에서, 섹스와 젠더의 이분법은 해체되죠. 임소연 선생님의 지적대로 성염색체란 없다는 생물학의 발견은 이러한 해체가 전혀 근거 없는 것은 아님을 방증합니다.

데리다가 기호의 해방을 주장하듯 버틀러는 젠더의 해방을 주장합니다. '생물학적' 본질주의가 주장하듯 XX 염색체를 가지고 있는지 아니면 XY 염색체를 가지고 있는지에 따라 여성인지 남성인지가 결정되는 것이 아닙니다. 대신 여성 또는 남성이라는, 이성애자 또는 동성애자라는 성적 진리로서의 섹스와 섹슈얼리티가 어제도 오늘도 내일도 동일한 것으로 남기 위해서는 기술적 매개를 통해, 즉 버틀러가 말하는 '젠더 수행'을 통해 반복되고 재생산되어야 합니다. 데리다에게서 진리 생산 사건이 기록물질 위에서 행해지는 글쓰기라면, 버틀러에게서 성적 진리 생산 사건은 신체를 가지고서 행해지는 젠더 수행인 것입니다.

이러한 젠더 수행의 반복과 재생산에는 어떠한 필연성도 없을뿐더러 미래의 '차이 나는 반복'에 무한히 열려 있습니다. 그래서 버틀러가 주장하는 바는 우리의 신체, DNA, 생식능력의 유무, 성기의 모양에서의 남성과 여성 간 차이 등이 존재하지 않고 모든 것이 사회문화적으로 젠더 수행에 의해 '구성되는 것'에 불과하다는 게 아닙니다. 사람들이 소박 실재론의 관점에서 데리다에게 '저기 산이 있다'라고 비판했듯, 사람들은 버틀러에게 '우리에겐 두 가지 모양의 성기가 있다'거나 'XX, XY 염색체가 있다'거나 '남성은 생식능력이 없다'고 비판하는데요. 버틀러는 사회문화적 젠더 구성주의를 주장하는 것이 아니라, 데리다를 따라 섹스와 젠더의 이분법을 해체하는 것이라는 점을 기억해야겠죠.

다시 말해 버틀러는 데리다의 기호의 해방론을 젠더 문제에 적용해 이를 확장하는 것입니다. 여기에서 버틀러는 이제 푸코를 따라 담론과 규범이라는 개념을 활용합니다. 버틀러에게 중요한 것은 '생물학'이냐 사회문화냐의 이항대립이 아니라 신체와 규범 또는 담론 간 관계, 결국은 섹스와 젠더 간 관계입니다. 진태원 선생님이 설명하듯, 데리다의 대체보충 개념에 따르면 '정상적인 것'으로 우리에게 나타나는 본체와 보충물, 중심과 부가물 간 관계, 결국 앞서 우리가 활용했던 개념쌍을 가져오자면 원본과 재현 간 관계는 사실 폭력적 작용을 통해 사후에 정상적인 것으로 구성된 것인데, 이 정상적인 것과 비정상적인 것을 나누는 지식과 권력이 바로 규범입니다.[35]

버틀러는 데리다의 기호론을 푸코를 수단으로 전유해 이 규범이 섹스와 젠더의, 이성애와 동성애의, 남성과 여성의 이분법을 생산하고 재생산한다고 주장합니다. 데리다의 기호론을 염두에 두고서 버틀러의 이러한 주장을 곱씹어 본다면, 이것이 사물과 기호 또는 '생물학적인 것'과 사회문화적인 것 간 이항대립에서 후자의 편으로 가 버리는 단순한 포스트모던 구성주의 또는 상대주의를 의미하지 않는다는 점을 이해할 수 있을 겁니다.

데리다의 뒤틀린 시간관에서 현재는 과거의 흔적을 지니고 있으며 또한 거기에는 미래를 맞이할 수 있는 홈이 패어 있습니다. 역사는 동일자의 악몽 같은 반복이 아니고 장래는 개방되어 있습니다. DNA는 '이념성을 머금고 있는 기호'이기에 버틀러에 관한 단순화된 이해에서 말하듯 내일 젠더 수행을 다르게 실천한다고 해서 남자였던 내가 갑자기 여자가 되는 것이 아닙니다. 소위 '생물학적인 것'은 반복가능성을 지니고 있습니다. 하지만 거기에는 다른 미래를 맞이할 수 있는 홈이 패어 있고, '생물학적인 것'이라 부르는 것 자체가 어떤 본질 또는 실체가 아니라 역사 속에서 기술을 매개로 기록되고 기입된 기호입니다. 성적 진리로서의 섹스와 섹슈얼리티는 내가 어떻게 젠더 수행을 실천하느냐에 전적으로 달려 있는 경험적인 것도 아니고 내가 아무리 해도 바꿀 수 없는 천상의 이념도 아닙니다.

성적 진리라는 이념은 기술을 매개로 나의 신체라는 기록물질 위에 기입된 기호 속에 자신의 거소를 가집니다. 이념과 물질 사이에 에크리튀르가 있고 진리가 있고 기호가 있다고 했습니다. 기호들을 배열해 텍스트를 생산하는 글쓰기가 진리를 생산하듯, 이 세계 내에서 젠더를 수행하는 나의 실천이, 제 식대로 표현하자면 '젠더적 글쓰기'가 나의 성적 진리를 생산하는 것입니다. 이는 단순히 모든 것이 젠더 수행의 실천에 달려 있다고 말하는 것도, 이러한 젠더 수행의 실천 바깥의 '생물학적인' 성적 본질, 예를 들어 XX, XY 염색체 같은 것에 의해 결정되는 성적 본질이 있다고 주장하는 것도 아닙니다. 이것도 아니고 저것도 아닌, 그 사이에 놓여 있는 것이 우리의 성적 진리입니다. 버틀러의 이러한 사유가 지극히 데리다적이라는 점, 이제는 알겠죠?

『개념의 정념들』 부록 1번 "구조주의: 주체의 파면?"에서 발리바르는 버틀러의 기여를 '디스커시브 턴$^{discursive\ turn}$', 즉 '담론적 전회' 또는 '담론적 돌아섬'으로 정식화합니다. '돌아섬'이라는 버틀러의 관념에 관해서는 두 번째 강의에서 설명하기로 하고요. 엄밀한 개념 구분 없이 말하자면 데리다에게는 기호 또는 텍스트인 것이 버틀러와 푸코에게는 담론과 규범 또는 지식과 권력입니다.³⁶

포스트-구조주의 비판가들은 포스트-구조주의는 사회와 문화 또는 언어가 모든 것을 구성한다고 주장한다고 단순하게 규정합니다. 하지만, 우선 첫 번째로 사회와 문화 또는 언어가 모든 것을 구성하는 것이 아니라 기호, 텍스트, 담론, 규범, 지식, 권력이 인간의 본질이란 없다는 점에서 모든 것을 생산하는 것입니다. 두 번째로 이는, 다시 한번 강조하지만 인간의 본질이란 없다는 점에서, 두 번째 강의에서 언급할 포스트-포스트-구조주의자들이 주장하듯 어떠한 인간학적 차원 내에 갇혀 있는 논의가 아니라 실재 그 자체를 텍스트적인 것으로 사유함으로써 오히려 알튀세르의 표현에 따르면 '이론적 인간주의'에서 탈출하려는 시도입니다. 그래서 핵심적으로 포스트-구조주의는 눈에 보이는 실재를 의심하라고 요청하면서 본질주의를, 즉 '보이는 것이라는 헛것'을 비판합니다.

첫 번째 강의 마무리

정말로 긴 우회를 했네요. 포스트-구조주의의 사상적 핵심으로 곧장 나아가기 위해, 이를 자신의 사유 내에 가장 강하게 체현하고 있는 데리다의 포스트-구조주의를 그 중핵인 '텍스트-바깥은 없다'라는 테제를 통해 이해해 보았습니다. 그다음 우리는 이 데리다의 사유를 젠더에 적용함으로써 확장한 버틀러의 사유 행보를 다루면서 기호 또는 텍스트 개념을 아주 간단히 담론과 규범으로까지 연결시켜 보았는데요. 데리다와 버틀러를 중심으로 한 이러한 배경설명을 통해 우리는 포스트-구조주의가 어떤 방식으로 반본질주의를 세공하는지 확인했습니다.

이제 이 그라마톨로지, 즉 '기호의 자의성에 관한 학'으로부터 '규범의 자의성에 관한 학'으로 이행할 수 있습니다. 아쉽게도 규범권력에 관한 피에르 마슈레Pierre Macherey의 정교한 논의가 국내에 소개되어 있지 않기 때문에 우리는 테제 식으로 데리다의 포스트-구조주의에서의 기호와 텍스트가 알튀세르, 푸코, 버틀러와 같은 구조로서 현행성의 철학자들의 포스트-구조주의에서는 규범이 된다는 점을 주장하는 것으로 만족하겠습니다.[37]

마슈레는 이들의 논의를 종합하면서 '규범권력' 개념을 벼려 내는데, 규범권력이야말로 알튀세르, 푸코, 버틀러, 그중에서도 특히 푸코 사유의 중핵이라고 할 수 있죠. 데리다가 기호와 텍스트로서의 실재를 사유했다면, 구조로서 현행성의 철학자들, 특히 푸코는 규범으로서의 실재를 사유했습니다. 조금 단순화해 말하면, 우리에게 폭력을 가하여 우리를 형성하는 것은 어떤 실재가 아니라 규범, 아니면 규범으로서의 실재라는 것이에요. 규범은 정상과 비정상을 나눔으로써 정상인과 비정상인이라는 주체를 생산하고 정상적 주체는 포섭하며 비정상적 주체는 배제합니다. 이것이 바로 규범권력이 행사하는 폭력인 것이죠.

그렇다면 이러한 폭력에 대한 비판과 저항 또한 비-실재론적 방식으로 이루어지겠죠? 이 저항의 문제가 마지막 다섯 번째 강의에서 다룰 주제입니다. 주체를 생산하는 구조가 어떤 실재가 아니라 규범이라는 것, 권력은 곧 규범권력이라는 것이 중요합니다. 이러한 규범 그리고 규범권력은 기호와 텍스트, 또는 기호와 텍스트로서의 실재라는 것이죠. 이로부터 주체와 권력이라는 개념쌍이 도출됩니다.

이제는 본격적으로 버틀러의 사유를 수단으로 주체와 권력이라는 개념쌍을 다루어 보겠습니다. 데리다를 포함한 사건의 철학자들에게서는 특권화된 개념쌍이 아니지만, 발리바르의 정식화에 따르면 포스트-구조주의의 핵심은 주체와 권력이라는 개념쌍입니다. 권력에 의해 구성되는 주체를 출발점으로 자신의 사유를 정립하는 것이 포스트-구조주의입니다. 우리는 첫 번째 강의에서 데리다의 포스트-구조주의를 경유해 주체를 구성하는 바로 이 권력, 엄밀함 없이 다르게 말하자면 기호, 텍스트, 담론, 규범에 관해 공부했습니다. 이러한 기반 위에서 이제는 데리다에게서는 부각되지 않았던 주체와 권력이라는 개념쌍에 대해 공부해 봅시다. 이 개념쌍이 우리 강의의 목표인 세 사상가 알튀세르, 푸코, 버틀러 모두의 사유를 관통하니까요. 물론 조금 덜 엄밀하게 말하자면 데리다, 들뢰즈, 바디우와 같은 사건의 철학자들에게서도 마찬가지입니다. 발리바르가 주장하듯, 주체와 권력이라는 개념쌍은 포스트-구조주의 전체의 공통분모이거든요.

두 번째 강의

담론주의란 무엇인가
그리고 주디스 버틀러의 포스트-구조주의

첫 번째 강의에서 우리는 데리다를 따라 기호와 텍스트에 대한 포스트-구조주의적 사유가 무엇인지 살펴보았습니다. 사실 이는 이 기호와 텍스트에 대한 포스트-구조주의적 사유가 규범에 대한 포스트-구조주의적 사유로 발전한다는 점을 주장하기 위한 예비적 논의였죠. 물론 우리는 기호와 텍스트에 대한 사유에서 규범에 대한 사유로의 이행을 논리적으로 재구성하는 작업까지는 하지 않았고, 그저 알튀세르, 푸코, 버틀러같이 앞으로 우리가 다룰 포스트-구조주의자들, 정확히는 구조로서 현행성의 철학자들에게 공통적으로 핵심적인 관념인 규범이 실재적인 것이 아니라 기호적이고 텍스트적인 것이라는 점을, 아니 기호적이고 텍스트적인 실재라는 점을 마슈레와 함께 확언하는 것에 만족했습니다. 데리다가 실재는 기호 그리고 텍스트와 다르지 않다고 주장했듯, 알튀세르, 푸코, 버틀러와 같은 구조로서 현행성의 철학자들은 실재가, 즉 구조가 규범과 다르지 않다고 주장했습니다.

우리가 두 번째 강의에서 확인할 점은 규범으로서의 구조에 관한 이러한 관념이 더 나아가서 권력으로서의 구조라는 관념으로 발전된다는 점, 그리고 이 권력 개념이 실은 주체 개념과 하나의 쌍을 이루고 있다는 점입니다. 바로 이러한 맥락에서, 마슈레가 주체 개념과 함께 규범권력 개념을 세공하는 것이고요. 주체와 권력은 하나가 다른 하나 없이 존재하지 않는 한 쌍의 개념입니다. 이 개념쌍은 주체-권력이라는 하나의 개념이고 실은 그렇게 불러야 하죠. 하지만 설명을 위해 우리는 이 주체-권력이라는 하나의 개념을 주체와 권력이라는 개념쌍으로 분리하도록 합시다. 여러분은 이 개념쌍에 대한 논의가 기호와 텍스트에 대한 포스트-구조주의적 사유를, 특히 데리다적 사유를 개념적 배경으로 깔고 있다는 점, 기호와 텍스트는 규범 개념을 매개로 주체와 권력과 연결된다는 점을 인지하면서 이번 강의를 따라가야 합니다.[1]

이번 강의의 목표를 '주디스 버틀러의 포스트-구조주의'로 설정하기는 했지만, 전반부에서 우리는 포스트-구조주의에 이르기까지의 근현대철학사에 대해, 그리고 이에 기반해 구조주의와 포스트-구조주의의 정의에 대해 다룰 겁니다. 그 뒤 주체와 권력이라는 개념쌍을 정면으로 다루고 이후 버틀러의 포스트-구조주의를 알튀세르의 포스트-구조주의와의 관계 속에서, 구체적으로는 호명 개념이라는 고리로 연결해 다룰 거예요.

근대철학의 아주 간략한 역사

그런데 왜 철학사에 대한 이해가 깊지도 않은 현대 정치철학과 문화연구 전공자가 포스트-구조주의를 다루기 전에 구태여 근대철학사를 논할까요? 그것도 무리할 정도로 피상적인 수준에서요. 근대철학의 문을 연 데카르트René Descartes에서부터 현재까지도 왕성히 활동하고 있는 포스트-구조주의자인 버틀러 사이에는 머나먼 시간적, 사상적 거리가 놓여 있는 것처럼 보이지만, 이 둘은 실은 그 사이에서 면면히 흐르고 있는 근현대철학의 역사로, 그러니까 이에 속하는 여러 철학자들로 연결되어 있기 때문이죠. 물론 우리는 꽤나 자의적으로 이러한 역사를 관통하는 개념을 주체로, 더 나아가 주체와 구조 또는 권력이라는 개념쌍으로 설정할 것입니다. 포스트-구조주의에까지 이르기 위해서는 이 근현대철학의 역사를 주마간산 격으로라도 알아야 합니다. 근현대철학의 세세한 역사보다는 그 흐름에 주목해 주세요.

저는 근대철학사를 논하기 위해 다음 두 권의 입문서에 준거할 건데요. 첫 번째는 김상환 선생님의 『근대적 세계관의 형성: 데카르트와 헤겔』이고 두 번째는 역시 김 선생님의 『왜 칸트인가』입니다.[2] 전자는 데카르트와 헤겔Georg Wilhelm Friedrich Hegel을 다루고 후자는 칸트Immanuel Kant를 다루기 때문에, 이 둘을 결합하면 데카르트, 칸트, 헤겔이 만든 근대적 세계관을 이해할 수 있죠. 이 책들에 의거하는 이유는 김 선생님이 데카르트 전공자이자 현대 프랑스철학 전문가이기에 앞으로 전개될 저의 논의와 친화성이 있기 때문입니다. 현대 프랑스철학에 대한 설명에서 어떤 일관성을 유지하기 위한 포석이라고나 할까요.

근대철학, 더 넓게는 근대적 자연관까지도 포함하는 근대적 세계관의 시작점은 코페르니쿠스Nicolaus Copernicus와 케플러Johannes Kepler입니다. 그들의 천문학 혁명의 추동력으로 갈릴레이Galileo Galilei가 자연관의 면에서 17세기 과학혁명을 예비하는 엄청난 진보를 이룩하죠. 특히 갈릴레이는 앞으로 17세기 과학혁명을 주도하게 되는 수리자연학을 발전시켰습니다. 수리자연학은 이전과 달리 자연을 수학적으로 이해하는 학문이라고 보면 됩니다. 이러한 지적 바탕 위에서 데카르트가 등장하는 것이죠. 데카르트의 기여는 무엇보다도 근대적 자연관과 근대적 정신관을 종합한 것입니다. 데카르트가 수리자연학을 보편수리학으로 발전시키면서 이를 기독교와 화해시켜 그 형이상학적 토대를 마련한 것이죠. 데카르트가 근대사상의 아버지라고 불리는 이유가 바로 이것입니다. 근대적 자연관과 근대적 정신관의 종합을 통해 근대적 세계관을 탄생시킨 것이죠.

그 뒤 등장하는 인물이 바로 칸트인데, 사실 김상환 선생님 책에서 다뤄지지는 않지만 그 사이에는 스피노자Baruch Spinoza가 존재하죠. 김 선생님은 왜 근대적 세계관의 형성을 논하면서 스피노자를 제외한 걸까요? 아마도 스피노자가 근대적 세계관의 형성을 논할 때 따로 다뤄야만 하는 인물이기 때문일 거예요. 스피노자의 사상을 안토니오 네그리 같은 이는 '야만의 이례성'이라고 부르는데, 그만큼 스피노자의 사상이 근대적 세계관의 형성 흐름에 집어넣을 수 없을 정도로 독특하다는 거죠. 그럼에도 우리는 스피노자를 지나 칸트에 도달해야 합니다.

한 가지 더 지적해야 할 점은 사실 비슷한 시기에 철학의 면에서 데카르트가 있었다면 과학의 면에서는 베이컨Francis Bacon이 있었다는 점입니다. 데카르트가 합리와 연역을 종합한 인물이듯 베이컨은 경험과 귀납을 종합한 인물입니다. 이 베이컨의 영향을 받아 뉴턴Isaac Newton이 등장하는데, 뉴턴 사상의 의미는 드디어 뉴턴에 이르러 갈릴레이, 데카르트, 그리고 뉴턴 자신의 사상이 종합되면서 근대적인 기계론적 자연관이 완성된다는 것이죠. 한편으로는 데카르트 이후 철학의 면에서, 다른 한편으로는 갈릴레이 이후 자연관의 면에서 이루어진 발전을 종합한 인물이 바로 칸트인 것이고요.

프랑스 대혁명 시기의 인물인 칸트는 정치사상의 견지에서 보면 계몽주의를 완성한 사상가인데, 그 철학적 핵심은 초월론적 관념론, 즉 초월론 혁명입니다. 초월론 혁명의 핵심은 인간의 마음에 대한 탐구를 통해 이성의 한계를 설정하는 것이죠. 그래서 철학사가 프레더릭 바이저Frederick Beiser는

『이성의 운명』에서 칸트의 초월론 혁명으로 인해 '이성의 운명'이 결정되었다고 말합니다.[3] 칸트가 이성의 한계를 설정함으로써 그 한계 바깥에 대해서는 논할 수 없게 되었고, 이로 인해 결국 역으로 이성의 토대가 흔들리게 되었다는 것이죠. 바이저는 바로 이로부터 니힐리즘이, 즉 포스트모더니즘이 시작된다고 지적합니다. 이성의 한계를 설정함으로써 이성의 토대를 확고히 다지려는 시도가 역설적이게도 니힐리즘, 그리고 이성을 불신하는 포스트모더니즘의 토대 또한 다지게 되었다는 것이죠. 사이먼 크리츨리Simon Critchley는 『유럽 대륙철학』에서 바로 이 니힐리즘과 그에 대한 반작용이 영미 분석철학의 맞짝인 유럽 대륙철학의 역사라고 말하고요.[4]

이제 칸트로부터 헤겔로 나아갑니다. 헤겔은 칸트의 초월론 혁명을 완수하기 위한 목적에서의 그에 대한 비판에서 출발해 피히테Johann Gottlieb Fichte와 셸링Friedrich Wilhelm Joseph von Schelling 등의 독일철학을 종합하여 독일관념론을 완성합니다. 우리 논의에서는 다만 헤겔이 이렇듯 멀게는 코페르니쿠스와 케플러의 천문학 혁명에서 시작된 근대적 세계관을 완성한 인물이라는 점만 기억하면 됩니다. 칸트에게서 초월론 혁명이라는 이름으로 철학과 자연과학의 일차적 종합이 이루어졌고, 이를 비판하면서 헤겔이 근대적 세계관 그 자체를 완성했다는 것이죠.

왜 헤겔을 강조하냐면 바로 헤겔이 18세기 말에서 19세기 초 사이에 '첫 번째 근대'의 역사를 종결짓기 때문인데요. 물론 이 첫 번째 근대라는 표현은 제가 자의적으로 만든 것이니 직관적 이해를 위해서만 사용해야 합니다. 우리가 '근대철학'이라고 할 때 실은 두 가지 시기를 뭉뚱그려 얘기하는 경향이 있는데, 정확히는 데카르트에서 헤겔에 이르는 근대철학과 그 이후 등장하는 니체Friedrich Wilhelm Nietzsche, 프로이트Sigmund Freud, 마르크스의 근대철학을 구분해야 합니다. 그리고 이 니체, 프로이트, 마르크스의 근대철학 이후, 즉 20세기에 등장하는 철학이 현대철학 또는 현대사상이죠. 21세기에 등장하는 철학은 현대철학에 물론 포함은 되겠지만 그래도 그보다는 동시대철학 또는 동시대사상, 아니면 탈현대철학이나 탈현대사상 정도로 부르면 좋을 것 같습니다.

두 번째 근대사상의 등장과 현대사상

헤겔에 이르러 첫 번째 근대가 끝납니다. 역사적으로 보면 프랑스 대혁명과 그 직후, 그리고 산업혁명이 본격화되기 직전의 시기죠. 19세기에 이르러 드디어 두 번째 근대가 시작되는데, 현대의 도래를 예고하는 이 두 번째 근대의 세계관을 정초한 세 명의 인물이 바로 폴 리쾨르Paul Ricœur가 '의심의 3대 대가'라 불렀던 니체, 프로이트, 마르크스입니다. 지바 마사야千葉雅也가 『현대사상 입문』에서 지적하듯, 그리고 장용순 선생님도 『라캉, 바디우, 들뢰즈의 세계관』에서 지적하듯, 근대 이전 사상의 특징이 예를 들어 신이나 천상계와 같은 '위'를 보는 것이라면 근대 이후 사상의 특징은 '아래'를 보는 것입니다.[5] 특히 이 니체, 프로이트, 마르크스는 아래를, 조금 더 구체적으로는 인간의 안, 내부, 내면을 보았다고 할 수 있는데요. 이는 인간의 심리에 주목했다는 것이라기보다는 인간이 발 딛고 서 있는 땅, 지반, 근거, 즉 인간이 이러저러하게 통제할 수 없는 실존 조건을 보았다는 것을 의미합니다. 지바 마사야를 따라 '심연'이라는 비유를 써 볼 수도 있을 것 같네요.

니체의 경우 '디오니소스적인 것', 프로이트의 경우 '무의식', 마르크스의 경우 '자본' 또는 '경제적 관계'라는 인간의 심연을 보았는데요. 니체, 프로이트, 마르크스가 의심의 대가인 이유, 또 하나의 코페르니쿠스 혁명을 이룩

한 인물인 이유는 이들이 드디어 인간을 만드는 그 실존 조건이라는 타자를 발견했기 때문입니다. 우리는 이러한 맥락에서 이들이 인간이라기보다는 주체를 그 타자와의 관계 속에서 탐구했다고 충분히 말할 수 있지만, 주체라는 개념은 일단 사용하지 않도록 하겠습니다. 주체 개념의 최초의 발명과 발전은 데카르트에서 칸트에 이르기까지 이루어지지만, 뒤에서 설명할 구조주의의 관점을 취한다면 사실 이 의심의 3대 대가들이야말로 주체의 존재를 최초로 인식한 이들이라 할 수 있습니다.

니체로부터는 니힐리즘이라는 사상이 만들어지고, 프로이트로부터는 정신분석학이라는 과학 또는 학문이 만들어지고, 마르크스로부터는 정치경제학 비판이라는 과학 또는 학문이 만들어지죠. 여기에서 마르크스에 잠시 주목해 볼 필요가 있는데요. 마르크스는 『마르크스의 철학』[6]에서의 발리바르의 표현을 조금 변형해 활용하자면 '독일 관념론 최후의 변종'이라고 할 수 있어요. 니체, 프로이트, 마르크스 모두 비슷한 역할을 수행했다고 할 수 있지만, 특히 마르크스는 헤겔의 사상적 유산을 상속받은 청년 헤겔파이자 독일관념론을 완성한 헤겔로부터 단절한 인물, 즉 독일 관념론의 후계자이면서 동시에 자신만의 유물론을 통해 이를 끝장낸 인물입니다. 마르크스에 특히 주목해야 하는 이유죠. 마르크스에 이르러, 아니 니체, 프로이트, 마르크스에 이르러 헤겔이 완성한 근대적 세계관이 해체되기 시작하는 것이죠. 니체, 프로이트, 마르크스라는 가교 덕에 20세기에 현대사상이 만개할 수 있었던 것이고요. 바로 이러한 이유에서 현대사상은 끊임없이 이 의심의 3대 대가를 자신의 지적 원천으로 참조하는 거랍니다.

이 세 사상가가 만든 두 번째 근대의 사상적 핵심은 인간 또는 주체의 타자를 발견했다는 것입니다. 사실 두 번째 근대의 단계에 이르면 이제 인간 대신 주체라고 말하는 것이 더 나은데요. 그래서 주체와 타자에 관한 이들의 사유를 다르게 표현해 보자면, 이 세 사상가는 자신들의 사상을 통해 공통적으로 주체의 통일성을 해체하고 분열된 주체를 사유했습니다. 뒤에서 언급할 사토 요시유키佐藤嘉幸의 설명을 당겨 가져오면, 이들은 주체의 탈중심적 위치를 사유했습니다. 왜 주체는 분열되어 있을까요? 주체 자신이 통제하고 장악할 수 없는 타자가 주체의 '안'에, 앞서 활용한 표현을 가져오면 '심연'에 있기 때문입니다. 그러니까 주체는 탈중심화되어 있는 것이겠죠?

마르크스의 자본 또는 경제적 관계 또한 마찬가지입니다. 이 자본 또는 경제적 관계는 주체를 관통하고 있고, 더 나아가서 바로 이 주체 없이는 존재할 수조차 없죠. 이 타자를 다르게 말하면 '구조'라고 할 수 있는데요. 즉 주체는 구조라는 타자에 의해 '침윤'되어 있는 존재, 그러면서도 동시에 이 구조를 만들어 내고 존립시키고 있는 존재입니다. 갑자기 구조라는 개념을 가져온 이유는, 결국 구조주의 사상의 핵심 또한 이 세 사상가가 제시한 관념과 큰 틀에서는 다르지 않기 때문입니다. 그래서 이 세 사상가는 구조주의의 토대를 놓은 인물들이라고 할 수 있어요. 특히 발리바르가 지적하듯 마르크스의 「포이어바흐에 관한 열한 가지 테제」 중 여섯 번째 테제의 핵심 어휘인 '사회적 관계들의 앙상블'은 이미 구조주의의 핵심 관념을 선취하고 있습니다.7

자, 조금 더 나아가 봅시다. 첫 번째 강의에서 말한 내용의 약간의 반복인데요. 1914년에서 1918년 사이 제1차 세계대전이 진행되고, 1939년부터 1945년까지 제2차 세계대전이 진행됩니다. 양차 세계대전의 끔찍함으로 인해 인간과 인간적인 것, 즉 인간성에 대한 심각한 의심과 회의가 전후에 터져 나옵니다. 이러한 심각한 의심과 회의는 장—폴 사르트르와 알베르 카뮈의 실존주의로 이어지는데요. 특히 사르트르는 실존주의를 독일의 현상학 그리고 마르크스주의와 결합합니다.

그런데 프랑스철학계 내에서는 선배 세대의 이러한 실존주의에 대한 반작용이 일어나게 됩니다. 그것이 바로 구조주의죠. 알튀세르의 표현을 가져오자면, 실존주의가 인간의 본질을 중심으로 사유하는 '이론적 인간주의'라면, 선배 세대의 실존주의를 비판하는 프랑스철학계 후배 세대의 사유 전반은 인간의 본질이라는 관념 자체를 거부하는 '이론적 반인간주의'라 할 수 있습니다. 그것이 바로 구조주의죠. 구조주의는 인간의 본질은 존재하지 않고 인간이란 구조에 의해 구성되는 것이라고 주장합니다. 넓은 의미에서는 이러한 이유로 구조주의가 '구조'주의인 것이죠. 사람들이 흔히 말하는 그 인간이란 구조주의에서는 어떠한 인간적 본질을 지니고 있는 '유類'로서의 인간이 아니라 구조에 의해 구성되는 주체입니다. 정확히 말하면 인간 개념과 주체 개념은 아예 다른 개념이란 것입니다.

구조주의에는 '아버지'와 '아들'이 있습니다. 남성 중심적인 표현임을 인지하면서 다음과 같이 말해 보면요. 구조주의의 아버지는 스위스의 언어학자 페르디낭 드 소쉬르입니다. 소쉬르는 구조언어학을 주창했고요. 구조주의의 아들은 소쉬르의 구조언어학을 인류학에 적용함으로써 구조인류학을 주창한 클로드 레비-스트로스입니다. 소쉬르와 레비-스트로스가 구조주의 사상을 정초하고, 알튀세르, 푸코, 라캉, 롤랑 바르트Roland Barthes 등이 구조주의의 대열에 합류합니다. 물론 이들 중 몇몇은 자신을 구조주의자로 규정하는 것을 거부했으니까 어떤 의미에선 원치 않게 합류되었다고 표현할 수도 있겠네요. 사실 발리바르는 『개념의 정념들』에 수록된 구조주의에 관한 논문들에서 구조주의의 정초자는 없고 이는 하나의 학파가 아닌 하나의 발산하는 사유 운동이었다고 규정하는데요. 너무 심화된 내용이니 우리는 일단 이렇게 직관적으로 이해 가능한 방식으로 간략히 정리합시다.

실존주의의 쇠락 이후 구조주의 사상이 1950~1970년대 프랑스 지성계 전체에서 만개합니다. 국내 구조주의 연구자들이 쓴 글을 모은 『구조주의 혁명』에 실린 송기형 선생님의 「구조주의 혁명의 연대기」를 보면 그 당시 구조주의 사상이 프랑스 지성계 전체에 정말 깊고 넓은 영향을 주었다는 점, 그리고 그 성과가 정말 어마어마하다는 점을 확인할 수 있습니다.

이러한 구조주의 사상은 특히 68혁명을 거치면서 1970년대 이후 여러 다른 사상들에 의해 도전받게 되는데요. 물론 우리 논의에서 중요한 것은 당연히 포스트-구조주의의 도전이죠. 이미 1960년대부터 데리다와 들뢰즈 등은 구조주의 사상에 이의를 제기합니다. 데리다와 들뢰즈는 구조주의에서 출발한 사상가가 아니라 애초부터 구조주의 비판가로, 즉 포스트-구조주의자로 지적 여정을 시작한 철학자들입니다. 이 두 사상가를 중심으로 프랑스 지성계에서 포스트-구조주의 사상이 형성되며 구조주의 사상가들 중 몇몇은 포스트-구조주의로 이행하게 됩니다. 포스트-구조주의라는 딱지는 미국에서 만들어졌기 때문에 그 굴곡진 역사에 대해서는 역시 『루이비통이 된 푸코?』를 참고해야 하지만, 여기에서는 간단히 프랑스 지성계에서 구조주의에 대한 반작용으로 포스트-구조주의 사상이 형성되었다고 정리합시다.

68혁명이 구조주의에서 포스트-구조주의로의 이행의 기점이 되는 것에서 알 수 있듯이, 아주 단순화시켜 말한다면 포스트-구조주의는 구조주의가 구조의 한계와 해소를, 조금 더 정치적인 면에서는 혁명을, 즉 구조의 변동을 사유하지 못한다는 점을 비판하죠. 발리바르는 『개념의 정념들』에 수록한 구조주의에 관한 논문들에서 포스트-구조주의가 형성한 것이 '구조 없는 구조주의'라고 정식화하기도 합니다. 결국 구조 개념을 어떤 견지에서 이해할 것인가가 쟁점이 되겠지요.

지바 마사야가 『현대사상 입문』에서 지적하듯, 오늘날 포스트-구조주의 사상 또한 여러 사상들에 의해 도전받고 있습니다. 포스트-구조주의의 전성기는 1980~1990년대 정도까지라고 볼 수 있을 것 같아요. 학계에서는 소칼과 그를 옹호하는 이들이, 정치에서는 신보수주의가 주도한 반격에 의해 포스트―구조주의는 1990년대가 지나면서 지적 헤게모니를 상실하기 시작하는데, 그것이 본격화되는 것은 제 생각에 특히 2020년 코로나19 팬데믹 발발 이후입니다. 소칼이나 신보수주의 같은 '외부'의 공격이 아니라 진보적 지식담론 '내부'에서의 공격이 역시 치명적이었던 것인데요. 1990년대부터 2020년 정도 사이에 집중적으로 형성되었던, 인간중심주의를 비판하는 사상들이 2020년 코로나19 팬데믹 발발 이후 학계에서 지적 헤게모니를 취하게 되었던 것입니다.

그러면서 포스트―구조주의는 사유의 권좌에서 서서히 내려오게 되는데요. 지바 마사야는 새로운 지적 헤게모니를 취한 이 사상들을 모두 묶어 '포스트―포스트―구조주의'라고 부릅니다. 지바 마사야가 지적하듯 일본에서는 포스트―구조주의를 '현대사상'이라고 부르기 때문에 이 포스트―포스트―구조주의를 '탈현대사상'이라고 부를 수도 있습니다. 또는 '탈현대철학'이라 부를 수도 있을 테고요. 일반적으로 이 포스트―포스트―구조주의의 핵심은 '비인간 행위자'를 사유의 중심에 두는 것이라고 말해집니다. 포스트―구조주의적으로 환언하자면 그 핵심은 '비인간적 타자'로 나아가야 한다는 것, 그러니까 지금까지 철학이 인간적 타자만을 사유했던 데 반해 이제는 비인간적 타자, 다르게 말해 비인간 행위자를 정면으로 사유해야 한다는 것이죠. 이러한 사유 경향은 분과학문의 구분 없이 인문사회과학의 거의 모든 영역에서 나타나고 있는데요. 그래서 저는 이를 '새로운 흐름'이라고 부르고 대략 다음과 같은 일곱 가지 영역으로 구분할 수 있다고 생각합니다. 신유물론, 객체지향존재론, 사변적 실재론, 포스트휴머니즘, 인류학 내 존재론적 전회, 브뤼노 라투르Bruno Latour의 철학과 인류학, 정동이론. 저의 자의적인 구분이긴 하지만, 참고해 두면 공부하는 데 조금은 도움이 될 것 같습니다.

사실 포스트-구조주의의 출발점인 구조주의 또한 이전의 이론적 인간주의를 발본적으로 비판하는 이론적 반인간주의라는 점에서 포스트-구조주의와 포스트-포스트-구조주의 사이의 거리가 그렇게 멀지 않을 수 있습니다. 제 생각에 포스트-포스트-구조주의에 대한 앞으로의 연구와 수용에서 중요한 것은 포스트-구조주의와 포스트-포스트-구조주의 사이의 거리를 너무 과장하지 않고 이 둘 간 친화성과 이화성을 중심으로 이 둘을 생산적으로 맞세우는 것입니다. 여기에서 라투르의 사상사적 독특성에 주목할 수 있는 것이고요.

라투르는 포스트-구조주의자이자 포스트-포스트-구조주의자라는 점에서 사상사적 독특성을 지니고 있습니다. 라투르의 사유에는 이 두 사상이 혼재되어 있고, 그렇기 때문에 이 두 사상 간 가교 역할을 할 수 있다고 저는 생각합니다. 자기 사상의 정신을 자신 안에서 충실히 체현하기에 라투르의 사상 그 자체가 '혼종적'인 것이죠. 그래서 소칼이 『지적 사기』에서 한 장을 할애해 라투르를 포스트-구조주의자로 비판하는 것이기도 하고요. 라투르를 가교 삼아 포스트-구조주의와 포스트-포스트-구조주의 간 마주침을 이끌어 냄으로써, 푸코식으로 말하면 오늘날 지금 여기 우리의 시대를 위한 '사유의 도구상자'를 구성할 수 있다는 게 제 생각입니다.

구조주의와 포스트-구조주의란 무엇인가

이제 바로 이 구조주의와 포스트-구조주의를 정의하는 문제로 나아가 봅시다. 첫 번째 강의에서 다루었지만, 이는 그에 대한 심화, 반복입니다. 여기에서는 구조주의와 포스트-구조주의에 관한 통용되는 정의들, 사실상 일관성도 없고 근거도 없는 정의들은 언급하지 않겠습니다. 오히려 그 언급 자체가 혼선을 초래할 수 있기 때문입니다. 이미 지적했듯 저는 발리바르가 최후의 포스트-구조주의자, 즉 최후의 구조주의자이자 포스트-구조주의자로서 이 역사적 구조주의와 포스트-구조주의를 결산하기 위해 또는 어떤 면에서는 애도하기 위해 집필한 『개념의 정념들』에 의거합니다.

발리바르는 한국어판 『개념의 정념들』 8장 "구조주의: 사회과학의 방법인가 전복인가?"와 부록 1번 "구조주의: 주체의 파면?"에서 구조주의와 포스트-구조주의에 대한 자신의 정의를 제출합니다. 굳이 한국어판에 준거한다고 말하는 이유는 프랑스어 원서에는 부록 1번이 없기 때문인데요. 하지만 발리바르와의 대화에서 제가 직접 확인했듯 그는 이 두 논문을 하나의 쌍으로 간주하고 있어요. 그래서 이 부록 1번을 한국어판에 싣는 것을 허락한 것이고요.

저는 발리바르의 정의를 통해 구조주의와 포스트-구조주의의 굴곡진 역사를 정리할 수 있다고 생각합니다. 그에 따르면 구조주의 혁명의 핵심은 '구성하는 주체'를 '구성되는 주체'로 전도하는 것입니다. 구조주의 이전 사유는 구성하는 주체를 사유했는데, 대표적으로 칸트의 초월론적 관념론이 그렇죠. 김상환 선생님이 『왜 칸트인가?』에서 쉽게 잘 설명했듯 칸트의 초월론적 관념론의 핵심은 주체의 '마음'이 '세계'를 구성한다는 것이죠. 이렇게 표현해 보죠. 칸트적 주체는 '의식이 세계를 구성하는 표상의 주체'입니다. 그런데 니체, 프로이트, 마르크스는 주체가 통제하고 장악할 수 없는 그 토대, 심연, 존재조건을, 결국 구조를 발견했다고 했습니다. 그래서 이 의심의 3대 대가가 구조주의를 예상하고 선취했다는 것이죠. 구조주의는 바로 이 존재조건, 즉 주체를 구성하는 구조에 대한 탐구를 심화하는 사유입니다. 구조주의는 구성하는 주체를 구조에 의해 구성되는 주체로 전도시킵니다.

한 가지만 더 지적한다면, 사실 칸트철학을 기준으로 유럽 대륙철학과 분석철학이 갈라집니다. 이미 사이먼 크리츨리의 『유럽 대륙철학』에 의거해 말했듯, 유럽 대륙철학은 구성하는 주체를 중심으로 짜인 칸트의 초월론적 관념론이 초래한 니힐리즘에 대한 반작용으로서의 철학의 길입니다. 그 핵심은 바로 '삶의 지혜로서의 철학'이죠. 반면 분석철학은 동일하게 칸트철학에 의거하면서도 유럽 대륙철학과는 전혀 다른 길을 걷습니다. 이는 푸코 식으로 말하면 '인식론화된 철학'의 길이고, 그 핵심은 바로 '지식으로서의 철학'이죠. 이러한 사실을 지적하는 이유는 구조주의가 칸트의 구성하는 주체 개념에 대한 반작용으로 등장한 사유로서 전적으로 유럽 대륙철학의 전통에 속해 있기 때문입니다.

구조주의의 지적 기획의 핵심은 구성하는 주체를 구성되는 주체로, 즉 구조에 의해 구성되는 주체로 전도시키는 것인데요. 발리바르의 제자이자 포스트-구조주의자인 사토 요시유키는 구조주의와 포스트-구조주의에 관한 탁월한 연구서인 『권력과 저항: 푸코, 들뢰즈, 데리다, 알튀세르』에서 발리바르를 추수해 그와 동일하게 구조주의와 포스트-구조주의를 정의합니다.[8] 그런데 그는 이 지점에서 구조주의의 구조를 '권력'으로 치환합니다. 구조주의가 사유하는 구조에 의해 구성되는 주체 관념을 '권력에 의해 생산되는 주체' 관념으로 치환하는 것이죠. 이 점에 대해서는 조금 뒤에서 더 자세히 설명할게요. 일단은 발리바르적 개념화 내에서 구조와 권력이 등치된다는 점을 기억해 두고요.

이런 의문을 가져 볼 수 있습니다. 첫 번째 근대 이전에도 우리는 구성되는 주체를 사유하지 않았나? 쉽게 말해 '신에 의해 구성되는 주체'를 말입니다. 그런데 구조주의가 사유하는 구조에 의해 구성되는 주체의 변별점은 이 구조가 신이 아니라는 것, 더 정확히 말하자면 이 구조가 초월적인 것이 아니라 지극히 '역사적인' 구조라는 것이에요. 아까 제가 구조주의는 우리의 시선을 위에서 아래로 이동시킨다고 했는데, 같은 맥락입니다.

물론 칸트의 초월론 또한 어떤 의미에서는 우리의 시선을 위에서 아래로 이동시키지만, 칸트의 그것은 우리의 시선이 이 세계를 초역사적으로 구성한다고 주장한다는 점에서 구조주의와는 그 문제의식이 완전히 다릅니다. 그렇기 때문에 이 구조주의적 사유를 데리다 그리고 푸코와 관련해서, 초월론과는 준별되는 '유사—초월론'이라고도 부르는 것입니다.

아주 간단히 설명하자면, 유사—초월론이란 첫 번째로 주체의 가능조건이란 곧 그 불가능조건이라는 점, 두 번째로 이 주체의 가능조건이 초월적인 것이 아니라 역사적인 것이란 점을 표현하는 관념입니다. 물론 이 둘은 밀접히 연결되어 있죠. 가능조건이 곧 불가능조건인 이유는 그것이 철두철미 역사적이기 때문이니까요. 전자가 데리다의 유사—초월론의 핵심이고, 후자가 푸코의 유사—초월론의 핵심입니다. 발리바르는 구조주의를 넓은 의미의 '철학적 구조주의'라고 규정하기도 하는데, 이는 자신이 철학과 맺는 긴밀한 관계 속에서 구조주의가 역사적 구조를 철학적으로 사유하기 때문입니다. 구조주의는 구조를 철학적으로 사유하는데 이를 통해 얻어 낸 그 핵심은 이 구조가 초월적이지 않고 역사적이라는 것, 그래서 이 구조는 주체의 가능조건이기도 하지만 영원불변한 초역사적인 것이 아니라 생성변화하는 역사적인 것이란 점에서 불가능조건이기도 하다는 것입니다. 첫 번째 강의에서 데리다가 뒤흔드는 진리와 역사 간 대당을 이미 설명했는데 그걸 한번 떠올려 봐도 좋을 것 같아요.

또 한 가지 중요한 점은 이 역사적 구조가 바로 '의식의 타자'라는 것입니다. 칸트는 초월론적 관념론을 통해 의식이 세계를 구성하는 표상의 주체를 세공했다고 설명했습니다. 그런데 두 번째 근대를 만든 의심의 3대 대가 니체, 프로이트, 마르크스는 칸트와 달리 의식의 바깥이 주체의 아래에 그 존재조건으로서 놓여 있다는 점을 발견한 인물들이죠. 이러한 선취된 구조주의적 사유를 구조주의는 발본화시키는 겁니다. 의식의 바깥 또는 타자가 있고 그게 바로 구조라는 것이죠. 구조주의자들은 각자가 이 구조를 자신만의 방식으로 탐구했는데, 마르크스에게 이 의식의 타자는 자본 또는 경제적 관계이고, 소쉬르나 더 나아가 에밀 벤베니스트Émile Benveniste 같은 구조주의 언어학자에게는 언어이고, 라캉에게는 무의식 또는 기표이고, 레비―스트로스에게는 친족관계이고, 바르트에게는 텍스트이고, 알튀세르에게는 이데올로기이고, 푸코에게는 시기마다 다르지만 대체적으로 권력이겠죠.

그럼 우리에게 남은 문제는 도대체 포스트―구조주의란 무엇이냐는 것이죠. 첫 번째 강의에서 강조했듯, 포스트―구조주의는 언어적 전회, 언어구성주의 또는 사회구성주의, 허무주의, 비관주의, 극단적 상대주의가 아닙니다. 포스트모더니즘이 아니라는 것이죠. 제가 정의하는 포스트―구조주의의 특징은 '담론주의', '회의주의', '역사에 대한 비극적 사유' 이렇게 세 가지입니다. 이러한 정의는 물론 발리바르의 구조주의에 관한 성찰을 전적으로 추수한 결과입니다.

발리바르가 『개념의 정념들』 8장과 부록 1번에서 강조하듯 포스트―구조주의는 구조주의를 비판하는 사유이지만 구조주의와 포스트―구조주의 간에는 단절보다는 연속성이 존재합니다. 발리바르는 구조주의와 포스트―구조주의가 함께 하나의 '사유 운동'을 구성한다고 말하죠. 여기에서 사유 운동이란 표현은 구조주의와 포스트―구조주의가 어떠한 '학파'를 형성하지 않고 끊임없이 생명력 있게 운동하는 사유라는 점을 지시합니다. 그럼에도 포스트―구조주의는 구조주의를 비판하는 사유입니다. 그래서 구조주의와 포스트-구조주의는 하나의 사유 운동을 구성하면서도 그 방점을 서로 다르게 찍습니다. 이를 '반작용'이라고 표현할 수 있다고 저는 생각합니다. 사상에서의 반작용이란 단순한 비난이나 거부가 아니라 비판적 재전유죠. 이미 유럽 대륙철학과 관련해서도 이 표현을 사용한 바 있죠?

포스트-구조주의는 구조주의에 대한 비판적 재전유로서 반작용이고, 그렇기 때문에 알튀세르와 푸코의 경우 구조주의에서 포스트-구조주의로 이행한 것이고, 들뢰즈와 데리다의 경우 구조주의 비판에서 출발해 포스트-구조주의로 나아간 것이죠. 그렇다면 구조주의와 포스트-구조주의는 도대체 어떤 서로 다른 방점을 찍는 것일까요? 이미 지적했듯, 구조주의의 방점은 근대철학이 상속한 구성하는 주체를 구조에 의해 구성되는 주체로 전도하는 것에 놓입니다. 그래서 주체는 구조의 기원이 아니라 구조의 결과, 구조가 생산하는 효과가 되는 것이죠. 반면 포스트-구조주의의 방점은 이러한 구성되는 주체가 취하는 '주체성의 현전 불가능한 한계와 그 너머'를 윤리-정치적으로 사유하는 데에 놓입니다. 여기에서 주체성의 현전 불가능한 한계란 첫 번째로는 '정상성의 해소'를, 두 번째로는 '주체의 구성과정에 내재하는 폭력'을 의미합니다. 이 두 가지를 해명하는 것이, 더 나아가서는 이러한 해명의 기반 위에서 정상성과 그 폭력을 윤리-정치적으로 비판해 그 너머를 사유하는 것이 포스트-구조주의의 핵심이라는 것이죠.

전혀 어려운 이야기가 아닙니다. 포스트-구조주의는 기호와 텍스트에 대한 사유에서 규범에 대한 사유로 확장됩니다. 여기에서 규범이란 정상과 비정상을 구분함으로써 정상성과 비정상성 또는 정상적 주체성과 비정상적 주체성을 생산하는 기호와 텍스트입니다. 주체는 이러한 규범에 의해, 즉 정상성 또는 정상적 주체성의 부여에 의해 주체로서 생산되는 것이죠. 물론 '부여한다'란 어휘로, 즉 정상성이라는 동일성의 부여로 이 사태를 다 표현하기는 힘듭니다. 이는 호명 테제를 어떻게 해석할 것인가의 쟁점을 내포하고 있어서 조금 더 뒤에서 얘기해 보죠.

이러한 주체성에는 한계가, 하지만 현전 가능하지는 않은 한계가 있을 수밖에 없습니다. 그 한계를 넘어선다면 정상이 비정상이 되는 그러한 한계, 규범이 설정한 한계 말입니다. 포스트-구조주의는 구조에 의한 주체의 구성을 설명하는 것을 넘어서 이러한 주체가 취하는 주체성의 현전 불가능한 한계와 그 너머를 사유하는 것인데, 첫 번째로는 정상성의 견지에서, 두 번째로는 규범에 의한 주체의 구성과정에 내재하는 폭력, 즉 주체가 겪는 폭력의 견지에서 이를 수행합니다.

우리는 정상적 주체가 되기 위해서 얼마나 많은 폭력을 겪고 이를 감내하나요? 이러한 폭력을 감내할 수 없는 이들, 규범에 의해 비정상으로 규정되고 배제된 이들이 바로 들뢰즈 등이 주목하는 '소수자'입니다. 그래서 구조주의는 구성되는 주체에 대한 '설명'에 집중하지만 포스트-구조주의는 이러한 정상화 과정 속에서 폭력적 배제를 경험하는 소수자에 대한 '윤리-정치적' 사유와 규범 '비판'에 집중하지요. 이는 알튀세르, 푸코, 버틀러뿐만 아니라 데리다와 들뢰즈에게도 적용되는, 그러니까 포스트-구조주의 일반에 큰 무리 없이 적용될 수 있는 정의입니다.

그렇다면 이러한 한계가 현전 불가능하다는 것은 무슨 의미일까요? 아주 쉽게 말해 이러한 한계는 우리 눈앞에 나타나지 않는다는 겁니다. 그렇기 때문에 철학이 필요하고 문학이 필요한 것인데요. 이 점은 다섯 번째 강의에서 설명되는 '증상적 독해' 개념을 통해 온전히 이해할 수 있을 겁니다.

마지막으로 강조해야 할 것은 바로 이렇게 주체를 생산하는 구조가 권력이라는 것, 그리고 이 권력이 마슈레에 따르면 규범으로서의 권력 즉 규범권력이라는 것입니다. 첫 번째 강의와 두 번째 강의의 연결고리를 이제 확인할 수 있겠죠. 권력이 주체를 생산하고 이렇게 생산된 주체의 주체성에는 한계가 존재하는데, 이 권력은 어떠한 실재가 아니라 규범으로서 기호와 텍스트입니다. 또는 데리다의 표현을 조금 변형해 '실재가 된 규범'이라고 할 수도 있겠죠. 이러한 규범권력은 정상화 작용을 통해 주체를 생산하는 것이고요.

이러한 주체가 취하는 주체성에는 한계가 있을 수밖에 없기 때문에 그 너머를 향한 저항 또한 가능한 것이겠죠. 여러 논의가 필요하지만 아주 단순하게만 말하면, 포스트-구조주의의 윤리-정치론에서 저항은 이러한 폭력적 배제를 겪는 소수자로서의 주체가 취하는 주체성의 한계에 대한 사유와 규범 비판으로부터 시작됩니다. 그래서 포스트-구조주의가 들뢰즈가 강조하듯 소수자 정치인 것이죠.

여러 예를 들 수 있지만 트랜스젠더의 소수자성이 정확히 주체성의 한계에 놓여 있는 정체성인데요. 트랜스젠더가 남성과 여성을 구분하는 규범권력의 한계 위에서 폭력적 배제를 겪기 때문에 그렇죠. 트랜스젠더의 '트랜지션(성전환)'은 그렇기 때문에 포스트-구조주의가 사유하고 의거하고자 하는 아주 중요한 윤리-정치적 실천입니다. 이와 관련해 안드레아 롱 추Andrea Long Chu의 『피메일스』와 호영의 『전부 취소』라는 책을 권합니다.9 포스트-구조주의에서 트랜스젠더의 이러한 한계-사유와 한계-경험을 재전유하는 것은 그 윤리-정치론의 구성을 위해 사활적인 것입니다.

(포스트-)구조주의적 권력이론

이제 구조주의와 포스트-구조주의에 대한 정의를 생산했으니, 바로 이러한 정의에서 출발해 이 구조를 넓은 의미의 권력으로 치환하는 사토 요시유키의 구조주의와 포스트-구조주의에 관한 도식적 설명으로 넘어갑시다. 구조를 권력 개념으로 치환해야 우리가 다룰 알튀세르, 푸코, 버틀러를 꿰뚫는 주체와 권력이라는 개념쌍을 이해할 수 있으니까요.

『권력과 저항』에서 사토는 라캉 정신분석학이 제출하는 '기표에 대한 주체의 의존'이라는 관념을 경유해 구조주의를 '내면화된 권력'에 관한 사유로 변형합니다. 기표에 대한 주체의 의존이라는 관념은 전혀 어려운 이야기가 아닌데, 구조주의가 구조에 의한 주체의 생산을 사유하듯 라캉 정신분석학이 기표에 의한 주체의 생산을 사유한다는 거죠. 이는 다음의 두 가지를 의미하는데, 첫째는 '권력의 내면화에 의해 실현된 예속화'이고, 둘째는 이러한 예속화로 인한 '구조 내에서의 주체의 탈중심적 위치'입니다.[10] 쉽게 말해 사토는 구조주의와 포스트-구조주의의 타자인 라캉 정신분석학의 핵심 관념인 기표에 대한 주체의 의존 또는 기표에 의한 주체의 생산을 경유해 구조 개념을 권력 개념으로 치환하면서, 구성하는 주체의 구성되는 주체로의 구조주의적 전도를 권력에 의한 주체의 생산이라는 도식으로 변형합니다.

지금부터는 구조주의와 포스트-구조주의라는 하나의 사유 운동을 표현하기 위해 '(포스트-)구조주의'라는 표현도 사용할게요. 이제 사토 요시유키가 발리바르의 영향하에 도식화한 (포스트-)구조주의적 권력이론에 대해 설명해 보겠습니다.

『권력과 저항』에서 사토 요시유키는 구조주의와 포스트-구조주의에 관한 발리바르의 정의를 수용해 다음과 같이 정식화합니다. 사토에 따르면 구조주의는 권력에 의한 주체의 생산을 사유하고, 포스트-구조주의는 권력에 의해 생산된 주체의 이 권력에 대한 저항을 이론 내적으로 사유합니다. 여기에서 '이론 내적으로' 사유한다는 것은 발리바르가 포스트-구조주의에 관한 자신의 정의에서 제시했던바, 그러니까 주체성의 한계와 그 너머를 사유한다는 것이죠. 사토 요시유키의 정의를 조금 더 풀어서 말하면, 포스트—구조주의는 권력에 의해 생산된 주체가 자신을 만든 이 권력에 저항하는 것이 어떻게 가능한지, 그리고 그것이 얼마나 어려운지를 보여 주려는 사유입니다. 포스트—구조주의는 주체의 이러한 저항의 전략을, 즉 '저항 전략'을 세공하는 사유인데요. 포스트—구조주의는 이 저항 전략을 이론 내적으로 보여 주는 게 현실에서 저항을 실천하기 위한 첫걸음이라고 생각합니다.

하지만 이는 '거의 불가능'합니다. 주체는 권력에 의해 만들어지는데 그런 주체가 이 권력에 저항한다는 것은 직관적으로 생각해도 거의 불가능해 보이죠. 슬라보예 지젝Slavoj Žižek의 표현을 가져오자면 그래서 이는 '불가능한 것의 가능성'에 대해 사유하고 말하는 것입니다.[11] 앞서 우리는 주체를 구성하는 구조가 의식의 타자라고 지적했습니다. 그래서 의식의 타자에 의해 구성되는 주체의 저항을 사유하기 위해서 주체의 의식에 의존할 수는 없어요. 그렇다면 주체의 의식에 호소하지 않으면서 권력에 대한 주체의 저항을 어떻게 사유할 수 있을까요? 이는 거의 불가능한 것 아닐까요?

사토 요시유키는 이러한 불가능성에 굴복하면서 근대적인 의사소통적 주체로 회귀하는 지적 운동이 포스트—구조주의에 대한 거부로서 등장한다고 지적합니다. 이러한 지적 운동은 권력에 관한 억압가설을 전제합니다. 권력은 억압하고 주체는 이 억압에 저항한다는 것이죠. 하지만 포스트—구조주의를 포함해 현대 프랑스철학 전체의 공통 정신이라고 할 만한 것이 몇 가지 존재한다면 그중 하나는 바로 억압가설에 대한 비판입니다.[12] 푸코의 『섹슈얼리티의 역사 1권: 지식의 의지』를 떠올려 보면 됩니다.

방금 구조주의에 대한 정의로 사토 요시유키가 권력에 의한 주체의 생산에 관한 사유를 제시했다는 점을 기억해 보세요. 권력은 억압하지 않고 생산한다는 게 핵심이에요. 뭘 생산하나요? 바로 주체입니다. 이 테제를 받아들이지 못하면 권력에 대한 억압가설로 회귀할 수밖에 없는데, 이는 사실 지적인 면에서 매우 손쉬운 해결책에 불과하죠. 구성하는 의식의 주체가 자신을 억압하는 권력에 의식적으로 저항한다는 건 이론적 의밋값이 전혀 없잖아요. 이를 사유하는 건 지성적으로 아무것도 말해 주는 게 없다는 점에서 매우 소박하고 무의미한 시도에 불과합니다.

오히려 주체는 자신이 이러지도 저러지도 못하는 의식 바깥의 권력에 의해 생산되는데, 그래서 저항이란 거의 불가능해 보이는데, 여기에서 현실의 실천에서는 몰라도 최소한 이론 내적으로는 이 거의 불가능해 보이는 저항을 어떻게 사유할 수 있을지 치열하게 고민하는 것이 지성적으로 유의미하다는 거죠. 그것이 우리 사유의 경계를 한 걸음 더 앞으로 나아가게 해 주니까요. 현실에서 우리는 주체가 예속되어 있는 것을, 그리고 그러한 예속화가 의식의 차원 바깥의 힘에 의해 이루어지는 것을 확인합니다. 의식의 차원 내 힘에 의해 예속되어 있다면 다른 의식을 제시함으로써 주체가 예속화로부터 벗어날 수 있겠죠. 하지만 이러한 다른 의식, 대안적 의식을 받아들이지 않으려는 무엇인가가 주체의 안에, 내부에, 내면에, 즉 심연에 존재하고 있습니다. 이것이 바로 내면으로 침투한 의식의 타자로서 구조 또는 권력입니다.

하지만 우리는 동시에 현실의 실천에서 저항이 끊임없이 일어나는 것 또한 확인합니다. 우리는 바로 이러한 역설을 정면으로 사유해야 하는데요. 근대적인 의사소통적 주체로 회귀하는 논자들의 비난과 달리, 포스트-구조주의는 정치적 비관주의, 극단적 상대주의, 단순한 허무주의가 아닙니다. 앞서 지적했듯 오히려 담론주의, 회의주의, 역사에 대한 비극적 사유입니다. 이러한 사유를 통해 정치적 비관주의, 극단적 상대주의, 단순한 허무주의를 비판하면서, 포스트-구조주의는 우리 사유의 경계를 지성적으로 한 걸음 더 앞으로 나아가게 만듭니다.

　이제 『권력과 저항』의 사토 요시유키를 따라 포스트-구조주의의 이러한 사유 실험을, 즉 '포스트-구조주의적 권력이론'을 평이하게 설명해 보겠습니다. 주체와 권력은 하나의 개념쌍이니, '포스트-구조주의적 주체-권력이론'이라고 해도 되겠네요.

　시작점은 역시 현대 프랑스철학의 타자로서 프로이트-라캉 정신분석학입니다.[13] 프로이트의 사회심리학적 사유를 집약하고 있는 「집단심리학과 자아분석」에 주목해야 합니다. 한국어판 프로이트 전집에 수록되어 있으니 이 텍스트는 꼭 한 번 읽어 보세요.[14] 프로이트는 이 글에서 집단형성 메커니즘, 즉 개인의 집단에 대한 동일화 메커니즘을 이론화합니다. 개인이 집단에 자신을 동일화하기 위해서는 이 개인의 정신적 에너지가 집단에, 집단의 정신적 에너지가 개인에 투여되어야겠죠? 그러니까 정신분석학이 이 점을 해명할 수 있다는 것인데요. 프로이트는 이를 주체가 대상을 자아 속에 받아들임으로써 동일화하는 것으로 설명해요. 프로이트-라캉 정신분석학을 자신의 학문적 타자로 취하는 포스트-구조주의의 권력이론은 바로 이러한 프로이트적 동일화 도식을 재전유합니다.

　조금 더 자세히 설명해 보겠습니다. 이러한 프로이트적 동일화 도식의 핵심은 우울증의 메커니즘입니다. 프로이트 정신분석학은 주체가 사랑의 대상의 상실과 그 애도 실패로 인해 우울증에 걸린다고 생각하는데, 애도에 실패한 주체는 이 상실된 사랑의 대상을 떠나보내지 못하고 우울증에 걸려 이 대상을 자기 안으로 받아들이게 되죠. 그렇게 되면 주체 내부의 자아는 대상을 받아들였기 때문에 이중화됩니다. 이를 자아분열이라고 표현할 수 있는데요. 여기에서 대상은 자아 이상의 위치에 놓이게 되죠. 대상을 받아들인 주체는 자아 이상, 즉 위에 위치하는 대상과 아래에 위치하는 자아로 분열됩니다. 프로이트는 우울증의 메커니즘에 기반해 이러한 대상의 받아들임이라는 관념으로 집단형성 메커니즘을 설명합니다. 집단이 형성되는 것 또한 주체가 집단 즉 외부의 대상을 내부로 받아들여 집단과 스스로를 동일화함으로써 가능해지는 것이죠.

우리 논의에서 중요한 것은 프로이트 정신분석학 자체가 아니라 포스트-구조주의적 권력이론이 프로이트 정신분석학의 우울증 메커니즘과 그에 기반한 집단형성 메커니즘을 받아들임으로써 주체와 권력이라는 개념쌍을 이론화한다는 것입니다. 포스트-구조주의는 대상의 받아들임이라는 관념을 '권력의 내면화'라는 관념으로 변형합니다. 즉, 포스트-구조주의는 대상을 권력 개념으로 치환합니다. 물론 이 권력은 알튀세르에게는 이데올로기일 테고, 푸코에게는 규율권력과 생명권력일 테고, 버틀러에게는 젠더규범일 테고, 구조로서 현행성의 철학자 일반에게는 규범권력일 테죠. 이러한 권력을 담론이라고 부를 수도 있는데, 용어 선택은 각 사상가가 구조의 어떤 측면을 강조하고 이론화하느냐에 따라 달라집니다. 중요한 것은 이러한 대상의 받아들임, 즉 권력의 내면화를 통해 주체가 생산된다는 점인데, 그러나 프로이트의 우울증의 주체에서 자아는 아래에 놓이고 대상은 자아 이상의 위치에 놓이듯, 이렇게 생산된 주체는 탈중심화되어 있습니다. 그러니까 주체가 이 대상을 장악할 수 없고 오히려 이 대상에 의해 '지배'되어 있는 상태에 놓여 있다는 것이죠. 지배라는 관념은 억압이라는 관념과 마찬가지로 조심해서 사용해야 하지만 여기에서는 편의상 별도의 단서 없이 사용할게요.

대상의 받아들임, 권력의 내면화로 인해 주체는 탈중심화되면서 자아분열, 주체 내부의 분열을 겪게 됩니다. 『말과 사물』에서의 푸코의 개념을 변형해 가져오자면 '경험적-초월론적 이중체'가 생산됩니다. 이 경험적-초월론적 이중체는 그 이름이 지시해 주듯 초월론적 상위심급과 경험적 하위심급으로 분열되어 있습니다. 초월론적 상위심급이 당연히 대상에 해당되고 경험적 하위심급이 대상을 받아들인 자아에 해당되죠. 초월론적 상위심급은 내면화된 권력의 심급이고 경험적 하위심급은 복종하는, 예속된 자아의 심급입니다. 『감시와 처벌』에서 푸코가 제시한 어휘를 변형해 가져오자면 상위심급은 하위심급을 '감시'하고 '처벌'합니다.

이로 인해 하위심급은 자기비난에 빠지게 되는데, 이러한 자기비난으로 인해 반성적 주체가 형성됩니다. '반성적'이란 어휘는 프랑스어의 '레플렉시프réflexif', 영어의 '리플렉시브reflexive'를 옮긴 것으로, '성찰적'이라고 번역해도 됩니다. 반성적 주체가 형성됨으로써 드디어 주체의 이중구조가 확립됩니다. 버틀러는 이 반성적 또는 성찰적이란 어휘를 자기 자신에 반해 대문자 법Loi을 향해 이루어지는 '돌아섬trope, turn'으로 해석하면서 이러한 주체의 이중구조 확립을 돌아섬을 통한 반성적 주체의 형성으로 정식화하죠. 버틀러에게 이렇게 확립된 주체는 대문자 법에 대한 '정념적 애착'을 보이는 '죄의식과 양심의 주체'입니다.

포스트-구조주의자들이 제시하는 흥미로운 관념이 무엇이냐면, 바로 이러한 반성성으로부터 이 대상 의존적 주체가 일종의 자율성을 가지게 된다는 것입니다. 이것이 가능한 이유는 이 반성적 주체가 더 이상 현실의 대상에 의존하는 것이 아니라 이 현실의 대상으로부터 분리되어 있는, 자신이 내면화한 대상에 의거하기 때문입니다. 이를 '예속의 수용을 통한 자유의 획득'으로 정식화할 수 있습니다. 또는 이를 조금 변형해 '자율적 주체의 타율적 생산'으로 정식화할 수도 있습니다. 이것이 포스트-구조주의가 씨름하고자 하는 주체의 모순, 역설, 아포리아입니다. 이제 저항을 이론 내적으로 설명한다는 것이 무엇인지 알겠죠. 저항을 이론 내적으로 설명한다는 것은 초월론적 심급과 경험적 심급 간 간극에서, 그러니까 능동성과 수동성, 자유와 예속 간 간극에서 저항의 가능성을 도출하는 것입니다. 의식 내에서의 억압과 탈억압이라는 단순화된 이항대립적 관념이 아니라 능동성과 수동성, 자유와 예속, 자율성과 타율성, 주체화와 예속화의 입체적이고 역동적인 착종 속에서 권력과 그에 대한 주체의 저항을 사유하는 것이죠.

포스트―구조주의자들 대부분, 특히 구조로서 현행성의 철학자들은 이러한 사유를 공통적으로 전개합니다. 예를 들어 버틀러는 호명을 통한 규범의 정신분석학적 내면화를 통해 주체, 주체화, 예속화, 예속적 주체화를 설명합니다. 양심의 운동으로서 죄의식으로 인해 자기는 자기에 반해 대문자 법을 향해 돌아서게 되는데, 이러한 돌아섬은 대문자 법을 향한 정념적 애착 그 자체입니다. 버틀러는 돌아섬trope을 '비유trope'로 이해하는데, 그래서 버틀러는 이러한 돌아섬 또는 비유라는 수사학적tropological 차원에서 형성되는 주체를 그 권력과의 관계 속에서 사유하는 것이죠. 이것이 버틀러의 담론주의입니다.

두 가지 추가적 설명을 제시하겠습니다. 첫 번째 추가적 설명은, 주체와 권력이라는 개념쌍을 통해 인간, 사회, 세계, 즉 존재와 역사를 이해하기에, 포스트―구조주의는 지바 마사야가 『현대사상 입문』에서 제시한 다음과 같은 세 가지 특징을 지닌다는 점입니다.

첫 번째, 복잡한 것을 단순화하지 않음으로써 현실을 입체적으로 사유하기. 이는 포스트―구조주의가 현실을 소박한 의미의 실재로 환원하는 것을 거부하고, 기호와 텍스트 더 나아가서는 규범을 통해 현실을 이해하고 설명하려 하기 때문입니다. 조금 더 구체적으로 말하자면, 포스트―구조주의는 현실을 단순화하지 않고 이를 주체와 권력이라는 개념쌍을 통해 이 둘의 착종 또는 동역학 속에서 입체적으로 이해하고 설명하고자 하는데, 그래서 포스트―구조주의는 권력, 무의식, 주체, 저항 등에 대한 단일한, 확고부동한 개념

정의를 제시하는 것을 목표로 하지 않죠. 다섯 번째 강의에서 살펴보겠지만 포스트-구조주의는 오히려 '현행성' 아래에서의 '개념의 정념들'을 사유하는데요. 포스트-구조주의의 개념들은 입체적 현실에 대한 입체적 사유를 목적으로 만들어진 도구이기에 명확한 개념 규정을 제시하지 않아요. 현실이 입체적이기에 단일한, 확고부동한 개념 규정 자체가 불가능하고요. 입체적이어서 규정 불가능한 현실에 대한 개념 규정의 불가능성이라 정식화해 볼 수도 있겠네요.

제 강의도 마찬가지이지만, 포스트-구조주의자들은 서론에서부터 개념 정의를 제시하고 들어가는 것이 아니라 설명을 거듭하면서 그 개념이 지시하고자 하는 입체적 현실로 조금씩 조금씩 다가갑니다. 그러니까 텍스트를 끝까지 다 읽어야만, 또는 어떤 사상가의 사유를 끝까지 주파해야만 개념 정의가 가능해집니다. 그래서 포스트-구조주의에 관한 불만들 중 하나가, 개념 정의 자체가 수행되지 않는다는 건 말할 것도 없고, 개념 정의를 처음부터 명료하게 제시하지 않기에 포스트-구조주의를 완전히 알고 있어야 그 개념이 이해된다는 것, 그래서 설명과 이해 간 시간성이 꼬여 있다는 점입니다. 이런 이유에서 포스트-구조주의를 강의하는 게 무척이나 어렵습니다. 곁가지 얘기가 너무 길었네요.

두 번째, 질서로부터 거리를 두고 차이에 주목하기. 이 또한 현실에 대한 입체적 사유로부터 도출되는 특징이겠죠. 현실이라는 기호와 텍스트는, 그것이 기호와 텍스트이기에, 첫 번째 강의에서 데리다와 함께 살펴보았던 시간적이고 공간적인 차이와 지연, 즉 차연의 생산과 재생산 그 자체이기 때문이죠. 그래서 현실은 차이로서의 갈등과 모순에 '영원히' 시달릴 수밖에 없는 것인데, 이에 대해서는 다섯 번째 강의에서 조금 더 설명하겠습니다.

세 번째, 배제되어 온 불필요한 것을 창조적인 것으로 긍정하기. 사실 두 번째와 세 번째 특징은 장용순 선생님의 『라캉, 바디우, 들뢰즈의 세계관』에서 훨씬 더 직관적으로 잘 설명되는데요. 다섯 번째 강의에서 구조로서 현행성의 철학에 대한 설명을 들어 보면 장 선생님이 설명하는 사건의 철학의 세계관과 구조로서 현행성의 철학의 세계관이 다르다는 점을 어렵지 않게 인지할 수 있을 겁니다.

어쨌든 이 두 번째와 세 번째 특징 또한 포스트-구조주의자들 대부분에게 해당되는데요. 포스트-구조주의는 규범권력에 의해 '비정상인'으로 배제된 자들, 그러니까 소수자들의 창조성에서 정치의 가능성을 발견하죠. 그래서 포스트-구조주의의 정치학이 규범 비판을 통한 질서로부터의 탈피를 핵심으로 취하는 소수자 정치학이고 미시정치학인 것입니다. 이것이 발리바르를 따라 이미 지적했듯, 포스트-구조주의가 또 하나의 과학이 되기를 지향하기보다는 대안적 윤리-정치론이 되기를 지향하는 이유입니다.

두 번째 추가적 설명은 칸트의 경험적-초월론적 이중체에 관한 것입니다. 『권력과 저항』의 사토 요시유키를 따라 아주 간단히만 설명해 보겠습니다. 푸코는 『말과 사물』에서 칸트적 주체를 경험적-초월론적 이중체로 규정합니다. 이러한 규정의 핵심은 칸트의 초월론적 관념론 이후의 근대 에피스테메에서 인간이 인식의 주체임과 동시에 인식해야 할 대상 또는 객체가 되었다는 것이죠.

이러한 이중성을 칸트는 자아의 이중성과 통각의 이중성으로 설명합니다. 통각은 독일철학 전공자들의 일반적 설명에 의거해 조금 어렵게 정의하면 '감각적 지각과 정신적 지각의 공동작용을 통해 하나의 대상을 습득하는 것'을 뜻하는데, 조금 쉽게 정의하면 '자기의, 그리고 자기에 대한 의식'입니다. 이 통각은 반성의 의식과 파악의 의식으로 나누어집니다. 개념, 사유를 가능케 하는 내적 작용으로서의 자발성에 대한 표상이 반성이고, 경험적 직관을 가능케 하는 감수성으로서의 수용성에 대한 표상이 파악입니다. 반성의 의식은 지성의 의식, 즉 순수통각으로 이어지고, 파악의 의식은 내적 감각의 의식, 즉 경험적 통각으로 이어집니다. 전자는 표상들을 통해 하나의 대상을 인식하는 능력인 사유이고 후자는 표상들을 받아들이는 능력인 직관인데, 전자는 개념들의 자발성이라고, 후자는 인상들의 수용성이라고 부를 수도 있습니다.

이 두 가지 면을 모두 가지고 있는 것이 바로 자아입니다. 통각은 자아를 규정하는 핵심 특징인 거예요. 그래서 자아는 한편으로는 사유 주체로서의 자아이고 다른 한편으로는 내적 감각의 대상으로서의 자아입니다. 첫 번째 자아는 '나는 생각한다'라는 표상 즉 순수통각의 작용을 수행하는데 이러한 작용이 자기의식의 '초월론적' 통일이고, 두 번째 자아는 직관에서의 '경험적인' 다양한 표상들을 수용하는 작용을 수행하죠. 그래서 푸코는 이러한 이중적 작용을 수행하는, 두 가지 자아가 결합된 칸트적 주체를 '경험적-초월론적' 이중체라고 부릅니다.

우리는 칸트철학에 집중하기보다는 이 경험적-초월론적 이중체 개념을 가지고서 푸코가, 더 나아가 포스트-구조주의가 무엇을 하고자 하는지에 집중해야 합니다. 사토 요시유키는 푸코의 경험적-초월론적 이중체 개념을 변형한 뒤 이를 포스트-구조주의 전체에 적용해 포스트-구조주의적 권력이론을 재구성합니다. 앞서 설명한 칸트적 주체, 경험적-초월론적 이중체의 초월론적 시선은 우리의 인식 방식에 관한 인식, 자아 자체의 반성적 재인입니다. 초월론적 시선은 경험적 자아를 보는 시선인 것이죠. 그래서 칸트적 주체는 경험적-초월론적 이중작용에 의해, 다시 말해 직관과 개념의 상호연관을 통해, 자신의 외부를 내부화하고 자신의 내부에서 모든 인식의 기반을 만듭니다. 즉, 칸트적 주체는 초월론적 시선에 의해 자신의 외부를 내부화하는 주체인 것이죠. 김상환 선생님의 설명을 따라 말하자면 칸트에서 주체는 자신의 마음을 통해 세계를 구성하는 것입니다. 외부를 내부화하는, 이렇게 표현할 수 있다면 '세계를 마음화'하는 것인데요. 앞서와 같은 방식으로 말하자면 칸트적 주체는 의식을 통해 세계를 구성하는 표상의 주체, 간단히 말해 구성하는 주체인 것입니다.

사토 요시유키가 『권력과 저항』에서 강조하듯 칸트적 주체, 즉 경험적-초월론적 이중체에는 '유한성과 한계'가 깊이 각인되어 있습니다. 이 주체는 이 유한성과 한계를 통해 실정성들의 체계, 즉 인식의 장을 확립해 대상의 인식을 가능하게 만들죠. 이는 세계의 외부성을 '인간의 사유'라는 내부성으로 재현하고 그 안에 유폐시키는 것으로, 사유하는 주체에게서 외부성을 억압하고 이 이중체의 외부에 위치하는 모든 권력관계를 부인하는 것입니다. 사토 요시유키는 이 외부를 인간 안에 유폐하는 '인간학적 폐색구조'라 부르는데, 푸코는 이를 칸트의 '인간학적 사유'로 간주했죠. 바로 이러한 맥락에서 프레더릭 바이저는 이로부터 니힐리즘이라는 반작용이 생산된다고 말한 거고요.

이러한 칸트의 '이론적 인간주의'를 비판하고 해체하는 것이 바로 구조주의와 포스트-구조주의입니다. 포스트-구조주의는 주체와 권력이라는 개념쌍을 중심으로 구축된 권력이론을 통해 칸트의 인간학적 사유를 비판하고 해체합니다. 예를 들어 푸코의 '바깥의 사유'라는 관념이 그렇죠.[15] 방금 우리가 '외부'라고 부른 것은 '바깥'이라고도 부를 수 있는데, 푸코가 말하는 '바깥'이 정확히 이러한 경험적-초월론적 이중체라는 칸트적 주체와 이를 중심으로 구성된 인간학적 사유의 바깥, 그러니까 주체성의 현전 불가능한 한계와 그 너머를 사유하는 것이죠. 이 바깥을 사유하고자 푸코는 니체에 의거합니다. 그래서 이를 '칸트의 니체화', '니체를 통한 칸트 넘어서기', '니체를 통한 칸트의 해체' 등으로 부를 수도 있습니다. 이제 칸트철학에서 니체, 프로이트, 마르크스의 사상을 거쳐 구조주의와 포스트–구조주의로 이어지는 흐름의 핵심인 구성하는 주체의 구성되는 주체로의 전도, 더 정확히는 비판과 해체에 대해 감을 잡았을 거라 생각합니다.

우리는 드디어 포스트–구조주의의 핵심인 '담론주의'로 나아갑니다. 담론주의에서부터 버틀러의 포스트–구조주의까지는, 그 중요성과 어려움으로 인해 설명을 꽤나 반복할 거란 점 양해 부탁드리고요.

담론주의란 무엇인가?

저는 여러 강의에서 구조주의와 포스트–구조주의를 합쳐 '(포스트–)구조주의'라 표현해 왔습니다. 그렇지만 여러분은 이미 구조주의와 포스트–구조주의가 하나의 사유운동이라는 점을 이해했을 테니 편의를 위해 이제는 간단히 '포스트–구조주의'라고만 쓰겠습니다.

이 구성되는 주체와 그 너머에 대한 사유로서 포스트–구조주의의 핵심을 저는 '담론주의'라고 규정할 수 있다고 생각합니다. 물론 이는 두 가지 아이디어에 착안해 제가 자의적으로 만든 표현인데요. 첫 번째로는 『개념의 정념들』의 부록 1번인 "구조주의: 주체의 파면?"에서 발리바르가 버틀러의 사유, 그러니까 대문자 법을 향한 자아의 자기 자신에 반한 돌아섬을 '담론적 전회' 또는 '담론적 돌아섬'이라고 규정하며 여기에 어떠한 포스트–구조주의적 일반성을 부여하려고 시도했다는 점에 착안한 것이고요. 두 번째로는 폴 벤느Paul Veyne가 『푸코: 그의 사유, 그의 인격』에서 주체를 금붕어에, 담론을 어항에 비유하며 금붕어가 어항 밖으로 나갈 수 있는지의 질문에서 푸코가 취한 회의주의를 강조한 점에 착안한 것입니다.[16] 담론주의는 주체가 담론의 바깥으로 나갈 수 없기에 진리에 도달할 수 없다는 점에서 회의주의로 이어지는데요. 그러나 정말 그것이 이 담론주의라는 관념이 지니는 함축의 전부인지는 확인해 볼 필요가 있겠죠.

『권력과 저항』의 사토 요시유키가 권력에 의한 주체의 생산으로 포스트—구조주의를 규정했다면, 담론주의는 이 권력의 담론적 측면에 더욱 주목합니다. 즉, 담론주의는 담론에 의한 주체의 생산으로 포스트—구조주의를 규정합니다. 여기에서 담론은 당연히 초월론적인 것이 아니라 역사적인 것, 즉 역사적 구조이고요. 사토의 도식화에 따르면 권력의 내면화 메커니즘이 알튀세르에게서는 '이데올로기의 호명', 푸코에게서는 '권력의 규율화', 버틀러에게서는 표현이 조금 어색할 수 있지만 '권력의 정신적 삶'인데, 담론주의는 여기에서 이 권력의 담론적 측면에 더욱 주목하는 것이죠. 그러니까 담론주의라는 표현은 알튀세르에게서 이데올로기의 호명이 담론적이라는 점에 주목하는 것이고, 푸코에게서 규율권력이 지식과 함께 담론적인 것으로서 작동한다는 점에 주목하는 것이고, 버틀러에게서 권력의 정신적 삶이 담론에 의해 영위된다는 점에 주목하는 것이죠.

사실 버틀러에게서 권력의 정신적 삶이라는 권력의 내면화 메커니즘은 알튀세르의 호명 개념을 자기식으로 변형한 결과물입니다. 버틀러는 『권력의 정신적 삶』에서 알튀세르의 호명 개념을 정확히는 '사회적 주체의 담론적 생산'으로 규정합니다. 저는 대표적으로 이러한 시도가 담론주의적인 것이라 부를 수 있다고 생각합니다. 알튀세르의 경우 호명이 언어적 부름이라는 점에서, 푸코의 경우 권력 개념이 담론 개념을 매개로 지식 개념과 결합되어 지식—권력 개념으로 또는 담론으로서 지식—권력이라는 개념으로 확립된다는 점에서, 마찬가지라고 할 수 있죠. 그러니까 우리가 주목하는 구조로서 현행성의 철학자인 알튀세르, 푸코, 버틀러 모두는 공통적으로 담론주의자인 것입니다.

그렇다면 담론주의란 무엇일까요? 가장 확실한 정의는 담론적 전회 또는 담론적 돌아섬에 의한 주체의 생산이겠죠. 포스트-구조주의적 권력이론에 관한 사토 요시유키의 정의에서 권력을 담론이란 개념으로 치환한 것인데, 그 함의는 권력 개념이 담론 개념과 분리 불가능하다는, 더 나아가 권력은 담론과 동일한 개념이라는 거죠.

이러한 담론주의가 무엇인지를 설명하기 위해서는 세 가지 모델에 의거할 수 있는데요. 우리는 우선 다음과 같은 소박한 의식철학적 질문에서 출발해야 합니다. 여기에서 '소박하다'는 것은 '단순하다'는 것을 의미하는데, 이 자리에서 우리가 깊고 넓은 의식철학의 이론과 역사 전체와 대결할 수는 없기 때문입니다. 사실 엄청난 이론적 진전이 이루어지긴 했지만 의식과학과 깊은 학문적 관계를 맺고 있는 의식철학은, 의식이 무엇이며 그 기원은 어디에 있는지 아직 답을 찾지 못했습니다. 포스트-구조주의는 이에 대한 나름의 답변을 제시하죠. 물론 의식철학이 동의할 수 있는 답변은 전혀 아닙니다. 의식철학은 오히려 이 포스트-구조주의의 답변이 문제를 회피하는 것에 불과하다고 생각할 것 같아요. 이러한 비판을 온전히 받아들이면서도, 포스트-구조주의의 답변을 제시해 보겠습니다. 사실 포스트-구조주의는 이 문제 자체를 기각하는 방향으로, 대신 앞서 지적했던 외부 또는 바깥을 사유하는 방향으로, 조금 다르게 말하면 매우 '사회과학적인' 방향으로 나아가죠. 이 소박한 의식철학적 질문이란 다음과 같습니다. "'나'라는 아이덴티티identity, 그러니까 동일성 또는 정체성, 다르게 말하면 '자기의식'은 언제, 어떻게, 누구에 의해 나에게 온 것인가?"

여기에서 자기의식이라는 개념 자체가 의식과학과 의식철학에서 계속 변화한다는 점을 지적하겠습니다. 그렇기에 우리는 지극히 유럽 대륙철학적으로 이를 규정해 볼 건데요. 유럽 대륙철학에서 자기의식이란, 포스트-구조주의 연구자인 이정우 선생님의 『주체란 무엇인가』에서의 설명을 가져오자면, 언표의 주체와 언표행위의 주체가 일치할 때 이 주체가 가지는 것입니다.[17] 푸코철학과 관련해 중요한 어휘인 '언표'는 그 자체만으로는 어려운 개념이 전혀 아닙니다. 그저 '말해진 바' 정도를 의미해요. 이 언표 개념이 푸코철학에서 어떻게 작동하는지가 중요한데, 네 번째 강의를 위해 넘어가겠습니다.

언표행위도 어려운 개념이 아닌데, 말 그대로 '말하는 행위'를 의미합니다. "철수는 밥을 먹는다"라는 문장에서 언표의 주체는 주어인 '철수'죠. 그럼 언표행위의 주체는 누구일까요? 소설이라면 '화자'라고 할 텐데, 지금은 이 말을 강의실에서 하고 있는 강사인 '나', 즉 '배세진'이죠. 여기에서 언표의 주체와 언표행위의 주체는 불일치합니다. 하지만 어떤 경우에는 일치합니다. 예를 들어 이 강의실에서 강사인 저 배세진이 "나는 말한다"라고 외쳤다고 해 보죠. 이는 결국 "'나는 말한다'라고 나는 말한다"라 표현할 수 있을 텐데, 여기에서 언표의 주체는 '나는 말한다'의 주어인 '나'이고 언표행위의 주체 또한 '……라고 나는 말한다'의 주체인 '나', 즉 이 강의실에서 강의를 하고 있는 강사인 저 배세진입니다. 여기에서 언표의 주체는 언표행위의 주체와 일치하는데, 이때 이 주체가 가지고 있는 것이 바로 자기의식이죠. 유럽 대륙철학에서는 일반적으로 자기의식을 이렇게 정의합니다.

자기의식과 마찬가지로 의식 또한 그것을 어떻게 정의하느냐에 따라 의미가 달라질 수 있다는 점을 전제하면서, 우리가 소박하게 '의식을 가지고 있다'고 말하곤 하는 바로 의식을 이해한다면, 의식 중에서도 '자기'의식을 가지고 있는 동물은 몇 종 안 되죠. 논란의 여지가 있겠지만 일반적으로 인간을 포함해 고래나 문어 등이 자기의식을 가지고 있는 것으로 간주됩니다. 역시 논란의 여지가 있겠지만 거울을 보고 자신을 인지하는 동물이 자기의식을 가지고 있는 동물로 간주됩니다. 다르게 표현하면 의식의 의식, 의식에 대한 의식이 곧 자기의식입니다. 자기의식을 통해 스스로를 의식하는 개체가 바로 주체인 것이고요. 앞서 칸트철학에서의 초월론적 시선이라는 개념과 통하죠? 통상적 의미의 주체에게 자기의식은 필수적입니다. 자기의식이 없는 주체란 형용모순이죠. 몇 가지 조건이 더 충족된다면 자기의식을 가진 고래나 문어 또한 이런 의미의 주체가 될 수도 있을 것입니다.

포스트–구조주의, 더 넓게는 현대 프랑스철학이 해체하고자 하는 것이 바로 이러한 주체 관념임은 이제 쉽게 짐작할 수 있겠죠. 이러한 주체 관념이야말로 칸트의 인간학적 사유의 결과물, 칸트적인 경험적–초월론적 이중체와 다르지 않을 테니까요. 포스트–구조주의는 자기의식에 근거한 이러한 통상적 의미의 주체 관념을 비판, 해체, 파면해 바깥을 사유합니다. 정확히는 의식의 바깥을 말입니다. 아까 '사회과학적'으로 자기의식을 설명한다고 했는데, 이는 포스트–구조주의가 의식의 바깥이라는 구조에 사회과학적으로 접근해 자기의식을 설명하기 때문이에요. 물론 발리바르가 철학적 구조주의를 말하듯, 결국 이러한 사회과학적 접근 또한 철학적으로 이루어지는 것이긴 하지만요. 중요한 것은 그 결론인데, 이러한 사유 행보의 핵심은 이 자기의식을 구조로서의 담론을 통해 이해하고 설명한다는 것, 즉 담론주의입니다. 그럼 이제 담론주의의 세 가지 모델을 살펴봅시다.

담론주의의 세 가지 모델

폴 벤느는 친우인 푸코의 죽음 이후 그를 애도하기 위해 『푸코: 그의 사유, 그의 인격』을 썼습니다. 이 책은 푸코 사유에 관한 입문서이자, 연구서이자, 에세이이자, 편지이자, 추도사인데요. 원래 그는 제목을 '사무라이와 금붕어'로 붙이려 했습니다. 여러 사정으로 다소 밋밋한 제목으로 출간됐지만, 사무라이와 금붕어라는 비유는 푸코 사유의 핵심을 정확히 드러내 줍니다. 그 중에서도 특히 금붕어, 그리고 금붕어가 살아 숨 쉬고 있는 어항이라는 비유가 담론주의의 이해를 위해 중요합니다. 한국어판 표지를 보면 금붕어와 어항이 그려져 있는데요. 바로 이 '어항 속 금붕어'가 담론주의의 첫 번째 모델입니다.

여기에서 금붕어가 주체, 어항이 담론입니다. 이러한 모델이 제기하는 질문은 다음과 같습니다. 금붕어는 어항 바깥으로 나갈 수 있는가? 금붕어는 물이 가득 차 있는 어항 속에서 이 어항의 바깥을 투명하게 볼 수 있는가? 금붕어는 어항 바깥에서 죽지 않고 살 수 있는가? 금붕어가 어떤 면에서는 자신을 살아 숨 쉬게 해 주는 것이 아니라 자신을 가두고 있는 것으로 보이는 이 어항을 거부하는 것은, 이에 저항하는 것은 가능한가? 가능하다면, 그로 인해 물이 다 빠져나가 자신이 더 이상 숨을 쉬지 못해 죽게 되더라도, 그 저항이란 어항에 구멍을 뚫는 것일까? 더욱 근본적인 차원에서 질문해 보자면, 금붕어는 꼭 어항 바깥으로 나가야 하는가?

이 질문에 대한 푸코의 답변은 다섯 번째 강의에서 확인할 수 있습니다. 물론 푸코의 답변이라고 해서 꼭 정답일 리는 없겠죠. 게다가 그 푸코의 답변이라는 것도 사실은 제 해석에 불과합니다. 하지만 이러한 금붕어와 어항 모델이 담론주의의 핵심으로, 주체는 담론 내에서 실존한다는 점, 더 나아가

어항 속 금붕어

바로 이 담론이 주체를 생산한다는 점을 제시하고 있다는 점은 기억해야 합니다. 금붕어는 어항 안에서 살아 숨 쉬고 있다는 점 말입니다.

뒤에서 호명 개념과 관련해 더 자세히 설명하겠지만, 주체는 언어적 또는 담론적 부름에 응답하기 위해 자신을 부르는 곳을 향해 돌아섬으로써 생산되고, 그렇기에 담론 바깥에 실존해 있을 수 없습니다. 주체는 애초에 담론 안에서 생산되는 것이죠. 이것이 바로 담론주의의 핵심 테제입니다.

벤느는 그렇기 때문에 푸코를 '회의주의자'로 규정합니다. 이러한 규정은 제 생각에는 푸코의 사상에 대한 정확한 이해로부터 도출되는 것인데요. 푸코는 진리가 어떠한 관계 또는 놀이와 작용 속에서 실존한다고 생각했습니다. 그렇기 때문에 영원불변의, 확고부동의, 보편타당의 진리란 없다고 생각했죠. 물론 푸코는 이러한 상당히 과학철학적인 주제에 후기로 갈수록 점점 관심을 기울이지 않았고 그에 대한 언급도 별로 하지 않았어요. 이는 푸코가 이 문제를 회피했기 때문이 아니라 오히려 관심의 초점이 인식론적 차원의 진리가 아니라 사회과학적 차원의, 더 나아가 정치적 차원의 지식-권력과 그 안에서 생산되는 윤리-정치적 진리로 이행했기 때문인데요. 결론적으로 푸코에게 사회적 제도와 실천으로서 지식-권력 바깥의, 간단히 말해 담론 바깥의 진리란 존재하지 않습니다. 심지어 그것이 자연과학적 지식이라 할지라도요. 그래서 푸코는 회의주의자일 수밖에 없습니다. 이 회의주의는 바로 담론주의로부터 도출되는 것이고요.

담론주의의 두 번째 모델은 '인셉션inception'입니다. 이 아이디어는 크리스토퍼 놀란Christopher Nolan 감독의 영화 〈인셉션Inception〉(2010)에 관한 과학 유튜브 '위니버스(Weniverse)'의 해설 영상 〈당신이 몰랐던 인셉션〉과 최원 선생님의 『라캉 또는 알튀세르』로부터 직접적 영감을 얻었습니다.[18]

영화 〈인셉션〉에는 '인셉션'의 논리가 등장하는데, 이는 최원 선생님이 지적하듯 알튀세르의 '호명interpellation'의 논리와는 대립됩니다. 담론주의의 두 번째 모델을 인셉션으로 제시하는 것은 실은 담론주의를 인셉션으로 설명해야 하는지 호명으로 설명해야 하는지의 쟁점을 최 선생님을 따라 제기하기 위함이죠. 영화에는 레오나르도 디카프리오Leonardo DiCaprio가 분한 '코브'와, 현재는 성전환 이후 엘리엇 페이지Elliot Page로 개명했지만 그 당시 이름으로 엘런 페이지Ellen Page가 분한 '아리아드네'가 아리아드네 꿈속 파리의 어느 한 카페에서 이야기를 나누는 장면이 등장합니다. 코브는 카페에서 나눠 준 티슈에 그림 하나를 그려 줍니다.

이 그림은 의식의 수수께끼 같은 작동 메커니즘, 즉 영화의 표현에 따르

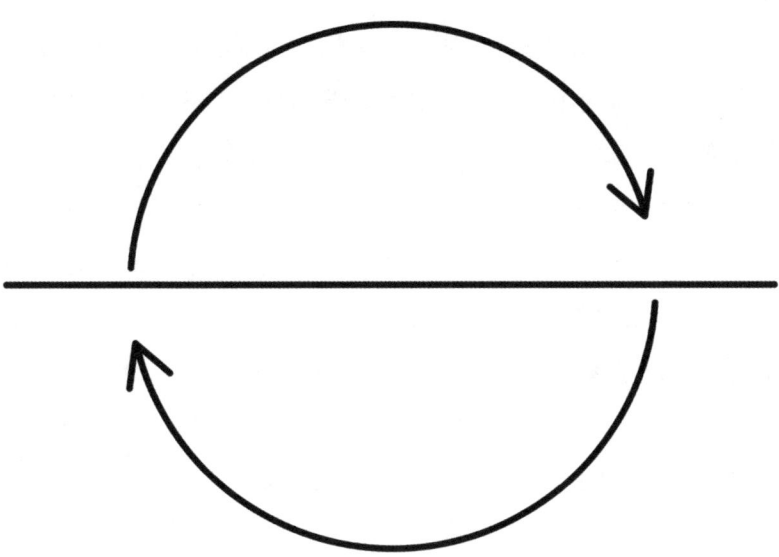

코브가 그린 그림

면 지각perception과 창조creation의 동시성을 표현하는 것입니다. 물론 영화에서는 꿈을 통해 접근 가능한 무의식의 작동 메커니즘을 설명하기 위한 그림이지만, 위니버스를 따라 논의를 조금 확장해 보겠습니다. 코브가 설명하듯 우리 의식은 놀랍게도 지각과 창조를 동시에 수행합니다. 꿈속에서는 말할 것도 없고 꿈에서 깨어난 뒤에도요. 우리는 우리가 외부 대상을 지각한 뒤 그에 기반해 새로운 관념을 창조한다고 생각하지만, 조금만 생각해 보면 우리는 지각과 창조 이 두 가지를 동시에 수행한다는 것을 깨달을 수 있습니다. 이를 우리는 일상에서 '영감'이라고 부르는데, 특히 글쓰기나 그림 그리기와 같은 예술작품의 생산에서 강하게 체험할 수 있죠. 구조로서 현행성의 철학이 이러한 지각과 창조의 동시성이라는 패러독스, 즉 역설을 넘어 저항하기 위해 활용하는 것이 바로 이 영감입니다. 그래서 구조로서 현행성의 철학에서 저항은 바로 텍스트를 생산하는 '글쓰기', 그것도 '철학적 글쓰기'를 통해 수행되는 것이죠. 버틀러의 저 유명한 표현을 가져오자면 '수행적 모순' 또는 '언표행위의 역설'이겠죠.

지각과 창조의 동시성 메커니즘을 취하는 의식의 작동방식을 설명하기 위해 〈인셉션〉은 영화 전체에서 세 가지 모형을 제시하는데, 첫 번째가 재귀적 계층구조 모형, 두 번째가 역설적 구조 모형, 세 번째가 무한퇴행 모형입니다. 첫 번째인 재귀적 계층구조 모형에서 재귀성recursivity이란 자기 자신으로부터 나갔다가 자기 자신으로 돌아온다는 것으로, 영화에서 꿈속의 꿈속의 꿈으로 들어갔다가 꿈 밖의 꿈 밖의 꿈으로 나온 뒤 현실로 돌아오는 것을 지시하죠.

두 번째인 역설적 구조 모형의 사례는 저 유명한 '펜로즈 계단'입니다. 이는 재귀적 계층구조 모형과 달리 나갔다 돌아옴의 과정 없이도 자기 자신으로 돌아온다는 패러독스 즉 역설을 표현합니다. 재귀적 계층구조 모형에서는 걷보기에는 자신으로부터 나갔다가 자신에게로 돌아오는 과정이 있으니까 역설이 아닌 것 같은데, 역설적 구조 모형에서는 자신으로부터 나갔다가 자신에게로 돌아오는 과정 없이도 자기 자신으로 돌아오기에 역설입니다. 〈인셉션〉에서는 이 모형이 총 두 번 등장하는데요. 한 번은 아리아드네와 또 다른 동료 아서가 꿈속에서 말 그대로 '펜로즈 계단'을 걷는 장면이고, 다른 한 번은 아서가 꿈속 악당들과의 싸움에서 자신으로부터 나갔다가 자신에게로 돌아오는 과정 없이 악당의 뒤로 와서 악당을 제압하는 장면입니다.

세 번째인 무한퇴행 모형은 자기—지시성self-referentiality을 가리키는 것인데요. 〈인셉션〉에서 코브와 함께 처음으로 꿈을 설계할 때 아리아드네는 파리의 어느 한 다리에서 거울 두 개를 맞붙임으로써 무한히 스스로를 지시 또는 참조하며 끝없이 퇴행하는 이미지를 만들어 내죠. 사실 재귀성, 역설

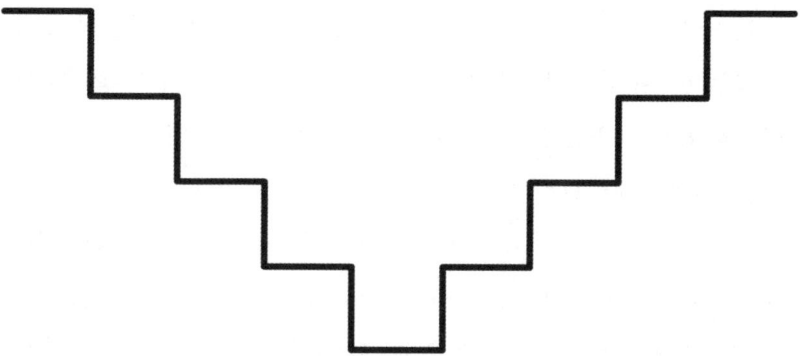

재귀적 계층구조 모형

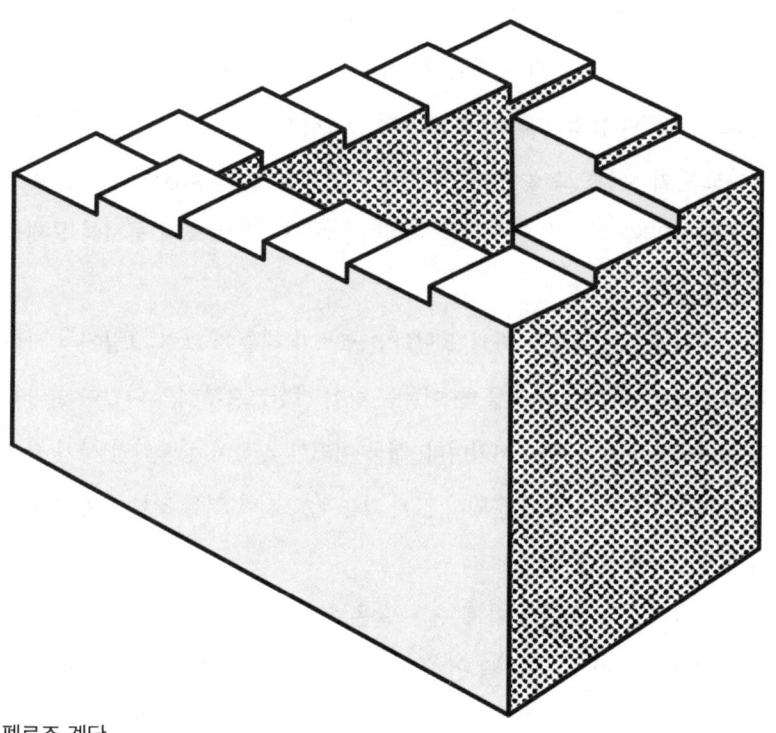

펜로즈 계단

구조, 자기-지시성 간 거리는 그리 멀지 않습니다. 〈인셉션〉에서는 이 세 개념 모두가 하나 되어 의식의 이러한 수수께끼 같은 작동 메커니즘을 해명하려고 하죠. 이 세 모형은 자기-지시성의 측면에서 동일한 역설적 모형이고, 인셉션의 논리란 이런 바깥이 없는 자기-지시성의 논리에 기반합니다. 물론 지각과 창조의 동시성 자체가 역설이기 때문에 이에 대한 논리적 해결책은 존재할 수 없는데요. 〈인셉션〉은 이러한 세 가지 모형을 배경으로 취하면서 이 역설에 대한 답변으로 '인셉션'을 제시합니다. 이에 대해서는 인셉션의 논리와 대립하는 호명의 논리를 설명하면서 더 자세히 살펴보겠습니다.

담론주의의 세 번째 모델은 역설적 구조로, 그 예시는 에셔Maurits Cornelis Escher의 〈그리는 손〉입니다. 당연히 이는 〈인셉션〉이 제시하는 세 가지 모형 중 두 번째 모형인 역설적 구조 모형과 동일한데, 그 중요성으로 인해 일부러 제가 세 번째 모델로 독립시킨 것입니다. 에셔의 〈그리는 손〉은 '펜로즈 계단'과 동일하게 자신으로부터 나갔다가 자신으로 되돌아오는 과정 없이도 자기 자신으로 돌아오는 역설을 표현하고 있죠. 당연히 이 역설적 구조는 의식의 수수께끼 같은 작동 메커니즘인 지각과 창조의 동시성 문제를 건드립니다.

에셔의 그림을 단순화해 표현하면 코브가 티슈에 그린 그림에서 사선이 빠진 것이 되는데, 사선을 뺀 이유는 자기 자신으로부터의 나갔다 돌아옴의 과정을 생략하기 위해서입니다. 결국 이러한 과정이 생략되면 자기 자신과 자기 자신의 바깥이 구분되지 않게 되는데, 그러한 역설 또한 표현해 주고자 이렇게 사선을 뺀 것이에요.

손을 그리는 손에서 이 두 손은 같은 손일까요, 다른 손일까요? 이런 질문도 한번 고민해 보세요. 세 번째 모델인 역설적 구조를 특히 강조해 두 번째 모델인 인셉션으로부터 독립시킨 이유는 포스트-구조주의, 그중에서

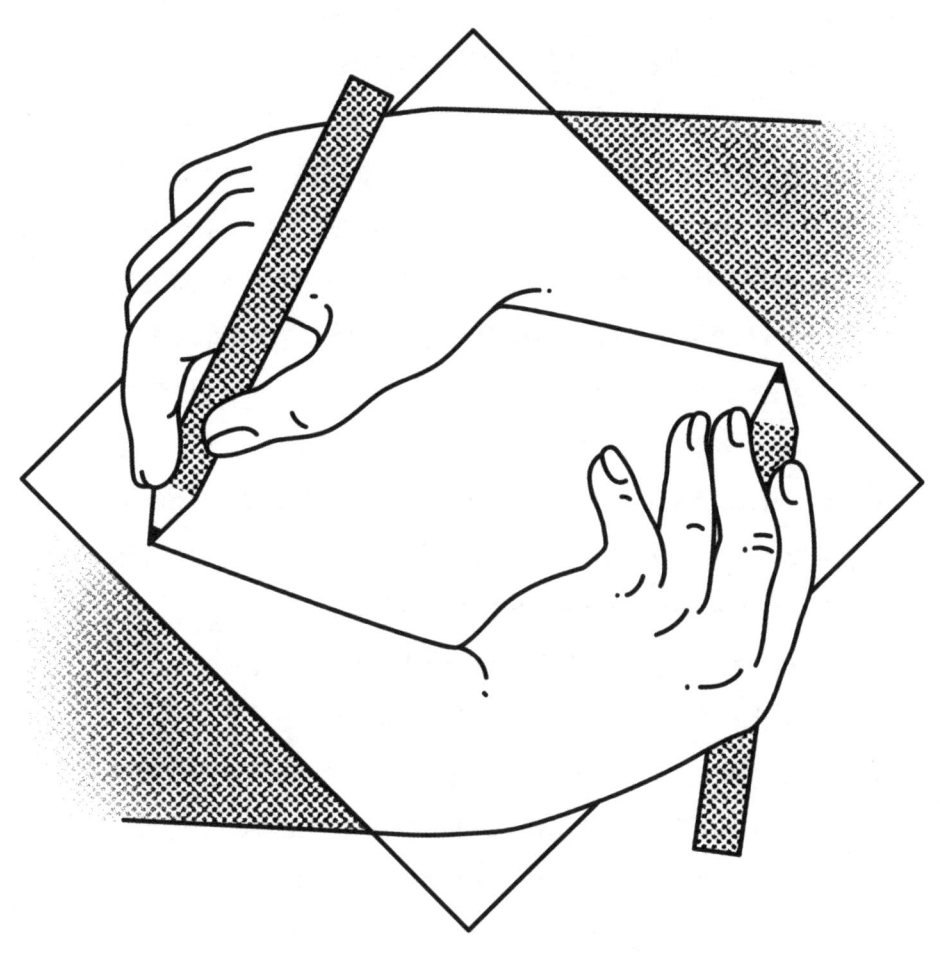

에셔의 〈그리는 손〉을 단순화한 그림

도 구조로서 현행성의 철학이 구조에 의한 주체의 생산 메커니즘을 바로 이러한 역설로 표현하고 그로부터 저항을 사유하기 때문이에요. 자율적 주체의 타율적 생산, 예속을 받아들여야 자유로워진다는 역설을 기억할 거예요. 그런데 우리에게 중요한 점은 포스트-구조주의가 〈인셉션〉 그리고 〈그리는 손〉과는 달리 이러한 역설을 담론주의의 틀 내에서 '언표작용의 역설'로 사유한다는 것입니다. 언표작용은 앞서 언급했던 언표행위의 원어 énonciation을 다르게 번역한 것이니 같은 말로 보면 되는데요. 언표행위라고 말하면 어쩔 수 없이 행위의 주체를 상정할 수밖에 없기 때문입니다. 그러니까 이러한 역설을 주체 바깥의 담론의 차원 내에서 사유하는 것이죠. 이제 제가 왜 첫 번째 모델인 '금붕어와 어항'을 특히 강조했는지 알겠죠. 호명 테제를 제시한 알튀세르, 수행적 모순 관념을 제시한 버틀러, 담론 개념을 제시한 푸코 모두 마찬가지입니다. 일단은 언어와 담론을 구분하지 않는다면, 핵심은 언어와 담론에 의한 주체의 생산과 그것이 지니는 역설이죠.

이 세 가지 모델을 '담론주의'의 이해를 위한 세 가지 모델이라 부른 이유는 이와 같습니다. 이 세 가지 모델 모두 지각과 창조의 동시성 문제를, 즉 의식의 수수께끼 같은 작동 메커니즘의 문제를, 더 나아가 주체의 역설이라는 문제를, 결국 담론주의의 문제를 건드리고 있습니다. 〈인셉션〉 또한 앞서 살펴본 세 가지 모형의 등치를 통해 결국은 주체의 역설을 건드립니다. 담론주의의 문제는 지각과 창조의 동시성 문제, 다시 말해 자기-지시성으로부터 새로운 관념이 어떻게 창조될 수 있는지의 문제와 다르지 않습니다. 자기로부터 나왔다 돌아오는 과정이 있든 없든 결국 문제는 자기-지시성으로부터 어떻게 새로운 인식이 창조되는지입니다.

조금 더 쉽게 질문해 본다면, 우리가 가지는 특정 관념은 도대체 어디에서 오는 것일까요? 이를 바디우의 진리철학을 따라 '새로운 것으로서 진리'라고 불러 본다면요. 인식의 차원에서의 진리이든 예술의 차원에서의 진리이든 정치의 차원에서의 진리이든, 이 새로운 것은 도대체 어디에서 오는 것일까요? 예술가는 어딘가로부터 영감을 얻어 새로운 예술작품을 창조합니다. 일상을 살아가는 우리 또한 어딘가로부터 영감을 얻어 새로운 관념을 가지게 됩니다. 우리의 민주주의 체제 또한 사람들이 어딘가로부터 도출해 낸 집합적 상상력으로 빚어낸 것입니다. 이는 단순히 외부의 대상에 대한 지각으로부터 유래하는 것일까요? 그렇게 단순하게 설명할 순 없겠죠. 만일 이 모든 것이 외부 대상에 대한 지각을 이러저러하게 변형한 것이라면 이는 새로운 것이, 진리가 전혀 아닐 것입니다. 예술은 말할 것도 없고 우리가 매일매일 끊임없이 가지게 되는 새로운 관념조차 그런 방식으론 설명이 안 됩니다.

의식이 외부 대상을 그대로 수용하는 것을 '반영'이라고 부를 수 있을 텐데요. 이 개념에 따르자면 의식은 거울처럼 외부 대상을 자기 스스로 비춘다는 것입니다. 이렇게 해서 의식이 외부 대상에 대한 관념을 얻는다는 것인데, 이는 새로운 것 즉 진리의 도래라는 문제에 대한 만족스러운 설명일 수 없겠죠. 〈인셉션〉에는 '코끼리는 생각하지 마'라고 말하면 우리는 '코끼리'를 생각하게 된다는 대사가 나오는데요. 그 이유를 우리 의식이 자신이 가진 관념의 기원을 끊임없이 추적해 나가는 성향을 가지고 있기 때문이라고 하죠. 이 '코끼리'라는 관념의 기원을 상대방이 말한 '코끼리는 생각하지 마'라는 말에서 찾는다는 거예요. 이렇듯 〈인셉션〉은 의식이 가지는 특정 관념의 기원을 외부에서 투여되는 것이라 보는 거고요. 등치되는 세 가지 모형이 가리키는 역설을 해결하는 〈인셉션〉의 방식은 바로 이러합니다.

그런데 더욱 중요한 문제는 이러저러한 관념이 아니라 바로 '나'라는 관념, 나의 아이덴티티 즉 동일성 또는 정체성의 문제입니다. 이게 의식철학의 핵심적인 질문이고 여전히 해결되지 않고 있는 것인데, 도대체 이 자기의식은 어디에서 유래할까요? 아직 정답을 찾지는 못했지만 뇌과학의 접근방식이 유망함을 솔직하게 인정하면서도, 포스트-구조주의의 철학적이고 사회과학적인 접근방식에도 한번 주목해 보면 어떨까 합니다. 물론 포스트-구조주의의 접근방식은 이 자기의식의 문제 자체를 기각하는 방향으로 나아가므로 의식철학은 절대 수용할 수 없다는 점을 저도 잘 알고 있지만요. 하지만 의식철학 중 일부가 의거하는 뇌과학이 뇌가 의식과 자기의식을 생산하는지 아닌지의 문제를 여전히 해결하지 못하고 있다는 점은 지적할게요.

포스트-구조주의는 나의 동일성의 유래라는 문제를 주체와 권력 간 순환성, 다르게 표현하면 주체와 상황 간 순환성이라는 역설로 치환합니다. 즉, 알튀세르식으로 표현하면 나의 동일성은 어디에서 오는지의 문제를 '누가 호명하는가?'의 문제로, '주체의 역설'로 치환하는 것입니다. 〈인셉션〉의 관점에서 질문해 보자면, 도대체 어디까지 내려가야 특정 관념을 외부에서 적절히 심을 수 있는가? 특히 이 '나'라는 관념을 말입니다. 여기에서 최원 선생님이 『라캉 또는 알튀세르』에서 적절히 지적하듯 인셉션 개념의 아포리아가 등장하게 되는데, 이 특정 관념을 심기 위해서는 꿈속의 꿈속의 꿈속의 꿈속의 …… 꿈으로 내려가야 합니다. 하지만 도대체 어디까지? 〈인셉션〉은 이 문제를 해결하지 않고 그저 더 깊이 내려가면 된다고 말합니다. 더 깊은 꿈으로 내려가 관념을 심을수록 그 관념이 그 사람을 더 강하게 지배할 것이라 생각하면서요.

자, 앞서 살펴본 〈그리는 손〉과 〈펜로즈 계단〉을 다시 봅시다. 우리는 이 두 그림이 말이 안 된다는 점을, 역설이라는 점을 어떻게 알았죠? 위니버스의 해설이 강조하듯, 우리가 '프레임' 즉 '틀' 또는 '액자'의 바깥에 있기 때문입니다. 우리는 〈그리는 손〉과 〈펜로즈 계단〉이라는 그림의 틀 밖에서 이 그림을 보고 있으니까요. 틀의 바깥에 있다면 역설이 해결됩니다. 하지만 틀의 안에 있다면, 그것이 역설인지 알 수 없어요. 이 점이 중요합니다. 〈인셉션〉은 틀 외부의 어떤 '초월적' 무엇인가, 영화에서는 코브의 '인셉션 팀'일 텐데, 그것이 이 역설을 해결하게 만듭니다. 그저 더욱 깊이 내려가면 내려갈수록 이 외부로부터 유래하는 관념이 더욱 잘 심어질 것이라 부당전제하면서요. 하지만 이는 틀의 바깥으로 나감으로써 역설을 해결하지 않고 그저 치워 버리는 거짓 해결책에 불과하죠. 결국 〈인셉션〉은 이 역설을 해결하지 못하는데, 이건 제 해석이지만, 그렇기 때문에 영화의 마지막에 코브의 토템인 팽이가 멈추는지 아닌지를 감독이 보여 주지 않는 것입니다. 역설은 전혀 해결되지 않았으니까요.

이제 이 문제를 포스트—구조주의와 함께 주체와 구조, 주체와 권력, 또는 주체와 상황의 순환성이라는 역설로 치환해 봅시다. 결국 이 얘기를 하려고 이런 긴 우회를 한 것이니까요. 주체는 구조, 권력, 상황에 의해 생산됩니다. 다르게 표현하면 '나'라는 동일성의 생산, 자기의식의 발생이겠죠. 하지만 이러한 주체의 생산 또는 새로운 것의 창조는 단순히 구조, 권력, 상황의 거울반영일 수는 없습니다. 지각과 창조는 동시적이니까요. 그렇지 않다면 역사는 악몽 같은 동일자의 반복에 불과할 것입니다. 하지만 역사는 전혀 그렇지 않잖아요. 그렇다면 주체와 구조, 권력, 상황 간에는 재귀성이, 순환성이, 자기—지시성이, 즉 역설이 존재하는 것입니다.

조금 더 쉽게 풀어서 이야기하면, 바로 이 주체가 이 역사적 구조, 권력, 상황을 만듭니다. 하지만 이 역사적 구조, 권력, 상황이 바로 이 주체를 생산하죠. 주체는 이러한 양태로 상황에 '함축'되어 있는 겁니다. 어쩔 수 없이 사건의 철학의 표현을 활용할 수밖에 없는데, 『개념의 정념들』에서 발리바르는 '주체의 상황으로의 사건적 함축'이란 정식화를 제출합니다. 이러한 함축은 논리적인 것이 아니라 역설적인 것, 그래서 사건적인 것이니까요.

그렇다면 이러한 재귀성, 순환성, 역설 속에서, 변화는 어떻게 가능할까요? 다섯 번째 강의에서 훨씬 더 자세히 다루겠지만, 즉 혁명은, 저항은, 정치는 어떻게 가능할까요? 벤느의 비유를 다시 가져오자면, 금붕어는 어항 바깥의 '진리'를 인식할 수 있을까요? 만일 어항 안에서 인식하는 것들이 진리가 아닌 거짓에 불과한 것이라면요. 그리고 이러한 어항 바깥의 진리를 취해 어항에 구멍을 뚫는 것은, 어항을 깨 버리는 것은 가능할까요? 여기에서 초기 푸코의 정식화를 가져오자면, 금붕어에게 어항 '바깥의 사유'란 가능할까요?

이는 역설과 대결하는 것이기에 논리적 차원에서 해결할 수는 없는 물음입니다. 바디우의 진리철학을 비롯해 현대 프랑스철학이 진리를 사유하는 방식은 논리적이지 않고 오히려 이 논리적 역설을 끌어안으면서 전개되죠. 바디우에게서 새로운 것 즉 진리의 생산은 백과사전적 지식 체계에 사건이 낸 구멍으로부터 가능한 것이지, 말과 사물이 일치하는 어떠한 관념을 획득하는 것이 아니죠. 사전을 참조한다는 것이 사전 속에서 하나의 항에서 다른 하나의 항으로 끝도 없이 순환하는 것에 불과하다는 점을 통해 알 수 있듯, 백과사전적 지식 체계 속에서는 그 어떠한 새로운 것 즉 진리가 생산될 수 없어요. 그러니까 진리의 문제는 논리의 문제를 넘어서 있다는 거예요. 이는 첫 번째 강의에서 살펴본, 진리는 발견되는 것임과 동시에 발명되는 것이라는 데리다적 역설과 일맥상통합니다.

포스트—구조주의가 말하는 혁명, 저항, 정치라는 진리 또한 마찬가지입니다. 사회라는 텍스트에 구멍을 내는 이러한 혁명, 저항, 정치는 논리적으로 설명될 수 있는 것이 아니라 사건의 견지에서 설명되어야 하는 것이죠. 사회의 진리를 부여잡아 그에 맞춰 사회를 바꾸는 것은 혁명, 저항, 정치가 아닙니다. 역사 속에서 끊임없이 생성변화하는 사회에 관한 진리적 표상이란 것부터가 존재할 수 없으니까요. 사회에 관한 진리적 표상과 사회혁명 간에는 순환성이 존재한다고나 할까요.

    포스트-구조주의는 이러한 역설을 논리적으로 해결할 수 없다는 것을 인정하면서 이 문제를 다루기 위해 인문사회과학의 지배적 모형인 구조-행위자라는 정태적 모형을 지양합니다. 그리고 이를 다섯 번째 강의에서 조금 더 설명할 구조와 정세의 동역학 속에서 주체와 구조, 권력, 상황 간 순환성이라는, 주체가 상황에 사건적으로 함축되어 있다는 동태적 모형으로 대체합니다.

    칸트의 경험적-초월론적 이중체 개념을 포스트-구조주의의 방향으로 끌고 와 보면요. 주체는 인식의 주체임과 동시에 인식의 대상입니다. 그렇기 때문에 인간, 사회, 세계를 객관적으로 인식하기 위해 지구 바깥으로 나가 인간, 사회, 세계를 관찰한다고 해서 그것이 가능한 게 전혀 아닙니다. 주체와 대상이 분리 불가능하기에, 주체와 구조, 권력, 상황 간 순환성이 존재하기에, 금붕어라는 주체가 어항이라는 대상을, 다시 말해 인간, 사회, 세계를 객관적으로 인식하고 그 인식에 기반해 이 어항에 구멍을 뚫거나 이 어항을 깨 버리는 것은 불가능합니다. 포스트-구조주의가 개념화하는, 혁명, 저항, 정치는 인간, 사회, 세계라는 대상에 대한 말과 사물이 일치하는 진리적 관념을 획득한 뒤 이에 기반해 이를 변형하는 것이 전혀 아닙니다. 금붕어는 자신을 실존케 하는 어항 안에서, 그러니까 주체는 자신을 생산한 구조, 권력, 상황 안에서 이 구조, 권력, 상황을 변형해야 합니다. 역설적인 방식으로요. 버틀러는 이를 '수행적 모순'이라 규정했고요.

    이를 '이론 내적으로' 사유하는 것이 포스트-구조주의의 저항전략입니다. 현실의 실천에서는 불가능해 보일지라도 최소한 이론의 차원에서는 이를 사유함으로써 우리 지성의 경계를 한 걸음 앞으로 밀어붙이는 것, 그것이 현실의 저항의 첫걸음이기도 하다는 것입니다. 초기 푸코의 바깥의 사유 개념에서 이 바깥이란 물리적 차원에서의, 삼차원의 통상적 위상학에서의 경계 너머의 외부를 말하는 건 아닌 거죠. 오히려 포스트-구조주의에 관한 발리바르의 정의를 통해 확인할 수 있듯, 주체성의 현전 불가능한 한계 위에서 수행되는 그 너머에 관한 발본적 사유가 바로 바깥의 사유입니다. 그것이 주체가 자신을 만든 구조에 저항하는 유일한 길입니다. 포스트-구조주의의 혁명, 저항, 정치 관념에 대해서는 역시 다섯 번째 강의에서 자세히 설명하겠습니다. 우선은 이 포스트-구조주의의 담론주의가 대결하고자 하는 역설이 무엇인지를 확인하는 것이 중요하니까요. 결국, 외부에서의 관념의 주입, 그 어원적 의미에서 '인셉션inception'이란 없다는 겁니다.

이제 포스트-구조주의의 담론주의에서 핵심인 주체 개념에 주목해 봅시다 물론 주체와 권력은 하나의 개념쌍, 순환성을 이루는 두 항이니까 이 주체 개념의 이면에는 권력 개념이 항상 놓여 있다는 점을 기억해야 하고요. 그래서 이 주체는 권력에 의해 생산된 주체, 권력에 의해 예속된 주체라는 점에서 예속적 주체 생산, 예속화, 더 정확히는 예속적 주체화라고 말해야겠죠. 저는 이 주체가 예속된 존재이면서 동시에 주체적 존재라는 점을 표현하기 위해 '예속(적 주체)화'라고 표현하기도 합니다. 포스트-구조주의가 사유하는 단 하나의 화두가 있다면 곧 예속(적 주체)화입니다. 그리고 포스트-구조주의의 혁명, 저항, 정치에 관한 사유는 바로 이 예속(적 주체)화 개념에서 출발합니다.

역시 질문은 동일하죠. 자신을 만든 권력에 이 주체는 어떻게 저항할 수 있는가. 이는 분명 역설인데, 이 역설을 어떻게 해결할 수 있을까. 그 결론은 구조와 정세 간 동일성으로서의 구조가, 마르크스식으로 표현하면 이 사회적 관계들의 앙상블로서의 구조가, 발리바르의 지적대로 '스스로를 탈총체화하는 총체성'으로서 그리고 버틀러식으로 표현하면 '대문자 법'으로서, 권력임과 동시에 주체 그 자체라는 것입니다.[19] 그래서 주체는 능동성과 수동성 간, 주체화와 예속화 간, 자유와 예속 간 미분소 또는 간극 그 자체입니다. 주체는 인간을 지시하는 것이 아니라 그러한 미분소, 즉 간극, 틈새, 흠집의 자리 그 자체를 지시하는 것이죠.

조금 더 풀어서 설명하면, 첫 번째로 우리는 우리를 구성하는 구조와 다른 것이 전혀 아닙니다. 마르크스가 포이어바흐Ludwig Feuerbach에 관한 여섯 번째 테제에서 지적하듯 '인간의 본질'이란 사회적 관계들의 앙상블일 뿐이죠. 두 번째로 우리는 능동성과 수동성, 주체화와 예속화, 자유와 예속 간 간극 그 자체입니다. 우리는 구조에 의해 생산되었기 때문에 구조에 예속되어 있음과 동시에 구조로부터 자율성을 부여받은 존재입니다. 구조라는 권력은 초월적인 무엇인가가 만든 것이 아니라 바로 우리가 만들었기에, 우리는 단순한 인간이 아니라 주체인 것이죠. 우리가 간극 그 자체라는 것은 우리가 주체라는 것과 동일한 말입니다. 조금 더 정확히 말해, 구조는 우리가 만들었고 우리는 구조가 만들었죠. 그리고 우리가 만든 구조와 구조가 만든 우리 사이에는 간극이 있고, 그것이 바로 주체입니다.[20]

우리는 타율적으로 생산되었기에 자유롭습니다. 앞서 '자율적 주체의 타율적 생산'이란 역설적 표현을 제가 활용했던 것 기억하나요? 우리는 우리가 만든 권력에 의해 예속되었기에 자유로운 것이죠. 그 능동성과 수동성, 주체화와 예속화, 자유와 예속 간 간극 그 자체가 주체이고, 이 주체가 바로 혁명, 저항, 정치, 즉 구조 변동의 의거점인 것입니다. 이러한 구조 변동을 이론 내적으로 설명하는 방식은 알튀세르, 푸코, 버틀러라는 이론가마다 다른 것이고요. 그리고 바로 이러한 이유에서 사회적 관계들의 앙상블이라는 구조는 하나의 총체성이 아니라 발리바르가 지적하듯 스스로를 탈총체화하는 독특한 의미의 총체성인 것이고요.

다시 한번 말하자면 포스트-구조주의가 취하는 핵심적인 질문은 권력에 의해 생산된 주체가 어떻게 자신을 생산한 이 권력에 저항할 수 있는가입니다. 이는 예속을 받아들여야만 자유로운 주체가 될 수 있다는 역설로부터 출발하는 것이고요. 이 역설은 라캉을 따라 다르게 표현해 보자면 바로 '강제된 선택'이라는 관념과 다르지 않습니다. 우리 논의를 위해 상당히 단순화해서 설명하면, 라캉은 강도가 범행 대상인 사람에게 제시하는 양자택일, 즉 '목숨을 내놓을래, 돈을 내놓을래?'가 강제된 선택이라고 말합니다. 목숨을 선택하면 돈과 목숨 모두를 잃고, 돈을 선택하면 목숨은 건지게 되니, 결국 선택지가 주어진 것처럼 보이지만 실은 답은 하나, 즉 돈뿐이죠. 『라캉 또는 알튀세르』에서 최원 선생님이 지적하듯, 이 강제된 선택이라는 관념에서 우리가 질문해 보아야 하는 것은 '왜 강제에 선택권을 부여하는지', 다른 측면에 주목하면 '왜 불가능한 것을 금지하는지'입니다. 저는 이 질문이 포스트-구조주의의 역설과 맞닿아 있다고 생각하는데요. 주체에게 행해지는 강제에 대한 선택권을 이 주체에게 굳이 부여하는 이유는 주체에게 자유의 공간을 마련해 주기 위해서입니다. 그런데 또다시 질문해 보자면, 권력은 굳이 번거롭게 왜?

이를 해결하기 위해서는 다른 각도에서 접근해야만 하는데, 그러면 이는 피지배자가 왜 지배를 욕망하는지의 문제로 치환됩니다. 왜 피지배자는 자신에게 해로운 지배를 욕망할까요? 이 질문에 '욕망이냐 쾌락이냐'의 양자택일 답변을 각각 제출하는 들뢰즈와 푸코의 흥미로운 쟁론은 아쉽지만 다음 기회에 다룰게요.[21] 우리는 우리 논의의 결에 맞게 발리바르의 답변을 살펴보죠.

발리바르는 「비동시대성: 정치와 이데올로기」에서 지배 이데올로기가 지배자들의 이데올로기가 아니라 '피지배 대중의 경험과 상상의 특수한 보편화'라고 주장합니다.[22] 알튀세르의 개념을 가져오자면 이데올로기적 국가 장치라는 것은 지배자들을 위해 작동하는 것일지언정 지배자들의 상상이 아닌 피지배 대중의 상상을 연료로 작동하는 기계라는 것이죠. 물론 피지배 대중의 상상은 지배 이데올로기와는 분명 구별되지만요. 이러한 발상의 전환을 통해 지배자와 피지배자 간 관계를 더욱 정교하게 사유할 수 있게 되고, 피지배자가 왜 자신에게 해로운 지배를 욕망하는지의 문제를 해결하기 위한 단초를 마련할 수 있습니다. 이러한 관념을 통해 주체가 예속을 받아들임으로써 자유로워질 수 있다는 역설을 이해할 수 있게 되죠. 지배자들이 강제에 선택권을 부여하는 이유는 주체에게 자유의 공간을 열어 주어야 하기 때문인데, 자유의 공간을 열어 주어야만 하는 이유는 자유로운 주체로부터 자신의 연료를 공급받기에 애초에 권력이 그럴 수밖에 없기 때문이죠. 포스트-구조주의의 권력 개념은 어떤 개체를 억압하는 권력 개념이 아니라 이러한 강제된 선택지를 제공함으로써, 권력에 의해 자유를 부여받은 주체, 하지만 동시에 권력에 의해 예속된 주체를 생산하는 권력 개념인 것입니다. 자유로운 주체의 힘 또는 에너지를 공급받지 못하면 권력은 작동할 수 없습니다.

그러니까 억압이라는 관념을 중심으로 짜인 범박한 권력 개념과 달리 포스트-구조주의의 권력 개념은 주체 개념과 하나의 쌍을 이룹니다. 사회과학의 아포리아라고 할 수 있는 구조-행위자 이분법, 다시 말해 구조가 먼저냐 행위자가 먼저냐, 구조가 억압적이라면 행위자는 어떻게 자유로울 수 있느냐, 구조가 만든 행위자가 구조를 변화시킬 수 있느냐의 물음을 포스트-구조주의는 이러한 예속(적 주체)화라는 관념을 수단으로 주체-권력이라는 개념쌍으로, 또는 권력-저항이라는 구도로 해체합니다.

여기에서 추가적으로 질문해 볼 수 있는 것은 왜 우리가 이러한 이분법을 수용하는지입니다. 왜 우리 사회는 이렇게 이분법적일까요? 왜 지배와 피지배가 나뉘어 있을까요? 왜 그러한 이분법을 만들어 내지 못해 다들 안달일까요? 꼭 가진 자와 못 가진 자, 다르게 말해 자본가와 프롤레타리아만 말하는 것이 아닙니다. 남성과 여성, 장애인과 비장애인, 전쟁과 평화, 인간과 자연 등등……. 이런 이분법은 지배의 문제를 넘어 우리 관념 전체에 확고히 뿌리박혀 있는데요. 거시냐 미시냐, 구조냐 행위자냐, 정치냐 경제냐, 여성이냐 남성이냐, 자연이냐 문화냐, 경제냐 사회문화냐, 상부구조냐 하부구조냐, 국가냐 시민사회냐, '생물학적인 것'이냐 사회문화적인 것이냐, 섹스냐 젠더냐, 경험이냐 이론이냐 등등……. 이에 대한 여러 답변이 있을 수 있고, 특히 지배와 피지배의 문제의 경우 인류사에서 국가의 출현과 관련한 인류학과 고고학의 연구성과를 참고할 수도 있습니다. 참고로 들뢰즈와 가타리Pierre-Félix Guattari가 『천 개의 고원』에서 명시적으로 인류학과 고고학의 연구성과에 준거하지요.

    우리는 다음과 같이 간단히 정리하고 넘어갑시다. 의식철학 연구자인 동료 문규민 선생님이 '쉬운 것들의 권력'이라는 탁월한 관념을 말해 준 적이 있어요. 이 표현 덕에 막연히 생각했던 게 확고한 관념이 될 수 있었는데요. 우리가 왜 이러한 이분법을 수용하는지, 더 나아가서는 지배와 피지배의 이분법을 만들어 내는지에 관한 가장 직관적인 답변은 제 생각에 그것이 '규범적'이어서 '쉽기' 때문입니다.

    중요한 것은 우리를 예속시키는 것이 '규범적이어서 쉬운 것들'의 권력으로서 이분법적 권력이라는 점입니다. 규범을 따르기로 정해 놓고 깊이 생각할 필요 없이 이건 옳고 저건 틀렸다고 말하는 것은 얼마나 쉬운가요. 남성은 옳고 여성은 틀려, 비장애인은 옳고 장애인은 틀려, 인간은 옳고 자연은 틀려, 전쟁은 옳고 평화는 틀려, 가진 자는 옳고 못 가진 자는 틀려…… 푸코식으로 표현하면 규범은 정상과 비정상을 가르는데, 정상이 지배의 위치에, 비정상이 피지배의 위치에 놓입니다. 지배와 권력 개념을 여기에서는 구별하지 않으면요. 이렇게 정상과 비정상을 가름으로써 지배를 행사하는 것, 이를 위해 정상적 주체와 비정상적 주체를 생산하는 것, 이것이 규범에 기반해 규범권력이 하는 일이고, 주체가 이를 수용하는 이유는 그것이 쉽기 때문입니다. 그래서 문 선생님을 따라 이를 쉬운 것들의 권력이라 표현할 수 있겠죠. 이는 한나 아렌트Hannah Arendt의 '악의 진부함'[23] 개념과도 물론 통한다고 생각합니다.

아주 간단히만 규범과 평균, 그리고 표준의 문제를 다뤄 보겠습니다. 규범은 어디에서 오는가에 대한 아주 간단한 답변이라고 보면 되는데요. 푸코 연구자인 동료 박민철 선생님의 설명 방식을 가져와 푸코에게서 규율권력과 생명권력의 차이를 한번 설명해 볼게요. 규율권력은 신체 외부에서 생산된 규범을 미시형벌을 통해 신체에 각인하는 권력입니다. 반면 생명권력은 사물 또는 사태의 본성으로부터 규범을 끌어내고 이 규범에 맞춰 주체가 잘 살아가게 만드는 것이죠. 그래서 생명권력이 '죽게 만들고 살게 내버려 두는 권력'인 주권권력과 달리 '잘 살게 만드는 권력'인 건데, 그 핵심은 사물 또는 사태의 본성으로부터 규범을 생산한다는 겁니다. 그러니까 이 생명권력은 권력의 대상이 되는 주체의 자유와 대립하지 않고 권력이 훨씬 더 효율적으로 작동하게 만듭니다.[24]

'사물 또는 사태의 본성'이란 무엇일까요? 그것이 바로 통계적 평균이겠죠. 물론 수가 거의 동일한 남성과 여성의 경우를 통해서 볼 수 있듯 이것으로 모든 게 설명되는 건 아니란 점에 주의하세요. 규범은 평균으로 환원되지 않습니다. 하지만 규범이 자신의 실존을 끌어오는 주요 원천 중 하나로 평균을 지목할 수는 있습니다. 이는 당연히 '쉬운 것들의 권력'과도 깊이 연결되겠죠. 평균적으로 생각하고 행동하는 건 그렇지 않은 것에 비해 훨씬 힘이 덜 드는 효율적인 일이니까요. 결국 규범은 평균으로부터 표준을 확립해 그에 따라 주체를 분류함으로써 주체를 만든다고 정리해 볼 수 있겠습니다.

그런데 포스트-구조주의는 이러한 '쉬운 것들의 권력', 이분법적 권력, 규범권력, 우리 논의와 관련해 조금 더 구체적으로 말하면 주체와 권력 또는 권력과 저항이라는 이분법이 이론 내적인 치열한 사유를 통해 극복되는 것이지 선언으로 극복되는 게 아니라고 주장합니다. 조금 무책임한 말일 수 있지만, 현실에서의 실천 문제는 일단 한켠으로 치워 놓아야 합니다. 이론적 차원에서는 어떤 선언에 의해, 현실의 차원에서는 어떤 실천에 대한 호소에 의해 이런 이분법이 극복되지 않습니다. 그게 아니라 이러한 이분법은 주체와 권력 또는 권력과 저항에 대한, 더 넓게는 인간, 사회, 세계에 대한 이론 내적인 치열한 사유를 통해 극복된다는 얘기죠. 이러한 이분법을 교란하는 개념이 바로 포스트-구조주의적으로 재사유된 주체와 권력이라는 개념쌍인 것이고요. 이를 다르게 표현하면 바로 '담론적 주체'라는 개념이겠죠.

그렇지만 우리는 계속 '역설'이라 말했습니다. 담론주의의 역설, 자율적 주체의 타율적 생산이라는 역설 등등……. 그러니까 결과는 사실 정해져 있어요. 이 역설을 해결할 수 있는 논리적 정답은 없습니다. 이론적 해결책도 없고 당연히 실천적 해결책도 없습니다. 포스트-구조주의는 역사에 대한 비극적 사유를 회의주의적 관점에서 전개합니다. 지금까지 따로 설명하지 않았는데 이제는 말할 수 있겠네요. 역사에 대한 비극적 사유란 이기든 지든 결과를 알 수 없어도 싸우는 것을 의미합니다. 심지어는 패배할 걸 알면서도 싸우는 것을 의미하죠. 결국 포스트-구조주의의 이러한 주체 개념, 즉 주체와 권력이라는 개념쌍은 예속(적 주체)화와 탈예속화로서의 저항의 역설과 아포리아를 해결해 주는 것이 아니라, 문제를 올바르게 제기하고 그 위에서 이러한 문제와 이론 내적으로 치열하게 대결할 수 있게 해 주는 것입니다.

저는 항상 이러한 역설과 아포리아를 해결하는 것은 '거의' 불가능하다고 표현하는데요. 그냥 불가능하다고 해도 좋지만, 이론 내적일지언정 한번 이 문제와 정면으로 대결해 봄으로써 한 걸음이라도 앞으로 더 나아갈 수 있다는 점에서 '거의'라는 말을 붙였습니다. 지젝이 말하듯 '불가능한 것의 가능성'에 대해 논해 볼 필요는 있으니까요. 물론 권력은 이 '불가능한 것을 금지'하려 하지만요.

이렇게 불가능한 것의 가능성을 논하기 위해서는, 의식의 주체로 회귀하여 이성과 합리성에 호소하는 '쉬운 길'을 따라가서는 안 됩니다. 이는 앞서 말한 쉬운 것들의 권력에 다시금 굴복하는 것으로 귀결될 뿐입니다. 그런 게 아니라, 우리는 어려운 길을 걸어야 합니다. 이론 내적인 치열한 사유를 통해서요. 포스트─구조주의와 함께. 예속(적 주체)화라는 개념과 함께. 이제 이러한 어려운 길 위에 놓인 담론적 주체 개념을 알튀세르를 따라 '호명된 주체' 개념으로 치환해 보도록 하죠. 그다음에서야 드디어 우리는 버틀러의 주체 개념에 접근할 수 있기 때문입니다.

버틀러는 알튀세르가 세공한 '이데올로기의 호명에 의한 주체 생산의 메커니즘'을 '사회적 주체의 담론적 생산'으로 정식화했습니다. 버틀러를 따라 사회적 주체의 담론적 생산이라 하든, 알튀세르를 따라 이데올로기의 호명에 의한 주체의 생산이라 하든, 이러한 정식화 모두는 이데올로기 또는 담론이라는 권력에 의한 주체의 생산을 표현하고 있습니다.

여기에는 우리가 반드시 제기해야 하는 하나의 질문이 놓여 있어요. 바로 '인셉션인가, 호명인가'입니다. 인셉션은 담론주의의 세 가지 모형 중 하나였던 것, 기억하죠? 그러니까 권력에 의한 주체의 생산을 담론주의의 세 가지 모형 중 하나인 인셉션 개념을 통해 이해해야 하는지, 아니면 알튀세르를 따라 호명 개념을 통해 이해해야 하는지, 더 나아가 버틀러는 이 두 개념 중 어떤 개념을 통해 이를 이해하고 있는지 질문해 봐야 합니다. 우리 논의의 이러한 맥락을 놓치면 안 됩니다.

알튀세르의 호명 테제

알튀세르의 사상 전반에 관해서는 세 번째 강의에서 자세히 설명하겠지만, 어쩔 수 없이 그의 호명 개념만 여기로 당겨와 따로 설명해야겠네요. 알튀세르가 호명 개념을 제출한 건 1970년의 논문 「이데올로기와 이데올로기적 국가장치들」에서였습니다.[25] 이 논문이 출간된 이후 호명 개념은 인문사회과학의 핵심 개념 중 하나의 자리를 차지하게 되죠. 이 논문 자체를 정말 한 줄 한 줄 꼼꼼히 읽어 볼 필요가 있지만, 역시 우리 강의에서는 호명 테제와 관련해 우리 논의에 필요한 핵심만 짚어 보겠습니다.

우선 많이들 주목하지 않는 점이지만, 이 논문에서 알튀세르는 호명 테제를 제시하기 이전에 두 가지 예비적 테제를 제출합니다. 첫 번째 예비적 테제는 다음과 같습니다. "이데올로기는 개인들의 실재 존재조건에 대한 이 개인들의 상상적 관계를 표상한다." 두 번째 예비적 테제는 다음과 같습니다. "이데올로기는 물질적 실존을 갖는다." 이 두 가지 예비적 테제에 대해서는 세 번째 강의에서 자세히 다룰게요.

바로 이 두 가지 예비적 테제 이후에 알튀세르는 호명 테제를 제시하는데요. 영어, 일본어, 프랑스어 원문순으로 이 테제를 제시해 보도록 하죠.

영어: Ideology interpellates individuals as subjects.

일본어: 이데올로기는 개인들을 호명해 주체로 전화한다.[26]

프랑스어 원문: L'Idéologie interpelle les individus en sujets.

한국어로는 어떻게 번역할 수 있을까요? 제가 여러 알튀세르 연구자들의 논의를 종합해 제시하는 번역은 다음과 같습니다.

한국어: 이데올로기는 개인들을 주체로(서) 호명한다.

우리 논의의 맥락 속에서 환언하자면 이데올로기라는 권력 또는 구조 또는 담론은 개인을 주체로 생산한다는 것이고, 버틀러식으로 말하면 사회적 주체의 담론적 생산인 것입니다. 이것이 바로 이데올로기의 호명에 의한 주체 생산의 메커니즘인 것이죠.

그런데 이 호명 테제와 관련해 최원 선생님이 『라캉 또는 알튀세르』에서 제기하는 의문은, 사람들이 흔히 생각하듯 알튀세르가 과연 이데올로기에 의해 주체가 '인셉션'된다고 주장했는지에 대한 것입니다. 이데올로기는 주체에게 그 동일성이라는 관념을 외부에서 심어 주는 것일까요? 다르게 말하면, 이데올로기가 주체의 외부에서 주체에게로 침투해 주체 안에 심어지는 것일까요? 이렇게 외부에서의 이식을 통해 개인이 주체로 생산되는 것일까요?

인셉션에 관한 설명에서 강조했듯 이는 프레임 바깥을 가정하는 아이디어이고, 그래서 어떠한 모순도 역설도 아포리아도 존재하지 않게 되죠. 사회과학 내 구조-행위자의 정태적 모형이 바로 이런 관념을 취한다고 저는 보는데요. 여기에는 문제를 일으킬 '건덕지'가 전혀 없습니다. 하지만 문제는 프레임 바깥을 상정하는 것이 인문사회과학 내에서는 불가능하다는 점에 있습니다. 이미 구성하는 주체로서 칸트적 주체, 경험적-초월론적 이중체가 이러한 불가능성을 자신 안에 지니고 있습니다. 주체가 인식의 대상임과 동시에 인식의 주체이기 때문에, 주체는 상황 내에 함축되어 있기 때문에요. 그래서 우리는 인셉션 개념으로는 해결할 수 없는 모순, 역설, 아포리아에 빠지게 되는 것이고요.

그렇다면 호명 개념은 뭐가 다른 걸까요? 『라캉 또는 알튀세르』에서 최원 선생님이 알튀세르의 스피노자주의적인 반목적론적 정신을 강조하면서 지적하듯, 알튀세르 호명 개념의 핵심은 주체가 어디에서부터 이러한 관념을 획득하게 되는지의 질문, 기원이라는 질문 자체를 기각한다는 것입니다. 조금 더 정확히는 언제 어디에서 누구에 의해 이데올로기가, 또는 개인의 동일성이라는 관념이 주체에게 심어지는지의 질문 자체를 단칼에 날려 버린다는 것이죠. 더 나아가 이 개인은 '왜' 호명을 받아들여 주체가 되는지 그 이유 또는 원인이라는 질문 또한 기각시켜 버립니다. 말 그대로 목적이라는 질문 자체를 기각합니다. 그렇게 되면 남는 건 우리가, 이 개인이 '항상—이미 주체'라는 것뿐입니다. 우리, 개인은 주체가 아닌 적이 없다는, 그러니까 항상 그리고 이미 주체였다는 거죠. 물론 알튀세르는 자신의 이데올로기론을 통해 '어떻게'만큼은, 즉 호명의 메커니즘만큼은 해명하려 했다는 점을 굳이 강조할 필요는 없겠죠.

하나씩 살펴봅시다. 이러한 호명을 행하는 이는 누구일까요? 이 또한 알튀세르는 반목적론의 견지에서 답변하는데요. 알튀세르의 호명의 문제설정에서 이러한 호명을 행하는 대문자 주체는 기독교에서 말하는 신이 아니고요, 음모론에서 말하는 프리메이슨이 아니고요, 사회학에서 말하는 대문자 사회가 아니고요, 정치학에서 말하는 대문자 국가가 아닙니다. 마슈레가 앞서 언급한 『규범의 주체』에서 지적하듯 모종의 음모론, 그리고 그에 은밀히 기반해 있는 아나키즘 모두를 거부해야 합니다.

마르크스식으로 말해 바로 '사회적 관계들의 앙상블'이 우리를 호명합니다. 버틀러는 이를 '대문자 법'이라고 부르죠. 알튀세르는 물론 '대문자 주체' 또는 '신'이라고 부르긴 하지만, 그 의미를 문자 그대로 받아들여선 안 됩니다. 여기에서 중요한 것은 이미 지적했듯 우리를 호명하는 이 대문자 주체로서 사회적 관계들의 앙상블을 바로 우리가 만든다는 점입니다. 사회적 관계들의 앙상블은 우리 모두의 매일매일의 사회적 실천이 끊임없이 형성하고 해체하는 것이니까요. 이를 발리바르는 마르크스와 함께 '스스로를 탈총체화하는 총체성'으로서의 사회적 관계들의 앙상블이라고 표현했던 겁니다. 바로 우리가 만드는 대문자 주체에 의해 우리가 예속되는 겁니다. 이로써 호명을 왜 받아들이는지의 질문이 완전히 기각되죠.

여기까지 설명이 진행되면 이제 앞서 다루었던 '쉬운 것들의 권력'과 관련한 질문이 어느 정도는 해결되는 거예요. 왜 우리는 이분법을 수용할까요? 그것이 쉽기 때문이죠. 하지만 더욱 근본적으로는 우리가 만든 권력에 우리가 예속되기 때문입니다. 우리가 만들고 우리가 예속된다는 점에서 이분법적입니다. 지배와 피지배의 이분법이 우리에게서 하나로 합쳐져 있는 것이죠. 그래서 자율적 주체의 타율적 생산이라는, 예속을 받아들여야 자유로워진다는 역설이 존재하는 것이에요. 권력과 주체가 이분법적으로 완전히 분리되어 있다면 사회과학의 구조–행위자의 정태적 모형으로 모든 걸 충분히 설명할 수 있을 거예요. 하지만 주체와 권력은 착종되어 있고, 사실 권력이든 주체이든 우리 모두가 만드는 것이죠. 동일한 '우리'가요. 그러니까 자유와 예속이 결합되어 있는 것이고요. 이는 놀랍게도 우리가 이 예속으로부터 벗어날 수 없다는 점을 강조하기 위한 것이 아니라 바로 우리가 이 예속으로부터 벗어날 수 있다는 점을 그 가능조건을 따져 물음으로써 확언하는 것입니다. 물론 이것이 '거의' 불가능하다는 점에는 우리의 주의를 촉구하면서요.

그렇다면 우리가 '항상-이미' 주체라는 건 구체적으로 무엇을 의미하는 것일까요? 누가 호명하는지의 문제에서 우리를 호명하는 건 우리 자신이라고 합시다. 그리고 인셉션인가, 호명인가의 문제와 다르지 않은 문제, 어떻게 호명되는지의 문제를 일단은 한켠으로 치워 둔다면요. 남는 것은 언제 호명되는지의 문제죠. 사실 이 '언제'의 문제가 '어떻게'의 문제를 해명하는 열쇠인데요. 호명은 도대체 언제 이루어질까요? 어머니 배에서 나와 의사가 어머니와 나를 연결하던 탯줄을 자르는 순간에? 그렇다면 호명 '이전', 주체 '이전'을 분명히 말할 수 있는 것 아닐까요? 그럼 이 호명 이전의, 주체 이전의 '무엇인가'는 무엇일까요? 호명 테제를 다시 보면 여기에서 알튀세르는 이를 '개인individu'이라고 부릅니다. 물론 영어 '인디비주얼individual'과 동의어인 이 '앵디비뒤individu'를 '개체'로 옮기는 것도 가능한데요. 하지만 도대체 이 개인 또는 개체가 무엇인지 알튀세르는 이 논문 어디에서도 설명하지 않죠. 그런데 놀랍게도 바로 이 지점이 문제 해결의 열쇠이기도 하답니다.

이 문제를 완전히 해결할 수는 없겠지만 알튀세르가 이 문제에 어떻게 접근했는지는 추론해 볼 수 있어요. 이를 위해서는 1970년의 논문 「이데올로기와 이데올로기적 국가장치들」 이외에 1964년의 논문 「프로이트와 라캉」을 참조해야 합니다.[27] 이 논문에서 알튀세르는 작은 '생물학적' 존재, 다르게 말해 '조그마한 생물체'로서의 아기가 인간으로 살아남았다는 점에 주목합니다. 바로 이 점에 정신분석학이 천착하는데요. 아기가 인간으로 살아남았다는 것을 다르게 표현하면 아기가 동물로 남지 않고 주체가 되었다는 것입니다. 이를 통해 알튀세르가 주장하고자 하는 바는 이 조그마한 생물체가 여러 사회적 심급들, 특히 이데올로기적 국가장치들과 역사 내에서 '마주침'으로써, 그러니까 '결합'함으로써 '주체'가 '돌발surgissement'한다는 것입니다. 여기에서 '돌발'이라는 관념이 등장하는데요. '돌발'은 요소들의 마주침에 의해 새로운 무엇인가가 발생하는 것을 표현하는 어휘로, 철학에서는 '생기'라고 옮기기도 합니다.

중요한 점은 이 돌발의 문제설정이 탄생의 문제설정과 대립한다는 것입니다. 탄생의 문제설정은 탄생 이전의 기원을 상정합니다. 아기의 탄생의 기원은 어머니의 난자와 아버지의 정자죠. 그럼 어머니의 난자 또는 아버지의 정자의 기원은 무엇일까요. 당연히 외할아버지의 정자와 외할머니의 난자이고, 친할아버지의 정자와 친할머니의 난자죠. 탄생의 문제설정은 기원을 추적해 나가는 문제설정인 것입니다. 〈인셉션〉에서도 말하지만 인간은 기원을 계속 추적해 나가요. 상상 속에서요. 기원과 목적의 문제설정을 발본적으로 비판하는 철학자인 스피노자 또한 이 점에 주목하기도 하죠.

하지만 돌발의 문제설정은 그렇지 않아요. 돌발의 문제설정은 돌발 이전의 기원을 상정하지 않습니다. 단지 물질적 요소들이 자기들 사이에서 맺는 역사적 관계 속에서 이러저러하게 존재하고 있을 뿐이고, 역사 내에서의 그 물질적 요소들 간의 우연한 마주침과 결합에 의해 말 그대로 '새로운 것'이 돌발하는 것입니다. 그러니까 돌발 이전의 기원을 상정할 수 없고 단지 돌발 이전에 존재하고 있던 이러저러한 물질적 요소들, 그리고 그것들이 맺고 있던 관계, 마지막으로 그 물질적 요소들 간의 역사 내에서의 우연한 마주침과 결합만을 논할 수 있을 뿐이죠. 알튀세르는 조그마한 생물체로서의 아기로부터의 주체의 돌발을 이런 식으로 설명하는 거예요.

이제 「이데올로기와 이데올로기적 국가장치들」과 「프로이트와 라캉」 등에서의 알튀세르 자신의 설명, 최원 선생님이 알튀세르의 설명에 기반해 『라캉 또는 알튀세르』에서 제시한 설명, 그리고 저 나름의 이해를 종합해 다음과 같이 설명해 볼게요. 물론 이 설명은 결국 저 자신의 서술이니까 틀린 부분이 있다면 전적으로 저의 책임입니다. 잘 설명되고 서술된 부분이 있다면 전적으로 알튀세르와 그 주석가들 덕분이고요.

어머니의 난자와 아버지의 정자가 만나 수정체가 생성되고 그 수정체가 어머니의 자궁에 착상되어 배아로 자라나죠. 그 배아는 더욱 자라고 자라 태아가 된 뒤 때가 되면 탯줄에 연결된 채로 어머니의 몸 밖으로 나오게 됩니다. 그리고 의사가 탯줄을 자르는 그 순간, 아기는 세상 밖으로 던져지게 됩니다. 그런데 이 아기는 언제 주체가 되는 것일까요? 앞서 우리가 의식철학에 관해 논의했던 바를 떠올려 봅시다. 이 아기는 언제 의식을, 더 정확히는 자기의식을, '나'라는 관념을 가지게 될까요? 다르게 말해, 언제 주체가 되는 것일까요?

알튀세르는 이렇게 설명합니다. 이 조그마한 생물체로서의 아기가 세상에 던져지게 되고, 이 아기가 여러 사회적 심급들, 그중에서도 특히 이데올로기적 국가장치들과 역사 속에서 '마주치고' '결합'되면서 주체가 돌발하게 된다고요. 여기에서 이 주체는 이 조그마한 생물체로서의 아기의 신체를 지니게 됩니다. 그러니까 이 아기의 신체가 하나의 물질적 요소이고, 이 아기를 둘러싸고 있는 여러 사회적 심급들, 특히 이데올로기적 국가장치들이 또 다른 여러 물질적 요소들인 것이죠. 이 물질적 요소들이 역사 내에서 우연히 마주쳐 결합되고, 그럼으로써 주체라는 새로운 것이 돌발하게 된다는 것입니다. 그럼 이러한 마주침이 일어나는 '순간'이 분명 있지 않을까요?

알튀세르는 여기에서 이러한 마주침이, 다시 말해 주체의 돌발이 정확히 언제 일어나는 것인지에 대해 말해 주지 않습니다. 다만 다음과 같이 말하는데요. 주체의 자기의식, 즉 동일성 또는 정체성으로서 '나'는 허구적으로, 사후적으로, 회고작용적으로, 소급적으로, 목적론적으로, 상상적으로 '나'의 기원을 '나'에 투사합니다. 이 '나'는 정자일 수도, 난자일 수도, 배아일 수도, 태아일 수도 있어요. 많은 경우 조그마한 생물체로서의 아기겠죠. 이 조그마한 생물체로서의 아기에게 '나'의 기원을 투사하는 것입니다.

최원 선생님의 설명에 따르면 호명의 순간이란, 그러니까 주체가 되는 순간이란, 이 조그마한 생물체로서의 아기가 탯줄을 끊고 어머니로부터 분리되는 그 순간이 아니라, 심지어 어머니의 난자와 아버지의 정자가 만나는 그 순간도 아니라, 바로 이러한 이데올로기적 국가장치들의 작용을 '나'가 의식하고 '나'의 기원을 상상적으로 무엇인가에 투사하는 바로 그 순간입니다. 생후 3개월에, 생후 1년에 등등...... 어떤 특정 시기에 호명이 이루어져 주체가 돌발하는 것이 아니고, 단지 우리가 이데올로기적 국가장치들의 작용을 의식하고 그 기원을 상상적으로 무엇인가에 투사하는 바로 그 순간, 호명이 이루어지는 것입니다. 결국 알튀세르는 호명의 특정 순간, 즉 기원을 상정하지 않는 거예요. 우리는 항상-이미 호명되며 항상-이미 주체니까요.

최원 선생님을 따라 이를 다르게 표현한다면, 이데올로기적 국가장치들에 의해 강제된 '나'의 동일성 또는 정체성을 '자기원인'으로 오인하고 이를 '영원한 과거' 즉 '자명한 진리'로 구성하는 것이 바로 호명입니다. 이는 '뮌히하우젠Münchhausen 효과'라고도 할 수 있는데, 이러한 영원한 과거의 구성은 '영원한'이라는 형용사에서 알 수 있듯 끊임없이 무한퇴행하는 것이기 때문입니다.[28] 담론주의의 세 가지 모델 중 하나에서 이미 살펴봤죠. 기원을 찾았다고 생각하는 순간 우리는 또 다른 기원을 찾아야 합니다. 기원의 기원의 기원의 기원...... 무한퇴행이죠. 그리고 주체가 이런 영원한 과거를 구성해 무한퇴행의 계단으로 걸어 들어가야만 하는 이유는 스피노자뿐만 아니라 〈인셉션〉 또한 말하듯 자신의 기원에 대한 상상 없이는 주체가 존립할 수 없기 때문이고요. 생물학적 즉 신체적 필요가 충족된다고 해서 주체가 재생산될 수 있는 게 아닙니다. 끊임없이 나의 동일성이 기원을 수단으로 확립되어야만 주체는 재생산될 수 있어요. 이 '재생산'이란 표현으로부터 알 수 있는 건 호명이 반복적이라는 점인데요. 호명은 생후 몇 개월 때 단번에 그리고 완전히 une fois pour toutes 이루어지는 것이 아니라 내가 장치의 작용을 의식하고 나의 기원을 과거로 상상적으로 투사하는 매 순간 일어나는 것입니다. 반복하자면, 우리는 항상―이미 호명되며 항상―이미 주체니까요.

버틀러의 사유에서 호명 개념이 중요한 이유는 이것이 주체의 생산을 설명하기 때문입니다. 버틀러에게 남성과 여성은 '생물학적인 것'이 아니라 '주체적인 것'입니다. 일단은 생물학적인 것과 생물적인 것을 구분하지 않으면요. 그러니까 생물학적인 남성과 여성이 있는 것이 아니라, 남성 주체와 여성 주체가 있는 것이죠. 이러한 남성 주체와 여성 주체는 자신의 남성 또는 여성으로서의 동일성, 즉 섹스의 기원을 생물학적인 것에 투사합니다. "'나'는 조그마한 생물체로서 아기일 때부터 남성 또는 여성의 성기를 가지고 있었고 그렇기에 '나'는 애초부터 남성 또는 여성이었어"라고 오인하는 것이죠.

중요한 것은 이러한 호명의 순간이 매일매일, 그것도 하루 중 상당히 여러 번 반복된다는 것입니다. 예를 들어 우리는 남성이라면 남자화장실을, 여성이라면 여자화장실을 가야만 합니다. 남성이 여자화장실을 들어가면 '경찰'이라는 억압적 국가장치가 '곤봉'을 들고 쫓아옵니다. 그래서 우리는 거의 비의식적인 수준으로 남성은 남자화장실로, 여성은 여자화장실로 들어갑니다. 내가 소변을 보기 위해 '생물학적' 남성임을 의식하고 남자화장실에 들어갈 때마다, 저는 남성 주체로서 호명되는 것입니다. 공중화장실을 이용할 때마다 틀림없이 호명되는 것이죠. 그때마다 나의 성적 정체성, 그러니까 '생물학적으로' 남성인지 여성인지를 '남성 성기'라 불리는 그 툭 튀어나온 무엇인가에 투사하는 것입니다. 그러면서 나는 나를 남자로 호명하는 것이고요. 우선은 성적 진리로서 섹스와 섹슈얼리티 중 섹슈얼리티는 제쳐 두고 생물학적 남성과 여성이라는 동일성만 논하자면, 이러한 동일성 즉 섹스는 이렇게 허구적으로 나의 성기에 투사됩니다. 호명은 이렇듯 반복적으로 이루어지고요.

이것이 바로 허구적 기원으로 끊임없이 소급해 가는 탄생의 문제설정과 정면으로 대립되는 알튀세르적인 돌발의 문제설정입니다. 이는 푸코식으로 말하면 계보학의 문제설정인데, 이에 대해서는 뒤에서 더 자세히 설명하죠. 알튀세르는 호명의 메커니즘을 돌발의 문제설정에 기반해 설명하는데요. 그러니까 이를 주체의 우연적 돌발 및 그 기원의 회고적 투사를 통해 설명하는 것이죠. 반면 탄생의 문제설정은 최원 선생님의 표현으로 '발생학적 목적론'이라고 부를 수 있을 텐데, 그것이 주체의 상상 속에서 목적으로서의 발생의 기원을 끊임없이 찾아 나가기 때문입니다. 돌발의 문제설정과 달리 탄생의 문제설정은 주체가 자신의 기원을 회고적으로 찾아 나가는 것을 비판하지 못하고 이러한 상상에 함께 빠져 버립니다. 그 대표적 예가 나의 성적 본질은 어디에 있는지 계속 찾아 나가는 거고요.

이러한 발생학적 목적론으로서 탄생의 문제설정에서는 겉모습만 변화하지, 그 본질은 영원불변하는 어떠한 실체 A가 존재합니다. 발생학적 목적론은 바로 이 실체 A를 끊임없이 찾아 나서는 것인데요. 다시 섹스의 예를 들면 나의 성적 본질은 내가 남성이라는 것이고 이는 나의 툭 튀어나온 성기가 보여 준다고 생각하는 거죠. 나의 염색체가 여성과 달리 XY 염색체라고 주장하는 것도 크게 다르지 않아요. 하지만 그 영원불변하는 성적 본질로서 실체 A가 만일 정말로 존재한다면, 그 실체 A는 그것이 본질이기에 나 이전에도, 다시 말해 탯줄을 끊고 세상으로 나오기 이전의 배아 상태, 아니 더 거슬러 올라가 정자 또는 난자에도 존재해야 합니다. 그래야 이를 본질이라고 부를 수 있을 테니까요. 발생학적 목적론은 이러한 본질을 상정한 뒤 시간의 흐름, 즉 역사적 변화에 따라 이 본질이 취하는 겉모습이 이러저러한 변천을 겪는다고 생각합니다. 하지만 정말 그럴까요?

아무리 무한퇴행을 하더라도 본질로서의 어떠한 실체 A를 찾을 수는 없습니다. 나의 툭 튀어나온 성기는 정자와 난자라는 두 물질의 우연한 마주침 속에서 돌발한 것에 불과합니다. 거기엔 어떠한 성적 본질도 없어요. 결국 탄생의 문제설정 속에서는 발생의 기원이라는 아포리아를, 무한퇴행의 계단을 마주하고 맙니다. 그리고 그에 대한 '거짓 해법'으로 인셉션을 주장하는 것이고요.

반면 알튀세르의 돌발의 문제설정이나 푸코의 계보학의 문제설정은 역사 내에서 이러저러하게 존재하는 물질적 요소들의 이 역사 내에서의 우연한 마주침과 결합에 의해 새로운 것이 돌발한다고 생각합니다. 그래서 푸코는 이러한 물질적 요소들과 그 우연한 마주침을 계보학적으로 탐구하는 것이고, 알튀세르는 호명 개념을 통해 주체 생산의 메커니즘을 이러한 돌발의 메커니즘으로 사유하는 것이고요. 노파심에 지적하자면, 여기에서 새로운 것이 돌발한다는 것은 무에서 유가 창조된다는 의미가 아닙니다. 알튀세르가 우발성의 유물론을 통해 강조하듯 '창조', 즉 '탄생'이 아니라 '생산', 즉 '돌발'인 건데요. 첫번째 강의에서도 데리다의 사유를 통해 지적했죠. 여기에서는 알튀세르식으로 이렇게 이해해 보면 어떨까 해요.

돌발의 문제설정이나 계보학의 문제설정은 지극히 구조주의적인 문제설정으로서, 관계가 바뀌면 각 항의 '본성' 즉 '내용'도 바뀐다고 사유합니다. 어떠한 순간에 각 항들이 맺고 있는 관계 또는 각 항들이 배치되어 있는 형태가 바로 구조인데, 이 관계 또는 형태로서의 구조가 역사의 흐름에 따라 변화하면서 이 관계 또는 형태로서의 구조를 이루는 각 항들의 내용이 바뀌는 것입니다. 그러니까 어떠한 본성 또는 본질로서의 내용이란 사실 없는 것이죠. 정말 만약에 나와 동일한 생물학적 신체를 가진 아기가 오늘날이 아닌 과거에 세상으로 던져졌다면, 당연히 그 아기는 나와는 다른 주체가 되었을 것입니다. 왜냐하면 관계 또는 형태로서의 구조가 다르기 때문에 나의 '생물학적' 신체라는 요소의 내용이 바뀌니까요. 새로운 구조의 창조 또는 탄생이 아니라 새로운 구조의 생산 또는 돌발인 거예요.

첫 번째 강의에서 현대 프랑스철학이 새로운 것, 즉 진리를 사유하는 방식이 진리와 역사를 상호접근시키는 거라고 했잖아요. 다르게 말하면 진리가 역사에서 돌발한다는 건데, 새로운 것은 분명 끊임없이 돌발하지만 이것이 무에서 유가 기적같이 창조되는 것을 의미하지는 않는다는 거죠. 이 지점에서 바로 '사건' 개념이 개입합니다. 자세히 설명하지 못해 아쉽지만 현대 프랑스철학이 새로운 것 또는 진리의 문제에서 필연과 우연, 구조와 사건을 역사의 견지에서 함께 사유하는 방식이 여기에서도 작동하고 있다는 점만 기억해 주세요. 사건은 일어나지 않을 수 없는데, 역사에는 공백이 있기 때문입니다. 무에서 유가 창조되는 것이라기보단, 공백의 존재로 인해 역사 내에서 물질적 요소들 간 우연한 마주침과 결합이라는 사건이 일어나지 않을 수 없는 것이죠.

결국 알튀세르의 호명의 문제설정은 인셉션의 문제설정과 달리 주체의 바깥, 프레임의 바깥을 상정하지 않습니다. 주체의 바깥, 프레임의 바깥의 누군가가 특정 순간에 자기의식을, 동일성 또는 정체성을, '나'라는 관념을 삽입함으로써 '나'라는 주체가 탄생하는 것이 아닙니다. '남성 성기'를 가진 조그마한 생물체로서의 아기가, 또는 바로 이 남성 성기가, 프레임 바깥에서 '남성 주체로서의 나'라는 관념을 주체에게 삽입하는 게 아니란 거예요. 그런 게 아니라, 어머니의 난자와 아버지의 정자의 만남의 생물학적 결과물인 조그마한 생물체로서의 아기가 툭 튀어나와 있거나 그렇지 않은 성기를 가지고서 세상에 태어나게 되는 것이 하나의 물질적 요소의 흐름 또는 역사이고, 우리가 아직은 다루지 않은 억압적 국가장치와 이데올로기적 국가장치들이라는 장치의 작용이 다른 하나의 물질적 요소의 흐름 또는 역사인데, 최소 이 두 물질적 요소가 역사 내에서 우연히 마주치고 결합하는 사건으로 인해 주체가 돌발하게 되는 것이죠. 이게 왜 푸코적인 계보학적 문제설정이냐면, '계보학'이라는 표현이 지시하듯 이런 문제설정은 각 물질적 요소의 '계보'를 추적해 그 역사 내 우연한 마주침과 결합을 사유하고자 하기 때문인 거고요.

물론 여기에서 '나'라는 주체는 새로운 것이지만, 사실 이전의 물질적 요소들의 '계보'를 따져 물을 수 있다는 점에서는 새로운 것이 아닙니다. 이 역시 무에서 유가 창조되었다기보다는, 역사 내 공백으로 인해 물질적 요소들의 배치 즉 구조가 역사 내에서 우연히 바뀌게 되어 새로운 내용이 돌발한 것이죠. 버틀러에게 중요한 것은 남성 주체와 여성 주체인데요. 내가 남성인 것은 본질이 아니며 내 성기가 이를 보증해 주는 것도 아닙니다. 내 성기가 내가 남성임의 증거일 수 없다는 거죠. Y 염색체는 말할 것도 없고요. 단지 바로 오늘날 지금 여기의 장치들의 작용에 의해 앞으로 튀어나온 모양의 내 성기에는 남성 주체가 '배정'되는 것일 뿐입니다. 여기에는 생물학적 필연이 없으며, 역사적 우연만이 존재할 뿐이죠. 푸코는 이러한 계보학적 분석을 통해 본질이란 존재하지 않는다는 점을 폭로하는 것이고요. 심지어 내가 남성이라는 것, 당신이 여성이라는 것도 본질이 아니며 자명하지 않다는 겁니다. 이러한 버틀러적 '해체'의 시작점이 바로 호명 테제인 것이고요.

호명과 인셉션 사이의 버틀러

호명은 어떻게 이루어지는가의 문제, 다르게 말해 인셉션인가 호명인가의 물음에서 버틀러는 어떤 입장을 취했는지 살펴봅시다. 알튀세르는 확고한 반목적론자로서 돌발의 문제설정을 취하기 때문에 인셉션주의자가 아니라 호명주의자입니다. 주체 이전이라는 물음은 무의미한데, 왜냐하면 우리는 항상–이미 주체이기 때문이죠. 주체 이전의 '개인' 또는 '개체'란 표현을 사용했지만 이는 말 그대로 주체 이전의 무엇인가란 존재하지 않는다는 점을 폭로하기 위한 알튀세르의 역설적 장치에 불과했습니다. 호명 이전은 없고 단지 우리는 스피노자가 말했듯 목적론자로서 그 공백과 무의미를 견디지 못해 우리의 기원을 무엇인가에 투사하는 순간 호명되며 이러한 호명은 일회적인 것이 아니라 반복적인 것입니다. 호명 이전이 없기에 주체 이전이 없는 것은 말할 것도 없고요. 그러니까 주체가 돌발하기 이전은 있을 수 있어도 주체 이전은 있을 수 없다는 것입니다. 조금 어려운가요? 다르게 표현하면, 특정 시점 이전까지는 주체가 없었고 특정 시점 이후에는 주체가 있게 되는 그런 특정 단절의 지점 따위는 없다는 것입니다. 그런 단절의 지점, 즉 기원을 찾으려 아무리 노력해도 우리가 만나게 되는 것은 그저 역사 내에서의 물질적 요소들 간의 우연한 마주침과 결합, 그리고 이로 인한 주체의 돌발뿐입니다.

이렇게 설명해 볼게요. 〈인셉션〉에서 코브와 아리아드네가 처음으로 함께 꿈을 꾸었을 때, 파리의 카페에서 코브는 아리아드네에게 우리는 지금 꿈속에 있다고 말하죠. 아리아드네는 믿지 못합니다. 그러자 코브는 우리가 어떻게 이 카페에 오게 됐는지 기억해 보라고 하는데 아리아드네는 기억을 못 합니다. 아리아드네가 약물을 투여해 코브와 함께 잠들기 전에는 분명 꿈 바깥이었죠. 하지만 언제부터 꿈을 꾸기 시작했냐고 묻는다면, 알 수 없어요. 아리아드네는 항상–이미 꿈속에서 코브와 함께 파리의 카페에서 차를 마시고 있으니까요.

〈인셉션〉에서는 의식의 바깥인 꿈 즉 무의식을 다루고 있고 우리는 의식의 바깥인 이데올로기를 다루고 있으니 정확한 유비는 아닐 수 있지만 알튀세르 자신이 무의식과 이데올로기 간 관계에 천착한 바 있다는 점을 고려하면 비슷하다고는 할 수 있는데요. 우리는 언제부터 주체였습니까? 언제부터 자기의식을 가지게 되었습니까? 물론 '나'라는 주체는 조그마한 생물체로서의 아기가 태어나기 전엔 없었죠. 하지만 그럼 정확히 언제부터 '나'라는 주체가 '탄생'해 존재하게 되었는지 묻는다면, 알 수 없어요. 조그마한 생물체로서의 아기가 태어난 시점을 주체의 탄생 시점으로 잡는 게 아니라면요. 하지만 그건 아기의 '생물학적' 신체의 문제일 뿐이고, 우리 모두 알다시피 아기에게는 통상적 의미의 자기의식이 없죠. 물론 다시 말씀드리지만 여기에서 말하는 자기의식은 내가 나의 동일성을 인지한다는 매우 피상적인 의미에서의 자기의식입니다. 자기의식을 정의하는 방식이 매우 많아서 어쩔 수 없어요.

꿈속 파리의 카페에 어떻게 걸어들어왔는지 기억 못 하지만 우리는 그럼에도 이게 꿈이 아니라고 생각합니다. 꿈이 아니라고는 꿈에도 생각지 못합니다. 꿈이 아니라고 생각하면서, 꿈이 아님을 '믿기' 위해, 어찌저찌 여기로 걸어 들어왔을 거라 기원을 허구적으로 꾸며 냅니다. '코끼리는 생각하지 마'의 사례를 떠올려 보세요. 주체로서의 '나'의 기원을 허구적으로 꾸며 내는 것도 이와 비슷하다고 말하고 싶은 거예요. 이를 위해 우리는 조그마한 생물체로서의 아기를 적극적으로 활용하는 거고요. 핵심은 주체의 돌발의 시점을 찾는 게 불가능하단 거죠. 의식철학이 자기의식의 기원이나 시작점을 아직까지는 인류사 내에서는 물론이고 한 개인 내에서도 찾지 못하는 것에서 알 수 있듯이요.

물론 꿈의 예시를 들었던 것에서 눈치챘을 테지만, 여기에서 정신분석학의 논의로 나아가 볼 수도 있습니다. 초기 알튀세르가 라캉과의 동맹을 통해 하고자 했던 바가 바로 그것이었기도 하고요. 하지만 알튀세르는 여러 해에 걸친 연구 끝에 결론적으로는 라캉과의 동맹을 파기하고 이데올로기와 무의식 간 관계의 문제에 답을 내리기 힘들다고 고백했습니다. 오히려 알튀세르는 스피노자의 상상 개념과 이데올로기 개념을 상호접근시키는 방향으로 점점 나아가게 됩니다.

버틀러는 어떤 입장을 취했을까요? 주체 이전의 주체 이전의 주체 이전의 주체…… 즉 그 기원을 도저히 찾을 수 없다는 점을, 그래서 저 무한퇴행 계단으로 걸어 들어가면 안 된다는 점을 버틀러는 받아들입니다. 그러니까 주체 이전의 개인 같은 건 없고 이는 그저 우리가 허구적으로 투사한 기원에 불과하다는 것을요. 하지만 여전히 여러분은, 당신은 당신이 태어나기 전에는 이 세계에 존재하지 않았지 않나? 그렇다면 당신이 태어난 날 이전에 당신이라는 주체는 존재하지 않았던 것 아닌가? 이렇게 생각할 수도 있습니다.

그렇지만 중요한 것은 나의 '나'로서의 동일성이 언제 '탄생'해 주체가 '탄생'했느냐는 것이고, 이는 나의 '생물학적' 신체, 즉 조그마한 생물체로서 아기가 언제 태어났는지로 온전히 답해질 수는 없죠. 이 조그마한 생물체로서 아기가 존재하지 않았던 과거에 '나'라는 주체는 당연히 존재하지 않았습니다. 하지만 도대체 언제부터 '나'라는 주체가 존재하게 되었냐는 물음에는 우리가 답할 수 없다는 것이 핵심입니다. 여기에서 알 수 있는 건 '나'라는 주체가 조그마한 생물체로서 아기로 환원되지 않는다는 것입니다. 곧 태어날 아기를 기다리며 이름까지 지어 주는 가족의 사례, 데리다 또한 주목했던 부재의 고유한 현전인 '서명signature'의 사례를 떠올려 보세요. 사실 그렇기 때문에 어떤 경우이든 조그마한 생물체로서의 아기가 존재하기 이전에도 '나'라는 주체는 존재할 수 있는 겁니다.

'나'라는 주체는 역사 내에서의 여러 물질적 요소들 간 우연한 마주침과 결합에 의해서 돌발한 것입니다. 어머니와 아버지가 '만든' 조그마한 생물체로서의 아기뿐만 아니라 제가 태어난 1988년의 한국이라는 국가와 사회구성체 내 억압적 국가장치와 이데올로기적 국가장치들이라는 장치의 작용 또한 필요합니다. 억압적 국가장치에는 군대, 경찰, 행정부, 법원 등이, 이데올로기적 국가장치들에는 학교와 가족 등이 있습니다. 이것들이 모두 모여 주체를 생산하는 것입니다. 바로 이러한 의미에서 포스트-구조주의가 말하는 주체는 인간과 동일하지 않습니다. 포스트-구조주의가 말하는 주체는 아이덴티티, 즉 동일성 또는 정체성이고 자리에 불과합니다. 장치의 작용에 의해 조그마한 생물체로서 아기가 그 자리에 놓이게 되고 이로써 나는 '나'라는 동일성을 획득해 주체가 됩니다. 자기의식을 위한 하드웨어인 뇌는 '나'의 정신이 존재하기 위한 필수적 거소이지만, 그것만으로 '나'를 충분히 설명할 수 없단 거예요.

여기에서 시간성이 다 꼬여 있어 이를 말로 표현하기가 참으로 힘들다는 점, 이제 이해하겠죠. 이 사회는, 우리 논의의 흐름에 맞게 이야기하자면 이 구조 또는 권력은 수많은 주체들에 의해 생산되고 재생산되는 것인데, 이 수많은 주체들은 '생물학적' 신체에 자신의 거처를 마련하고 있을 뿐 그것으로 환원되지 않습니다. 주체란 자기의식, '나'라는 동일성을 가지는 것인데, 이는 '생물학적' 신체로도, 그렇다고 장치로도 환원되지 않고 그 마주침과 결합에 의해 돌발하는 것으로서 '생물학적' 신체를 자신의 거소로 취하고 있을 뿐이죠. 결국 이는 칸트적인 구성하는 주체를 그 바깥을 통해 해체하는 거고요. 말도 안 되는 이야기일까요?

가령 우리가 민주주의의 주권은 국민에게 있다고 말할 때, 그 국민은 누구인가요? 우리 모두는 대한민국의 국민인가요? 이 책을 읽는 분 중에도 대한민국 국적이 없는 분이 분명히 있을 겁니다. '대한민국 국민으로서의 나'라는 동일성은 나의 '생물학적' 신체로 환원되지 않습니다. 내가 국적을 포기할 수도 있고 또는 외국인이 국적을 취득할 수도 있습니다. 이것이 작은 예외일 뿐이라고 생각해선 안 됩니다. 그럼 성적 동일성이라고 바꾸지 못할 이유가 있을까요? 내가 남성이라는 것, 내가 여성이라는 것은 나의 '생물학적' 신체와는 관계가 없습니다. 이는 그저 나의 성적 동일성, 즉 내가 남성 주체라는 것 또는 여성 주체라는 것이 나의 '생물학적' 신체에 그 거소를 마련함을 의미할 뿐입니다. 오늘날 지금 여기 우리의 동시대 국가와 사회에서 우리의 장치는 이런 성기에는 남성을 저런 성기에는 여성을 배치할 뿐입니다. 주체는 자리에 불과해요.

물론 여기에서 제가 '나'의 동일성을 한편으로는 자기의식으로, 다른 한편으로는 국민적이거나 성적인 동일성으로 이해하고 있다는 점에 주의해야겠죠. 사실 의식철학과 달리 포스트-구조주의는 '나'의 자기의식으로서의 동일성 그 자체에 주목하지는 않아요. 텅 비어 있는 자기의식 그 자체보다는 그저 특정 순간의 사회구성체 내에서의 동일성들에 주목합니다. 오늘날에는 남성인지 여성인지, 대한민국 국민인지 외국인인지, 정규직인지 비정규직인지, 중산층인지 하층계급인지, 장애인인지 비장애인인지, 지식노동자인지 육체노동자인지 등의 동일성들이 존재하고 이런 동일성들이 모이고 모여 '나'의 동일성, 즉 자기의식을 구성합니다. 그래서 포스트-구조주의는 의식철학과 같이 의식과 자기의식 그 자체를 탐구하기를 포기하고 사회과학적인 견지에서, 하지만 동시에 철학의 견지에서 여러 동일성들을 탐구해요. 여기에서 역사적 구조와 그것이 구성하는 주체를 탐구한다는 구조주의와 포스트-구조주의의 기본적인 방향성을 떠올려 보길 바랍니다. 중요한 것은 의식이 아니라 의식의 타자, 의식의 바깥입니다.

호명 테제를 다시 봅시다. "이데올로기는 개인들을 주체로(서) 호명한다." 우선 포스트-구조주의에 관한 사토 요시유키의 정식화는 권력에 의한 주체의 생산이었죠. 알튀세르의 경우 이 권력이 이데올로기이고 주체 생산의 메커니즘은 호명인데요. 그래서 알튀세르에게서 이데올로기는 개인을 호명해 이 개인을 주체로 변형하고 생산합니다. 그런데 호명한다는 것은 언어적 차원에서 부른다는 것이죠. 이 개인은 그 호명을 알아듣고 이에 응답합니다. 「이데올로기와 이데올로기적 국가장치들」에서 알튀세르는 대문자 주체인 신이 개인을 부르고 이 개인은 "예, 접니다"라고 응답함으로써 주체가 된다고 설명합니다. 여기에 모순, 역설, 아포리아가 있는 건데요. 도대체 이 주체 이전의 개인은 누구길래, 도대체 이 개인은 무엇이길래 이미 호명의 언어를 이해할 수 있고 자신에게 가해진 호명에 언어를 통해 응답하는 걸까요?

질문이 다시 반복됩니다. 개인과 주체를 가르는 순간은 언제입니까? 생후 5개월? 그렇다면 생후 5개월 이전 아기가 언어를 이해할 수 있다는 것인가요? 결국 호명 이전 개인이 언어를 알아듣는다는 문제 또한 주체의 기원의 역설이라고 할 수도 있고, 주체의 기원으로서 호명의 원초적 순간의 역설이라고 할 수도 있습니다. 그러니까 일종의 '원-호명archi-interpellation'이 이루어지는 순간이 언제인지의 문제로 결국은 귀결되는 건데요.

물론 앞서 지적했듯 알튀세르는 탄생의 문제설정을 폐기하고 돌발의 문제설정을 취함으로써 이러한 질문 자체를 기각합니다. 어떤 의미에서도 주체의 기원으로서 호명의 원초적 순간 같은 건 없다는 주장이죠. 데리다가 기원의 자리에 에크리튀르를 놓았던 것과 마찬가지입니다. 이 지점은 최원 선생님의 해석이 가해진 부분이라고 생각하는데, 저는 어느 정도 동의합니다. 반복하자면, 호명의 순간이란 주체가 자신의 동일성을 의식하는 그 순간인 거죠.

저는 호명의 원초적 순간이란 주체의 허구, 즉 '픽션fiction'이라고 생각합니다. "나는 어떤 특정 순간에, 그러니까 탯줄을 자른 순간에 세상으로 던져져 지금의 나라는 주체가 되었어" 또는 "나는 어떤 특정 순간에, 그러니까 정자와 난자가 만나는 바로 그 순간에 성별이 결정되어 지금 내가 가지고 있는 모양의 성기가 자라나기 시작하면서 남자가 되었어"와 같은 겁니다. 이는 허구이지만, 스피노자가 지적했듯 목적론자인 우리는 이것 없이 주체로서의 동일성을 구축할 수는 없다는 점에서 필수적이고 필연적인 허구죠. 이러한 허구로서의 호명의 원초적 순간으로 내가 나의 동일성을 의식하는 순간마다 되돌아가는 거고요. 정신분석학에서 말하는 일종의 '원-장면' 같은 겁니다. 저는 이렇게 호명의 순간을 설명하고 싶네요.

이제 버틀러로 돌아옵시다. 버틀러의 호명론은 그녀의 가장 이론적인 저서인 『권력의 정신적 삶』에서 제시되는데요.[29] 제가 버틀러 강의에서 자주 강조하는 부분인데, 버틀러의 주저로는 『젠더 트러블』보다는 『권력의 정신적 삶』을 꼽아야 합니다. 『젠더 트러블』에서 제시되는 섹스와 젠더 간 이분법에 대한 데리다적 해체의 이론적 토대가 바로 이 『권력의 정신적 삶』의 주체-권력론에서 마련되기 때문입니다. 물론 『권력의 정신적 삶』은 『젠더 트러블』 이후에 출간되지만요. 시간성의 기이한 꼬임이죠. 그런데 버틀러의 입장은 상당히 절충적이에요. 호명과 인셉션 사이에 있다고나 할까요.

최원 선생님이 이에 대해 『라캉 또는 알튀세르』에서 제시한 설명에 의거해 간단히 서술해 보겠습니다. 버틀러는 알튀세르의 호명의 논리를 수용합니다. '존재론적' 차원에서 주체의 기원으로서 호명의 원초적 순간 같은 건 없다는 거죠. 주체는 그저 역사 내에서의 여러 물질적 요소들 간 우연한 마주침과 결합에 의해 돌발한다는 겁니다. 반면 '수사학적' 차원에서는, 즉 언어적 차원에서는 주체의 기원을 설정해야 한다는 건데요. 알튀세르식으로 말하면 바로 개인이겠죠. 알튀세르는 그런 개인이란 건 없다는 걸 보여 주기 위해서 개인이라는 통념을 설치했다면, 버틀러는 주체의 생산을 설명하기 위해서는 수사학적, 언어적 차원에서 이런 개인을 반드시 설정해야 한다고 보는 거예요. 버틀러는 이를 '자기' 또는 '자아'라고 부릅니다. 참고로 자아라는 개념에는 심리학적 함축이 과다해서 버틀러의 이론화와 관련해서는 '자기'라고 일관되게 번역하는 게 좋다고 개인적으로는 생각합니다.

버틀러는 이 지점에서 '돌아섬'이라는 관념을 제시하는데요. 대문자 주체에 의한 언어적 호명에 언어적으로 응답하는, 다시 말해 '돌아서는' 무엇인가가 존재론적으로는 아니라고 해도 수사학적으로는 있어야 한다는 거죠. 존재론적으로 호명에 응답해 돌아서는 무엇인가는, 즉 개인은 존재하지 않습니다. 호명에 의해 비로소 주체가 돌발하는 것이니까요. 하지만 수사학적 차원에서는 개인이 있어야 합니다. 그렇지 않으면 알튀세르의 호명의 메커니즘은 모순, 역설, 아포리아에 의해 파괴된다고 버틀러는 생각하는 거예요. 이 수사학적 차원에서의 개인, 즉 자기는 대문자 주체의 호명에 응답해 자기 자신에 반해 그리고 대문자 법을 향해 돌아섭니다. 발리바르는 바로 이를 그 중의성을 활용해 '디스커시브 턴', 그러니까 '담론적 전회' 또는 '담론적 돌아섬'이라 표현합니다. 저는 여기에서 '담론주의discursivism'란 말을 주조해 냈고요.

그런데 왜 버틀러는 굳이 존재론적 차원과 수사학적 차원을 구분하면서까지 이렇게 무리한 논리를 전개하는 것일까요? 알튀세르의 호명의 논리를 그 모순, 역설, 아포리아 때문에 도저히 받아들일 수 없다면, 차라리 많은 다른 논자들처럼 인셉션이라는 편리한 도구를 받아들이면 되지 않을까요?

우선 인셉션이라는 편리한 도구를 받아들일 경우 성적 동일성이 '생물학적' 성에 기반한다는 관념으로 빠질 수밖에 없기에 이는 버틀러가 절대로 수용할 수 없는 선택지죠. 반면 버틀러의 생각에 알튀세르의 입론이 지니는 문제점은, 주체 이전의 무엇인가 또는 개인이 왜 대문자 주체 또는 대문자 법의 호명에 응답해 심지어는 자기 자신에 반해서까지 이 대문자 주체 또는 대문자 법을 향해 돌아서는지를 설명하지 못한다는 점입니다. 알튀세르는 철저한 반목적론자로서 '왜'라는 물음 자체를 사유에서 파면시키기 때문에 주체의 기원으로서 호명의 원초적 순간이란 없다고 주장함으로써 주체 이전의 무엇인가 또는 개인이 왜 돌아서는지를, 돌아섬의 이유를 설명하기를 아예 거부하는데, 버틀러는 바로 이 점을 받아들일 수 없는 것입니다.

버틀러는 알튀세르와 달리 스피노자철학의 코나투스conatus 개념과 정신분석학의 욕망 개념 등에 의거해 '정념적 애착' 개념으로 대문자 법을 향한 돌아섬을 설명합니다. 간단히 말해 이런 거예요. 정신분석학에서 강조하듯 인간 아기는 어린 시절 부모로부터 절대적 보살핌을 받아야만 생존할 수 있습니다. 그래서 비존재보다는 존재를 선호하는 자신의 욕망에 따라 인간 아기는 부모에게, 대문자 법에 절대적으로 의존하는 것, 정념적 애착을 부여합니다. 그런데 버틀러는 앞서 언급한 생물학주의의 위험에 빠지지 않고자 어떤 타협안을 제출하는데, 존재론적 차원에서가 아니라 수사학적 차원에서 이 정념적 애착을 개념화하는 것이죠.

우리가 버틀러의 핵심적 개념으로 알고 있는 것들, 즉 젠더 수행성, 혐오발언, 언어적 재전유, 패러디, 모방, 규범적 관습의 탈맥락적 인용 등, 버틀러의 저항전략을 구축하기 위한 핵심 개념들이 바로 이 수사학적 차원에서 도출됩니다. 바로 이것이 버틀러의 포스트–구조주의의 핵심이라고 보면 돼요. 버틀러는 인셉션 개념을 거부하면서 존재론적 차원이 아니라 수사학적 차원에서 주체의 기원을 설명합니다. 그렇기 때문에 버틀러의 저항전략을 구축하기 위한 핵심 개념들은 모두 수사학적인, 언어적인 것입니다. 이 점을

'호명과 인셉션 사이의 버틀러'로 정식화해 볼 수 있겠네요.

그럼 해명되지 않은 한 가지를 추가로 논의해 볼까요? 왜 저는 호명 테제의 번역에서 '서'를 괄호 안에 넣었을까요? 이 번역은 진태원 선생님의 호명 테제 번역에서 가져온 건데요.[30] 이에 따르면 호명 테제에서 전치사 '앙en'을 '로'와 '로서' 두 가지로 옮길 수 있는 이유는 다음과 같습니다.

이데올로기가 개인을 주체'로' 호명한다고 번역할 경우 이는 이데올로기가 개인을 호명이라는 일종의 화학적 작용을 통해 주체로 변형한다는 점을 강조하게 됩니다. 일본어 번역이 그런데요. 프랑스어의 '트랑스포르메transformer', 영어의 '트랜스폼transform'은 '변형', '전환', '전화' 등으로 옮길 수 있는데 일본에서는 특히 '전화轉化'로 많이 옮깁니다. 일본어 번역은 원문에는 없는 이 '전화'라는 말을 넣은 건데, 이러한 개입을 통해 화학적 작용을 강조하는 것이죠. 일본어 번역을 따를 경우 우리는 이데올로기가 개인을 호명의 메커니즘을 통해 주체'로' 전화함으로써 주체를 생산한다는 점을 강조하게 됩니다. 반면 '로서'로 옮길 경우 이는 이데올로기가 개인에게 호명을 통해 어떠한 아이덴티티, 즉 동일성 또는 정체성을 부여함으로써 주체를 생산한다는 점을 강조하게 됩니다. 화학적 변화보다는 동일성의 부여를 강조하는 것이죠. 앞서 호명 테제와 관련해 국민적 동일성 등을 강조했듯 호명 테제의 핵심적 의미 중 하나는 주체에게 동일성을 부여하는 것입니다. 그리고 복수의 동일성이 모이고 모여 자기의식을 형성하는 것이고요. 그렇기에 이 전치사 'en'에는 '로'와 '로서'의 의미가 모두 들어 있다고 보아야 합니다. 그래서 어쩔 수 없이 괄호를 사용해 번역한 것이고요. 일본어 번역은 호명 테제의 입체적 의미를 단일한 의미로 환원한다는 점에서 문제가 있다고 볼 수 있습니다.

버틀러의 포스트-구조주의

정리해 보자면, 알튀세르의 이데올로기와 호명 개념이든, 푸코의 담론이나 지식-권력 개념이든, 버틀러의 언어적 차원에서의 자기의 돌아섬 개념이든, 다시 말해 포스트-구조주의의 권력 개념이나 담론주의의 담론 개념이나, 모두 주체 생산의 메커니즘을 해명하기 위한 독특한 의미에서의 '물리학적' 힘 개념들입니다. 우리는 강제에 의해, 즉 타율적인 방식으로, 자유로운 또는 자율적인 주체로 돌발 또는 생산됩니다. 이 사회에 던져지게 되는 것이죠. 역설적이지만, 강제에 의해 주체가 될 수밖에 없으면서도 자유로운 주체가 되는 것인데요. 이러한 주체들이 모이고 모여 사회를, 구조를, 권력을 이루고 이 사회, 구조, 권력이 다시 주체를 생산합니다. 이렇게 주체와 권력이 끊임없이 생산되고 재생산되는 것이죠. 이러한 생산과 재생산을 가능케 하는 그 힘을 인문사회과학적으로 해명하고자 하는 것이 바로 이 개념들입니다. 그런데 이 개념들은 인문사회과학 일반의 개념들이 아니라 포스트-구조주의적인 개념들인 것이고요. 왜냐하면 이 개념들은 구조-행위자의 정태적 모형을 거부하고 주체와 권력의 상호-얽힘 속에서 이러한 힘을 입체적이고 동역학적으로 설명하려 하기 때문이죠.

이 개념들이 해명하고자 하는 것이 바로 사회과학적 차원의 '힘'이라는 점에 주목합시다. 이는 앞서 언급했듯 '강제된 선택'일지언정 '강제'입니다. 다르게 표현하면 우리에게는 호명을 거부할 권한이 전혀 없다는 것입니다. 우리는 주체가 되지 않을 도리가 없습니다. 우리는 주체의 바깥을 모릅니다. 왜냐하면 우리는 주체가 아니었던 적이 없기 때문입니다. 다르게 말해 우리는 이데올로기의 바깥을, 호명의 바깥을, 권력의 바깥을, 담론의 바깥을, 돌아섬의 바깥을 모릅니다. 왜냐하면 우리는 이데올로기, 호명, 권력, 담론, 돌아섬의 바깥에 있어 본 적이 없기 때문입니다. 주체가 되기를 거부한다면, 정신분석학에서는 '정신병'이라고 할 테지만 너무 나아가지는 말고요, 우리는 '비-주체'가 아니라 그저 '나쁜 주체'가 될 뿐입니다.

이런 질문이 제기될 수 있겠죠. 그렇다면 알튀세르의 억압적 국가장치와 이데올로기적 국가장치들의 구분은 무의미한 것 아닌가? 어차피 강제인데? 하지만 강제된 '선택'에 관해 논의했던 바를 다시 떠올려야 합니다. 푸코가 억압가설을 비판했듯, 모든 것이 억압이라면 권력은 작동할 수 없죠. 억압적 국가장치만 있다면 주체란 존재할 수 없습니다. 그저 억압된 존재들만이 있을 따름이겠죠. 그렇다면 이는 인셉션이나 구조-행위자의 정태적 모형이 제시하는 거짓 해법을 다시 취하는 것이 되고 맙니다. 주체의 모순, 역설, 아포리아를 그저 무시해 버리는 거짓 해법이요. 이데올로기적 국가장치들이 필요한 이유는 '자율적' 주체를 생산해야 하기 때문입니다.

그렇다면 역으로 억압적 국가장치는 왜 필요할까요? 물론 자율적 주체를 '타율적으로' 생산해야 하기 때문이죠. 우리 모두는 남자화장실과 여자화장실에 자신의 성별에 맞게 평소에는 잘 들어갑니다. 남성 주체와 여성 주체로서의 동일성을 따라 충실히, 그리고 어김없이 행동하는 것이죠. 그 누가 강제하지 않더라도 호명을 통해 나의 성적 동일성을 재인지해 적절한 화장실로 들어갑니다. 하지만 그렇지 않은 경우가 분명히 발생합니다. 그럴 때는 억압적 국가장치라는 '곤봉'이 개입해 이 나쁜 주체를 '억압'합니다. 이렇게 사회는 질서를 갖추고 잘 돌아가게 되는 것이죠. 이데올로기적 국가장치들과의 관계 내에서만 존재하고 기능하는 것이기에, 알튀세르가 억압적 국가장치 개념을 통해 제공하는 억압 개념이 억압가설에서와는 다른 억압 개념이란 점 파악할 수 있을 거예요.

여기에서 '잘 돌아간다'는 표현에 주목해 봅시다. 「이데올로기와 이데올로기적 국가장치들」에서는 주체가 '스스로 잘 작동한다'라고 말하는데, 이는 프랑스어 원문으로 '마르셰 비앙marcher bien'입니다. 기계 따위가 잘 작동한다, 체계 따위가 잘 작용한다, 사람 따위가 잘 걸어간다는 의미를 복합적으로 지니고 있죠. 그래서 조금 직역을 하면 '주체가 잘 걸어간다'라고도 옮길 수 있습니다. 알튀세르는 주체의 생산이 호명을 통한 동일성의 부여와 이를 통한 주체의 변형이라고 설명하는데요. 그래서 이데올로기적 호명이란 동일성을 부여하고 이를 통해 주체를 변형하는 사회적 힘입니다.

알튀세르는 억압적 국가장치의 개입 없이도 주체가 스스로 잘 작동한다고 말합니다. 마치 '자동인형'처럼요. 이는 주체들이 자신들이 규범을 위반할 경우 억압적 국가장치가 개입할 것이라는 점을 의식적 차원에서 동시에 비의식적 차원에서 인지하고 있기 때문입니다. 억압적 국가장치가 굳이 개입하지 않더라도, 주체들은 규범 위반의 상황에서 억압적 국가장치가 '정말로' 개입할 것이라는 점을 알고 있기 때문에 규범을 지키는 것입니다. 이는 이 규범을 '진심으로' 믿어서 따르는 것, 즉 이데올로기에 의해 따르는 것과 불가분의 것입니다. 실은 억압적 국가장치의 존재에 대한 인지와 이데올로기적 국가장치들의 작용은 근본적으로 하나란 얘기죠.

다시 한번 강조하자면 만일 이 주체가 스스로 잘 작동하지 않는 경우, 즉 규범을 어기게 되는 경우에도, 이 주체는 비-주체가 아니라 단지 나쁜 주체가 될 뿐입니다. '생물학적 남성'이 여자화장실에 들어간다면 그건 나쁜 주체이고, 반규범적이라는 비난을 넘어 억압적 국가장치인 경찰이 곤봉을 들고 뒤쫓아와 체포하게 되죠.

제가 왜 자꾸 화장실 얘기를 하는지 눈치챈 분도 있을 텐데요. 버틀러가 제기하는 핵심 쟁점이 바로 성적 동일성의 문제이기 때문입니다. 물론 한국에서 일부 '생물학적' 남성들에 의해 저질러지는 젠더 폭력을 심각하게 받아들여야 하지만, 이러한 젠더 폭력 또한 성별 이분법의 견지에서가 아니라 버틀러의 포스트-구조주의를 따라 성별 이분법의 해체의 견지에서 바라보면 어떨까 제안해 보는 것입니다. 트렌스젠더들이 성별 이분법에 의해 겪게 되는 폭력을 감축하고자 '성중립 화장실'을 만들자는 제안이 존재하고, 한국의 젠더 폭력 현실을 강조하며 이에 반대하는 입장도 존재합니다. 여기에서 답을 낼 수 있는 문제는 아니라고 저는 생각하지만, 최소한 포스트-구조주의의 견지에서는 이 문제에 어떻게 접근할 수 있는지는 말하고 싶은 거예요.

동성애자나 트렌스젠더와 같은 이들은 우리 사회의 '소수자'로서 그 존재 자체를 통해 주체성의 한계와 그 너머를 사유할 수 있게 해 주는 주체들입니다. 우리는 억압적 국가장치와 이데올로기적 국가장치들의 공동 작용에 따라 성별 이분법을 수용해 남성 주체와 여성 주체로 살아갑니다. 이것이 이분법적 규범이죠. 그러나 이러한 규범에 포섭되지 않는 '나쁜 주체'들이 존재하는데, 그들이 바로 소수자로서 동성애자와 트랜스젠더입니다. 특히 트랜스젠더의 경우 화장실을 다수자들처럼 자유롭게 이용할 수 없습니다. 어떤 화장실을 선택하더라도 신고당해 억압적 국가장치인 경찰이 곤봉을 들고 쫓아옵니다. 젠더 폭력을 가하는 이들을 경찰이 뒤쫓는 것을 비판하는 게 아니라, 조금 더 근본적인 차원에서 억압적 국가장치와 이데올로기적 국가장치들의 기능에 대해 생각해 보자는 것이죠. 소수자의 실존이 취하는 주체성의 한계를 계기로 해서요.

주체가 되지 않을 선택지는 없습니다. 단지 규범을 어기는 나쁜 주체가 될 수 있을 뿐입니다. 그중 몇몇은 사회의 소수자로서 폭력에 시달리게 됩니다. 포스트-구조주의가 이 소수자에 주목하고 소수자 정치를 세공하는 이유는 측은지심이나 배려 때문이 아닙니다. 그게 아니라 소수자라는 나쁜 주체의 존재 자체가 이 사회의 갈등과 모순을 드러내고 나아가 이 사회를 변화시킬 수 있는, 어떠한 너머를 사유하고 관철할 수 있는 단초를 제공하기 때문입니다. 그래서 동성애자나 트랜스젠더라는 나쁜 주체에 포스트–구조주의의 견지에서 주목할 필요가 있다는 것이죠. 바로 이 지점에서 버틀러의 포스트–구조주의가 알튀세르의 호명 테제를 젠더 문제로까지 확장함으로써 우리에게 어떤 돌파구를 마련해 준다는 것이고요.

마지막으로 데리다에게서 보았던 것과 동일한 '시간성의 꼬임'에 대해 지적하겠습니다. 주체 이전의 주체 이전의 주체…… 그러니까 주체의 기원으로서 개인을 찾고자 하는 무한퇴행의 모순, 역설, 아포리아를 해결하는 알튀세르의 방식은 결국 시간성의 꼬임을, 호명의 비동시대성을 받아들이는 것입니다. 주체를 생산하는 호명의 원초적 순간을 찾는 것은 불가능합니다. '나'의 동일성의 형성 또는 부여의 순간을 찾는 것은 불가능합니다. 우리는 항상–이미 주체이고, '나'는 항상–이미 '나'입니다.

내가 존재하기 이전 시기를 특정하는 건 가능하죠. 가령 1988년에 태어난 저는 1987년에는 존재하지 않았습니다. 알튀세르라는 주체는 1990년에 죽었습니다. 1990년 이후 알튀세르라는 주체는, 부재의 고유한 현전에 대한 데리다적 논의를 괄호 친다면, 존재하지 않습니다. 하지만 과연 나라는 주체가 언제 '탄생'했는지는 알 수 없어요.

더 나아가 내가 언제부터 남자였는지, 남자라는 동일성을 도대체 언제 부여받은 것인지도 알 수 없어요. 자기의식의 기원을 알 수 없는 것과 동일합니다. 내가 언제부터 나를 남자라고 생각했는지는 알 수 없습니다. 단지 성기의 모양이 우리 사회에서 흔히 말하는 '남성 성기'의 모양을 하고 있을 뿐이고요. 내 성기가 남성 성기의 모양이기 때문에 장치가 나에게 남성으로서의 동일성을 부여한 것일 뿐입니다. 호명을 통해 남성 주체로 생산된 것이죠. 하지만 언제부터? 알 수 없습니다. 분명 알 수 있는데 어떤 인식의 한계로 알 수 없다는 게 아니라, 아주 정확히 말하면 그런 원-호명의 순간이 존재조차 하지 않는다는 의미에서 알 수 없다는 것입니다. 우리는 항상-이미 주체니까요. 그래서 저는 항상-이미 남성 주체이고요.

생물적인 것과 생물학적인 것

여기에서 나의 성적 동일성을 변형하는 문제, '트랜지션'의 문제에 대해 버틀러적 포스트-구조주의의 견지에서 생각해 봅시다. 정말 우리는 우리의 '생물학적' 성 정체성을 바꿀 수 없을까요? 또는 윤리적인 차원에서 바꾸어서는 안 될까요? 흔히들 말하듯 내 DNA가 이미 내가 '남자'임을 말해 주고 있으니까요. 이 문제를 다루기 위해서는 알튀세르적 호명의 논리가 돌발의 문제설정을 취하며 이는 푸코의 계보학적 문제설정과 동일하다는 점을, 그리고 이에 대립되는 문제설정이 발생학적 목적론에 따른 탄생의 문제설정이라는 점을 다시금 강조해야 합니다. 이미 말했듯 발생학적 목적론은 발생을 설명하기 위해 무한퇴행 계단을 내려가며 끊임없이 기원을 찾아 나섭니다.

그러니까 사회적 힘으로서 호명이 우리가 조그마한 생물체로서의 아기 때부터 또는 그 전인 배아 때부터 가지게 되는 '남성 성기' 또는 '여성 성기'에 따라 남성 주체와 여성 주체를 배치, 배분, 할당, 지정하는 것이지, 거기에 어떤 '생물학적' 필연성이나 윤리적 당위성 같은 건 없다는 말입니다. 이는 말 그대로 '사회적 힘'에 의한 것, 즉 억압적 국가장치와 이데올로기적 국가장치들의 공동 작용에 의해 행사되는 '권력'에 의한 것입니다. 다르게 말해 이러한 힘 또는 권력에 의해, 즉 강제에 의해 또는 타율적인 방식으로 우리는 남성 주체 또는 여성 주체로 '생산'될 뿐입니다. 물론 계속 강조했듯 자유로운 주체, 자율적 주체로서 말입니다.

　이러한 자유를 발휘해 우리가 우리의 성적 정체성을 바꾸지 못할 이유는 전혀 없습니다. 심지어 의학의 발달로 '생물학적' 차원에서 우리 신체를 변형하는 것이 가능해지기까지 했다면 말입니다. 의학이 오늘날처럼 발달하지 않았더라도 마찬가지고요. 그렇기 때문에 버틀러의 지적대로 섹스와 젠더라는 이분법은 사회적 힘에 의해 강제되는 규범에 불과하고 우리는 이러한 규범에 따른 젠더 수행을 통해 '생물학적' 섹스를 생산하고 재생산하고 있을 뿐입니다. 사회적 힘이 그 재생산 속에서 끊임없이 작용하고 있기에 이는 '불가능'한 것이지만, 만일 우리 모두가 규범에 따른 젠더 수행을 멈춘다면, 또는 다른 방식으로 젠더 수행을 한다면, 이 '생물학적' 섹스란 것도 사라지고 맙니다. 그저 성기의 모양이 다른 두 집단의 인간 생물체가 존재할 따름이겠죠. 물론 훨씬 더 적은 수이지만 그 사이의 인간 생물체도 있을 것이고요.

　섹스와 젠더는 젠더 수행에 의해 구성됩니다. 이는 단순히 오늘과 다른 방식으로 내일 젠더 수행을 한다면 섹스와 젠더가 바뀔 거란 얘기가 아닙니다. 나 홀로 그런 젠더 수행을 한다고, 게다가 지금까지의 나의 실천을 포함한 역사적 실천들 전체가 형성한 바를 상속받았기에 지금 내가 다르게 실천한다고, 내가 그리고 더 나아가 세계가 바뀌는 것은 아니죠. 버틀러는 그런 단순한 얘기를 하는 게 아니에요. 다만 그런 변별적인 젠더 수행이 변화의, 즉 젠더 정치의 출발점일 수 있다는 점을 말하고 싶은 겁니다. 우리의 섹스와 젠더에는 어떠한 '생물학적' 필연성과 윤리적 당위성도 없으니까요.

　사회적 힘은 나 홀로 젠더 수행을 다르게 한다고 약해지지 않습니다. 하지만 이는 이 사회적 힘, 즉 규범에 저항할 수 있는 시작점이 될 수 있고 더 많은 타자들이 이 규범을 넘어서고자 한다면, 언젠가는 이를 넘어설 수 있겠죠. 그래서 후기 버틀러가 신체를 가진 타자들과의 '연대'를 강조하는 것이고요.³¹ 지금 다르게 실천한다면, 지금부터는 다른 역사가 쓰이기 시작하는 겁니다.

바로 이러한 맥락에서 저는, 지금까지 따옴표를 활용해 '생물학적'이라는 표현을 사용하는 것에 그쳤지만, 실은 따옴표를 치는 것을 넘어 '생물적'과 '생물학적'을 구분해야 한다고 생각합니다. 생물학이라는 담론은 조그마한 생물체로서의 아기, 그리고 그 아기가 시간이 지나 자란 오늘날 지금 여기 우리가 가지고 있는 생물적 신체에 대한 진리적 표상이 아닙니다. 이는 생물학의 과학성을 부정하는 것이 아닙니다. 푸코의 담론 개념이 제시하듯, 생물학 또한 하나의 담론일 뿐이지 말과 사물이 일치하는 진리는 아니라는 점을 강조하는 것입니다.

생물학은 우리 시대가 생산한 설득력 있는 지식이지만 그 자체 진리는 아닙니다. 진리가 되어 가는 중이라고 말할 수는 있겠지만, 그 자체 절대적 진리일 수는 없고 총체적 진리에 도달할 수도 없을 거라 생각합니다. 다섯 번째 강의에서 언급되는 '진리의 역사'라는 표현을 가져오자면, 생물학은 역사 내에서 진리를 향해 변증법적으로 운동하고 있을 뿐이죠. 게다가 그 이면에는 역시 다른 모든 담론과 마찬가지로 의지와 욕망이 놓여 있는 것이고요. 이것이 푸코의 회의주의죠. 하지만 회의주의는 끊임없는 의심을 말하는 것이지, 그 자체 무엇인가를 부정하는 것은 전혀 아닙니다. 생물학 담론이 '가짜'라는 게 아니라 그 또한 생물학자라는 주체에 의해 생산된 담론이고, 그래서 만일 우리가 단지 논의 전개를 위해 가설적으로라도 '생물적인 것'이라는 '실재 그 자체'를 말할 수 있다면, 이는 생물학 담론과 일치하지는 않을 거란 얘기입니다.

제가 버틀러를 따라 계속 무엇을 말하고자 하는 건지 알겠죠? 이게 버틀러가 자신의 선배들인 알튀세르, 푸코, 데리다 등의 유산을 상속받아 발전시키는 자신만의 포스트-구조주의적 사유입니다. 쉽게 말해 버틀러는 프랑스의 포스트-구조주의적 사유를 젠더 이론에 창조적으로 적용 또는 확장한 것이죠. 층위를 두 가지로 나누어야 합니다. 한편으로는 논의 전개를 위한 가설적인 표현에 불과하지만 '생물적' 신체라는 게 있습니다. 또는 '생물적' 실재라고 해도 좋습니다. 부모님은 우리를 낳으셨고, 부모님의 부모님은 부모님을 낳으셨고 등등······. 이게 생물적 실재로서의 인류사겠죠. 다른 한편으로는 주체의 역사, 동일성 또는 정체성의 역사, '나'의 역사, 자기의식의 역사가 있습니다. 독일 관념론자들에게는 '정신'의 역사겠죠. 이는 '생물적' 신체, '생물적' 실재와 동일하지 않습니다. 이 둘 사이에 관계가 없지는 않지만 이 둘은 일종의 '비-관계로서의 관계'를 맺고 있습니다. 왜냐하면 주체의 생산은 역사 내에서의 이러한 생물적 실재 즉 물질적인 조그마한 생물체로서의 아기와 물질적인 사회적 심급들 간 우연한 마주침과 결합에 의해 돌발하는 것이니까요. 이 두 층위 사이에는 비-관계로서의 관계가 존재합니다. 버틀러는 바로 이 점을 파고들어 섹스와 젠더의 이분법을 해체하려 합니다. 포스트-구조주의의 핵심 개념들, 즉 호명, 권력, 담론 등의 힘을 빌려서요.

우리가 이러저러한 성기의 모양을 가지게 되는 것, 다시 말해 이러저러한 '생물적' 신체를 가지게 되는 것은 필연적이지 않고 우연한 것이며 그 뒤에는 아무런 의미도, 기원과 목적도 없습니다. 데리다라면 텍스트로서의 신체 바깥은 없다고, 그 DNA 이면의 의미와 기원과 목적 따위는 없다고 말했을지도 모릅니다. 심지어 오늘날 의학의 발달로 이를 변형할 수 있다면 말 다했죠. 신체란, 성별이란, 개인의 선택에 따라 원한다면 언제든 변형할 수 있는 것입니다. 이러한 생물적 신체에 따라, 즉 성기의 모양에 따라 내가 남성 주체가, 당신이 여성 주체가 된 것에는 아무런 필연성도, 의미도, 기원과 목적도 없습니다. 그저 동시대 우리 사회가 이 성기의 모양에 따라 성적 동일성을 배치, 배분, 할당, 지정하는 것입니다. 아무런 근거도, 이유도, 필연성도, 의미도, 기원과 목적도 없어요. 그냥 그렇게 '돌발'했을 뿐입니다.

버틀러가 지적하듯 끊임없는 젠더 수행 없이는, 그러니까 섹스의 생산과 재생산 없이는 섹스와 젠더 간 이분법도, 섹스와 젠더 그 자체도, 존재조차 할 수 없습니다. 이는 푸코적 계보학의 윤리-정치적 결론이기도 한데, 말하자면 바꿀 수 있고 바꿔도 아무 상관없는 것입니다. 그것이 주체에 대한 폭력을 감축시키는 방향이라면요. 우리의 성적 동일성을 바꿀 수 없게 만드는 그 무엇도 존재하지 않습니다. 우리의 성적 동일성은 '이렇지 않을 수도 있었'습니다. 이를 보여 주는 게 계보학이고, 이 계보학을 수행하기 위해 푸코는 역사를 탐구했던 것이죠. 우리의 성적 동일성이 이렇게 성기의 모양에 따라 규정되지 않았던 때도 많습니다. 아니, 조금 더 정확히 말하면 우리의 성적 동일성 자체가 역사마다 전혀 다른 의미를 취해 왔습니다. 그러니 생물적 신체의 변형을 동반하든 안 하든 성적 동일성은 바꿔도 됩니다. 우리 사회가 강제 부여한 주체성은 주체의 자유를 발휘해 얼마든지 변형 가능합니다. 규범권력과 싸워 나가면서 말이죠.

인셉션의 논리와 달리 호명의 논리가 취하는 것은 돌발의 문제설정, 계보학의 문제설정입니다. 이러한 문제설정은 왜 개인에서 주체로 이행하는가, 이러한 이행 이전과 이후를 관통하는 동일한 본질은 무엇인가 등의 질문을 아예 기각해 버립니다. 이는 주체 이전의 주체를 찾는 노력을 거부하는 것인데요. 그러나 몇몇 논자들은 이러한 급진적 사유를 도무지 받아들일 수 없기에 주체 이전의 주체는 존재한다고 주장하면서 알튀세르가 「이데올로기와 이데올로기적 국가장치들」에서 인용하는 파스칼의 말, "무릎을 꿇어라. 기도의 말을 읊조려라. 그러면 믿게 될 것이다"를 비판적으로 언급합니다. 주체 이전의 주체의 문제를 믿음 이전의 믿음의 문제로 치환하면서요. 신을 믿기 위해서는 그 전에 이미 신을 믿고 있어야 하는데, 알튀세르는 이 문제를 무시한다는 거예요. 하지만 사태는 동일하죠. 믿음 이전의 믿음을 찾으려 해 봤자 소용없습니다. 역시 무한퇴행의 계단으로 걸어 들어가는 것에 불과합니다. 믿음 이전의 믿음 이전의 믿음 이전의 믿음…… 을 찾는 게 아니라, 무릎을 꿇고 기도의 말을 읊조렸더니 믿게 되었다는 점에 주목해야 합니다.

그럼 도대체 이 '신자'로 하여금 무릎을 꿇게 만드는 것은 무엇일까요? 바로 장치의 작용이죠. 한편으로는 억압적 국가장치, 다른 한편으로는 이데올로기적 국가장치들. 그러니까 알튀세르는 믿음의 문제, 더 나아가 주체의 문제를 철두철미 유물론적인 방식으로 사고하려는 거예요. 주체의 믿음의 문제가 아니라 생물적 신체와 사회적 심급들이라는 물질성들 간 우연한 마주침과 결합의 문제로요. 지극히 유물론적인 사유 방식입니다. 알튀세르는 관념이 아니라 물질성이 문제라고 강조합니다. 그래서 '왜'라는 질문, '원인'이라는 질문, '기원'이라는 질문, '목적'이라는 질문은 완전히 제거됩니다.

이것이 '역사 내에서의 물질성들 간 우연한 마주침과 결합'이라는 알튀세르의 '유물론적' 문제설정인데, 버틀러는 그 파괴적 또는 해체적 힘을 끝까지 밀고 나가지 못하고 수사학적 차원에서의 어떠한 원인을 찾고자 합니다. 주체가 '왜' 돌아서는지 도저히 질문하지 않고는 못 배긴 거예요. 들뢰즈도 마찬가지입니다. 그 또한 생기론의 관점에서 어떠한 최종심급으로서 생명의 힘과 욕망을 설정하려 시도하죠. 푸코와는 달리요. 하지만 알튀세르는 마르크스주의에 대한 해체 작업을 극한으로까지 밀어붙이면서 단일한 최종심급이라는 관념을, 조금 더 강하게 해석하면 최종심급이라는 관념 자체를 해체합니다. 그것이 마르크스주의의 금과옥조인 경제라는 최종심급이라 해도 말이죠.

지금까지 저는 '성기의 모양'이라고 말했습니다. 조금 더 구체적으로는

'생식성'이라고 해야겠죠. 버틀러는 남성 성기를 가진 존재와 여성 성기를 가진 존재가 성관계를 맺어야 또는 의학기술의 매개를 거쳐야 생식이 가능하고 인간이 재생산된다는 점을 전혀 부정하지 않습니다. 버틀러의 포스트-구조주의를 범박한, 그리고 극단적인 사회구성주의로 이해해선 안 됩니다. 포스트-구조주의자들이 강조하는 바는 단지 담론 바깥의 실재란 없다는 것뿐입니다. 생물학이라는 담론을 통해 끊임없이 이 '생물적 진리'를 탐구해 나갈 수는 있겠지만요. 문제는 이 생식성이 역사의 계기마다 다른 의미를 취한다는 것, 또는 조금 더 정확히 말하면 다른 내용을 가진다는 것이죠. 이를 넘어설 수 있는, 그러니까 담론을, 더 정확히는 '역사'를 넘어설 수 있는 생물학이, 생물적 진리에 도달한 생물학이 과연 획득 가능할까요?

계보학을 설명하며 말했듯, 요소들의 내용은 관계 또는 형태에 의해 규정되는 것이지, 요소들의 본성 그 자체란 존재하지 않습니다. 생식성 또한 마찬가지예요. 생식성의 본질 같은 것은 없어요. 그저 역사의 계기마다 서로 다른 내용을 가지는 생식성이 존재할 뿐이죠. 푸코가 생명권력 개념을 세공하며 주장하듯 바로 자본주의적 생산양식과 그에 기반한 근대 사회구성체에서 생식성 개념이 새로운 의미를 획득하며 그토록 강조되는 것입니다. 왜냐하면 자본주의에서는 노동력을 재생산하는 것이 체계의 재생산을 위해 사활적인 쟁점이 되기 때문이죠. 그 이전의 역사적 시기와는 다른 체계가 형성되었고, 이 체계에서 노동력의 재생산은 사활적인 것이 됩니다. 그러니까 노동력을 재생산하는 목적에서의 생식성이 중요해지고 그 바깥의 섹슈얼리티는 비정상으로 간주되는 것입니다.

자본주의적 생산양식과 그에 기반한 근대 사회구성체 내에서는 규범권력을 통해 '정상적' 섹슈얼리티를 지닌 주체를 생산하고 그 바깥의 섹슈얼리티를 지닌 주체를 나쁜 주체로 만들어 규범의 폭력을 가하는 것이 억압적 국가장치와 이데올로기적 국가장치들의 공동 작용의 핵심이 될 수밖에 없죠. 그래야 이 체계가 재생산되니까요. 과거의 생식성과 오늘날의 생식성의 의미가 다를 수밖에 없는 거예요. 푸코적 계보학의 윤리-정치적 목표는 이러한 생식성 개념이 우연적이라는 점을 역사학적 견지에서 보여 줌으로써 이것이 전혀 필연적이지 않다는 점을, 그러니까 비정상적 주체에 대한 폭력을 감축하는 방향으로 다르게 사유하고 실천할 수 있다는 점을 주장하는 것입니다. 데리다가 강조했듯, 이 역사에는 그 어떠한 필연도 목적도 없습니다.

생물적 신체라 해도 다를 게 없습니다. 역사 내에서 생물적 신체는, 우리의 생식성은 끊임없이 변화해 왔습니다. 첫 번째 강의에서 데리다를 따라 'DNA라는 기호'에 대해 말했듯 우리의 생물적 신체도, 우리의 생식성도 역사가 써 내려간 기호에 불과합니다. 역사의 흐름에 따라 생성변화하는 기호요. 이 점을 점점 더 명확히 밝혀내고 있다는 점에서 동시대 생물학 담론은 '생물적 진리'에 다가가고 있다고 저는 생각합니다. 그래서 우리는, 최원 선생님이 강조하듯, 버틀러의 주장과 달리 수사학적 차원의 주체를 가정할 필요 없이 결연히 알튀세르의 반목적론적 호명의 논리를 전적으로 따라야 합니다. 바로 버틀러 자신의 기여를 배반하지 않기 위해서 말입니다. 우리의 성적 동일성도, 우리의 생물적 신체도 모두 역사 내에서 생성변화하는 우연적 기호에 불과합니다.

담론주의 그리고 버틀러의 포스트-구조주의에 대한 반복과 정리

왜 제가 남성과 여성이라는 이분법에 이토록 천착하는 것일까요? 물론 버틀러가 포스트-구조주의에 행한 핵심적 기여가 포스트-구조주의의 사유를 젠더와 섹슈얼리티 이론에 적용하고 확장한 것이기 때문이죠. 하지만 두 번째 이유가 있는데, 이는 남성과 여성이라는 이분법이 오늘날 지금 여기의 우리에게 그토록 '자명한 진리'이기 때문입니다. '자명'하다는 건 '명백'한 걸 넘어 정말 '그 자체로 스스로가 명백'하단 얘기죠. 그런데 과연 그럴까요? 포스트-구조주의는 담론 바깥의 진리라는 관념을 거부합니다. 담론 바깥의 실재로서 자명한 진리 같은 건 없다는 얘기죠. 그래서 오히려 우리 모두가 너무나 자명한 진리라고 오인하는 이 남성과 여성이라는 이분법이, 자명해 보이는 진리들을 포스트-구조주의적으로 해체하기 위한 가장 좋은 '아르키메데스의 점Punctum Archimedis'이 되는 겁니다. 오늘날 지금 여기의 우리에게 가장 자명한 진리로서의 남성과 여성이라는 이분법과 성적 동일성의 문제를 중심으로 앞서의 논의를 반복하고 정리해 봅시다.

우선 규범권력이 이분법을 통해 작동하는 쉬운 것들의 권력이라는 점을 기억해야겠죠. 규범이란 정상과 비정상을 나누는 것인데, 우리가 이를 적극적으로 수용하는 이유 중 가장 표면적인 이유는 그것이 쉽기 때문입니다. 조금 더 깊이 들여다보면 권력이 정상과 비정상이라는 이분법을 통해 작동하는 이유는 권력 그 자체가 지배와 피지배라는 이항대립의 산물이기 때문이죠. 앞서 지적했듯 우리를 만드는 사회적 관계들의 앙상블을 만드는 이는 사실 우리라는 역설 말입니다. 이 우리는 지배자이자 피지배자라는 대립적 이항 그 자체예요. 그렇기 때문에 다음과 같은 역설이 이어지게 되는데, 이러한 사회적 관계들의 앙상블은 우리를 만드는 것이란 점에서 우리가 마음대로 바꿀 수 없습니다. 하지만 이와 동시에 이 사회적 관계들의 앙상블은 우리가 만드는 것이란 점에서 그 누구도 아닌 바로 우리가 바꿀 수 있습니다. 역설이죠? 우리가 결국 사회적 관계들의 앙상블이자 구조인 것이고, 바로 이 사회적 관계들의 앙상블이, 다르게 말하면 우리가, 우리를 호명하는 것입니다. '우리가 만들면서도 우리를 만드는 우리'라고 정식화할 수도 있겠죠. 이런 맥락에서 버틀러의 논의에 대한 조롱, 그러니까 남자인 내가 내일 젠더 수행을 다르게 하면 그 순간 여자가 된다는 식의 조롱은 포스트–구조주의의 치열한 사유를 전혀 고려하지 않는 조롱입니다.

이 점을 다르게 표현하면 자유와 예속, 주체화와 예속화, 능동성과 수동성의 이분법이라고 할 수 있는데요. 그래서 발리바르가 포스트–구조주의의 핵심을 주체, 주체화, 예속화, 결국 예속(적 주체)화 개념이라 설명하면서, 이 자유와 예속, 주체화와 예속화, 능동성과 수동성 간 간극에 놓여 있는 것, 아니 차라리 이 간극 그 자체가 바로 '주체'라고 강조하는 것이죠.

영어의 '서브젝트subject', 프랑스어의 '쉬제sujet'에는 '주체'와 '신민'이란 의미가 모두 들어 있어요. 그냥 '주체'라고만 번역하지만 사실은 '주체–신민', '신민–주체'입니다. 영어의 '서브젝티베이션subjectivation', 프랑스어의 '쉬브젝티바시옹subjectivation'도 마찬가지입니다. '주체화'라고만 번역하지만 사실은 '주체화이자 예속화'입니다. 그래서 저는 '예속(적 주체)화', 즉 '예속적 주체 생산'이라 부르는 거고요. 영어에서도 '서브젝티베이션' 대신에 '서브젝션subjection'을, 프랑스어에서도 '쉬브젝티바시옹' 대신에 '아쉬제티스망assujettissement' 또는 '쉬제시옹sujétion'을 쓰기도 한답니다. 특히 '쉬제시옹'의 경우 '복종화'로 번역하기도 합니다. 포스트–구조주의에서 말하는 주체란 바로 저 대립적 이항의 사이 또는 간극의 이름이지, 어떠한 인격 즉 사람이 아닙니다. '나'는 조그마한 생물체로서의 아기로 환원되지 않는다고 말했습니다. 결국 엄밀히 말해 예속적 주체화라는 동역학적 과정이 있을 뿐, 실체적 의미의 주체란 없습니다.

그렇기 때문에 푸코가 강조하듯, 지배와 피지배의 상태를 분명 말할 수 있지만, 지배자가 피지배자를 '억압'하는 게 전혀 아닙니다. 억압가설은 거부되어야 합니다. 앞서 언급한 이항대립을 다시 나열해 볼까요? 거시냐 미시냐, 구조냐 행위자냐, 정치냐 경제냐, 여성이냐 남성이냐, 자연이냐 문화냐, 경제냐 사회문화냐, 상부구조냐 하부구조냐, 국가냐 시민사회냐, 생물(학)적인 것이냐 사회문화적인 것이냐, 섹스냐 젠더냐, 경험이냐 이론이냐. 하지만 핵심은 오히려 지배냐 피지배냐, 권력이냐 저항이냐, 능동성이냐 수동성이냐, 주체화냐 예속화냐, 자유냐 예속이냐입니다. 여기에서 지배자로서의 남성과 피지배자로서의 여성 간 이분법으로까지 나아갈 수 있는 겁니다. 그러니까 이러한 두 항은 분리되어 있는 게 전혀 아니라 '도착적인' 상호-얽힘의 동역학적 과정 속에, 교차 또는 교착어법 속에 놓여 있는 것이죠.

물론 이는 이러한 이항대립이 가상적이라는 것을 의미하는 게 아니라, 이 또한 생산된 것이라는 점을 강조하는 겁니다. 조금 다르게 표현하면 가짜, 허위, 왜곡, 가상이 아니라 상상적이고 허구적이어서 현실적이란 거예요. 현실은 이렇듯 이 두 항이 착종의 과정에 있어 지극히 입체적인데, 다시 말해 정태적이지 않고 동태적, 결국 동역학적인데, 이를 이분법적 규범을 통해 쉽게, 납작하게, 평면적으로 만들어 피지배 상태를 유지하는 것이 규범권력의 작동방식인 거죠. 사람들은, 아니 정확히 말해 예속된 주체들은 일차적으로는 이러한 권력이 쉽다는 점에서 수용하는 것이고요. 그래서 포스트-구조주의의 핵심은 지바 마사야가 지적하듯 현실과 그 차이에 대한 입체적 사고를 통한 규범 비판인 것이고요. 바로 이러한 규범 비판으로부터 출발해 저항을 사유하고 더 나아가서는 실천하는 것이 포스트-구조주의입니다. 포스트-구조주의가 겨냥하는 것은 주체와 권력이라는 개념쌍을 넘어 결국 규범 그 자체인 것이죠.

섹스와 젠더에 관한 버틀러의 논의를 중심으로 이 점을 환언해 볼까요? 앞서 저는 '생물적인 것'과 '생물학적인 것'을 구분해야 한다고 했습니다. 이 생물적인 것이라는 실재에는 온전히 접근하는 것이 불가능하다는 점에서 이 표현이 순전히 지시의 기능만을 지니는 것이라 해도요. 우리는 생물적 연속체에 불과합니다. 이러저러한 생물적 존재에 불과한 거죠. 그런데 포스트-구조주의가 강조하는 것은 이 지점에서 우리가 생물적인 것과 주체적인 것을 혼동해서는 안 된다는 거죠. 이 생물적인 것을 탐구하는 게 바로 생물학인데요. 생물학은 생물학자라는 주체에 의해 생산된 지식으로서 주체적인 것의 편에 있습니다. 그러니까 생물적인 실재에 온전히 접근하는 것이 주체로서의 우리에게 불가능한 겁니다.

주의할 점은 그래서 이 지식이 사회문화적으로, 언어적으로 구성됐다고 지금 주장하고 있는 게 전혀 아니란 겁니다. 사회문화와 언어는 물론 중요합니다. 이러한 지식 생산의 가능조건이자 불가능조건, 즉 '(불)가능조건'이기 때문입니다. 그러나 이는 이 생물학적 지식이 사회문화적으로, 언어적으로 구성되었다고 말하는 것이 아니라, 생물학적 지식이란 이 사회문화적, 언어적 (불)가능조건에서 출발해 진리로 나아가는 변증법적 과정에 있는 것이라고 말하는 것입니다. 그래서 이를 '역사적'이라고 규정할 수 있는 거고요.

포스트-구조주의, 더 넓게는 현대 프랑스철학의 진리관, 특히 프랑스 역사인식론의 진리관에 대한 논의를 전제해야 하기에 더 파고들어 가기는 어렵습니다. 하지만 발리바르가 『개념의 정념들』 1부 「진리의 역사」에서 지적하듯 포스트-구조주의, 더 나아가 현대 프랑스철학의 진리관의 핵심이 '진리의 역사'를 사유하는 것이라는 점만을 지적합시다. 생물학적 지식은 진리로 나아가는 변증법적 과정 중에 있고, 그러니까 그 과정의 역사, '진리의 역사'가 쓰이는 것이겠죠. 이는 진리가 없다, 또는 진리는 사회문화적으로, 언어적으로 구성된다고 말하는 것과는 전혀 다릅니다. 이러한 관점에서는 결국 진리를 향해 나아가는 또는 나아가지 못해 멈춰 버리는 운동, 주체의 진리 생산 운동이 있을 뿐이고, 그렇기 때문에 생물학적 지식은 어떤 의미에서도 생물적인 것 또는 생물적 존재 그 자체에 관한 진리적 표상일 수는 없단 거죠. 이러한 관점에서도 진리를 말할 수는 있겠지만, 그 진리는 독특한 의미의 진리일 수밖에 없고요. 과정으로서의, 생산으로서의, 역사 내에서의 진리. 그래서 말과 사물이 일치하는, 다시 말해 생물학적 지식과 생물적인 것이라는 실재가 일치하는 그러한 생물학적 진리란 없는 겁니다. 역사 내에서 주체에 의해 생산된 과정으로서의 진리만이 있을 뿐입니다. 세 번째 강의에서 알튀세르의 인식론과 관련해 설명하겠지만, 프랑스 역사인식론의 진리관을 요약하는 세 가지 관념이 바로 진리의 불연속성, 진리의 비가역성, 진리의 소멸가능성입니다. 이것이 바로 역사 내에서 진리의 변증법적 운동의 세 가지 양상이고, 이러한 운동은 '무한'합니다.

바로 이 지점에서 버틀러가 추수하는 푸코는 지식이 담론을 매개로 권력과 항상—이미 결합되어 있다는 점에 주목합니다. 푸코에게서 권력 개념은 사실은 '지식—권력' 개념이고, 직관적으로는 바로 이 지식—권력 개념 자체가 담론 개념과 등치될 수 있습니다. 다르게 말하면 담론 개념이 지식과 권력이라는 두 항을 결합시킵니다. 여기에서 발터 벤야민 연구자 고지현 선생님이 『현대 페미니즘의 테제들』에 실은 「주디스 버틀러: 자연은 과연 얼마나 자연적인가」에서 제시한 버틀러 비판을 참조해 볼 필요가 있습니다.[32] 저는 고 선생님의 버틀러 비판이 정곡을 찌르고 있다고 생각하는데요. 오히려 이 비판을 통해 버틀러적 포스트—구조주의의 핵심에 더 정확히 다가갈 수 있다는 점에서 그렇습니다.

고 선생님은 푸코적 포스트—구조주의의 견지에서 버틀러를 비판하고 있는데요. 푸코는 생물학이라는 우리 시대의 '과학적 진리'가 권력과의 결합 속에서 어떻게 역사적으로 운동하고 있는지를 계보학적으로 분석하는 작업을 시도합니다. 물론 푸코가 이러한 작업을 온전히 마무리 지었다고 할 수야 없겠지만 최소한 이러한 방향으로 생물학이라는 과학적 진리의 역사를 쓰고자 한 건 사실이죠. 이를 생물학에 관한 계보학적 담론 분석이라고 부를 수도 있습니다. 푸코는 왜 우리 시대의 담론 공간에서 생물학적 지식이 그토록 견고하게 과학적 진리로 자리매김하는지를 질문했고 이를 계보학적으로 탐구했습니다. 푸코는 다른 포스트—구조주의자들에 비해서도 진리를 담론 공간 내 관계적 지식으로 환원하려는 경향이 강했기에 역사 내에서의 진리의 '운동'이라는 관념은 상대화하고자 했죠.33 하지만 저는 발리바르가 강조하는 포스트—구조주의, 더 나아가 현대 프랑스철학의 공통적 진리관을 여기에서는 푸코에게도 적용할 수 있다고 봅니다.

고 선생님은 바로 이 지점에서 푸코의 입장을 취해 버틀러를 비판합니다. 생물적인 것과 주체적인 것 간 구분을 끊임없이 강조하면서도, 푸코와 달리 버틀러는 이 둘 간의 관계, 그것이 비—관계로서의 관계라 하더라도 그 관계에 관해 탐구하지 않았다는 겁니다. 주의해야 하는데, 생물학적인 것이 아니라 생물적인 것입니다. 생물적인 것과 주체적인 것을 혼동해서는 안 된다는 버틀러의 주장에 우리가 동의한다고 해도, 우리에게 남는 질문은 다음과 같은 것이죠. 왜 오늘날 지금 여기 동시대의 우리에게 생물학적 지식이 그토록 강한 담론적 위력을 발휘하는가?

이를 탐구하기 위해서는 생물학적 지식이 생물적인 것, 다르게 표현하면 생물적 실재 또는 생물적 진리와 맺는 비—관계로서의 관계를 탐구해야 합니다. 여기에는 세 가지 항이 놓여 있는데요. 하나는 생물적인 것이라는 진리 또는 실재, 다른 하나는 스스로가 이 생물적인 것에 대한 '진리적 표상'임을 자처하지만 실은 생물학자라는 주체에 의해 생산된 '생물학적 지식', 마지막으로 생물학자와 생물학이라는 과학의 제도와 실천 즉 권력을 포함하는

'주체적인 것'이 있죠.

푸코는 계보학을 수행하는 역사학자로서 생물학적 지식의 역사를 그 권력과의 관계 속에서, 조금은 단순화해 말해 지식과 권력의 관계로서 담론과 실천의 관계 속에서 탐구함으로써 쓰고자 했습니다. 그 방식은 시종일관 역사학적이었죠. 푸코는 역사를 살펴봄으로써 지식, 권력, 담론, 진리, 주체의 문제로 나아갔던 것인데, 반면 버틀러는 이 삼항 간 관계에 대한 이론적 논의는 데리다, 푸코 같은 포스트-구조주의자들의 사유에 기반해 전개하면서도 구체적인 역사학적 분석을 수행하지는 않죠. 고 선생님은 버틀러가 푸코와 달리 생물학적 지식은 말할 것도 없고 '역사적 섹슈얼리티' 또한 탐구하지 않음으로써 자신이 열어 놓은 탐구의 길을 자신이 닫아 버렸다고 비판합니다.

고 선생님의 버틀러 비판이라는 우회로 덕분에 쟁점을 더 명확히 할 수 있었습니다. 앞서 제가 우리는 생물적 '연속체'라고 했죠. 그러니까 생물'학' 이라는 담론 없이는, 어떠한 지적 '불연속성' 없이는 이 생물적 연속체를 '인식'할 수 없는 겁니다. 최원 선생님이 강조하듯 소쉬르의 구조언어학에서 사물들 즉 실재 자체에 '언어적으로 접근'할 수 있는 것은 기표들의 전체 매트릭스가 작동해서인 것과 동일합니다. 물론 앞서 데리다의 포스트-구조주의와 관련해 살펴보았듯 실은 사물들 또는 실재, 기표, 기의, 이렇게 삼항이 삼각형을 이루며 존재하고 있기 때문에 이러한 설명은 너무 단순화된 것이긴 하죠. 여기에서 말하는 지적 불연속성 또는 불연속적 지식이란 바로 남성과 여성이라는 이분법과 같은 규범적 지식을 포함하는 넓은 의미의 앎입니다. 당연히 이는 생물적인 것이 아니라 주체적인 것에 속하고요.

우리는 이러한 남성과 여성이라는 지적 불연속성 없이도 남성과 여성이라는 성, 즉 섹스라는 실재 그 자체에 접근할 수 있다고 생각하죠. 전혀 그렇지 않아요. 생물학에 기반한 여러 이분법적 지식 없이 남성과 여성이라는 성을 우리가 어떻게 인식할 수 있겠습니까? 생물학이 발달하지 않았던 시기에 우리가 이러한 성에 체계적인 방식으로 접근할 수 있었을까요? 당연히 불가능했죠. 그렇다면 이러한 지적 불연속성은, 다시 말해 이러한 성별 이분법은 우리에게 필요불가결한 것일까요? 물론 그렇습니다. 하지만 앞서 포스트–구조주의는 주체화와 예속화를 동시에 사유한다고 말했죠?

예속화로부터 완전히 벗어난 주체화 같은 건 없는데, 이는 지식의 차원에서도 마찬가지예요. 지식은 주체화와 예속화 모두의 조건인 거죠. 성별 이분법과 같은 규범 없이 우리는 인식할 수 없습니다. 인식 그 자체, 진리 그 자체란 없으니까요. 하지만 역사 내에서의 진리의 운동 속에서, 더 나은 지식을, 더 나은 이분법을, 더 나은 지적 불연속성을, 더 나은 규범을 덜 폭력적인 방향으로 벼려 내는 것은 가능합니다. 실은 동일한 것이지만, 지식의 측면에서든 권력의 측면에서든 더 나은 규범을 만들어 나가는 것, 그것이 포스트–구조주의에서 정치이고 저항이니까요. 지식의 측면에서든 권력의 측면에서든 규범을 제거하는 것이 포스트–구조주의의 목표가 아닙니다. 그건 우리가 담론 내 주체이기 때문에 애초에 불가능합니다. 「비판이란 무엇인가」에서 푸코가 주장하듯 비판과 저항이란 모든 통치로부터 완전히 벗어나는 기술이 아니라 '이런 식으로는 통치받지 않는 기술'입니다.[34]

여기에서 『암컷들』이라는 책을 추천합니다. 생물학 내에서의 남성 주체의 권력에 의해 생물학이라는 담론이 어떠한 편향에 시달리고 있었는지를 발본적으로 비판하는 여성 생물학자의 책입니다. 이런 책을 읽고 나면 드는 생각은, '이제 이러한 비판 이후 생물학은 진리가 되었는가?' 또는 '이러한 비판을 보니 생물학은 진리에 도달할 수 없는 편향된 지식에 불과한 건가?'일 텐데, 둘 다 아니겠죠. 생물학은 이러한 끊임없는 비판을 거치며 진리를 향해 상승하는 지식 또는 담론이겠죠. 그것도 그 이면의 권력과 결합되어 있죠.

사실 진리 그 자체에 도달하는 것은 영원히 불가능할 겁니다. 하지만 그렇다고 해서 상승하지 않는 것은 아니죠. 생물학의 역사가 이 상승의 역사를 보여 주고 있습니다. 하지만 분명 그 상승 운동이 정체하는 시기도 있을 것이고, 이 운동이 완전히 끝나 버리는 미래도 올 수 있습니다. 역사 내에서는 그 어느 것도 목적론적으로 보증되지 않으니까요. 이러한 관점에서 라투르가 강조하는 비판적 과학기술학이 진리의 역사로서 과학의 역사에 기여할 수 있는 거예요. 생물학이 남성 주체의 권력에 의한 편향을 겪고 있는 것을 생물학 담론 안에서와 동시에 밖에서도 비판해야 이런 오류가 교정될 수 있기 때문이죠.

이게 바로 중기 알튀세르에게서 철학의 기능과 역할인데요. 물론 푸코의 회의주의에 대해 강조했듯 이 모든 논의에서 주체로서의 과학자가 진리 그 자체에 관한 기준을 가지고 있지 않음은 말할 것도 없습니다. 그 누구도 무엇이 진리이고 무엇이 진리가 아닌지에 대한 기준을 가지고 있지 못해요. 그렇지만 우리는 진리를 향해 나아가고 있다 '믿고' 있고, 이건 진리이고 이건 진리가 아니라고 '믿고' 있죠. 이러한 회의주의는 진리란 없다고 말하는 것도, 진리가 저 너머에 있다고 말하는 것도 아닙니다. 데리다의 에크리튀르 개념이 떠오르죠? 포스트-구조주의, 더 나아가 현대 프랑스철학은 진리라는 문제를 아주 독특한 방식으로 풀어 나가는데, 당연히 어떤 확고한 답변을 제시하는 건 아니죠. 그 누구도 그럴 수 없으니까요. 『개념의 정념들』 1장 "참 내에 존재하기?: 조르주 캉길렘 철학에서 과학과 진리"에서 발리바르가 설명하는 '지성의 모험'이라는 관념에 주목하세요.

그래서, 생물적인 것과 주체적인 것 간 관계는 어떻게 되는 걸까요? 제 생각에 이는 잠정적으로 '비-관계로서의 관계'로 규정할 수 있다고 생각합니다. 관계를 가지지 않기에 가지게 되는 관계라고 표현할 수 있을 것 같아요.

이렇게 말하는 이유는 결국 진리가 상승 운동을 한다고 할지라도, 첫 번째로 이러한 운동이 역사 내의 운동이라는 점에서 무한하며 종결될 수 없다는 점, 게다가 역사의 우연에 영향받기에 그 운동은 멈출 수 있다는 점, 즉 진리가 망실되는 것도 가능하다는 점, 두 번째로 이러한 운동에서 무엇이 진리이고 진리가 아닌지의 기준을 우리가 취할 수는 없다는 점, 다시 말해 우리는 담론 내에서 지식-권력이 제시하는 '규범'을 가지고 있을 뿐이지 '진리적 기준'을 가지고 있지는 못하다는 점 때문이죠.

그럼에도 우리는 진리를 향해 상승한다고 '믿고' 있는데요. 여기에서 포스트-구조주의자들마다 입장이 조금씩 다르지만 특히 푸코는 회의주의적이었어요. 근대적 이성과 합리성에 기반한 진리 탐구 또한 근대 에피스테메 내에서, 즉 근대적 담론 공간, 지식-권력의 공간 내에서 '진리 놀이'에 의해 생산된 '효과', 그것이 '진리 효과'라고 할지라도 효과에 불과한 것으로 생각했죠. 발리바르가 『개념의 정념들』 1장에서 캉길렘과 관련해 지적하듯, 푸코는 다른 프랑스 역사인식론자들과 달리 진리의 시간보다는 진리의 공간에 더 초점을 맞추기 때문에 그렇습니다. 에크리튀르 개념을 통해 진리의 역사를 사유하는 데리다는 진리의 시간과 공간 모두에 초점을 맞춘다고 볼 수 있을 것 같고요.

그렇기 때문에 생물적인 것과 주체적인 것 간 관계는 불가능한 관계이고 그래서 이에 대한 탐구도 불가능하죠. 그 어떠한 시도도 무의미하다는 의미에서 불가능하다는 게 아니라 확정적 결론을 얻을 수 없다는 의미에서 불가능한 것입니다. 그래서 우리는 주체로서 시시포스와 같이 끊임없이 이러한 진리가 운동하게 만들어야 합니다. 바디우식으로 말하면 '(진리적) 사건에 대한 주체의 충실성'이겠죠.

이러한 과업을 방기하는 한 가지 방식이 바로 이론적 인간주의, 즉 인간 본성에 다시 호소하는 것입니다. 그 정치철학적 판본이 바로 근대적 이성과 합리성에 기반해 정치, 저항, 혁명을 사유하는 것이고요. 이러한 이론적 인간주의는 인간 본성이라는 통념 자체를 기각한 포스트-구조주의의 '(반)문화주의적', '반본질주의적', '반생물학주의적' 성과를 무화시키는데, 제 생각에 오늘날 지금 여기 동시대의 우리의 지적 정세는 이러한 포스트-구조주의의 성과가 무화되는 정세라고 생각합니다. 여러분도 이번 강의를 통해 정말 생물적인 것이, 또는 '생물학적인 것'이 우리의 본질인지, 특히 성적 동일성과 관련해 한번 곰곰이 생각해 보길 바랍니다.

더욱 흥미로운 점은, 오늘날 지금 여기 동시대의 우리가 일반적으로 이 생물적인 것의 '본질'을 '생식성'이라고 여긴다는 점입니다. 앞서 논의했던 바를 받아들이는 사람조차도 어쨌든 생물적인 것에는 본질이 존재하고 그 본질은 생식성, 즉 아이를 낳아 종을 재생산하는 것이라고 생각한다는 거죠. 그만큼 이는 우리에게 뿌리 깊은 '이데올로기'라고 할 수 있어요.

포스트-구조주의, 특히 버틀러의 관념만 제시해 보겠습니다. 우선 생물적인 것에 본질 따위는 없습니다. 생식성이라는 게 존재하지 않는다는 게 아니라, 이 생식성은 생물적인 것이 취하는 여러 요소 중 하나에 불과하다는 겁니다. 생식성은 분명 존재하죠. 남성, 여성 같은 표현을 피하기 위해 이런 식으로 표현하면요. 앞으로 튀어나온 성기를 가진 생물적 존재가 대략 절반 정도 존재하고, 안으로 말려 있는 성기를 가진 생물적 존재가 대략 절반 정도 존재합니다. 그 사이의 생물적 존재도 적은 수이지만 분명 존재합니다. 그런데 앞으로 튀어나온 성기를 가진 생물적 존재가 안으로 말려 있는 성기를 가진 생물적 존재와 교미를 해야만 생식이 이루어지고 종이 재생산됩니다.

이 모두를 '생식성'이라고 표현한다면, 이러한 생식성은 엄연히 존재합니다. 포스트-구조주의자들은, 그러니까 버틀러는 이것이 가상이라고 말하지 않습니다. 단지 이러한 생식성이 생물적 존재의 본질이 아니라는 거죠. 그리고 남성과 여성, 결국 남성 주체와 여성 주체라는 것은 이러한 생식성과는 아무런 관계도 없다, 혹은 앞서 지적한 대로 비-관계로서의 관계를 맺는다는 것입니다. 단지 오늘날 지금 여기 동시대의 우리가 성기의 모양에 따라서 남성 주체와 여성 주체를 배분, 배치, 할당, 지정했을 뿐입니다. 성기가 앞으로 튀어나온 생물적 존재에게는 남성이라는 이름을, 성기가 안으로 말려 있는 생물적 존재에게는 여성이라는 이름을요. 우리는 그저 생물적 연속체에 불과합니다. 성기의 모양에 따른 생물적 스펙트럼이 존재하는 거죠.

이는 불연속적이지 않고 연속적이에요. 그 안에 '본질적 단절' 같은 건 없습니다. 단지 주체로서의 우리가 인식을 위해 규범권력을 활용해 이 연속체 내에 불연속성을 도입하는 것일 뿐입니다. 그래서 한편으로는 앞으로 튀어나온 성기를 가진 남성이, 다른 한편으로는 안으로 말려 있는 성기를 가진 여성이 배치되는 거죠. 심지어는 이 생물적 존재들이 이렇게 크게 이원화되어 실존하며 서로 다른 존재가 결합해야만 생식이 가능하다는 점조차 역사적인 것입니다. '기호가 된 사물'에 관한 데리다의 논의를 떠올려 보세요. 인간 이외의 다양한 생명들의 다양한 섹슈얼리티를, 태곳적 인간의 지금과는 달랐을 섹슈얼리티를 상상해 보세요. 물론 이를 '인간'이라 부를 수 있을지는 모르겠지만.

결국 여기에서 질문해 보아야 할 지점은 왜 동시대 우리 사회에서는 이러한 규범이 생식성을 중심으로 구축되어 있는지겠죠. 푸코는 계보학적 역사분석을 통해 바로 이 지점을 탐구한 겁니다. 동시대 우리 사회와 같이 이러한 젠더 규범이 생식성을 중심으로 구축되어 있는 건 당연한 게 아니라 우연한 역사적 과정에 의해 이르게 된 결과라는 것을 계보학을 통해 보여 주고, 이로써 '이렇지 않았을 수도 있었'고 그러니까 주체로서의 우리가 변화를 만들어 내는 게 가능하다는 점을 보여 주는 것이죠. 이 모든 것은 본질적인 게 전혀 아니니까요. 푸코가 제시하는 이에 대한 답변은 바로 자본주의의 등장과 이로 인한 국가와 자본의 노동력 재생산 필요입니다. 이를 위해 프롤레타리아의 다양한 섹슈얼리티를 규제해 하나의 섹슈얼리티만을 제외하고 모두 제거해 버리는 것이죠. 이를 실행하는 권력을 푸코는 '생명권력'이라고 개념화합니다. 이 생명권력이 남겨 놓는 단 하나의 섹슈얼리티란 말할 것도 없이 바로 노동력을 재생산할 수 있는 섹슈얼리티, 다시 말해 '생물학적' 이성애 남성과 '생물학적' 이성애 여성이 결합해 아이를 낳을 수 있게 해 주는 그러한 섹슈얼리티죠. 과거에도 분명 우리 선조들은 결합을 통해 아이를 낳았습니다. 아이를 낳고 낳아 오늘날 지금 여기 동시대의 우리에까지 이르게 되었습니다. 이는 생식성이라 표현될 수 있어요. 하지만 그 생식성의 '의미'는, '가치'는, '맥락'은, '진리'는 시대마다 전혀 달랐던 겁니다.

첫 번째 강의에 등장했던 '성적 진리'라는 표현을 가져오자면요. '성적 진리로서의 섹슈얼리티'가 이러한 생식성과 일치했던 시대도 있었고 일치하지 않았던 시대도 있었던 겁니다. 오늘날 지금 여기 우리의 시대는 성적 진리로서의 섹슈얼리티가 생식성과 일치하는 시대이고 이는 자본주의가 가져온 변화입니다. 하지만 한국의 저출산 상황을 보세요. 섹슈얼리티와 생식성이 일치하는 시대가 본질적 시대가 아니라는 건 이미 증명되고 있습니다. 다시금 섹슈얼리티와 생식성은 불일치하고 있는데, 이는 자본주의가 쇠락하는 것, 또는 자본주의가 더 이상 노동력 재생산에 관심이 없는 것, 마찬가지로 국가가 더 이상 권력의 견지에서 비용이 많이 드는 프롤레타리아의 통제와 관리에 관심이 없는 것과 깊이 연결되어 있습니다.

일단 이 얘기는 괄호를 치자면요. 오늘날 지금 여기 동시대의 우리는 그래서 규범권력에 의해 이성애 섹슈얼리티만이 정상으로 인정되는 사회에 살고 있습니다. 나머지 섹슈얼리티는 비정상으로 낙인찍히는데, 그 핵심에는 생식성이, 그리고 그 이면에는 노동력 재생산이 있는 겁니다. 이를 역사학적 분석을 통해 밝혀내고 새로운 주체성이 발명 가능하다는 점을 보여 주는 게 푸코적 계보학이고 정치학입니다. 정상으로 여겨지는 이성애 섹슈얼리티 이외에 다른 섹슈얼리티는 언제든 발명 가능합니다. 지금까지 존재하지 않았던 섹슈얼리티라도 말 그대로 '발명' 가능합니다. 여기에는 어떠한 윤리적 제한도 없어요. 생식성은 생물적 존재가 지니는 여러 요소 또는 특징 중 하나에 불과합니다. 그것도 지극히 역사적인. 생식성은 섹슈얼리티에 그 어떠한 윤리적 제한도 가하지 않습니다. 생식성과 섹슈얼리티 사이에는 아무런 필연적 관계도 없으니까요. 굳이 관계가 있다면, '비-관계로서의 관계'가 있을 뿐입니다. 이러한 비-관계로서의 관계를, 다르게 말해 그 물질적 제약을 푸코는 계보학적 역사분석을 수행함으로써 탐구했던 것이고, 버틀러는 푸코와 달리 이러한 작업을 아쉽게도 수행하지 못한 한계를 지니고 있는 겁니다.

그래서, 인셉션인가 호명인가?

버틀러의 정식화를 활용하자면, 알튀세르의 호명은 사회적 주체의 담론적 생산 메커니즘을 해명하는 개념이죠. 여기에서 알튀세르의 경우 호명의 언어적 차원을 그다지 강조하지는 않았다고 봐야 하는데, 그래서 알튀세르는 돌발의 문제설정에 의거함으로써, 언어를 이미 장악하고 있는 주체만이 호명이라는 언어적 행위에 응답할 수 있는 것 아니냐는 질문에 그렇게 연연하지 않을 수 있었습니다. 우리가 이번 강의에서 다루지는 않지만, 『라캉 또는 알튀세르』에서 최원 선생님이 강조하듯 이후 알튀세르의 제자인 미셸 페쇠Michel Pêcheux가 언어와 담론 개념을 구분하면서 순수 추상의 차원 내 언어가 아니라 권력과 사회적 실천의 차원 내 언어로서의 담론 개념을 중심으로 알튀세르의 호명에 관한 사유를 더욱 발전시키게 됩니다. 발리바르의 경우 이 문제를 더 깊게 파고 들어가지는 않고, 대신 『개념의 정념들』에서 호명 개념, 그리고 예속(적 주체)화 개념을 해명하고자 언어보다는 담론 개념에 의존함으로써 알튀세르와 푸코를 버틀러를 매개로 연결하려 시도하고요. 반면 버틀러는 호명의 언어적 차원을 강조하면서 존재론적 차원에서는 아니라 해도 수사학적 차원에서는 주체 이전의 기원적 자기를 가정해야 한다고 주장합니다. 하지만 최원 선생님의 비판대로 버틀러는 언어와 담론 개념을 구분하지 않는다는 약점을 지니는데, 이러한 문제점은 존재론적 차원과 수사학적 차원을 구분하면서 수사학적 차원 내로 언어와 담론 모두를 유폐시키기 때문에 발생합니다. 그래서 알튀세르의 호명 개념을 버틀러를 따라 사회적 주체의 담론적 생산 메커니즘으로 이해할 때에는 이런 맥락을 전제하면서 신중을 기해야 합니다.

여기에서 쟁점은, 반복하자면, 바로 이러한 언어적 또는 담론적 호명에 응답하는 주체 이전의 개인이란 것이 정말 존재하는 것인지, 존재한다면 그것은 과연 무엇인지이죠. 최원 선생님이 '인셉션주의자'라 부르는 이들, 즉 슬라보예 지젝을 포함한 슬로베니아 학파와 영국의 문학비평가 테리 이글턴Terry Eagleton은 재귀적 계층 구조 모형 = 역설적 구조 모형 = 무한퇴행 구조 모형을 어떤 의미에서는 '수용'하면서, 즉 무한퇴행의 계단으로 걸어 내려가면서, 이러한 모순, 역설, 아포리아로부터 벗어나기 위해서는 프레임의 바깥이 필요하다고 주장합니다. 〈그리는 손〉과 함께 설명했듯 프레임의 바깥으로 나가면 프레임 안의 모순, 역설, 아포리아가 모순, 역설, 아포리아임을 깨달을 수 있기 때문이죠. 그러니까 인셉션주의자들은 프레임 바깥에서 누군가가 특정 관념을 심어야 한다고, 인셉션을 해야 한다고 주장하는 것입니다. 오히려 무한퇴행 계단으로 걸어 내려갔기 때문에 이 계단 바깥을 상정하는 어떠한 거짓 해법을 제출하게 되는 겁니다.

이는 최원 선생님이 비판하듯 이 질문 자체가 구성하는 함정을 피해 가는 듯한 제스처를 취하지만 실은 이러한 함정에 빠지면서 재귀적 계층 구조 모형 = 역설적 구조 모형 = 무한퇴행 구조 모형이 제시하는 인셉션의 무한퇴행 계단으로 걸어 들어가는 것일 뿐이죠. 그래서 제가 이 인셉션주의자들이 이러한 모형을 '수용'한다고 표현한 겁니다. 인셉션주의자들은 주체 이전의 개인을 가정함으로써 이 모순, 역설, 아포리아를 해결하려 합니다. 다르게 말해, 주체 이전의 개인이 가정되지 않는다면 알튀세르의 호명 개념은 성립할 수 없다고, 그래서 알튀세르의 기획은 파산한다고 주장합니다. 주체 이전의 개인 또한 주체이고, 이 주체 또한 자신 이전의 개인을 전제하고, 이 개인 또한 자신 이전의 개인을 전제하니까, 그리고 믿음 이전에는 믿음이, 그 믿음 이전에는 또 다른 믿음이 필요하니까, 이러한 모순, 역설, 아포리아로부터 벗어날 수 없는 알튀세르의 호명 개념은 폐기되어야 한다고 인셉션주의자들은 결국 주장하게 됩니다. 반면 앞서 살펴보았듯 알튀세르는 돌발의 문제설정 위에서 호명 개념을 구축함으로써 무한퇴행 계단으로 걸어 들어가기를 거부합니다. 버틀러는 알튀세르의 이러한 시도를 온전히는 받아들이지 못해 존재론적 차원과 수사학적 차원을 구분하는 절충적 입장을 취하는 것이고요.

이제 논쟁의 구도가 조금은 정리됐을 텐데요. 여전히 인셉션주의자들의 주장에 공감하는 분도 있겠죠. 호명 개념을 받아들인다면 필연적으로 주체 이전의 개인을 가정하지 않을 수 없는데, 그럼 그 개인 이전의 개인 또한 가정하지 않을 수 없고, 그렇다면 결국 재귀적 계층 구조 모형 = 역설적 구조 모형 = 무한퇴행 구조 모형을 수용하지 않을 수 없고, 그래서 호명의 모순, 역설, 아포리아에 빠지지 않을 수 없으니, 호명 개념을 폐기하는 게 옳은 것 아닐까? 왜 굳이 호명 개념을 버틀러처럼 억지스럽게라도 가져가야 하는 걸까?

물론 이러한 모순, 역설, 아포리아를 폐기해 버릴 경우, 다르게 말해 프레임 바깥을 상정해 버릴 경우, 문제가 해결되는 것처럼 보일 수 있습니다. 하지만 사실 이는 근대적 이성과 합리성 등에 호소함으로써 거짓 해법으로 지성적 퇴행을 초래하는 것일 뿐이죠. 이는 사회학 내에서는 구조-행위자라는 정태적 모형이 제시하는 거짓 해법으로 표현되고요, 버틀러에게는 도저히 받아들일 수 없는 생물(학)주의로 표현됩니다.

그게 아니라 알튀세르와 같이, 그리고 알튀세르와는 조금 다른 길이긴 하지만 그래도 버틀러와 같이, 또한 네 번째 강의에서 다룰 푸코와 같이, 이 호명의 문제, 다르게 말하면 주체의 문제와 정면으로 대결해야 합니다. 포스트-구조주의자, 그중에서도 구조로서 현행성의 철학자인 알튀세르, 푸코, 버틀러는 예속(적 주체)화의 문제설정을 통해 이러한 모순, 역설, 아포리아와 각자의 방식으로 정면으로 대결한 이들이고요. 발리바르는 역사적 포스트-구조주의를 결산하는 저서 『개념의 정념들』에서 '담론'이라는 개념으로 그 사유의 역사를 요약하는 것이고, 저는 '담론주의'라는 표현으로 이를 평이하게 그리고 직관적으로 여러분에게 설명하고 있는 것이고요.

호명을 위한 세 가지 이론적 우회

그럼 이제는 왜 인셉션이 아니라 호명의 논리를 채택해야 하는지, 즉 담론주의자가 되어야 하는지를 조금 더 정당화하기 위해 세 가지 이론적 우회

를 제시해 보도록 하겠습니다. 이는 앞서의 논의에 대한 이론적 보충설명 또는 심화이자 알튀세르에 관한 강의로 나아가기 위한 가교 같은 것이라고 보면 됩니다. 특히 생물적인 것과 주체적인 것 간 비-관계로서의 관계, 또는 데리다식으로 말해 사물의 기호-되기와 관련해서요. 알튀세르는 어떻게 구조의 외부를 가정하지 않으면서 주체의 역설이라는 문제를 해결할까요?

첫 번째 이론적 우회는 프로이트-라캉 정신분석학에 대한 알튀세르의 이해와 관련된 것인데요. 알튀세르는 1964년 「프로이트와 라캉」이라는 논문을 출판한 뒤 그 영역본에 붙인 1969년의 '추기'에서 이 논문에서의 무의식 개념에 대한 이해를 자기비판하죠.[35] 알튀세르는 이 추기에서 자신의 애초의 무의식 개념 이해가 '문화주의적'이었다고 자기비판합니다. 무슨 의미일까요? 앞서 제가 한 번 '(반)문화주의'라는 표현을 쓴 적이 있는데요. 이어지는 설명은 이 표현에 대한, 특히 저 '(반)'에 대한 해명이기도 합니다.

여기에서 문화는 간단히 상징계, 상징적 구조 또는 질서, 문화의 법칙을 의미한다고 보면 됩니다. 정신분석학에 대한 더 깊은 논의는 이 자리에서 힘들기 때문에 어쩔 수 없네요. 알튀세르가 자신의 무의식 개념 이해가 문화주의적이었다고 자기비판하는 이유는 앞서 언급한 「프로이트와 라캉」의 관념, 즉 조그마한 생물체로서의 아기가 인간으로 살아남았다는 관념 때문입니다. 돌발의 문제설정을 취하는 알튀세르의 입론에서 조그마한 생물체로서의 아기에서 상징계, 상징적 구조 또는 질서, 문화의 법칙 내 인간으로의 '이행'이라는 건 성립할 수 없죠. 생각해 보면 이러한 이행이 결국 개인에서 주체로서의 이행과 다르지 않다는 점을 파악할 수 있습니다.

그런데 알튀세르는 주체 이전의 개인이라는 관념 자체를 폐기하잖아요. 눈치가 빠른 분은 아까 이미 뭔가 이상하다고 느꼈을 겁니다. 알튀세르가 「프로이트와 라캉」에서 제출한 관념, 즉 조그마한 생물체로서의 아기가 인간으로 살아남았다는 관념을 조그마한 생물체로서의 아기에서 상징계, 상징적 구조 또는 질서, 문화의 법칙 내 인간으로의 '이행'으로 이해할 수는 없습니다. 최원 선생님은 알튀세르가 「프로이트와 라캉」에서 제출한 문화주의적 정식을 수용하면서 이를 '생물 → 문화' 벡터에서 '문화 → 생물' 벡터로의 전도로 정식화하는데요. 하지만 진태원 선생님이 비판적으로 언급하듯 조금 더 정확히 말한다면 알튀세르는 「프로이트와 라캉」에서는 이 '생물 → 문화' 벡터를 '문화 → 생물' 벡터로 전도시키는 것에 그쳤지만, 추기에서 이를 문화주의적 시도로 자기비판하고 돌발의 문제설정에 따라 이 벡터 자체를 해체한 것이죠.[36]

생물(학)주의에 빠져 있는 사람들은 생물이 문화에 작용한다고 주장합니다. 하지만 문화주의에 따르면 오히려 문화가 생물에 작용합니다. 이는 사유의 구조주의적 전도인데, 생물이 아닌 사회문화적 구조가 우선한다고 사유하기 때문입니다. 하지만 알튀세르가 독특한 의미의 구조주의자인 이유는 그 돌발의 문제설정에 있는데, 이에 따르면 이러한 일반적 의미에서의 구조주의적인, 즉 문화주의적인 사유는 생물 이전의 문화라는 이분법적 관념 속에서 여전히 기원에 집착합니다. 단지 그 기원을 생물에서 문화로 바꿨을 뿐이고, 그래서 이는 문화의 법칙 내 인간으로의 이행이라는 기원과 목적의 사유에 다시 스스로를 유폐하고 마는 것이죠. 반면 알튀세르의 돌발의 문제설정은 이러한 기원과 목적의 사유 자체를 파면하기에 생물에서 문화로든 문화에서 생물로든 어떠한 이행의 관념도 폐기합니다. 이를 '반생물(학)주의'와 결합된 알튀세르의 '반문화주의'라 할 수 있습니다.

다시 한번 정리할게요. 알튀세르는 자신의 프로이트-라캉 정신분석학, 특히 무의식 개념에 대한 이해가 문화주의적이었다고 자기비판합니다. 그러니까 '생물 → 문화' 벡터에서 '문화 → 생물'로의 이러한 벡터의 전도는 문화주의에 불과하고 이는 반문화주의적인 라캉의 이론적 혁명을 제대로 표현하지 못한다는 거죠. 여기에서 자세히 다룰 수는 없지만 알튀세르의 정신분석학 이해에 따르면 무의식은 심원하게 반문화주의적입니다. 몇 개월인지 정확히는 알 수 없지만 생후 몇 개월의 아기가 상상계에서 상징계로 진입하게 되면서 무의식을 가지게 된다는 발달론적 관점은 프로이트-라캉 정신분석학의 무의식 개념과 아무런 관계도 없다는 것이죠.

여기에서 〈인셉션〉의 코브와 아리아드네의 꿈을 다시 떠올려 봐도 좋겠습니다. 언제 꿈속 카페에 도착한 것인지 우리는 '꿈에도' 알 수 없죠. 발달론적 무의식 이해는 문화주의적 무의식 이해의 거울쌍으로, 결국에는 우리가 이 강의 내내 비판하고자 하는 본질주의적, 생물(학)주의적 관념으로 굴러떨어지게 됩니다. 몇 개월인지 정확히는 알 수 없지만 생후 몇 개월부터 아기는 문화에 진입하게 되고, 그러면서 무의식을 가지게 되고, '인간'이 된다는 식의 관념으로 말입니다. 이는 결국 생물과 문화, 본질과 비본질의 이분법을 수용한다는 점에서 포스트-구조주의의 기본 관념과, 즉 주체 개념과 충돌을 일으키지 않을 수 없죠. 알튀세르의 호명 개념에서, 더 넓게는 포스트-구조주의의 주체 개념에서, 주체 이전의 개인, 그것이 생물(학)적인 개인이든 뭐든, 그런 개인은 없으니까요.

결국 알튀세르에 따르면 생물(학)주의와 반본질주의 사이에서 갈등했던 프로이트를 확고한 반본질주의자로 재확립한 것이 라캉의 공적인데, 알튀세르는 이를 망각하고 자신이 「프로이트와 라캉」에서 라캉의 사유를 문화주의적인 것으로 서술했다고 자기비판하는 것입니다. 라캉은 프로이트를 '다시 읽음'으로써 무의식을 비발달론, 비단계론적 관점에서 이해했다는 거죠. 그리고 이는 당연히 무의식에 대한 발생학적 목적론을 확고히 추방하는 것과 다르지 않고요. 라캉은 발생학적 목적론에 따른 탄생의 문제설정의 관점에서가 아니라, 반목적론적인 돌발의 문제설정, 비발달론적이고 비단계론적인 계보학의 관점에서 무의식을 이해하게 해 주었다는 것이죠. 그리고 이데올로기와 무의식 간 관계의 문제는 한켠으로 치워 둔다면, 바로 이러한 문제설정 속에서 호명을 이해해야 한다는 것이고요.

호명과 마찬가지로 무의식 또한 뒤틀린 시간 구조로 이해해야 합니다. 내가 남자화장실에 들어가면서 나의 성별 정체성을 재인지하는 순간 호명되는 거라고 했잖아요. 이는 허구의 원−호명에 대한 재인지라고 말했습니다. 실제로 그런 원−호명의 순간은 없죠. 마찬가지입니다. 우리는 생후 몇 개월부터 무의식을 가지게 되는지 알 수 없어요. 아니, 알 수 없는 게 아니라 그런 시작점 같은 건 없다는 얘기예요. 호명과 마찬가지로 내가 무의식을 인지하는, 실은 재인지하는 특정 계기에 우리는 '무의식적'이게 되는 거죠. 이러한 무의식의 비시간적 구조, 뒤틀린 시간 구조를 프랑스의 시제 중 하나인 '전미래futur antérieur'를 가져와 '전미래적'이라 표현할 수도 있고 '사후적'이라 표현할 수도 있습니다. 프로이트 또한 '사후성Nachträglichkeit'이란 개념을 통해 무의식의 시간성을 해명하려 시도했죠.

그렇다면 상상계에서 상징계로의 이행은 어떻게 되는 걸까요? 이 또한 마찬가지인데, 진태원 선생님이 지적하듯 라캉은 그 이행을 발달론적, 단계론적으로 개념화하지 않기 위해 '거울단계'에 관한 논의에서 멈추지 않으며, 알튀세르 또한 이러한 라캉의 이론적 전진에 의거해 '거울단계'가 아니라 '거울관계', '거울구조'를 말합니다.[37] 이데올로기 즉 호명이든 무의식이든 발달론적이고 단계론적인 방식이 아니라 구조적이고 비시간적인 방식으로, 그러니까 뒤틀린 시간 관념에 따라 설명해야 하는 것입니다. 아동은 언제부터 상징계에 진입하는지, 언제부터 무의식을 가지게 되는지의 질문을 아예 기각해 버리는 것입니다.

계속 강조하듯 우리는 스피노자가 비판한 목적론의 노예이기 때문에 이러한 질문을 끊임없이 제기하고 이에 대한 답변을 찾고자 동분서주합니다. 도대체 언제부터 아동은 상상계에서 상징계로 이행해 무의식을 가지게 되는지, 도대체 언제부터 이데올로기의 호명을 통해 개인은 주체가 되는지 묻습니다. 내가 남자가 되었던 순간이, 즉 내 성별이 결정된 순간이 있었을 거라 믿으면서 그 순간을 추적해 나갑니다. 기원은 없다고, 그래서 목적도 없다고 말하면 도무지 받아들이지를 못하는 거죠. 분명 '늑대 인간'의 자식으로서 야생의 아기가 문화의 영역에 진입해 '진짜' 인간이 되는 순간, 무의식을 가지게 되는 순간, 주체가 되는 순간이 있었을 거라고 믿으면서요.

여기에서 알튀세르의 이러한 주장을 서로 다르게 해석할 가능성이 생기는데요. 최원 선생님은 정신분석학에 대한 알튀세르의 이러한 기여를 '생물 → 문화' 벡터를 '문화 → 생물' 벡터로 전도시키는 것이라고 이해하고, 진태원 선생님은 알튀세르가 자신의 문화주의를 자기비판했다는 점을 근거로 알튀세르는 이러한 벡터 자체를 해체하고자 시도했다고 이해합니다. 저는 진 선생님을 따라 이를 알튀세르의 '반문화주의'라 부를 수 있다고 생각하는데요. 알튀세르는 반생물(학)주의, 반본질주의를 주장하지만 그렇다고 사회문화를 특권화하는 사회문화구성주의, 즉 '문화주의'에 빠지지는 않는데, 이는 그가 호명 개념을 통해 이러한 벡터 자체를 해체하기 때문이죠. 그러나 이러한 쟁점은 쟁점으로 놔둘게요. 여기에서 답을 내기 힘든 이유는 알튀세르 자신이 「프로이트와 라캉」의 '추기'에서 자신의 문화주의를 자기비판하면서도 문화주의에 대한 규정을 제시하지도 않고 자신의 이러한 입장을 반문화주의로 규정하지도 않기 때문이죠.

일단 여기서는 「프로이트와 라캉」의 '추기'에 주목하는 진태원 선생님의 해석 방향을 따라가 보자면, 알튀세르는 '반문화주의자'로서 '생물 → 문화' 벡터와 '문화 → 생물' 벡터 자체를 데리다적 의미에서 해체했다고 볼 수 있습니다. 우리의 첫 번째 강의의 맥락에서 다르게 환언해 보자면, 알튀세르는 이데올로기적 호명과 무의식 개념에 대한 자신의 이해를 통해 생물과 문화 간 관계의 문제를 아예 기각하고 이 관계를 비-관계로서의 관계로 이해하며 이 문제 자체를 주체의 문제로, 예속(적 주체)화의 문제로 변형하는 것이죠. 물론 이러한 변형은 바로 탄생의 문제설정에 기반한 발생학적 목적론을 기각하는 돌발의 문제설정을 취함으로써 가능해지는 것이고요.

이는 버틀러의 포스트-구조주의적 기여를 이해하는 방식과도 연결되는데, 버틀러의 포스트-구조주의적 기여를 '생물 → 문화' 벡터를 '문화 → 생물' 벡터로 전도시킨 것으로 이해할지, 아니면 이러한 벡터 자체의 해체로 이해할지의 문제가 그것이죠. 관점과 입장에 따라 해석 방향은 달라지겠지만 첫 번째 강의에서 재구성한 데리다의 포스트-구조주의를 버틀러가 젠더와 섹슈얼리티 이론에 적용하고 확장하는 것이라고 한다면, 기호와 텍스트로서의 실재에 관한 논의 속에서 문화 이전의 생물이란 존재할 수 없다는 점에서, 결국에는 이를 전도한 생물 이전의 문화 또한 존재할 수 없다는 점에서, 버틀러가 이러한 벡터 자체를 해체하려 했다고 해석해 볼 수 있을 것 같아요. 물론 그것이 알튀세르의 호명의 논리와도 일맥상통할 텐데, 하지만 재미있게도 버틀러 또한 알튀세르의 파괴적 논의를 모두 수용할 수는 없어서 호명의 존재론적 차원과 수사학적 차원을 구분할 수밖에 없었죠.

지금까지 설명한 것이 첫 번째 이론적 우회입니다. 그럼 이제 두 번째와 세 번째 이론적 우회를 제시해 볼까요? 나머지 두 이론적 우회는 말하자면 첫 번째 이론적 우회에 기반해 있기 때문에 간단히 설명할 수 있습니다.

두 번째 이론적 우회는 소쉬르의 구조언어학입니다. 이미 우리는 첫 번째 이론적 우회에서 '생물 → 문화' 벡터의 '문화 → 생물' 벡터로의 전도에

관해 꽤나 자세히 다뤘습니다. 지금 제가 말하는 게 소쉬르의 구조언어학을 이해하는 여러 방식 중 하나의 방식일 뿐이라는 점을 전제하면요. 최원 선생님은 『라캉 또는 알튀세르』와 그 보론인 「'정동 이론' 비판」에서 소쉬르의 구조언어학에 주목하는데, 이것은 당연히 앞서 설명한 '생물 → 문화' 벡터의 '문화 → 생물' 벡터로의 전도와 깊이 연결되어 있습니다.

최 선생님의 설명을 따라 소쉬르 구조언어학의 핵심에 다가가 봅시다. 소쉬르 구조언어학의 핵심은 '사물 → 언어' 벡터를 '언어 → 사물' 벡터로 전도하는 것입니다. 그러니까 사람들은 통념적으로, 즉 규범에 따라 생물(학)주의를 자명한 것으로 취하는데요. 그래서 사람들은 이러한 생물(학)주의를 따르면서 생물(학)적 필요가 언어를 만드는 것이라 생각하죠. 사과를 먹고 싶고 이를 표현하기 위해 사과라는 사물에 '사과'라는 이름을 붙였다는 식이죠. 하지만 소쉬르의 사유 혁명은 이렇게 생물(학)주의적 관념이 주장하듯 사물이 언어에 작용하는 것이 아니라 언어가 사물에 작용한다고 주장합니다. 사물이 언어를 초래하는 것이 아니라, 사물은 사물들의 연속체로 흐릿하게 존재해 있고 여기에 언어가 작용함으로써 드디어 이 흐릿한 연속체가 개별 사물로서 분절된다는 것입니다.

더 중요한 것은 여기에서 이러한 언어의 작용은 기표의 전체 매트릭스의 작동이며, 이러한 기표의 전체 매트릭스의 작동이 그 효과로서 기의를 생산한다는 점입니다. 여기에서 기표, 기의, 지시체의 삼각형을 다시 떠올려 보면, 사물들의 연속체로 흐릿하게 존재해 있는 것이 바로 지시체죠. 우리는 기표들의 전체 매트릭스가 작동함으로써만 사물들 자체에 '언어적으로' 접근할 수 있습니다. 이것이 언어가 없으면 사물도 없다, 언어가 사물을 구성한다고 주장하는 것이 아니라는 점을 주의합시다. 소쉬르의 구조언어학은 언어구성주의를 주장하는 것이 아니라, 기표들의 전체 매트릭스가 작동해 그 효과로서 생산한 기의를 경유해 우리가 사물에 접근한다고 주장합니다. 이 사물들의 연속체로 흐릿하게 존재하고 있는 사물을 이러한 효과를 통해 분절함으로써 말이죠.

여기에서도 생물—문화 벡터의 문제와 동일하게 시간성의 꼬임을 강조할 수 있을 텐데, '언어 → 사물' 벡터, 즉 언어가 사물에 작용한다는 관념에서 사물은 어찌 되었건 언어 이전에 이미 홀로 존재하고 있다는 관념은 폐기해야겠죠. 그런데 이미 존재하고 있던 사물에 이후 언어가 작용을 가한다는 통상적 시간성을 전도하는 것을 넘어 언어와 사물 간 이분법 자체를 해체해야 하는 건 아닌지 생각해 볼 수도 있겠죠. 무의식에 대한 이해에서 그러했고 호명에 대한 이해에서 그러했듯이 말이죠. 이 점은 더 자세히 파고들지 말도록 합시다. 소쉬르의 구조언어학 그 자체에 대한 더 깊은 이해와 해석에서의 논쟁이 필요하니까요.

세 번째 이론적 우회가 바로 버틀러의 섹스—젠더 이분법의 해체입니다. 첫 번째 강의에서부터 계속 반복해 설명했던 것이기 때문에 간단히 복습한다고 생각해 주세요. 마찬가지입니다. 버틀러는 자신의 포스트—구조주의적 사유를 통해 '섹스 → 젠더' 벡터를 '젠더 → 섹스' 벡터로 전도시킵니다. 물론 이를 전도로 볼 것이냐 섹스—젠더 벡터 자체의 해체로 볼 것이냐는 해석에서의 쟁점으로 남습니다.

다시 한번 말하지만 제 생각에는 데리다의 기호와 텍스트로서의 실재에 관한 테제, 즉 '텍스트—바깥은 없다'라는 테제이든, 알튀세르의 돌발의 문제설정에 기반한 이데올로기적 호명의 논리이든, 푸코의 계보학이든, 그러니까 결국 사회적 주체의 담론적 생산에 관한 버틀러적 사유이든, 예속(적 주체)화의 역설에 관한 포스트—구조주의적 사유이든, 시간성을 꼬아 버림으로써 이러한 벡터 자체를 해체하는 것으로 이해해야 할 것 같습니다. 첫 번째 강의에서 우리는 이를 데리다의 '사물의 기호-되기'에 유비 가능한 '섹스의 젠더-되기'로 정식화했죠. 데리다의 기호의 반복가능성 논의는 버틀러에게서 젠더 수행성 논의로 이어지고요. 그런데 이 두 번째 강의에서 확인한 점은 이러한 젠더 수행성 논의가 수사학적 차원, 즉 언어적 차원 내에서의 기원적 자기의 자기 자신에 반한 돌아섬, 대문자 법을 향한 돌아섬, 즉 '담론적 돌아섬 또는 전회'에 대한 논의로부터 도출되는 것이라는 점이었죠. 바로 이 지점에 알튀세르의 이데올로기적 호명 개념과 버틀러의 사회적 주체의 담론적 생산으로서의 호명 개념 간 차이가 놓여 있습니다.

알튀세르의 반문화주의적 사유, 데리다의 해체주의적 사유의 견지에서 해석해 보면, 버틀러의 포스트-구조주의의 핵심은 '섹스 → 젠더' 벡터에 대한 전도를 넘어선 비판, 결국 섹스-젠더 이분법의 해체입니다. 생물적인 남성과 여성이 있는 게 아니라 남성이라는 주체, 여성이라는 주체가 있을 뿐입니다. 그런데 이는 역시 라캉이 성구분 도식을 통해서 남성과 여성의 차이를 반생물(학)주의적으로, 구조적으로 설명했던 것을 버틀러가 『젠더 트러블』에서 자기식으로 가져온 것이죠. 생물적인 남성과 여성이 있는 게 아니라 생물적 연속체가 있을 뿐입니다. 그리고 이 생물적 연속체가 지식, 권력, 담론에 의해 남성 주체와 여성 주체라는 불연속적인 것으로 분절되어 생산되고 이로써 인식되는 것입니다. 이 세 가지 이론적 우회가 모두 연결되어 있다는 점을 눈치챘겠죠? 구조주의적 사유, 더 나아가 포스트-구조주의적 사유 전체가 공유하는 어떤 정신이 존재하는 것이고, 이는 바로 반생물(학)주의, 반본질주의, 더 나아가 반문화주의인 것입니다.

우리가 이러한 세 가지 이론적 우회를 수행한 것은 결국 호명 개념을 더욱 정확히 이해하기 위함이었다는 점을 기억합시다. 포스트-구조주의의 반생물(학)주의, 반본질주의, 반문화주의라는 정신을 드러내는 이 세 가지 이론적 우회를 전제하면서, 그리고 역시 앞서 설명했던 담론주의의 이해를 위한 세 가지 도식을 전제하면서, 호명 개념을 정리하고 이번 강의를 마무리하죠.

호명이라는 결론

인셉션이라는 개념은 부질없게도 프레임 바깥을 상정함으로써 주체의 모순, 역설, 아포리아를 해결하려고 한다는 점에서 주체의 무한퇴행 계단으로부터 진정으로 빠져나오지 못합니다. 최원 선생님이 비판하듯 인셉션주의자들은 오히려 이 무한퇴행 계단으로 걸어 들어간다고 볼 수 있죠. 인셉션이라는 것이 특정 관념을 외부에서 내부로 심는 것, 다시 말해 프레임 밖의 인셉션 팀이 내부, 즉 주체의 무의식 속으로 들어가 이 특정 관념을 심는 것이란 점에서, 결국 역설에 대한 거짓 해법입니다.

알튀세르는 인셉션의 논리가 아니라 호명의 논리를 선택하면서 발생학적 목적론에 따른 탄생의 문제설정을 비판합니다. 주체는 항상-이미 주체이기에 우리는 주체가 아니었던 적이 없고 주체가 아니었던 우리가 어떠한지 상상조차 할 수 없습니다. 주체 이전의 개인이라는 기원으로 회귀할 필요도 없고 그럴 수도 없습니다. 우리는 항상-이미 주체니까요. 이는 호명이 '이데올로기적' 호명이라는 점에서, 이데올로기 개념에도 동일하게 적용됩니다. 주체의 바깥이 없듯, 이데올로기의 바깥은 없습니다. 이데올로기의 바깥이 없기에 주체의 바깥도 없다고 표현하는 게 더 정확하겠네요. 주체는 이데올로기가 호명의 메커니즘을 통해 생산하는 것이니까요. 역시 마찬가지로, 앞서 무의식 개념에 관해 살펴보았듯 무의식의 이전 또한 없습니다. 무의식이 '탄생'했던 순간을 아무리 찾으려 해도 우리는 이를 찾을 수 없습니다.

아동이 상상계에서 상징계로 진입하는 그 순간이 과연 생후 몇 개월인지 특정하는 것은 불가능합니다. 마찬가지로 개인이 주체가 되는, 그러니까 문화로 진입하는, 그러니까 생물(학)적 존재에서 사회문화적 존재인 '인간'이 되는 그런 특정 순간 같은 건 없습니다. 왜냐고요? 우리는 항상―이미 주체니까요. 우리가 당연시하는 주체의 기원으로서 개인, 이 개인이 주체가 되었던 순간, 그런 건 다 우리가 허구적으로 꾸며 낸 것에 불과합니다. 이는 당연히 푸코의 담론 개념과도 일맥상통하는데, 그래서 푸코에게서 모든 진리는 담론이라는 장 위에서 벌어지는 진리놀이라는 관계에 의해 생산된 효과에 불과하죠. 간단히 '관계론적 진리관'이라고 할 수 있을 텐데요. 그래서 결론적으로 주체의 바깥, 이데올로기의 바깥, 담론의 바깥은 시간적으로도, 공간적으로도 없습니다. 저는 포스트―구조주의 전체를 가로지르는 이러한 공통 관념을 담론주의라는 어휘로 표현합니다.

이러한 포스트―구조주의의 관점에서 주체로서의 '나'는 '탄생'하는 것이 아니라 '돌발'하는 것입니다. 「프로이트와 라캉」에서 알튀세르가 '인간의 분만으로부터 생겨난 조그마한 생물적 존재인 인간 자식으로서 아기'라 부르는 조그마한 생물체로서의 '나'라는 물질, 생물적 존재일 뿐이기에 '나'라고 실은 부를 수 없는 이 '나'라는 물질이 사회적 심급들과, 특히 억압적 국가장치와 이데올로기적 국가장치들이라는 물질적 실존과 역사 내에서 우연히 마주쳐 결합하게 되면서 주체로서의 '나'가 돌발하게 되는 것이죠. 이것이 탄생의 문제설정을 발본적으로 비판하는 돌발의 문제설정입니다.

이 논의를 버틀러를 따라 조금 더 확장해 보면, 생물적 연속체가 있을 뿐 남성과 여성이란 없습니다. 이 생물적 연속체가 동시대의 사회적 심급들과 역사 내에서 우연히 마주쳐 결합하게 되면서 남성 주체 또는 여성 주체로서의 '나'가 돌발하게 될 뿐이죠. 그러니까 생물적 존재로서의 '나'와 주체로서의 '나' 사이에는 아무런 관계도 없다는 것, 더 정확히는 비-관계로서의 관계가 있을 뿐이라는 것입니다. 성기의 모양 또는 생식성은 그저 동시대의 사회적 심급들이 강제된 선택을 수단으로 성적 정체성을 주체들에게 배치, 배분, 지정, 할당하기 위해 선택한 자의적 기준일 뿐입니다. 물론 시대마다 다른 이러한 기준을 찾는 것이 바로 계보학이라는 푸코적 역사분석 방법론이 하는 일이고요.

탄생의 문제설정은 탄생 이전의 기원으로서 본질 A, B, C 등을 전제합니다. 이를 이번에는 '맹아'라고 표현해 본다면요. 이는 조건이 충족된다면 반드시 발현되는 그러한 씨앗으로서의 본질을 말합니다. 이러한 탄생의 문제설정은 스스로 무한퇴행 계단에 걸어 들어가는 것에 불과합니다. 탄생 이후에 존재하는 본질과 동일한 본질을 탄생 이전에서도 찾아야 하기 때문입니다. 결국 본질 이전의 본질, 본질 이전의 본질 이전의 본질을 찾아 끊임없이 후퇴할 수밖에 없는 거죠. 이러한 관점에서는 '나'라는 주체의 동일성은 '나'를 이루는 본질이기 때문에 '나'의 탄생 이전에도 형태는 다를지 몰라도 존재해야만 합니다. 예를 들어 '나'의 성적 본질이 그런 거죠.

그런 건 없습니다. 그저 이러저러한 모양의 성기를 가진, 출산을 할 수 있거나 없는 유기체로서의 물질 즉 몸이 있을 뿐입니다. 그것도 장구한 진화의 '역사'의 결과물로서요. 이러한 물질로서의 몸에 기원을 허구적으로, 사후적으로, 회고작용적으로, 소급적으로, 목적론적으로, 상상적으로 투사하는 것은 바로 주체로서의 '나'일 뿐이고, 이러한 투사의 순간이 바로 호명의 순간이죠. 남자화장실과 여자화장실 사이에서, "아, 내가 대문자 주체에 의해 남성으로 호명되었구나. 그렇지. 그러니 남자화장실로 들어가야지." 왜 남자는 남자화장실에서 볼일을 봐야 하는가? "그건 원래 그래." 또는 알튀세르가 가톨릭적으로 말하듯, 그것이 이루어지기를 바랍니다, 즉 "아멘."

반면 알튀세르가 제출하는 호명의 논리가 자신의 기반으로 취하는 돌발의 문제설정은 돌발 이전의 기원으로서 본질을 전제하지 않죠. 오히려 역사의 특정 순간에 이러저러하게 존재하는 물질적 요소들과 이 요소들 간 우연한 마주침과 결합, 그리고 그로부터 돌발하는 '새로운 것'에 주목합니다. 이를 위해 돌발의 문제설정은 계보학이라는 역사분석 방법론을 채택하는데, 이 계보학은 각 요소의 역사를, 그리고 그 마주침과 결합의 역사를 분석하는 것이죠. 그래서 '계보'학이죠. 발생학적 목적론처럼 지나간 역사를 어떠한 목적론을 따라 사후적으로 재구성하는 게 전혀 아닙니다. "결국 이런 결론이 나올 수밖에 없었군"이라 말하며 결과를 목적론적으로 정당화하기 위해 역사를 자의적으로 재구성하는 게 아닙니다. 돌발의 문제설정에서 '아멘'이란 없습니다.

여기에서 한 가지 해석상의 쟁점이 있다는 점은 지적하고 넘어가겠습니다. 최원 선생님은 『라캉 또는 알튀세르』에서 억압적 국가장치와 이데올로기적 국가장치들의 공동 작용을 의식하는 순간이 호명의 순간이라고 설명하는데요. 반면 「라깡과 알뛰쎄르: '또는' 알뛰쎄르의 유령들 I」에서 진태원 선생님은 '호명의 원초적 장면'을 암묵적으로 전제하면서 호명의 순간은 '알 수 없다'는 알튀세르의 답변에 주목하죠. 해석의 문제라 정답이 있는 것은 아니지만, 저라면 이 두 해석을 절충해 볼 것 같아요. 호명의 순간이란 주체로서의 '나'가 억압적 국가장치와 이데올로기적 국가장치들의 공동 작용을 의식하는 순간이지만, 그 순간에 주체로서의 '나'는 호명의 원초적 장면을 허구적으로, 사후적으로, 회고작용적으로, 소급적으로, 목적론적으로, 상상적으로 구성하고 이 장면으로 '되'돌아간다고요. 주체로서의 '나'가 대문자 주체에 의해 남자로 또는 여자로 호명되었던 그 원초적 장면을요. 우리는 호명의 원초적 장면이든 호명의 최초 순간이든 '알 수 없'습니다. 그런 게 존재조차 하지 않는다는 점에서 알 수 없단 거예요. 알 수 없는데 어떻게 존재조차 하지 않는지를 알 수 있냐고 정당하게 물을 수 있습니다만, 어떤 경우이든 사태는 전혀 달라지지 않아요. 왜냐하면, 반복하자면, 이데올로기의 바깥은 없고 그 누구도 이데올로기의 바깥으로 나가 본 적이 없기 때문이죠.

우리가 남자 또는 여자라는 것, 우리가 한국인이라는 것, 근본적으로는 내가 '나'라는 것, 이는 너무나도 자명합니다. 이를 '자명성의 논리'라고 부를 수 있습니다. 이 자명성의 논리를 탐구했던 것이 알튀세르의 제자 미셸 페쇠이고요. 곁가지로 하나만 더 지적하자면, 알튀세르의 친우였던 스타니슬라스 브르통Stanislas Breton이라는 신부 겸 철학자가 있습니다. 브르통 신부는 이러한 자명성의 논리를 '동어반복의 폭력'이라고 부르는데요. 그것이 그 자체 폭력이란 얘기죠. 신은 신이다. 법은 법이다. 국가는 국가다. 더 나아가서는…… "나는 나다, 나는 남자다." 이는 "그건 원래 그래"의 논리이죠. '아멘'. 정신분석학적으로 말해 이는 무의식적인 것입니다. 물론 무의식과 이데올로기는 동일한 것이 아니기에 이렇게 설명하는 건 부정확하다는 점을 꼭 기억하세요. 알튀세르는 무의식과 이데올로기 간 관계의 문제를 미해결의 상태로 남겨 두었습니다. 하지만 무의식과 이데올로기를 쉽사리 동일시해서는 안 된다는 것만큼 저도 확실히 말할 수 있습니다.

그럼 우리가 주체가 되기를 거부하는 것은 불가능할까요? 예, 불가능합니다. 바로 이 지점에서 이데올로기적 국가장치들이라는 개념이 항상—이미 억압적 국가장치라는 개념과 결합되어 있는 이유가 설명되죠. 앞서 강제된 선택에 대해서 말했는데요. 억압적 국가장치가 없다면 '강제'된 선택의 논리는 불가능하죠. 억압적 국가장치가 이데올로기적 국가장치들과 함께 작용하기 때문에 '강제'된 '선택'의 논리가 가능한 거죠. 만일 가설적으로라도 우리가 이데올로기적 호명을 거부한다면, 그 순간 억압적 국가장치가 곤봉을 들고 쫓아옵니다. 이데올로기적 호명을 거부하는 것은 원리적으로 불가능하다는 말입니다. 그래서 우리는 '나쁜 주체'일 수는 있어도 '비-주체'일 수는 없다고 말한 겁니다. 알튀세르의 관념 내에서 비-주체는 불가능해요. 이데올로기의 바깥이 없고, 설사 이데올로기의 바깥으로 가설적으로라도 나가 본다 해도, 그곳에는 억압적 국가장치라는 곤봉이 기다리고 있습니다. 그래서 결국 주체의 바깥이란 없는 겁니다. 하지만 이러한 억압적 국가장치의 작용에도 불구하고 우리는 주체가 되겠다고 자유롭게 '선택'했다고 생각합니다. 하지만 이러한 '자유로운 선택'은 우리가 사후적으로 재구성한 허구, 상상에 불과하죠.

버틀러는 인셉션과 호명 사이에서 어떤 입장을 취했나요? 버틀러는 '대문자 법'을 향해 '돌아서'는 '개인' 즉 '자기', 그러니까 자기에 반해 돌아서는 자기를 알튀세르 말대로 존재론적으로는 가정해서는 안 되지만 수사학적으로는 가정해야 한다고 주장합니다. 그리고 여기에서 '돌아섬trope'과 '비유trope'가 동일한 어휘라는 점, 그래서 이를 '수사학적tropological' 차원으로 확장할 수 있다는 점을 적극적으로 활용하죠. 다시 말해 근본적으로 버틀러는 '왜 돌아서는지', 알튀세르식으로 말하자면 '왜 호명에 응답하는지'의 질문을 제기하고 이에 답해야 한다고 생각한다는 겁니다. 이 개인 또는 자기 안의 무엇이 이 개인 또는 자기를 돌아서게 만드는지의 질문을요. 어떤 면에서는 알튀세르가 이런 질문을 제기하지 않도록, 그러니까 수사학적으로라도 버틀러처럼 목적론에 빠지지 않도록 만들어 주는 장치가 바로 억압적 국가장치라는 '곤봉'이라고 볼 수도 있을 것입니다.

최원 선생님이 강조하듯 알튀세르는 확고한 계보학자, '호명주의자'입니다. 이 점이 알튀세르의 사상 전체에 대한, 더 나아가서는 푸코의 사상 전체에 대한 이해에서 사활적이라고 저는 생각하는데요. 최 선생님 또한 알튀세르가 이러한 의미에서 발본적인 '우발성의 유물론자'라는 점에 주목해야 한다고 강조하죠. 알튀세르에게는 물질성 간 우연한 마주침과 결합으로 충분하지, 그 이상의 설명은 필요 없는 것입니다. 오히려 '왜'라는 질문은 목적론적인 것으로, 스스로 무한퇴행의 계단으로 걸어 내려가 버리는 결과를 초래할 뿐입니다.

그러나 버틀러는 이러한 설명의 공백 또는 결여를 참지 못하고 존재론적 차원에서는 아니라 해도 수사학적 차원에서는 왜 돌아서는지의 질문에 대한 답변을 제시해야 한다고 생각합니다. 버틀러는 스피노자철학의 코나투스 개념과 정신분석학의 욕망 개념 등을 결합해 이를 정념적 애착의 문제로 보고, 비존재보다는 존재를 선호하는 인간 아기의 욕망에서 그 답변을 찾죠. 정신분석학에서 강조하듯 아동은 자신의 생존을 위해 엄마라는 대타자에 전적으로 의존할 수밖에 없습니다. 그래서 엄마로부터 버림받아 죽게 될 거란 '겁'을 먹게 되고, 이로부터 '양심'과 '죄의식'이 나오게 되는 거죠. 이 죄의식 때문에 '대문자 법'을 향해 돌아설 수밖에 없게 되는데, 이를 버틀러는 '정념적 애착'이라 개념화합니다. 이러한 수사학적 차원에서 주체가 생산하는 수행적 모순의 역설로부터 버틀러 저항론의 모든 요소들이 도출되는 것입니다. 수행적 모순을 포함해 언표행위의 역설, 패러디, 모방, 재전유, 관습의 재인용, 혐오발언 등 말입니다. 물론 여기에서 버틀러가 강조하는 수사학적 차원이란 결국 데리다에게서는 기호와 텍스트의 차원일 것인데, 그래서 데리다의 반복가능성 논의 또한 동일하게 버틀러의 수사학적 차원에 관한 논의에도 적용됩니다.

이 반복가능성 논의를 주체의 차원에 간단히 적용해 보면요. 『신자유주의와 권력』의 보론 「주체화는 한 번뿐인가?」에서 사토 요시유키는 주체화가, 즉 호명이 단 한 번 이루어지는 것인지 질문합니다.[38] 물론 아니겠죠. 호명 또한 우리가 화장실에 들어갈 때마다 이루어지니까요. 데리다의 반복가능성 논의, 즉 기호는 시공간의 변화에도 불구하고 동일하게 반복가능한 것이지만 동시에 기호의 절취, 이접, 인용, 연쇄, 반복, 재단을 규제하고 관장하고 다스리는 텍스트 바깥의 초월적 심급은 없기에 그것이 놓여 있는 맥락 속에서 기호는 역사의 절대적 우발성에 개방되어 있다는 논의는 알튀세르와 버틀러의 호명에 관한 논의에도 동일하게 적용 가능합니다. 주체화는, 호명은 반복적으로 이루어집니다. 그리고 이로부터, 주체화를, 호명을 역사가 마련해 준 그 다른 맥락 속에서 다르게 반복할 수 있는 가능성이 마련됩니다.

여기에서 '재생산'이라는 쟁점이 제기되는데요. 버틀러가 『윤리적 폭력 비판』에서 강조하듯 권력의 입장에서도 스스로를 재생산하는 것은 위험천만한 일입니다.[39] 주체를 만드는 것은 권력이지만 마찬가지로 권력을 만드는 것 또한 주체이기에 권력이 재생산되기 위해서는 주체가 재생산되어야 합니다. 자신의 생을 살아가는 권력은 자신을 생명으로서 재생산하기 위해 타자를 경유해야 한다는 것이죠. 이 타자가 바로 주체이고요. 권력은 주체를 경유해 자기 자신으로 되돌아와야만 하는 것입니다. 하지만 '자율적 주체의 타율적 생산'이라는 역설로 인해 권력은 '자율적' 주체를 생산해야만 하고, 그래서 권력 자신의 재생산에는 항상 자율적 주체가 필요불가결해집니다. 우리는 앞서 이를 권력의 '연료'라는 관념으로 살펴본 바 있죠. 그럼 이런 자유로운 주체는 변함없이 예속을 받아들일까요? 아니죠. 말 그대로 자유롭고 자율적인 주체이니까요. 거기에는 앞서 강조했던 능동성과 수동성 간 간극이, 자율성과 타율성 간 간극이 존재하고, 그래서 우연한 변화는 역사 속에서 언제든 발생할 수 있거든요. 주체가 외부의 대상이 아니라 내면화한 대상에 예속되기에 자율성을 가진다는 역설을 떠올려 보세요. 이런 이유에서 권력의 입장에서도 스스로를 재생산하는 것은 위험천만한 일인 것입니다. 권력의 재생산은 당연한 일이 아니라 반드시 그렇게 관철되도록 노력해야 하는 일이고, 주체는 타율적이지만 동시에 자율적이기에 항상 다른 방식으로 주체화할 수 있습니다. 권력의 재생산이 불가능해지는 상황, 혁명적 상황 또한 언제든 도래할 수 있다는 것이죠.

이를 호명 개념으로 설명해 보면, 타율적이지만 동시에 자율적이기도 한 주체로서 우리는 항상 다른 방식으로 우리 자신을 호명할 수 있는 거죠. 우리가 꼭 피지배자로서만 호명되는 건 아니란 얘기예요. 다수자로서 남성인 내가 나를 소수자로서 여성으로 호명할 수도 있는 거고, 권위주의가 아니라 민주주의가 우리를 호명할 수도 있는 것이죠. 우리가 나쁜 주체가 되도록 호명하는 게 가능하다는 겁니다. 이를 저항의 주체로의 '대안적 호명'이라고 부를 수 있을까요. 역사 내에서 우리는 정세마다 새롭게 호명되어야 하고 권력은 그렇게 재생산되어야 하는데, 여기에는 반복가능성이 항상 그 역사 속에서 처해 있는 우연성과 개방성이 있습니다. 그래서 다르게 반복할 수 있는 가능성은 역사 속 주체에게 항상—이미 존재하고 있는 것이죠. 바로 이것이 데리다의 반복가능성 논의에 대한 포스트—구조주의적 확장입니다.

버틀러의 논의에 대해서는 다음과 같은 두 가지 비판이 가능합니다. 첫 번째는 고지현 선생님의 비판으로 그 골자는 이미 확인했죠. 버틀러는 생물적인 것과 주체적인 것 간 비—관계를 강조하면서도 이에 대해 적극적으로, 특히 역사학적으로 탐구하지 않죠. 그러니까 왜 오늘날 지금 여기 동시대의 우리에게 생물'학'이라는 담론이 그토록 강력한 힘을 발휘하는지에 대해 답할 수 없습니다. 반면 푸코는 계보학이라는 역사분석 방법론을 통해 생물적인 것과 주체적인 것 간 비—관계를 탐구합니다. 늘 그렇듯 푸코는 이를 탐구하는 방식이 철학적 즉 이론적이기보다는 비—철학적 즉 역사학적이어야 한다고 보고 생물학이라는 과학을 역사적 견지에서 분석함으로써 이러한 탐구를 실제로 수행합니다. 그 결과물이 바로 '섹슈얼리티의 역사' 연작이죠. 반면 버틀러는 이러한 작업을 수행하지 않고 오히려 이론적인 방식을 취하면서 문화와 예술에 대한 비평을 생산하는 방향으로 나가는데, 고 선생님은 그러한 길로 나아감으로써 이 문제를 해결할 수는 없다고 판단하는 거죠. 이런 판단에 저는 동의합니다. 우리는 물론 철두철미 철학적이어야 하는데, 지금보다는 조금 더 '비-철학적'이어야 합니다.

두 번째는 최원 선생님의 비판으로 그 골자 또한 이미 확인했죠. 알튀세르는 우발성의 유물론의 관점에서, 철저한 반목적론의 관점에서 '왜'라는 질문을 발본적으로 기각하기 때문에 존재론적 차원의 주체와 수사학적 차원의 주체를 구분할 필요가 전혀 없습니다. 반면 버틀러는 '왜'라는 질문을 결국에는 기각하지 못하면서 수사학적 차원에서의 목적론에 빠져들게 되는데, 이로써 버틀러는 존재와 언어를 이분법적으로 구분하는 오류에 빠지게 됩니다. 하지만 알튀세르의 이데올로기 개념과 푸코의 담론 개념 모두 언어를 존재론적 차원에서, 더 나아가 사회적 차원에서 사유할 수 있게 해 주는 개념들입니다. 이데올로기, 특히 담론 개념은 사회적 심급들 중 하나로서의 언어를 사유할 수 있게 해 주는 개념인 것이죠. 첫 번째 강의의 맥락에서 다르게 환언하면 '물질 또는 존재로서의 기호'라고도 할 수 있을 것입니다.

담론이라는 개념의 견지에서 언어는 사회적 실천으로서 그 자체 정치적입니다. 버틀러는 호명 개념을 사회적 주체의 '담론적' 생산이라 정식화하면서도 실은 언어와 담론 개념을 구분하지 못하고 있습니다. 사회존재론적 차원이 결여된 그래서 실은 존재하지 않는 순수한 추상적 언어 또는 '언어 그 자체'와 그렇지 않은 언어 즉 사회적 실천으로서의 권력 내 언어를 포함하는 담론, 이 둘을 개념적으로 구분하지 않기에 역으로 버틀러는 존재론적 차원의 주체와 수사학적 차원의 주체를 구분하는 오류에 빠지게 되고 자신의 정치학이 말 그대로 '수사학적 차원'에 고립되는 결과에 이르게 됩니다. 하지만 사회존재론적 차원이 결여된 언어라는 건 존재하지 않고, 그것이 결여되지 않은 권력 내 언어로서 담론만이 실천적으로 존재합니다. 이를 현대 프랑스철학의 기본적인 정신 중 하나로서, 언어적 견지에서 의미론에 대한 화용론의 우위라 말할 수도 있어요. 이러한 개념 구분 위에서 수사학적 차원의 주체와 존재론적 차원의 주체라는 구분을 폐기해야 버틀러의 수사학적 차원의 정치가 그 협소한 차원으로부터 해방될 수 있습니다. 반면 알튀세르는 애초에 주체의 두 차원을 구분하지 않기 때문에 이런 함정에 빠질 일이 없습니다. 간단히 정리하자면 버틀러는 존재와 언어의 이항대립에 빠져 있는데 이를 해체할 수 있는 개념이 바로 푸코의 담론 개념입니다. 버틀러 자신도 『젠더 트러블』에 대한 자기비판의 성격을 지니는 저작 『의미를 체현하는 육체』에서 언어 또한 '물질'이라는 측면을 가지고 있다는 점을 강조하면서 이 개념에 주목하죠.

 마지막으로 푸코의 역사분석 방법론으로서 계보학에 대해 정리하고 두 번째 강의를 마무리하겠습니다. 알튀세르가 『마르크스를 위하여』에서 제시한 설명을 잠시 가져오자면, '내용은 항상-이미 주어져 있'을 뿐입니다. 우리는 역사로부터 상속받은 내용을 항상-이미 가지게 된다는 거죠. 중요한 것은 이 내용이 어떤 본질적 요소가 아니라는 겁니다. 관계가 바뀌면 형태에 의한 결정에 따라 요소의 내용이 변화한다는 거예요. 역사로부터 우리는 내용을 상속받지만, 이 내용은 본질이 아닙니다. 역사로부터 상속받는 본질 따위란 없다고 말할 수 있죠. 그저 시대마다 변화하는 형태가 있고, 이 형태가 역사로부터 상속받은 내용을 결정할 뿐입니다. 이런 결정을 최원 선생님은 「알튀세르의 '최종심급' 개념」에서 '내용 결정'이 아닌 '형식 결정' 또는 '형태 결정'이라고 부르는데요.[40] 내용은 역사로부터 상속되지만, 불변하는 본질로서의 내용이 상속되는 것이 아니라 변화하는 형태에 따라 결정되는 내용이 상속되는 겁니다.

이 형태란 쉽게 말하면 요소들이 배치되어 있는 '꼴'이라고 할 수 있습니다. 부정확한 비유라는 걸 알지만 그래도 다음과 같이 말해 볼게요. 내용을 포함하고 있는 하나하나의 알갱이, 역사 속에서 생성변화하는 알갱이를 요소라고 하면요. 요소들이든 이 요소들이 배치되어 있는 꼴이든 모두 어떤 본질이 아니라는 점에 주의해야 합니다. 특정 순간에, 그러니까 어떤 정세에, 요소들은 이러저러하게 배치되어 이 요소들 간 관계들의 망이 어떤 꼴을 형성합니다. 그 관계망으로서의 꼴에 의해 이 요소의 내용이 결정되고요. 이 관계망으로서의 꼴, 관계들의 앙상블의 형태 그 자체가 바로 '구조'인 것입니다. 특정 순간, 그러니까 어떤 정세 내에서 생산되고 재생산된 구조 말입니다. 조금 다르게 표현하면, 요소의 속은 비어 있고 이 속을 관통하며 상속받은 내용으로 이를 채우고 있는 것은 다름 아닌 이 꼴, 형태, 구조인 것입니다.

물론 이렇게 설명하는 게 부정확한 이유는 바로 이 요소라는 것이 어떤 본질이 아니기 때문입니다. 특정 요소들은 특정 순간, 그러니까 특정 정세에서만 특정 방식으로 존재하는 것입니다. 이 요소들은 이 특정 순간, 그러니까 특정 정세 이전에는 이러한 요소들이 아니었죠. 그때는 다른 형태에 의해 다른 내용이 결정되어 있었을 테니까요. 요소라는 동일한 어휘를 사용하지만 실은 이전의 요소와 이후의 요소는 같은 요소가 아닌 거예요. 하지만 분명 이전 시대의 내용은 다음 시대의 내용으로 상속됩니다. 형태가 다르기에 그 '본성' 자체가 변화했겠지만요. 알갱이나 내용물과 같은 단순한 비유를 활용하기가 어려운 이유를 알겠죠. 여러분은 직관적으로 이러한 설명이 전달하고자 하는 바만 파악하면 됩니다.

그렇다면 계보학이란 무엇인가요? 계보학은 과거로부터 상속받은 이 요소들의 '계보'에 대한 분석, 더 나아가서는 역사 내에서 이 요소들이 특정 계기에 우연히 마주침으로써 돌발하는 새로운 것에 대한 분석입니다. 푸코의 경우 근대에 돌발한 감옥을 분석한 건데요. 그래서 『감시와 처벌』의 부제는 '감옥의 탄생'이라기보단 '감옥의 돌발'이라고 해야 정확할 겁니다. 푸코 자신은 이 표현을 쓰지 않았지만요.

이는 우리가 흔히 접하는 역사에 대한 재구성과는 전혀 다른 것이라는 점을 강조합시다. 이러한 역사적 재구성은 목적론적이죠. 감옥의 탄생이라는 목적을 즉 정답을 정해 놓고 이에 맞게 역사를 이리저리 꿰맞춰 재구성하는 겁니다. 이러한 역사적 재구성에서 활용되는 요소들은 전부 본질적 내용을 지니는 것들일 테고요. 감옥이 탄생한 근대 이전에 중세 사회에서 이러저러하게 존재하던 본질적 요소들 a, b, c, d …… 가 있고, 이것들이 서로 뭉쳐 인과적으로 감옥이 탄생했다는 식의 역사서술을 우리는 매일 접합니다. 그리고 그게 당연한 거라고 생각하고요. 그만큼 우리는 스피노자가 집요하게 비판하듯 목적론이라는 이데올로기를 산소처럼 항상 들이마시고 있습니다.

그러나 계보학은 이러한 발생학적 목적론을 발본적으로 거부합니다. 본질적 요소라는 관념을 거부하고 이를 관계 내 요소와 이 요소들 간 우연한 마주침이라는 관념으로 대체합니다. 역사에 대한 목적론적인 인과적 설명은 불가능하다는 거예요. 발생학적 목적론에서의 요소들의 결합을 '조합combinatoire'이라고 하고, 반목적론적 계보학에서의 요소들의 결합을 '결합combinaison', '공접합conjonction', '마주침rencontre' 등이라고 합니다. 이 세 개념을 우리 논의에서는 구분하지 않는다면요. 전자의 결합은 불변의 구조와 본질적 요소를 전제하는 뭉쳐짐, 현실 역사에서는 이루어진 적 없는 뭉쳐짐일 뿐입니다.

결론적으로 계보학은 '그렇지 않을 수도 있었어'의 사유입니다. 예를 들어 이러한 계보학적 사유의 결과물 중 하나인 젠더 수행성 개념은 오늘 내가 나의 젠더를 다르게 수행하면 섹스가 바뀐다는 사회구성주의를 주장하는 게 전혀 아닙니다. 물론 오늘 내가 나의 젠더를 다르게 수행하는 실천이 저항의 시작점이란 건 말할 것도 없지만요. 오히려 데리다의 기호의 반복가능성 개념을 통해서도 알 수 있듯 오늘 내가 나의 젠더를 다르게 수행해도 내 '섹스'가 여전히 그대로라는 점에 주목해야 하는 거죠. 나의 '섹스'는 이렇지 않을 수도 있었지만 오늘날 지금 여기에서 이러하다는 점, 이에 주목하는 게 젠더 수행성 개념, 더 나아가 계보학의 핵심입니다. 계보학이 하고자 하는 바는 오늘날 지금 여기가 이렇지 않을 수도 있었다, 이는 당연한 게 아니다, 하지만 그럼에도 이러해 있다는 점을 역사분석을 통해 보여 주는 겁니다. 그래서 다른 사회, 다른 실천, 다른 '나'가 가능하다는 점을, 하지만 그것이 정말 힘겹게만 쟁취될 수 있다는 점을 보여 주는 겁니다. 다섯 번째 강의에서 강조하겠지만 오늘날 지금 여기 우리가 놓여 있는 이 현실, 즉 현행성 내에 다른 실천을 수단으로 개입해 변화를 만들어 낸다면 말입니다. 저항은 '거의' 불가능하다는 제 말 기억하죠?

포스트–구조주의적으로 환언하면 계보학의 목표는 규범의 물질성을 사유해 이를 해체하는 것입니다. 다르게, 차이 나게 반복하는 실천이란 지배적 질서에, 물질적 규범에 균열을 내는 것이지, 예를 들어 다른 젠더 실천을 통해 갑자기 다른 정체성을 '장착'하는 것이 아닙니다. 이런 사회구성주의적인 손쉬운 얘기를 버틀러가 포스트–구조주의자로서 하는 게 전혀 아닙니다. 핵심은 현행 규범과 정체성이 어떠한 본질이 전혀 아니라는 것, 그래서 다르게, 차이 나게 반복하는 실천을 통해 다른 방식으로 주체로서 생산되고 재생산될 수 있다는 것이죠. 오늘날 지금 여기 동시대 우리 사회에서처럼 생식성에 따라 젠더가 배치, 배분, 지정, 할당되고 생식이 가능한 섹슈얼리티만이 정상적 섹슈얼리티로 강제되지 않을 수도 있었다는 겁니다. 이는 그저 자본주의의 등장 이후 국가와 자본의 노동력 재생산 필요에 의한 것이었을 뿐 당연한 것이 전혀 아니란 거죠. 당연한 것이 전혀 아니기에 다르게 실천한다면 바뀔 수 있습니다. 물론 현행 규범, 권력, 체제, 구조에 균열을 내 다른 방식으로 이것들이 생산되고 재생산되도록, 그래서 주체가 다른 방식으로 생산되고 재생산되도록 만드는 것은 정말 어려운 일이지만요. 이 어려운 작업을 가능케 하는 그 균열을 다섯 번째 강의에서 우리는 간극, 틈새, 흠집이라고 부르며 주목할 겁니다.

결국 데리다가 자신의 기호론에서 강조하는 그 역사적 맥락이란 것을, 즉 지배적인 현행 권력의 배치를 바꿔야지만 주체도, 즉 주체의 동일성도 바뀔 수 있는데, 이러한 변화를 위한 정치적 실천의 출발점이 바로 푸코적인 계보학적 사유입니다. 정자와 난자가 만나 생겨난 생물적 '무엇인가'는 주체로서의 '나'의 섹스와 젠더, 그리고 섹슈얼리티의 본질이 전혀 아닙니다. 사람들이 말하는 그 '생물학적인 것'은 사실 '생물적인 것'이라는 접근 불가능한 실재이며, 주체적인 것으로서의 남성과 여성의 '본질'이 전혀 아닙니다. 이 생물적인 것이라는 실재 자체가 데리다가 DNA에 관해 지적하듯 위험천만한 과정을 거쳐 반복, 재생산되어야만 하는 것으로서 기호로 생성되는 중인 것에 불과하고요.

우리는 생물적인 것과 문화적인 것 또는 사회적인 것 또는 역사적인 것을 어떠한 목적론에 빠져서 끊임없이 부당하게 대립시키지만, 실은 생물 또한 역사 내에서 반복, 재생산되는 것이란 점에서 생물적인 것은 역사적인 것이기도 하죠. 그 역사가 생물체라는, 더 넓게는 생명이라는 기록물질에 그 재생산을 기회로 반복적으로 기입해 놓은 기호가 바로 DNA인 것이고요. 생물적인 것은 불변하는 것이 아닙니다. 역사적인 것이 그렇듯이요. 그래서 생물적인 것과 주체적인 것 간에는 비-관계로서의 관계가 있다고 앞서 제가 말했을 때, 이러한 독특한 관계는 푸코와 같이 역사학적인 방식으로 접근해야만 해명될 수 있는 것이죠. 물론 이 역사분석은 지극히 계보학적이어야만 하는 것이고요. 푸코의 생각에는 이러한 역사학적 길 말고는 다른 길이 없었던 겁니다. 담론주의를 따라 어항 속 물고기와 같이 담론 내에서만 진리를 찾아나설 수 있는 우리에게는요. 담론의 바깥은, 주체의 바깥은 없으니까. 첫 번째 강의에서 데리다의 포스트-구조주의를 경유해 우리가 해체했던 실재와 기호 간 이항대립이 버틀러에게서 생물적인 것과 주체적인 것 간 이항대립의 해체로 어떻게 나아가는지 이제 알겠죠. 입문자를 위한 이번 강의에서 깊이 파고들 수는 없기에, 이러한 이항대립들의 해체를 위해서는 그 이항들이 맺고 있는 비-관계로서의 관계를 역사학적 차원에서 계보학을 수단으로 돌발의 문제설정 속에서 분석해 해체시켜 버려야 한다는 점만 강조하고, 알튀세르에 관한 세 번째 강의로 넘어가겠습니다.

세 번째 강의

루이 알튀세르의 포스트-구조주의

우리는 두 번째 강의 전반부에서 구조주의와 포스트-구조주의, 그리고 그 핵심으로서 담론주의를, 이에 기반해 후반부에서 버틀러의 포스트-구조주의를 다루었습니다. 버틀러 사상 그 자체에 집중하기보다는 사회적 주체의 담론적 생산의 이론가, 결국 주체와 권력이라는 개념쌍의 이론가, 포스트-구조주의자로서 버틀러를 다룬 것이죠. 버틀러 사상 그 자체를 깊게 다루지 못한 건 아쉽지만, 그 핵심은 충분히 짚었다고 생각합니다.

우리가 데리다의 포스트-구조주의, 즉 기호와 텍스트에 관한 사유로서 포스트-구조주의를 중심적으로 다룬 첫 번째 강의 이후에 알튀세르나 푸코가 아닌 버틀러의 포스트-구조주의를 규범과 규범권력 개념을 매개로 이동함으로써 연속적으로 다룬 이유는, 기호와 텍스트, 그리고 규범에 관한 사유로서 포스트-구조주의가 실재를 해체함으로써 실재에 접근하는 방식의 가장 중요한 예시가 바로 버틀러가 젠더 개념을 매개로 섹스와 섹슈얼리티를 사유하는 방식이기 때문입니다. 이를 집약하는 버틀러의 정식이 바로 사회적 주체의 담론적 생산이고요. 그리고 설명의 순서가 꼬이는 것을 감수하면

세 번째 강의
루이 알튀세르의 포스트-구조주의

서도 우리는 버틀러의 주체론을 설명하기 위해 알튀세르의 호명 개념을 어느 정도 설명할 수밖에 없었습니다.

우리는 바로 이 지점에서 버틀러의 주체론이 알튀세르의 주체론과 이단점을 형성한다는 점, 즉 버틀러의 호명 개념이 알튀세르의 호명 개념과 이론적으로 미세하게 다르다는 점도 확인했죠. 이러한 논의에 이어 이번 강의에서는 알튀세르의 호명 개념을, 더 나아가 알튀세르의 주체와 권력이라는 개념쌍에 관한 사유를 본격적으로 다룰 것입니다. 말할 것도 없이 이것이 바로 알튀세르의 포스트-구조주의의 핵심이죠.

하지만 알튀세르의 주체와 권력이라는 개념쌍에 대한 이론화, 즉 그의 포스트-구조주의를 호명 개념을 중심으로 살펴보기 위해서는 '알튀세르의 철학적 궤도' 전반을 이해해야만 합니다. 불필요하다고 생각할 수도 있겠지만 알튀세르가 어떤 맥락에서 호명 개념을 '발명'한 것인지 알지 못하면 그가 어떤 의미에서 포스트-구조주의자인지, 그가 포스트-구조주의라는 사상에 어떤 기여를 한 것인지, 버틀러와 푸코라는 다른 포스트-구조주의자들과 어떤 관계를 맺고 있는지 파악할 수 없게 됩니다. 너무 긴 우회, 그것도 불필요한 우회라고 생각할 수도 있지만 한번 강의를 따라와 보길 바랄게요. 거듭 말하지만 공부는 우회의 우회의 우회…… 라고 저는 생각합니다. 단번에 날아올라 부여잡을 수 있는 그런 진리란 없으니까요.

이번 강의에서 아리아드네의 실의 역할을 할 텍스트는 바로 과천연구실의 집단저작 『알튀세르의 철학적 유산』입니다.[1] 이 텍스트는 알튀세르의 사유 여정을 상당히 정확히 파악할 수 있게 해 준다는 강점을 지니고 있습니다. 그래서 알튀세르에 관한 강의에서 항상 교재로 활용하는데요. 하지만 이 텍스트에는 제 생각에 한 가지 문제점이 있는데, 바로 알튀세르의 철학을 바라보는 그 관점입니다. 이 텍스트는 알튀세르를 포스트-구조주의자, 또는 마르크스주의와 포스트-구조주의를 결합하려 시도했던 '포스트-마르크스주의자'로 바라보지 않습니다. 대신 알튀세르를 데리다, 들뢰즈, 푸코 등의 포스트-구조주의를 '쇄신된' 마르크스주의를 통해 비판한 사상가로 이해하고 있고, 알튀세르의 이론적 기여는 이를 위해 마르크스주의를 '개조'한 것으로, 하지만 포스트-구조주의의 대척점에서 그렇게 한 것으로 이해하고 있죠. 그러니까 이 텍스트는 당연히 알튀세르를 포스트-구조주의자로 바라보는 저와는 이데올로기나 호명 개념 등을 이해함에서 차이를 보입니다.

이러한 점 때문에 이 책에 대한 독해에는 주의가 요구됩니다. 실은 이러한 쟁점이 오히려 이 텍스트가 우리 논의에서 아리아드네의 실로서의 역할을 더 충실히 수행할 수 있게 해 주기도 하고요. 이 책만으로는 확인하기가 조금 어렵지만, 과천연구실의 다른 여러 책을 읽어 보면 과천연구실이 포스트-구조주의를 포스트모더니즘과 동일시하는 일반적인 포스트-구조주의 이해를 반복하고 있다는 점을 알 수 있습니다.[2] 과천연구실은 이러한 관점에서 알튀세르를 포스트-구조주의의 비판가라고 생각하고 그의 마르크스주의 또한 포스트-마르크스주의가 아니라고 생각합니다. 하지만 과연 그럴까요?

두 번째 강의에서 우리는 발리바르의 제자 사토 요시유키가 『권력과 저항』에서 제출한 포스트-구조주의적 권력이론, 더 정확히는 (포스트-)구조주의적 권력이론의 핵심이 무엇인지 살펴보았습니다. 이는 바로 권력에 의한 주체의 생산이었죠. (포스트-)구조주의는 권력에 의한 주체의 생산을, 더 나아가서는 권력에 의해 생산된 주체의 자신을 생산한 이 권력에 대한 저항을 이론 내적으로 사유합니다. 이 권력이 마슈레식으로 얘기하면 규범권력, 푸코식으로 얘기하면, 그의 경우 시기마다 다르지만, 담론 또는 지식-권력, 알튀세르식으로 얘기하면 이데올로기, 버틀러식으로 얘기하면 젠더규범 또는 더 일반적으로 대문자 법이죠.

이제 우리는 포스트-구조주의자로서 알튀세르에 대해 논의해 볼 건데, 이를 위해 사토 요시유키가 제시하는 이 정식화를 잘 기억해야 합니다. 포스트-구조주의자로서 알튀세르는 이데올로기 개념을 벼려 냄으로써 이데올로기 일반론으로서 이데올로기론을 정초합니다. 물론 이 이데올로기 개념의 핵심은 호명 개념이고요. 그렇다면 우리가 이번 강의에서 해야 할 작업은 알튀세르의 철학적 궤도 속에서 이데올로기 개념과 이데올로기론이 어떤 위치를 차지하고 있는지 확인하는 것입니다. 그래야 통상적으로 마르크스주의자로만 읽히고 있는 알튀세르가 왜 포스트-구조주의자인지 알 수 있습니다. 그렇기 때문에 과천연구실을 따라 알튀세르의 철학적 궤도를 그려 나가면서, 알튀세르가 이 궤도 속에서 벼려 낸 이데올로기 개념과 이데올로기론을 통해, 즉 주체-권력 개념쌍을 통해 어떤 포스트-구조주의를 구축했고, 더 나아가서는 마르크스주의에 어떤 작용을 가했는지 확인해 봐야 합니다.

서방 마르크스주의자이자 현대 프랑스철학자로서

알튀세르가 다른 포스트-구조주의자들에 비해 지니는 특징, 아니 강점이라고 해야 할까요, 그런 게 존재해요. 이 때문에 진태원 선생님이 『인터뷰 한국 인문학 지각변동』에 실은 대담인 「맑스주의의 전화와 현재적 과제」에서 말했던 바에 따라 제가 포스트-구조주의 연구자로서 알튀세르의 포스트-마르크스주의에 주목했던 겁니다.[3]

알튀세르는 두 가지 정체성을 동시에 가지고 있어요. 한편으로 알튀세르는 서방 마르크스주의자인데요. 서방 마르크스주의는 소련 마르크스주의, 중국 마르크스주의 등과는 변별되는 서유럽의 마르크스주의를 지칭하는데, 『역사와 계급의식』의 루카치 죄르지Lukács György에서 출발해 루이 알튀세르에서 종결되는 하나의 역사적 마르크스주의입니다. 알튀세르는 무엇보다 마르크스주의자, 특히 서방 마르크스주의자로서 소련 마르크스주의를 포함한 정통 마르크스주의와는 다른 이단적 마르크스주의의 역사를 이끌어갔던 인물이죠.

물론 이러한 이단성은 말할 것도 없이 알튀세르가 현대 프랑스철학자, 더 정확히는 포스트-구조주의자였기에 가능했습니다. 이게 알튀세르의 두 번째 정체성인데요. 알튀세르는 가스통 바슐라르Gaston Bachelard와 조르주 캉길렘의 후예로서 프랑스 역사인식론의 계보에 속하는 인물이자 그러한 자격으로 현대 프랑스철학자였습니다. 현대 프랑스철학의 무대에서 알튀세르를 생략하는 것은 불가능합니다. 알튀세르는 현대 프랑스철학 내에 마르크스주의를 삽입한 인물, 둘 간의 창조적 결합을 가능케 한 인물이에요. 물론 여기에서 말하는 현대 프랑스철학은 포스트-구조주의죠. 그래서 도식적으로 말해, 알튀세르는 서방 마르크스주의와 포스트-구조주의를 결합해 포스트-마르크스주의를 생산했어요. 우리는 바로 이 결합의 지점을 이데올로기 개념과 이데올로기론으로 설정하고 이번 강의에서 열심히 다룰 거예요.

바로 이런 맥락에서 이번 강의는 알튀세르에 대한 독특한 입문을, '알튀세르를 어떻게 읽을 것인가'라는 질문에 대한 제 나름의 답변을 중심으로 제시할 것입니다. 알튀세르의 철학적 궤도에 대한 소개와 해석, 그에 대한 쟁점을 중심으로 알튀세르를 해제하고, 여기에서 특히 서방 마르크스주의자로서의 알튀세르가 주체와 권력, 즉 주체와 이데올로기라는 개념쌍을 매개로 포스트-구조주의와 맺는 관계를 해명하는 것이죠. 여전히 알튀세르의 철학적 궤도에 대한 해석에서 여러 입장들이 난립하고 있지만, 그의 유고집이 완간되면 아마 어느 정도는 교통정리가 이루어질 겁니다.

제 결론을 당겨 말하면, 알튀세르의 철학적 궤도는 알튀세르가 초기부터 후기까지 일관되게 구조와 정세 사이에서 진동했다는 것으로 표현 가능해요. 이런 입장의 근거에 대해서는 최근 출간된 『『자본』을 읽자』에 책임번역자 진태원 선생님이 실은 해제 「『『자본』을 읽자』를 어떻게 읽을 것인가?」를 참고하면 됩니다.[4] 이 해제는 가장 최근의 해석 경향을 보여 준다고 생각하고, 그것이 현재까지 출간된 모든 문헌들을 고려한 아주 탄탄한 해석이어서 저는 이에 동의하는데요. 우리 강의에서는 이러한 깊은 논의로까지는 가지 않을게요.

과천연구실이 알튀세르의 철학적 궤도에서 강조하는 바는 알튀세르의 지적 기획 전체의 목표가 마르크스주의의 위기 속에서 마르크스주의를 '개조'함으로써 이를 '갱신' 또는 더욱 강하게 말해 '쇄신'하는 것이었다는 점입니다. 여기에서도 확인할 수 있지만 과천연구실은 알튀세르를 포스트-구조주의자보다는 마르크스주의자로 재확립하고자 하는데요. 당연히 틀린 해석이라고 할 수는 없지만 일면적인 해석이라고는 할 수 있고, 특히 포스트-구조주의자인 저의 입장과는 거리가 있죠.

과천연구실에 따르면 알튀세르는 마르크스주의의 쇄신을 위해 마르크스주의의 두 가지 곤란과 두 가지 공백을 해결하고자 합니다. 너무 세부적인 논점이기에 자세히 다루지는 않겠지만, 두 가지 곤란은 마르크스의 역작 『자본』이 대표하는 그의 정치경제학 비판에서의 두 가지 곤란을, 두 가지 공백은 바로 마르크스주의에서 이데올로기론의 두 가지 공백을 의미합니다. 당연히 우리 논의에서 중요한 것은 마르크스주의에서 이데올로기론이 공백의 상태에 있다는 점입니다.

알튀세르가 이데올로기 개념을 갱신해 이데올로기론을 정초하기 전까지 마르크스주의 내에는 제대로 된 이데올로기론이 없었죠. 마르크스조차 『독일 이데올로기』에서 정교하게 구성된 이데올로기 개념과 그에 기반한 체계적인 이데올로기론을 제시하지 못했습니다. 그 당시 그는 이데올로기를 전적으로 의식의 차원에서 사유했거든요. 물론 무의식 개념은 마르크스 사후 프로이트에 의해 생산되니까 시대적 한계가 있었죠. 알튀세르는 (포스트-)구조주의적 관점에서 의식의 바깥을 사유하는데, 그 결과가 바로 이데올로기 개념인 겁니다.

알튀세르는 이 마르크스주의를 위기에 빠뜨리는 그 두 가지 곤란을 해결하고 두 가지 공백을 메움으로써 마르크스주의를 '개조'하고자 했습니다. 이러한 기획을 이어받아 자신의 스승과 함께 이 작업을 수행한 인물이 바로 알튀세르의 제자 발리바르죠. 발리바르는 알튀세르의 마르크스주의 개조 작업을 마르크스주의 '전화' 또는 '변형' 작업으로 심화, 확장했습니다. 요즘은 잘 쓰이지 않지만 이 전화는 변형과 마찬가지로 '트랜스포메이션 transformation'을 번역한 것입니다. 이러한 작업이 진행됨에 따라 발리바르는 마르크스주의의 개조와 전화 또는 변형을 넘어 그 데리다적 의미에서의 '해체déconstruction'로까지 나아갔고요.

물론 논쟁을 시작하면 이러한 일종의 진화주의적 해석을 알튀세르와 발리바르에게 적용하는 게 맞는지도 논해야 하지만 우리 강의의 초점은 아니기 때문에 간단히 쟁점만 언급하면요. 우선 제 생각에 알튀세르 또한 말년에 마르크스주의의 해체로까지 나아갔다고 충분히 볼 수 있고, 더 나아가서는 유고집들의 출간이 우리에게 알려 주듯 그러한 마르크스주의 해체에 대한 사유를 알튀세르가 극초기에서부터 품고 있었다고 볼 수도 있습니다. 발리바르도 최근 들어 자신의 초기 작업을 명시적으로 자기비판하지만 알튀세르와 마찬가지로 극초기에서부터 마르크스주의 해체에 대한 사유를 품고 있었다고 해석할 수 있는 여지가 있어요. 이는 제 생각에 둘 모두 현대 프랑스철학자, 포스트-구조주의자라는 점이 작용한 결과죠.

그래서 알튀세르와 발리바르가 자신들의 철학적 궤도 속에서 마르크스주의의 개조에서 전화 또는 변형으로, 전화 또는 변형에서 해체로 나아갔다고 진화주의적으로 정리하기 어려운 지점들이 많아요. 이러한 난점은 알튀세르의 유고집들이 속속 출간되면서 더욱 심화되는데, 이에 대해서는 진태원 선생님의 『『자본』을 읽자』 해제를 참조할 수 있습니다. 다만 여기에서는 과천연구실을 따라 알튀세르와 발리바르의 '표면화된' 철학적 궤도에만 주목합니다. 전략적 차원에서 지금 우리가 해명하고자 하는 게 서방 마르크스주의자 알튀세르의 현대 프랑스철학, 더 나아가 포스트-구조주의의 핵심이기 때문입니다. 자신의 표면적인 철학적 궤도 속에서, 마르크스주의자로 출발한 알튀세르가 왜 궁극적으로는 포스트-구조주의에 도달했는지 설명함으로써 알튀세르의 포스트-구조주의의 핵심을 검출할 수 있기 때문이죠.

에밀리오 데 이폴라Emilio de Ípola라는 알튀세르 주석가는 '비교적 ésotérique' 알튀세르와 '현교적exotérique' 알튀세르가, 쉽게 말해 '감춰진 알튀세르'와 '드러난 알튀세르'가 존재한다고 주장하는데요.⁵ 진 선생님은 저 해제에서 이 알튀세르의 두 얼굴 모두를 고려하면서 알튀세르 사상을 해제하고, 과천연구실은 전적으로 드러난 알튀세르만 고려하면서 알튀세르 사상을, 그것도 문제적인 방식으로 해제합니다. 그러니까 과천연구실은 '드러난 알튀세르'가 그렇게 진화를 거듭하는 동력이 무엇인지 해명하지 못하는 것이고요.

자, 이러한 전제를 깔아 놓고 이제 진도를 나가 봅시다. 『알튀세르의 철학적 유산』, 그중에서도 특히 박상현 선생님의 「알튀세르의 철학적 궤도」를 참조해 보죠.

우선 알튀세르의 개인사 중 핵심만 몇 가지 짚어 보겠습니다. 버틀러, 푸코와는 달리 알튀세르의 경우 '자기비판'의 문제 때문에 개인사를 조금은 알아야 하거든요. 1918년생인 알튀세르는 프랑스 공산당 내 평당원이자 철학자, 이론가로서, 특히 마르크스주의자로서 자신의 지적 이력을 시작했다는 점에 우선 주목하겠습니다. 이러한 자격으로 알튀세르가 1965년 출간한 두 권의 주저가 바로 『마르크스를 위하여』와 『『자본』을 읽자』죠. 후자는 발리바르를 포함한 자신의 제자들과 함께 쓴 책입니다. 출간 즉시 알튀세르는 세계적인 마르크스주의자가 됩니다. 물론 역설적이게도 정작 프랑스 공산당 내에서는 인정받지 못하고 탄압받습니다. 그런데 1966년부터 알튀세르는 곧바로 자기비판에 돌입합니다. 그것이 대략 1975년 정도까지 이어져요. 이후 알튀세르는 '마르크스주의의 위기'를 선언하고 1976~1978년에 이러한 선언을 중심으로 사유하면서 위기의 정세에 직접 개입합니다. 그러면서 앞서 언급한 마르크스주의 개조 작업도 마르크스주의 자체의 공백과 결함 때문에 의미가 없고 대신 마르크스주의 자체를 발본적으로 재사유해야 한다고 주장합니다. 이후 알튀세르는 자신을 평생 괴롭혔던 조울증으로 인해 아내 엘렌 리트만Hélène Rytman을 1980년 살해합니다. 정신병원에 수감되었다가 풀려난 이후 알튀세르는 정신병에 시달리며 자택과 병원을 오가는 도중 우발성의 유물론에 관한 단편들과 자서전을 집필하고 1990년 사망합니다. 그 후 우발성의 유물론에 관한 단편들과 자서전 『미래는 오래 지속된다』를 포함해, 생전 출간했던 저작들보다 몇 배는 더 많은 분량의 유고집들이 오늘날까지도 계속 출간되고 있습니다. 그 양이 어마어마한데, 생전 출간 저작과 달리 자서전을 포함한 유고집에서는 알튀세르의 은밀한 사유가 숨김없이 전개되고 있어 전 세계 알튀세르 연구자들에게, 더 나아가 전 세계 좌파의 사유에 큰 충격을 주었습니다. 이 유고집의 지위를 알튀세르 사상 전체에서 어떻게 설정할지가 그래서 쟁점이 되는 것이고요.

우발성의 유물론과 관련해서, 우리는 '드러난 알튀세르'만을, 즉 그의 표면적인 철학적 궤도만을 우선은 고려하도록 합시다. 알튀세르가 두 얼굴을 가질 수밖에 없었던 것은 다음 두 가지 측면 때문이라고 저는 추측합니다. 한편으로는 프랑스 공산당과 알튀세르 사이의 저 복잡한 관계 때문에 프랑스 공산당의 눈치를 보느라 알튀세르가 자신의 생각을 마음대로 표현할 수 없었기 때문입니다. 다른 한편으로는 마르크스주의에 대한 외부의 탄압에 맞서 마르크스주의를 더욱 강한 사유로 만들어야 한다는 신념 때문에 알튀세르가 마르크스주의를 해체, 더 나아가 파괴해 버릴 수도 있을 만큼 강력한 현대 프랑스철학적, 포스트-구조주의적 사유를 발본화하고 표면화하기를 저어했기 때문입니다. 물론 이는 마르크스주의의 위기를 선언하기 전까지의 얘기이긴 하지만요. 알튀세르가 다른 사상가들에 비해 훨씬 더 분열증적인 사유를 전개했다 보니 자꾸 설명이 길어지네요. 넘어갑시다.

알튀세르의 표면적인 철학적 궤도

박상현 선생님의 설명, 더 나아가 이 책 전체를 읽고 제가 정리한 바는 다음과 같이 세 가지인데요. 첫 번째로, 알튀세르 사상에 관한 두 가지 독해 기준이 존재한다는 것입니다. 하나는 알튀세르의 자기비판을 수용할 것인지 아닌지, 다른 하나는 말도 많고 탈도 많은 알튀세르 말년의 사유인 우발성의 유물론, 우연의 유물론, 마주침의 유물론을 어떻게 평가할 것인지입니다. 프랑스어 원어는 모두 다르지만 우발성aléatoire의 유물론이라 해도 좋고 우연contingence의 유물론이라 해도 좋고 마주침rencontre의 유물론이라 해도 좋습니다. 이 셋 간 개념적 구분은 매우 희미해서요. 물론 이제 우리는 알튀세르의 유고집들 중 상당 부분을 읽을 수 있기 때문에 알튀세르 사상 내에서 이 유고집의 지위를 어떻게 설정할지 또한 세 번째 독해 기준으로 간주할 수 있지만, 우리 논의에서는 생략하도록 하죠. 결국 두 가지 독해 기준에 따라 알튀세르의 해석에 대한 여러 입장들이 형성되는 것입니다.

두 번째로, 알튀세르 사상에는 세 가지 분류 기준, 다르게 말하면 세 가지 철학적 주제가 존재한다는 것입니다. 그것은 첫째, '인식과정, 또는 인식론적 절단과 토픽', 둘째, '역사과정, 또는 구조인과성과 과잉결정성 그리고 과소결정성', 셋째, '이데올로기'입니다. 간단히 인식, 역사, 이데올로기라고 해도 좋습니다. 알튀세르는 평생에 걸쳐 이 세 가지 철학적 주제를 사유했고, 그래서 이 세 가지 철학적 주제로 알튀세르 사상을 분류할 수 있는 것이죠. 물론 여기에 우발성의 유물론이라는 말년의 주제를 추가해야 하지만 제 생각에 이 주제는 이데올로기라는 세 번째 주제에 포함될 수 있으며, 또한 유고집들의 출간 이후에는 이 주제가 말년에만 사유된 것이 아니라는 점이 밝혀졌기에 독립적인 네 번째 주제로 간주하기는 어려울 것 같아요.

세 번째로, 알튀세르 사상에는 두 방향의 기획이 존재한다는 것입니다. 첫 번째 방향은 정치경제학 비판의 두 가지 곤란을 해결하는 것이고, 두 번째 방향은 이데올로기론에서의 두 가지 공백을 메우는 것입니다. 정치경제학 비판의 두 가지 곤란이란 첫째, 자본주의 생산양식에 대한 이론으로서의 역사과학으로서 정치경제학 비판의 곤란, 즉 잉여가치에 대한 회계적 이해이고, 둘째, 이 정치경제학 비판의 방법으로서 변증법 또는 철학의 곤란입니다. 이데올로기론에서의 두 가지 공백이란 첫째, 국가론이고 둘째, 정당론 또는 운동론입니다. 결국 국가론과 정당론 또는 운동론의 부재는 모두 이데올로기론의 부재를 의미합니다.

앞서 말했듯 유고집들이 우리에게 드러내는 유고집의 알튀세르, 비교적 알튀세르, 감춰진 알튀세르, 정세의 알튀세르, 현대 프랑스철학자 또는 포스트-구조주의자로서의 알튀세르, 우발성의 유물론자로서의 알튀세르, 지하 흐름 또는 은밀한 흐름courant souterrain의 알튀세르를 괄호 친다면, 박상현 선생님과 같이 알튀세르의 표면적인 철학적 궤도를 진화주의적 관점에서 그릴 수 있고 그 결론이 바로 앞서 말한 세 개의 결론, 즉 두 가지 독해 기준, 세 가지 분류 기준 또는 철학적 주제, 두 방향의 기획인 것이죠.

다시 한번 강조하지만 더 이상 유고집들을 고려하지 않는 궤도 그리기란 불가능합니다. 왜냐하면 유고집들이 우리에게 어째서 알튀세르의 철학적 궤도를 진화주의적으로 그리는 것이 그렇게 쉽지 않았는지, 즉 궤도의 중간중간 불쑥불쑥 튀어나오는 '무엇인가'가 도대체 무엇이며 왜 그렇게 자주 튀어나오는지, 왜 아내 엘렌을 살해한 1980년 뒤에는 결국 이 무엇인가를 노골적으로 드러내 놓고 사유하는지를 이제 이해할 수 있게 해 주었기 때문이죠. 하지만 과천연구실은 이러한 지하 흐름 또는 은밀한 흐름 속 알튀세르를 '절반만 사유'하죠. 이는 과천연구실이 유고집의 알튀세르를 거의 읽지 않으면서도, 더 나아가서는 1980년 이후 말년의 알튀세르, 즉 우발성의 유물론자 알튀세르는 극심한 조울증으로 인한 자기 파괴의 알튀세르, 자신의 이전 작업을 부정하는 알튀세르에 불과하다고 간주하면서도, 동시에 이러한 감춰진 알튀세르가 드러난 알튀세르에 미친 효과로서의 이데올로기론과 자기비판 즉 '정치주의'는 수용하기 때문입니다. 이런 의미에서 과천연구실은 알튀세르의 궤도를 '그리다가 만다'고 할 수 있습니다.

하지만 유고집들의 출간이 우리에게 말해 주는 바는, 진태원 선생님이 『『자본』을 읽자』 해제에서 적절히 지적하듯, 출간 저서의 알튀세르, 현교적 알튀세르, 드러난 알튀세르, 구조의 알튀세르, 구조주의자로서의 알튀세르,

마르크스주의자로서의 더 나아가서는 일종의 스탈린주의자로서의 알튀세르, 변증법적 유물론 또는 유물론적 변증법의 알튀세르와, 유고집의 알튀세르, 비교적 알튀세르, 감춰진 알튀세르, 정세의 알튀세르, 현대 프랑스철학자 또는 포스트-구조주의자로서의 알튀세르, 우발성의 유물론자로서의 알튀세르 간 이분법을 의문에 부쳐야 한다는 것입니다. 이러한 대당에 대한 설명은 논의가 진행되면서 자연스레 이루어질 테니 일단 넘어간다면, 저의 입장은 이러한 이분법을 의문에 부치면서도 분명 이 두 알튀세르는 서로 다르다는 것, 다시 말해 알튀세르는 '사상적 분열증자'였다는 것, 이 두 가지 사이에서 끊임없이 그리고 고통스럽게 동요하고 진동했던 인물이었다고 해석해야 한다는 것입니다.

물론 이러한 분열증을 촉발한 것은 그의 조울증뿐만 아니라 그가 프랑스 공산당과 맺어 왔던 복잡다단한 관계, 더 나아가 그가 마르크스주의에 대해 가졌던 '스탈린주의적'이라고까지 말할 수 있는 '신학적 믿음' 때문이기도 했겠죠. 다른 주석가들과의 해석의 차이일 뿐이겠지만 저는 알튀세르 그리고 발리바르 또한 후기로 갈수록 두 번째 항에 더 방점을 두는 경향을 띠며, 그래서 결국 마르크스주의에 대한 데리다적 의미에서의 해체 또는 탈구축으로 나아간다고 봅니다. 물론 이러한 끊임없는 그리고 고통스러운 동요와 진동을 멈추지는 않으면서요. 이를 표상하는 것이 바로 이데올로기론의 발본화로서 우발성의 유물론이고요. 이러한 관점에서 알튀세르의 철학적 궤도에 대한 과천연구실의 진화주의적 해석은 분명 유의미하지만 일면적으로만 타당한 해석, 아주 조심스럽게 활용해야 하는 해석입니다.

알튀세르의 개인사에 대해서는 앞서 조금 설명했는데요. 논의를 이어 가기 위해 조금만 더 추가해 보겠습니다. 알튀세르는 1939년 프랑스 파리고등사범학교ENS에 입학하지만 곧바로 징집되어 참전했다가 독일

군 포로수용소에 1945년까지 갇혀 있게 됩니다. 전쟁이 끝난 후 복학해 1945년에서 1948년까지 철학을 공부하는데, 1947년에 헤겔에 관한 논문으로 석사학위를 취득한 뒤 1948년 교수 자격을 취득합니다. 그리고 같은 해인 1948년에 프랑스 공산당에 가입해 죽을 때까지 당적을 유지하는데요. 알튀세르는 1950년대에 마르크스 이전 정치철학자들, 즉 몽테스키외Montesquieu, 루소Jean-Jacques Rousseau, 마키아벨리Niccolò Machiavelli, 홉스 Thomas Hobbes, 로크John Locke 등을 연구합니다. 1960년에서 1965년 사이에 드디어 마르크스를 집중적으로 연구하죠. '구조주의적' 관점에서요. 그 성과가 바로 1965년 출간한 논선집 『마르크스를 위하여』입니다. 같은 해에 발리바르 등과 같은 자신의 제자들과 함께 『『자본』을 읽자』를 출간하고요. 이렇게 1965년에 두 권의 책을 출간함으로써 알튀세르는 그 당시 '구조주의적 마르크스주의'라 불렸던 바를 정초하고 세계적인 마르크스주의자로 우뚝 서게 됩니다. 알튀세르의 철학적 궤도의 시작점이 바로 이 기적의 해인 1965년이죠. 이때의 알튀세르를 '초기 알튀세르'라 부르도록 할게요. 물론 1950년대의 알튀세르가 존재하지만, 우리 논의에서는 생략할 거니까요.

이 두 권의 책을 출간할 당시 알튀세르가 놓여 있었던 정세를 간단히 살펴봐야 합니다. 1930년대 이래로 스탈린주의가 마르크스주의의 모순을 심화시키죠. 그런데 1953년 스탈린Иосиф Сталин/Iosif Stalin이 사망합니다. 그 뒤 1956년 흐루쇼프Никита Хрущёв/Nikita Khrushchyov가 스탈린 개인숭배를 비판하죠. 하지만 중국 공산당은 소련 공산당의 이런 행보에 동의하지 않았고 이는 중소분쟁으로 이어집니다. 흐루쇼프는 1956년 헝가리 봉기를 무력으로 억압하면서 자유화의 요구를 묵살하고요. 이런 정세 속에서 특히 프랑스 마르크스주의자들은 사르트르의 실존주의적 마르크스주의에서 정점을 찍는 '스탈린주의에 대한 우익적 비판'을 전개합니다. 물론 이 비판적 명명은 알튀세르의 것인데, 그러니까 부르주아 자유주의의 관점에서 스탈린주의의 범죄와 억압 그리고 부자유를 비판한다는 것이죠. 알튀세르는, 해석에 따라 다르겠지만 스탈린주의에 동의해서가 아니라, 이러한 스탈린주의에 대한 우익적 비판은 진정한 마르크스주의에 배치된다는 점에서, '스탈린주의에 대한 좌익적 비판'을 주도합니다. 그게 바로 이론적 반인간주의 또는 구조주의입니다. 이에 대한 두 번째 강의에서의 설명을 떠올려 보면 이해가 될 거예요. 스탈린주의에 대한 우익적 비판은 인간의 본질로서 자유의 관점에서 스탈린을 비판합니다. 하지만 알튀세르는 스탈린주의를 비판하고 마르크스주의를 재건하기 위해서는 마르크스와 마찬가지로 인간의 본질로서 자유가 아닌 그러한 인간의 본질을 구성하는 구조에 주목하는 이론적 반인간주의 또는 구조주의의 관점을 취해야 한다고 강조합니다. 이를 위해 알튀세르가 구조주의적 관점에서 1960년부터 행한 강도 높은 작업의 결과물이 바로 『마르크스를 위하여』와 『『자본』을 읽자』인 것이죠. 이것이 알튀세르의 철학적 궤도의 출발점입니다.

1965년 이후 프랑스 지성계를 뒤집어엎는 두 가지 사건이 일어납니다. 첫 번째는 1966년 중국에서 일어난 문화대혁명, 두 번째는 1968년 프랑스 파리에서 일어난 68혁명이죠. 물론 이 당시 프랑스뿐만 아니라 유럽 전역에서 혁명이 일어나고 미국에서도 베트남전 반대운동을 포함해 기성 권위에 대한 저항이 강하게 융기합니다. 이러한 혁명의 물결은 동아시아의 일본으로까지 퍼져 나가는데요. 우리에게 중요한 것은 이 두 사건이 프랑스 지성계 내에서 알튀세르의 입지를 변화시킨다는 것입니다. 알튀세르는 1965년 『마르크스를 위하여』와 『『자본』을 읽자』를 출간한 이후 프랑스 내에서는 말할 것도 없고 세계 전체에서 당대 최고의 마르크스주의자로 자리매김합니다. 하지만 이 두 사건 이후 알튀세르는 스탈린주의적이었던 프랑스 공산당으로부터는 마오주의자라는 공격을 받고, 자신의 제자들 중 마오주의의 영향으로 급진화된 이들, 특히 랑시에르 등으로부터는 충분히 마오주의적이지 않고 스탈린주의적이며 프랑스 공산당을 대변한다고 공격받습니다. 여기에서 충분히 마오주의적이지 않다는 건 조금 더 구체적으로 말하면 알튀세르가 마르크스주의 이론의 '스승'으로서 마르크스주의 이론에 '무지한' 제자들, 학생들, 활동가들, 공산당 당원들, 더 나아가서는 '인민'을 가르치려 든다는 것이죠. 이는 『마르크스를 위하여』와 『『자본』을 읽자』 시기 알튀세르의 '이론주의'에 대한 비판입니다.

과천연구실의 해석에 따르면 알튀세르는 이러한 사면초가의 상황을 '레닌주의라는 가상적 정통'을 구성함으로써 돌파하고자 합니다. 여기에서 가상적 정통이란 실제로 형성되었던 정통이 아니라 알튀세르가 창조한 허구의 정통이라는 의미입니다. 그리고 알튀세르는 이를 철학의 정의를 정정하는 방식으로 수행되는 자기비판으로서 실천합니다. 정리하자면 알튀세르는 스탈린주의와 마오주의 양자의 공격을 레닌주의라는 가상적 정통을 구성함으로써 돌파하는데, 이를 자신의 이론적 토대를 형성했던 1965년의 『마르크스를 위하여』와 『『자본』을 읽자』의 이론주의에 대한 자기비판, 철학의 정의를 정정하는 방식으로 수행되는 그러한 자기비판을 통해 실천한다는 것이죠. 바로 이러한 자기비판에서 정치의 지위가 부상하기 때문에 이 자기비판을 부정적으로 보는 이들이 이를 '정치주의'라고 부르는데요. 요약하자면 알튀세르는 초기의 이론주의로부터 중후기의 정치주의로 나아가는 진화 방향을 취하는 것이죠.

알튀세르는 1965년 『마르크스를 위하여』와 『『자본』을 읽자』를 통해 자신의 이론적 토대를 마련한 직후인 1966년부터 곧바로 자기비판을 시작하는데, 이러한 자기비판은 대략 1975년까지, 거의 10년간 이어집니다. 발리바르 또한 같은 기간 알튀세르를 따라 자기비판을 수행하죠. 물론 이 자기비판의 수행방식은 바로 철학의 정의를 정정하는 것이고 그 결과는 이론주의로부터 정치주의로의 이행입니다. 그런데 과천연구실의 설명에 따르면 1976~1978년에 큰 변화가 발생합니다. 그 계기는 프랑스 공산당이 1976년 22차 당대회에서 마르크스주의의 근본 개념 중 하나인 프롤레타리아 독재 개념의 폐기를 결정한 것입니다. 알튀세르는 프랑스 공산당을 공개적으로는 비판하지 않는다는 당과의 '암묵적 합의'를 깨고 이러한 당의 결정을 공개적으로 비판합니다. 발리바르 또한 알튀세르를 따라 이러한 프랑스 공산당의 결정을 비판하죠. 그러면서 알튀세르는 프랑스 공산당의 결정에 대한 비판을 넘어 마르크스주의 그 자체의 위기를 선언합니다. 이러한 선언이 지니는 의미는 레닌주의라는 가상적 정통을 형성하고 자기비판을 수행하는 것이 이러한 마르크스주의 그 자체의 위기 속에서는 무의미하다는 것이죠. 오히려 유의미한 것은 마르크스주의 그 자체를 의문에 부쳐 그 곤란을 해결하고 공백을 메움으로써 마르크스주의를 온전한 의미에서 쇄신하는 것입니다. 이때의 쇄신을 데리다적으로 '해체'로까지 부를 수 있을지는 확신이 서지 않네요. 물론 아내 살해 이후 주창하는 우발성의 유물론으로 가면 마르크스주의의 해체는 명확해지지만요. 하지만 이 당시 알튀세르가 마르크스주의에, 그리고 전 세계 마르크스주의자들에게 요구했던 것이 마르크스주의 그 자체에 대한 해체적 수준의 발본적 쇄신인 건 명확합니다. 그러나 알튀세르는 그럼에도 프랑스 공산당에서 탈당하지는 않습니다. 정확히는 출당당한 것이지만 어쨌든 1981년 탈당하게 되는 발리바르와는 달리요.

사후적인 고찰이긴 하지만, 프롤레타리아 독재 개념의 폐기만으로 알튀세르가 마르크스주의의 위기를 선언한 것은 아니라고 짐작합니다. 짐작일 뿐이지만, 제 생각에는 1975~1976년 당시의 정세가 아주 긴박했고 그것이 알튀세르의 이러한 개입에 영향을 미쳤던 것 같아요. 왜냐하면 데이비드 하비David Harvey가 『신자유주의: 간략한 역사』에서 지적하듯 바로 이때 착근된 자유주의에서 신자유주의로의 이행이 시작되기 때문인데요. 그래서 바로 이때 푸코가 콜레주 드 프랑스에서 자유주의와 신자유주의 통치성 분석 3부작인 『"사회를 보호해야 한다"』, 『안전, 영토, 인구』, 『생명정치의 탄생』 강의를 진행하기도 했고요.[6] 게다가 그때 사회주의 국가들의 쇠락도 표면화되기 시작했고요. 알튀세르가 의식했든 아니든 그 당시는 세계사적 전환기였고 그러한 상황에서 알튀세르는 마르크스주의의 위기를 선언해 전 세계 공산주의자들과 마르크스주의자들의 경각심을 불러일으키고 위기를 쇄신의 기회로 삼자고 제안했던 것이라고 저는 생각합니다. 그리고 오늘날 지금 여기 우리 시대의 가장 가까운 기원은 바로 이 1970년대의 세계사적 전환기라고 저는 생각해요.

간단히만 말하자면 알튀세르는 이렇게 마르크스주의의 위기를 선언하면서 위기 돌파를 위한 두 가지 수단을 제출합니다. 첫 번째는 '국가 외부의 혁명당'과 '유한한 이론으로서의 마르크스주의'의 결합이고, 두 번째는 '토픽적 과학'과 '철학의 변형'의 결합입니다. 두 번째에 대해서만 뒤에서 설명할 수 있을 것 같은데, 다섯 번째 강의의 핵심 주제가 바로 토픽적 과학과 철학의 문제이기 때문입니다.

알튀세르는 1979~1980년 2년간 조울증이 심해져 아무 작업도, 활동도 하지 못합니다. 1980년 결국 극심한 조울증으로 인해 정신착란 속에서 자신의 아내 엘렌을 교살하고, 프랑스 형법 제64조에 따라 정신감정 후 면소 판결을 받고 정신병원에 감금되죠. 그 뒤 정신병원과 자택을 오가며 치료를 이어 가면서도 1982~1986년 사이 자서전 『미래는 오래 지속된다』를 포함해 간헐적으로 우발성의 유물론에 관한 단편적 원고들을 집필하다가

1990년 사망합니다. 그 후 이 원고들이 자서전과 함께 공개되면서 알튀세르주의자들뿐만 아니라 전 세계 좌파의 사유에 큰 충격을 주게 되죠.

조금 도식적으로 정리하자면, 『마르크스를 위하여』와 『『자본』을 읽자』를 위한 작업이 시작되는 1960년부터 이 두 저서가 출간되는 1965년까지는 이론적 토대를 확립하는 초기 알튀세르의 이론주의 시기입니다. 그런데 알튀세르는 1966년부터 곧바로 자기비판에 돌입합니다. 그래서 1966년부터 1975년 정도까지는 자기비판의 시기입니다. 마르크스주의의 위기를 선언하는 1976년부터 이에 대한 알튀세르의 정세적 개입이 마무리되는 1978년까지는 마르크스주의의 위기의 시기입니다. 그 뒤 2년여간은 정신병으로 인해 아무 작업과 활동을 하지 못하고요. 1980년 아내 엘렌 살해 이후 사망하는 1990년까지는 우발성의 유물론의 시기이고요.

이것이 알튀세르의 철학적 궤도의 개요입니다. 어떤 흐름이 보이나요? 물론 유고집들의 출간 이후 우리가 일견 매끈해 보이는 이러한 흐름을 반드시 의문에 부쳐야 한다는 건 명확하지만, 감춰진 알튀세르가 불쑥불쑥 튀어나오는 드러난 알튀세르의 철학적 궤도는 생전 출간 저서를 중심으로 그의 공적 활동의 흐름을 파악할 수 있게 해 준다는 점에서는 여전히 유용합니다. 다만 불쑥불쑥 튀어나오는 감춰진 알튀세르가 이러한 흐름을 이끌어 가는 동력을 제공하고 있다는 점은 유념해야겠죠. 이제 이 궤도를 조금 더 자세히 뜯어봅시다.

궤도에 대한 네 가지 해석

우선 앞서 살펴본 알튀세르의 철학적 궤도에 대해 다음과 같은 네 가지 해석이 존재한다는 점을 지적하겠습니다. 마지막 해석은 저의 해석인데요. 물론 완간을 향해 달려가고 있는 유고집들의 출간 이후에는 저의 해석도 포함해 이 네 가지 해석 모두를 의문에 부쳐 볼 필요가 있다는 점을 인정합니다. 2025년 출간된 『『자본』을 읽자』 한국어판에 붙인 진태원 선생님의 해제는 우리가 이 네 가지 해석 모두를, 더 나아가서는 알튀세르에게 철학적 궤도라는 것이 존재한다는 관념 자체를 의문에 부쳐야 한다고 주문하고 있는데요. 이 심화된 논점까지는 다루지 않으면서도 저의 네 번째 해석을 진 선생님의 관점에서 조금 변형해 보겠습니다.

첫 번째는 알튀세르가 이론주의에서 정치주의로 '후퇴'했다는 해석입니다. 뒤에서 설명하겠지만 자기비판을 진행하면서 알튀세르는 1965년의 『마르크스를 위하여』와 『『자본』을 읽자』가 '이론주의'에 빠져 있다고 규정합니다. 이 규정을 부정적인 것으로만 보지 않는다는 전제에서는 이 시기를 이론주의라고 어느 정도 규정 가능한데요. 첫 번째 해석은 알튀세르가 이러한 이론주의에서 자기비판 이후의 정치주의로 후퇴했다고 비판하면서 자기비판 이후의 행보를 부정적으로 평가합니다. 이론주의는 다르게 말하면 과학주의인데, 과학으로서의 마르크스주의를 정초하고자 했던 이 당시 알튀세르의 시도가 유의미했으며 그 뒤 과학보다는 정치에 방점을 두는 자기비판은 오히려 이 당시 시도의 의의를 훼손한다는 것이죠. 이런 관점에서는 알튀세르가 말년에 제출한 우발성의 유물론에 관한 사유는 말할 것도 없이 무가치한 것으로 평가되고요. 일반화할 수는 없지만 영국 마르크스주의의 알튀세르 해석이 대체적으로 이런 경향을 보입니다. 역시 일반화할 수는 없지만 흥미롭게도 영국 문화연구 전통이 대체적으로 이러한 이론주의자, 과학주의자 알튀세르를 강하게 비판하는 경향을 보이고요. 저는 알튀세르가 자신의 이론주의를 자기비판한 것이 정당한 포스트-구조주의적 행보라고 생각하기에 이런 입장은 받아들이지 않습니다.

두 번째는 자기비판보다는 알튀세르가 아내 살해 이후 세공한 우발성의 유물론에 주목하면서, 1980년 이후 알튀세르가 포스트-구조주의자로의 '전회'Kehre'를 수행했다고 평가합니다. 논자마다 주장이 다른데, 급진적으로 해석하는 경우에는 알튀세르가 1980년에 사유의 방향을 포스트-구조주의 쪽으로 완전히 '변경'했다고 생각하고, 그보다는 온건하게 해석하는 경우에는 포스트-구조주의 쪽으로 '굴절'시켰다고 생각합니다. 푸코도 마찬가지지만 저는 알튀세르에게서 사상적 전회란 존재하지 않고 사유의 방점을 옮김으로써 구조주의에서 포스트-구조주의로 이행했다고 생각하기 때문에 이러한 해석도 받아들이지 않습니다. 사유 방향의 완전한 변경이란 해석은 참고로 안토니오 네그리의 것이에요.

세 번째는 과천연구실의 것입니다. 앞서 저는 과천연구실이 알튀세르의 철학적 궤도를 그리다 만다고 말했습니다. 과천연구실은 첫 번째 해석과 달리 알튀세르가 자기비판을 통해 이론주의에서 정치주의로 전진하는 것을 수용하는데, 반면 1980년 아내 살해 이후 주장한 우발성의 유물론은 극심한 조울증으로 인한 알튀세르의 자기파괴, 다시 말해 자신의 이전 작업에 대한 무화無化로 해석하면서 기각합니다. 이는 과천연구실이 마르크스주의 자체의 파괴로까지 이어질 수도 있는 우발성의 유물론의 발본적 해체주의를 받아들일 수 없기 때문인 것 같습니다. 물론 저는 오히려 구조와 정세 사이에서 알튀세르가 극한적으로 동요하고 진동한다는 점을 사유하기 위해서는 우발성의 유물론을 단순한 자기파괴가 아니라 마르크스주의의 데리다적 의미의 해체를 위한 지렛대로 간주해야 한다고 생각하고요.

네 번째가 바로 저의 것인데요. 저는 알튀세르가 자기비판을 수단으로 이론주의에서 정치주의로 전진하는 것을 수용할 뿐만 아니라 1980년 이후 주창한 우발성의 유물론 또한 수용합니다. 그러니까 저는 그가 처음부터 끝까지 일관되게 마르크스주의의 데리다적 의미의 해체를 위한 길을 걸어갔다고 해석하는 거죠. 발리바르 또한 알튀세르의 이러한 정신을 이어받아 그 길을 지금까지도 걸어가고 있는 거고요. 그 결과물이 바로 『개념의 정념들』을 포함한 여섯 권의 '에크리' 시리즈입니다.

그렇지만 『『자본』을 읽자』 해제에서 진 선생님이 지적하듯 유고집들의 출간으로 인해 알튀세르 사유의 형성이 우리가 생각했던 것과는 전혀 다른 방식으로 이루어졌다는 점을 알게 되었기에, 구조의 알튀세르와 정세의 알튀세르 간 대당도, 알튀세르에 관해 진화주의적인 철학적 궤도를 그리는 것도 모두 의문에 부쳐야 하는 상황이 되었죠. 우발성의 유물론조차 1980년 이전에 이미 세공되고 있었습니다. 그래서 알튀세르는 구조와 정세 사이에서 끊임없이 동요하고 진동했던 것으로, 그리고 어떠한 진화를 논할 수 있을 만큼 사유를 일관되게 진전시키지 않았고 그래서 그의 철학적 궤도는 매우 입체적이고 복잡한 것으로 이해해야 합니다.

저는 바로 이러한 해석 위에서 알튀세르의 철학적 궤도를 그리는 것이 필요하다고 생각합니다. 프랑스 공산당과의 복잡한 관계와 마르크스주의에 대한 스탈린주의적인 신학적 믿음 때문이었다고 할지라도, 드러난 알튀세르가 그렸던 철학적 궤도가 분명 유의미하기 때문이죠. 과천연구실과 같이 알튀세르의 철학적 궤도를 그리면서도, 이를 진화주의적이지 않은 방식으로 그려 볼 수 있지 않을까 생각하고 있습니다. 이를 위해서는 감춰진 알튀세르가 어떤 방식으로 그리고 어떤 지점에서 드러난 알튀세르에게 영향을 미쳐 궤도를 복잡화시키는지에 주목해야겠죠.

제 생각에 이는 자기비판을 통한 이론주의에서 정치주의로의 이행을 우발성의 유물론 또는 포스트-구조주의의 견지에서 해석하고, 1980년 이후 우발성의 유물론의 표면화를 1976~1978년의 마르크스주의 위기 선언 이후 프랑스 공산당으로부터 해방되어 마르크스주의에 대한 신학적 믿음을 '곧이곧대로 따르면서' 마르크스주의를 노골적으로 해체하는 것으로 봄으로써 가능할 것 같습니다. 그러니까 1976~1978년 이후 알튀세르는 더 이상 감춰진 알튀세르를 감춰 둘 필요가 없었으며, 오히려 드러난 알튀세르와 감춰진 알튀세르를 하나로 포개어 놓고자 했다는 것이죠.

물론 여기에는 아내 살해와 조울증으로 인한 자기 파괴가 큰 영향을 미쳤을 것입니다. 하지만 그것으로 1980년 이후의 행보가 모조리 설명되는 것은 아닙니다. 이와 동일하게 우리가 주목해야 할 것은 마르크스주의 위기 선언과 프랑스 공산당과의 새로운 비판적 관계 형성, 그리고 마르크스주의의 '구원'을 위해서는 마르크스주의를 발본적으로 해체할 수밖에 없다는 어떤 '절박함' 속 이론적 개입입니다. 여기에는 알튀세르를 극한적으로 동요시켜 분열증자가 되도록 만든 역설, 즉 마르크스주의의 해체 없이 마르크스주의의 구원은 불가능하나 이러한 해체는 마르크스주의를 구원하기는커녕 파괴해 버릴 수도 있으리라는 절망적 역설이 있습니다.

이 정도로 알튀세르의 철학적 궤도에 대한 네 가지 해석에 관한 설명을 마무리하죠. 결론적으로 알튀세르의 철학적 궤도를 그리고자 하는 과천연구실의 시도는 유의미한데요. 그 한계를 인지하고 문제점을 보완하면서 이로부터 출발한다면, 알튀세르의 철학에 훨씬 더 효율적이고 정확하게 접근할 수 있을 거예요. 물론 진태원 선생님의 『『자본』을 읽자』 해제와 함께 읽어야 하지만요.

알튀세르의 철학적 궤도 심화

『알튀세르의 철학적 유산』 전체에 의거해 알튀세르의 철학을 이제 해설해 보겠습니다. 우리의 시작점은 1965년 『마르크스를 위하여』와 『『자본』을 읽자』 시기의 초기 알튀세르인데요. 알튀세르는 이 두 권의 책을 동시에 출간하면서 프랑스의 지적 무대 위로 갑작스레 등장합니다. 자, 한편으로 서방 마르크스주의자로서 알튀세르는 사르트르의 실존주의적 마르크스주의를 비판하면서 구조주의적 마르크스주의를 제창합니다.7 이 방향에서 알튀세르는 이후 마르크스주의의 해체를 향해 나아가게 되죠. 조금 더 정확히는 개조에서 전화 또는 변형으로, 전화 또는 변형에서 해체로 나아갑니다. 다른 한편으로 포스트-구조주의자 또는 현대 프랑스철학자로서 알튀세르는 프랑스 역사인식론의 맥락 속에서 구조주의적 마르크스주의를 제창합니다. 이 방향에서 알튀세르는 구조주의에서 포스트-구조주의로 이행합니다. 알튀세르는 이러한 두 방향의 길을 동시에 걸어가는데 이 두 길이 마주치는 교차점이 존재하고 그것이 바로 이데올로기, 호명, 주체 개념입니다. 이 점을 기억하면서 강의를 들어 주세요.

이러한 알튀세르의 등장 배경인 프랑스 지성계는 그 당시에 프랑스 공산당의 스탈린주의와 이 스탈린주의의 범죄와 참상에 대한 우익적 비판으로 완전히 찢어져 있었습니다. 여기에서 우익적 비판이란 부르주아적 자유주의에 의거해 스탈린주의의 범죄와 참상을 고발하고 사르트르의 실존주의적 마르크스주의를 따라 인간의 본질로서 자유를 중심으로 마르크스주의를 재사유하는 것을 말합니다. 이러한 관점에서 특권화되는 마르크스의 저작이 바로 초기 저작인 1844년의 『경제학-철학 수고』인데요. 알튀세르는 1965년의 개입을 통해 이 둘 모두를 비판하며 스탈린주의에 대한 좌익적 비판을 주도합니다. 물론 이를 위해 알튀세르가 주창한 것이 바로 구조주의적 마르크스주의죠.

이제 1965년의 『마르크스를 위하여』와 『『자본』을 읽자』를 통한 알튀세르의 개입에 대해 살펴볼까요? 1950년대의 알튀세르를 생략한다면, 이 시작점의 알튀세르, 즉 초기 알튀세르는 스탈린주의에 대한 좌익적 비판을 주도하며 구조주의적 마르크스주의를 세공합니다. 이 당시 알튀세르의 기획은 이중적인데, 알튀세르는 첫 번째로 역사과학으로서 정치경제학 비판 즉 마르크스주의 과학을 확립하려 시도하고, 두 번째로 이를 위해 변증법적 유물론 즉 마르크스주의 철학을 개조하려 시도합니다. 여기에서 역사과학이란 인간, 사회, 세계 즉 존재와 역사에 대한 과학으로, 마르크스의 정치경제학 비판을 물리학, 수학, 정신분석학 등과 어깨를 나란히 하는 과학으로서의 역사과학으로 확립하려 알튀세르는 시도하는 것이죠. 물론 조금은 부정확하겠지만 이 역사과학을 조금 더 넓게 오늘날의 인문사회과학으로 봐도 큰 무리는 없습니다. 이러한 과학을 확립하기 위해 필요한 게 바로 그 철학이고요. 알튀세르는 이러한 이중의 기획을 실행하는데, 이를 통해 알튀세르가 궁극적으로 목표하는 바는 바로 마르크스주의 그 자체의 완성입니다.

지금까지 우리는 마르크스주의 철학에 대해서는 언급하지 않았는데요. 알튀세르는 이러한 기획 속에서 마르크스주의 철학을 '이론적 실천의 이론'으로 확립하고자 시도합니다. 즉, 마르크스주의 철학이 역사과학으로서 마르크스의 정치경제학 비판과 동등한 지위를 누리는 것이죠. 마르크스주의 역사과학은 여러 사회적 실천들 중 하나인 이론적 실천이고, 마르크스주의 철학은 이러한 이론적 실천에 대한 이론, 즉 '이론의 이론', '과학의 과학'으로서 마르크스의 정치경제학 비판이라는 역사과학의 과학성을 보증해 주는 역할을 수행합니다. 그러니까 어떤 면에서는 마르크스주의 철학이 마르크스의 정치경제학 비판이라는 역사과학보다도 더 높은 지위를 누리고 있는 것이죠. 그럼 마르크스주의 철학을 어떻게 이론적 실천의 이론으로 확립할 수 있을까요? 바로 마르크스가 우리에게 남겨 준, 실은 제대로 남겨 주지도 않은 변증법을 개조함으로써요.

변증법이란 무엇인지 아주 간단히만 설명할게요. 바로 뒤에서 인식의 변증법과 역사의 변증법이 등장하는데 이를 위해서도 미리 알아 두어야 합니다. 아는 분도 있겠지만 마르크스주의가 존재와 역사를 바라보는 관점, 그 세계관의 핵심은 모순입니다. 마르크스주의는 존재와 역사가 모순으로 구성되어 있으며 이 모순을 동력으로 생성변화한다고 사고합니다. 예를 들면 자본주의 생산양식의 경우 경제의 생성변화는 자본과 노동 간 모순을 동력으로 취해 이루어지는 것이죠. 그리고 이 모순에 관한 체계적 사유가 바로 변증법이에요. 그러니까 인식의 변증법이란 인식이 모순이라는 원인을 동력으로 어떻게 인과적으로 생성변화하는지, 어떻게 진리에 도달하는지를 체계화한 사유이고, 역사의 변증법이란 역사가 모순이라는 원인을 동력으로 어떻게 인과적으로 생성변화하는지, 어떻게 다음 생산양식 또는 사회구성체에 도달하는지를 체계화한 사유인 것이죠.

마르크스는 자신의 연구와 서술의 방법으로 변증법을 설정하지만 이에 대해서는 제대로 설명하지 않습니다. 정확히는 연구와 서술을 서로 구분해야 하는데, 이를 둘러싸고 후대에 끊임없이 논쟁이 이루어져요. 초기 알튀세르의 시기에는 스탈린주의에 대한 우익적 비판과 깊이 연동되어 많은 마르크스주의자들이 마르크스의 변증법은 헤겔의 변증법을 그저 '전도'했을 뿐이라고 생각했죠. 헤겔에게서는 머리로 거꾸로 서 있던 변증법을 마르크스가 두 발로 서게 뒤집어 놓았다는 거죠. 변증법 자체는 손대지 않고요. 알튀세르는 이러한 관념을 비판하면서 마르크스의 변증법은 헤겔의 변증법의 모순을 해결함으로써 이를 '변형'한 것이라고, 데리다식으로 말하면 해체한 것이라고 주장합니다. 이러한 맥락에서 알튀세르는 『마르크스를 위하여』에서 스탈린주의적인 변증법적 유물론이라는 마르크스주의 철학을 유물론적 변증법이라는 마르크스주의 철학으로 변형하는 것이에요. 이러한 알튀세르적인 유물론적 변증법의 핵심은 헤겔 변증법으로부터의 탈피, 다시 말해 헤겔 변증법의 마르크스 변증법으로의 변형이죠. 조금 더 설명해 볼게요.

일반적으로 사람들은 마르크스주의라는 사상이 변증법적 유물론과 역사적 유물론으로 구성되어 있다고 말합니다. 여기에서는 알튀세르의 철학에 대한 설명에 필요한 수준으로만, 그것도 상당히 단순화해서 설명해 볼게요. 통상적인 학문 분류에 따르면 변증법적 유물론은 철학이고, 역사적 유물론은 과학, 그것도 역사과학입니다. 이렇게 마르크스주의라는 사상은 철학과 과학으로 구성되어 있습니다. 그래서 역사적 유물론이 역사과학으로서 정치경제학 비판이고, 변증법적 유물론이 마르크스주의 철학입니다. 초기 알튀세르의 작업은 스탈린주의적인 마르크스주의 철학으로서 변증법적 유물론을 개조하고, 이렇게 개조된 마르크스주의 철학을 마르크스의 역사과학과 결합함으로써 마르크스주의를 완성하는 것이죠. 그래서 우리는 알튀세르가 어떻게 마르크스주의 철학을 개조하는지를 살펴봐야 합니다.

앞서 말했듯 변증법적 유물론은 스탈린주의적인 것입니다. 그래서 알튀세르는 이 변증법적 유물론을 유물론적 변증법으로 변형하죠. 이것이 알튀세르의 마르크스 변증법 개조인데요. 과천연구실의 표현을 따르면 알튀세르는 이로써 변증법을 '과학적 인식에 관한 이론'임과 동시에 '역사의 운동의 인과론적 모형'으로 만듭니다. 이를 인식의 변증법과 존재의 변증법의 결합으로 표현할 수 있어요. 역사의 운동이란 게 역사 내 존재의 운동이기 때문입니다. 여기에서 이데올로기는 인식에서도 이데올로기로부터의 인식론적 절단을 통해 과학을 생산하는 것이 문제가 되고, 역사에서도 역사적 심급 또는 사회적 실천으로서의 이데올로기에 대한 정치적 비판을 통해 공산주의로 이행하는 것이 문제가 되므로, 인식의 변증법과 역사의 변증법 모두와 관계하죠. 바로 이 때문에 알튀세르가 인식의 변증법과 역사의 변증법을 결합해 유물론적 변증법을 만드는 데서 이데올로기 개념을 갱신하고 이데올로기론을 발전시키는 것입니다. 뒤에서 말하겠지만 알튀세르가 이데올로기론을 발전시키는 데에는 정세적 이유도 있는데, 그 이전에 이런 이론적 이유가 있다는 것이죠.

인식과정이라는 첫 번째 주제

앞서 알튀세르에게는 세 가지 철학적 주제가 있다고 말했습니다. 간단히 말해 인식, 역사, 이데올로기인데요. 이데올로기는 인식과 역사 모두와 관계하는 항이기 때문에 인식과 역사를 먼저 살펴보면 좋을 것 같습니다.

그럼 우선 인식, 더 정확히는 '인식과정, 또는 인식론적 절단과 토픽'에 대해 다뤄 보죠. 참고로 토픽 개념은 훨씬 더 뒤에서 다룰게요. 왜 알튀세르는 인식의 '과정'이라고 말할까요? 그가 프랑스 역사인식론의 계보 내에 속해 있기 때문입니다. 프랑스 역사인식론은 아주 간단히 말하자면 바슐라르, 캉길렘, 푸코, 알튀세르, 그리고 알튀세르의 제자 도미니크 르쿠르Dominique Lecourt 등으로 이어지는 프랑스의 인식론 전통입니다. 첫 번째 강의에서 진리와 역사 간 상호접근 또는 진리의 역사의 문제설정을 설명하면서 언급했죠. 그러니까 프랑스 역사인식론은 영미식 인식이론과 달리 서로가 서로를 배제하는 진리와 역사를 함께 사유합니다. 진리의 역사의 문제설정이 데리다의 철학에서는 어떻게 작동하는지도 첫 번째 강의에서 살펴보았죠. 우리 강의에서 다루지는 않겠지만 바디우의 진리철학에서는 진리의 역사의 문제설정이 '복수의 진리들의 생산과정'이라는 문제설정으로 발전하고요. 알튀세르에게선 어떨까요? 알튀세르도 진리의 역사의 문제설정을 진리의 생산과정이라는 문제설정으로 발전시킵니다. 사실 이 또한 바디우가 자신의 스승 알튀세르로부터 많은 영향을 받았다는 증거 중 하나죠.

알튀세르는 마르크스의 생산양식의 문제설정을 프랑스 역사인식론과 결합해 진리 또한 인식과정을 거쳐 생산되는 것이라고 사고합니다. 과천연구실은 이를 알튀세르의 '인식과정론'이라고 부르는데, 그 핵심은 마르크스에게서와 마찬가지로 '노동'입니다. 노동자가 생산적 노동을 통해 노동생산물을 생산하듯 과학자가 이론적 노동을 통해 과학적 인식을 생산한다는 것이죠. 여기에서 우선 주의해야 할 점은 알튀세르가 마르크스와 스피노자를 따라 사고와 현실을 엄격히 구별한다는 점입니다. 당연히 마르크스와 스피노자 각자의 사유 내에서 사고와 현실이 어떻게 구별되는지를 설명해야 하지만, 너무 깊게 들어가는 것이기 때문에 생략할게요. 다만 꼭 기억해야 할 점은 『『자본』을 읽자』 해제에서 진태원 선생님이 강조하듯 초기 알튀세르의 독특한 과학관의 핵심인 사고와 현실의 엄격한 구별의 사상적 기원은 마르크스와 스피노자라는 것입니다.

알튀세르는 마르크스의 『자본』이 역사과학이라고 생각합니다. 이는 과학의 영역이고요. 그럼 철학자로서 알튀세르가 해야 할 일은 철학의 영역에서 변증법을 세공하는 것이죠. 인식의 변증법과 역사의 변증법이라는 두 가지 변증법 중 인식의 변증법의 견지에서 알튀세르는 마르크스가 어떻게 역사과학을 정초할 수 있었는지 등의 문제를 해결하고자 마르크스의 역사과학과 같은 과학적 인식 즉 '진리'는 어떻게 '변증법적으로' 생산되는지를

『마르크스를 위하여』와 『『자본』을 읽자』에서 탐구한 것입니다. 이제 맥락이 잡히죠? 스피노자와 관련해서는 진태원 선생님의 해제를 보면 되는데 연장속성과 사유속성의 구분과 관련이 있다는 점만을 지적하고 넘어가겠습니다.[8]

마르크스주의에서 자주 사용하는 표현 중에 '추상에서 구체로의 상승'이 있습니다. 이 말은 여러 오해와 달리 추상적 사고에서 구체적 현실로 올라왔다는 뜻이 전혀 아닙니다. 단순한 규정에서 복잡한 규정으로의 발전 또는 전개를 뜻합니다. 발전 또는 전개란 '데블로프망développement'을 옮긴 것입니다. 예를 들어 처음에는 저차원의 이론 내에서 자본주의를 상품이라는 개념 하나만으로 규정했는데, 사유를 발전시키면서 고차원의 이론 내에서 자본주의를 상품, 화폐, 자본, 노동력, 이데올로기, 사회구성체, 생산양식 등 여러 개념들을 통해 복잡하게 규정한다는 얘기죠. 바로 이것이 추상에서 구체로의 상승인데요. 핵심은 이것이 전적으로 사고 내에서 이루어지는 발전과정 또는 전개과정이란 겁니다. 현실에서의 추상에서 구체로의 상승 또한 존재할 수 있겠지만, 이는 사고에서의 추상에서 구체로의 상승과 반드시 구별해야 합니다.

통상적으로 우리는 과학적 연구란 구체적인 여러 현상들을 관찰한 뒤 거기에서 어떤 공통성 즉 일반성을 '추출'해 내는 행위라고 생각합니다. 일종의 '구체에서 추상으로의 하강'일 텐데요. 그러나 이는 알튀세르가 넓은 의미의 경험론이라 부르는 것으로 실증주의의 철학적 토대라고 볼 수 있는데, 반경험론자인 마르크스는 과학적 연구를 전혀 다른 방식으로 개념화합니다. 이와 관련해서는 '건축'과 '작곡'의 비유를 활용해 이 점을 탁월하게 설명하는 백승욱 선생님의 『생각하는 마르크스』를 참조하기를 바라고, 저는 아주 간단히만 말할게요.[9]

백 선생님의 표현을 가져오자면 마르크스는 '개념의 켜'를 쌓음으로써 진리에 도달할 수 있다고 생각했던 사상가입니다. 건축으로 비유하면 개념이라는 벽돌을 쌓아 감으로써 집을 지을 수 있다는 거죠. 그럼 그 개념은 애초 어떻게 획득하는가? 이것이 넓은 의미의 경험론은 이해할 수 없는 것인데, 이는 과거의 인식과정에서 생산된 것을 우리가 상속받은 것이에요. 그러니까 구체적인 여러 현상들을 관찰한 뒤 거기에서 어떤 공통성 즉 일반성을 추출해 냄으로써 최초의 개념을 획득하는 것이 아니라, 과거의 인식과정에서 생산된 것을 우리가 상속받으면 그게 우리의 인식과정에서는 최초의 개념이 된다는 것입니다.

물론 여기에서 제가 용어를 조금은 느슨한 방식으로 쓰고 있다는 점에는 주의해야 합니다. 사실 프랑스 역사인식론에서는 스피노자의 영향하에 '통념notion', '공통 통념notion commune', '개념concept'을 구분합니다. 역시 느슨하게 설명하자면, 통념은 과학적 개념에 아직은 도달하지 못한, 우리가 넓은 의미의 일상에서 획득하는 최초의 관념이고, 공통 통념은 통념으로부터 출발해 과학을 향해 조금 더 발전된 관념이고, 개념은 통념이 공통 통념을 지나 과학에 도달함으로써 된 것이죠. 그러니까 과거의 인식과정에서 생산된 개념을 현재의 우리가 넓은 의미의 '일상'에서 상속받으면 그게 우리의 인식과정에서는 최초의 개념, 결국 다시 통념이 됩니다.

바로 그렇기 때문에 마르크스가 자신의 역사과학으로서 정치경제학 비판을 정초하기 위해 그토록 집요하게 애덤 스미스Adam Smith와 데이비드 리카도David Ricardo의 고전파 정치경제학을 읽고 비판했던 것이죠. 그로부터 최초의 개념을 얻을 수 있으니까요. 이런 식으로 최초의 개념을 획득한 뒤 이 개념의 규정을 더해 나가면 그게 스피노자적으로 말해 인식에서의 진전이 되는 것이고 결국에는 진리에까지 도달하겠죠. 마르크스에게는 그 진리

세 번째 강의
루이 알튀세르의 포스트-구조주의

의 결과물이 바로 『자본』이고요. 과학적 연구에 대한 이러한 개념화에서 가장 중요한 게 뭐겠어요? 당연히 '이전의 논의에 대한 비판적 독해'입니다. 뒤에서 설명하겠지만 알튀세르는 이를 '증상적 독해'로 많은 변형과 함께 개념화한 것이고요. 이 책의 부록 1번인 "인문사회과학에서 '공부'란 도대체 무엇인가?"도 관련해 참고해 보길 바랄게요.

이제 '대상'이라는 관념을 활용하면요. 인식과정론의 문제설정에서 사고대상은 현실대상과 엄밀히 구별해야 합니다. 이론적 실천 즉 과학적 인식은 전적으로 사고대상과 관련되는 것이고 사고 내에서 이루어지는 추상에서 구체로의 상승입니다. 사고대상을 가지고서 행해지는 이론적 실천, 즉 과학적 실천을 통해 과학자가 발전된 과학적 인식을 생산했다고 해도, 이는 여전히 사고과정 내 사고대상과 관련된 것이지, 현실과정 내 현실대상과 관련된 것이 아니죠. 그래서 이론적 실천의 목표는 현실구체를 생산하는 것이 아니라 사고과정 내에서의 구체, 즉 '사고-구체'를 생산하는 것이에요.

매우 중요한 지점이니까 반복하자면, 알튀세르의 인식과정론에서 사고과정과 현실과정, 사고대상과 현실대상은 엄밀히 구별됩니다. 그리고 과학자의 이론적 실천의 목표는 현실추상에서 현실구체로 상승하는 것, 그러니까 현실구체를 생산하는 것이 아니고, 대신 사고추상에서 사고구체로 상승하는 것, 그러니까 '사고-구체'를 생산하는 것이죠. 이 '사고-구체' 개념이 마르크스의 과학에 대한 이해에서 핵심적이기에 이를 강조하고자 사고구체가 아니라 일부러 '사고-구체'라고 말하는 건데요. 알튀세르주의적으로 마르크스의 『자본』을 읽는다는 것은 바로 이런 관점에서, 그러니까 『자본』의 서술방식이 사고추상에서 사고-구체로, 단순한 규정에서 복잡한 규정으로 상승하는 방식이란 점에 주목해서 이 책을 읽는다는 것이죠. 이런 방식으로 『자본』을 읽는 게 구체적으로 어떤 것인지는 『마르크스를 읽자』에 수록된

제라르 뒤메닐Gerard Dumenil의 '경제' 편을 보면 됩니다. 넓은 의미에서 알튀세르의 제자인 뒤메닐은 알튀세르주의적 관점에서 『자본』을 읽는 대표적인 마르크스주의 경제학자인데, 그런 그가 자신의 『자본』 독해의 핵심을 정리해 놓은 것이 바로 이 글입니다.[10]

여기에서 질문해 볼 수 있는 것은 사고과정과 현실과정, 사고대상과 현실대상 간에는 어떤 관계가 있는지겠죠. 스피노자적으로 환언하면 연장속성과 사유속성 간 관계의 문제입니다. 만일 이론적 실천 내에서 출발점이 되는 최초 개념이 실은 과거의 이론적 실천이 도착점에서 생산한 최종 개념이라면, 다시 말해 이런 식으로 역사가 진행되면서 릴레이 마라톤과 같이 개념을 선대에서 후대로 이어 나가 복잡화시키는 것이라면, 현실은 이런 사고에, 더 나아가서 사고는 이런 현실에 어떤 영향을 어떻게 미치는 것일까요?

물론 이 점에 대해 알튀세르는 제대로 된 답변을 내놓지 않았죠. 단지 『『자본』을 읽자』에서 '사회효과'와 짝이 되는 '인식효과'라는 개념만을 그다지 세공하지 않은 채 던져 놓았을 뿐입니다. 이 인식효과는 이론적 실천이 자신의 목표인 사고-구체의 생산을 통해, 그러니까 추상에서 구체로 사고 내에서 상승함으로써 현실을 영유한다는 점을, 다르게 말해 사고 내에서 생산된 인식이 그 효과를 통해 현실과 관계 맺는다는 점을 표현하는 개념이죠. 물론 이것만으로는 제대로 된 해명이 되지 않을 것입니다. 오히려 마르크스와 스피노자가 이 둘 간 관계를 어떻게 사유했는지에 더 주목해서 이를 이론화할 필요가 있겠죠. 하지만 진태원 선생님도 『『자본』을 읽자』 해제에서 지적하듯, 이 당시 알튀세르에게는 정치와 이데올로기에 관한 사유가 충분히 발전해 있지 않았기 때문에 이 문제를 해결하는 게 불가능했습니다. 물론 자기비판 이후 알튀세르는 이 정치와 이데올로기에 관한 사유를 발전시키지만, 이러한 '정치주의' 속에서 '이론주의'의 문제인 인식과 인식과정에 대한 관심이 떨어져 이에 대해서는 거의 언급하지 않습니다. 진 선생님이 말하듯 오늘날까지의 알튀세르주의의 전개에서 이 주제는 별로 발전되지 못했는데, 제 생각에 다섯 번째 강의에서 다룰 『개념의 정념들』은 이 문제에 대한 발리바르 나름의 답변을 제시하고 있는 것 같습니다. 어찌 되었든 그 해결의 실마리는 스피노자철학에서 개념화한 연장속성과 사유속성 간 역설적 관계를 사회과학적으로 발전시키는 것일 겁니다.

자, 인식과정론의 첫 번째 쟁점인 사고와 현실의 구별에 대한 논의는 이 정도로 마무리하고요. 이제 인식의 불연속성이라는 쟁점으로 넘어가도록 하죠. 알튀세르는 바슐라르의 '인식론적 단절'이라는 개념을 '인식론적 절단' 개념으로 변형합니다. '단절'은 '럽처rupture/rupture'를 옮긴 것이고 '절단'은 '컷cut/coupure'을 옮긴 것입니다. 물론 발리바르는 『마르크스의 철학』 1장에서 자신의 방식대로 이 절단과 단절을 재개념화하는데, 어렵지 않으니 직접 한번 읽어 보세요. 알튀세르는 인식론적 절단이라는 개념을 통해, 과학자의 이론적 노동을 통한 인식의 생산 과정은 불연속적임을 주장합니다. 이를 알튀세르는 스피노자의 1종, 2종, 3종의 인식과의 유비 속에서 '일반성 Ⅰ → 일반성 Ⅱ → 일반성 Ⅲ의 변증법'으로 표현합니다.

마르크스의 정치경제학 비판과의 유비를 통해 알튀세르는 일반성 Ⅰ을 '노동대상'으로, 일반성 Ⅱ를 '노동수단'으로, 일반성 Ⅲ을 '노동생산물'로 규정합니다. 그러니까 일반성 Ⅰ이라는 노동대상에 일반성 Ⅱ라는 노동수단을 적용해 일반성 Ⅲ이라는 노동생산물을 생산한다는 거죠. 이게 새로운 과학적 인식의 생산과정이라는 겁니다.

문제는 이 일반성 Ⅰ과 일반성 Ⅲ 사이에서 인식론적 절단이 일어나 불연속성이 생겨난다는 것입니다. 인식은 지식이 점진적으로 축적되는 과정이 아니라 일반성 Ⅱ에 의한 인식론적 절단으로 인해 말하자면 '새로운 것'

이 돌발하는 과정이란 거예요. 새로운 것이 돌발했다면, 말 그대로 새로운 것이 돌발한 것입니다. 진리를 향해 한 걸음 더 앞으로 나간 것입니다. 생산된 진리로부터 더 멀어지는 퇴보를 인간과 사회와 세계가 겪을 수는 있을지언정 새로운 것은 이미 돌발한 것입니다. 이데올로기의 공격에 의해 진리가 과거의 논의 수준으로 다시 회귀할 수도 있고 더 나아가서는 진리가 소멸할 수도 있지만, 그럼에도 분명 진리는 생산된 것이에요. 그래서 프랑스 역사인식론에서 진리의 생산을 '불귀점', 즉 뒤로 돌아갈 수 없는 지점의 형성이라고 표현하는 것이죠. 이를 '비가역적'이라 표현할 수도 있습니다. 이 미묘한 뉘앙스를 잘 파악하길 바랍니다. 진화론은 분명 진리이지만 진화론 이전의 논의 수준으로 회귀하는 것도 가능하고, 진화론이란 진리가 소멸하는 것도 가능하지만 진화론은 분명 진리입니다. 물론 이 또한 언젠가는 더 나은 진리에 의해 지양될 수 있는 진리이지만요.

저는 알튀세르의 인식론을 포함한 프랑스 역사인식론에 대해 설명하면서, 그 진리관의 핵심 특징 세 가지가 진리의 불연속성, 진리의 비가역성, 진리의 소멸가능성, 더 나아가 진리의 이러한 변증법적 생산과정의 무한함이라고 정리하곤 합니다. 진리는 인식론적 절단에 의해 불연속적으로 생산됩니다. 이 진리는 비가역적이에요. 이 진리를 무시하면서 진리 이전 수준의 사유로 회귀하는 것은 가능하나 진리는 이미 생산된 것이란 얘기예요. 이는 진리가 불연속적인 방식으로라고 해도 상승하고 성장하는 것임을 뜻합니다. 하지만 동시에 이 진리는 인간, 사회, 세계에서 인정받지 못해 우리가 이 진리 이전의 논의 수준으로 회귀하거나 이 진리가 아예 소멸할 수도 있는 것이죠.

마지막으로 강조해야 할 점은 이러한 진리의 생산과정이 '무한'하다는 것인데요. 일반성 I → 일반성 II → 일반성 III으로의 이행은 변증법적입니다. 이는 이 과정이 무한하다는 점을 의미합니다. 고전파 정치경제학이 이러한 진리의 생산과정을 통해 생산한 일반성 Ⅲ은 그 당시에는 진리였겠지만 마르크스에게는 최초의 일반성, 즉 일반성 Ⅰ입니다. 다르게 말하면 고전파 정치경제학의 시기에는 과학이었겠지만 마르크스의 시기에는 이데올로기인 거죠. 그러니까 이는 마르크스에게 사고추상이에요. 이제는 마르크스가 진리의 변증법적 운동 속으로 들어가 고전파 정치경제학이 생산한 일반성 Ⅲ을 자신의 일반성 Ⅰ로 취해 다시 일반성 Ⅰ → 일반성 Ⅱ → 일반성 Ⅲ으로 나아가는 과정을 밟아 나갑니다. 이렇게 마르크스의 일반성 Ⅲ이, 오늘날 지금 여기의 우리가 일반성 Ⅰ로 취하는 바가 생산되는 것이죠. 캉길렘은 '과학적 이데올로기'란 개념을 사용하는데, 마찬가지입니다. 개념을 조금은 덜 엄밀하게 활용해 설명하면, 과학은 이데올로기로부터 탈이데올로기화한 결과이지만, 그 뒤 이 과학은 과학적 이데올로기로서 새로운 탈이데올로기화의 대상이 됩니다. 이 이데올로기화와 탈이데올로기화의 과정은 끝없이 이어지고, 그게 과학의 진리로의 상승의 역사, 진리의 변증법적 운동입니다. 중요한 것은 이러한 역사, 이러한 운동이 '무한'하다는 것이고요. 인문사회과학은 말할 것도 없고, 캉길렘과 라투르를 따르자면, 자연과학도 실은 마찬가지 아닐까요?

그럼 이 인식론적 절단의 핵심인 일반성 Ⅱ라는 노동수단은 구체적으로 무엇일까요? 알튀세르의 인식과정론에서 특히 이 일반성 Ⅱ의 모호성이 난점인데, 간단히만 설명할게요. 알튀세르에게서 일반성 Ⅰ은 이데올로기, 일반성 Ⅲ은 과학입니다. 물론 다음 시대가 도래하면 이 일반성 Ⅲ이라는 과학이 일반성 Ⅰ이라는 이데올로기가 되겠지만요. 그런데 이렇듯 이데올로기와 과학을 구분하는 기준이 알튀세르에게서는 바로 일반성 Ⅱ이고 이는 '이론적 형식으로서 문제설정'입니다. 넓은 의미에서는 간단히 '관점'이라고 해도 괜찮겠지만, 조금 더 구체적으로는 개념들로 구성된 이론적 체계라고 말할 수 있어요. 알튀세르는 개념들로 이루어진 '장'이라는 표현도 사용하는데요. 알튀세르에게는 심리-경험적인 개별 인식주체가 보는 것이 아니라 장 또는 문제설정이 보는 것이에요. 여기에서 심리-경험적인 개별 인식주체라는 건 당연히 구조주의적 의미의 구성되는 주체는 아니겠죠. 심리-경험적인 개별 인식주체가 자신의 인지능력을 증진시킨다고 해서 보지 못하던 것을 보는 게 아니라, 장 또는 문제설정이 변경되어야 보지 못하던 것을 심리-경험적인 개별 인식주체도 볼 수 있게 되는 것이죠.

이러한 맥락에서 '과학자' 또한 심리-경험적인 개별 인식주체가 아닙니다. 두 번째 강의에서 설명했듯 구조주의에서 주체는 파면되기 때문이에요. 주체라는 표현을 계속 활용한다면 대문자 주체로서의 과학자가 아니라 장 또는 문제설정에 의해 구성되는 주체로서의 과학자겠죠. 다르게 말해 알튀세르에게 인식과정에서의 '주체'란 없습니다. 마치 초기 푸코에게서 '저자'란 없는 것처럼요. 알튀세르의 인식과정론에서 인식은 주체에 의한 인식이 아니라 장 또는 문제설정 속 인식, '개념에 의한 인식'이기 때문입니다. 구성하는 주체의 인식이 아니라 구성되는 주체의 인식이라 표현할 수도 있겠네요. 말도 안 되는 얘기일까요? 우리가 지금까지 무엇을 어떻게 인식해 왔는지 그 역사를 잠깐만 떠올려 봐도 엉뚱한 얘기는 전혀 아니란 점을 알 수 있을 텐데요. 우리는 개념에서 개념으로 나아가며 더 나은 인식을 획득해 왔어요. 과학자에서 과학자로 이어지며 인식이 성장하는 건 개념이 나아가는 역사가 생산하는 표면효과일 뿐입니다.

이를 알튀세르는 '과학의 대상이 바뀐다'고도 표현합니다. 계보학을 떠올려 보면요. 요소들은 자신들의 불변의 본성을 가지는 것이 아니라 이 요소들이 형성하는 관계에 의해 규정되는 본성으로서 내용을 가지고 있을 뿐이죠. 마찬가지입니다. 과학의 대상이란 것도 개념들로 구성된 그 장 또는 문제설정에 의해 그 본성이 규정되는 것이에요. 장 또는 문제설정이 변경되었다는 건 그래서 과학의 대상 또한 변경되었다는 점을 의미하죠. 여기에서 증상적 독해 개념이 나오는데, 한편으로는 이 증상적 독해를 통해 문제설정이 변경됨으로써 새로운 과학 또는 인식이 생산되고, 다른 한편으로는 이 문제설정의 변경을 증상적 독해를 통해 읽어 냄으로써 새로운 과학 또는 인식이 생산됩니다. 이 둘 간에는 상호성과 순환성이 존재한다고 보면 됩니다. 그래서 이전의 과학과 이후의 과학을 구성하는 요소들은 겉보기에는 같아 보일 수 있어요. 하지만 이전의 과학과 이후의 과학 사이에 문제설정이 변경되었다면, 겉보기에는 같은 이름을 가진 개념이지만 그 내용은 완전히 바뀌게 되죠. 이 개념을 구성하고 있는 관계가 완전히 변화했으니까요. 물론 많은 경우 이 개념의 이름이 바뀌지만요. 그리고 더욱 중요한 것은 증상적 독해를 통해서만 이를 읽어 낼 수 있다는 것이고요. 정리하자면 일반성 II라는 통념은 알튀세르가 완전히 해명하고 규정하지는 않았지만 장 또는 문제설정의 변경, 과학의 대상의 변경, 증상적 독해, 노동수단 정도로 조금은 느슨하게 이해해 볼 수 있습니다. 이 일반성 II의 작용으로 이데올로기로부터 탈이데올로기화된 과학의 생산이 가능해지는 것이고요.

고전파 정치경제학과 마르크스의 정치경제학 비판 간 관계라는 예시를 취해 봅시다. 고전파 정치경제학은 자신의 선행 사상을 비판함으로써 노동가치에 대한 진리를 발견하고 이를 노동가치론으로 정식화합니다. 알튀세르식으로 말하면 고전파 정치경제학은 새로운 인식을 생산한 것이죠. 새로운 인식은 '발견'되는 것인지 아니면 '생산' 또는 '발명'되는 것인지 자체가 하나의 쟁점이지만 이건 넘어갈게요. 데리다의 사유에서 진리는 텍스트에 기입됨으로써 생산되고 생산됨으로써 기입되는 것이지, 텍스트에 기입되기 이전 천상계에 존재하던 진리를 텍스트에 단순히 전사하는 것이 아니었다는 점을 한번 떠올리면서 고민해 보세요. 물론 이는 진리의 아포리아이기에 정답은 없습니다. 발견이라고 하든 생산 또는 발명이라고 하든, 고전파 정치경제학은 노동이 가치를 생산한다는 진리를 주장하죠.

문제는 여기에 어떠한 개념의 부재가 존재한다는 겁니다. 부재가 존재한다는 표현이 역설적일 수 있겠지만 알튀세르는 증상적 독해 개념을 통해 개념의 부재의 존재를, 다르게 말해 개념의 부재의 현존을 사유하려고 합니다. 첫 번째 강의에서 데리다가 하고자 하는 작업이 부재의 고유한 현전을 사유하는 것이었다는 점을 설명했는데, 이와 크게 다르지 않습니다. 고전파 정치경제학에서 개념의 부재 또는 공백은 바로 '노동(……)의 가치'에서 이 '(……)' 입니다. 여기에서 자세히 설명할 수는 없지만 마르크스의 고전파 정치경제학 비판의 핵심은 노동(……)의 가치 개념을 노동'력'의 가치 개념으로 변형한 것이죠. 마르크스는 고전파 정치경제학이 '노동력의 가치'라는 개념을 발견 또는 생산했으면서도 이를 노동력의 가치라 개념화하지 못하고 대신 노동의 가치라 개념화했다고 '비판'하는 겁니다. 이게 마르크스의 정치경제학 비판의 중핵이고, 이로부터 잉여가치 개념이 도출되는 것이에요. 이로써 마르크스는 잉여가치 개념을 사유할 수 있게 되고요. 마르크스는 인류 지성사에서 진리를 향해 한 걸음 더 전진한 것입니다.

이렇듯 고전파 정치경제학은 자신이 새로운 인식을 발견 또는 생산했으면서도 이를 '읽어' 내지 못합니다. 엥겔스Friedrich Engels와 알튀세르 모두가 강조하듯 이는 화학의 역사에서 플로지스톤 가설에서 라부아지에Antoine Laurent Lavoisier의 산소이론으로 이행한 것과 동일한데, 플로지스톤 가설의 주창자들 또한 새로운 인식을 발견 또는 생산했으면서도 이를 읽어 내지 못해요. 이들에게는 '산소'라는 개념이 부재했던 것이죠. 이런 개념의 부재를 읽어 내는 것, 그것이 바로 증상적 독해입니다. 앞서 언급한 순환성을 고려하면서 말하자면, 이런 증상적 독해는 문제설정이 변경되어야, 과학의 대상이 바뀌어야 가능합니다. 그 역도 마찬가지이고요. 경험적인 개별 주체의 심리적 인지 능력이 문제가 아닙니다. 프랑스 역사인식론 일반이 다 그렇지만, 특히 알튀세르에게 중요한 것은 라부아지에, 마르크스, 더 나아가 찰스 다윈 Charles Darwin 등과 같은 천재적 지식인들의 통찰력이 아닙니다. 그게 아니라 푸코식으로 말하면 에피스테메, 알튀세르식으로 말하면 문제설정이 변화해 장이 볼 수 있어야, 증상적 독해가 가능해져야 합니다.

물론 알튀세르가 인식과정론의 모든 쟁점을 해결한 것은 전혀 아닙니다. 사고과정과 현실과정, 사고대상과 현실대상 간 관계는 물론이고 구체적으로 어떻게 해야 인식론적 절단이 일어나는지의 문제, 즉 마르크스는 어떻게 고전파 정치경제학이 보지 못한 것을 보았는지의 문제, 다르게 말해 증상적 독해의 '주체'와 그 실행이라는 문제 등이 있죠. 고전파 정치경제학은 어떻게 새로운 인식을 생산해 냈는지, 그리고 왜 그들은 새로운 인식을 생산한 뒤에 이를 보지 못했는지, 반면 마르크스는 어떻게 이를 보게 된 건지, 이를 증상적 독해의 관점에서 설명해야 하는데 알튀세르는 자세히 설명해 주지 않습니다.

이는 푸코의 에피스테메 개념의 난점과도 직결되는데, 증상적 독해가 가능하기 위해서는 문제설정이 변경되어야 하고, 문제설정이 변경되기 위해서는 증상적 독해가 이루어져야 합니다. 푸코에게는 에피스테메가 보는 것이고, 알튀세르에게는 장 또는 문제설정이 보는 것이에요. 그러니까 마르크스가 천재였고 통찰력이 있었다는 식의 설명은 불가능한 것이죠. 에피스테메가 바뀌어야 하는데, 장 또는 문제설정이 변경되어야 하는데, 그게 어떻게 가능하냐는 거죠. 제 관점에서는 푸코도 알튀세르도 이 문제에 완전한 답변을 제출하지는 못한 것 같습니다. 아쉽지만 우리도 이런 미해결의 문제가 남아 있다는 점만을 지적하고 넘어갈게요. 대신 다섯 번째 강의에서 이 문제에 대한 해결의 단초가 현행성 개념에 있다는 것 정도는 말할 생각이에요.[11]

역사과정이라는 두 번째 주제

과천연구실에 따르면, 마르크스가 고전파 정치경제학을 대상으로 수행한 인식론적 절단의 실제적 내용은 바로 '역사의 운동을 포착한 새로운 과학적 인과성'입니다. 역사가 어떻게 변증법적으로 운동하는지, 그 운동에서 원인과 결과는 무엇인지 마르크스가 자신의 역사과학 내에서 탐구했고 그 결과물이 바로 역사변증법입니다. 마르크스가 특히 『자본』에서 발견한 역사의 인과성에 걸맞게 변증법을 개조하는 것이 철학의 과제가 됩니다. 그래서 이론적 실천의 이론, 그러니까 마르크스주의 철학은 앞서 살펴보았듯 인식으로서의 변증법을 개조했는데, 이는 사실 궁극적으로는 역사의 변증법을 역사의 운동에 적합한 형태로 개조하기 위한 전제일 뿐입니다. 마르크스주의 철학의 궁극적 목표는 마르크스가 발견한 역사의 인과성을 사유할 수 있게 해 주는 역사의 변증법을 개조하는 것입니다.

이제 '역사과정론'이라 부를 수 있을 바를 본격적으로 다뤄야겠죠? 과천연구실을 따라 조금 전 우리는 알튀세르가 변증법을 '과학적 인식에 관한 이론'임과 동시에 '역사의 운동의 인과론적 모형'으로 만든다고 말했죠. 흐름을 놓치면 안 됩니다. 지금 우리는 초기 알튀세르가 1965년 『마르크스를 위하여』와 『『자본』을 읽자』에서 세공한 마르크스주의 철학, 즉 유물론적 변증법을 다루고 있습니다. 이 유물론적 변증법은 인식의 변증법과 역사의 변증법, 인식과정론과 역사과정론으로 구성되어 있죠. 이 인식과 역사가 알튀세르의 두 가지 철학적 주제이고, 나머지 하나인 이데올로기는 이 인식과 역사 모두와 관계합니다. 『자본』으로 대표되는 마르크스의 역사과학으로서 정치경제학 비판은 말 그대로 '과학'이며, 이는 여러 사회적 실천들 중 하나인 이론적 실천 또는 과학적 실천이죠. 그런데 이 마르크스주의 철학 또는 유물론적 변증법은 이러한 이론적 실천에 관한 이론으로서 이론의 이론, 과학의 과학이고, 이것이 하는 역할은 마르크스의 그것과 같은 과학이 취하는 과학성을 보증하는 것입니다.

  그럼 이제 유물론적 변증법의 나머지 절반인 역사과정론을 다루어 보겠습니다. 알튀세르는 인식'과정'과는 달리 역사'과정'이라고 적극적으로 정식화하지는 않아요. 하지만 제 생각에 유비적으로 역사과정이라고도 정식화해 볼 수 있을 것 같고요. 그다음 철학에서, 더 나아가 마르크스주의에서도, 존재와 의식 간의 통상적 대당이 존재하잖아요. 이를 고려해서 이 역사를 존재로 바꿔 읽는 것도 가능하다고 생각해요. 정확하지는 않지만. 그래서 역사의 변증법이 조금 와닿지 않는 분은 이를 존재의 변증법으로 새기면 어떨까 합니다. 첫 번째 강의에서 데리다와 관련해 '존재와 역사'를 언급한 바 있습니다. 그러니까 앞서 다룬 인식과정론은 말 그대로 인식에 대한 논의이고, 지금 다루는 역사과정론은 말 그대로 존재와 역사에 대한 논의라고 할 수 있습니다.

  알튀세르에게서 역사의 변증법은 역사과학에 적합한 '구조인과성'의 모형을 제시하기 위한 것입니다. 인과성이란 원인과 결과의 성격을 말하는 거잖아요. 그래서 기본적으로 구조인과성이란 구조의 생산과 재생산 그리고 변동의 인과성을 의미합니다. 방금 진리의 변증법적 운동을 말하면서도 진리 생산에 관한 일종의 인과성을 설명했는데요. 존재와 역사의 차원에서도 마찬가지입니다. 가령 사회주의로의 이행을 예시로 들면, 어떻게 하면 사회주의로 이행할 수 있을까, 어떤 원인으로 인해 사회주의로 이행했던 것일까 등의 질문을 던져 볼 수 있죠. 물론 봉건제에서 자본주의로의 이행도 마찬가지이고요. 존재와 역사에도 어떤 인과성이 있다는 거죠. 이를 구조 또는 사회의 인과성이라고 말할 수 있을 텐데, 물론 짐작하겠지만 우발성의 유물론은 이런 인과성을 전부는 아니라 해도 상당 부분 상대화하는 사유죠. 오히려 필연보다는 우연을 우위에 두는 사유이기 때문이에요. 구조인과성을 강조할수록 우발성의 유물론으로부터는 멀어집니다.[12] 그래서 구조인과성에 집요하게 천착하는 『『자본』을 읽자』의 알튀세르가 가장 '구조주의적'인 알튀세르인 것이고, 포스트-구조주의와 우발성의 유물론으로부터는 가장 멀리 떨어져 있는 알튀세르인 것이죠. 물론 진태원 선생님이 『『자본』을 읽자』 해제에서 강조하듯 이 둘 중 하나의 알튀세르만이 옳다고 보는 해석은 비생산적이고, 그렇기 때문에 구조인과성과 같은 개념도 오늘날 충분히 진지하게 재전유해 볼 필요가 있죠. 이런 맥락에서 진 선생님은 이 시기의 알튀세르가 '구조주의적'인 게 아니라 '구조적'이라 규정하는 거고요.

그럼 구조인과성이란 구체적으로는 무엇이냐? 구조인과성은 철학사에서 존재했던 두 가지 인과성인 기계적 인과성과 표현적 인과성을 넘어서는, 스피노자의 내재적 인과성 개념으로부터 발전시킨 알튀세르만의 새로운 인과성 개념입니다. 기계적 인과성은 갈릴레이, 더 나아가 데카르트의 것으로 부분과 부분 간 인과관계를 설명합니다. 표현적 인과성, 또는 표출적 인과성이나 유기체적 인과성이라고도 하는데, 이는 라이프니츠Gottfried Wilhelm Leibniz와 헤겔의 것으로 전체와 부분 간 인과관계를 설명하기는 하지만 부분이 전체의 본질을 표현한다고 주장합니다. 그러니까 부분은 본질로서의 전체, 정신의 원리로서의 전체의 표현형태, 현상형태에 불과하고, 그래서 부분은 본질로 환원되는 것이죠. 이러한 표현적 인과성에서 부분은 '전체의 부분' 또는 '전체적 부분pars totalis'에 불과합니다. 그리고 이러한 표현적 인과성에서 본질로서의 전체, 정신의 원리로서의 전체는 중심을 차지하고, 이를 표현할 뿐인 부분들 또는 현상들은 모두 이 중심으로부터 등거리에 놓여 있습니다. 부분과 전체가 일종의 동심원의 형태를 취하고 있는 거예요.

반면 알튀세르가 스피노자의 내재적 인과성 개념으로부터 발전시킨 구조인과성 개념은 복잡한 전체가 원인이라고 주장합니다. 여기에서 전체가 복잡하다는 것은 이 전체가 여러 부분들로, 그것도 이것들이 서로 불균등하게 즉 위계화 속에서 지배관계를 갖도록 절합된 상태로 구성되어 있다는 점을, 다시 말해 이 전체가 여러 부분들 간 복잡한 관계로 구성되어 있다는 점을 의미합니다. '절합'이라는 어휘는 조금 이따 설명할게요.

중요한 것은 이러한 복잡한 전체라는 원인이 '부재'하다는 겁니다. 복잡한 전체는 존재하지 않고 부재해요. 무슨 말일까요? 이 복잡한 전체는 부분들 바깥에 실체적으로 존재하는 무엇인가가 아니라 이 부분들이 그 복잡한 관계 속에서 배치되어 있는 '꼴' 즉 '형태'에 불과하다는 거죠. 다시 말해 이 복잡한 전체가 부재해 있다고, 더 나아가 이러한 꼴 즉 형태가 생산하는 효과 속에서만 존재하고 있다고 알튀세르는 강조합니다. 표현적 인과성에서 전체는 분명 존재하죠. 존재하는 것을 넘어 모든 부분을 흡수하기까지 합니다. 하지만 구조인과성에서 복잡한 전체는 이러한 꼴 즉 형태가 생산하는 효과 속에서만 존재합니다. 바로 이 복잡한 전체가 부분들을 결정하는 원인인데요. 이러한 결정은 실제적 결정, 다르게 말해 내용 결정인 게 아니라 효과의 결정, 다르게 말해 꼴 또는 형태가 결정됨으로써 내용을 결정한다는 의미에서 형태 결정입니다.

푸코적 계보학을 떠올려도 좋습니다. 그래서 알튀세르는 이 복잡한 전체를 그 효과 속에서만 존재하는 '부재하는 원인'이라고 부르는 거예요. 『『자본』을 읽자』의 알튀세르가 구조주의적 시기의 알튀세르라고 한다면, 여기에서 구조란 바로 이런 의미의 구조입니다. 매우 독특한 의미의 구조이고, 그래서 이 시기 알튀세르 또한 매우 유별난 의미의 구조주의자죠. 구조주의 일반이란 게 존재할 수 있는지 잘은 모르겠지만 설사 그런 게 존재한다고 해도 알튀세르는 통상적 의미의 구조주의자는 아닐 겁니다. 진태원 선생님도 『『자본』을 읽자』의 해제에서 이 점을 강조하고 있죠.

그런데 알튀세르가 구조인과성 개념을 세공하는 이유는 우주만물의 인과성을 밝혀내기 위함이 아니라 인간과 사회의 역사에서의 재생산과 이행을 설명하기 위함이죠. 그래서 이를 다음과 같이 환언해야 하는데요. 구조인과성에서 말하는 복잡한 전체란 바로 사회구성체입니다. 마르크스주의에서 사회구성체는 토대와 상부구조로 구성된 2층집 도식으로 표현되죠. 물론 마르크스주의가, 더 나아가 마르크스 자신이 이런 2층집 도식을 제시했는지 의문이긴 하지만 이 점은 넘어갈게요. 토대, 즉 1층에는 경제 또는 생산양식들이, 상부구조, 즉 2층에는 국가, 법, 이데올로기, 정치, 문화, 예술 등이 놓이죠. 알튀세르는 핵심적으로는 국가, 법, 이데올로기가 상부구조를 이룬다고 지적하는데요. 이런 사회구성체 도식에서는 1층이 2층을 결정합니다. 물론 조금만 생각해 보면 1층은 2층이 존재할 수 있는 토대를 마련해 주지, 2층 전체를, 2층의 '내용'을 결정하지는 않는다는 걸 알 수 있어요. 그러니까 이런 도식이 실은 여러 모호성들을 지니고 있고, 어떤 면에서는 마르크스주의가 경제결정론이란 주장에도 부당한 점이 있는 겁니다.

알튀세르는 이런 2층집 도식을 지양하고자 합니다. 그는 사회구성체의 인과작용은 훨씬 더 복잡하다는 점을 주장하고 싶은 건데요. 아까 우리가 '부분'이라고 말한 건 알튀세르에게는 '심급^{instance}'입니다. 2층집 도식에서 말하는 경제든 정치든 국가든 문화든 다 심급입니다. 이 부분들, 즉 심급들이 모이고 모여 하나의 전체를, 즉 사회구성체를 이루는 거죠. 알튀세르는 구조인과성 개념을 통해서 이 심급들 간 관계, 그것이 국가와 문화 간 관계이든, 경제와 문화 간 관계이든, 아니면 더 나아가 사회구성체 전체와 하나의 심급 간 관계이든, 이를 해명하고 싶은 거예요. 이제 알튀세르가 왜 인과성을 논하는지 알겠죠? 결국 알튀세르는 인과성 문제를 해결해 자본주의의 재생산은 물론 사회주의, 공산주의로의 이행 또한 사고하려는 거고요. 물론 진태원 선생님이 『『자본』을 읽자』의 해제에서 지적하듯 구조인과성 개념만으로 이행을 설명하는 건 무리이지만요.

　여기에서 '모순'이라는 개념을 도입해야 해요. 마르크스주의의 판별적 특징 중 하나는 바로 모순을 중심으로 존재와 역사를 사유한다는 것이죠. 마르크스주의는 예를 들어 경제가 역사의 중심이라고 사고하는데, 이 경제란 자본가 계급과 노동자 계급 간 경제적 모순을 의미합니다. 직관적 이해를 위해 과도하게 단순화해 보자면, 각각의 심급은 결국 각각의 모순을 의미하는 거예요. 경제란 자본가 계급과 노동자 계급 간 경제적 모순을, 문화란 문화적 모순을, 예술이란 예술적 모순을, 정치란 정치적 모순을 의미하는 거죠. 그래서 '심급' 대신 '모순'이라 말해도 큰 무리가 없습니다. 알튀세르가 구축하는 역사의 운동의 인과론적 모형을 역사의 '변증법'이라 부르는 이유를 알겠죠. 마르크스주의자인 알튀세르의 관점에서는, 인식의 변증법도 마찬가지지만, 결국 역사의 운동이 모순을 동력으로 이루어지는 것이기 때문입니다.

　알튀세르의 전매특허 개념 중 증상적 독해뿐만 아니라 '과잉결정'이란 개념도 있어요. 알튀세르는 역사에서의 인과성을 설명하기 위해 과잉결정 개념을 제출한 것으로 아는 분들도 많을 겁니다. 그만큼 과잉결정은 알튀세르 하면 딱 떠오르는 개념인데요. 그런데 왜 우리는 과잉결정이 아니라 구조인과성을 말하는가? 과잉결정성과 구조인과성이라는 두 개념은 초기 알튀세르의 이론 체계 내에서 길항하는 두 가지 인과성 개념입니다. 그 관계는 워낙 복잡합니다. 왜 복잡하냐면, 1965년의 알튀세르가 『마르크스를 위하여』 한 책에서만 과잉결정을 두 가지 상이한 의미로 규정하고, 『『자본』을 읽자』에서는 구조인과성 개념을 제출하기 때문이죠. 두 가지 과잉결정 개념 중 하나는 구조인과성 개념에 아주 가까워지고요. 『마르크스를 위하여』가 하나의 책임에도 두 가지 과잉결정 개념이 제출되는 이유는 이 책이 논문모음집이기 때문인데, 두 개의 논문에서 알튀세르는 서로 다른 과잉결정 개념을 제시하고 그 둘 간 긴장을 해소하지 않은 채 내버려 둡니다. 물론 이렇게 내버려 둠은 알튀세르가 과잉결정 개념을 충분히 발전시키지 못했다는 증상인 건데요. 이렇듯 1965년에만 결정 또는 인과성에 대한 세 가지 개념화가 제출되는데, 이 때문에 문제가 복잡해지는 겁니다.

매우 간단히 규정하면, 과잉결정은 여러 결정작용이 하나로 합쳐져 이루어지는 것, 다르게 표현하면 여러 결정요소들이 뭉쳐져 하나의 결정작용을 수행하는 것, 즉 '다수의 원인의 단일한 효과'를 의미합니다. 이는 단일한 원인의 단일한 효과를 중심으로 한 결정론적 사유와 달리 역사에서 필연보다 우연을 우위에 두는 사유입니다. 예를 들어 1917년의 러시아혁명이 경제적 원인 때문에 발생한 것이 아니라, 경제적 원인을 포함해 사회적, 문화적, 정치적 등등 여러 원인들의 복합적 작용에 의해 그 효과로서 발생했다고 사고하는 것이죠. 이러한 과잉결정의 사유에서는 역사에서의 필연성을 논하기가 힘들어집니다.

문제는 방금 말했듯 『마르크스를 위하여』에서 과잉결정 개념이 두 가지 상이한 의미로 규정된다는 건데요. 과천연구실의 설명을 가져오면, 『마르크스를 위하여』에서 알튀세르는 한편으로는 과잉결정을, '구체적인 역사적 정세 속에서 사건의 필연성과 우연성을 동시에 사고할 수 있게 해 주는 수단'으로 개념화합니다. 이는 알튀세르가 과잉결정으로 '정세의 우연성'을 지시하는 것으로 볼 수 있어요. 알튀세르는 다른 한편으로는 과잉결정을 '복잡한 전체의 성격'으로 개념화합니다. 이는 과잉결정이 '구조인과성의 양상으로서 그 복잡성'을 지시하는 것으로 볼 수 있어요. 첫 번째 개념화가 본연의 의미의 과잉결정 개념에 부합하는 것이고, 두 번째 개념화는 오히려 『『자본』을 읽자』에서 제시되는 구조인과성 개념과 친화적인 과잉결정 개념입니다.

본연의 의미의 과잉결정 개념에서는 전체라는 관념이 그 중요성을 상실합니다. 중요한 것은 특정 정세에서 우연에 의해 다수의 원인들이 단일한 효과를 생산하는 것이죠. 반면 구조인과성 개념에서는 전체라는 관념이 비록 부재하고 있다 해도 부재의 형태로 존재하고 있죠. 부재해 있더라도 전체 또는 구조의 효과를, 효과로서의 전체 또는 구조를 논할 수 있습니다. 그래서 구조인과성 개념과 관련해서는 과잉결정 개념보다 훨씬 더 필연성에 대해 말할 수 있고요.

무리하게 단순화한 것임을 인정하면서도 다음과 같이 정리해 볼 수 있습니다. 과잉결정은 역사에서 필연에 대한 우연의 우위를 사유하는 개념이고, 구조인과성은 역사에서 우연에 대한 필연의 우위를 사유하는 개념입니다. 물론 구조인과성 개념은 다른 구조주의적 개념들에 비해서는 우연을 훨씬 더 발본적으로 사유하는 개념이지만요. 왜냐하면 구조인과성 개념에서 구조는 복잡할 뿐만 아니라 부재하며 효과로서만 존재하고 구조의 결정은 내용 결정이 아니라 형태 결정이기 때문이죠. 이 형태 결정은 푸코적 계보학의 문제설정과 친화적인데, 그래서 이렇듯 형태가 결정한다는 것은 심급들 또는 모순들 간 절합의 구조가 결정한다는 것을 의미해요.

알튀세르는 이러한 절합을 '결합combinaison'이라고 하면서 이 결합이 레비-스트로스적 '조합combinatoire'과는 다르다고 강조합니다. 결합이 요소 간 우연한 마주침이 형성하는 관계에 의해 이 요소의 내용이 결정되고 그래서 이 요소들이 이루는 꼴, 형태, 관계가 변하면 이 요소의 내용도 변화하는 것을 말하는 반면, 조합은 그 내용이 변하지 않는다는 점에서 불변항으로서의 복수의 요소들로부터 무한정한 가짓수로 몇 가지 요소들을 뽑아 합치는 것을 말하니까요. 하지만 구조인과성 개념이 조합이 아닌 결합 개념에 기반해 있다고 해도 구조인과성 개념은 과잉결정 개념에 비하면 결정론적입니다. 과잉결정 개념은 우발성의 유물론자 알튀세르의 영향하에 주조된 개념이고, 그런 면에서 이데올로기 개념과 직결되는 개념이죠. 반면 구조인과성 개념은 변증법적 유물론자 알튀세르의 영향하에서 주조된 개념이고, 이데올로기 개념과는 배치되는 개념이죠. 구조인과성 개념에서 이데올로기는 역사적 심급 중 하나, 사회적 실천 중 하나에 불과한 반면, 과잉결정 개념에서 이데올로기는 결정의 실존조건 그 자체입니다. 이런 맥락에서 과잉결정 개념은 정세의 사유와 친화적인 개념이고 구조인과성은 구조의 사유와 친화적인 개념이죠. 노파심에 다시 한번 지적하자면, 이러한 구분은 초심자를 위한 상당히 도식적인 것이므로 각 개념에 대한 심원한 탐구가 언젠가는 수행되어야 합니다.

어쨌든 쟁점이 되는 것은 바로 역사의 복잡성과 그 변화를 구조의 우위에서 설명할 것인지 정세의 우위에서 설명할 것인지입니다. 반복해서 강조하지만, 『『자본』을 읽자』 해제에서 진태원 선생님이 강조하듯 구조인과성이냐 과잉결정이냐, 즉 구조냐 정세냐의 이분법을 지양할 필요가 있습니다. 초기 알튀세르의 작업 중 구조주의적 성격의 작업을 폐기하면서 구조인과성 개념을 방기하고 과잉결정 개념만을 특권화할 필요는 없다는 거죠. 우리가 이 강의 전체를 통해 주목하는 '구조로서 현행성의 철학'에서 현행성이 '구조로서' 실존한다는 점을 강조할 필요가 있습니다. 마르크스의 『자본』과 같이 구조를 분석하는 작업은 여전히 유효합니다. 그래서 알튀세르의 지적 여정이 끝났고 유고집들 또한 상당수 출간된 상황에서, 진 선생님 주장대로 알튀세르의 두 얼굴 모두를 정면으로 바라볼 필요가 있고요.

마지막으로 두 가지만 더 지적하고 넘어갑시다. 헤겔적인 표현적 인과성에서는 부분이 현상이고 전체가 본질로서 정신의 원리인데, 전체는 중심에 위치하고 복수의 부분들은 이 중심으로부터 등거리에 놓여 있죠. 부분과 전체는 일종의 동심원 형태를 취하고 있다고 할 수 있는데요. 그래서 이러한 헤겔적인 표현적 인과성에서 문제는 부분이 전체로 환원, 흡수된다는 것뿐 아니라, 복수의 부분들 전부가 실은 동일한 부분들이란 겁니다. 부분들 간 질적 차이가 없고, 심지어 부분들 간 관계도 표현적입니다. 이 모든 부분은 중심으로 환원될 거고요. 반면 구조인과성에서는 부분들 즉 심급들 간 질적 차이가, 그 특수성이 사유됩니다. 이를 표현하는 게 알튀세르 하면 떠오르는 유명한 관념 중 하나인 '상부구조 내 심급들의 상대적 자율성'인데요. 어떻게 그것이 가능할까요? 두 번째 강의에서 우리가 간단히 살펴본 푸코적 계보학을 떠올려 보세요. 구조인과성에서 중요한 건 심급들이 자신들이 맺고 있는 복잡한 관계 속에서 취하고 있는 형태입니다. 그 형태가 각 심급의 내용을 결정합니다. 푸코적 계보학과 동일한 관념이죠? 실체로서의 구조가 아니라 형태가 내용을 결정하는 거예요. 그러니까 각 심급의 독특성을 사유할 수 있는 거고요.

당연히 이런 관념 속에서는 이 각 심급이 전체로 흡수, 환원되지 않습니다. 실은 전체라는 것 자체가 '부재'해 있어서 흡수하고 말고 할 게 없죠. 정확한 비유는 아닐 수 있지만 심급들 간 관계로서의 구조가 결정하는 것은 심급의 테두리이고, 이 심급의 테두리 안은 텅 비어 있는데 심급의 테두리에 대한 결정을 통해 과거로부터 상속받은 재료로 그 속을 채워 주는 게 구조라고 보면 어떨까 합니다. 각 심급의 '속', 즉 내용은 구조에 의해 관통되어 있는 거예요. 우리가 구조주의 하면 떠올리는 관념과 달리 구조와 각 요소 간 관계가 무지하게 복잡하죠. 이 관계를 치열하게 사유함으로써 알튀세르는 구조 개념을 폐기해 단순한 다원주의의 길로 나아가지 않으려고, 또는 구조를 부분의 결정자로 단순화하는 일원론의 길로 나아가지 않으려고 기를 쓰고 있는 겁니다. 지나가면서 지적하자면 에르네스토 라클라우Ernesto Laclau와 샹탈 무페Chantal Mouffe의 포스트-마르크스주의의 다원주의가 처해 있는 곤란을 알튀세르는 이렇듯 이미 예상하고 있습니다.

그다음 설명해야 할 것은 최종심과 지배심이라는 통념의 의미, 그리고 모순의 응축과 치환입니다. 최종심 또는 최종심급은 말 그대로 '최종적으로 결정하는 심급'을 의미하죠. '최종심급에서'는 프랑스어 '앙 데르니에르 앵스탕스en dernière instance', 영어 '인 더 라스트 인스턴스in the last instance'를 번역한 것인데, 숙어로 '결국에는' 또는 '궁극적으로'란 의미이지만 마르크스주의에서는 말 그대로 '최종적인 심급에서는'이란 의미입니다. 한국 법률 체계에서는 1심, 2심, 3심에서 이렇게 세 번 재판을 받고, 대법원이 관장하는 이 3심을 마지막 심급이라고 말하는데, 이때 이 '심審'이 바로 '심급' 즉 '앵스탕스' 또는 '인스턴스'입니다. 쉽게 말해 마지막 심급에서는 어떠어떠하다는 의미죠.

문제가 되는 건 '최종심급에서의 결정'인데요. 마르크스주의라는 사상의 판별적 특징은 최종심을 경제 또는 생산양식으로 설정한다는 것입니다. 그러니까 마르크스주의의 기본적인 관념은, 알튀세르처럼 상부구조 내 심급들의 상대적 자율성이라는 관념을 허락하면서 심급들 간의 이러저러한 결정들이 사회구성체 내에서 존재한다고 주장할 수는 있겠지만, 궁극적으로는, 최종적으로는 경제가 결정한다는 것입니다. 물론 여기에서 '결정'이란 무엇인지에 대해서, 즉 내용 결정인지 형식 결정인지 등을 논해야 하겠지만 너무 복잡한 논쟁이라 다루지 않을게요. 통상적으로 생각하는 결정을 떠올려 봐도 우리 논의에서는 충분할 것 같은데요. 최종적으로는 경제가 결정한다, 그래서 경제가 최종심급이라는 건 2층집 도식에서 말하듯 1층이라는 토대가 경제라는 거죠. 물론 이 토대가 상부구조를 결정한다는 게 단순히 그 실존을 가능케 하는 조건, 일종의 '가능조건'이라는 건지 아니면 그 내용까지도 규정한다는 건지는 제대로 설명되지 않죠. 그러니까 결정이란 무엇인지 조금 더 깊이 사유하고자 알튀세르가 앞서 말한 개념들을 세공한 거라고 볼 수 있고요.

그렇다면 지배심은 무엇일까요? 사실 '지배심'이라는 번역어 자체에 내포된 쟁점들이 있어요. 방금 알튀세르가 복잡한 사회적 전체를 사유하고자 『『자본』을 읽자』에서 구조인과성 개념을 세공했다고 말했죠. 여기에서 복잡한 사회적 전체란 '지배심을 갖도록 절합된 구조'를 의미해요. 헤겔적인 표현적 인과성에서와 달리 부분과 전체, 즉 심급과 구조는 일종의 동심원 형태를 취하지 않고 특정 심급이 다른 심급들을 지배하는 형태를, 심급들 간 관계가 균등하지 않고 불균등한 또는 위계적인 형태를 취한다는 거예요. 그러니까 그 사회적 전체는 복잡한 것이죠.

이를 어떤 방식으로 개념화하느냐에 따라 이 '지배심'을 다르게 번역할 수 있어요. '지배심'이라는 번역이 지니는 문제는 이 번역어가 말 그대로 특정 심급이 지배적이라는 의미를 내포하기 때문입니다. 『마르크스를 위하여』의 번역자인 서관모 선생님은 이것이 잘못된 관념이라고 비판하면서 이 번역어를 거부하죠. 특정 심급이 지배적이라기보다는 심급들 간에는 불균등하고 위계적인 '지배관계'가 존재한다는 거예요. 그래서 서 선생님은 '지배관계를 갖도록 절합된 구조'라는 번역을 제시하는데, 저라면 더 구체적으로 '지배관계를 갖도록 불균등하고 위계적으로 절합된 복잡한 구조'라고 할 것 같습니다.

이미 몇 번 등장했지만 설명하지는 않았는데, 여기에서 '절합'이라는 건 '아티큘레이션articulation'을 옮긴 겁니다. 기본적으로 이 어휘는 관절의 운동

과 같이 두 항이 붙어 있으면서도 떨어져 있어 두 항이 하나이면서도 각 항이 자율적으로 운동하는 양상을 지시합니다. 물론 이 어휘에는 '끊어서 발음한다'는, '정확히 말한다'는 의미 또한 들어 있습니다. 그래서 이는 '접합'이나 '분절'로, 또는 콤비네이션combination과 혼동될 수도 있으나 '결합' 등으로도 옮길 수 있어요. 이는 사회적 전체 내 복수의 심급들이 관절과 같이 서로 접합되면서도 각자가 자율적으로 운동할 수 있는 상태로 복잡하게 연결되어 있다는 점을 표현하는 어휘죠.

복수의 심급들이 자신들 사이의 이러한 양태의 연결을 통해 형성하는 꼴 즉 형태가 바로 사회적 전체라고 이미 말했습니다. 그러니까 이 절합이라는 어휘는 이 사회적 전체라는 관념을 이해하는 데에 사활적입니다. 물론 이를 다른 방식으로 이해하는 게 불가능한 건 아니어서, 진태원 선생님은 이 지배심을 '지배소'로 옮기죠. 특정 심급이 분명 지배심일 수도 있고 지배적 '요소'일 수도 있어요. 하지만 서관모 선생님의 경우에는 오히려 이런 절합관계가 복잡하다, 그러니까 지배적 관계를 형성하는 방식으로 불균등하고 위계적으로 절합되어 있다는 점을 조금 더 강조하고 싶은 거죠. 저는 각 선생님이 제시하는 번역어가 모두 나름의 강점을 가지고 있다고 생각합니다. 결론적으로 절합을 포함해 지배심, 지배소, 지배관계라는 관념은 구조인과성 개념에서 없어서는 안 되는 핵심 관념인 거고요.

그런데 여기에 문제가 있습니다. 알튀세르는 사회적 전체가 지배관계를 갖도록 절합된 복잡한 구조, 또는 지배소를 갖는 구조이지만, 그럼에도 최종심은 존재한다고 주장하거든요. 그리고 알튀세르는 이 최종심이 자본주의적 사회구성체의 경우 바로 경제라고 말합니다. 그러니까 최종심으로서 경제가 하는 역할은 어떤 심급이 지배심 또는 지배소인지를 결정하는 것, 아니면 사회적 전체가 어떤 형태로 지배관계를 갖도록 복잡하게 절합되는지를 결정하는 것입니다. 이렇게 최종심은 지배심을 결정하는 방식이긴 하지만 간접적으로라도 사회구성체를 최종적으로 결정하는 것이죠. 물론 이렇듯 간접적 결정을 말하는 것이 구체적으로 어떤 의미를 지닐 수 있는지, 그것이 최종심급에서 경제에 의한 결정이 취하는 결정론적 함의로부터 진정 벗어나는 것이 맞는지는 따져 볼 문제지만요. 어찌 됐든 알튀세르는 최종심급에서 경제가 결정한다는 마르크스주의의 핵심 관념을 여전히 수용합니다.

그러면서도 알튀세르는 『마르크스를 위하여』에서 "최종심급이라는 고독한 시간은 오지 않는다"는 수수께끼 같은 말을 합니다. 여러 해석이 있을 수 있지만 아주 간단히만 말하면, 이는 첫째로, 최종심급이란 존재하고 이 최종심급은 경제이며 최종심급에서는 경제가 결정한다는 것을, 둘째로, 하지만 이 최종심급에서 경제 홀로 결정하는 순간이 우리 눈앞에 '현전'하지는 않는다는 것을 뜻합니다. 알튀세르식의 현전의 형이상학 비판이라고나 할까요. 방금 구조인과성 개념을 설명하면서 구조라는 원인은 부재하는 방식으로 존재한다고 말했죠. 이와 유사한 관념인데요. 최종심급에서의 경제에 의한 결정은 분명 존재하지만 현전하지 않는다는 점에서 부재합니다. 그런 결정의 순간이 우리에게 날것 그대로 현현하는 그런 순간은 절대로 오지 않는다는 거죠.

마르크스주의의 해체의 핵심은 바로 이 최종심급에서의 경제에 의한 결정이라는 관념을, 심지어 그 결정의 순간이 우리에게 날것 그대로 현현하는 그런 순간은 절대로 오지 않는다고 말하는 경우에서까지 해체하는 것, 결국 토대와 상부구조로 이루어진 사회구성체 도식 그 자체를 해체하는 것입니다. 그리고 알튀세르가 자기비판을 수단으로 정치주의로 나아감으로써 점점 더 이데올로기론과 우발성의 유물론으로 경도될수록 최종심급에서의 경제에 의한 결정이라는 관념의 역량은 약해져만 갑니다. 이 강의에서 다루지는 않겠지만 발리바르는 1993년의 「무한한 모순」에서 제 식대로 해석하면 역사의 토대가 경제와 이데올로기 두 가지라는 결론에 이릅니다.[13] 최종심급에서의 경제에 의한 결정이란 말 그대로 '없다'는 거예요. 마르크스주의에 대한 완전한 해체인데, 물론 이러한 결론이 최종심급이라는 개념 자체를 어떻게 변형하는지는 열린 해석의 문제입니다. 발리바르의 결론은 최종심급에서의 경제에 의한 결정이 없다는 것이고, 최종심급에서 단수 또는 복수의 무엇인가에 의한 결정은 존재한다는 것이니까요. 그러니까 유연하게 해석해 보면 발리바르는 최종심급에서 결정하는 것이 경제와 이데올로기 두 가지라는 건데, 이러한 결정은 어떤 양태로 이루어질지 생각해 볼 필요가 있습니다. 어쨌든 알튀세르가 이 문제를 해결하고자 복잡하고 정교한 방식으로 아주 치열하게 사유했다는 점을 이해하지 못하는 경향이 있다는 점은 비판할 필요가 있습니다.

그럼 이제 결정에 대해 간단히 말해 볼게요. 사실 알튀세르가 결정이란 무엇인지에 대해 자세히 설명하지는 않습니다. 대신 알튀세르는 결정의 두 양상이 존재한다고 말하는데, 바로 모순의 응축과 치환이죠. 이 두 통념은 『꿈의 해석』에서 프로이트가 무의식의 검열을 위한 꿈작업의 두 양상을 응축과 치환으로 규정한 것으로부터 차용한 것들입니다. 프로이트는 꿈에서 두 가지 이상의 요소가 하나로 합쳐지는 것을 응축으로, 하나의 요소가 다른 하나의 요소로 대체되는 것을 치환으로 규정했어요. 그런데 꿈뿐만 아니라 사회구성체 내 심급 간 결정도 마찬가지란 얘기예요. 아까 심급은 모순으로 바꿔 읽을 수 있다고 했어요. 두 가지 이상의 모순이 하나로 융합되어 결정할 수도 있고, 하나의 모순이 다른 하나의 모순을 대체해 결정할 수도 있습니다.

알튀세르는 전자를 모순의 응축condensation, 후자를 모순의 치환déplacement이라고 부르는데, 전자를 압축, 후자를 전치 또는 전위라고 번역하기도 합니다. 1965년의 알튀세르는 이 둘 모두를 과잉결정이라 불러요. 하지만 우리 강의에서는 자세히 설명하지 않을 '과소결정'이라는 개념이 있습니다. 1965년에는 거의 활용되지 않다가 1975년 「아미엥에서의 주장」에서 과잉결정 개념의 맞짝으로서 복권되는데, 과잉결정과 달리 과소결정은 결정의 임계 즉 문턱을 넘지 못해 결정작용이 이루어지지 않아 결정이 유산되는 것을 표현합니다. 자세히 설명하지 않더라도, 과잉결정과 동시에 이러한 의미의 과소결정을 사유한다는 것이 역사에서 구조의 필연성보다는 정세의 우연성을 더욱 적극적으로 사유하려는 것이라는 점은 쉽게 눈치챌 수 있겠죠. 1975년이 되면 과잉결정과 과소결정 개념쌍, 정확히는 '과잉- 또는 과소- 결정' 개념쌍이 확립되면서 전자는 모순의 응축을, 후자는 모순의 치환을 의미하는 것으로 정리가 됩니다. 예를 들면 과잉결정은 여러 모순들의 응축을 통한 혁명의 발발을, 과소결정은 이 모순들이 결정의 문턱을 넘지 못해 혁명이 유산되는 것을 의미하겠죠. 이렇듯 모순의 과소결정 또는 치환은 역사의 필연성을 상대화하는 개념들입니다.

   '결정'을 설명하면서 이 얘기를 마지막으로 하면요. 아까 저는 심급의 속이 텅 비어 있고 구조가 심급을 관통하며 속을 채워 준다고 표현했어요. 이 논의를 다시 끌어와 보면, 심급들이 또는 모순들이 서로 융합되거나 서로를 대체한다고 할 때, 우리는 이 심급들 또는 모순들의 속이 텅 비어 있고 이를 채우고 있는 것 또는 관통하고 있는 것은 구조, 아니 구조란 건 결국 심급들 또는 모순들의 관계에 불과하니까, 다른 심급들 또는 모순들이라고 볼 수 있습니다. 경제적 모순과 문화적 모순 간 관계를 생각해 보면, 물론 이 시기의 알튀세르에게 최종심급에서는 경제적 모순이 문화적 모순을 결정하겠지만, 경제적 모순의 텅 빈 속은 문화적 모순 등이 채우고 있고, 문화적 모순의 텅 빈 속은 경제적 모순 등이 채우고 있는 거예요. 알튀세르가 얼마나 복잡하게 사유하고 있는지 알겠죠.

경제라는 심급과 문화라는 심급은 두 개의 서로 다른 당구공처럼 당구대 위에서 서로 영향을 주고받으며 움직이는 게 전혀 아니란 얘기예요. 당구공은 서로가 서로에게 독립적인 부분으로서 영향을 주고받습니다. 데카르트의 기계적 인과성이 바로 이러한 인과성입니다. 굳이 당구공의 비유를 계속 쓴다면, 이와 달리 알튀세르의 인과성에서 이 당구공은 속이 텅 비어 있고, 이 텅 빈 속을 채우고 있는 건 다른 당구공들이에요. 이런 건 당구공이라고 말할 수도 없겠죠. 이런 관점에서 버틀러가 쓴 글이 바로 「단지 문화적인」이란 논쟁적인 글이란 걸 지적하고 넘어갑니다.[14] 문화는 경제에 의해 결정되는 '단지 문화적인' 것이 전혀 아니란 얘기입니다. 이는 문화와 경제는 서로 동등하다는 다원론을 말하는 것도 당연히 아니고요. 라클라우와 무페부터 버틀러까지, 알튀세르의 사유가 동시대 정치철학과 사회이론에 얼마나 깊은 영향을 미쳤는지 알겠죠.

여기까지 설명한 바가 바로 알튀세르의 역사과정론, 즉 알튀세르가 역사에서의 인과성을 사유하는 방식입니다. 결론적으로 이러한 역사에서의 인과성을 사유할 때 인과성 내부의 구조적 필연성을 강조할 것인지 인과성 외부의 정세적 우연성을 강조할 것인지가 쟁점이 되는데, 자기비판을 진행해 나가면서 알튀세르는 오히려 이 구조와 정세라는 두 개념을 대립적인 것으로 보기를 멈추고 이 둘 간 이분법을 지양하는 방식으로 이 문제를 해결해 나가죠. 그리고 이를 지양할 수 있게 해 주는 게 바로 이데올로기론과 그로부터 도출되는 우발성의 유물론인 거고요.

이데올로기라는 세 번째 주제

이렇게 인식과정과 역사과정이라는 초기 알튀세르의 핵심적인 두 가지 주제를 설명해 보았습니다. 주목해야 할 점은 이데올로기가 인식과정과 역사과정 모두와 관계를 맺고 있다는 겁니다. 인식과정은 인식에서의 이데올로기, 캉길렘의 개념을 가져오자면 '과학적 이데올로기'로부터 인식론적으로 절단해 과학 또는 진리로 불연속적인 방식으로 상승하는 것을 의미하고, 역사과정은 역사적 심급 또는 사회적 실천으로서 이데올로기를 정치적으로 비판해 공산주의라는 진리로 역시 불연속적인 방식으로 이행하는 것을 의미하죠. 결국 발리바르가 말한 초기 알튀세르의 세 주제 간 불균형이란 세 가지 주제 중 이데올로기라는 주제의 모호한 지위를 말하는 것입니다. 초기 알튀세르는 1965년의 『마르크스를 위하여』에서 갱신된 이데올로기 개념을 제시하는 데 그치기 때문이죠. 그런데 자기비판을 진행해 나가면서 알튀세르는 이데올로기 개념의 역량을 점점 승인하게 되고, 1970년의 「이데올로기와 이데올로기적 국가장치들」에서는 이데올로기 일반에 관한 이론, 즉 이데올로기론을 어느 정도 완성하죠. 결국 알튀세르는 인식과 역사라는 두 주제에 대한 이데올로기라는 주제의 우위에 이르게 됩니다. 이를 추동한 것은 우발성의 유물론자인 감춰진 알튀세르인 것이고요. 여기에서는 알튀세르의 세 번째 철학적 주제인 이데올로기에 대해서 간단히만 언급할 텐데, 왜냐하면 그 중요성으로 인해 이데올로기론 전체와 관련해 뒤에서 따로 다루기 때문이죠.

알튀세르가 이데올로기라는 주제를 발전시키는 정세적 이유는 소련 사회주의에서도 스탈린 사후 이론적 인간주의라는 이데올로기가 횡행하기 때문입니다. 스탈린 사후 흐루쇼프의 스탈린 개인숭배 비판과 함께 인간의 자유를 사유의 중심에 두는 이론적 인간주의가 청년 마르크스의 1844년의 『경제학-철학 수고』를 중심으로 서방 세계의 사회주의자들에게 광범위하고 깊은 영향력을 행사하게 되죠. 하지만 알튀세르의 관점에서 이는 부르주아 자유주의로서 이론적 인간주의에 불과한 것이고 마르크스가 우리에게 상속해 준 사상, 특히 『자본』을 중심으로 생산한 역사과학으로서 정치경제학 비판의 성과를 무화시키는 것입니다.

여기에서 알튀세르의 질문은 이것이에요. 왜 소련 사회주의는 사회주의에 도달했음에도 불구하고 이런 이데올로기를 제거하지 못하는가? 이런 질문을 던지면서 알튀세르는 마르크스주의에서 마르크스의 『독일 이데올로기』 이후 제대로 발전되어 오지 못한 이데올로기 개념, 마르크스주의 내에서 단지 거짓, 왜곡, 기만, 허위의식 정도로 치부되어 온 이데올로기 개념을 과학적으로 발전시켜야 한다고 주장합니다. 사회주의의 도래 이후에도 이데올로기가 횡행하고 있다면 이 이데올로기라는 것에 대해 과학적으로 탐구하는 게 필요하단 거죠. 알튀세르는 생산양식, 사회구성체, 노동력, 잉여가치 등과 나란히 이데올로기 또한 역사유물론의 과학적 개념 중 하나로 확립하려는 건데요. 그래서 알튀세르는 1965년의 『마르크스를 위하여』에서 갱신된 이데올로기 개념을 제출하고, 더 나아가 1970년의 「이데올로기와 이데올로기적 국가장치들」에서는 이데올로기론을 거의 완성합니다.

이제 곧 알튀세르의 자기비판을 통해 설명을 이어 가겠지만 알튀세르의 철학적 궤도는 이데올로기의 역량을 점점 더 승인하는 과정이기도 합니다. 그러니까 과학이 취하는 순수한 과학성이라는 관념은 점점 더 희미해지고 과학과 정치 간 관계는 더욱 긴밀하게 사유되는 과정인 거죠. 이는 우발성의 유물론을 더욱 발본적으로 사유하는 것과 깊이 연결되어 있습니다. 이데올로기 개념을 발전시키면서 역사에서 우연의 지위를 부상시키게 되기 때문이죠. 이데올로기 개념을 발전시키면 왜 역사에서 우연의 지위가 높아질까요? 이데올로기 개념으로 인해 어떠한 목적도 필연도 존재할 수 없게 되기 때문입니다. 그것이 경제 또는 생산양식이라 할지라도 이제 이데올로기 바깥의 독립적이고 단일한 실재란 존재하지 않게 되는 것이죠. 이 주제에 대해 조금만 더 생각해 볼까요?

질문을 다르게 제기해 보자면, 왜 감춰진 알튀세르의 우발성의 유물론은 드러난 알튀세르의 이데올로기론으로 표현되었던 것일까요? 제 식대로 한번 설명해 볼게요. 다른 선생님들은 동의하지 않을 수 있어요. 저 스스로도 차후에 생각을 바꿀 수 있겠죠. 아마 평생 이 화두를 붙잡고 씨름할 것 같은데, 그래도 한번 말해 볼게요.

이데올로기는 인식과 역사에서, 과학과 구조에서, 다름 아닌 정치에서 '아르케arche'와 '텔로스telos', 즉 '기원'과 '목적'을 파면시킵니다. 이데올로기가 신체를 가진 인간이 세계와 맺는 상상적 관계를 살아가는 것 그 자체, 그러한 세계 그 자체이기 때문입니다. 이 기원과 목적이 파면된 자리에는 '공백'이, '무'가 존재합니다. 알튀세르가 지적하듯 이데올로기는 공백을 싫어하기에, 이 공백을 메우고자 끊임없이 퍼져 나갑니다. 이데올로기와 공백은 서로가 서로를 채워 주는 것이죠. 바로 이 이데올로기와 공백의 존재로 인해 역사에는 우연이 필연적으로 존재하는 것이고요.

이것이 꼭 부정적인 일일까요? 이는 우리에게 정치란 불가능하다는 점을 말해 주는 것일까요? 결코 그렇지 않습니다. 알튀세르가 지적하듯 모든 정치는 이데올로기 내에서의 정치입니다. 다르게 말하면 이데올로기의 공간 내에서만 정치가 가능하다는 것이죠. 왜? 이데올로기의 공간 내에서만 공백이 존재하기 때문입니다. 이데올로기가 기원과 목적, 결국 필연을 파면했고 그 자리에 공백이 생겼으니까요. 그리고 이 공백이 변화를 가능케 하니까요. 공백이 없으면, 모든 것이 꽉 차 있다면, 변화는 불가능합니다. 정치도 불가능합니다. 하지만 이 공백을 이데올로기가 메운다면, 실은 같은 말이지만 이데올로기가 공백을 만들어 낸다면, 변화는, 정치는 가능합니다.

데리다의 논의와 다르지 않습니다. 데리다에게서 가능성의 조건은 불가능성의 조건인데, 사람들의 오해와 달리 불가능성의 조건이란 곧 가능성의 조건이라는 점 또한 의미합니다. 기원, 목적, 필연을 파면하고 그 자리에 우연, 공백, 무를 마련한다고 해서 정치가 불가능해지는 것이 아니라, 오히려 그로 인해 정치는 비로소 가능해집니다. 이때의 정치란 이데올로기 내에서의 정치, 그래서 우리가 이제부터는 완전히 다르게 개념화해야 하는 정치이죠. 진태원 선생님이 『『자본』을 읽자』 해제에서 강조하는 후기 발리바르의 공산주의에 관한 니체주의적 재개념화는 이 맥락 속에서 이해해야 합니다. 『개념의 정념들』과 마찬가지로 '에크리' 시리즈 중 한 권으로 곧 출간될 발리바르의 『공산주의』 중 핵심이 되는 글들은 이미 『웹진 인-무브』(www.en-movement.net)의 「발리바르, 공산주의를 사고하다」 항목에 번역되어 있으니 참고하세요.

철학의 정의를 정정함으로써 수행되는 알튀세르의 자기비판

이렇듯 1965년의 『마르크스를 위하여』와 『『자본』을 읽자』에서 알튀세르는 이론적 실천의 이론을 벼려 내 마르크스주의를 완성하고자 시도합니다. 이를 초기 알튀세르의 인식론적 기획, 특히 '이론주의적' 기획이라고 규정할 수 있습니다. 하지만 1966년부터 알튀세르는 자신의 이러한 기획에 대한 자기비판에 돌입합니다.

이러한 자기비판은 첫 번째로 정세의 효과입니다. 1966년 중국에서 문화대혁명이 발발하고 1968년 파리에서 68혁명이 일어나면서, 자신의 제자들 중 마오주의적으로 급진화된 이들이 '스탈린주의자' 알튀세르는 프랑스 공산당에 충성하면서 '무지한' 제자들, 학생들, 활동가들, 공산당 당원들, 더 나아가서는 '인민'의 '스승'이 되기를 원한다고 비판하고, 막상 프랑스 공산당에서는 알튀세르가 이러한 마오주의적으로 급진화된 이들의 배후에서 이들을 조종하고 있고 충분히 스탈린주의적이지 못하다고 비판하죠. 이러한 상황에서 알튀세르는, 과천연구실의 표현을 가져오자면, '레닌주의라는 가상적 정통'을 만듦으로써 양편의 공격 사이에서 돌파구를 마련하고자 합니다.

이러한 자기비판은 두 번째로 이론 내부의 문제가 생산하는 효과이기도 합니다. 『마르크스를 위하여』에 붙인 1996년판 서문에서 발리바르는 알튀세르가 『마르크스를 위하여』에서 세공한 세 가지 철학적 주제 간 관계에 이론적 불균형과 긴장이 존재하고 그로 인해 알튀세르는 자기비판을 수행하지 않을 수 없었다고 주장하죠. 물론 자기비판의 정세적 이유와 이론적 이유 두 가지는 서로 연결되어 있는데, 알튀세르는 정세 속에서 자신을 공격하는 양편 모두가 철학을 이론적으로 잘못 개념화하고 있다고 보기 때문입니다.

이 자기비판의 핵심은 앞서 살펴보았던 1965년의 이론주의적 기획을 상대화하는 것인데요. 여기에서 중요한 것은 알튀세르가 어떤 방식으로 이 자기비판을 수행했는지입니다. 알튀세르는 바로 철학의 정의를 정정하는 방식으로 자기비판을 수행했어요. 1965년의 철학의 정의는 무엇이었죠? 바로 이론적 실천의 이론, 이론의 이론, 과학의 과학이었죠. 이제 1966년부터 알튀세르는 철학의 정의를 변경합니다. 흐름은 다음과 같습니다. 『철학과 과학자들의 자생적 철학』(1967) → 『레닌과 철학』(1968) → 『존 루이스에 대한 답변』(1973) → 『자기비판의 요소들』(1974) → 「아미엥에서의 주장」(1975).

각 텍스트에 대해 상세히 설명할 여유는 없으므로 『알튀세르의 철학적 유산』을 참조하길 권합니다. 대신 1975년의 「아미엥에서의 주장」에 주목해 보죠. 여기에서 '주장'이라고 옮긴 프랑스어 어휘 '수트낭스soutenance'는 '박사학위 취득을 위한 논문 심사' 정도로 옮길 수 있고, 영미권 학계에서 말하는 '디펜스defense'와 동의어입니다. 하지만 관행적으로 '아미엥에서의 주장'이라고 옮기기 때문에 저도 '주장'이라고 옮길게요. 참고로 이때 알튀세르가 받은 박사학위는 구제박사학위, 즉 업적박사학위입니다. 경력이 꽤 되는 중견 학자가 지금까지 자신의 업적을 가지고서 받는 박사학위이지, 박사논문을 따로 제출해 받는 박사학위가 아닙니다. 중요한 건 박사학위를 받기 위해 알튀세르가 지금까지의 자신의 작업을 정리하면서 이 글을 썼다는 거죠. 이 글에서 우리는 알튀세르가 지금까지 자신의 지적 여정을, 즉 철학적 궤도를 어떻게 정리하는지 확인할 수 있습니다. 그런 의미에서 아주 중요한 글입니다. 이 글을 쓰고 박사학위를 받으면서 사실상 알튀세르의 철학적 궤도가 일단락된다고 볼 수 있어요. 10여 년간 진행된 자기비판이 종료되고, 1976년부터 마르크스주의의 위기를 선언하고 정세적 개입을 시도하는 시기로 이행하기 때문이죠.

철학의 정의의 정정이라는 문제로 돌아옵시다. 철학의 정의의 정정의 핵심은 이제 인식과정론에서와 같이 철학을 철학 자신과 그리고 자신 아래의 과학과 맺는 그 폐쇄적 관계 속에서 사유하는 게 아니라, 철학이 자신 외부의 과학 그리고 정치와 어떤 관계를 맺는지를 그 기능을 중심으로 사유하는 거죠. 그러니까 알튀세르는 철학-과학-정치의 삼각형을 사유하면서 철학의 역할은 더 이상 과학의 과학성을 보증하는 게 아니라고 주장하게 되는 겁니다.

우선 1967년의 『철학과 과학자들의 자생적 철학』에서 알튀세르는 철학과 과학 간 관계를 중심으로 철학을 재정의합니다. 철학은 이제 과학에 대한 관념론의 착취에 반대하는 투쟁, 유물론을 위한 투쟁을 통해 과학에 봉사하는 것으로 정의되죠. 물론 여기에서 과학이란 당연히 역사과학으로서 마르크스의 정치경제학 비판을 말합니다. 그래서 이제 이론주의적 기획에서와 달리 철학은 '과학에 대한 철학'이 아니라 '과학을 위한 철학', 즉 '마르크스주의를 위해 투쟁하고 봉사하는 철학'이 됩니다. 더 이상 철학은 과학과 동등한 지위를 누리지 않는 것이죠. 이후 1968년의 『레닌과 철학』에서 알튀세르는 철학과 정치의 관계 또한 사유하면서 철학을 '과학의 곁에서 정치를 대표하고 정치의 곁에서 과학을 대표하는 것'으로 정의합니다. 여기에서 '대표'는 이미 살펴보았던 '레프리젠테이션'을 옮긴 것이니까, '표상'이나 '재현' 등으로도 옮길 수 있습니다. 『철학과 과학자들의 자생적 철학』에서 나온 표현을 활용하자면 철학은 '과학과 정치를 위해 투쟁하고 봉사하는 것'이 되겠죠. 제 생각에는 바로 이 과학과 정치가 '철학의 타자'인 것이고요.

1973년의 『존 루이스에 대한 답변』과 1974년의 『자기비판의 요소들』에서 드디어 알튀세르는 철학에 대한 자신의 최종적 정의에 도달하는데, 그게 바로 철학은 '최종심급에서 이론에서의 계급투쟁'이라는 것이죠. 여기에서 철학이 시종일관 이론에서의 계급투쟁인 게 아니라, '최종심급에서' 그러하다고 알튀세르가 정의했다는 점은 지적할 필요가 있어요. 이게 알튀세르가 철학을 단순한 방식으로 도구화하지는 않는다는 점을 보여 주는데, 아쉽지만 더 깊은 논의는 생략하겠습니다. 철학이 최종적인 심급에서는 이론에서의 계급투쟁이다, 이게 알튀세르의 철학에 대한 최종적인 정의예요. 과학의 과학성을 보증하는 철학이라는 정의로부터 너무나도 멀어진 걸 확인할 수 있죠. 이제 철학은 철저하게 그 기능이라는 측면에서 사유됩니다. 조금 다르게 말하면 이제 철학 내부에서 철학의 실천적 기능이 이론적 기능보다 우위에 있다고 말할 수도 있죠. 이렇게 스탈린주의적인 변증법적 유물론의 변종이자

철학사적으로 말하면 플라톤주의적인 철학, 과학의 과학성을 보증하는 철학에 대한 개념화는 폐기됩니다.

1975년 「아미엥에서의 주장」에서는 이러한 철학의 정의가 반복되면서 자신의 지금까지의 작업이 정리되는데요. 그래서 결론적으로, 철학의 정의를 정정하는 방식으로 수행되는 이러한 자기비판을 통해 1965년 『마르크스를 위하여』와 『『자본』을 읽자』에서 세공된 인식과정론은 폐기까지는 아니라 해도 매우 상대화됩니다. 유고집으로 나온 1976년의 『비철학자들을 위한 철학 입문』을 통해서도 확인할 수 있듯 알튀세르는 자기비판 이후에도 인식과정론을 가져가기 때문에 폐기라고 할 순 없지만 확실히 상대화되죠.[15] 특히 생전 출간 저서의 알튀세르에게서는요.

철학은 과학이 아니기에 철학에서의 인식론적 절단과 단절이란 존재하지 않고 대신 방향을 뒤집는 '전도'만이 존재합니다. 더 나아가 과학에서의 인식론적 절단과 단절이라는 관념, 철학이 사유 가능케 해 주었던 그 관념 또한 모호해집니다. 그러니까 알튀세르는 철학으로 하여금 과학의 진보를 설명할 수 있도록 만들기 위해 취했던 인식 생산의 모델을 상대화하는 것이죠. 철학은 과학적 실천에 정치적으로 개입하여 철학 효과를 생산할 뿐입니다. 철학은 유물론과 관념론 간 경계선 또는 구분선을, 그리면 지워지고 그리면 또 지워지는 경계선 또는 구분선을 끊임없이 그을 뿐이에요. 이렇게 경계선 또는 구분선을 긋는 게 철학의 과학 내 정치적 개입이고 그게 철학 효과를 생산하는 겁니다. 이렇게 철학은 경계선 또는 구분선을 끊임없이 그음으로써 유물론과 관념론 간 전선의 위치를 변경하고 유물론과 관념론 간 세력관계를 역전시킵니다. 이게 철학이 하는 일, 철학의 실천적 기능인 거죠.

철학에 대한 1965년의 이론주의적 정의와는 완전히 다르죠? 이를 알튀세르의 자기비판 이후의 행보를 부정적으로 보는 해석가들은 '정치주의'라고 부르면서 비판하는 거고요. 하지만 이 정치주의라는 딱지를 좀 긍정적으로 전유해 보자면, 이러한 정치주의적인 정의에서 철학은 제 식대로 '호위무사' 또는 '변호사'로 비유할 수 있을 것 같아요. 푸코와 관련해 뒤에서 등장할 '사무라이'라는 비유와도 조금은 연결해 볼 수 있을 텐데요. 굳이 이렇게 비유한 이유는 철학이 과학의 역할을 대신할 수도, 과학에 직접 개입할 수도 없기 때문입니다. 특히 1968년의 『레닌과 철학』에서 강조되는 관념인데, 철학은 아무것도 아닌 것이고 단지 '무'와 '반복' 또는 '되새김질'에 불과합니다.[16] 철학은 유물론과 관념론 사이에 경계선 또는 구분선을 끊임없이 긋고, 기하학에서 선의 면적은 제로이듯 이 선 역시 아무것도 아닙니다. 해변가에 막대기로 그은 선은 파도가 한 번 지나가면 사라지죠. 그거랑 똑같아요. 그 철학은 사실 효과에 불과하다는 거예요. 철학은 과학의 역할을 대신할 수도 없고 과학에 직접 개입할 수도 없지만 그 철학효과가 유물론으로 하여금 관념론을 물리치고 더 고도의 과학으로 성장할 수 있게 도와주는 것이죠. 철학 없이 과학 홀로 진리를 향해 성장할 수는 없다는 거예요. 철학에 대한 상당히 미묘한 개념화입니다.

　이제 과학에 대한 관념도 다음과 같이 변화합니다. 과학에서 인식과정의 모순은 무한해요. 인식론적 절단은 끊임없이 계속되어야 한다는 거죠. 물론 여전히 이 인식론적 절단이 불연속적이고 비가역적이라는, 즉 불귀점을 형성하는 것이라는 관념은 유효합니다. 하지만 이 과학은 인식론적 절단을 겪었다 해도 관념론을 포함한 각종 이데올로기에 의해 끊임없이 위협받습니다. 이러한 위협에 굴복하게 되면 이 과학은 인식론적 절단 이전의 '전前과학적 이데올로기'로 퇴행하게 되는 것이고요. 심지어는 퇴행을 넘어 진리는 소멸할 수 있기까지 하고요.

　인식론적 절단이 불귀점을 형성한다고 말한 뒤 곧바로 진리가 소멸할 수 있다고 주장하는 게 논리적 모순으로 보일 수도 있습니다. 이는 프랑스 역사인식론에 대한 추가적 설명을 요구합니다. 우선은 첫 번째 강의에서 데리다와 함께 살펴보았듯 현대 프랑스철학은 프랑스 역사인식론의 전통 속에서 진리의 역사를, 다르게 말해 진리의 역사 내에서의 변증법적 운동을 사유한다는 점에 주목하면 좋겠어요. 분명 인식론적 절단은 불귀점을 형성합니다. 하지만 진리는 소멸할 수 있습니다. 진리는 역사 내에서 변증법적으로 운동하기 때문이죠. 불귀점 또한 역사 내에서 형성된 것에 불과합니다. 이러한 진리의 역사 속에서, 유물론적 철학이 과학 내 관념론적 경향을, 또는 과학 밖 관념론 철학을 끊임없이 물리쳐야만 과학적 지식이 생산 가능합니다. 이는 앞서 말했듯 철학의 이론적 기능보다 실천적 기능을 강조하는 것이겠죠? 이 모든 과정이 바로 변증법적인 것이고요. 이런 맥락에서 철학을 호위무사 또는 변호사로 비유할 수 있습니다. 이렇게 철학의 정의는 완전히 변화합니다.

하지만 1965년 『마르크스를 위하여』와 『『자본』을 읽자』에서 수행한 작업 전체가 이로 인해 상대화를 넘어 폐기되는지는 해석의 쟁점이 됩니다. 예를 들어 『『자본』을 읽자』에 붙인 해제에서 진태원 선생님은 인식과정론과 구조인과성의 중요성을 다시금 강조하면서 두 얼굴의 알튀세르 중 하나의 얼굴만을 취하는 해석에 반대하죠. 그만큼 『마르크스를 위하여』와 『『자본』을 읽자』라는 저서가 알튀세르의 사유 전체를 정초하는 텍스트란 점에서 중요하다는 것이고, 거기에서 세공된 사유를 알튀세르의 말을 곧이곧대로 따르면서 폐기해 버릴 수는 없다는 것이죠. 역시 알튀세르의 두 얼굴 모두를 고려하면서, 구조와 정세 사이에서 끊임없이 진동했던 알튀세르를 종합적으로 복원하는 게 필요할 것 같아요.

자, 조금 더 나아가 봅시다. 이제 철학의 정의가 이렇게 정정되었으니, '철학자' 알튀세르의 임무 또한 더 이상 마르크스의 역사과학의 과학성을 철

학적으로 보증하는 작업을 수행하는 게 아니라 정세에 정치적으로 개입해 관념론에 맞서 싸우는 거겠죠? 그래서 알튀세르가 1976~1978년에 마르크스주의의 위기를 선언하고 이에 맞서 싸웠던 거라고 해석해 볼 수 있어요. 맥락이 조금은 이해가 되죠. 하지만 우리는 1976~1978년 알튀세르의 정세 내 정치적 개입에 주목하기보다는 그때 알튀세르가 이론적으로 어떤 진전을 이루어 냈는지에 초점을 맞춰 볼게요. 발리바르는 「(철학의) 대상: 절단과 토픽」이라는 알튀세르에 관한 주석 논문에서 알튀세르의 이러한 자기비판을 다루면서 이를 '절단에 대한 토픽의 우위'로 개념화합니다.[17] 이러한 자기비판 속에서 알튀세르가 자신의 철학의 대상을 처음에는 인식론적 절단으로 설정했다가 이후에는 토픽으로 변경하면서 인식론적 절단 개념을 상대화했단 것이죠.

'토픽'은 프랑스어로 'topique', 독일어로 'Topik'인데, 한국어로는 '장소론'으로 많이 번역해요. 토픽 개념의 첫 번째 의미는 현실을 이론적으로 이러저러하게 공간화해서 도식적으로 표현하는 것을 말합니다. 가령 통념에 따르면 마르크스주의는 사회구성체를 2층집 도식으로 표현하잖아요. 1층에는 경제가, 2층에는 경제 이외의 각종 심급들이 놓이죠. 이게 토픽입니다. 사실 현실은 2층으로 이루어져 있지 않잖아요. 그냥 현실이 있는 거죠. 이를 마르크스주의는 자신의 토픽에 따라 층이 두 개로 나뉘어 있고, 더 근본적인 1층이 2층을 존재가능하도록 아래에서 떠받치고 있는 도식으로써 사유한다는 거죠. 다르게 말해 토픽은 사회적 전체라는 현실의 복잡성을 보여 주는 것인데요. 현실을 그냥 바라볼 때는 알 수 없는 그 복잡성을, 토픽을 수단으로 표현한다는 겁니다. 앞서 구조인과성과 관련해 이미 복잡한 전체라는 표현을 쓴 적이 있단 걸 기억해 주세요. 알튀세르는 구조인과성을 통해 마르크스주의의 사회구성체 토픽보다 훨씬 더 정교한 방식으로 사회적 전체라는 현실의 복잡성을 사유하고자 했던 겁니다.

그런데 알튀세르는 자기비판을 진행해 나가면서 토픽 개념을 변경합니다. 처음에는 사회적 전체의 복잡성으로 토픽을 규정하는데, 이후 이 1976~1978년 시기에 토픽을 '이론 자체의 이중적 지위'를 표현하는 개념으로 변형합니다. 이러한 변형된 개념화에 따르면 마르크스주의는 사회적 전체의 복잡성을 자신의 이론적 대상으로 삼을 뿐만 아니라 더 나아가 자신이 이러한 복잡한 사회적 전체에 개입해 그 일부가 되기도 합니다. 이론 자체의 이중적 지위란 이렇듯 마르크스주의가 사회적 현실을 설명하는 이론이면서도 그 자체 이 사회적 현실의 일부임을 지시하는 거예요. 그렇기 때문에 이러한 마르크스주의의 개념은 일의적이고 객관적인 개념, 말 그대로 '과학적' 개념인 게 아니라 '묘사적, 실천적, 은유적, 한계적' 개념일 수밖에 없습니다.[18] 이런 토픽적 과학이, 현실의 바깥에서 이를 반영해 이와 동일한 상을, 다시 말해 이를 정확히 표상하는 거울개념을 생산하지 않고, 대신 자신이 현실의 일부로서 현실을 사유하며 개념을 생산해 내기 때문에 그렇습니다. 마르크스주의는 사회적 현실 바깥에서 이 사회적 현실을 객관적으로 관찰하고 분석하고 사유해 만들어진 그런 과학이 아니라는 거죠.

첫 번째 토픽 개념에서 마르크스주의의 개념의 이러한 특징은 과학성을 증진시킴으로써 극복해야 할 장애물이었어요. 그러니까 사회구성체 도식과 같은 토픽을 사용한다는 건 마르크스주의가 충분히 과학적이지 않다는 점을 보여 주는 것으로 간주되었던 거예요. 그런데 두 번째 토픽 개념에서는 이것이 오히려 마르크스주의가 과학임을, 즉 '토픽적' 과학임을 보여 주는 특징으로 제시되죠. 즉 마르크스주의가 다른 과학들과는 다른 독특한 과학으로서 지니는 특징이 바로 토픽적 사유를 한다는 것이 되는 거죠. 이와 관련해서는 다섯 번째 강의에서 조금 더 설명할 건데, 일단 여기에서 기억해 둬야 할 점은 이러한 토픽 개념의 변화는 이데올로기 개념에 대한 더욱 발본적인 사유로 인한 것이라는 점입니다. 단순화해 설명하면 이데올로기 바깥의 과학을 더 이상 논할 수 없게 되면서 이데올로기 내 과학의 특징을 토픽 개념으로 표현하는 것입니다. 지금 하고 있는 이 모든 논의가 모두 이데올로기 개념의 발본화 속에서 진행되고 있는 거예요.

이제 이데올로기와 인식론적으로 절단하는 과학은 그 자신이 이데올로기가 되어야 합니다. 다르게 말해 이데올로기로 변형되어야 하는 겁니다. 다섯 번째 강의에서 좀 더 설명하겠지만 모든 과학이 다 그런 건지, 아니면 마르크스주의와 같은 '토픽적 과학'만 그런 건지는 쟁점이 되니까 생략하도록 하고, 마르크스주의라는 토픽적 과학의 경우로 한정해서 말해 볼게요.

마르크스주의와 같은 과학은 이데올로기와 인식론적으로 절단함으로써 이데올로기로부터 벗어난 순수한 과학이 되는 것이 아닙니다. 인식론적으로 절단한 이후에도 이 과학은 과학적 이데올로기의 자격으로 이데올로기 내에 있고, 더 발본적으로 사유하자면 이 과학은 그 자신이 이데올로기가 되지 않는다면, 이데올로기로 변형되지 않는다면, 이데올로기로부터 인식론적으로 절단할 수 없습니다. 이데올로기가 인식의 가능조건이기 때문에, 과학이 혹시라도 이데올로기로부터 벗어나게 된다면, 진리의 변증법적 운동 자체에 참여하지 못하게 되는 거죠. 이데올로기로부터 벗어나게 되면 이 과학은 유효할 수 없고, 그러니까 효과를 생산할 수 없고 스스로가 발전할 수도 없는 거예요. 진리의 변증법적 운동 밖에 놓여 있으니까요. 그런데 잘 생각해 보면 여기에서 과학은 이론적 차원과 실천적 차원으로 분할되면서도 다시 하나로 결합되고 있습니다. 바로 이데올로기 안에서요. 이데올로기의 바깥은 없기 때문입니다.[19]

그래서, 이중적 지위를 갖는 과학에 대한 이러한 개념화 속에서 철학 또한 이중적 기능을 수행하게 되는데요. 마르크스주의 철학과 같은 유물론 철학은 한편으로 이론적 이데올로기로서 관념론과 투쟁하고 다른 한편으로 실천적 이데올로기로서 지배 이데올로기와 투쟁합니다. 토픽적 과학이 이론과 실천, 개념과 현실이라는 이중적 지위를 가지듯 철학 또한 이론적 기능과 실천적 기능이라는 이중적 기능을 가지는 거죠. 그리고 여기에서 철학의 투쟁은 과학을 위한 것인데, 앞서 보았듯 과학 또한 이데올로기가 되어야 하므로 이런 투쟁 바깥에 있지 않은 것이고요. 철학과 과학은 이데올로기의 공간으로서 정치의 공간 속에서 함께 싸우는 겁니다.

이제 초기의 인식론적 기획은 완전히 상대화됩니다. 인식과정 내에서 전과학적 이데올로기로부터 인식론적으로 절단해 과학으로 나아간다는 관념이 폐기되는 것은 아니겠지만 그 중요성은 상대적으로 감소하고, 대신 사회적 현실 내 역사적 심급 또는 사회적 실천으로서의 이데올로기에 대한 정치적 비판의 중요성이 상대적으로 증가하죠. 그러니까 인식과정 내에서의 인식론적 절단과 사회적 현실 내에서의 지배 이데올로기에 대한 정치적 비판이 서로 독립적이지 않고 전자는 후자 아래로 포섭되어 있다는 것이죠. 이를 발리바르는 '절단에 대한 토픽의 우위'라고 정식화했습니다. 최종적으로는 '개념의 정념들'로 정식화하는 것이고요. 인식과 역사, 과학과 정치는 분리되어 있지 않고, 초기 알튀세르의 생각과 달리 전자보다 후자가 우위에 있다는 것이죠.

알튀세르는 자신의 이데올로기론을 발전시키면서 이데올로기가 비의식의 차원 내에 있는 물질적인 것이라는 관념을 세공하는데요. 이데올로기는 의식의 차원 내에 있는 관념적인 것이 아닙니다. 그래서 이성적이고 합리적으로 사유하는 순수한 과학자가 사회적 현실로부터 유리되고 정치로부터 자유로운 대학 내 연구실에서 진리에만 골몰하며 열정적으로 연구한다고 이데올로기가 제거된 순수한 과학을 획득할 수 있는 게 아닌 거죠. 이데올로기가 이렇게 정의되면서 과학과 정치는 분리 불가능해지고, 역사적 심급 또는 사회적 실천으로서의 이데올로기 내에서 과학의 호위무사 또는 변호사로서 정치적으로 투쟁해 줄 철학이 반드시 필요하게 되는 것이고요.

게다가 이데올로기라는 이러한 존재가 이끌어 내는 결론은 개인적인 또는 집단적인 자기의식이 그 실천과 결코 완전하게 일치할 수 없다는 것입니다. 이론적이고 실천적인 이데올로기의 존재로 인해 우리는 투명하게 인식하고 실천할 수 없고 진리로서의 과학에 도달할 수 없어요. 그러니 이론과 실천이 합치하는, 개인적 차원에서든 집단적 차원에서든 자기의식과 자기실천이 합치하는 진리의 궁극적 지평에 우리는 결코 도달할 수 없어요. 다르게 표현하자면, 이데올로기 개념은 주체와 의식이 화해하는 역사의 궁극적 지평을 전제하는 주체와 의식 간 변증법을 추방함으로써 역사와 인식에서 물질과 의식의 악무한적 대립을 극복하게 해 줍니다. 과학의 차원에서 이는 인식론적 절단이 그리고 진리의 변증법적 운동이 무한하다는 것으로, 정치의 차원에서 이는 우리가 통상적 의미의 공산주의와 같이 '젖과 꿀이 흐르는 땅' 또는 '유토피아'에 절대로 도달할 수 없고 단지 이데올로기의 공간 내에서 무한히 정치적으로 투쟁할 수밖에 없다는 관념으로 귀결됩니다. 그리고 이 둘이 바로 역사를 절대적 우발성에 개방하는 우발성의 유물론의 함축이라는 점도 지적해야 하고요.

물론 계속 강조하지만 이것이 과학적 진리이든 정치적 진리이든 진리란 존재하지 않는다는 허무주의로 귀결되는 것은 결코 아니에요. 이는 과학에서의 회의주의로, 정치에서의 역사에 대한 비극적 사유로 귀결됩니다. 궁극적인 과학적 진리에는 도달할 수 없지만 우리는 역사 내 진리의 변증법적 운동을 지속해 나가야 합니다. 궁극적인 정치적 진리로서 어떠한 정치체제를 건설할 수 없지만 우리는 역사적 심급 또는 사회적 실천으로서 이데올로

기 내에서 지배 이데올로기를 비판하며 더 나은 사회를 만들기 위한 투쟁을 지속해 나가야 합니다. 결론적으로 인식의 차원에서든 정치의 차원에서든 이러한 이데올로기는 역사에서의 우연성을 발본적으로 사유하도록 우리를 강제합니다. 프랑스 역사인식론을 포함해 프랑스철학자들이 어떤 식으로 사유하는지 조금은 감이 오죠? 이런 사유 방식이 확정적 답변을 손쉽게 제출하는 것보다는 지성적으로 더 나은 방식임을 저는 믿습니다.

우리가 주목해야 할 것은 이렇듯 알튀세르의 철학적 궤도가 휘어지게 만드는 숨은 동력이 바로 감춰진 알튀세르, 다르게 말해 이데올로기론과 우발성의 유물론이라는 점입니다. 이데올로기론과 우발성의 유물론 사이의 긴밀한 관계를 전제하면서 우리는 우발성의 유물론에 관해서는 생략하고 이데올로기론만을 따로 다뤄 볼 텐데요. 이 자기비판의 궤적 속에서 1970년이라는 계기에 주목할 필요가 있어요. 알튀세르에 관해 알고 있는 분은 제가 철학의 정의를 정정한 텍스트들을 나열하면서 1970년을 빼놓은 것에 많이 놀랐을 텐데요. 왜냐하면 1970년의 「이데올로기와 이데올로기적 국가장치들」이 알튀세르의 텍스트 중 가장 영향력 있는 텍스트이기 때문이죠. 68혁명 2년 뒤 출간된 이 텍스트가 마르크스주의뿐만 아니라 그 밖의 학문 영역들, 더 나아가 예술이나 건축의 영역 등에까지 엄청난 영향을 미치거든요. 그런데 이 텍스트에서 알튀세르가 철학의 정의를 제시하는 건 아니고 대신 이데올로기에 관한 새로운 개념화를 제출하는 것이기 때문에 이 텍스트는 바로 뒤에서 따로 다루려 합니다.

다만 알튀세르가 이데올로기론을 통해, 구체적으로는 호명 테제와 주체 개념을 통해 마르크스주의와 포스트-구조주의가 서로 마주칠 수 있게 해주었다면, 이 1970년 또는 「이데올로기와 이데올로기적 국가장치들」이라는 텍스트는 알튀세르에게서의, 또는 알튀세르적 마르크스주의에서의 '포스트-구조주의적 계기'라고 말할 수 있겠죠. 지금까지 우리가 알튀세르의 철학적 궤도를 길게 다뤘던 이유는, 이 이데올로기론이 세공되었던 지적 맥락을 모르고서는 이데올로기론을 절반밖에 이해할 수밖에 없기 때문입니다. 이데올로기라는 개념은 알튀세르의 세 가지 철학적 주제 중 하나로 등장했는데, 그 뒤로 알튀세르가 그 역량을 점점 승인하게 되고 호명 테제와 주체 개념을 중심으로 그에 대한 이론을 발전시키면서 알튀세르철학 전체를 지배하는 개념이 되죠. 그게 알튀세르의 철학적 궤도를 앞서와 같이 그려지게 만들었고요. 물론 반복해 지적하지만 그 숨겨진 추동력은 바로 감춰진 알튀세르, 포스트-구조주의자로서의 알튀세르입니다.

알튀세르의 이데올로기 일반론

지금까지 우리는 과천연구실의 집단저작 『알튀세르의 철학적 유산』을 중심으로, 하지만 유고집들에도 주목하는 우리만의 관점 역시 강조하면서, 알튀세르의 철학적 궤도를 그려 보았습니다. 이제 우리는 이 궤도로부터 알튀세르의 이데올로기론만을 인위적으로 분리하는 시도를 할 텐데요. 그 핵심은 이미 두 번째 강의에서 버틀러의 포스트-구조주의를 설명하고자 살펴보았던 알튀세르의 호명 테제죠. 알튀세르의 호명 테제, 더 나아가 이데올로기론을 간단히 살펴봄으로써 우리는 알튀세르의 포스트-구조주의를 재구성할 토대를 마련할 겁니다.

역시 출발점은 『마르크스를 위하여』입니다. 『마르크스를 위하여』의 7장 "마르크스주의와 인간주의"에서 알튀세르는 이데올로기에 관한 독특하면서도 충격적인 정의를 제시하는데요. 충격적인 이유는 이러한 관점에 따르면 공산주의 사회에서도 이데올로기는 사라지지 않기 때문이죠. 여기에서 알튀세르는 우선 이데올로기를 '표상들의 체계'로, 그다음으로는 '인간들'과 '세계' 간 관계로 정의합니다. 이 인간들과 세계가 맺는 관계란, '실재 존재조건'에 대한 '실재적 관계'와 '상상적 관계'의 '과잉결정된 통일체'이고요. 바로 이러한 과잉결정된 통일체가 이데올로기란 것이죠.

여기에서 실재 존재조건이란 무엇일까요? 마르크스주의의 맥락에서 당연히 '생산양식', 더 넓게 말하면 '경제'죠. 그런데 우리는, 즉 사람들은 이 생산양식 또는 경제라는 자신들의 실재 존재조건을 투명하게 인지하고 인식하지 않습니다. 그러니까 이데올로기에 대해 논할 수 있겠죠? 사람들은 실재 존재조건에 대해 당연히 실재적 관계, 다시 말해 생산관계 즉 계급관계를 맺지만, 동시에 상상적 관계 또한 맺습니다. 아주 쉽게 말하면, 자신들의 계급에 따라 이 실재 존재조건에 대한 표상을 가지지 않는다는 것이죠. 오늘날 흔히 볼 수 있듯 아주 낮은 계급의 소상공인이 자신을 성공의 잠재력을 지닌 1인 기업가로 표상하거나, 아주 안정적인 서울 중산층이 재산세 등의 사안과 관련해 자신을 피해자로 위치 지으면서 도시 빈민으로 표상하는 경우가 그렇죠. 물론 상당히 피상적이긴 합니다만, 이 사례는 사람들이 자신들의 실재 존재조건과 실재적 관계만을 맺지는 않는다는 점을 잘 보여 줍니다.

과잉결정에 대해서는 앞선 설명을 떠올리면 되는데, 여기에선 훨씬 더 단순하게 생각해도 됩니다. 이 맥락에서는 실재적 관계와 상상적 관계가 동시에 함께 작용한다, 더 심원하게는 이 둘을 구분하는 것이 거의 불가능하다, 정도로 이해하면 좋을 거 같아요.

그럼 남는 것은 상상적 관계란 무엇인지겠죠? 자세한 설명을 제시하기는 힘들지만, 이 '상상적 관계relation imaginaire' 또는 '상상계l'imaginaire'를 라캉 정신분석학의 맥락에서 이해할 것인지, 아니면 스피노자철학의 맥락에서 이해할 것인지의 쟁점이 있다는 것만 언급하겠습니다.[20] 저는 진태원 선생님과 같이 여러 문헌들, 특히 유고집들에 근거해 여기에서 알튀세르가 활용하는 상상이 스피노자적 의미의 상상이라고 생각하는데요. 이 상상 개념이 구성하는 핵심은 우리가 실재 존재조건을 포함한 '세계'를 우리의 신체를 통해 '산다live'는 것, 조금 더 단순하게 말해 이 세계를 '체험한다'는 것, 그리고 그러한 '살아지는 관계'가 바로 이데올로기라는 것이죠. 그래서 알튀세르는 이데올로기를 우리가 이렇듯 살아가고 체험하는 세계 그 자체라 규정하기도 합니다.

마지막으로는 알튀세르가 이데올로기를 의식의 차원이 아니라 비의식의 차원에 놓여 있는 것으로, 즉 '비의식적인 것'으로 규정한다는 점을 지적해야 합니다. 이 점은 두 번째 강의에서 구조주의와 포스트-구조주의 일반과 관련해 자세히 살펴보았죠. 의식이 세계를 구성하는 표상의 주체로서 칸트적 주체를, 그러니까 구성하는 주체를 구성되는 주체로 전도하는 것이 구조주의의 기획의 핵심이라고 했습니다. 마찬가지입니다. 알튀세르 또한 프로이트 정신분석학에 의거해 이데올로기를 의식적인 것이 아니라 비의식적인 것으로 규정합니다. 공산주의 사회에서도 이데올로기는 사라지지 않는다는, 그 당시에는 매우 충격적인 주장을 알튀세르가 제시했던 거죠. 포스트-구조주의적 권력이론식으로 서술하면 이데올로기는 의식의 타자, 의식의 바깥으로서 구조 또는 권력이고, 이데올로기라는 이러한 구조 또는 권력이 주체의 의식 외부에서 주체를 생산하는 것이죠. 당연히 이 논의가 더 진전되면 이데올로기는 개인을 주체로(서) 호명해 생산한다는 호명 테제로 발전하겠죠. 그런데 왜 무의식이라 하지 않고 비의식이라고 하냐면요. 『마르크스를 위하여』의 역자 서관모 선생님이 지적하듯 알튀세르는 '무의식l'inconscient'이라 하지 않고 '비의식l'inconscience'이라 말하기 때문입니다. 분명 이러한 관념은 프로이트의 무의식 개념으로부터 영감을 얻은 것이지만 그것으로 환원되지는 않는다는 거예요. 결국 우리는 스피노자의 상상이론으로까지 나아가야 합니다.

정리하자면 알튀세르는 자신의 사유의 토대를 마련했던 1965년의 저작 『마르크스를 위하여』의 7장 "마르크스주의와 인간주의"에서 표상들의 체계로서의 이데올로기, 비의식, 상상계, 세계 그 자체로서의 이데올로기, 상상적 관계와 실재적 관계의 과잉결정된 통일체로서의 이데올로기라는 정의를 제시합니다.

여기에서 한 가지를 추가해야 하는데요. 『마르크스를 위하여』에는 한 편의 연극비평 또는 연극론이 실려 있는데 그것이 바로 4장 "피콜로 극단: 베르톨라치와 브레히트(유물론적 연극에 대한 노트)"입니다. 너무나도 흥미로우며 끊임없는 영감을 불러일으키는 이 경탄스러운 텍스트를 다루지 못해 아쉽지만, 우리 논의의 관점에서 두 가지만 지적하고 넘어갑시다.

첫 번째로, 이 텍스트는 알튀세르의 세 번째 철학적 주제인 이데올로기라는 주제에 속합니다. 물론 이데올로기라는 주제 자체가 그렇지만, 더 나아가 이 텍스트는 『마르크스를 위하여』 전체의 핵심 테제를 집약하고 있으며 조금 더 적극적으로 해석하면 알튀세르의 철학 전체의 핵심 테제를 집약하고 있죠. 그만큼 중요한 텍스트입니다. 그러니까 당연히 두 번째로, 이 텍스트는 알튀세르의 이데올로기론 전체의 핵심 테제를 집약하고 있겠죠. 그럼 그 핵심은 무엇일까요? 다행히 우리는 호명 테제를 이미 살펴봤죠. 호명 테제에 대한 두 가지 해석 중 하나는 이데올로기가 개인에게 동일성을 부여해 이 개인을 주체로 생산한다는 것이었죠. 이는 이 개인이 자신에게 부여된 동일성이라는 가면을 쓰고 그 역할을 수행해 나간다는 점을 의미합니다. 이를 연극이라는 예술과 연결시키면 "피콜로 극단"이란 텍스트가 나오는 건데요. 물론 알튀세르는 연극이란 예술에 관해 집필한 다른 텍스트들에서 이렇게 단순하게 설명하지 않지만 핵심 관념은 통한다고 저는 봅니다.[21] 알튀세르의 이데올로

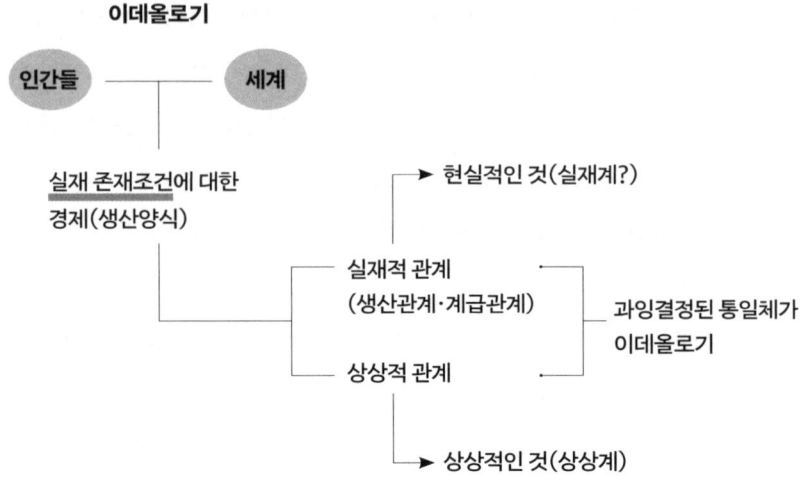

∴ 상상적 관계와 실재적 관계의 과잉결정된 통일체로서의 이데올로기
 (비의식, 상상계, 세계 그 자체로서의 이데올로기/표상체계로서의 이데올로기)

1965년 『마르크스를 위하여』 7장 "마르크스주의와 인간주의"에서 제시된 이데올로기 정의

기론의 관점에서 우리는 이데올로기가 우리에게 부여한 동일성에 따라 세계라는 무대 위에서 연극을 하고 있는 배우인 거죠. 이데올로기는 세계 그 자체라는 말과 연결해 보면, 이데올로기는 연극무대라는 세계 그 자체인 겁니다. 더 많은 설명이 필요하지만 1965년의 정의를 요약하는 도식을 제시하면서 논의를 마무리할게요.

앞서 말했듯 알튀세르의 이데올로기에 관한 이러한 정의는 당대의 마르크스주의자들, 공산주의자들에게는 충격적이었습니다. 왜냐하면 이러한 정의에 따른다면 공산주의 사회에서도 이데올로기는 사라질 수 없고, 당연히 당대 소련 사회에도, 그리고 마르크스주의와 공산주의를 표방하는 이들 사이에서도 이데올로기가 횡행하고 있다는 말이 되니까요. 사실 그게 바로 정세적 개입의 측면에서는 알튀세르가 하고자 했던 주장인데요. 알튀세르는 1965년의 『마르크스를 위하여』에서 세공한 이러한 이데올로기 개념을 1970년의 「이데올로기와 이데올로기적 국가장치들」에서는 이데올로기 일반에 관한 이론, 즉 이데올로기론으로 더욱 발전시킵니다. 사실상 알튀세르는 이 텍스트에서 자신의 이데올로기론을 어느 정도 완성시킨다고 볼 수 있어요. 그 이후의 작업은 이 이데올로기론 자체를 발전시키는 것이라기보다는 그에 기반해 직접 '철학을 새롭게 실천'하고 이를 통해 정세에 개입하는 것이라고 보면 됩니다. 물론 알튀세르는 더 나아가 이데올로기 개념의 결과를 더욱 발본적으로 성찰하면서 우발성의 유물론을 더욱 정교화하는 작업 또한 지하에서 은밀하게 수행하지만요.

1970년의 「이데올로기와 이데올로기적 국가장치들」에서 알튀세르가 발전시키는 이데올로기론의 핵심은 역시 호명 테제죠. 그런데 사실 호명 테제를 제출하기 이전에 알튀세르는 다음과 같은 논의를 먼저 제시합니다. 우선 『마르크스를 위하여』에서 제출한 이데올로기에 관한 정의를 다음과 같이 더욱 발전시킵니다. 「이데올로기와 이데올로기적 국가장치들」은 이데올로기를 '개인들의 실재 존재조건에 대한 이 개인들의 상상적 관계의 표상'으로 정의합니다. 실재 존재조건에 대해선 이미 설명했고요. 핵심은 이데올로기가 '상상적 관계의 표상'이라는 것입니다.

여기에서 '표상'은 '레프리젠테이션représentation'을 옮긴 것인데요. 『마르크스를 위하여』에서는 이데올로기를 표상들의 체계로, 그러니까 인지와 인식의 측면에서 정의했기 때문에 이 관념을 '표상'으로만 번역해도 충분했습니다. 하지만 「이데올로기와 이데올로기적 국가장치들」에서는 그 정의가 표상들의 체계로서의 이데올로기라는 인지와 인식의 측면에서의 정의를 넘어서기 때문에 더 이상 '표상'으로만 번역할 수 없습니다. 이 수준에서는 '레프리젠테이션'이라는 어휘가 사실 '표상'뿐만 아니라 '재현', '상연', '대표', '대의' 등의 의미를 모두 복합적으로 지니고 있다는 점을 인지해야 합니다. 여기에서 '상연'은 연극의 상연을 의미하는데, 앞서 "피콜로 극단"의 논의와 직결된다는 걸 쉽게 알 수 있죠.

그럼 '상상적 관계의 표상'이라는 관념에 대해 조금 더 생각해 볼까요? 상상적 관계의 표상이 이데올로기라는 것은 이데올로기가 당연히 실재 존재조건과 직접적으로 관련되지 않는다는 점도 의미하지만, 더 나아가 이데올로기가 상상적 관계와 직접적으로 관련되지 않는다는 점도 의미하죠. 오히려 이데올로기란 개인이 실재 존재조건과 맺는 상상적 관계를 '레프리젠트'한 것, 즉 관계의 관계, 이차적 관계입니다. 이는 우선 이데올로기와 관련해 실재 존재조건에 대한 탐구보다는 이를 넘어 이 실재 존재조건과 맺는 상상적 관계를, 또한 더 나아가 이 상상적 관계와 맺는 관계를, 그러니까 이러한 관계의, 관계의 관계의 본성을 탐구하는 것이 중요하다는 점을 의미하죠. 알튀세르는 이 관계의 관계에 관한 성찰을 통해 이데올로기가 단순한 거짓, 왜곡, 기만, 허위의식이 아니란 점을 훨씬 더 발본적으로 사유하는 것입니다.

이데올로기를 상상적 관계가 아니라 그 '레프리젠테이션'으로 정의함으로써 알튀세르는 이데올로기적 국가장치의 물질성을 더욱 정교하게 사유할 수 있게 됩니다. 이데올로기적 국가장치가 수행하는 기능은 구체적으로 무엇일까요? 『라캉 또는 알튀세르』에서 최원 선생님이 강조하듯 이데올로기적 국가장치들은, 결국 이데올로기는 상상적 관계를 또는 개인들의 상상들을 '가공'하고 '채널링'하고 '통제' 또는 관리하는, 즉 '레프리젠트'하는 '사회적 실천'입니다. 이는 실재 존재조건이, 이렇게 표현해도 된다면, 이데올로기의 더욱 깊숙한 곳에 자리한다는, 그래서 우리가 있는 그대로의 실재 존재조건을 만날 가능성은 '거의' 없다는 점을 의미합니다. 『마르크스를 위하여』에서는 사람들이 실재 존재조건과 맺는 실재적 관계와 상상적 관계의 통일체를 이데올로기라 정의했죠. 여기에서는 알튀세르가 그래도 실재 존재조건과 맺는 실재적 관계에 대해 언급합니다. 하지만 「이데올로기와 이데올로기적 국가장치들」에서는 관계의 관계 아래에 이 실재 존재조건, 다시 말해 마르크스주의의 일종의 '신줏단지'인 경제 또는 생산양식이 자리하죠. 이데올로기를 걷어내고 이 실재 존재조건과 정치적 측면에서든 지적 측면에서든 마주할 가능성이 '거의' 없다는 거죠. 여기에 걸려 있는 것이 해석의 문제이기 때문에 '거의'라고 표현할게요. 어떤 면에서는 이게 과잉결정 개념의 함의인데, 그러니까 이는 알튀세르가 최종심급에서 경제에 의한 결정이라는 마르크스주의의 핵심 관념으로부터 점점 더 멀어지고 있음을 보여 주는 거죠. 『마르크스를 위하여』에서 이미 지적했듯, 최종심급에서의 경제에 의한 결정이라는 고독한 시간은 결코 도래하지 않습니다. 대신 이데올로기라는 개념은 점점 더 자신의 역량을 취해 나가고요. 결론적으로 알튀세르는 거짓, 왜곡, 기만, 허위의식으로서의 이데올로기 개념은 완전히 폐기하게 되는데요. 왜냐하면 거짓, 왜곡, 기만, 허위의식을 논할 수 있게 해 주는 준거점으로서 실재 존재조건은 이데올로기 안으로 깊숙이 숨어 버리기 때문입니다.

알튀세르는 '사람들'이라 말하지 않고 '개인'이라 말합니다. 호명 테제의 핵심이 개인의 주체로의 호명이기 때문이죠. 더 이상 뭉뚱그려 사람들이 세계와 맺는 관계를 이데올로기라 하지 않고 이데올로기가 개인에게 가하는 힘의 작용에 초점을 맞추는 건데, 이는 그만큼 알튀세르가 이데올로기 개념을 더욱 정교하게 발전시켰다는 점을 의미합니다. 물론 이는 이 개인 간 '관개체적transindividual/transindividuel' 관계와 이데올로기 간 관련은 무엇인지를 탐구해야 한다는 과제를 던지는 것이기도 합니다.

세 번째 강의
루이 알튀세르의 포스트-구조주의

자, 더 나아가 봅시다. 알튀세르는 '이데올로기는 역사를 갖지 않는다'는, 즉 이데올로기는 영원하다는, 이데올로기의 바깥은 없다는 테제를 가장 먼저 제시하는데, 이는 『마르크스를 위하여』에서 공산주의 사회에서도 이데올로기는 사라지지 않을 것이라는 충격적 주장을 발전시킨 것이죠. 이를 지나 알튀세르는 호명 테제를 제시하기 전에 다음과 같은 두 가지 테제, 호명 테제라는 큰 테제 이전의 일종의 두 가지 작은 테제들을 제시합니다. 첫 번째 작은 테제가 바로 방금 자세히 살펴본 이데올로기가 '개인들의 실재 존재조건에 대한 이 개인들의 상상적 관계의 표상'이라는 것이었고요. 두 번째 작은 테제가 바로 '이데올로기는 물질적 실존을 갖는다'는 것입니다.

사람들은 이데올로기가 거짓된 관념이라고 생각합니다. 하지만 그러한 거짓, 왜곡, 기만, 허위의식으로서의 이데올로기 관념은 알튀세르에게서 배제된다고 앞서 이미 말했죠. 이 점을 더 발본적으로 사유하면 이데올로기는 이러저러한 관념이 아니라 물질적 실존을 갖는다고 주장하는 데에 이르게 됩니다. 뒤에서 더 자세히 설명하겠지만 이데올로기는 물질적 장치의 기능작용과 실천 그 자체, 즉 물질성 그 자체입니다. 여기에서 돌발의 문제설정의 핵심인 물질성들 간 역사 내에서의 우연한 마주침, 결국 마주침의 유물론으로까지 나아가는 데는 단 한 걸음이면 충분할 겁니다.

이제 이러한 전제 위에서 알튀세르는 저 유명한 호명 테제를 제시합니다. 두 번째 강의에서 살펴보았지만 그 중요성을 고려해 한 번 더 반복해 보죠. 호명 테제는 '이데올로기는 개인들을 주체로(서) 호명한다'입니다. 여기에서 프랑스어 원문의 전치사 '앙^{en}'을 '로'(영어로는 '인투^{into}')로 번역하면 개인의 주체로의 변형을 조금 더 강조하는 것이고, '로서'(영어로는 '애즈^{as}')로 번역하면 개인에게 주체로서의 동일성을 부여하는 것을 조금 더 강조하는 것이죠. 다시 말하지만 두 번역 중 무엇이 맞는지보다는 이 두 번역이 합쳐져 어떠한 관념을 전달하고자 하는지에 더 집중해야 합니다. 조금 절충적으로 해석하면 이데올로기는 개인에게 이러저러한 동일성, 주체로서의 동일성을 부여하면서도 이를 통해 개인을 주체로 변형하는 거죠. 물론 앞에서 강조했듯 여기에서 개인의 주체로의 변형이든, 개인에게 주체로서의 동일성을 부여하는 것이든, 그 시간성은 뒤틀려 있다, 또는 이것들이 '항상-이미'의 시간성 속에서 이루어진다는 점에 주목해야 합니다.

알튀세르는 「이데올로기와 이데올로기적 국가장치들」에서 대문자 주체 또는 큰 주체가 소문자 주체들 또는 작은 주체들을 호명하며, 이러한 호명으로 인해 이 둘 간에는 이중적 거울구조 속 거울관계가 형성되고, 이로 인해 작은 주체들은 누가 명령하지 않아도, 다시 말해 누가 '억압'하지 않아도 자유롭게, 자율적으로, '스스로 잘 작동한다'고 주장합니다. 앞에서 설명한 프랑스어 원문 '마르셰 비앙'을 떠올려 보세요. 여기에서 알튀세르는 개인이 주체가 되는 호명의 원초적 장면을 상정합니다. 그런 원초적 호명이 특정 순간에 실제로 일어났다는 게 아니라, 우리는 우리에게 가해진 호명을 의식하는 매 순간 항상 이러한 호명의 원초적 장면을 상상적으로 또는 허구적으로 꾸며 낸 뒤 이 장면으로 끊임없이 반복해 되돌아간다는 거죠. 앞서 "피콜로 극단"이라는 텍스트와 관련해 이데올로기와 연극 간 관계를 말했는데요. 호명의 원초적 장면은 말할 것도 없이 이데올로기가 연극과 맺는 깊은 관계의 증거겠죠. 참고로 '장면'의 프랑스어 원어인 '센scène'에는 '무대'라는 뜻도 존재합니다. 호명에 응답한 우리가 가면을 쓰고 살아가는 이 세계는 연극의 무대인 것입니다.

알튀세르는 그 뒤 호명의 '예시' 하나를 제시하는데, 그게 바로 경찰이 길을 가는 행인에게 "어이, 거기 당신!"이라고 불렀을 때 행인이 '뒤를 돌아본다'는 예시죠. 두 번째 강의에서 확인했듯 버틀러는 호명이 '언어'를 수단으로 이루어진다는 점, 그리고 이 예시에서 호명 당한 이가 이 언어를 이해해 '뒤를 돌아본다'는 점, 더 나아가 '대문자 법'을 표상하는 이 경찰의 호명에 이 행인은 '죄의식과 양심' 때문에 뒤를 돌아본다는 점에 주목해 알튀세르의 호명 테제를 자기식대로 변형합니다. 그런데 진태원 선생님이 강조하듯 이 예시를 이해할 때 주의할 점은, 길을 가던 행인이 경찰의 호명에 의해 뒤를 돌아보면서 이 행인이 바로 그 순간 주체가 되는 게 아니라는 점입니다.[22] 우리는 항상-이미 이데올로기에 의해 호명되어 있는 주체이기 때문이죠. 우리는 단지 경찰의 호명을 '기회'로 우리의 동일성을, 우리가 주체임을 한 번 더 인지, 즉 '재인' 또는 '재인지'recognition/reconnaissance'할 뿐입니다. 우리가 사후적으로 만들어 내는 상상적 또는 허구적 장면일 뿐이지만 우리는 항상-이미 이 호명의 원초적 장면에서 또는 무대 위에서 주체로(서) 호명되죠. 남자화장실에 들어가면서 내가 남성 주체임을, 남성으로서의 동일성을 가지고 있음을 한 번 더 인지하는 것이지, 남자화장실에 들어갈 때 내가 비로소 남성 주체가 되는 것이 아닙니다. 이는 이미 여러 차례 강조했듯 버틀러의 수행적 모순 개념을 단순한 방식으로 이해해선 안 된다는 점을 의미합니다.

이것이 이데올로기적 호명의 메커니즘이 취하는 핵심인데요. 이러한 이데올로기의 작용으로 작은 주체들은 큰 주체의 명령이나 강제 또는 억압 없이도 이데올로기에 따라 스스로 잘 작동합니다. 알튀세르는 사용하지 않지만 여기에서 마슈레를 따라 규범이라는 개념을 가져오면, 이 작은 주체들은 큰 주체의 개입 없이도 규범에 맞게 잘 작동합니다. 버틀러의 논의로 이를 조금 더 확장하면, 남성 주체라면 남자화장실에, 여성 주체라면 여자화장실에 누가 명령하지 않아도 '자유롭게', '자율적으로' 스스로 걸어 들어갑니다. 규범에 꼭 알맞게요. 말 그대로 '마르셰 비앙'이네요. 그런데 이를 어긴다면, 사람들은 경찰을 부르겠죠. 여기에서 이데올로기적 국가장치들 배후에서 작동하는 억압적 국가장치라는 개념이 등장하게 되는 거고요.

우리는 두 번째 강의에서 억압적 국가장치와 이데올로기적 국가장치들이라는 두 가지 알튀세르의 개념에 주목했는데요. 억압적 국가장치는 군대와 경찰, 법원은 물론 행정부 또한 포함합니다. 억압적 국가장치는 하나의 통일체로 작동하기 때문에 알튀세르는 이를 단수로 표현합니다. 반면 이데올로기적 국가장치들은 하나의 통일체가 아닌 복수의 장치들 즉 다양체입니다. 푸코식으로 말하면 사회 아래에서 '모세혈관처럼' 퍼져 작동하기 때문에 알튀세르는 이를 복수로 표현하는 것입니다. 중세 시대에는 교회와 가족의 결합쌍이 주요 이데올로기적 국가장치들이었다면, 자본주의 시대에는 가족과 학교의 결합쌍이 주요 이데올로기적 국가장치들이라고 알튀세르는 주장합니다. 물론 오늘날에는 여기에 '미디어'를 포함시켜야겠죠. 알튀세르는 의회 그리고 정당과 같이 대의제 민주주의 체제를 구성하는 기구들 또한 이데올로기적 국가장치에 포함시키는데, 이에 대해서는 생략하겠습니다.[23]

억압적 국가장치는 '억압'을 통해, '폭력'을 통해, '강제'를 통해 주체가 작동하도록 만든다면, 이데올로기적 국가장치들은 '이데올로기'를 통해, '선택'을 통해, '자유'를 통해 주체가 작동하도록 만듭니다. 하지만 이미 '강제된 선택'이라는 관념을 통해 설명했듯 우리가 자유롭게 잘 작동하는 사태의 심연에는 그렇게 자유롭게 잘 작동하지 않을 경우 억압과 폭력이, 즉 '곤봉'이 등장한다는 점을 우리가 너무나도 잘 알고 있다는 점이 놓여 있습니다. 물론 '잘 안다'라고 표현했다 해서 이것이 의식의 차원에서만 이루어지는 일은 아니라는 점에 주의해야 합니다. 가령 두 번째 강의에서 우리는 탯줄을 끊은 아이가 자신과 동시대적인 사회구성체 속으로 던져졌을 때, 행정부라는 억압적 국가장치에 의해 성기의 모양에 따라 그 어떤 선택의 여지도 없이 남성 또는 여성으로 규정되어 주민으로 등록된다는 점을 말했죠. 우리가 의식하기도 전에 우리는 이미 국가장치의 작용 속에 들어가게 되는 겁니다. 여기에서 추가적으로 지적해야 할 점은 억압적 '국가'장치와 이데올로기적 '국가'장치들 모두 '국가'장치라는 점입니다. 이데올로기적 장치라 해서 국가 바깥의 사적 영역에 놓여 있는 게 아닙니다. 알튀세르는 공적 영역과 사적 영역 간 구분, 국가와 시민사회 간 구분은 그 자체 부르주아 이데올로기라고 비판합니다. 이데올로기적 장치들 또한 국가적 차원 내에 있는 것이죠. 참고로, 푸코는 억압가설을 비판하고 권력을 생산적인 것으로 이해하죠. 그래서 이 '억압적 국가장치'라는 개념은, 푸코 또한 이 개념과 잠깐 '불장난'을 한 적도 있지만, 알튀세르와 푸코 사이의 항구적 논쟁점이 돼요. 물론 알튀세르에게서의 억압개념을 푸코가 비판하는 억압가설의 억압개념과 등치시킬 순 없겠지만요.

마지막으로 이데올로기는 물질적 실존을 가진다는 알튀세르의 두 번째 작은 테제를 다시 떠올려 볼까요? 이는 도대체 무엇을 의미할까요? 상식적으로 우리는 이데올로기가 관념적인 것이라고 생각하죠. 하지만 이런 관점에서는 참된 관념과 거짓된 또는 왜곡된 관념 간 구분만을 말할 수 있을 뿐입니다. 거짓, 왜곡, 기만, 허위의식으로서 이데올로기라는 관념으로 다시 굴러떨어지는 거예요. 저는 앞서 이미 알튀세르 이데올로기론의 원천이 스피노자의 상상이론이라고 지적했습니다. 간단히 말하면 이데올로기는 상상적인 것인데, 여기에서 상상적이라는 건 단순한 방식으로 참과 거짓을 말할 수 없는 것이라는, 즉 관념적인 것이 아니라 우리의 신체와 세계 간 관계로서 물질적인 것이라는 점을 의미합니다. 장치 개념을 가져와 다르게 표현한다면, 이데올로기란 이데올로기적 국가장치들이라는 물질적인 것의 기능과 작용, 즉 기능 작용 그리고 실천 그 자체입니다. 즉, 이데올로기는 이데올로기적 국가장치들의 물질성 그 자체입니다. 우리가 물질 바깥의 존재일 수 없듯, 이데올로기 바깥의 존재일 수도 없습니다. 이데올로기의 바깥은 없습니다. 우리는 항상-

이미 이데올로기적 주체입니다. 물질과 이데올로기 간 이러한 관계 설정은 연장속성과 사유속성 간 역설적 관계를 사유했던 스피노자로부터 영감을 얻은 것입니다. 이렇게 알튀세르는 1970년에 이데올로기 일반에 관한 이론을 거의 완성하는 거예요.

포스트-구조주의자 알튀세르

그렇다면 이러한 철학적 궤도 속에서 포스트-구조주의자로서의 알튀세르를 검출할 수 있을까요? 이번 강의 초반부에서 저는 드러난 알튀세르와 감춰진 알튀세르를 대비시키면서, 감춰진 알튀세르가 궤도 속에서 불쑥불쑥 등장하며 바로 이 감춰진 알튀세르가 궤도가 그려지도록, 즉 궤도가 이렇게 휘어지도록 만드는 숨은 동력이라고 말했습니다. 여기에서 휘어짐의 방향은 마르크스주의를 구축하고 재구축해 확립하는 방향이 아니라 자기비판, 이데올로기론, 우발성의 유물론에 의해 마르크스주의를 개조, 전화 또는 변형, 쇄신, 더 나아가서는 해체하는 방향이었죠. 그래서 우리는 이 감춰진 알튀세르, 자기비판, 이데올로기론, 우발성의 유물론의 알튀세르, 마르크스주의의 해체자 알튀세르, 다른 표현으로는 '정치주의적' 알튀세르가 그의 포스트-구조주의자로서의 얼굴이라고 말할 수 있을 것 같습니다. 그리고 생전 출간 텍스트 중 이 얼굴이 가장 잘 드러나 있는 텍스트는 말할 것도 없이 1970년의 걸작 「이데올로기와 이데올로기적 국가장치들」이겠고요. 그래서 우리가 두 번째 강의에서 버틀러와 함께 알튀세르의 이데올로기적 호명 개념에 대해 깊이 다루었던 것인데요. 이를 무리해서라도 다음과 같이 두 도식(《존재와 역사, 두 얼굴의 알튀세르》, 〈알튀세르의 철학적 궤도〉)으로 표현해 볼 수 있습니다. 이 도식들에

• **존재와 역사에 관한 두 가지 길항하는 관점**

구조	정세
필연	우연
경향(과 반경향)	사건
재생산	생산
기원	발생

• **두 얼굴의 알튀세르(분열증자)**

구조(의 알튀세르)	정세(의 알튀세르)
변증법적 유물론 (유물론적 변증법)	우발성의 유물론 (마주침·우연의 유물론)
구조인과성	과잉결정성 (과소결정성)
구조주의 (서방 마르크스주의/스탈린주의)	포스트-구조주의
역사과학으로서 정치경제학 비판	이데올로기론
생전 출간 저서	유고집

존재와 역사, 두 얼굴의 알튀세르

는 지금까지 논의했던 바를 정리하는 의미도 있습니다.

특히 〈알튀세르의 철학적 궤도〉를 조금 설명하자면요. 가로축은 적혀 있는 연도를 통해 짐작할 수 있듯 시간의 흐름이고 세로축은 구조의 알튀세르냐 정세의 알튀세르냐, 다르게 말해 마르크스주의의 구축이냐 해체냐의 대당입니다. 그러니까 이 도식을 가로지르는 대각선 화살표는 알튀세르가 시간

• 알튀세르의 철학적 궤도

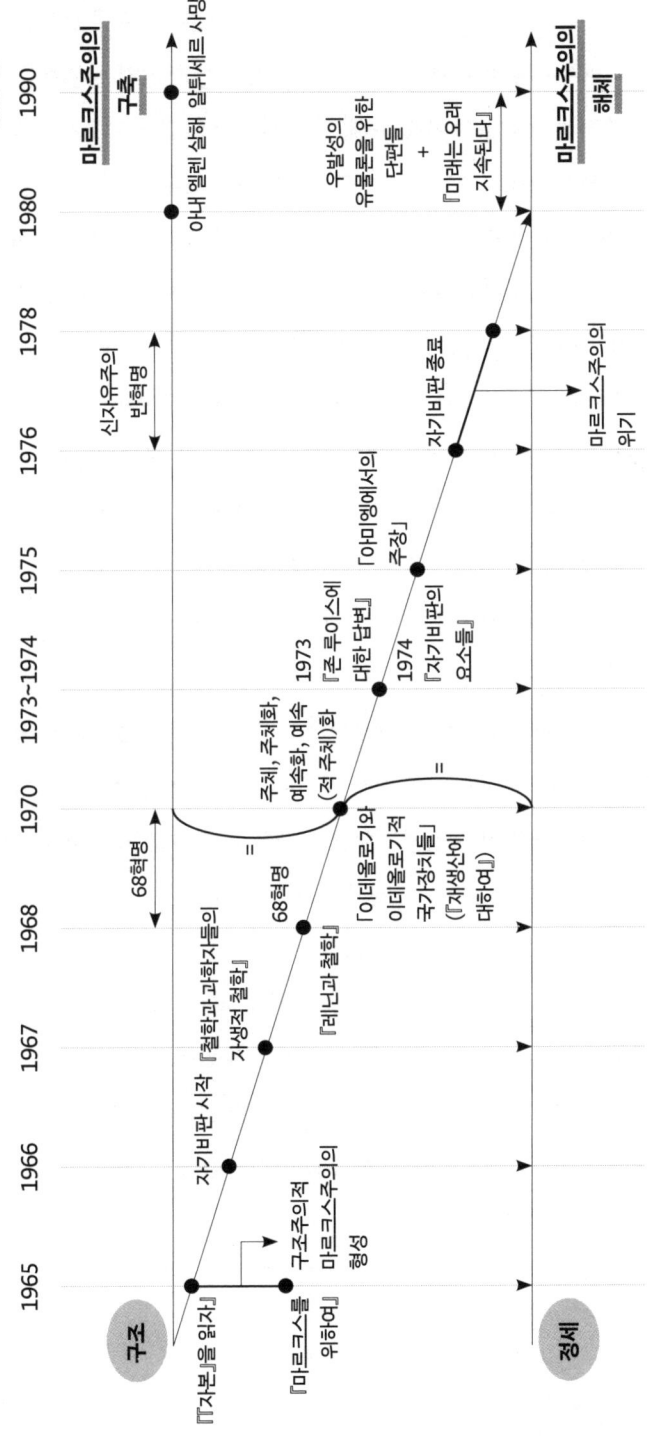

이 흐르면서 점점 구조보다는 정세에, 마르크스주의의 구축보다는 해체에 방점을 둔다는 점을 나타내죠. 세로축들 중 정세에 해당하는 부분들을 보면 아래로 향하는 화살표들이 있는데, 이는 정세의 알튀세르가 구조의 알튀세르를 마르크스주의 해체의 방향으로 끌어당기고 있다는 점을 표현하는 것입니다. 그리고 1970년을 보면 대각선 화살표가 구조와 정세를 정확히 절반으로 가른다는 점이 표현되어 있는데, 이는 1970년의 텍스트 「이데올로기와 이데올로기적 국가장치들」이 주체, 주체화, 예속화, 예속(적 주체)화 개념을 통해 구조에서 정세로, 구조주의에서 포스트-구조주의로, 마르크스주의의 구축에서 해체로의 이행을 개시한다는 점을 의미합니다. 물론 이는 진화주의적 알튀세르 해석을 수용했을 때 그려질 수 있는 도식이라는 점에 유의하고요.

도식 〈존재와 역사, 두 얼굴의 알튀세르〉를 참고하면서 도식 〈알튀세르의 철학적 궤도〉를 다시 보면, 알튀세르는 1965년 『마르크스를 위하여』와 『『자본』을 읽자』를 출간하면서 마르크스주의의 '재정초'를 시도하는데, 이러한 기획이 현대 프랑스철학자로서의, 조금 더 좁게는 포스트-구조주의자로서의 자신에 의해 자기비판이라고 하든 이데올로기론이라고 하든 우발성의 유물론이라고 하든 정치주의라고 하든, 이를 수단으로 변형되어 나가죠. 1990년 자신의 죽음에 이르기까지요. 그 핵심 개념이 바로 이데올로기적 호명, 다르게 말하면 주체인 것이고요. 두 번째 강의에서 우리는 구조주의와 포스트-구조주의의 정의를 살펴보았습니다. 그 핵심은 구조에 의해 구성되는 또는 권력에 의해 생산되는 주체였습니다. 알튀세르는 이데올로기, 호명, 주체 개념을 벼려 냄으로써 이데올로기라는 권력의 호명에 의해 생산되는 주체를 마르크스주의의 틀 내에서 사유했습니다. 결국 문제는 주체, 주체화, 예속화, 예속(적 주체)화입니다.

알튀세르의 이러한 시도의 목표는 무엇일까요? 아까 '정치주의'라는 표현을 사용했잖아요. 이로써 알튀세르는 마르크스주의 내에서 정치를 발본적으로 재사유하고자 했던 것이죠. 그가 '빈자의 헤겔주의'라 불렀던 바, 즉 마르크스주의 내 스탈린주의적인 목적론을 한번 보세요. 지극히 경제결정론적이고 진화주의적인 이러한 목적론 속에서, 자본주의는 필연적으로 붕괴하며 사회주의와 공산주의는 필연적으로 도래합니다. 이러한 목적론에서는 주체 개념을 세공할 필요가 전혀 없습니다. 혁명의 주체, 즉 정치의 주체에 관한 사유는 불필요하고, 같은 맥락에서 이데올로기 개념 또한 단순히 거짓, 왜곡, 기만, 허위의식 정도로 치부됩니다. 자본주의는 필연적으로 붕괴하고, 이러한 붕괴 속에서 사회주의와 공산주의라는 진리를 프롤레타리아라는 대문자 주체가 허위의식으로서 이데올로기를 걷어 내어 재인지하기만 하면 됩니다. 이러한 논리 속에서 정치와 주체에 대한 사유는 제대로 이루어질 수 없겠죠.

반면 알튀세르는 현대 프랑스철학자로서, 캉길렘의 제자로서, 다시 말해 프랑스 역사인식론의 계보에 속하는 이로서, 과학과 이데올로기의 관계를 훨씬 더 복잡하게 사유합니다. 이렇게 정리해 볼 수 있을 것 같아요. 1965년의 알튀세르는 마르크스주의를 재정초하면서 과학을 이데올로기와 확고히 구분하죠. 물론 프랑스 역사인식론의 계보 속에서 알튀세르는 과학이 이데올로기로부터의 인식론적 절단을 통해서만 창설될 수 있다고 주장했다는 점에서는 과학과 이데올로기의 관계를 단순하게 사유하지 않았습니다. 하지만 그럼에도 불구하고 알튀세르는 마르크스주의의 과학성을 주장하기 위해 이데올로기로부터 인식론적으로 절단된 과학이 이데올로기와 확고히 구분된다고 주장합니다. 반면 알튀세르는 이데올로기 개념을 더욱 발본적으로 사유하면서 과학과 이데올로기 간 관계를 훨씬 더 복잡하게 사유하는 데에 이르게 되죠. 그러한 복잡한 사유의 핵심이 바로 정치입니다. 역시 자연과학에 대한 논의는 제외하도록 합시다. 마르크스주의의 그것과 같은 역사과학, 더욱 넓게는 인문사회과학에서 과학과 정치는 확고히 구분되지 않는데, 이는 과학과 정치 모두 이데올로기의 공간 바깥으로 나갈 수 없기 때문입니다. 앞서 우리는 알튀세르를 따라 이를 인식의 변증법과 역사의 변증법으로 나누어 살펴보았죠. 인식의 변증법과 관계하는 것이 과학, 역사의 변증법에 관계하는 것이 정치인데, 그러나 알튀세르는 이데올로기 개념을 더욱 발본적으로 사유하면서 인식과 역사를, 결국 과학과 정치를 결합하는 방향으로 나아갑니다.

그 결론은 역사 바깥의, 정치 바깥의 인식이란 존재하지 않는다는 것입니다. 하물며 자연과학이 아니라 역사과학이라면, 인문사회과학이라면, 그러한 인식 또는 과학은 역사와 정치 바깥으로 나갈 수 없습니다. 다섯 번째 강의에서 발리바르의 『개념의 정념들』을 따라 우리는 이 점에 대해 더 깊게 다루어 볼 텐데, 발리바르가 이 저서에서 제출하는 그 결론은 사실 알튀세르의 이러한 사유, 그러니까 이데올로기 개념으로부터 도출되는 것이죠. 추가적인 언급이지만 그래서 이데올로기 또한 이론적 이데올로기와 실천적 이데올로기로 나누어집니다.[24] 인식 또는 과학의 측면에서는 과학이 인식론적으로 절단하는 대상으로서 이론적 이데올로기가 존재하고, 역사와 정치의 측면에서는 우리가 이를 비판해 새로운 사회구성체를 만들어 나가야 할 사회적 실천으로서 이데올로기, 즉 실천적 이데올로기가 존재합니다. 그러나 알튀세르는 자신의 철학적 궤도를 그려 나가면서, 이데올로기와 정치를 발본적으로 재사유하는 감춰진 알튀세르로부터 동력을 얻어, 이 두 가지 이데올로기를 결합하는 방향으로 나아가죠. 이로써 알튀세르는 인식과 역사를, 과학과 정치를 결합하는 방향으로까지 나아갑니다. 두 번째 강의에서 설명했던 담론주의, 이데올로기의 바깥은 없다는 테제 등을 다시 한번 떠올려 보세요. 이데올로기 또는 담론의 바깥은 없는데, 인식과 역사 모두 이러한 이데올로기 또는 담론 속에서 하나로 결합된 상태로 존재하고 있습니다.

그렇다면 과학의 과학성이란, 과학의 진보란, 진리의 획득이란 불가능한 것일까요? 이에 대해서는 별도의 아주 긴 논의가 필요합니다. 한 가지 지적해 두고 싶은 것은, 알튀세르든 푸코든 버틀러든 과학의 과학성을, 과학의 진보를, 진리의 획득을 전혀 부정하지 않는다는 거죠. 데리다와 관련해서도 이미 말했지만 현대 프랑스철학자들은 이 주제를 훨씬 더 미묘한 방식으로 사유합니다. 단순히 인정했느냐 부정했느냐로 말할 수 없단 거예요. 바디우의 진리철학도 마찬가지로 프랑스 역사인식론의 맥락 내에 놓여 있는데, 그래서 바디우가 진리를 사유하는 방식을 살펴보면 표면적으로 보이는 바와 달리 도대체 이게 진리가 있다는 건지 없다는 건지 쉽게 얘기할 수 없습니다. 물론 이 철학자들 사이에서도 입장이 아주 미묘하게 서로 다르고요. 그래서 어쩔 수 없이 알튀세르에 관해서만 말하자면, 알튀세르는 마르크스주의의 해체라는 방향으로 나아가면서 1965년의 이론주의적 입장을 자기비판하고 마르크스주의의 과학성을 훨씬 더 미묘한 방식으로 사유해야 한다고 주장합니다. 그래서 이 마르크스주의의 과학성을 정치와 이데올로기라는 개념과의 관계 속에서 사유하는 것이고요. 그 결론은 알튀세르의 토픽 개념의 변화, 더 나아가서는 사실 다섯 번째 강의에서 다룰 『개념의 정념들』, 특히 그 1부 「진리의 역사」의 발리바르에게서 발견할 수 있습니다.

마르크스주의의 과학성과 관련해 알튀세르는 구조와 정세 사이에서 끊임없이 동요하고 진동했습니다. 『『자본』을 읽자』 해제에서 진태원 선생님이 제출하는 답변이 이렇다고 저는 해석을 하는데요. 그래서 진 선생님은 구조의 알튀세르와 정세의 알튀세르를 구분하는 것이 비생산적이라고 보는 거고요. 저도 이런 입장에 동의하는데, 이런 관점을 취해야지 마르크스주의의 과학성을 부정하는 방식으로, 그러니까 초기 작업을 불태워 버리는 방식으로 알튀세르를 읽지 않을 수 있기 때문이죠. 마르크스주의는 과학입니다. 이때의 과학이란 대문자 절대과학이 아니라 다른 과학과 마찬가지로 하나의 '유한한 과학', 구조로서의 자본주의적 생산양식과 그 재생산을 대상으로 취하는 한계 지어진 과학인 거죠. 프랑스어에서 '시앙스science'는 '과학'과 '학문' 또는 '분과학문' 모두를 의미하는데, 사실 분과학문의 줄임말이 바로 과학입니다. 마르크스주의는 이러한 의미에서만 과학일 수 있는 거죠. 결론은 단 하나의 알튀세르만 존재한다는 것인데, 푸코도 버틀러도 데리다도 다 마찬가지이지만 우리에게 '어떻게 읽을 것인가?'의 질문에 대한 해결의 단초는 전회라는 관념을 멀리하고 한 사상가의 생 전체를 통합적으로, 균형 있게 사유하는 것이죠. 그게 이 사상가를 역사 속에서 연구하는 후대 연구자만이 누릴 수 있는 특권과 강점이기도 하고요.

물론 후기 발리바르는 제 독해에 따르면 분명 정세의 알튀세르에 방점을 찍습니다. 그러면서 마르크스주의의 해체를 발본화하죠.[25] 하지만 이것을 발리바르가 마르크스주의의 과학성을 부정하는 것이라고 해석하면 곤란합니다. 프랑스 역사인식론자들, 더 나아가 현대 프랑스철학자들이 과학을 아주 미묘한 방식으로 사유하듯, 후기 발리바르 또한 아주 미묘한 방식으로 마르크스주의의 과학성을 사유한다고 보는 게 안전한 해석일 거라 생각합니다. 물론 방점은 역시 해체에 찍혀 있지만요. 제 생각에 이는 발리바르가 마르크스주의를 철두철미 발본적으로 해체해야만 그 이후 마르크스주의의 과학성을 재확언할 수 있다고 사유하기 때문인 것 같아요. 물론 제 해석일 뿐이니까 다른 입장도 충분히 가능합니다.

우리 논의에서 중요한 것은 알튀세르가 이렇듯 구조와 정세 사이에서 끊임없이 동요하고 진동하는 이유가 그의 포스트-구조주의, 그러니까 그의 이데올로기와 주체에 대한 개념화, 더 나아가서는 우발성의 유물론을 수단으로 이루어지는 정치에 대한 그의 발본적 재사유 때문이라는 것입니다. 다섯 번째 강의에서 우리가 다룰 구조로서 현행성의 철학이란, 철학사에 대한 주석으로서의 철학과 달리 지극히 정치적인 철학, 정치를 사유하는 철학, 더 정확히는 이데올로기 속에서 정치를 사유하는 철학입니다. 그래서 포스트-구조주의는 독특한 의미에서 철두철미 '정치적'입니다. 그 안에 놓여 있는 알튀세르의 포스트-구조주의의 결론은 이데올로기 속에서 정치를 사유하는 철학, 구조로서 현행성의 철학이고, 그 토대를 마련하기 위해 이데올로기적 호명과 주체 개념을 나름의 방식으로 마르크스주의 내에서 벼려 냈던 것이고요. 역시 이번에도 문제는 주체, 주체화, 예속화, 예속(적 주체)화였습니다. 이 점을 계속 기억하면서, 이제 미셸 푸코의 포스트-구조주의로 나아갑시다.

네 번째 강의

미셸 푸코의 포스트-구조주의

이번 강의에서 우리는 푸코 사상 전반에 관해 제가 번역한, 프랑스에서 현재 푸코철학에 관한 최고의 주석가로 인정받고 있는 프레데릭 그로라는 연구자의 『미셸 푸코』를 핵심 교재로 삼습니다. 푸코에 관한 제 설명은 왜 제가 이 책을 번역했는지를 아리아드네의 실로 삼아 진행될 것입니다. 알튀세르와 버틀러의 사유와 마찬가지로 푸코의 사유 또한 여러 방식으로 접근해 설명할 수 있겠지만, 저는 역시 이번에도 주체-권력 개념쌍을 통해 푸코의 사유에 접근하고 설명하겠습니다. 곧 확인하겠지만 바로 그렇기 때문에 그로의 『미셸 푸코』가 네 번째 강의에서 지도원리의 역할을 할 수 있는 것이고요. 궁극적으로는 알튀세르, 버틀러의 경우와 마찬가지로 저는 이번 강의에서 '미셸 푸코를 어떻게 읽을 것인가'란 질문에 대한 저 나름의 답변을 제시해 볼 겁니다.

푸코와 마르크스의 마주침을 위하여

이번 강의에 진입하기 위해 조금의 우회를 감수해 보겠습니다. 저는 포스트-구조주의 사상가들 중에서도 특히 알튀세르 강의를 열심히 하고 있습니다. 알튀세르만을 위한 책도 쓸 생각입니다. 그런데 알튀세르만 따로 강의를 하면, 알튀세르를 어떻게 읽을 것인가 이전에 알튀세르를 왜 읽어야 하는가에 대해서 항상 얘기를 해요. 왜냐하면 알튀세르도 푸코도 마찬가지인데, 사실 이렇게 어려운 철학자를 굳이 우리가 왜 오늘날 읽어야 하는지에 대해서 교양대중을 상대로 한 설득 작업이 필요하다고 생각하기 때문입니다. 왜 알튀세르 또는 푸코, 더 나아가서는 포스트-구조주의, 더 나아가서는 현대 프랑스철학을 읽어야 하는가. 조금 늦은 감이 있지만 푸코 사상에 대한 해제를 기회로 이 주제를 다뤄 보고자 합니다. 이를 다루면서 지금까지의 설명도 부분 부분 복습해 보도록 하죠.

한국에서 1990년대 이후, 특히 2000년대에 들뢰즈, 그다음엔 푸코를 중심으로 현대 프랑스철학 또는 포스트-구조주의가 강하게 유행했어요. 여기에 대해서 당연히 할 말이 정말 많습니다. 당시의 수용에서 어떤 지점에서는 문제점들이 있었고 그 문제점들 때문에 수용에 실패했다는 생각을 많이 해요. 그런데 정말 이번에는 그 수용에 성공하길 원한다면 왜 오늘날 우리가 알튀세르를, 그리고 푸코를 읽어야 하는가 하는 질문을 진지하게 던질 필요가 있다고 봐요. 당시에 그런 질문을 던지지 않았기 때문에 어느 정도 수용에 실패할 수밖에 없었고, 교양대중의 관심으로부터 멀어질 수밖에 없었다고 생각해요. 물론 알튀세르와 달리 푸코는 학계에서뿐만 아니라 교양대중에게도 상당히 큰 성공을 거두긴 했죠. 그건 사실인데, 냉정하게 평가해 보면 푸코도 그렇고 들뢰즈도 그렇고 정말로 교양대중에게 얼마나 잘 수용되었는가, 시민들의 삶 속에서 얼마나 창조적으로 이 이론이 자신의 역량을 펼쳤는가를 질문해 보면, 그렇게 뚜렷한 흔적을 남기지는 못했다는 생각이 들어요.

2020년 이후에 우리가 새로운 시대로 진입하고 있잖아요. 이에 대해서는 다섯 번째 강의에서 진지하게 다룰 텐데요. 다들 느끼고 있겠지만 거기서 포스트-구조주의, 더 나아가 현대 프랑스철학이 어떤 의미를 갖는지, 신유물론을 포함한 새로운 흐름들과의 차이는 무엇이고 그럼에도 함께 무엇을 할 수 있는지를 제대로 파악하기 위해서는 '어떻게' 이전에 '왜'라는 질문을 이제는 던져야 한다고 생각합니다. 이런 맥락에서 왜 푸코를 읽어야 할까 하고 이 네 번째 강의의 서두에서 질문해 볼 필요가 있는 것이죠. 그 답은 여러 가지겠지만, 제 개인적인 답변은 이렇습니다. 결국 제가 박사논문을 쓴 주제이기도 하고 제 지극히 개인적인 연구 프로젝트라고 할 수 있는데, 제 관심은 '마르크스주의를 어떻게 현재화할 수 있을까'거든요. 물론 제가 분명 마르크스주의 그 자체에 대해서 잘 아는 사람은 아니에요. 제 전공은 오히려 포스트-구조주의죠. 그럼에도 제가 요즘 느끼는 것이기도 하고 오래전 학부생 시절부터 갖고 있었던 문제의식은, 마르크스주의가 1990년 이후의 한국에서 담론적 영향력, 지적 헤게모니를 거의 갖지는 못했던 것이 사실이지만, 그럼에도 동시대 자본주의 사회, 오늘날 지금 여기 우리의 삶을 이해하는 데 중요한 사유의 도구상자라는 거예요.

그런데, 마르크스주의 그 자체만으로는 유의미한 사상적 힘을 갖기 힘들지 않을까 하는 생각을 예전부터 많이 했어요. 그것만으로는 안 되고, 마르크스주의를 좀 더 창조적으로 변용해 보는 건 어떨까 하는 생각을 많이 했습니다. 저는 처음에 마르크스주의를 접했던 게 알튀세르를 통해서였거든요. 그러니까 저는 어느 정도는, 사실은 처음부터 서방 마르크스주의를 통해서 마르크스주의를 수용했던 연구자이고 그런 이유 때문에 프랑스에 가서 프랑스 정치철학을 공부하기도 했는데요. 알튀세르를 통해 마르크스를 읽고 연구를 심화시켜 가면서 제가 느꼈던 건 알튀세르의 프로젝트가, 쉽게 말하면 마르크스주의를 다시 현재적인 것으로 만들려는 시도가 사실은 푸코의 사유 실험과 그 지향점에서 그렇게 다르지 않다는 거예요. 한국에서는 푸코와 마르크스가 또는 알튀세르가 서로 대립되는 사상가라고 많이들 생각하거든요. 저는 그게 오해라고 생각해요. 제 마르크스주의 이해 수준이 그렇게 대단치는 않지만, 그럼에도 제가 박사과정에서까지 연구를 한 뒤 한 가지 확실히 말할 수 있는 건, 알튀세르가 마르크스주의를 현재화하려 한 시도와 푸코가 마르크스에 반反해서 또는 마르크스주의에 반反해서 자신만의 길을 걸어가며 작업했던 결과물이 이론적 친화성을 지니고 있다는 거예요. 물론 이건 제 해석 입장이고, 게다가 사실 발리바르의 입장을 전적으로 따르는 것입니다.

발리바르는 알튀세르의 충실한 제자이자, 지금 현대 프랑스철학의 최고봉에 있는 사람이죠. 이미 강조했듯 『개념의 정념들』은 발리바르가 역사적 포스트-구조주의 전체를 결산하는 아주 중요한 책이에요. 그런데 그 책의 배경에 은밀히 놓여 있는 기획이 바로 푸코와 마르크스 사이의 결합이에요. 푸코와 마르크스를 어떻게 결합할 것인가, 이 결합이 왜 중요하고 어떤 생산적인 결과를 도출할 수 있을까를 고민하는 게 그 책 전체의 은밀한 문제의식이라고 볼 수 있어요. 마르크스주의를 되살리려는 알튀세르의 길, 푸코가 표면적으로는 마르크스주의에 반해 마르크스주의를 비판하면서 나아갔던 길, 이 두 가지가 사실은 같은 방향의 길이었고 그 결론도 이론적으로 친화적이라고 저는 생각해요. 이 화두를 가지고 저는 박사논문을 썼고, 그런 의미에서 제가 처음에는 알튀세르를 통해서 마르크스주의를 공부하게 됐지만 결국에는 포스트-구조주의를 포함한 현대 프랑스철학 전체와 마르크스주의의 결합이 가능하겠다고 생각하게 된 것이죠. 조금 난해할 수도 있는데, 어쨌거나 알튀세르의 마르크스주의를 연구하던 제가 푸코를 왜 읽게 됐는지에 대해 설명하고 싶어서 말합니다.

좀 더 구체적으로, 제가 하고자 하는 작업은 역사적 마르크스주의와 역사적 포스트-구조주의를, 현대 프랑스철학의 여러 조류 중 하나로서의 역사적 포스트-구조주의를 결합하려는 시도예요. 그렇게 하면 어떻게 될까요? 바로 '포스트-마르크스주의'라는 것이 생산되죠. 물론 포스트-마르크스주의도 여러 가지 판본이 있어요. 샹탈 무페와 에르네스토 라클라우의 포스트-마르크스주의도 있고 알튀세르-발리바르적인 포스트-마르크스주의도 있습니다. 일단 제가 연구하는 방향은 마르크스주의와 현대 프랑스철학 내의 포스트-구조주의를 결합해서 포스트-마르크스주의를 만드는 거라는 점만 강조할게요. 물론 무페와 라클라우의 포스트-마르크스주의는 저의 포스트-마르크스주의로부터 그리 멀리 있지 않습니다.

그 연구의 목표는 결국 마르크스주의의 해체, 탈구축, 그리고 재구축이라는 겁니다. 이를 위해서 마르크스주의와 포스트-구조주의를 결합한다고 생각하면 돼요. 저는 그런 맥락에서 푸코를 공부하는 거고요. 너무 뜬구름 잡는, 어려운, 구체적인 의미가 없는 얘기일 수도 있는데요. 제가 어떤 맥락에서 푸코를 읽는지 말하고 싶었습니다. 제가 지금까지 번역한 책들이나 쓴 글들을 보면 이런 흐름을 파악할 수 있을 거예요.

이렇게 포스트-구조주의 중에서도 포스트-마르크스주의를 형성할 수 있는 사상들을 하나로 묶는 게 제 연구 계획이고, 그런 면에서 푸코와 마르크스 사이의 결합은 이러한 작업에서 사활이 걸린 지점이라고 할 수 있어요. 포스트-구조주의자로는 대표적으로 푸코, 들뢰즈, 데리다, 네그리 정도를 많이들 얘기해요. 그들 중 마르크스와 결합할 수 있는 사상가는 누가 있을까 했을 때, 데리다-마르크스주의, 들뢰즈-마르크스주의, 네그리-마르크스주의도 분명히 가능해요. 특히 네그리는 명시적으로 마르크스주의자이기 때문에 네그리-마르크스주의를 생산하는 건 어렵지 않다고 생각합니다.

그러나 발리바르를 따라서 제가 보기에 가장 생산적인 마르크스주의는 푸코-마르크스주의 같아요. 그 전거를 발리바르의 『대중들의 공포』에서 발견할 수 있습니다.[1] 「정치의 세 개념: 해방, 변형, 시민다움」이라는 제목으로 실려 있는 서문이 서론 격의 1부고 그다음에 3부가 「마르크스주의에서의 이데올로기의 동요」라는 아주 중요한 부분이에요. 거기 부록 1번에 "푸코와 마르크스: 유명론이라는 쟁점"이라는 텍스트가 있어요. 그 두 텍스트에서 발리바르가 아주 명시적으로 푸코와 마르크스를 서로 결합시키고 있습니다.

정말 쉽게 얘기하면, 어떤 근거로 결합시킬 수 있는가 했을 때 둘 모두 정치의 타자를 사유하는 사상가라는 거죠. 그러니까 정치가 자율적인 것이 아니라 조건과 타자를 가지는 타율적인 것이란 얘기예요. 정치를 아주 쉽게 저항이라고, 혁명이라고 해 볼게요. 저항이든 혁명이든 이 정치라는 것이 타자를 갖고 있다면, 마르크스에게 이는 경제적 관계고 푸코에게 이는 권력관계겠죠. 그렇기 때문에 경제적 관계냐 권력관계냐, 이 둘은 대립하느냐 아니면 하나로 합쳐질 수 있느냐, 합쳐질 수 있다고 해도 그 차이점 또는 이단점은 무엇이냐, 이런 질문들을 해결해 나가면서 발리바르가 푸코와 마르크스를 결합시키고 있어요. 그 결합이 가장 생산적인 이유는 바로 이 문제를 건드리고 있어서입니다. 푸코와 마르크스 모두 정치에는 타자가 있다는 점을 사유하고 있다는 것이죠. 그럼 다른 사상가들은 이 점을 사유하지 않느냐, 푸코와 마르크스만큼 발본적으로 사유하지는 않습니다. 제가 굳이 푸코를 고르는 이유는 이렇습니다.

마르크스주의와 포스트-구조주의의 매개자, 알튀세르

이 마르크스와 푸코의 결합에서 아주 중요한 매개자가 알튀세르예요. 이건 국내에서 진태원 선생님이 많이 연구했고 몇 편의 논문이 있어요. 특히 『애도의 애도를 위하여』를 참고하길 바랍니다. 이 책을 보면 마르크스와 푸코를 결합시킬 때 알튀세르가 매개자가 될 수밖에 없다는 걸 알 수 있어요. 그러니까 알튀세르가 마르크스주의를 해체하는 방향으로 나아가는데 그게 사실은 푸코가 마르크스주의와 대결한 방향과 동일하다고 볼 수 있어요. 그래서 알튀세르가 매개자가 되는 겁니다.

푸코가 1966년 『말과 사물』을 출간한 이후 현대 프랑스 지성계의 대스타가 되죠. 1960~1970년대 당시에는 어떤 사상적 조류가 가장 셌죠? 프랑스에서는 당연히 마르크스주의죠. 처음에는 『변증법적 이성 비판』으로 대표되는 사르트르의 실존주의적 마르크스주의가 유행했고, 그 다음에는 많은 구조주의자들, 특히 구조주의적 마르크스주의자들이 사르트르에 대한 비판을 감행하죠.[2] 그렇게 프랑스 마르크스주의는 사르트르의 실존주의적 마르크스주의에서 구조주의적 마르크스주의로 이행해요. 그리고 이 구조주의적 마르크스주의를 정초한 사람이 바로 알튀세르예요. 알튀세르가 사실은 현대 프랑스 지성계의 마르크스주의를 사르트르와는 다른 방식으로 구조주의를 통해서 갱신하려고 또는 확장시키려고 시도했다고 보면 됩니다.

푸코 또한 당시에 사르트르의 실존주의적 마르크스주의와 알튀세르의 구조주의적 마르크스주의 양자 모두를 비판하면서, 그러니까 1960~1970년대 당시 현대 프랑스 지성계의 마르크스주의에 조목조목 대립하는 방식으로 자신의 '역사유물론'을 구성해요. 발리바르는 이를 푸코의 역사유물론이라고 표현하기도 하는데요. 역사유물론은 당연히 마르크스주의에만 해당하는 표현인 것 같지만『대중들의 공포』의 두 텍스트를 잘 읽어 보면 왜 푸코가 역사유물론자인지 그 이유가 나와 있어요. 핵심은 마르크스와 마찬가지로 푸코 또한 역사의 물질성을 사유했다는 것이죠. 물론 마르크스의 경우 그 수단이 경제학 또는 경제학 비판이었고, 푸코의 경우 그 수단이 역사학이었다는 차이가 있지만요.

알튀세르 또한 푸코와 굉장히 유사한 방식으로 마르크스주의 내부의 아포리아를 작동시켜서 마르크스주의를 해체하는, 그래서 재구축하는 포스트-마르크스주의를 형성해요. 그런데 푸코가 수행했던, 마르크스의 것과 대립되는 작업이, 마르크스주의가 갖고 있는 문제점들을 어느 정도 해결하는 마르크스주의를, 역사유물론을 만들었습니다. 마르크스주의자들이 보지 못했던 문제점들을 푸코가 어느 정도 보고 있었다고 할 수 있어요. 발리바르의 평가대로 푸코 또한 마르크스의 것과는 조목조목 대립되는 역사유물론을 만들었고 권력에 대한 유명론적 관점을 취했어요. 사실은 마르크스가 정확히 그러했듯이요.[3] 그래서 이 둘을 접목시키는 것이 매우 생산적이고, 알튀세르를 그 매개자로 삼을 수 있는 겁니다.

알튀세르가 왜 중요한 매개자가 될 수밖에 없는지 쉬운 예를 하나만 들어 볼게요. 알튀세르의 작업에서 여러분이 아는 제일 유명한 요소가 이데올로기 개념이죠. 세 번째 강의에서 확인했듯 기존의 이데올로기 개념을 알튀세르가 데리다적 의미로 해체해서 이데올로기 개념을 '거의' 새로 발명합니다. 그런데 그 이데올로기 개념이라는 게 푸코의 담론 개념과 '거의' 동일합니다. 분명 차이점들이 여럿 존재하긴 하지만 알튀세르의 이데올로기 개념과 푸코의 담론 개념, 더 나아가서는 푸코의 지식-권력 개념과 알튀세르의 이데올로기 개념이 매우 유사해요. 우리 강의에서 이를 수행하지는 않겠지만, 여러 가지 공통점, 차이점을 지적하고 비교 연구를 수행할 수 있을 정도이고, 그래서 제가 발리바르를 따라 지금 여러분들과 함께 '담론주의'를 재구성하고 있는 거죠.

타자의 철학이냐 철학의 타자냐

이번 강의의 핵심 교재인 『미셸 푸코』의 옮긴이 후기를 보면 논문이 두 편 인용돼 있어요. 하나가 진태원 선생님의 「푸코에 대한 연구에서 푸코적인 연구로」라는 논문이고 다른 하나가 김은주 선생님의 「푸코에게 '철학'은 무엇이었나?」라는 논문입니다.[4] 매우 인상 깊은 논문들이어서 인용한 거예요. 그런데 후자를 읽어 보면 푸코는 시종일관 자신이 철학자가 아니라고 주장한다는 걸 알 수 있어요. 『광기의 역사』를 철학논문이라고 말할 수 있나요? 아주 독특한 역사학논문이라고 볼 수 있어요. 물론 『광기의 역사』는 박사학위 주논문이고 부논문은 칸트에 대한 것입니다. 후자는 철학 주석의 성격을 강하게 지니고 있어요. 그래서 푸코에게 철학자의 면모가 분명 있긴 한데, 이 『미셸 푸코』 전체를 보면 알겠지만 푸코는 우리가 일반적으로 생각하는 철학자로는 보이지 않아요. 왜 그럴까요?

아까 제가 기본적으로 우리가 알고 있는 포스트-구조주의자는 푸코, 들뢰즈, 데리다, 네그리 이렇게 네 명이라고 했잖아요. 그런데 저는 이들을 연구하는 게 아니라 발리바르를 경유해 알튀세르, 푸코, 버틀러를 연구한다고 했어요. 다섯 번째 강의에서 더 자세히 설명하겠지만, 이 철학자들의 공통점이 뭘까요? 이 세 명은 '철학자'가 아니에요. 사유 스타일을 본다면 철학자로 간주하기 어렵죠. 지금 대학에 분과학문으로서의 철학이 존재하잖아요. 이 세 명은 그 분과학문으로서의 철학에 소속되어 있는 철학 연구자로 보기는 힘든 사람들이에요. 알튀세르에게는 철학논문이라고 할 만한 게 거의 없어요. 알튀세르가 쓴 모든 철학 텍스트들은 다 정치적인 것들이죠. 정치적인 얘기를 철학적으로 푸는 방식을 취하죠. 그래서 알튀세르, 푸코, 버틀러라는 이 세 명이 철학을 하는 방식이 분명히 있을 거라는 거죠. 저한테는 그게 중요하고, 그 방식 때문에 마르크스주의와 이 세 명의 사상을 결합시키는 게 가능하다고 생각하는 거예요.

그럼 그게 도대체 뭐냐 하면, 바로 이 세 사상가는 철학에는 '타자'가 존재한다고 생각하는 철학자들이란 겁니다. 무슨 말이냐면, 원래 철학이라는 건 조금 희화화해서 말하면 관념을 통해서 만물을, 전체를 사유할 수 있다고 생각하잖아요. 그런데 이 세 명은 그런 철학을 거부해요. 그 논문에서 김은주 선생님은 '데카르트 이후의 인식론화된 철학'을 푸코가 거부한 것이라고도 말하는데요. 이 세 명의 사상가는 철학이라는 게 자율적으로 존재하지 않는다고 생각했던 철학자들이에요. '철학에는 타자가 존재하기에 철학의 타자를 사유해야 한다', 혹은 '철학에 타자가 존재한다는 점을 인정해야 한다'라고 생각했던 사람들이죠. 이런 생각이 더 나아가면 우리가 다섯 번째 강의에서 다룰 현행성 개념에 도달하는 거고요. 결국 이들은 최종적으로 현행성이라는 철학의 타자를 사유하는 데 이른다는 겁니다.

재미있는 비교라서 꼭 언급하고 싶은데요. 서강대학교 철학과에서 현대 프랑스철학을 연구하는 서동욱 선생님이 최근에 출간한 『타자철학』이라는 책이 있어요.5 거기에 발리바르는 말할 것도 없고 알튀세르, 푸코, 버틀러는 들어 있지 않아요. 들뢰즈와 데리다는 있어요. 왜 그럴까요. 타자의 철학은 철학의 대상으로서의 타자를 사유하는 철학이에요. 철학의 대상으로서의 타자. 레비나스가 타자와 그 얼굴에 대해서 사유하잖아요. 이렇게 타자를 철학의 대상으로 사유하는 게 타자의 철학이고 현대 프랑스철학의 또 하나의 조류예요.

푸코를 규정할 때 많이 쓰는 표현인데 '현재의 역사가 미셸 푸코'라고들 하죠. 푸코는 역사가는 역사가인데 현재의 견지에서 역사를 사유하는 사상가거든요. 계보학에 대한 설명에서 강조했듯 현재를 위해서 역사를 사유하는 사상가요. 푸코를 '철학자'라고 안 하고 '역사가'라고 하는 데는 이러한 이유가 있습니다. 그리고 그건 이 세 명의 사상가를 포함한 포스트-구조주의가 일반적으로 철학을 그 자체로 자율적인 것으로 사고하지 않기 때문에 그렇습니다. 그게 다른 철학자들과 이 철학자들의 차이라고 할 수 있어요. 아주 중요한 차이예요. 그래서 제가 푸코에게 관심이 있는 것이고, 푸코가 그래서 마르크스주의에 어느 정도 비판적이면서도 그에 생산적인 기여를 할 수 있는 거예요.

그런데 알튀세르, 푸코, 버틀러의 포스트-구조주의는 철학의 타자를 사유하는, 알튀세르와 발리바르의 표현을 조금 변형하자면 '비철학적 철학'입니다. 특히 푸코의 철학은 철학의 타자를 사유하는, 또는 철학에는 타자가 존재한다는 점을 인정하는 비철학적 철학, 더 나아가 현재의 역사학입니다. 여기에서 비철학이란 정통 철학에게서 철학으로의 인정을 얻지 못해 배제되고 탄압받고 파문당해 망각된 이단을 의미하기도 합니다. 다르게 말하면 '철학으로 생산되지 않는 철학'이라 말할 수도 있을 것 같아요.

이 비철학적 철학이라는 건 타자철학, 더 넓게는 철학자적 철학과는 다릅니다. 물론 어떤 우위를 얘기하는 건 당연히 아니에요. 그게 아니라 제 개인적인 연구 프로젝트에서, 그러니까 마르크스주의를 포스트-마르크스주의로 변형시키는 데 필요한 철학이 이런 비철학적 철학일 수밖에 없다는 거죠. 제가 번역한 책 중에 발리바르의 『마르크스의 철학』이 있어요. 마르크스의 사상 중에서 철학자로서의 마르크스의 면모를, 어떻게 보면 정통 마르크스주의를 하는 분들 입장에서는 상당히 자의적으로, 현대 프랑스철학이 원래 그렇듯이 좀 '엉성하게' 읽어서 만들어 낸 마르크스의 철학자로서의 초상인데, 거기에도 비철학적 철학에 관한 얘기가 나와요. 마르크스도 그렇고 푸코도 그렇고 이 사상가들이 분명 철학자인 건 맞지만 철학자적 철학을 하는 이들이라고 규정할 수는 없다고, 비철학적 철학을 하는 독특한 철학자들이라고 봐야 한다는 거죠. 그 핵심은 당연히 철학에는 타자가 있다는 거고, 마르크스에게 그 타자는 경제적 관계겠죠. 푸코에게는 권력관계겠고요. 더 나아가면 발리바르가 『대중들의 공포』에서 지적하듯 정치에는, 저항에는, 혁명에는 타자가 있고 조건이 있다는 얘기로까지 이어질 수가 있는 거예요. 사유하는 방향 자체가 타자의 철학과는 상당히 다르다고 볼 수 있어요. 「푸코에게 '철학'은 무엇이었나?」에서 김은주 선생님이 이 점을 아주 잘 지적하고 있어서 나중에 읽어 보면 좋을 것 같아요.

조금 단순하게 분과학문을 가지고서 얘기하면, 마르크스에게는 경제학이라는 타자가 존재하고 푸코에게는 역사학이라는 타자가 존재한다고 정리할 수도 있어요. 아까 발리바르의 글을 빌려서 얘기했듯이 푸코와 마르크스 둘 다 각자의 방식으로 역사유물론을 만들고 있다, 역사 또는 사회에 대한 어떤 사유를 생산하고 있다는 거예요. 그런데 발리바르가 연구를 많이 진척시켜 놓았듯 조목조목 대립되는 이 둘을 서로 접속시키면 매우 창조적인 결과물이 나옵니다. 서로의 결여들을 채워 주고 서로를 변신할 수 있게 해 줘요. 물론 발리바르의 기본적인 연구 정신이 그렇듯 이 둘을 합쳐서 하나의 총체적인 상을 만들려는 건 절대 아니에요. 그런 건 불가능하다고 저도 생각합니다. 그렇지만 이 둘을 접속시켜 보면 서로의 강점, 문제점 등등을 좀 더 확실히 알 수 있어요. 그래서 푸코랑 마르크스를 붙여 보는 게 중요해요. 굉장히 재미있는 작업이에요. 이 둘을 붙일 수 있는 이유는 특히 푸코와 마르크스라는 이 두 사상가가 철학의 타자를 사유하는 비철학적 철학자들이기 때문이란 걸 다시 강조해 두고요.

구조주의와 포스트-구조주의 재론

앞선 강의 내용을 반복해 보죠.『개념의 정념들』한국어판에 발리바르가 구조주의와 포스트-구조주의에 대한 두 편의 논문을 실었어요. 하나가 부록 1번 "구조주의: 주체의 파면?"이고 다른 하나가 8장 "구조주의: 사회과학의 방법인가 전복인가?"입니다. 포스트-구조주의의 최후의 대가 발리바르가 구조주의와 포스트-구조주의 사상 자체에 대해 저 두 논문에서 역사적 결산을 한 거예요.

네 번째 강의
미셸 푸코의 포스트-구조주의

그 두 논문에서 발리바르가 설명하기를, 구조주의의 핵심은 전통적 철학사에서의 구성하는 주체를 구성되는 주체로 전도하는 거예요. 뭐에 의해서 구성되는 거죠? 구조에 의해서. 마르크스에게는 경제적 관계에 의해서, 푸코에게는 권력관계에 의해서 구성되는 주체죠. 그래서 주체라는 게 기원이나 원인이 아니라 구조에 의해 생산된 효과라고 보는 사유의 전도가 구조주의라고 할 수 있습니다. 정확히 말하면 그런 구조주의적인 코페르니쿠스 혁명을 일으킨 최초의 인물은 사실 구조주의 이전 사상가인 마르크스라고 볼 수 있어요. 마르크스는 이미 「포이어바흐에 관한 테제들」의 여섯 번째 테제에서 인간의 본질을 사회적 관계들의 앙상블로 규정함으로써 구조주의적 사유를 최초로 제시하죠. 정교한 해석이 필요하니까 마르크스에 대해서는 더 얘기하지 말고, 어쨌거나 구조주의의 핵심은 이렇습니다.

그럼 포스트-구조주의는 무엇일까요? 한국에서는 흔히 푸코, 들뢰즈, 데리다, 네그리를 묶어서 포스트-구조주의자라고 말한다고 했죠. 그렇게 묶는 것이 저는 탐탁지 않고 부정확하다고 생각해요. 묶는 방식도 문제일뿐더러 포스트-구조주의가 무엇인지에 대한 정의도 부정확하거든요. 발리바르의 저 두 논문이 나오면 한국 지성계에서도 교통 정리가 조금은 될 겁니다. 구조주의의 핵심은 구성하는 주체에서 구성되는 주체로의 전도라고 했죠. 이 구성된 주체가 주체성을 취하는데, 이 주체성 자체가 어떤 한계를 갖고 있어요. 우리가 주체가 되기 위해서는 엄청난 폭력을 겪어야 하잖아요. 우리 모두가 정상적 주체이든 비정상적 주체이든 모두 이 과정을 겪었기에 잘 알고 있죠. 한국에서 정상적인 사람이 되기 위해서는, '사람 구실'을 하기 위해서는 엄청난 폭력들을 감당하고 이겨내야, 인내해야 돼요. 그래야만 주체가 될 수 있어요. 그런데 그런 주체성을 갖는 데 한계가, 현전 가능하지는 않은 한계가 있다는 거예요. 그 한계 위의 이들, 우리 사회에서 주체성을 인정받지 못하는 사람들이 존재합니다. 예를 들면 동성애자일 수도 있고 트랜스젠더일 수도 있죠. 아무리 노력해도 이들은 정상적 주체로 인정받는 데 한계가 있습니다. 이 한계로 인해 이들은 비-주체가 아니라 '나쁜 주체'로서 사회로부터 많은 폭력을 겪게 되는데, 바로 그런 주체성의 현전 불가능한 한계를 사유하는 게 포스트-구조주의예요.

그래서 포스트-구조주의는 구조주의와는 달리 과학보다는 윤리와 정치에 훨씬 더 강하게 정향되어 있어요. 그리고 이것이 바로 후기 푸코가 포스트-구조주의자로서 나아간 방향이에요. 예를 들면 한때 사도마조히즘에도 천착한 적 있었던 푸코가 후기에 고대 그리스-로마에서 어떻게 윤리적 주체의 형성을 사유하고 실천했는지 탐구했던 이유는 그 주체화 혹은 주체성의 한계를 사유하기 위해서, 결국에는 정치적으로 또는 윤리적으로 그 한계를 비판하고 넘어서기 위해서예요.

그렇게 주체성의 한계를 윤리-정치적 관점에서 사유하는 것이 포스트-구조주의의 핵심이라고 할 수 있어요. 이를 발리바르식으로 다시 표현해 보면, 구조주의와 포스트-구조주의는 '역사철학'으로부터 '역사 속의 철학'으로의 이행이라고 할 수 있어요. 역사철학은 관념론적으로 역사의 기원과 종말/목적을 설정하고 사유하는 거잖아요. 푸코를 포함한 포스트-구조주의자들은 그게 아니라 철학에는 타자가 있다, 철학은 자율적이지 않다, 다르게 말하면 철학에는 한계가 있다고 말합니다. 그들이 했던 작업은 어떤 역사철학을 구성하는 것이 아니라 역사 속의 철학을 구성하는 것, 더 나아가서는 역사 속의 유물론, 결국 역사유물론을 구성하는 것이라고 말할 수 있어요. 이 역사 속의 철학을 방금 전 활용했던 표현을 다시 가져오면 '비철학적 철학'이라고 할 수 있어요. 철학에는 타자가 존재한다는 점을 인정하고 이를 사유하는 독특한 철학이죠.

그래서 구조주의와 포스트-구조주의에 대한 정의가 푸코 이해에서 왜 중요한지 봅시다. '구조주의'와 '포스트-구조주의'를 합치고 괄호 쳐서 '(포스트-)구조주의'라고 할 수 있는데, 결국 이 (포스트-)구조주의의 사유 대상이 무엇인가 하는 점과 관련되죠. 이는 주체, 주체화, 예속화, 예속적 주체화예요. 다르게 표현한다면 '예속(적 주체)화'입니다. 어떤 주체 철학을 만드는 게 아니기 때문에 대문자 주체가 아니라 구성되는 주체, 생산된 주체, 혹은 주체화된 또는 예속화된 주체라고 볼 수 있어요. 그런데 '주체subject'라는 단어에 '신민'이라는 뜻도 있고 '주체'라는 뜻도 있다는 점 기억해 보세요. 그래서 주체화라고 하는 것은 결국에는 '예속적 주체화'를 얘기하는 거예요. 쉽게 말하면 우리가 예속을 받아들이지 않고서는 절대로 자율적 주체가 될 수 없다는 것입니다. 이게 버틀러가 자신의 화두로 삼은 역설이에요. 예속적 주체가 되지 않으면, 예속을 받아들이지 않으면 절대로 주체가 될 수 없다는 것이죠. 그래서 구조주의와 포스트-구조주의의 사유 대상을 예속(적 주체)화라고 하는 거예요. 또는 주체의 생산과 재생산이라고 할 수 있어요. 우리는 끊임없이 주체로 생산된 뒤에 재생산되고 있잖아요. 그 재생산이 멈추면 사회가 작동하지 못합니다. 그렇기 때문에 구조주의와 포스트-구조주의의 핵심적인 사유 대상은 예속(적 주체)화, 혹은 주체의 (재)생산이라는 건데요. 푸코철학 전체의 항구적 대상 또한 동일합니다. 그래서 (포스트-)구조주의를 다시 살펴볼 것이고요.

여기서 구조주의와 포스트-구조주의를 가르는 기준이 무엇일까요? 발리바르가 그 두 개의 논문에서 지적하듯이 저 둘은 하나의 운동이긴 한데 방점이 다르고, 그게 구분 기준이 된다는 것입니다. 구조주의는 주체가 구성되고 생산된다 그리고 재생산된다는 것에 초점을 맞춘다면, 포스트-구조주의는 이 주체성의 한계 혹은 주체화의 한계에 대해서 사유한다는 것이죠. 구조주의자들은 주체가 어떻게 생산되고 재생산되는지를 논해요. 하지만 포스트-구조주의로 넘어가게 되면 이렇게 생산되고 재생산되는 주체가 어떻게 저항할 수 있을지를 탐구하거든요. 그래서 포스트-구조주의, 특히 들뢰즈, 그다음에 푸코 이런 사람들의 논의가 현실 사회주의가 붕괴한 뒤인 1990년대 이후 저항을 마르크스주의와는 다른 방식으로 사유해야 했던 한국 사회에서 어느 정도 영향력을 미쳤다고 생각합니다.

이렇게 긴 우회를 이번 강의 초반에 수행한 이유는 결국 '미셸 푸코를 어떻게 읽을 것인가'라는 질문을 던지고 그에 대한 답변을 다음과 같이 제시하기 위함입니다. (포스트-)구조주의자로서 푸코의 사상 전체의 철학적 대상, 사유의 대상은 주체, 주체성, 주체화, 예속화, 결국 예속(적 주체)화라는 것. 이것이 바로 『미셸 푸코』의 옮긴이 후기에서 주장했던 바, 이 책이 보여 주고자 하는 바입니다. 푸코라는 철학자가 당시 현대 프랑스철학계라는 지식장 내에서, 철학장을 넘어선 지식장 전반에서 어떤 위치에 있기에, 자신의 사유 대상을 일관되게 주체, 주체성, 주체화, 예속화, 결국 예속(적 주체)화로 삼았는가를 알기 위해서는 마르크스로부터 출발해서 포스트-구조주의까지 이어지는 이 흐름을 아주 간단하게라도 알고 있어야 합니다.

알튀세르, 푸코, 버틀러라는 세 명의 사상가는 하나로 묶입니다. 이들의 공통된 사유 대상은 바로 주체, 주체성, 주체화, 예속화, 결국 예속(적 주체)화이고요. 이렇게 묶일 수 있는 것은 사상적 맥락 때문입니다. 그 맥락이란 바로, 구조주의와 포스트-구조주의에 대한 발리바르의 정의를 한 번 더 얘기하자면, 구조주의라는 것은 구성하는 주체를 구성되는 주체로 전도하는 것, 포스트-구조주의라는 건 이렇게 구성된 주체 혹은 생산된 주체의 주체성 또는 주체화의 현전 불가능한 한계와 그 너머에 대해서 윤리-정치적 견지에서 사유하는 것, 결국에는 이 권력에 의해 예속화된 주체가 어떻게 이 권력에 저항할 수 있는지에 대해서 사유하는 것이라고 정리할 수 있어요. 그래서 푸코에게서 주체, 주체성, 주체화, 예속화, 결국 예속(적 주체)화가 항구적인 철학적 대상이라는 거예요. 이런 맥락 때문에 푸코가 구조주의에서 출발해서 포스트-구조주의에 도달한 사람인 거죠. 1966년 『말과 사물』에서 구조주의자로서의 면모를 드러내고 그다음에 『섹슈얼리티의 역사』 2, 3권에서 포스트-구조주의자로서의 면모를 드러낸 뒤 에이즈로 인한 합병증으로 사망했죠.

그래서, 미셸 푸코를 어떻게 읽을 것인가?

이러한 관점에서 그로의 『미셸 푸코』는 이번 강의의 지도원리 또는 아리아드네의 실입니다. 푸코의 일관된 사유 대상이 주체, 주체성, 주체화, 예속화, 결국 예속(적 주체)화라는 것을 이 책이 아주 정확하게 짚고 있거든요. 걸보기에는 한 사상가의 사유 전체를 시기순으로 정리하고 있는 것에 불과하지만, 깊이 들여다보면 바로 이러한 관점에서 푸코 사유 전체를 이론적 일관성을 통해 재구성하고 있습니다.

그림 〈푸코의 삼각형〉은 제가 그로의 『미셸 푸코』를 따라 그린, 푸코 사유 전체를 해부한 도식인데요. 도식을 설명하기 전에 우선 생전 출간

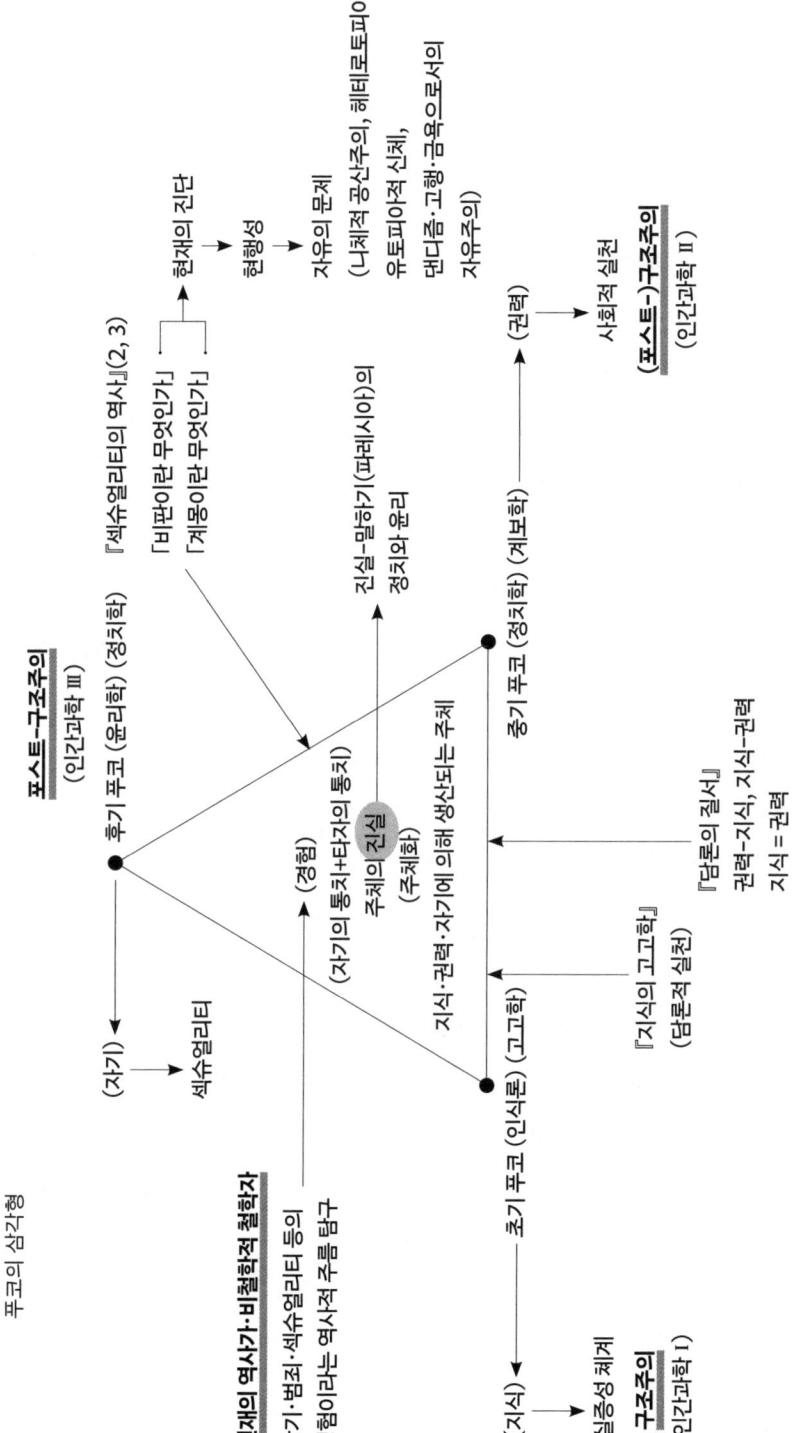

목록을 나열하면 다음과 같습니다.

1954년 『정신병과 인격』(1962년 개정판 『정신병과 심리학』) → 1961년 『광기의 역사』(1972년 개정판), 『칸트의 인간학에 관하여』 → 1963년 『임상의학의 탄생』(1972년 개정판) → 1966년 『말과 사물』 → 1969년 『지식의 고고학』 → 1971년 『담론의 질서』 → 1975년 『감시와 처벌』 → 1976년 『섹슈얼리티의 역사 1권: 지식의 의지』 → (8년간의 침묵……) → 1984년 『섹슈얼리티의 역사 2권: 쾌락의 활용』, 『섹슈얼리티의 역사 3권: 자기의 배려』

1926년에 태어나서 1984년에 에이즈로 인한 합병증으로 죽은 푸코는 짧은 생을 살았는데요. 그 짧은 시간 동안 푸코는 믿기지 않을 정도로 많은 작업물을 생산합니다. 하지만 1950년대에 지적 경력을 시작해 1984년 사망한 푸코가 생전에 무수히 많은 책을 낸 건 아니에요. 출간 저작은 보시다시피 몇 권 안 됩니다. 1954년 『정신병과 인격』에서 시작해서 1976년 『섹슈얼리티의 역사』 1권을 내고 그 유명한 '8년간의 침묵' 이후에 『섹슈얼리티의 역사』 2, 3권을 내고 죽어요. 말년에 에이즈로 매우 고통받았는데, 투병 중에도 아주 간헐적으로 교정을 봐서 2, 3권을 겨우 냅니다. 『섹슈얼리티의 역사』 4권 '육욕의 고백'은 사후 출간이죠. 그런데 사이마다 뭐가 있어요? 콜레주 드 프랑스 강의를 했어요. 이제는 콜레주 드 프랑스 강의록까지 완간되어 있죠. 그 콜레주 드 프랑스 강의록 이외에도 네 권으로 구성되어 있는 『말과 글』이라는, 말 그대로 푸코가 한 말과 쓴 글, 즉 대담 등과 잡문 등을 전부 모아 놓은 책이 있어요. 출간 저작 이외에 핵심적으로는 첫 번째 콜레주 드 프랑스 강의록, 두 번째 『말과 글』이 있다고 알아 두면 됩니다. 이 둘 덕택에, 푸코의 철학적 궤적이 매우 일관된 것이었다는 점을 연구자들이 이제는 파악할 수 있게 됐어요.

콜레주 드 프랑스 강의록이 처음 출간된 건 1997년이에요. 그때 나왔던 게 『"사회를 보호해야 한다"』입니다. 한국어로 다 번역되지는 않았지만, 프랑스에서는 완간이 됐어요. 그다음에 초기 작업보다도 이전인 1950년대에 젊은 시절 튀니지에서 했던 강연 등 여러 강연들이 있어요. 그것들이 지금 〈콜레주 드 프랑스 이전 강의〉라는 시리즈로 나오고 있어요. 이 밖에도 몇 권의 유고들이 마지막으로 더 나올 텐데요. 이 책들이 왜 중요하냐면요. 생전 출간 저작에다가, 콜레주 드 프랑스 강의록에다가 『말과 글』 등을 합쳐서 보면 푸코가 어떤 궤적을 따라 사상적 진화를 했는지를 우리가 확실히 파악할 수 있기 때문이죠.

제가 옮긴이 후기에 『미셸 푸코』가 '논쟁의 여지가 상당히 덜한' 푸코 해설이라고 했잖아요. 그 이유는 다음과 같습니다. 1984년에 푸코가 사망하면서 『섹슈얼리티의 역사』 2, 3권을 내고 죽었어요. 그런데 1권을 내고 8년 동안 아무 책도 안 내요. 사실 그동안 아주 왕성하게 활동하거든요. 콜레주 드 프랑스 강의는 말할 것도 없고 전 세계를 돌아다니며 말을 하고 글을 씁니다. 그런데 이러한 작업이 단행본 출간으로까지 이어지지는 못했습니다. 제가 옮긴이 후기에서 비판했지만, 푸코가 갑자기 '미쳐서' 사상적 전회를 했다, '자기의 윤리학자'로 갑자기 전회해, 중기에는 근대사회의 권력관계를 분석하다가 후기에는 고대 그리스-로마로까지 거슬러 올라가서 자기의 윤리를 분석한다, 이는 전회 또는 '회심'이라고 밖에 볼 수 없다 하는 식의 해석이 오랫동안 지배적이었어요. 그런데 그게 1990년대에 『말과 글』이 출간되고 1997년부터 콜레주 드 프랑스 강의록이 출간되면서, 지금은 튀니지 강연부터 해서 아주 '사소한' 강연들의 강의록까지 다 나오면서, 푸코라는 사상가가 매우 일관되게 사상적 진화를 겪어 왔다는 걸 알 수 있게 됐어요.

제가 알튀세르 강의 첫 시간에는 항상 알튀세르의 철학적 궤도를 그리거든요. 푸코도 철학적 궤도를 그릴 수 있어요. 알튀세르도 굉장히 일관된 방식으로 전회 없이, 하지만 불쑥불쑥 튀어나오는 감춰진 알튀세르와 함께, 초기에서 후기까지 사유의 진화를 겪었잖아요. 푸코도 마찬가지예요. 아주 명시적인데, 전회라는 게 없고 일관되게 앞으로 나아갑니다. 그 일관된 사유 대상이 뭐라고요? 바로 주체, 주체성, 주체화, 예속화, 결국 예속(적 주체)화입니다. 이를 발리바르식으로 풀어 보면 구조주의에서 포스트-구조주의로의 이행 또는 사유의 심화인 거죠. 이행이란 이전의 구조주의적 사유를 포기했다는 것을 의미하는 게 아니라 사유의 방점을 옮겼다는 점을 표현하는 겁니다. 아주 재밌는 사실은, 그로보다 한참 이전에, 푸코가 죽자마자 이러한 해석을 내놓은 사람이 있다는 겁니다.

도대체 누구일까요? 바로 포스트-구조주의자인 질 들뢰즈입니다. 제가 정말 애정하는 『푸코』는 푸코가 죽고 난 2년 뒤인 1986년에 출간된 책인데, 여기에서 들뢰즈가 푸코의 사유 전체를 전회가 없는 하나의 일관된 흐름 또는 심화과정으로 해석합니다. 푸코 연구자인 허경 선생님이 국역본을 2019년 출간했는데, 번역이 매우 좋아서 조금만 노력하면 그 핵심을 정확히 파악할 수 있을 거예요.[6] 들뢰즈의 이 저서는 푸코에 대한 우정을 위해 그린 그 '초상화'이기도 하지만 동시에 자신의 철학사 연구의 일환으로 쓴 푸코에 관한 주석이기도 합니다. 그러니까 푸코철학에 관한 입문서나 해설서라기보다는 들뢰즈 자신의 철학의 견지에서 읽고 재해석하고 재구성한 푸코철학에 관한 연구서라고 보면 됩니다. 그렇기 때문에 이 저서 자체를 해석하는 여러 방식이 있을 수 있어요.

지금 말하려는 것은 지극히 제 개인적인 해석인데요. 이 책은 '일원론적 푸코 해석'을 제시하고 있다고 생각합니다. 푸코의 사유에서 초기에서 중기를 거쳐 후기에 이르기까지 전회란 없었고, 주체, 주체성, 주체화, 예속화, 결국 예속(적 주체)화만이 다뤄져 왔다는 점을 들뢰즈가 이 저서에서 주장하고 있다는 거죠. 그로와 동일한 이러한 주장을 들뢰즈가 이 저서에서 자신의 철학의 견지에서 해석하고 제시한 거예요. 이런 해석을 1986년에 최초로 내놓았다는 점이 정말 놀랍습니다. 푸코와의 철학적 우정으로 인해 그의 모든 말과 글이 출간되기도 전에 이 모든 것을 면밀히 듣고 읽었기 때문에 가능했겠죠.

하지만 1980년대와 1990년대, 심지어 2000년대까지도 들뢰즈의 해석은 자의적이라는, 즉 푸코의 푸코가 아니라 들뢰즈의 푸코라는 비판을 많이 받아요. 들뢰즈의 사유에 친숙한 사람은 이 저서를 읽고 '이거 전부 들뢰즈철학 얘기잖아?'라고 생각이 들 텐데, 사실입니다. 그럼에도 푸코 사상에 전회란 없고 푸코가 후기에서 결실을 맺는 주체, 주체성, 주체화, 예속화, 결국 예속(적 주체)화를 초기, 중기, 후기 모두에서 사유한다는 것을 들뢰즈가 매우 통찰력 있게 파악했다는 것 또한 사실입니다. 그런데 후기에 『섹슈얼리티의 역사』 2, 3권을 내면서 푸코가 미쳐 버린 것처럼 보인 이유는 뭘까요. 들뢰즈식으로 설명해 보겠습니다.

자, 제 팔을 보면 여기가 바깥이에요. 핵심만을 짚어 보겠습니다. 바깥이 안으로 접히는 거예요. 접힐 때마다 주름이 생길 거 아니에요? 접히고 접히면 주름들이 안쪽으로 계속 생기잖아요. 그게 주체예요. 들뢰즈에게서 바깥은 뭐냐, 바로 힘관계 또는 권력관계예요. 바깥을 안으로 접으면 그 안에 주름이 생기고 그러면서 주체가 생성되는 것이죠. 그게 바로 주체화예요. 주름이 잡히는 것이 주체가 생성되는 것이니, 주체화를 '주

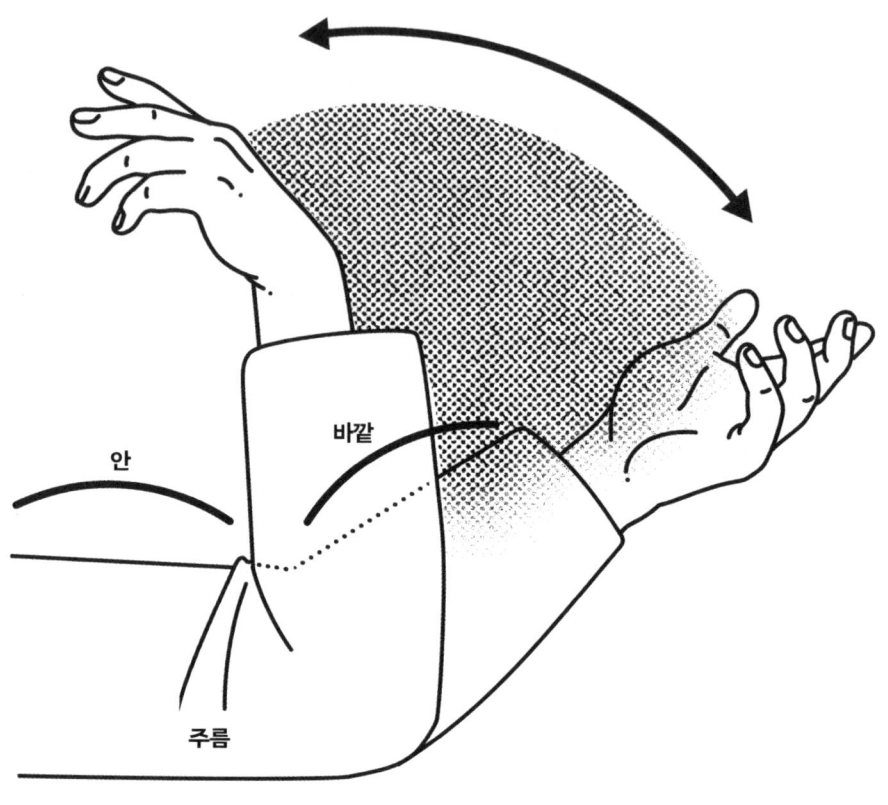

들뢰즈의 푸코에서 안, 바깥, 주름

름화'라고 부를 수도 있겠죠. 하지만 '주름화'라고 번역하면 조금 이상하니까 허경 선생님은 '주름 잡힘'이라고 번역했습니다. 들뢰즈는 이런 식으로 후기 푸코를 설명합니다. 초기와 중기 푸코도 이런 식으로 설명해요. 아주 쉽게 얘기하자면, 초기 푸코는 인식론자로서 지식에 대해서 탐구한 인물이잖아요. 그런 맥락에서 담론 개념이 초기와 중기 사이에 나오는 것이고요.

초기 푸코가 사유하는 건 지식과 담론에 의해서 구성되는 주체예요. 중기 푸코가 사유하는 건 뭐겠어요? 이 점은 가장 쉽죠. 여러분이 가장 친숙하게 알고 있는 푸코의 초상화니까. 힘관계 또는 권력관계에 의해서 구성되는 주체, 좀 다르게 말하면, 푸코에게서 권력은 규율권력과 생명권력 두 가지가 있으니까, 특히 규율권력에 의해서 생산되는 주체, 예속화된 주체를 사유하죠. 후기에는 바깥이 안으로 접혀서, 힘관계 또는 권력관계를 안으로 접어서, 스스로를 통치하게 되면서, 자기가, 결국 주체가 생산되죠. 바깥이 안으로 접히면서 주름이 생기는 주름화가 주체 생성으로서 주체화라는 게 들뢰즈의 해석이에요. '들뢰즈의 푸코'라기보다는 '푸코의 푸코'의 삼각형이지만, 이 지점에서 앞서 제시된 '푸코의 삼각형'을 봐도 도움이 될 겁니다.

그런데 들뢰즈는 지식이라는 초기 대상도 그렇고 권력이라는 중기 대상도 그렇고 자기라는 후기 대상도 그렇고 모두 자신의 철학의 견지에서 해석해요. 이게 대단한 거거든요. 여기에서 철학자와 철학연구자가 구분되는데, 철학연구자와 달리 철학자는 바로 자기 철학의 관점에서 다른 사상가의 사상을 해석합니다. 바로 그렇기 때문에 당시에 들뢰즈의 해석은 너무 자의적인 것이라고 판단되어 받아들여지지 않았어요. 푸코 사유의 총체적 상을 파악할 자료들이 없었으니 어쩔 수 없는 시대적 한계였죠. 심지어 오늘날에도 독특하지만 자의적인 해석으로 치부되고 있을 정도니까요.

저는 들뢰즈의 푸코 해석이 매우 통찰력 있다고 생각해요. 문제는 있죠. 발리바르는 들뢰즈의 푸코 해석을 생기론적인 것 또는 생명주의적인 것vitaliste으로 비판하는데요. 니체주의적 관점에서 힘관계 또는 권력관계라는 바깥을 생명의 힘이 오는 장소, 즉 일종의 '원천'으로서 특권화한다는 것이죠. 들뢰즈의 푸코 해석을 비판하는 발리바르의 논문 제목은 「바깥의 사유? 블랑쇼와 함께 푸코를」이고, 제목에서 알 수 있듯 초기 푸코의 사유를 집약하는 정식화인 '바깥의 사유'를 들뢰즈의 푸코 해석에서와는 다른 방식으로 해석하겠다는 겁니다. 이 논문은 『개념의 정념들』의 부록 3번으로 수록되어 있으니 어렵겠지만 나중에 꼭 직접 읽어 보세요.

어쨌거나 초기, 중기, 후기 푸코의 사상적 진화가 매우 일관된 방향으로 이루어지고 초기, 중기, 후기 푸코 모두가 사유했던 것이 주체, 주체성, 주체화, 예속화, 결국 예속(적 주체)화라는 점을 들뢰즈가 거의 최초로 지적했다는 점이 중요합니다. 지금은 콜레주 드 프랑스 강의록과 『말과 글』, 더 나아가서는 온갖 대담, 잡문, 강의록이 모조리 나와 있기 때문에 들뢰즈의 해석이, 비록 자기 철학의 견지에서의 해석이기 때문에 굉장히 독창적이면서도 조금은 이상해 보이긴 하지만 어쨌거나, 그 방향성 자체는 옳았다는 점을 사후적으로 확인할 수 있어요.

그 작업을 자의적이지 않은 방식으로 한 사람이 바로 그로예요. 그로는 지금 프랑스 학계에서 최고의 푸코 연구자로 인정받고 있습니다. 이 그로가 초기, 중기, 후기 가리지 않고 푸코의 모든 저작들을 엄밀하게 독해해서 생산한 게 『미셸 푸코』예요. 좀 과장일 수도 있지만, 제가 봤을 때는 이 책이 한국어, 영어, 프랑스어권 푸코 입문서 중에서는 최고 수준입니다. 들뢰즈의 『푸코』만큼이나 정말 대단한 책이에요. 교과서적이고 체계적이고 엄밀하고 경제적인 방식으로 푸코의 모든 저작들을 아주 면밀히 연구해서 이렇게 짧은 한 권의 책으로 담아내는 건 프레데릭 그로만이 할 수 있다는 생각이 듭니다. 웬만한 주석가는 할 수 없어요. 저는 푸코 연구자이기 때문에 당연히 푸코에 대한 많은 해설서를 읽어 봤는데요. 이 정도로 정리하는 연구자는 없어요. 그 정도로 대단한 책이에요.

한 가지 더 말하자면, 푸코 사유의 전체적 상을 파악할 수 있는 작업도구들이 등장한 이후로 이러한 관점에서 푸코 사유 전체를 일관성 있게 파악하고자 한 시도들이 몇 가지 더 등장합니다. 우선 놀랍게도 들뢰즈와 비슷한 시기에, 그러니까 작업도구들이 막 등장하고 있었을 때 이러한 해석을 제시한 또 한 명의 인물로 존 라이크만John Rajchman이 존재하는데, 그의 저서인 『미셸 푸코, 철학의 자유』를 읽어 보세요. 또한 앞서 우리가 이미 깊게 다룬 일본의 사토 요시유키가 있죠. 그의 『권력과 저항』과 『신자유주의와 권력』을 읽어 보고요. 또 다케다 히로나리武田宙也의 『푸코의 미학』도 참조할 수 있습니다. 푸코 연구 경향을 보면, 여러 작업도구의 출간 이후 푸코의 사유 진화에 전회가 존재한다는 해석은 힘을 잃고 있죠.[7]

푸코의 삼각형

박사논문에서 저는 이러한 해석을 '일원론적 푸코 해석'이라고 불렀는데요. 다시 생각해 보면 '일원론'이라는 표현이 철학사에서는 많은 경우 부정적으로 사용되었기 때문에 썩 마음에 들지는 않고 지금도 어떻게 표현해야 할지 계속 고민 중이지만, 그 아이디어만큼은 계속 가져가고 싶습니다. 앞서 언급한 들뢰즈와 그로, 더 나아가 존 라이크만, 사토 요시유키, 다케다 히로나리 등이 제시한 푸코 해석은 강조점이야 서로 다르지만 제 생각에는 모두 주체, 주체성, 주체화, 예속화, 결국 예속(적 주체)화가 푸코의 사상적 진화의 일관된 동력이라고 보는 해석이고, 그래서 푸코의 사유가 '하나의 원인 또는 동력만을 가진다'는 점에서 저는 이를 일원론적 푸코 해석들이라고 불렀던 것이죠.

김민호 선생님도 강조했듯, 데리다는 『비밀의 취향』에서 모든 철학자에게는 '정말 단조로울 수도 있는 특정한 고집'이 존재한다고 했죠. 꽤나 명시적으로 버틀러에게도, 훨씬 덜 명시적이지만 알튀세르에게도, 그리고 이제는 명확해졌지만 푸코에게도 이 '정말 단조로울 수도 있는 특정한 고집'이 있습니다. 이들의 철학의 항구적 대상은 바로 주체, 주체성, 주체화, 예속화, 결국 예속(적 주체)화이고, 이는 발리바르가 지적하듯 (포스트-)구조주의의 공통 특징인 것이죠. 이것이 제가 알튀세르, 푸코, 버틀러, 더 나아가 (포스트-)구조주의를 이해하는 방식입니다.

이제 이러한 푸코의 일관된 사유를 정말 간단히 재구성해 볼게요. 앞서 제시한 〈푸코의 삼각형〉 도식에 주목해 주세요. 다시 강조하자면 그로의 『미셸 푸코』는 푸코철학 전체를 조망하는 좋은 책입니다. 그로는 푸코 사상 전체의 진화를 정말 완벽하게 파악하고 있어요. 다르게 말하면 그로는 그런 연구와 표현의 성과에 기반해서 '하나의 푸코'의 초상화를 그리고 있죠. 이번 강의의 목표에 충실하게, 이 '하나의 푸코'의 초상화를 그로를 따라 그려 보겠습니다.

일단 이 지점부터 얘기할게요. 그림 〈푸코 사유의 일반적 시기 구분〉을 보면요. 초기, 중기, 후기 다 해당되는데 푸코 텍스트 읽을 때 도움이 되어서 적어 놓았습니다. 허경 선생님의 푸코 '읽기' 해설서 시리즈들로

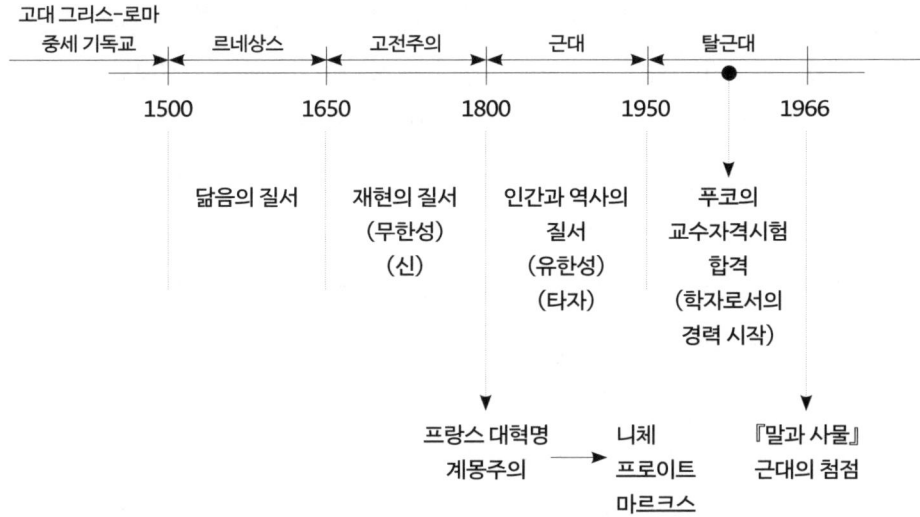

푸코 사유의 일반적 시기 구분

부터 가져온 것인데, 푸코에게는 항상 네 가지 시기 구분이 있어요.[8] 첫 번째가 르네상스, 두 번째가 고전주의, 그다음이 근대, 그다음이 탈근대입니다. 물론 후기 푸코로 가면 탐구 대상이 갑자기 고대 그리스-로마, 더 나아가서는 초기 기독교와 중세가 되죠. 주석가들이 상당히 이례적이라고 놀라워하는 부분입니다. 왜냐하면 푸코는 평생에 걸쳐 항상 이 네 시기만을 얘기해 왔기 때문입니다. 직관적으로 이해할 수 있게 설명하자면, 1500년부터 시작해서 150년씩 끊으면 됩니다.

1800년 정도에 무슨 일이 있었죠? 1789년 프랑스 대혁명. 그게 기점이에요. 『말과 사물』도 그렇고 『임상의학의 탄생』도 그렇고 전부 이

1800년을 기점으로 한 변화를 어떻게 이해할 것인지에 대한 논의예요. 『말과 사물』이 가장 대표적인데 중점적으로 다루는 시기는 물론 고전주의와 근대이기는 하지만 기본적으로 이 네 시기를 다 논하죠. 1500년부터 1650년까지는 르네상스 시기고 1650년부터 1800년까지는 고전주의 시기예요. 그리고 1800년부터 1950년까지가 근대인데 1950년 정도가 어떤 시기예요? 푸코가 학부 생활을 마치고 교수자격시험에 통과해 사실상 드디어 연구자가 되어 지적 여정을 시작하는 시기입니다. 『말과 사물』의 목표와도 관련이 있어요.

다섯 번째 강의에서 할 얘기이지만, 푸코는 1950년 정도를 기점으로 근대, 또는 현대가 끝났다고 생각해요. 물론 푸코에게 '모던modern'은 독특한 의미를 지니기에 구분해야 하지만, 일단은 근대와 현대를 동일한 어휘로 본다면, 푸코는 1950년에 근대 또는 현대는 끝났고 이제 탈근대 또는 탈현대로 진입한다고 생각하는 것이죠. 그 선언이 바로 '인간의 죽음'입니다. 『말과 사물』의 결론이 놓여 있는 맥락이 바로 이것입니다. 푸코는 이 네 시기를 항상 염두에 두면서 작업을 해요. 그리고 자신이 그 속에서 살아 숨 쉬며 작업하는 1950년대, 1960년대, 1970년대를, 근대에서 탈근대로 넘어가면서 인간의 죽음이 니체적 관점에서 고지되는 시기라고 생각해요. 이러한 푸코의 시기 구분을 알면 푸코를 읽을 때 여러모로 도움이 될 겁니다.

자, 이러한 푸코의 시기 구분을 지나 우리가 확인할 수 있는 것이 '푸코의 삼각형'이라고 할 수 있어요. 푸코가 초기에서 출발해 중기를 거쳐 후기로 가서 자신의 지적 여정을 마무리합니다. 1926년에 태어나서 1984년에 죽어요. 오늘날 푸코가 생전에 출간한 저작들, 콜레주 드 프랑스 강의록들, 『말과 글』, 기타 『말과 글』에도 수록되지 않은 잡문, 대담, 전 세계에서 행한 온갖 강의들 등에 이르기까지 모두 보면 푸코가 자신의 지적 여정을 통해 하나의 삼각형을 그렸다는 점을 파악할 수 있습니다. 각 꼭짓점에 해당하는 시기의 구체적 사유는 이 『미셸 푸코』를 보면 그 개요 정도는 충분히 파악할 수 있어요. 오늘 강의는 이 각 꼭짓점에 해당하는 시기 푸코의 사유를 자세히 논하는 자리가 아니라 정말 이 하나의 푸코의 초상화를 그리는 시간, 결국 '미셸 푸코를 어떻게 읽을 것인가?'라는 질문에 대답하는 시간이기 때문에 간단하게만 설명할게요.

이러한 푸코의 삼각형을 얘기하는 이유는 주체, 주체성, 주체화, 예속화, 결국 예속(적 주체)화가 푸코철학 전체의 항구적 대상이라는 점을 보여 주기 위해서예요. 최초 출간 저서인 1954년 『정신병과 인격』에서부터 대략 1969년 『지식의 고고학』까지가 초기 푸코예요. 그런데 이 초기 푸코가 사실은 세계적으로도, 프랑스에서도 가장 연구되지 않았습니다. 첫 번째 이유는 모든 사상가가 그렇듯 이 젊은 시절 푸코의 사유가 아직 확립된 것이 아니어서 겉보기에는 굉장히 난해하기 때문입니다. 두 번째 이유는 권력을 사유한 이론가로서의 중기 푸코를 중심으로 대부분의 인문사회과학 연구자들이 푸코를 읽고 활용해서 그래요.

아까 발리바르의 푸코 해석에 관해 언급하면서 푸코는 권력 또는 권력관계라는 철학의 타자, 정치의 타자를 사유한다고 했잖아요. 이러한 사유 대상이 어느 분과학문이랑 가장 친화적이겠어요? 당연히 사회과학 전반, 특히 사회학이겠죠. 사회과학 내에서 푸코는 다른 사상가들에 비해 압도적으로 많이 인용되는 사상가예요. 사회과학논문의 이론적 배경의 자리를 가장 많이 차지하고 있는 것이 바로 푸코입니다. 그 이유가 뭐겠어요? 사회과학에서는 사회 내 행위자를 구성하는 구조, 그러니까 권력관계를 분석해야 하니까 그렇겠죠. 그래서 중기 푸코가 가장 잘 읽히고 연구되는데, 이는 영미권에서도, 심지어 프랑스에서도 마찬가지입니다. 초기 푸코와 후기 푸코, 그중에서도 역시 초기 푸코에 대한 연구는 앞으로 연구자들이 해 나가야 할 작업으로 남아 있습니다. 하지만 그로와 들뢰즈의 해석에 따르면, 사실 초기 푸코도 푸코를 이해하는 데 아주 중요합니다. 초기 푸코 또한 중·후기 푸코와 동일하게 구성되는 주체를 사유했기 때문이죠.

초기 푸코의 사유 대상은 무엇일까요? 바로 '지식'입니다. 푸코는 『말과 사물』에서 이를 에피스테메라고 부릅니다. 다른 말로는 '실정성들의 체계'라고도 해요. 혹은 '실증성들의 체계'. 그래서 지식 다음에 화살표로 '실증성 체계'라고 해 놓은 거예요. 초기 푸코의 사유 대상은 지식인데, 아주 쉽게 말하면 결국 초기에, 이렇게 얘기하면 너무 부정확한데 어쩔 수 없어요, 지식에 의해서 또는 언표에 의해서 또는 담론에 의해서 구성되는 주체를 사유한 거예요.[9] 물론 언표와 담론 개념은 출간 저서를 기준으로 하면『말과 사물』이 아니라 3년 후에 쓴 교과서적이고 방법론적인 저작『지식의 고고학』, 그리고 그 1년 뒤 행한 콜레주 드 프랑스 취임 강연의 강연록인『담론의 질서』에서 유의미한 방식으로 등장합니다.

어쨌거나 이 초기 푸코가 당시『말과 사물』에서 인간의 죽음을 선언하면서 사르트르 등의 이론적 인간주의자들과의 논쟁으로 진입하고 프랑스 지성계의 중심에 서게 돼요. 그런데『말과 사물』때문에 푸코에게 구조주의자라는 꼬리표가 붙어요. 그건 푸코에 대한 피상적인 독해에 따른 것이죠. 하지만 아까 말한 발리바르의 사후적인 해석으로 봤을 때는 이 시기의 푸코를 구조주의자라고 충분히 규정할 수 있어요. 발리바르를 따라 구조주의를 구성하는 주체를 구성되는 주체로 전도시키는 기획이라고 정의한다면 말이죠. 왜냐하면『말과 사물』과『지식의 고고학』그리고 『담론의 질서』 시기 푸코는 지식에 의해 구성되는 주체를 사유했기 때문이죠. 물론 이 '지식에 의해 구성되는 주체'라는 표현은 여러모로 부정확하지만 이 자리에서는 여러분들이 초기 푸코의 사유 전반을 기초적인 수준에서 접근할 수 있도록 돕는 것이 목적이기에 정확한 표현보다는 접근하기 쉬운 표현을 쓰겠습니다.

이렇듯 이 초기 푸코는 지식을 대상으로 삼았는데 분과학문적으로 얘기하면 초기 푸코는 어떤 학문을 한 것일까요? 당연히 지식 또는 인식에 관한 탐구로서 인식론을 구축한 것이죠. 그리고 이때 자신의 학문적 방법을 '고고학'이라고 규정했습니다. '에피스테메'는 아주 쉽게 설명하면 우리 지식과 인식의 가능조건, 원초적 토대, 구성 규칙 체계, 질서공간이에요. 한 시대의 전체 지식을 규제하는 규칙의 자의적이고 익명적인 체계, 또는 지식의 주체, 대상, 개념을 구성하는 규칙의 체계성이라고 할 수도 있습니다. 그걸 확인하려면 고고학자처럼 우리가 딛고 서 있는 대지 아래 묻혀 있는 무엇인가를 발굴해야 한다는 거예요. 그래서 자기 작업을 '고고학'이라고 규정한 것이죠. 이게 초기 푸코 사유의 핵심입니다.

그런데 1969년의 『지식의 고고학』 이후 초기에서 중기로의 이행이 이뤄집니다. 이를 선언하는 텍스트가 『담론의 질서』예요. 1970년에 콜레주 드 프랑스 교수였던 프랑스철학자 장 이폴리트Jean Hyppolite가 죽고 푸코가 그 후임으로 들어가게 되죠. 그 전까지는 뱅센 실험 대학에서 들뢰즈와 같이 근무하다가 더 좋은 곳의 교수로 임용된 것입니다. 모든 콜레주 드 프랑스 교수들이 그러하듯 푸코 또한 취임 기념 강연을 하는데, 1970년 12월 2일에 했던 취임 강연의 강연록이 『담론의 질서』고 1971년 갈리마르 출판사에서 출간돼요. 인생사적으로도 그렇고 역시 이와 결합해 이론적, 사상적으로도 그렇고 이 사건이 초기에서 중기로 이행하는 계기가 돼요. 물론 이행의 시작은 이미『지식의 고고학』에서의 '현재의 진단' 관념을 통해 예고되고 있었지만요.

담론주의에 대한 설명에서 생략했던 담론 개념에 대한 '기술적' 정의를 간단히 제시하고 넘어가겠습니다. 포스트–구조주의의 개념들에 대한 설명들 대부분에서 그러했듯 명확한 개념 정의를 제시하는 것이 아닙니다. 개념을 수단으로 입체적 현실에 서서히 다가감으로써 개념을 붙잡는 것이 중요하지만, 입문 강의의 특성상 간단히 기술적으로 개념 정의를 안내하는 거예요.

『지식의 고고학』과『담론의 질서』에서 푸코가 드디어 이러한 담론 개념을 '발견'해요. 발견이라고 충분히 말할 수 있을 텐데, 이러한 발견을 가능케 한 정세가『미셸 푸코』에 간단히 설명되어 있습니다. 구조주의적 텍스트『말과 사물』이 출간되고 사르트르 등으로부터 엄청난 비난이 있었어요. 구체적이고 살아 있는 인간의 존엄성, 그리고 그것이 처해 있는 고통을 무시하는 아주 나쁜 저작이라고 사르트르가 강하게 공격해요. 최근에 죽은 장–뤽 고다르Jean-Luc Godard는 〈중국 여인〉(1967)이라는 영화에서『말과 사물』에다가 토마토 비를 뿌리죠. 쓰레기 같은 책이라는 의미에서. 이러한 상황 속에서 푸코가 간접적인 방식이긴 하지만 이들과 논쟁을 하게 돼요. 어쨌거나 이 사르트르 등을 알튀세르의 표현으로는 이론적 인간주의자라고 할 수 있을 텐데, 이 이론적 인간주의자를 앞서와 동일하게 인간의 본질을 중심으로 사유하는 철학자라고 아주 간단히 규정해 보면, 사르트르를 포함한 이 이론적 인간주의자들에 맞서서 인간 본성이란 존재하지 않고 주체는 구성되는 것이라고 주장하는 구조주의자 푸코가 논쟁을 하게 되는 거죠. 이렇게 푸코와 사르트르 간의 논쟁이 전개돼요.

앞서 언급한『촘스키와 푸코, 인간의 본성을 말하다』라는 책을 보면,

촘스키와 푸코 간 논쟁에서도 쟁점은 역시 인간 본성이에요. 푸코는 인간 본성 같은 건 없다고 계속 주장하고요, 촘스키는 있다고 주장하죠. 당연히 촘스키에게 인간의 본성이란 언어를 생산하고 사용할 수 있는 능력입니다. 사르트르와 푸코 간 논쟁과 관련해선 국내에서 참고할 수 있는 문헌이 없지만, 대신 촘스키와 푸코 간 논쟁의 녹취록인 저 책을 보면 양편이 어떤 입장을 가지고서 싸웠는지 그 핵심은 아주 정확하게 파악이 돼요. 푸코는 구조주의자로서 이론적 반인간주의자였던 거죠.

초기 푸코에서 중기 푸코로

논쟁 구도를 '이론적 인간주의냐, 이론적 반인간주의냐?' 이런 식으로 정리할 수 있는데 당연히 이건 알튀세르의 표현이에요. 알튀세르 또한 구조주의적 마르크스주의를 주창하면서 구조주의자의 입장에서 사르트르를 비판했죠. 알튀세르는 마르크스주의자이고 푸코는 반-마르크스주의자이기 때문에 분명 이 둘의 입장은 대립적이긴 해요. 하지만 아까 말했듯 그게 표면적인 것에 불과한 이유는 사르트르가 이론적 인간주의를 대표하고, 이론적 반인간주의 혹은 구조주의를 대표하는 두 명의 대표적인 사상가가 알튀세르와 푸코이기 때문이죠. 이렇게 그 당시 현대 프랑스 철학의 논쟁 구도를 짜 보면 이해에 도움이 정말 많이 됩니다.

어쨌거나 사르트르 등의 이론적 인간주의자들과 논쟁하면서 푸코는 자신의 기존 입장을 강화하고 심화하는 것에 머무르는 것이 아니라 일종의 자기비판을 수행합니다. 푸코 사상에 전회는 없지만 자기비판은 꾸준히 전개된다고 충분히 말할 수 있는데요. 『말과 사물』에 대한 아주 근본적인 자기비판이 뭐냐면, 에피스테메가 초월적인 것의 지위를 차지하고 있고, 그래서 에피스테메라는 개념이 사회적 실천과 연결되지 않는다는 것입니다. 사실은 파트리스 마니글리에처럼 훨씬 더 깊게 들어가야 되는데, 아쉽지만 직관적인 수준에서만 설명합니다.[10] 결국 푸코는 이 논쟁을 기회로 사회적 실천을, 쉽게 말하면 인식 또는 지식과 사회적 실천 간의 관계는 무엇인가를 고민하게 된 거예요.

세 번째 강의에서 살펴봤듯 알튀세르도 '이론적 실천'이라는 개념을 통해 이 지점을 동일하게 고민했죠. 알튀세르와 푸코의 지적 궤적이 정말 비슷하다고 저는 느낍니다. 심지어 자신들의 사유를 집약하는 용어와 개념도 비슷해요. 인식의 견지에서, 그리고 권력의 견지에서도, '이데올로기'라는 개념과 '담론'이라는 개념이 취하는 유사성이 대표적이죠. 아무튼 푸코는 바로 이 지점에서 담론 개념을 발견하고, 담론 개념을 통해 사회적 실천과 지식을 서로 결합할 수 있게 됩니다. 이 담론 개념 덕분에 푸코가 반反정치주의라는 이론적 인간주의자들의 비판, 어떤 면에서는 의도치 않게 정곡을 찔렀던 그 비판에 반비판할 수 있게 되었습니다.

그로는 이를 '문서고의 정치화'라고 표현해요. 초기 푸코에게 중요한 건 문서고archive를 사유하는 거잖아요. 물론 중기 푸코 또한 마찬가지이지만 의미가 약간 달라지죠. 초기 푸코는 역사학자로서 광기의 역사를 쓰기 위해서 문서고에 들어가고 임상의학의 탄생을 추적하기 위해 사료들을 뒤져 보았습니다. 그런데 이렇게 문서고를 통해 사유하는 작업이 지식의 차원을 넘어 그 자체 정치적이라고 주장할 수 있는 이유는 1969년 『지식의 고고학』과 1970년 『담론의 질서』에서부터 담론 개념, 더 나아가 담론적 실천 개념이 등장하기 때문입니다. 그러니까 담론 또한 사회적 실천 중 하나로서 담론적 실천이란 겁니다. 이렇게 푸코는 초기에서 중기로 이행하는 가교를 하나 건설하는 건데요. 그런데 여기에서 한 가지 더 주목해야 할 점이 있습니다. 『담론의 질서』를 번역한 허경 선생님은 이 책에서 푸코가 니체주의적 힘관계로의 전회를 수행한다고 강조합니다. 그 함축에 동의하면서도 저는 표현을 조금 수정하고 싶은데요. 왜냐하면 푸코에게 전회란 없기 때문입니다. 오히려 저는 푸코가 니체에 관한 사유를 발본화하면서 자신의 사유 정향을 '심화'한다고 표현하고 싶습니다.

'전회'라고 하든 '심화'라고 하든 이 니체주의적인 힘관계로의 전회 또는 심화란 무슨 얘기냐면요. 우선 담론적 실천 개념을 통해서 푸코가 사회적 실천과 담론을 연결시킬 수 있게 되었다고 했잖아요. 이 점은 들뢰즈가 상당히 잘 설명하는 지점이에요. 들뢰즈의 『푸코』의 역자 또한 허경 선생님이라는 점은 우연이 아닙니다. 그러니까 이렇게 질문해 볼 수 있는데, 담론 이면에 도대체 뭐가 있느냐는 거죠. 도대체 뭐가 있기에 담론과 사회적 실천은 결합되는 것일까? 바로 권력 또는 권력관계죠. 또는 힘관계라고도 표현할 수 있습니다. 이 점을 푸코가 발견하게 된 거예요. 그래서 1966년에 사르트르를 포함한 이론적 인간주의자들과의 논쟁이 푸코에게는 사실 굉장히 생산적이었던 거예요. 그렇게 논쟁을 진행하면서, 알튀세르의 표현을 잠시 가져오자면 자신이 '이론주의'에 빠져 있었다는 점을 자각하게 되고, 자신이 지식과 사회적 실천 사이의 관계를, 들뢰즈식으로 쉽게 말하면 지식과 권력 사이의 관계를 설정하지 못했다는 것을 파악하게 돼요. 그리고 1970년 12월 2일 『담론의 질서』를 콜레주 드 프랑스 취임 강연의 형식으로 쓰면서, 이제 담론 개념을 통해 이에 대한 탐구를 수행하겠다고 선언한 거예요. 그래서 저의 지극히 자의적인 설명 방식이지만, 담론을 지식과 권력을 하나의 개념으로 결합할 수 있게 해주는 그 매개항이라고 볼 수 있습니다.

이렇게 사회적 실천 또는 권력을 중기 푸코가 담론 개념을 매개로 자신의 사유 대상으로 발견하게 되죠. 다르게 말하면 권력이라는 건 사회적 실천이죠. 사회에서 이루어지고 있는 실천들, 감금이라는 실천이든 광인을 치료하는 정신의학적 실천이든, 이에 대한 사유를 이때부터 할 수 있게 되는 거예요. 이제 초기 푸코에서 중기 푸코로의 이행의 핵심을 알겠죠. 중기 푸코가 채택하는 방법론은 뭐예요? 계보학. 고고학에서 계보학으로의 이행이에요. 니체가 고고학, 계보학 둘 모두를 말했죠. 사실 푸코에게서 고고학과 계보학을 구분하는 것은 발리바르도 강조하듯 생산적이지 않습니다만, 우리 강의에서는 직관적 이해가 중요하니 이러한 구분을 활용하겠습니다. 니체주의를 수용하면서 푸코가 지식의 역사적 토대를 탐구하는 고고학에서 사회적 실천 혹은 권력을 탐구하는 계보학으로 이행하게 되는 거예요.

　중기 푸코의 가장 유명한 두 저작이 『감시와 처벌』과 『섹슈얼리티의 역사 1권: 지식의 의지』잖아요. 『감시와 처벌』에서 무엇을 논하죠? 그 부제는 감옥의 탄생입니다. 감옥이 왜 탄생했는지를 역사학적으로 탐구하는 거예요. 『미셸 푸코』의 설명을 보면 나오는데, 고전주의 시기까지도 범죄자를 가둔다는 게 형벌 이론가들과 형벌 형태의 결정권자들에게 그렇게 유의미한 대안이 아니었어요. 푸코에 따른 형벌의 역사를 보면 실제로 그렇습니다. 그런데 지금 우리 사회에서 보듯이 정말 갑작스럽게 감옥이 범죄자에 대한 가장 보편적인 처벌 형식이 됐어요. 푸코는 그 이유를, 그러니까 감옥의 '탄생'을 탐구하는 거예요.

　이 '탄생'이라는 표현은 아주 조심해서 받아들여야 한다는 점 다시 강조합니다. 계보학의 기본 정신에 따라 정확히는 '돌발'이라고 해야 하니까요. 감옥이 돌발한 이유는 아주 간단하게 말하면 고전주의 시대에 규율권력이 형성됐기 때문이에요. 고전주의 시대에 규율권력이 형성되고 이 규율권력의 효과로 인해서 다른 여러 가지 처벌 수단들 중에 감옥이 일반화된 거예요. 물론 규율권력은 그럼 왜 형성된 것일까도 충분히 질문해 볼 수 있는데, 이 점에 대해서는 개인을 인지하고 관리하는, 조금 강하게 표현하면 개인을 생산하는 사목권력의 형성이라는 화두만 던지고 넘어가겠습니다. 사목권력의 맥락 속에서 규율권력이 개인이라는 초점을 중심으로 형성됐다고만 정리해 두죠.

규율권력에 관한 푸코의 설명을 보면 푸코가 계보학적으로 작업한다는 게 무엇인지가 정확히 드러나요. 쉽게 말하면 역사 내에 여러 가지 요소들이 존재했고, 이 요소들의 우연한 마주침과 결합에 의해서 고전주의 시대의 규율권력이 탄생하게 돼요. 기존의 주권권력이 사목권력을 매개로 규율권력으로 변화하면서 감옥이 돌발하게 된 거예요. 이런 식으로 역사학적 작업을 수행하는 게 푸코의 계보학입니다. 그래서 중기 푸코의 핵심은 초기 푸코의 고고학과는 달리 계보학이라고 할 수 있습니다. 고고학과 계보학은 비슷한 용어이고 실제로 둘 다 니체의 용어이긴 한데 자세히 보면 다르죠. 고고학은 지식을 대상으로 하는 학문적 방법이고, 계보학은 사회적 실천에, 감금이라는 실천이든 광인에 대한 치료라는 정신의학적 실천이든 이런 사회적 실천, 그리고 이런 사회적 실천과 지식 간 관계에 적용되는 거예요. 많은 분들이 오해하는데요. 담론 개념의 등장 이전까지는 푸코가 사회적 실천과 지식을 아울러 사유하지 못했던 것이 사실입니다. 담론 개념에서부터 푸코는 이 둘을 아울러 사유하기 시작합니다. 그러니까 푸코의 담론 개념이 언어적 한계에 갇혀 사회적 실천을 사유하지 못한다는 건 부정확한 주장이죠. 오히려 담론 개념 덕에 사회적 실천과 지식을 함께 사유할 수 있는 것이니까, 담론 개념의 유효범위가 언어와 지식에 한정되지 않는다는 점에 유의해야겠죠.

그래서 『감시와 처벌』과 『섹슈얼리티의 역사 1권: 지식의 의지』에서 중기 푸코가 권력을 대상으로 사유하게 돼요. 초기 푸코는 무슨 시기라고 했죠? 구조주의라고 했죠. 중기 푸코는 뭐라고요? (포스트-)구조주의. 그리고 후기 푸코는 괄호 없는 포스트-구조주의. 이 괄호의 넣고 뺌은 제가 의도한 건데, 푸코가 초기의 구조주의에서 중기의 이행기를 거쳐서 후기의 포스트-구조주의로 가는구나, 그 과도기가 중기구나 하고 이해하면 돼요. 그리고 그 끝에 보면 인간과학 I이 있고 인간과학 II가 있죠. 파레시아 개념과 연결되어 있는 인간과학 III은 설명에서 제외하겠습니다. 푸코에게 중요한 건 심리학을 포함한 인간과학이에요. 물론 이 심리학은 오늘날의 심리학과는 많이 다릅니다. 그런데 초기에 사유하는 인간과학과 중기에 사유하는 인간과학과 후기에 사유하는 인간과학이 모두 달라요. 그래서 이렇게 정리해 놓은 거거든요. 『미셸 푸코』에 나와 있긴 한데 아마 혼자 읽어서는 파악하기가 쉽지 않을 거예요.

아주 간단히만 설명하면, 초기 푸코의 인간과학, 즉 인간과학 I은 근대 에피스테메의 질서로서 유한한 역사적 인간에 관한 실증적 지식들을 탐구하는 과학입니다. 그럼 중기 푸코의 인간과학, 즉 인간과학 II의 핵심이 뭘까요? 중기 푸코가 사유한 대상은 규율권력이에요. 물론 정확히 말하면 규율권력 + 생명권력인데 생명권력은 일단 넘어가고요. 예를 들면 이런 거예요. 학교에서 선생님이 최근까지도 학생의 신체를 통제했습니다. 그러면 그 신체에 물리적 폭력이, 더 나아가서는 미시적 규범이 각인되는 거죠. 그런데 그런 신체적 폭력과 함께 시험을 치고 평가를 받으면서도 어떠한 폭력, 정확히는 규범의 폭력이 신체에 각인됩니다. 이건 맞고 이건 틀리고 하는 것들, 구체적인 지식들을 습득하게 되죠. 그리고 그 결과물을 가지고 선생님은 학생들을 분류하고 평가해요. 이런 각종 시험뿐만 아니라 학교 안팎에서 하는 심리검사도 마찬가지이고요. 이렇게 되면 학생 개개인에 대한 평가가 가능해지고, 이런 미시적인 처벌을 통해서 개인이 형성되죠. 사실 정확히 말하자면 학생의 신체에 대한 통제와 같은 물리적 폭력은 분류와 평가의 폭력 없이 작동하지 않죠. 이를 물리적 폭력과 인식적 폭력이라 부른다면, 이 둘 모두는 외부의 규범을 개인의 신체에 각인하는 폭력이고 권력입니다. 이게 규율권력입니다.

그럼 여기에서, 중기 푸코에서 인간과학의 역할은 무엇일까요? 시험을 쳤어요. 혹은 심리검사를 했어요. 그래서 결과가 나왔잖아요. 그럼 그 결과를 해석해야 될 거 아니에요. 아니, 그 이전에 이런 시험, 검사를 만들어 낼 수 있는 지식이 필요하죠. 심리학이든 사회학이든 정신의학이든 교육학이든 이런 과학들은 개인을 평가하고 분류하며 궁극적으로는 처벌함으로써 개인을 생산할 수 있는 지식을 생산합니다. 여기에 시간성의 어긋남이 있다는 점은 눈치챘겠죠. 어쨌든 중기 푸코에게서 인간과학이란 권력이 개인을 평가하고 분류하며 궁극적으로는 처벌함으로써 개인을 생산할 수 있는 지적 근거입니다. 그래서 중기 푸코의 권력론을 지식-권력론이라고 부르고 일본에서는 아예 '지식 = 권력'이라는 표현을 쓰는데요. 사실 푸코 자신은 이런 정식화를 제출하는 데에 소극적이지만 푸코에게서 지식과 권력은 하나입니다. 지식 없이 작동하는 권력은 없고, 앞서 담론 개념을 통해 살짝 말했듯 권력 없는 지식도 존재하지 않죠. 물론 푸코에게서 지식은 권력의 '표면효과'라고 사람들이 정식화하곤 하는데 이는 우리가 지식을 통해서만 권력이 존재하고 작동하고 있음을 지각하기 때문입니다. 하지만 조금 더 발본적으로 표현하면 푸코에게서 지식이란 권력이고 권력이란 지식입니다. 그리고 이 둘을 결합하는 매개항이 바로 담론이라는 개념이죠.

중기 푸코에서 후기 푸코로의 이행을 어떻게 생각할 것인가?

그로는 중기 푸코에서 인간과학은 '규율권력의 부산물'이라고 표현해요. 중기 푸코에 오면 지식의 위상이 달라진다는 거죠. 그래서 초기 푸코와 중기 푸코에서 인간과학의 의미가 다른 겁니다. 초기 푸코에서 인간과학의 의미에 대해서는 앞서 언급한 정도로 만족할게요. 『말과 사물』을 꼼꼼히 독해해야 이를 알 수 있다는 점만 지적하겠습니다. 상당히 어려운 텍스트이긴 하지만 발리바르는 『개념의 정념들』 5장 "푸코와 '이단점'"에서 인간과학과 대항-인간과학 간 대립쌍, 더 나아가서는 언어학과 대항-문학을 중심으로 이 주제에 천착하니까 나중에 한번 도전해 보길 바랍니다.

그다음에 중기에서 후기로 넘어갈 때, 앞서 제시한 출간 저작 흐름에서 1976년 『섹슈얼리티의 역사 1권: 지식의 의지』가 출간되고 8년간의 침묵이 있다는 것을 확인할 수 있습니다. 이후 1984년에 『섹슈얼리티의 역사 2권: 쾌락의 활용』, 『섹슈얼리티의 역사 3권: 자기의 배려』를 출간하면서 사망하는 해에 이르러서야 후기 푸코로 이행합니다. 뭔가 이상하죠? 하지만 이제는 『말과 글』을 읽을 수 있고, 무엇보다도 특히 콜레주 드 프랑스 강의록들을 읽을 수 있기 때문에, 이 사이에 어떤 진화 과정이 있었는지를 알 수 있어요. 그로가 이 점을 아주 잘 설명하고 있어요.

사실 중기에서 후기로의 이행이 해석하기가 굉장히 까다로워요. 하지만 푸코 해석에서 아주 핵심적인 지점이에요. 왜냐하면 지금 우리는 푸코 사상에서 전회란 없다는 테제를 주장하고 싶기 때문입니다. 초기에서 중기까지는 어느 정도 매끄러운 이행이 보입니다. 반면 중기에서 후기로의 이 갑작스러운 전회로 보이는 바를 어떻게 해석할 것인가가 아주 중요한 질문으로 제기돼요. 그러면 중기에서 후기 사이에 무슨 일이 있었는지 확인해야 하는데, 다음의 사항을 강조하겠습니다.

중기 푸코에게 중요한 권력의 유형은 무엇이죠? 바로 규율권력이죠. 그런데 『섹슈얼리티의 역사 1권: 지식의 의지』 마지막 장인 5장 "죽음의 권리와 생명에 대한 권력"을 보면 생명권력 개념이 조금은 갑작스레 등장해요. 사실은 이 책 자체가 좀 불균형적이에요. 1장부터 4장까지는 '섹슈얼리티의 장치와 그것이 수행하는 담론화'에 관한 논의예요. 이러한 논의의 연장선상에서 이 책은 권력이 금지하고 억압하는 것이 아니라 유발하고 생산하는 것이라는 테제를 제시해요. 그런데 5장에 가면 걸보기에는 생뚱맞게 갑자기 생명권력을 논해요. 그러니까 주권권력처럼 살게 내버려 두고 죽이는 권력이 아니라 죽게 내버려 두고 살게 만드는 권력, 생명을 염려하는 권력으로서의 생명권력을 갑자기 논해요. 물론 이는 섹슈얼리티 개념에 대한 사유에서 도출되는 권력 개념으로, 걸보기와 달리 이전 논의와 연속적입니다.

그러면 규율권력에서 생명권력으로 이행한 거냐, 결론만 말하자면 아니고요. 그건 당연히 오해고, 들뢰즈가 『푸코』에서 지적하듯 근대사회의 두 가지 권력이 규율권력과 생명권력인 것입니다. 물론 기존의 주류 정통 정치철학의 사유 대상으로서 주권권력도 근대사회에 여전히 존재합니다. 푸코가 의도적으로 강조하지 않을 뿐입니다. 그래서 근대사회의 권력은 총 세 가지라고 보면 돼요. 주권권력, 규율권력, 생명권력. 그런데 푸코는 주권권력의 관점에서 사고하지 않기 위해, 다르게 말하면 법 중심적 관점에서 벗어나기 위해 필사적으로 노력한 사람이에요. 주권권력이 존재하지 않는다고 보았다기보다는요. 그래서 주권권력의 견지에서 정치, 권력, 사회를 사유하는 관점은 잘못됐다고 비판할 때만 주권권력은 논의되고 실제로는 '규율권력 + 생명권력'이 근대사회의 권력 형태라고 푸코는 얘기합니다.

그런데 규율권력과 생명권력을 사유할 때 등장하는 또 다른 개념이 있죠. 바로 '통치성' 개념입니다. 워낙 유명한 개념이죠. 그럼 통치성이라는 건 뭘까요? 권력 개념을 대체하는 것일까요? 앞에서 잠시 언급했던 사목권력까지 포함시키면, 서로 겹쳐 있는 이 여러 개념들 간 정교한 구별, 또는 정교하게 구별할 수 없음에 관해서는 별도의 강의가 필요합니다. 이 개념들을 각자의 푸코 해석에 따라 구별할 수도, 또는 구별하지 않을 수도, 구별될 수 없음을 강조할 수도 있다는 점만 지적하고 넘어갈게요. 통치성 개념으로 돌아오자면, 권력 개념과 통치성 개념 사이의 관계는 무엇일까? 통치성 개념은 권력 개념을 대체하는 것일까? 당연히 아닙니다. 결론만 말하자면 이 둘은 함께 가는 개념, 하나의 사태를 서로 다른 견지에서 바라보기 위한 개념입니다. 그로 또한 강조하는 푸코의 1982년 텍스트 「주체와 권력」을 통해 이 점을 확실히 파악할 수 있죠.[11]

이제 다음 질문으로 나아가 봅시다. 푸코가 섹슈얼리티 개념을 중심으로 근대사회 또는 현대사회를 연구해 보니까 규율권력만 존재하는 게 아니라 생명권력도 존재한다는 점을 파악했어요. 그 차이는 무엇일까요? 규율권력은 오직 신체만을 대상으로 작용하는 권력이에요. 그래서 푸코의 규율권력론에는 내면이 없어요. 물론 영혼이라는 단어를 쓰긴 하는데 이 단어를 쓰는 이유는 규율권력 분석에서 내면을 상정하지 않기 위해서, 내면에서부터 출발해 권력을 설명하지 않기 위해서죠. 오직 신체만을 대상으로 작용하는 권력의 존재를 해명하는 것이 푸코의 전략이고, 발리바르도 지적하듯이 사실은 이것이 정말 탁월한 지점입니다. 기존의 주류 정통 정치철학 내에서 구성된 금지와 억압의 권력론과 명확히 거리를 두기 위한 푸코만의 전략인 겁니다. 그래서 푸코의 유물론은 신체의 유물론, 마르크스주의적으로 말하자면 신체의 역사유물론인 거예요. 물론 『권력의 정신적 삶』의 버틀러와 『심리정치』[12]의 한병철 선생님은 푸코가 권력의 내면을, 권력의 정신적 차원을 무시했다 비판하지만요.

그런데 이러한 푸코가 근대사회를 분석하다 보니 규율권력만이 아니라 또 다른 유형의 권력이 존재한다는 점을 파악하게 돼요. 그게 뭐죠? 바로 생명권력입니다. 생명권력은 무엇을 대상으로 작용하죠? 인구를 대상으로 작용하죠. 그럼 규율권력과 생명권력을 연결하는 이론적 가교는 무엇일까요? 이는 그로가 『미셸 푸코』에서 강조하지 않는 부분이기에 자크 비데Jacques Bidet의 『마르크스와 함께 푸코를』에서의 논의를 참조할 필요가 있는데요.[13] 비데에 따르면 규율권력과 생명권력을 연결하는 이론적 가교는 바로 섹슈얼리티 개념입니다. 물론 비데의 독창적 해석은 아니고, 『섹슈얼리티의 역사 1권: 지식의 의지』 5장 "죽음의 권리와 생명에 대한 권력"에서 푸코 자신이 제시하는 테제를 비데가 이론적으로 각별히 강조하는 것이죠.

푸코의 관점에서는 섹슈얼리티를 매개로 규율권력과 생명권력이 함께 작동합니다. 제가 첫 번째 강의에서 '성적 진리'라고 번역했던 섹슈얼리티는 후기 푸코에게서 '주체의 진실'을 구성하는 것인데, 이 주체는 미시적 차원에서는 신체를 가진 주체이며 거시적 차원에서는 인구를 구성하는 한 개체로서의 주체죠. 그러니까 규율권력과 생명권력이 주체의 진실로서 섹슈얼리티를 매개로 연결되어서 작동하는 거예요.

그런데 진태원 선생님이 「생명정치의 탄생: 미셸 푸코와 생명권력의 문제」라는 논문에서 적절히 지적하듯 문제는 여기에서, 다시 말해 『섹슈얼리티의 역사 1권: 지식의 의지』 이후로 왜 푸코가 갑자기 통치성 논의로 이행하냐는 거예요.[14] 저는 이 주석이 매우 탁월하다고 생각하는데, 진 선생님이 지적하는 두 가지 이유가 있어요.

첫 번째는 푸코에게 국가론이 없다는 것인데요. 미시권력으로서 규율권력에 대해서 논의할 때는 국가에 대한 논의가 필요하지 않았어요. 오히려 푸코는 국가중심적 논의를 거부하기 위해 규율권력론을 세공합니다. 기존의 주류 정통 정치철학에서 제일 화두가 되는 게 국가, 주권, 신민, 계약, 법 등이잖아요. '사회계약'이라는 개념이 이 모든 것을 집약하고 있죠. 푸코는 이런 '법' 또는 '계약'주의적인 관점에서 권력을 다루고 싶지 않았기 때문에 루소가 아니라 벤담Jeremy Bentham을 특권화하는 『감시와 처벌』에서 규율권력론을 제시하고, 오직 신체를 대상으로 작용하는 규율권력에 의해서 생산되는 주체에 대해서 연구한 거예요. 『마르크스와 함께 푸코를』 1장을 보면 비데가 『감시와 처벌』 3부 「규율」의 결론에 대한 주석을 제시합니다. 이 주석의 결론은 푸코가 오직 신체를 대상으로 작동하는 규율권력을 마르크스주의식으로 말해 '하부구조'로 이론화하고 법, 계약, 국가 등은 그 위의 '상부구조'로 개념화한다는 거죠.

그런데 규율권력에 관한 연구의 도정에서 푸코는 생명권력이라는 또 다른 권력이 현대사회에서 작동하고 있다는 것을 파악하게 돼요. 그 규율권력과 생명권력은 섹슈얼리티 개념이라는 이론적 가교를 통해 연결돼 있고요. 인구를 대상으로 작용하는 권력인 생명권력에 대해 논의하면서 국가에 대한 논의를 하지 않을 수 없게 된 거죠. 아니, 오히려 생명권력에 대한 사유는 국가의 문제를 정면으로 다루기 위한 거죠. 그런데 왜 국가에 대한 논의가 중요하냐, 이 지점은 설명할 게 더 많아요. 푸코뿐만 아니라 부르디외Pierre Bourdieu, 알튀세르 등등까지 가야 되는데 아쉽지만 넘어가죠. 기억해야 할 점은 중기에서 후기로 넘어가는 푸코에게 국가가 상당히 중요한 사유 대상이 된다는 겁니다. 푸코는 자신의 미시권력론으로서 규율권력론으로는 국가를, 결국 생명권력을 사유할 수 없다는 점을 깨닫고 사목권력 개념을 경유해 통치성 개념으로 나아갑니다.

두 번째 이유는 바로 푸코의 기존 저항론으로는 규율권력은 몰라도 생명권력에 대한 저항은 사유할 수 없다는 점인데요. 그럼 규율권력에 대한 저항은 어떻게 가능할까요? 가령『미셸 푸코』의 도입부에 푸코에 관한 전기적 사실이 잘 나와 있죠. 1970년대 푸코는 자신이 여러 고초를 겪을 정도로까지 정치적 활동을 왕성하게 했어요. 그중 제일 중요했던 활동이 감옥정보그룹GIP, Le Groupe d'information sur les prisons의 결성과 운동인데요. 1970년대 당시 프랑스 사회가 저희가 오늘날 생각하는 것과 많이 달랐거든요. 1990년대 한국사회처럼 인권 수준이 상당히 낮은, 굉장히 폭력적인 사회였어요. 그래서 수감자들에 대한 인권 유린이 엄청나게 많이 저질러졌죠. 푸코는 감옥을 연구하면서 바로 이 지점에 개입해야 한다고 생각했습니다. 수감자들의 인권을 위해서 싸워야 한다고 생각했던 거죠.

그런데 감옥정보그룹은 무슨 일을 했을까요? 어떤 식으로 저항하고 투쟁했을까요? 이 단체에 소속되어 있던 푸코를 포함한 지식인들은 자신들을 사르트르 같은 보편적 지식인, 즉 이성, 자유, 인간, 이런 대문자 이념들을 통해 사람들을 계몽시키려고 하는 지식인, 다시 말해 "보편적인 권리를 쟁취하기 위해서 나를 따라 싸워야 해" 이렇게 주장하고 행동하는 지식인이 아니라, 특수한 지식인이라고 봤어요. 아주 구체적인 영역들에서의 지식, 하지만 권력의 부산물로서의 지식을 비판하는 지식, 인간과학 II가 생산하는 지식이 아니라 구체적 행위자들을 위한 지식을 그 행위자들로부터 직접 얻은 정보를 가지고서 주조하는 지식인이라는 거예요. 예를 들면 수감자들로부터 직접 감옥에 대한 정보를 획득하고 이러한 정보에 기반해 감옥제도 변혁을 위한 목소리를 수감자들이 직접 내기를 권유했죠. 감옥'정보'그룹이잖아요. 수감자들, 즉 행위자들로부터 정보를 얻고 그에 기반해 특수한 지식인으로서 이들을 도우면서, 물론 이것도 상당히 계몽주의적이긴 하고 분명 지식인과 행위자 간 딜레마를 넘어서지는 못했다고 생각하는데, 이 사람들이 감옥의 상태에 대해서 정확히 파악하게 되고 자신들의 말과 행동의 권리를 되찾아서 직접 투쟁하게 유도하는 것이죠. 저는 이것이 매우 모호한 관념이며 이로 인해 감옥정보그룹의 투쟁이 실패한 거라 생각하는데, 어쨌든 이게 특수한 지식인의 역할이에요. 푸코는 1975~1976년의 콜레주 드 프랑스 강의 『"사회를 보호해야 한다"』에서는 이러한 특수한 지식인의 역할을 각각의 특수한 영역 내에서 '예속된 앎'의 '반항'을 촉발하는 것이라고 규정하는데, 그러나 각각의 특수한 영역 내 행위자와 이러한 특수한 지식인 간 관계 설정에는 여전히 실패하고 있다고 저는 생각합니다.

규율권력과 관련해서 다섯 가지 특수한 영역을 대표적으로 얘기하거든요. 감옥, 학교, 병원, 군대, 공장. 가령 공장이라고 하면 공장 노동자들로부터 직접 그 상황에 대한 정보를 취득해 특수한 지식인들이 그에 대한 권력 분석을 진행하고 이로써 이들이 직접 목소리를 낼 수 있게 유도합니다. 이에 따라 이 행위자들이 직접 목소리를 내며 공장이라는 영역에서 직접 투쟁을 해요. 이러한 과정이 감옥에서도, 병원에서도, 군대에서도, 학교에서도 마찬가지로 이루어져야 한다는 거예요. 이게 각 영역에서의 특수한 또는 구체적 지식인의 역할이에요. 이 다섯 가지 영역에서 행사되는 규율권력에 의해 예속화되어 있는 주체들이 이러한 지식을 수단으로 저항할 수 있겠죠. 이게 중기 푸코가 구상했던 규율권력에 대한 저항 방식이에요.

그런데 생명권력은 인구를 통치하잖아요. 그럼 어떻게 저항해요? 관련해서 최근에 심세광 선생님이 번역한 『새로운 세계합리성』이라는 책을 꼭 보세요.15 푸코의 논의에 기반해서 신자유주의라는 이념과 제도를 분석한 책입니다. 신자유주의에 대한 저항이 어떻게 가능한지 답변을 구하는 과정에 필수적인 논의들을 전개하고 있어요. 생명권력은 인구를 자신의 대상으로 취하는데 결국 이 생명권력에 대한 저항이란 국가의 문제, 국가를 어떻게 상대할 것인가의 문제잖아요. 특수한 지식인의 관점에 서서는 이러한 저항이 불가능하다는 거죠. 푸코가 자신의 연구를 통해 생명권력의 존재를 확인함에 따라 첫 번째로는 국가의 문제에 봉착해서, 두 번째로는 저항의 문제에 봉착해서 이를 돌파하고자 통치성 개념을 만들어 낸 거예요.

통치성 개념의 시작점은 당연히 중세 사목권력에 대한 논의예요. 그다음 고전주의 시대의 국가 이성에 대한 논의, 그다음 고전적 자유주의에 대한 논의, 그다음 전후 독일과 미국의 신자유주의에 대한 논의로까지 나아가는 것이죠. 그렇게 해서 통치성 개념을 푸코가 '발명'하고 후기로 넘어가게 돼요. 그런데 이때 통치성은 기본적으로 타자의 통치성, 타자에 대한 통치성이에요. 앞서 들뢰즈의 푸코론에서 바깥이 안으로 접힌다고 했잖아요. 자기에 대한 자기의 관계가 중요해지는 후기 푸코로 갈수록 자기의 통치성에 대한 논의로 이행하게 돼요. 그걸 들뢰즈는 '안으로 접히는 바깥'이라는 관점에서 이해한 거죠. 그래서 후기 푸코로 가면 갈수록 타자의 통치보다는 자기의 통치에 방점이 찍힙니다. 조금 다르게 해석하면, 푸코가 통치성이라는 개념을 고안한 이유가 사실은 타자의 통치에 대한 사유에 머무르지 않고 이를 자기의 통치와 함께 사유함으로써 주체의 저항을 훨씬 더 정교하게 사유하기 위함인 것이죠. 이러한 자기의 통치에 대한 사유는 결국 중기 푸코의 난제였던 권력에 대한 저항을 사유하기 위한 것입니다. 타자의 통치에 의해서 주체는 예속화되잖아요. 그에 대한 저항의 아르키메데스의 점이라는 게 자기가 자기와 맺는 관계에 있다는 거예요. 통치는 타자의 통치이자 동시에 자기의 통치이기에, 그러니까 자기의 통치 없이 타자의 통치는 불가능하기에, 그러니까 자유화 없이 예속화가 없기에, 예속화 자체에서 사실은 자유화를 발견할 수 있는 것이죠. 앞선 강의들에서 세공했던 예속(적 주체)화 개념과 일맥상통하죠.

조금은 심화된 논의지만 한마디만 더 할게요. 발리바르는 푸코의 이러한 사유 행보를 비판합니다. 그 골자는 자기를 그렇게 저항의 원초적 심급으로 삼는 게 어찌 되었든 부당전제라는 것이죠. 자기라는 것이 저항의 의거점이기 이전에 폭력에 의해 완전히 파괴될 수도 있습니다. 아니면 서동진 선생님이 푸코적 통치성 개념에 의거해 분석하고 비판한 바 있는 신자유주의 사회의 자기계발 담론에서도 알 수 있듯이, 보수적인 방식으로 자기와 관계 맺을 수도 있습니다.[16] 푸코가 그런 문제에 충분한 이론적 주의를 기울이지 않은 것은 분명합니다. 발리바르가 푸코의 이러한 결점을 비판하면서 구조적 폭력을 넘어서 자기 자체를 파괴하는 극단적 폭력에 대항하는 반폭력의 정치로서 '시민다움' 개념을 제시하는 겁니다.[17]

어쨌든 발리바르 비판의 핵심은 후기 푸코가 자기를 자유와 저항의 의거점으로 취함으로써 자유의 무한퇴행이라는 역설에 빠진다는 것입니다. 자기의 자유와 저항을 앞으로 사유해야 하는 것이 아니라 이미 전제되어 있는 것으로 간주함으로써 자기의 통치와 타자의 통치가 얽혀 있는 통치의 문제를 해결할 수 있다고 후기 푸코가 생각했다는 것이죠. 말하자면 자기의 자유와 저항이 전제 가능하기 위해서는 이보다 더 전에 자기가 이미 저항할 수 있는 자유로운 존재여야 합니다. 그럼 이렇듯 자기가 이미 저항할 수 있는 자유로운 존재였기 위해서는 또 그 전에 이 자기가 이미 저항할 수 있는 자유로운 존재였어야 합니다. 그러니까 발리바르는 푸코에게서 자유와 저항이 부당전제되어 있다는 비판을 전개하는 겁니다. 발리바르의 이러한 비판은, 구조주의자 푸코가 권력에 의한 예속화만을 사유했고 진정한 주체화를 사유하지 못했으며 이렇게 궁지에 몰린 뒤 이로부터 탈출하고자 갑작스럽게 고대 그리스-로마 시대로 회귀해 주체의 윤리, 자유, 저항으로 도피했다는 판에 박힌 푸코 비판과는 다릅니다.

다시 본래 논의로 돌아오자면, 타자의 통치에서 자기의 통치로 이렇게 방점이 이동하면서 타자의 통치와 자기의 통치 모두가 설명되고 이 둘이 푸코의 통치성론에서 결합됩니다. 그렇게 통치성론이 어느 정도 완성되면서 푸코는 후기로 완전히 이행합니다. 들뢰즈식으로 말하면 자기가 자기와 맺는 관계, 자기를 어떻게 통치할 것인가의 문제로 이행한다는 거죠. 이것이 푸코에게는 예속화에 대한 주체의 저항을 사유하는 최종적인 방식이에요.

하지만 푸코는 고대 그리스-로마의 주체화 방식을 따르라는 얘기를 결코 하지 않았습니다. 푸코가 역사를 탐구한 이유는 역사가 오늘날 지금 여기의 타자이기 때문입니다. 역사를 탐구함으로써 오늘날 지금 여기 우리의 존재 양식이 필연적인, 그래서 보편적인 것이 결코 아니라 우연적인, 그래서 독특한 것이라는 점을, 그러니까 당연히 이 또한 바뀔 수 있다는 점을, 새로운 주체성 양식을 발명할 수 있다는 점을 강조하려는 것이죠. 이런 맥락에서 푸코는 고대 그리스-로마 시대의 주체성 양식에서 오늘날 지금 여기 우리의 더 나은 주체성 양식을 위한 단초를 발견할 수 있다고 주장하는 것입니다.

핵심은 주체화 양식이 시대마다 다르다는 것입니다. 푸코의 분석대로 주체화 양식은 시대마다 다르고 그래서 동시대의 주체화 양식이라는 게 존재하는 것이죠. 앞서 언급한 서동진 선생님 같은 경우에는 오늘날 지금 여기 우리의 주체화 양식을 '자유의 주체, 자기계발하는 주체'를 생산하는 주체화 양식으로 분석했는데요. 이러한 자기계발적 주체화 양식 또한 당연하지 않다고 비판할 수 있고, 이러한 비판을 통해 새로운 주체화 양식을 고민하고 만들어 나갈 수 있다는 것이죠. 오늘날 우리는 자신을 어딘가에 고용된 노동자라고 절대 생각하지 않고 나 스스로를 경영하는 자유로운 1인 기업가라고 생각하잖아요. 자기의 돈뿐만 아니라 시간 또한 이곳저곳에 투자해서 무엇인가를 배움으로써 인적 자본을 쌓아 나가는 주체라고 생각합니다. 이는 당연한 게 전혀 아니죠. 몇십 년, 아니 십몇 년 전만 해도 일상의 주체들이 이렇게 살지 않았거든요. 심지어 고대 그리스-로마는 어떻겠습니까. 고대 그리스-로마에서는 지금과는 완전히 다른 방식으로 자기가 자기와 관계를 맺었다는 걸 푸코는 여러 고전 텍스트를 통해서 입증하고, 거기에서 새로운 주체화 양식의 생산을 위한, 즉 오늘날 지금 여기에서의 저항을 위한 단초를 찾는 거죠.

계보학이란 이렇지 않을 수도 있었다는 것을 역사학적으로 보여 주는 것을 핵심으로 취한다고 했죠. 그러니까 신자유주의하에서의 주체 생산에 대해서도 우리가 충분히 다르게 볼 수 있다는 얘기를 푸코는 하고 있는 겁니다. 안타깝게도 푸코는 신자유주의적 주체성에 대한 대안적 주체성이랄지, 자유주의적 통치성에 대한 대안적 통치성이랄지, 이런 것들에 대해서 '포지티브'한 방식으로 얘기하지는 못하고 이러한 계보학적 관점과 '존재의 미학'이라는 화두만을, 다르게 말해 파레시아^{parrhesia}와 견유주의적 실천이라는 화두만을 역사적 주체성들에 대한 연구에 기반해 제출한 뒤 사망하게 됩니다. 이로 인해 후대의 해석가들에 의해 푸코의 자유주의와 신자유주의에 관한 입장을 놓고 여러 논쟁이 전개될 수밖에 없었죠. 쉽게 말해 푸코가 자유주의자였느냐 아니었느냐, 푸코가 신자유주의에 찬성했던 것이냐 아니었던 것이냐 말입니다. 이 논쟁 속으로 뛰어들고 싶은 생각은 없지만, 이러한 논쟁이 생산적이려면 푸코가 이러한 논의를 전개했던 토대가 바로 그의 계보학적 사유였다는 점을 확립해야 한다고 꼭 강조하고 싶습니다.

이렇듯 초기 푸코에게는 지식, 중기 푸코에게는 권력, 후기 푸코에게는 자기가 철학적 사유의 대상입니다. 중기와 후기 푸코에 주목해 말하자면, 이때의 푸코는 최소한 서구사회에서는 자기가 자기와 맺는 관계의 핵심이 주체의 성적 진실로서 섹슈얼리티라고 보았습니다. 특히 그 어느 시기보다도 근대 서구사회가요. 푸코는『섹슈얼리티의 역사』연작에서 주체가 섹슈얼리티를 통해서 자신의 진실과 마주하게 된다고 말합니다.

현재의 역사가 미셸 푸코

이제 미셸 푸코의 포스트-구조주의의 결론, 다르게 말해 '미셸 푸코를 어떻게 읽을 것인가'라는 질문에 대한 답변으로 나아가 봅시다. 그 답변은 두 가지입니다.

첫 번째로, 푸코는 초기에서 중기를 거쳐 후기로 갈수록 자신의 사유를 체계화했습니다. 그러니까 푸코철학에 전회란 없으며 푸코는 단 하나의 화두를 가지고서 평생을 씨름했다는 것이죠. 이를 푸코철학에 대한 일원론적 해석이라 한다고 했죠? 푸코는 자신의 사유를 추동함에서 단 하나의 동력만을 취했습니다. 그것이 바로 주체, 주체성, 주체화, 예속화, 예속(적 주체)화인 거죠. 푸코는 다른 포스트-구조주의자들과 마찬가지로 바로 이 하나의 개념만을, 조금 다르게 말하면 주체-권력 개념쌍만을 사유의 대상으로 취했던 것입니다. 푸코는 구성되는 역사적 주체와 그 탈예속화 즉 저항을 사유한 사상가입니다.

두 번째로, 푸코는 '윤리, 태도(에토스), 비판, 계몽으로서의 현대성 내 현실 혹은 현행성의 존재론으로서의 우리 자신의 역사-비판적 존재론'을 구축했습니다. 여기에서 그 철학 또는 사유의 대상이 주체-권력 개념쌍인가 아니면 현행성인가라는 물음이 제기되는데, 이 주제는 다섯 번째 강의에서 더 자세히 다룰 것입니다. 주체-권력 개념쌍은 현행성이라는 개념과 불가분의 것이거든요. 주체-권력 개념쌍을 사유의 대상으로 취한다는 것, 이는 곧 현행성을 사유의 대상으로 취한다는 것입니다. 다섯 번째 강의까지 다 듣고 나면 이 우리 자신의 역사-비판적 존재론이라는 것이 무엇인지 알 수 있을 겁니다.

앞서 살펴본 발리바르의 정의에 따르면 주체성의 한계와 그 너머를 사유하는 윤리-정치론을 제출하는 것이 바로 포스트-구조주의입니다. 포스트-구조주의자인 푸코 또한 마찬가지인데요. 후기 푸코의 작업도 윤리-정치론, 즉 윤리학이자 정치학입니다. 다시 말해 새로운 주체성 형식을 사유하고 실험함으로써 새로운 주체화를 가능케 하기 위해 노력하는 것이죠. 『미셸 푸코』의 결론을 보면 바로 이 표현이 나옵니다. "새로운 주체성의 발명". 그냥 멋들어진 표현이 아니라 푸코 사상 전체의 이론적 일관성에 따라 후기 푸코 시기에 도출되는 그 결론이에요.

도식 〈푸코의 삼각형〉을 보면 중기 푸코와 후기 푸코 사이에 화살표가 있고 「비판이란 무엇인가」(1978)와 「계몽이란 무엇인가」(1983~1984)라는 텍스트가 있잖아요. 이 둘은 중기 푸코와 후기 푸코를 연결하는 매우 중요한 텍스트인데요. 이 둘을 합쳐서 읽으면 미셸 푸코 정치학의 결론을 알 수 있어요. 푸코철학의 결론이라고 해도 되고, 푸코 사유 전체의 결론이라고 해도 됩니다. 이 점에 대해서는 다섯 번째 강의에서 포스트-구조주의의 결론으로서 '구조로서 현행성의 철학'과 관련해 좀 더 자세히 설명하겠지만 여기에서는 푸코의 사상에 초점을 맞춰 다음과 같이 설명해 보겠습니다.

푸코 사유 전체의 결론, 즉 그의 목표는 도대체 무엇일까요? 도식에 쓰여 있듯 결국 '현재의 진단'이에요. 초기부터 푸코는 이 표현을 강조하죠. 사람들이 '현재의 역사가 미셸 푸코'라고들 말하잖아요. 핵심어는 '현재'와 '역사' 즉 과거라는 상충하는 두 어휘입니다. 고대 그리스-로마도 그렇고 중세 기독교도 그렇고 고전주의 시대도 그렇고 어떤 시대에서든 푸코가 수행했던 역사 연구 전부 다 마찬가지입니다. 철학자 푸코는 왜 이런 역사학적 작업을 했을까? 이는 결국 우리 시대 그러니까 현재의 문제를 해결하기 위해서예요. 1789년 프랑스 대혁명 직전 칸트가 「질문에 대한 답변: 계몽이란 무엇인가?」(1784)라는 텍스트를 쓰면서 계몽의 문제를 제기하잖아요. 그런데 칸트에게 계몽이란 뭘까요? 현재로부터의 탈출입니다. 다르게 말하면 '현재의 상태를 지양하는' 것이죠. 현재의 상태를 지양하는 현실의 운동이 공산주의라고 누가 말했죠? 마르크스가 『독일 이데올로기』에서 한 말이에요. 마찬가지로 칸트도 한 시대의 철학자로서 자기 시대의 문제를, 아포리아를 넘어서려고 했던 사람이에요. 그걸 계몽이라는 단어로 표현한 거예요. 그래서 「비판이란 무엇인가」와 「계몽이란 무엇인가」둘 다 이 지점에 주목하고 있는데요. 결국 이 두 텍스트를 통해 푸코는 '저널리즘적 실천'으로서의 철학이 하는 일이 바로 현재의 진단이고, 철학은 현재의 진단을 통해서 이 철학자가 놓여 있는 오늘날 지금 여기를 넘어서려 한다, 탈출하려 한다는 점을 말합니다. 이것이 바로 푸코의 철학 혹은 사유의 목표라고 할 수 있습니다.

'오늘날 지금 여기'를 철학에서는 '액츄얼리티actuality'라고 해요. 프랑스어로는 '악튀알리테actualité'인데요, 프랑스어에서는 언론의 대상인 '시사時事'라는 뜻도 가지고 있습니다. 방금 철학을 '저널리즘적 실천'으로 규정한 거 기억하죠?[18] 오늘날 지금 여기, 그러니까 바로 이 현실을 철학에서는 '현행성'이라고 하는 겁니다. 푸코철학 번역에서는 '현실태'라고도 많이 옮기는데요. 칸트가 1789년 프랑스 대혁명 직전 '계몽'이라는 질문을 제기했듯 푸코 또한 근대의 에피스테메가 저무는 시기에 자신이 놓여 있는 시대를 넘어서고자 하는 작업을 철학적으로, 물론 역사학이라는 수단을 경유해서 수행한 것이죠. 그것이 푸코의 작업 그 자체, 푸코철학의 궁극적인 목표라고 할 수 있습니다.

도식 〈푸코의 삼각형〉을 다시 보면, 핵심은 자유의 문제임을 지적해 놓았잖아요. 왜 그럴까요? 우리가 오늘날 지금 여기 이 액츄얼리티 속에, 2025년 한국에 살고 있잖아요. 푸코에게서 계보학의 의미는 방금 뭐라고 했죠? 감옥이 '탄생'했고 우리에게 거의 유일한 처벌 수단으로 존재하고 있는 시대를 지금 살고 있는데, 이게 어떻게 형성된 거예요? 아주 우연히 형성된 거예요. 역사 내에서 물질성들 간 우연한 마주침과 결합으로 인한 돌발. 푸코의 분석에 따르면 형법 이론가들은 원래 투옥을 그렇게 긍정적으로 보지 않았어요. 그런데 어느 날 감옥이 유럽뿐만 아니라 전 세계의 가장 보편적인 처벌 형식이 됐어요.[19] 왜 그렇게 됐을까를 비목적론적인 방식으로 탐구하는 게 계보학의 목표입니다.

다시 한번 강조하자면 계보학의 작업 방식은 사후적 재구성을 통해서 인과관계를 자의적인 방식으로 밝히는 게 아니에요. 제대로 이루어진다면 좁은 범위의 인과관계를 밝히는 것도 학술적 관점에서는 물론 어느 정도 중요한데, 푸코철학에서는 그것이 중요하지 않습니다. 사유의 궁극적인 목표는 바로, '현재의 역사가 미셸 푸코'라는 표현처럼, 오늘날 지금 여기 우리가 놓여 있는 이 현실이 그렇지 않을 수도 있었다는 점을 보여 주는 것입니다. 『생명관리정치의 탄생』이라는 강의록에 등장하는 논의인데요. 푸코는 우리가 신자유주의의 방향으로 가지 않을 수도 있었다고 강조합니다. 그런데 역사 내에서 여러 가지 물질적 요소들의 우연한 마주침과 결합에 의해서 결국에는 역사가 이렇게 흘러갔다는 것이고, 바로 이를 보여 주는 게 계보학의 목표예요. 그렇게 하는 이유가 뭐예요? 다시 한번 강조하면 오늘날 지금 여기의 우리가 그렇지 않을 수도 있었기 때문에, 당연히 이를 오늘날 지금 여기 우리가 바꿀 수도 있다는 점을 말하기 위해서입니다. 아주 분명한 예를 하나 들어 보면, 동성애라는 것이 지금처럼 금지와 억압의 대상이지 않을 수도 있었다, 이전에는 그렇지 않았다, 특히 고대 그리스-로마에서는 금지와 억압의 대상이 되지 않았다는 것이죠.

주의할 점이 있습니다. 계보학이 단순히 동성애가 예전에는 금지의 대상이 아니었으니까 지금 금지의 대상이 될 이유가 없다는 상대주의를 주장하는 것이 전혀 아니라는 것입니다. 『미셸 푸코』에서도 강조되지만 고대 그리스-로마에서의 동성애와 동시대 자본주의 사회 내 동성애의 의미는 전혀 다릅니다. 좀 더 강하게 주장해 보자면, 부르는 말과 표면적인 형태만 동일할 뿐 그 둘은 공통점과 차이점을 나열하는 기계적 비교 자체가 불가능하며 질적으로 완전히 다릅니다.

그로는 동성애가 예전에는 허용됐다가 지금은 금지된 것이라고 푸코가 주장하는 게 아니라고 강조합니다. 푸코의 논의는 그런 식으로 역사를 상대주의적 관점에서 납작하고 단순하게 보지 않습니다. 역사 내 여러 요소들의 우연한 마주침과 결합을 고려해서 어떤 관계 속에서 동성애 그 자체가 변화했다고, 그러니까 동성애의 실체 또는 본질 같은 것은 사실 존재조차 하지 않는다고 얘기하는 것입니다. 심지어 '동일한 성의 두 사람이 사랑한다'조차 동성애의 본질일 수 없다는 거죠. 사랑의 형태가 시대마다 다르니까요. 이 점을 주의한다는 전제에서 다시 푸코적 계보학에 따라 동성애에 관해 말해 보면, 결국 오늘날 지금 여기의 우리 사회에서처럼 동성애는 금지의 대상이지 않을 수 있었는데 역사 속에서 어떠한 우연한 마주침과 결합으로 인해 오늘날 동성애에 대한 여러 폭력적이고 배제적인 실천이 확립되었다고 푸코는 이야기하는 겁니다.

그럼 이런 논의의 중심은 무엇일까요? 바로 자유예요. 이렇게 되지 않을 수도 있었기 때문에 앞으로 우리가 바꿀 수도 있다는 거예요. 그게 푸코의 자유 개념의 핵심이에요. 푸코의 저항론의 핵심이기도 하고요. '이렇지 않을 수 있었어.' 우리 모두가 지금 1인 기업가처럼 살고 있잖아요. 열심히 자기계발하고 스펙을 쌓으면서 살고 있는데, 과거에는 이렇지 않았습니다. 그렇게 살지 않았어요. "1분 1초라도 절대 시간을 낭비하면서 살면 안 돼, 조금이라도 더 앞으로 나아가야 해, 더 많은 능력을 가져야 해"와 같은 정언명령이 없었어요. 여러 요인들 간 마주침에 의해 우연히 이렇게 된 거예요. 그 이유를 계보학적으로 밝히는 것은 결국에는 지금 우리가 이렇게 사는 게 필연적인 것이 아니니까 바꿀 수도 있다는 주장을 하기 위함이죠.

『미셸 푸코』의 결론을 보면 잘 나와 있듯 푸코는 새로운 주체성의 발명을 얘기하는데, 이건 절대로 그저 멋들어진 말에 불과하지 않습니다. 이는 푸코철학 전체의 결론이에요. 평생에 걸쳐 아주 정교하게 전개한 사유의 결론이에요. 지금처럼 살지 않을 수 있고 새로운 주체성은 사유할 수 있고 만들어질 수 있다는 거예요. 그렇게 논의가 귀결되는 거죠. 그렇기 때문에 이런 윤리-정치적 맥락에서 자기를 사유의 대상으로 취하는 후기 푸코는 포스트-구조주의자라고 충분히 말할 수 있어요. 그래서 푸코가 구조주의에서 (포스트-)구조주의로, 결국에는 포스트-구조주의로까지 이행하게 돼요. 그렇게 지식, 권력, 자기라는 세 가지 꼭짓점으로 구성된 푸코의 삼각형이 형성돼요.

이 삼각형이 생산하는 게 뭐예요? 당연히 주체죠. 주체라는 것은 지식, 권력, 자기라는 세 심급, 세 요소의 결합지점에서 생산되는 거예요. 그리고 이 주체가 섹슈얼리티를 매개로 자신의 진실과 마주하게 되는 거예요. 진실 개념이 푸코에게서 초기, 중기, 후기를 거치면서 그 의미가 바뀌기 때문에 이를 일관되게 정리하기는 힘들어요. 특히 초기와 중기 푸코에게 진실은 지식 개념과 혼동되는 경향도 있습니다. 일단 이 세부적인 논점들을 제외하면, 이 지식, 권력, 자기라는 세 꼭짓점으로 구성된 삼각형에 의해 생산되는 것이 주체이고, 이 주체가 자기와 맺는 섹슈얼리티 관계를 통해서 마주하고 있는 것이 자신의 진실이라는 거죠.

그래서 말년에 푸코가 논했던 파레시아, 진실 말하기라는 개념의 지위 또한 어떻게 생각해야 할지 답할 수 있는데요. 주체가 자기와 맺는 섹슈얼리티 관계 속에서 진실과 마주한다는 것, 여기서 출발해야 파레시아 개념에까지 도달할 수 있습니다. 자기가 죽을 수도 있다는 위험을 무릅쓰고 진실을 말하는 용기로서 파레시아. 이게 푸코에게서 정치이고 윤리예요. 무엇을 위해서? 푸코에게는 동일한 것이지만, 무엇에 근거해서? 자유를 위해서. 자유에 근거해서.[20]

이 정도 얘기가 뭐 그리 대단한가 생각하는 사람도 있을 거예요. 솔직히 말하면, 정말 허망하지 않아요? 자기가 죽을 수도 있는 그런 위험스러운 공간에서 진실을 말하는 용기를 강조하고 그에 기반한 정치학을 제출한다는 게. 특히나 요즘 같은 탈진실 시대에, 진실이 뭔지도 모르겠는데 진실을 얘기한다는 건 우습다고 생각할 수 있어요. 쟁점이 되는 것 중 하나는 트럼프 지지자들 또한 진실의 용기를 실천하고 있다는 점이죠. 탈진실 시대 진실의 용기란 무엇인지에 대해서는 아쉽지만 다음 기회에 논하도록 하고, 단지 이런 현재적 쟁점이 남아 있다는 점만을 지적하고 넘어갑니다.[21] 그래서 도식 〈푸코의 삼각형〉 가운데에 있는 게 주체의 진실과 주체화고요. 그다음 바로 위에 보면 '자기의 통치 + 타자의 통치'예요. 사실 통치성 개념을 매개로 해야만 후기 푸코로 갈 수 있는 거죠. 자기가 자기와 맺는 관계, 그러니까 잘못하면 자기계발적인 물음과 충분히 혼동될 수 있는데, 자기를 어떻게 통치할 것인가 하는 문제설정을 취해야만 후기 푸코로 갈 수가 있어요.

그런데 왜 이게 자기계발의 논리와 비슷해 보일까요. 제 생각에 이는 자유와 자유주의의 문제 때문에 그렇습니다. 지금까지 푸코의 관점에서는, 『생명관리정치의 탄생』을 보면 사회주의적 통치성 얘기도 가설적인 방식으로 하는데, 자유주의만큼 잘 작동하는 통치성이 역사적으로 없어요. 사목권력에서 출발한 자유주의가 유일해요. 이 자유주의가 이제 신자유주의로 심화되는 건데 이게 워낙 성공적으로 스스로를 확립한 통치성이다 보니까, 그리고 푸코의 관점에서는 사목권력에 대항하는 '반-사목권력 운동'이 성공한 적은 없으니까, 푸코의 논의가 자유주의에 갇혀 있는 것 같고 자유주의를 수용하는 것처럼 보이는 거예요. 자유주의를 넘어설 수 있는 통치성을 우리가 발명할 수 있을까? 그건 저도 잘 모르겠어요. 중국이 자유주의 통치성과는 다른 통치성을 만들어 내고 있는 것일까? 이 물음에 대한 답이 긍정이든 부정이든 상관없이 중국의 시도가 난항을 겪고 있다는 점은 명확해 보입니다. 그래서 자유주의적 통치성을 넘어서는 길은 아직까지는 보이지 않고, 그래서 푸코도 스스로를 어느 정도는 자유주의자로, 그러니까 독특한 의미의 자유주의자로 위치 짓는 거예요. 또는 푸코 자신도 자유주의에서 빠져나오는 데 실패한 것이거나.

그래서 푸코를 신자유주의자라고 비판하는 사람들이 매우 많아요. 제 생각에 반은 맞고 반은 틀린 주장인 것 같습니다. 푸코의 논의를 면밀히 따라가면 푸코를 자유주의자라고 규정해 버리는 건 과한 해석인 것 같은데요. 왜냐하면 푸코는, 다음의 표현을 발리바르가 쓰는데, 1990년까지 현실 사회주의라는 게 존재했듯이 '현실 자유주의'라는 게 오늘날까지 존재해 오고 있고, 푸코가 원하는 자유주의라는 건 이 현실 자유주의가 아니기 때문이죠.

도식 (푸코의 삼각형)에서 오른쪽에 '자유의 문제' 밑에 보면 '니체적 공산주의', '헤테로피아'(또는 '다른 공간'), '유토피아적 신체', 그다음에 무슨 자유주의라고 써 놓았죠? '댄디즘·고행·금욕으로서의 자유주의'라고 되어 있죠. 이는 발리바르의 표현인데요. 후기 푸코에게서 지식, 더 나아가 진실이란 인식행위를 통해 습득할 수 있는 것이 아니라 고행과 금욕, 시련을 통해, 앎과 삶의 일치를 통해 획득할 수 있는 것이기 때문이죠. 다르게 말해 이는 지식이 아니라 지혜로서의 철학 즉 '영성spiritualité'인데, 영성이란 진실에 접근코자 주체가 자신을 변형하는 그러한 탐구, 실천, 경험을 의미하죠. 발리바르는 이 댄디즘·고행·금욕으로서의 자유주의가 푸코의 자유주의이며 이는 현실 자유주의와 대립된다고 얘기해요. 대립까지는 아니라 해도 최소한 현실 자유주의로 환원되지 않는 자유주의라는 것이죠. 푸코는 이 현실에서 존재하는 자유주의를 넘어서고자 했고 그 방향은 '니체적 의미의 공산주의'였죠. 어쨌든 현실 자유주의도 현실 사회주의도 아닌 겁니다.

마지막으로, 도식 (푸코의 삼각형) 맨 왼쪽에 보면 아까 이미 설명했던 '비철학적 철학'이 써 있죠. 푸코가 하고자 하는 철학은 비철학적 철학이고 그 구체적 방식이 바로 현재의 역사를 쓰는 거예요. 그게 역사학자들의 작업과는 다른 거죠. 푸코는 과거 역사가 정말 어떠했는지를 따지는 것에 크게 관심이 없었고, 푸코에게서 사유의 준거점은 항상 현재, 철학적으로 말하면 현행성입니다. 『미셸 푸코』에 이런 표현이 있어요. 후기 푸코까지 가서 이 삼각형을 완성하고 보니까 왜 푸코가 광기, 범죄, 섹슈얼리티 이런 철학의 대상과는 거리가 먼 대상들을 연구했는지 알 수 있다는 것인데요. 김은주 선생님이 논문에서 지적하듯이 이런 것들은 전통적인 의미에서의 철학의 대상이 아니잖아요. 광기, 범죄, 섹슈얼리티 등은 심지어 오늘날에도 철학에서 다루는 대상이 아닙니다. 그런데 왜 푸코는 이런 대상들을 취했을까, 당연히 비철학적 철학을 하기 위해, 현재의 역사를 쓰기 위해 그런 건데요. 그로를 따라 다르게 서술해 보면 광기, 범죄, 섹슈얼리티 등에 대한 우리의 경험, '역사적 주름들'을 탐구한 것이죠. 푸코의 표현들로부터 가져온 아주 정확한 서술입니다. 푸코는 이런 역사적 주름들, 우리가 경험했던 역사적 주름들을 탐구함으로써 결국에는 오늘날 지금 여기 이 현실에 놓여 있는 우리, 바로 '우리'에 대한 얘기를 하고 싶었던 거예요.

푸코철학의 결론

푸코의 사유는 지식에서 출발해 권력을 거쳐 자기에 도달합니다. 이러한 궤적에 따라 푸코의 삼각형이 형성되고 이 삼각형 속에서 주체가, 자신의 성적 진실로서 섹슈얼리티와 마주하고 있는 주체가 생산됩니다. 이제 푸코에게서 철학의 목표가 무엇인지, 왜 이런 삼각형을 그렸는지를 마지막으로 정리하고 강의를 마무리하겠습니다. 제가 박사논문 쓰면서 푸코를 정말 열심히 읽었거든요. 곧 설명할 정식화는 그때 만든 건데, 나중에 푸코를 직접 읽을 때 분명히 도움이 될 거예요.

자, 제가 생각하는 푸코철학의 결론은 다음과 같습니다. '윤리·태도(에토스)·비판·계몽으로서의 현대성 내에서 현실 혹은 현행성으로서의 존재론으로서 우리 자신의 역사-비판적 존재론을 구축하기.' 제가 박사논문에서 푸코철학의 결론을 이렇게 정식화했는데요. 푸코 자신도 크게 다르게 말할 것 같지는 않습니다. 아까 중기 푸코의 『섹슈얼리티의 역사 1권: 지식의 의지』를 지나면 타자의 통치에 대한 문제설정이 형성되고 그다음 자기의 통치에 대한 문제설정이 형성되면서 지적 여정이 어느 정도 끝난다고 했잖아요. 그리고 「비판이란 무엇인가」와 「계몽이란 무엇인가」를 포함해서 푸코철학의 결론과 관련한 몇 개의 텍스트가 더 있어요. 이 모두를 함께 읽으면 푸코가 죽기 직전에 철학의 목표를 그렇게 설정했다는 것을 알 수 있어요. 이 모든 것을 제가 다 조합해서, 핵심어들을 다 따와서 조금은 인위적으로 만든 거예요. 일단 기억해 두면 푸코 이해에 매우 도움이 될 겁니다. 다섯 번째 강의 때 하나하나 같이 따져 볼게요.

사실 이번 강의에서 제시한 설명에도 저 어휘들이 상당수 들어 있는데, 저 어휘 하나하나가 푸코에게는 다 개념인 거죠. 이 어휘들, 이 개념

네 번째 강의
미셸 푸코의 포스트-구조주의

들을 이렇게 묶어서 하나의 어구로 만들면 푸코철학의 아름다운 결론이 도출됩니다. 다시 한번 말해 볼게요. '윤리·태도(에토스)·비판·계몽으로서의 현대성.' 현대성이라는 말을 쓰는 이유가 뭐겠어요? 푸코에게 중요한 건 역사적 시기로서의 근대 또는 현대가 아니라 현재의 역사 그 자체니까요. 이를 푸코는 오늘날 지금 여기의 너머, 즉 '모던함'을 추구했던 보들레르Charles Baudelaire에 주목해 '보들레르적인 것'이라고 하는데요. 이러한 현대성 내에서, '오늘날 지금 여기 우리가 놓여 있는 이 현실 즉 현행성'으로서의 '존재론.' 갑자기 존재론이 왜 나올까요? 오늘날 지금 여기 우리 자신의 존재론을, 그러니까 존재양식을, 다르게 표현하면 주체화 양식을 새롭게 구축하는 게 푸코의 저항전략, 즉 정치니까 그렇죠. 아주 간단하게 이야기하면 『미셸 푸코』의 결론에 나오듯이 새로운 주체성의 발명, 이게 푸코가 하고자 했던 철학의 최종적 목표라는 거예요.

마지막으로 제가 『미셸 푸코』를 번역하면서 제일 좋았던 부분 하나만 집고 끝낼게요. 푸코의 문학론에 대한 그로의 설명이 정말 재밌습니다. 푸코가 1950년대에 튀니지에서 프랑스문학 강사 생활도 했었고 1961년부터 1966년 사이에 전위적 프랑스문학에 대한 작업을 많이 해요. 그래서 푸코랑 블랑쇼가 사상적으로 상당히 가까운 거예요. 푸코의 블랑쇼론의 제목이 '바깥의 사유'거든요. 제가 번역을 마쳤고 곧 출간할 건데, 들뢰즈는 이 '바깥'이라는 개념을 굉장히 자의적으로 해석해서 자기만의 푸코 초상화를 생기론적으로 그렸습니다.²² 발리바르는 『개념의 정념들』의 부록 3번 "바깥의 사유? 블랑쇼와 함께 푸코를"에서 이를 비판하면서 푸코에게서의 바깥 개념을 사실은 헤테로토피아 개념과 연결시켜서 좀 더 다른 방식으로, 즉 사회과학적 방식으로 봐야 된다고 얘기했고요. 아무튼, 1961년부터 1966년까지 푸코가 프랑스문학적 작업을 하는데 블랑쇼도 읽고 바타유Georges Bataille도 읽고 정말 여러 문학을 읽어요. 특히 바타유의 문학적 성찰에 천착합니다. 그 결론이 뭘까요? 바깥으로 나아가야 되는데, 그러면 우리가 경계를 넘는 위반을 해야 하잖아요. 그 방법이 몇 가지 있다는 겁니다.

제가 좋아하는 비유인데,『푸코: 그의 사유, 그의 인격』의 사무라이와 금붕어라는 비유입니다. 금붕어는 두 번째 강의에서 담론주의와 관련해 이미 설명했죠. 왜 사무라이와 금붕어의 결합일까. 원래 벤느는 그 책 제목을 '사무라이와 금붕어'로 붙이려고 했다고 했죠. 그런데 여러 사정으로 불발되었습니다. 매우 아쉽습니다. 푸코를 특징짓는 두 단어로 '사무라이'와 '금붕어'를 선택하고 이 둘을 결합시킨 건 정말 탁월한 거거든요.

사무라이라는 건 푸코가 펜을 칼처럼 썼다는 거예요. 펜을 칼처럼 써서 정치적으로 담론을 통해 개입해 기성 담론과 싸워 나갔다는 거죠. 무슨 말인지 쉽게 알겠죠. 그러면 금붕어는 뭘까. 금붕어는 어항 속에 갇혀 있다는 얘기거든요. 금붕어는 어항 바깥을 투명하게 볼 수 있을까요, 없을까요? 없죠. 당연히 어항 바깥으로 나갈 수도 없고 어항 바깥을 투명하게 볼 수도 없어요. 그런데 푸코에게 그 어항이 뭐예요? 담론이에요. 그래서 푸코를 담론주의자라고 제가 부르는 거고요. 그러니까 1969년『지식의 고고학』에서 발견한 담론 개념이 사실은 금붕어와 어항으로 비유되는 거죠.

우리는 담론 바깥을 볼 수 없단 건데요. 그럼 푸코는 허무주의에, 상대주의에 빠지는 걸까요? 벤느는『푸코: 그의 사유, 그의 인격』에서, 푸코가 허무주의자도 상대주의자도 아닌 '회의주의자'라고 말합니다. 그러면 어쨌거나 금붕어가 어항 바깥을 보기도 해야 되고 어항 바깥으로 나가기도 해야 되는 거 아닐까요? 그게 어떻게 가능할까요? 이는 결국 블랑쇼식으로 말하면 '바깥'을 어떻게 '사유'할 수 있느냐는 얘기입니다.

1966년 『말과 사물』과 관련해 말하자면, 아까 인간과학 I, II, III이 있었죠. 초기에는 인간과학 I이었죠. 그런데 그 인간과학을 비판하는 인간과학이 있어요. 그게 대항-인간과학이에요. 1966년 당시에는 푸코가 정신분석학과 레비-스트로스의 민족학을 대항-과학으로 설정해요. 중후기로 가면 둘 다 포기하는데요. 그다음에 대항-인간과학뿐만 아니라 또 뭘 설정하냐면, 전위적 프랑스문학을 설정해요. 전위적 프랑스문학을 통해서 우리가 어항 바깥으로, 경계 바깥으로 위반을 감행할 수 있다고 생각하는 거죠.

푸코에게 사도마조히즘이 중요했던 것도 비슷한 맥락이에요. 어떻게 하면 우리가 이 정상화 사회를 벗어날 수 있을까 하는 문제에서 찾은 대안이 푸코의 삶 속에서는 사도마조히즘이고, 초기 푸코에게는 전위적 프랑스문학 또는 대항-문학인 거죠. 그래서 그는 대항-문학, 대항-과학 이렇게 두 가지를 저항의 지적 의거점으로 설정하는 겁니다.[23] 푸코가 1961년부터 1966년, 더 거슬러 올라가면 1950년대에 사유했던 전위적 프랑스문학의 핵심을 이 『미셸 푸코』 48쪽 '문학적 경험'에서 아주 정확하고 정말 탁월하게 정리하고 있어요. '문학적 경험'이 두 개의 절로 되어 있고 첫 번째 절이 '작품의 부재'인데, 작품의 부재로부터 작품이 쓰인다는 게 푸코의 블랑쇼적 프랑스문학론의 핵심이에요. 꼭 읽어 보세요.

그다음에 그걸 잘 보여 주는 게 다음 절 '레몽 루셀'의 주제인 레몽 루셀Raymond Roussel의 문학입니다. 여기에서 푸코가 주목했던 다음의 두 어구에 대한 번역을 간단히 살펴볼게요. 이 두 어구의 번역에 대한 논의를 『바깥의 사유』 옮긴이 후기 "철두철미 철학의 견지에서"에서 제시했는데, 전적으로 들뢰즈의 해설을 따랐어요. 들뢰즈가 『푸코』를 쓰기 위해서 뱅센 대학 즉 지금의 파리 8대학에서 푸코철학을 강의했거든요. 같이 살펴보면, "낡은 당구대의 쿠션 위에 놓인 초크의 글자les lettres du blanc sur les bandes du vieux billard"랑 "늙은 약탈자 무리에 관한 백인의 편지les lettres du blanc sur les bandes du vieux pillard".24 더 정확히 번역하는 것도 가능하지만 『미셸 푸코』가 입문서여서 이 정도로 번역했는데요. 가장 정확한 번역은 『바깥의 사유』 옮긴이 후기에 제시되어 있습니다. 아무튼 이 두 문장은 완전 다른 얘기죠.

뒤에 병기된 프랑스어를 보면, 맨 끝 단어의 첫 번째 글자 하나만 달라요. 그것만 바꿔서 완전히 다른 문장을 냈습니다. 무슨 말이냐면, 이게 레몽 루셀 책의 첫 번째 문장과 마지막 문장이에요. 그러니까 언어의 심층에 어떤 의미가 있는 게 아니라 언어만 가지고서 문학을 쓴 거예요. 이걸 작품의 부재의 예시로 볼 수 있어요. 작품의 심층은 부재하며 언어라는 표면만이 존재한다는. 이 부분은 제가 번역하면서 정말 대단하다, 그로가 정말 잘 정리했고 그다음에 푸코가 문학에 대해서 블랑쇼를 경유해 굉장히 중요한 통찰을 제시했다는 생각이 들었거든요. 그래서 이건 좀 강조를 하고 싶었어요. 나중에 '문학적 경험' 부분, 1961년에서 1966년까지 푸코의 전위적 프랑스문학론을 아주 탁월하게 정리해 서술한 부분을 한번 읽어 보세요. 첫 번째 절이 '작품의 부재', 즉 푸코 문학론의 핵심, 그다음에 '레몽 루셀', 즉 그 예시로서의 레몽 루셀 문학에 대한 설명입니다. 그리고 이 두 글자, 그러니까 b와 p의 차이가 바로 언표예요. 물론 들뢰즈의 해석이지만, 저는 들뢰즈가 푸코의 언표 개념을 가장 정확히 설명하고 있다고 봅니다. 동일한 형성의 계열에 속하는 언표들의 집합이 바로 담론인 것이고요.

이렇듯 『미셸 푸코』는 그 결론에서 푸코철학 전체의 결론을 탁월한 방식으로 서술하고 있습니다. 이미 여러 번 강조했죠? 결론을 조금만 함께 읽어 보고 강의를 마무리하겠습니다. 『미셸 푸코』의 결론을 보면 푸코가 철학을 통해서 하고자 했던 것들을 몇 개의 슬로건으로 잘 정리해 놨어요.[25] 오늘 강의에서 제가 지금까지 설명했던 것과 연결 지어서 한번 보세요. "은폐된 권력관계들을 비판하기, 저항을 촉발하기, 너무 자주 억압되어 온 목소리들이 스스로를 표현할 수 있도록 하기, 지배적 통치성에 반대할 수 있는 진실된 지식들을 생산하기, 새로운 주체성을 발명하기, 우리의 자유와 행동의 가능성을 위해 투쟁하기, 우리의 지식 체계들과 권력 체계들, 그리고 주체성의 체계들의 역사성이 출현하도록 만들기." 그 다음이 계보학적 관점에서 특히 우리에게 중요하죠. "우리에게 숙명적인 것은 존재하지 않는다는 것을 보여 주기, 요컨대 **우리의 삶을 바꾸기**." 이게 푸코철학의 정치적 결론이에요.

발리바르는 이런 정치적 결론을 어떻게 이해하냐면요. 아까 중기 푸코의 저항 전략에서 핵심은 특수한 혹은 구체적 지식인이라고 했잖아요. 그럼 이런 정치적 방향으로 계속 나아갔을 때 푸코가 상상하는 지식인은 어떤 지식인일까요? 푸코 자신은 후기에 파레시아 개념을 제시하기는 하지만 어떠한 지식인이 자신의 철학의 정치적 결론에 부합하는 지식인인지 규정하지는 않습니다. 발리바르는 푸코에 관한 논문에서 이런 지식인을 '독특한singular' 지식인이라고 표현해요.[26] 적절한 표현이라는 생각이 들어요. 보편적 지식인도 아니고 특수성 또는 구체성에 매몰되어 있는 특수한 지식인도 아니고, 그 사이에 있는 독특한 또는 특이한 지식인이라고 발리바르는 푸코적 지식인을 규정하면서 파레시아 개념과 이 독특한 지식인 개념을 연결시킵니다.

물론 말년의 푸코는 견유주의자들에게서 바로 이러한 독특한 지식인의 상을 발견하고자 했죠. 이 독특한 지식인에게는 앎과 삶이 분리되지 않기에, 정치적 실천으로서 파레시아에 머무르지 않고 자신의 삶까지도 하나의 '스캔들'로 만드는 견유주의적 태도가 필수적입니다. 이것이 바로 앞서 언급했듯 푸코에게서 진실에 접근하기 위해 주체가 자신을 변형하는 그러한 탐구, 실천, 경험으로서 '영성'이라는 관념이 지니는 의미입니다. 다섯 번째 강의에서는 현행성 개념을 중심으로 이러한 푸코철학의 결론을 더욱 깊이 있게 성찰해 보겠습니다.

다섯 번째 강의

오늘날 지금 여기의 철학이란 무엇인가?

그러니까 2012년 봄,
'삶을 껴안는 눈부시게 밝은 소설'을 쓰려고
애쓰던 어느 날,
한 번도 풀린 적 없는 그 의문들을 내 안에서
다시 만나게 된 것이었다.
오래전에 이미 나는 인간에 대한
근원적 신뢰를 잃었다.
그런데 어떻게 세계를 껴안을 수 있겠는가?
그 불가능한 수수께끼를 대면하지 않으면
앞으로 갈 수 없다는 것을,
오직 글쓰기로만 그 의문들을 꿰뚫고
나아갈 수 있다는 것을 깨닫게 된
순간이었다.
—
한강, 「빛과 실」

마지막 강의 시작하겠습니다. 앞서 현행성이란 개념을 몇 번 언급했는데요. 그 원어인 영어 '액츄얼리티', 프랑스어 '악튀알리테'는 우리말로 '현재성', '현실태', '현행성' 모두로 번역 가능합니다. 연구자들은 푸코철학과 관련해서는 '현실태'라는 역어를, 맥락에 따라 달라지지만 정통 철학과 관련해서는 '현행성'이라는 역어를 자주 선택하는데, 저는 '현행성'이라는 역어를 선택하면서도 동시에 이를 푸코철학과의 관계 속에서 '오늘날 지금 여기 우리가 놓여 있는 이 현실'로 풀어서 옮기기도 합니다. 현행성이란 말 그대로 오늘날 지금 여기 우리가 놓여 있는 이 현실을 말하는 거니까요. 그렇다면, 동어반복인 것을 알면서도 이렇게 질문해 보자면, '오늘날 지금 여기'라는 '현실'에 놓여 있는 동시대 '우리'의 '현행성'은 무엇일까요?

다섯 번째 강의
오늘날 지금 여기의 철학이란 무엇인가?

삼중의 위기, 그리고 우리가 아는 세계의 종언

저는 오늘날 지금 여기의 우리, 그러니까 동시대 우리의 현행성이 '삼중의 위기'와 이로 인한 '우리가 아는 세계의 종언'으로 표현될 수 있다고 생각합니다. 저는 기후위기와 생태학적 재앙의 심각성을 모두가 인지해야 한다고 생각하기에 모든 강의 중간에 이에 대해 논하는데요. 삼중의 위기는 기후위기를 포함해 자본주의의 위기와 민주주의의 위기를 일컫는 것입니다. 저의 독창적인 생각은 당연히 아닙니다. 많은 인문사회과학 연구자들이, 그리고 언론인들이 이러한 삼중의 위기의 도래를 깊이 절감하며 연구하고 그 결과를 시민들과 함께 공유하고자 노력하고 있죠.

예시를 하나만 들겠습니다. 2023년 초 언론인 손석희 씨가 〈세 개의 전쟁〉이라는 다큐멘터리 프로그램을 기획해 JTBC에서 방영했습니다. 총 3부로 이루어진 이 프로그램의 부제는 '이대로라면 디스토피아'인데요. 1부는 러시아와 우크라이나 그리고 서방세계 간 겨울전쟁을, 2부는 대만을 둘러싼 미중 패권전쟁과 잠재적 한국전쟁을, 3부는 전 세계적 기후전쟁을 다룹니다. 손석희 씨가 삼중의 위기를 말하는 것은 아니지만 저는 세 개의 전쟁과 삼중의 위기가 실은 동일한 사태를 표현하고 있다 생각합니다. 마르크스주의자이자 세계체계론의 창시자인 이매뉴얼 월러스틴 Immanuel Wallerstein의 표현을 가져오자면 그 핵심은 바로 '우리가 아는 세계의 종언'이죠.[2] 허황된 종말론 또는 비관주의라고 생각하나요?

기후위기를 다루는 〈세 개의 전쟁〉 3부를 보고 나면, 세 개의 전쟁은 서로 얽혀 있기에 생태학적 재앙으로 인해 우리가 아는 세계는 절대 지속 불가능하다는 점을 인정할 겁니다. 손석희 씨가 지적하듯 이대로라면 분명 디스토피아입니다. 제 생각에 이는 자본주의 즉 경제, 민주주의 즉 정치, 기후 즉 자연의 위기가 결합되어 도래하는 디스토피아입니다. 2020년대 들어 연이어 발발한 러시아-우크라이나 전쟁과 이스라엘-팔레스타인 전쟁, 그리고 해마다 점점 더 심각해지는 기후변화로 여러분도 이미 디스토피아가 다가오고 있다는 것을 충분히 실감하고 있을 겁니다. 저는 이 삼중의 위기와 이로 인한 우리가 아는 세계의 종언이 바로 동시대 우리의 현행성이라고 주장하고 싶습니다.[3]

마지막 강의 초반에 이 이야기를 드리는 이유가 있습니다. 저는 인문사회과학이 이러한 위기를 사유해야 할 의무가 있다고, 다르게 말해 이러한 위기를 사유할 수 있는 독특하고 유별난 과학이라고 생각합니다. 자연과학이 이 사유의 의무를 온전히 맡는 것은 불가능해요. 이 위기를 돌파하기 위한 지식의 생산은 자연과학과의 긴밀한 협업 속에서 인문사회과학에 의해 가능합니다. 그중에서도 저는 포스트-구조주의의 사유 방식을 권하고 싶습니다. 다른 사상들과 달리 포스트-구조주의는 현행성을 철학의 대상으로 취해 사유하기 때문입니다. 물론 주체와 권력이라는 개념쌍에 기반해서요. 마지막 강의에서는 이 점에 대해 설명해 볼 것입니다.

현행성이라는 대상, 그리고 담론적 저항

분과학문으로서 철학이 특정한 대상을 사유하는 것과 달리, 포스트-구조주의는 바로 이 현행성을 사유합니다. 이 현행성 또한 철학의 특정한 대상 아니냐고요? 물론 그렇지만, 예를 들면 현상학의 대상인 경험과 실존주의의 대상인 인간의 실존과 달리, 포스트-구조주의의 대상인 현행성은 그것이 아무리 구체적이라고 해도 어떠한 실체가 아닙니다. 그저 오늘날 지금 여기 우리가 놓여 있는 이 현실일 뿐이죠. 칸트가 철학을 하던 그날 그때 거기 그들이 놓여 있던 그 현실과 우리가 놓여 있는 오늘날 지금 여기 이 현실은 전혀 다르잖아요. 자신의 시대 속에서 칸트가 부여잡았던 화두와 이 삼중의 위기와 이로 인해 초래된 우리가 아는 세계의 종언 속에서 우리가 부여잡으려고 하는 화두는 전혀 다르겠죠.

그렇다면 우리가 이어서 해명해야 할 것은, 이제 철학적 어휘인 현행성보다 조금 더 정치적인 유의어라 할 수 있는 '정세conjoncture'라는 어휘를 가져오자면, 왜 이러한 정세 속에서, 분과학문으로서 철학과 달리 실재가 아니라 굳이 기호, 규범, 담론을 사유해야 하는지입니다. 이 위기의 시대에 오히려 우리는 저기에 확고히 놓여 있는 것을, 확실히 알 수 있는 것을, 즉 실재를 또는 협의의 '물질'을 부여잡고 사유해야 하는 것 아닐까요?

간단하게 답변하자면 이는 이 위기를 돌파할 수 있는 행위자가 결국 주체이기 때문입니다. 이 주체가 인간과 동일한 개념이 아니라는 것은 이미 강조했죠. 라투르의 포스트-구조주의적 사유가 돌파구를 제시해 준 덕에 이제 우리는 이 주체에 비인간 행위자가 포함된다는 것을 더욱 정확히 인식하게 되었고요. 포스트-구조주의는 인간과 자연의 이항대립이 존재하는 것이 아니라 주체가 취하는 주체성과 이 주체의 예속화 간 이항대립이 존재한다고 생각하고, 저항은 이렇게 예속화된 주체에 의해 그 탈예속화 속에서 수행되는 것이기에, 바로 이 예속(적 주체)화, 즉 기호, 규범, 담론 등의 개념을 통해 세공한 예속(적 주체)화 개념을 중심으로 구성된 관점과 입장 위에서 존재와 역사를 사유하죠.

이러한 포스트-구조주의의 관점과 입장을 채택한다면 이 위기를 돌파하기 위한 우리의 저항이라는 관념은 완전히 다르게 사유되겠죠. 그렇게 다르게 사유함으로써 우리는 다르게 실천할 수 있겠죠. 제가 원하는 것은 바로 그것입니다. 물론 제 말이, 즉 포스트-구조주의의 관점과 입장만이 옳다고, 그것만이 우리가 이 위기를 돌파할 수 있게 해 줄 유일한 철학이라는 뜻은 전혀 아닙니다. 다른 철학들과의 논쟁과 대화 그리고 협력이 필요하겠죠. 사회과학은 말할 것도 없고 자연과학과의 논쟁과 대화, 그리고 협력도요. 다가오는 위기에 맞서 앞으로 이런 논의의 장이 열리기를 간절히 바랍니다.

그렇기에 우리는 한편으로는 눈에 보이는 것이라는 헛것을 비판하는 반본질주의, 관계론, 기호론, 규범론을, 다른 한편으로는 주체-권력론을 서로 결합하고 이를 통해 저항을 사유해야 합니다. 결국 이 두 가지 사유가 결합된 것이 바로 포스트-구조주의의 정치학인데요. 이러한 포스트-구조주의의 정치학은 눈에 보이지 않는 '부정적인 것'의 정치로서 넓은 의미의 좌파정치, 소수자정치, 미시정치를 세공합니다.

포스트-구조주의에 관한 발리바르의 정의에서 알 수 있듯 포스트-구조주의의 윤리-정치론은 주체성의 현전 불가능한 한계와 그 너머를 사유합니다. 포스트-구조주의의 정치학은 정상으로부터 배제되어 보이지 않는 비정상에 의거합니다. 물론 이것이 비정상을 또다시 실체화하는 방식으로 이루어지는 정치가 아님은 말할 필요도 없습니다. 포스트-구조주의의 정치학에서 저항은 바로 주체성의 현전 불가능한 한계와 그 너머에 대한 사유에서 출발하기에 담론의 한계에서의 저항, 담론주의적 저항, 그러니까 정세 내에서의 철학적 글쓰기를 통한 예속화의 원환의 전위인 것이죠.

당장 이해하지 못해도 괜찮습니다. 뒤에서 더 자세히 설명할 테니까요. 여러분이 지금 기억해야 할 것은 포스트-구조주의에 관한 많은 오해들이 힐난하듯 포스트-구조주의의 정치학이 비정상을 특권화하는 것이 결코 아니라는 것입니다. 비정상의 특권화란 비정상을 실체화하고 보이지 않는 것을 보이게 만드는 것일 텐데요. 이러한 서술이 완전히 틀렸다고 할 수는 없겠지만, 오히려 포스트-구조주의의 정치학이 세공하는 저항 관념이란 그러한 실체화, 즉 보이게 만들기가 아니라 주체성의 현전 불가능한 한계에 주목해 그 한계 위에서 그 너머를 향해 사유하고 실천하는 것입니다. 물론 이러한 사유와 실천이 지극히 담론 내에서 이루어진다는 점을 다시금 강조해야겠죠. 담론의 바깥은 없기 때문입니다.

그렇다면 담론의 한계에서 이루어지는 저항이란 어떤 방식으로 수행될 수 있을까요? 그래서 정세 또는 현행성이라는 개념이, 철학적 글쓰기라는 개념이, 예속화의 원환의 전위라는 개념이, 효과 속에서 사라지는 매개자라는 개념이, 그런 덧없는 것으로서 정치라는 개념이 등장하는 것이죠. 아주 독특한 정치관인데요. 그러니까 포스트-구조주의의 정치학이 좌파정치, 소수자정치, 미시정치인 것입니다. 이는 극단적인 방식으로 현실의 의회정치 내에서의 좌파를 의미하는 것도, 현실의 소수자를 특권화하는 것도, 현실 제도의 거시성을 부정하고 비제도적인 미시성에 주목하자고 주장하는 것도 아닙니다. 이러한 서술이 틀렸다고 할 수는 없지만, 정확하지도 않습니다. 오히려 우리는 이 틀린 서술과 정확한 서술 사이의 틈으로 들어가 볼 필요가 있는데, 그 아리아드네의 실 역할을 하는 개념이 바로 현행성 또는 정세입니다.[4] 포스트-구조주의의 정치학은, 포스트-구조주의의 사유 대상이 어떠한 실체가 아니라 현행성이듯, 현행성 내에서의 정치, 정세 내에서의 저항입니다.

죄송하지만 약간의 반복을 해야 할 것 같습니다. 공부란 게 원래 반복의 반복의 반복이죠. 발리바르는 『개념의 정념들』의 서문과 7장 "철학과 현행성: 사건을 넘어서?"에서 현대 프랑스철학, 좁게는 포스트-구조주의를 두 가지 흐름으로 구분합니다. 이제는 외울 수도 있을 것 같네요. 첫 번째는 들뢰즈, 데리다, 바디우의 사건의 철학이고, 두 번째는 알튀세르, 푸코, 버틀러 그리고 발리바르 자신을 포함하는 구조로서 현행성의 철학입니다. 우리 강의가 다루는 포스트-구조주의는 거듭 강조하듯 포스트-구조주의 전체가 아니라 바로 알튀세르, 푸코, 버틀러 그리고 발리바르의 포스트-구조주의, 즉 구조로서 현행성의 철학입니다. 사건의 철학에 대해서는 관련 전공자들의 논의를 참고하길 바라고, 우리는 마지막 강의에서 드디어 이 구조로서 현행성의 철학이란 무엇인지 살펴보겠습니다.5

갈등적, 분파적, 분열적, 이단적이기에 유별나고 독특한 과학

구조로서 현행성의 철학이 무엇인지 이해하기 위해서는 약간의 우회를 해야만 합니다. 알튀세르의 1976년 텍스트 「마르크스와 프로이트에 대하여」에 주목해 보겠습니다. 알튀세르는 1976년경 라캉 정신분석학을 비판하는 두 편의 글을 쓰는데 하나는 「프로이트 박사의 발견」이고 다른 하나가 바로 「마르크스와 프로이트에 대하여」입니다. 우리가 두 번째 강의에서 잠깐 살펴본 알튀세르의 1964년 텍스트 「프로이트와 라캉」과는 라캉에 대한 평가가 완전히 달라지는 것이죠. 「프로이트 박사의 발견」도 정말 흥미로운 텍스트인데 아쉽지만 다음 기회에 다루도록 하고 「마르크스와 프로이트에 대하여」에 집중해 봅시다.6

이 글에서 알튀세르는 주류 과학과 비주류 과학을 구분합니다. 물론 알튀세르가 이러한 구분을 하는 이유는 마르크스주의와 프로이트 정신분석학이라는 두 과학의 비주류적 위치를 설정하기 위해서이죠. 그는 비주류 과학의 특징이 주류 과학과 달리 자신의 대상 자체가 갈등적인 그러한 과학 또는 학문이라고 정의합니다. 그러니까 비주류 과학이 취하는 대상은 그 자체로 갈등적이고 모순적이라는 겁니다. 우선은 갈등과 모순이라는 두 통념을 구분 없이 사용하도록 합시다.

예를 들어 보죠. 제 생각에 비주류 과학에는 크게 일곱 가지가 존재하는데, 마르크스주의, 정신분석학, 페미니즘, 포스트-식민주의, 생태학, 장애학, 평화학이 그것들이고, 이러한 비주류 과학들을 메타-과학적으로 횡단하는 간학제가 바로 문화연구, 비교문학, 비주류 정치철학입니다. 마르크스주의는 재화와 서비스의 적절한 생산, 분배, 소비에 주목하는 주류 경제학과 달리, 노동과 자본 간 모순, 즉 경제의 갈등성을 자신의 대상으로 취합니다. 프로이트 정신분석학은 무의식을 인간 심리가 '의식하지 못한 바' 정도로 간주해 배제한 뒤 의식에 집중하는 심리학과 달리, 그 자체 갈등적이고 모순적인 무의식을 자신의 대상으로 취합니다. 페미니즘은 여성과 남성으로 나뉘기에 그 자체 갈등적이고 모순적인 섹스와 젠더, 더 나아가 섹슈얼리티를 자신의 대상으로 취합니다. 물론 페미니즘의 경우 한 가지 단서가 붙는데, 여성과 남성의 구분 자체를 자명한 것으로 보아선 안 되고 버틀러와 같이 이에 대해 여러 방면에서 질문해 보아야 한다는 것이 그것이죠. 포스트-식민주의는 백인과 비백인으로 나뉘는 인종 간 갈등과 모순을 자신의 대상으로 취합니다. 물론 여기에서도 한 가지 단서가 붙는데, 인종이라는 개념 자체가 허구적 개념이라는 것이 그것이죠. 생태학은 인간과 자연의 갈등과 모순을 자신의 대상으로 취합니다. 물론 여기에서도 한 가지 단서가 붙는데, 인간이 자연의 일부라는 것이 그것이죠. 장애학은 장애와 비장애의 갈등과 모순을 자신의 대상으로 취합니다. 물론 여기에서도 한 가지 단서가 붙는데, 장애와 비장애 간 구분이 허구적이라는 점이 그것이죠. 여기에서 허구적이라는 것은 거짓이라는 것이 아니라 상상적이라는 것, 상상의 차원에서 효과적이라는 것입니다. 마지막으로 평화학은 전쟁과 평화의 모순에 주목합니다. 물론 여기에서도 한 가지 단서가 붙는데, 평화란 전쟁의 한 상태라는 것이 그것이죠.

중요한 것은 비주류 과학들의 대상이 그 자체 갈등적이고 모순적이기 때문에 비주류 과학들 자체도 갈등적이고 모순적이라는 점입니다. 즉, 비주류 과학들은 '갈등적, 분파적, 분열적, 이단적' 과학이라는 것이죠. 비주류 과학들은 자신들의 이러한 본성으로 인해 주류 과학과 달리 과학 공동체가 합의하는 이론 내 실증적 개념을 가지지 않고, 갈등적이고 모순적인 현실 내 '묘사적, 실천적, 은유적, 한계적' 개념만을, 즉 이론 내 '부정적' 개념을 가집니다. 윤소영 선생님은 어떤 모순어법의 효과를 겨냥하며 이를 '외-개념hors-concept'이라고 표현하기도 합니다.7 그렇다면 대상의 갈등성은 왜 과학 자체의 분파화, 분열화, 이단화를 촉진할까요? 조금 더 자세히 설명해 보겠습니다.

알튀세르는 다음과 같이 주장합니다. 비주류 과학, 그러니까 갈등적, 분파적, 분열적, 이단적 과학이 사유하는 바는 진리적인 것이기에 주류 과학에는 위험하고, 그렇기 때문에 주류 과학은 이 비주류 과학에 대한 공격을 시도합니다. 그래서 비주류 과학은 다음과 같은 변증법적 과정을 겪게 되는데요. 여기에서 말하는 변증법적 과정을 앞서 설명한 진리의 변증법적 과정으로 이해해도 좋습니다. 우선 비주류 과학은 주류 과학의 공격에 맞서 '저항'합니다. 그리고 주류 과학에 대한 '공격' 즉 '반비판'을 하게 되고요. 중요한 것은 비주류 과학 내에서 주류 과학의 이러한 공격을 '수용'하는 분파가 형성된다는 것입니다. 이러한 수용 분파는 비주류 과학의 테제를 중립적인 뜻으로 말해 '수정'하게 되는데, 그래서 마르크스주의든 페미니즘이든 이러한 수용 분파를 지칭하기 위해 '수정주의'라는 용어를 쓰는 것이죠. 물론 이 말은 일반적으로 부정적인 의미로 쓰이지만요. 이 수정주의자들은 비주류 과학에서 '분열'을 일으켜 '분파화'를 발생시키죠.

정리해 보자면 비주류 과학이 담론적 현실 내 지적 운동 속에서 겪는 변증법, 일종의 진리의 변증법은 '(공격에 대한) 저항-공격(반비판)-수용-수정-분열/분파화'의 변증법인데요. 실제로 마르크스주의든 페미니즘이든 비주류 과학들의 역사를 살펴보면 이러한 변증법을 끊임없이 겪는다는 점을 확인할 수 있습니다. 특히 정신분석학의 경우 라캉주의자들의 입장을 채택해 말해 보면 정신에 관한 프로이트의 갈등적 사유를 충실히 계승한 이는 '프로이트로 돌아가자'를 구호로 내건 라캉이었고, 프로이트의 딸 아나 프로이트Anna Freud가 미국에서 확립한 자아심리학은 주류 심리학과 정신의학의 공격을 수용해 프로이트의 테제를 수정한 것이죠. 『개념의 정념들』의 발리바르는 주류 과학도 다르지 않다고 생각하지만 우선 알튀세르의 수준에서 논의하자면, 비주류 과학은 이러한 분열/분파화를 특징으로 취하고, 그래서 일반적으로 비주류 과학은 비주류 과학자 모두가 받아들이는 공통의 테제나 개념을 가지지 않습니다. 그게 그 학문 내 교과서 정립의 불가능성으로 표현되는 것이고요. 마르크스주의의 잉여가치 개념, 페미니즘의 섹스, 젠더, 섹슈얼리티 개념, 정신분석학의 무의식 개념 모두 끊임없이 생성변화하죠. 그 학문 자체와 다를 바 없는 이러한 핵심 개념의 정의에 대한 온전한 합의는 놀랍게도 전혀 존재하지 않습니다.

알튀세르에 따르면 이는 비주류 과학이 과학이 아니라는 점을 폭로하는 것이 아니라, 사유가 살아서 꿈틀대며 끊임없이 운동하고 있다는 점을 보여 주는 것입니다. 사실 주류 과학도 전혀 다르지 않아요. 그 또한 내부에서 관찰해 보면 끊임없는 분열/분파화를 특징으로 합니다. 지적 반란을 일으키는 분파가 도저히 주류 과학의 핵심 테제나 개념을 받아들이지 못하면, 꼭 비주류 과학으로 위치를 이동하지는 않더라도 조금은 이단적인 또 다른 분파를 만들어 독립합니다. 주류 과학이라는 중력의 중심을 기준으로 멀거나 가까운 여러 과학들이 난립하는 것입니다. 주류 경제학과 케인스주의 간 불편한 관계를 떠올려 보세요. 이러한 이단 형성의 역사가 바로 프랑스철학의 판별적 사유 대상으로서 과학의 역사 또는 '진리의 역사' 그 자체고요. 어려운 관념이 결코 아닙니다. 첫 번째 강의에서 데리다와 함께 설명했듯 진리는 영원불변의 것이 아니라 운동하는 것이고, 그렇기에 생성변화하는 자신의 역사를 가지고 있다는 점을 지시하는 관념입니다.

설명을 이어 가 보겠습니다. 비주류 과학은 알튀세르식으로 말하면 넓은 의미의 경험주의와 관념론, 특히 실증주의에 기반하고 있는 주류 과학에 대립해 진리적인 것을 주장하면서 이러한 대립, 갈등, 논쟁 속에서 분열/분파화의 변증법을 겪습니다. 비주류 과학은 실증주의를 비판하는 이러한 특성으로 인해 '멸균된 또는 탈정치화된 실험실로서의 대학'이라는 제도 내부로 완전히 통합되거나 제어될 수 없습니다.[8] 이는 『개념의 정념들』로부터 영감을 얻어 제가 만든 표현인데요. 멸균시킨다는 것은 실증주의 관점에서 과학에 도달하기 위해서는 앨버트 허시먼Albert Hirschman식으로 말해 '정념과 이해관계'를, 다르게 말해 '정치'를 과학으로부터 완전히 추방해야 한다는 것을 의미합니다. 탈정치화라는 표현도 그래서 사용됐고요.

하지만 비주류 과학은 오히려 우리가 정치를 과학으로부터 배제했기 때문에 진리에 도달할 수 없게 된다고 생각합니다. 알튀세르의 관점에서는 비주류 과학이 과학으로부터 정치를 배제하지 않기에 오히려 진리적인 것이라는 위험스러운 것을 취할 수 있다는 것이고요. 마르크스주의든 페미니즘이든 정신분석학이든 포스트-식민주의든 그 안에 어떤 진리적인 것이 있기 때문에 주류 과학은 비주류 과학들을 완전히 무시할 수 없고, 그래서 주류 과학은 비주류 과학들을 제도 내부로 포섭하려고 시도하죠.

어찌 보면 이상하지요. 진리적인 것이 비주류 과학 내에 존재하지 않는다면, 역사적으로 확인되는 사실이지만 주류 과학은 왜 비주류 과학을 악착같이 공격할까요? 주류 과학의 제도 내에서 훈련받은 꽤나 많은 수의 연구자들은 왜 비주류 과학으로 '전향'할까요? 어찌 되었든 비주류 과학의 핵심 테제는 주류 과학의 것을 부정하기 때문에, 그리고 비주류 과학은 주류 과학과 다른 진리관을 가지고 있어 정치와 과학을 서로 마주치게 하려 하기에, 비주류 과학은 제도 내부로 완전히 통합되어 제어될 수 없습니다. 물론 이러한 과학의 역사가 끊임없이 이어짐에 따라 주류와 비주류 모두에 걸쳐 있는 분파도 존재할 수 있지만요.

중요한 것은 학문 또는 과학, 더 넓게 말해 진리의 역사는 이러한 변증법적 운동 과정의 역사, 그러니까 지적 헤게모니를 쟁취하기 위한 투쟁으로서 논쟁과 비판의 역사 그 자체라는 것입니다. 조금 곁가지의 이야기일 수 있지만, 『개념의 정념들』의 부록 2번 "지식인들의 폭력"에서 발리바르가 칼 포퍼Karl Popper의 예를 들며 논하듯, 자유주의 지식인들이 비-자유주의 사상과 사상가에 대해 가지는 '살인적인' 반감은 이를 통해 설명된다고 저는 생각합니다. 신자유주의가 케인스주의를 물리치고 지적 헤게모니를 쟁취해 세계적 표준이 되는 과정에서 흘린 피를 생각해 보세요. 페미니즘의 가치를 사회 내에 확립하기 위해 흘린 여성들의 피를 생각해 보세요. 진리의 역사는 평온한 토론의 역사가 아니라 삶과 죽음이, 정념과 이해관계가 걸린 피의 전투의 역사입니다.

여기에서 문화연구, 비교문학, 비주류 정치철학에 관해 이야기해 보자면요. 이 세 분과는 정확히 말하면 분과가 아니라 '간학제'입니다. 여러 분과학문을 횡단하는 분과라는 얘기입니다. 그리고 여기에서 언급된 정치철학은 정치학이라는 분과학문 내에 있는 정치사상 연구와는 다른 것입니다. 여러분 중에 철학과는 그렇다 쳐도 정치학과에서 왜 푸코, 들뢰즈, 데리다, 알튀세르, 버틀러 같은 정치철학자를 다루지 않는지 궁금한 분이 있을 텐데요. 철학과 내 유럽 대륙철학 연구는 정전으로 확립된 철학자만을 다루기에, 요즘은 상황이 조금 바뀌었지만 일반적으로는 포스트-구조주의자를 연구하지 않죠. 정치학과도 마찬가지인데요. 정치학 내에는 플라톤Platon, 아리스토텔레스Aristoteles, 마키아벨리, 루소, 홉스 등으로 이어지는 정전으로 확립된 정치철학자들이 존재하고 바로 이들의 정치사상을 연구하는 게 정치학 내 한 하위분야로서 정치사상 연구입니다. 물론 철학자들이 많은 경우 정치철학 또한 수행했기 때문에 이를 구분하는 게 쉽지는 않지만, 정치사상 연구는 일반적으로 이 정전급 철학자들이 수행한, 그들의 철학의 하위주제로서 정치철학을 다루죠.

당연히 포스트-구조주의 사상과는 사유의 공통분모가 많으면서도 매우 다른데, 그 핵심은 바로 현행성 개념입니다. 철학과 내 유럽 대륙철학 연구도 마찬가지이고 정치학과 내 정치사상 연구도 마찬가지인데, 포스트-구조주의 정치철학과의 차이는 이러한 연구들이 현행성을 사유의 대상으로 취하지 않는다는 점입니다. 정통 철학은 철학의 타자를 사유하지 않습니다. 물론 이러한 연구들 또한 궁극적으로는 오늘날 지금 여기 우리가 놓여 있는 이 현실, 특히 정치사상의 경우 오늘날의 정치적 현실의 변화에 긍정적인 방식으로 기여하고자 합니다. 하지만 핵심적 차이점은 사유의 대상 그 자체가 현행성인지 아닌지, 그리고 철학의 타자를 인정하는지 아닌지입니다. 철학과 내 유럽 대륙철학 연구는 정전급 철학자들의 텍스트가 사유의 대상이고, 정치학과 내 정치사상 연구 또한 정전급 정치철학자들의 텍스트가 사유의 대상이죠. 하지만 포스트-구조주의의 사유 대상은 이번 강의에서 강조하듯 철학의 타자에 대한 사유를 강제하는 현행성 그 자체입니다.[9]

설명이 좀 길어졌네요. 우리는 문화연구, 비교문학, 비주류 정치철학이라는 세 가지 간학제를 설명하고 있었는데요. 여기에서 비교문학은 여러 국가의 문학을 횡단하며 연구하는 분과여서 간학제일 수밖에 없고, 문화연구 또한 무게중심은 사회과학에 조금 더 두되 인문학과 사회과학을 넘나들며 간학제적 방식으로 현실의 문화를 탐구합니다. 비주류 정치철학 또한 철학과 그 바깥을 왕복운동하며 오늘날의 정치 현실을 사유하는 간학제입니다. 중요한 것은 이 세 간학제 모두 이러한 비주류 과학들을 횡단하며 연구한다는 점, 그리고 자신의 사유의 토대로 취하는 이론이 많은 경우 포스트-구조주의 또는 그 이후의 사상이라는 점입니다. 미국에서는 이를 '씨어리Theory', 즉 '대문자 이론'이라고 불러요. 한국에서도 마찬가지지만 미국에서도 오히려 이러한 대문자 이론 자체를 전공하려면 철학과보다는 비교문학과나 문화연구 전공으로 가야 합니다. 물론 문화연구의 경우 비교문학과보다는 저처럼 이론 자체만을 전공하기는 쉽지 않지만요.

정리하자면, 마르크스주의, 정신분석학, 페미니즘, 포스트-식민주의, 생태학, 장애학, 평화학이라는 일곱 가지 비주류 과학이 존재하고, 이들을 횡단하며 연구하는 간학제로서 문화연구, 비교문학, 비주류 정치철학이 존재합니다. 비주류 과학들은 자신들의 대상 자체가 갈등적이기에 분열/분파화의 변증법을 겪을 수밖에 없고, 이러한 과정 속에서 이러한 과학을 구성하는 개념 또한 현실 내에서 정치적으로 끊임없이 동요하고 진동할 수밖에 없습니다. 그래서 비주류 과학의 개념은 묘사적, 실천적, 은유적, 한계적일 수밖에 없고요. 이것이 비주류 과학이 과학이 아니라는 증거라고 주장할 수도 있지만, 이미 비주류 과학의 관점에서는 과학, 진리, 개념 등을 주류 과학과는 다르게 개념화하기에 약간은 핵심을 비껴가는 비판이라고 생각합니다. 물론 이러한 비판을 진지하게 받아들이고 비주류 과학을 더욱 정치하게 발전시키고자 노력해야 한다는 점은 두말할 필요도 없겠지만요.

발리바르는 알튀세르로부터 한 걸음 더 나아가 『개념의 정념들』에서 이러한 특징을 인문사회과학 전반에 적용하려 합니다. 주류 인문사회과학의 역사 또한 자세히 살펴보면 사실 이러한 분열/분파화의 변증법적 운동 과정을 겪고 있고, 그 개념 또한 끊임없이 생성변화하기 때문입니다. 물론 이미 확립된 핵심 개념들에 대한 이의제기를 할 수 없게 만드는 제도적 힘은 훨씬 더 강력하지만요. 이는 주류 과학의 교과서를 조금만 살펴봐도 충분히 확인할 수 있는 바입니다. 이러한 과학은 갈등적, 분열적, 분파적, 이단적인 과학, 그래서 '독특한' 과학, 앞서 한 번 썼던 표현을 다시 가져오면 '유별난' 과학입니다. 게다가 놀랍게도 이 독특한 과학이 취하는 개념은 지극히 '정념적'이죠.

개념의 정념들

발리바르는 비주류 과학에 관한 알튀세르의 앞서의 성찰을 수십 년간 숙고한 뒤 그 결론으로 『개념의 정념들』을, 특히 그 서문을 썼습니다. 이 책의 제목에서 알 수 있듯 발리바르는 알튀세르의 독특한 과학관을 극한으로 밀어붙여 '개념의 정념들'이라는 정식을 발명해 냅니다. 서문에서 발리바르는 개념의 정념이라는 정식이 무엇을 의미하는지 설명하는데, 굳이 정념'들'이라고 한 것에서 알 수 있듯 개념의 정념은 복수로 존재합니다.

발리바르는 개념의 정념 세 가지를 다음과 같이 제시하죠. 첫 번째로, 개념의 정념은 개념 자신의 정념을 의미합니다. 주류 과학에서 개념이란 말할 것도 없이 정념이 배제된 '과학적' 개념이죠. 하지만 발리바르는 인문사회과학에서 개념은 그 자신이 정념을 지닌다고 주장합니다. 앞서 언급했던 '묘사적, 실천적, 은유적, 한계적' 개념을 떠올려 보세요. 두 번째로, 개념의 정념은 개념을 취해 또는 발명해 활용하는 철학자, 과학자, 이론가의 정념을 의미합니다. 주류 과학에서 과학자는 자신의 정념을 배제하고서 개념을 활용하는 이이죠. 하지만 발리바르는 인문사회과학에서 철학자, 과학자, 이론가는 자신의 정념과 함께 또는 이를 수단으로 개념을 활용하는 이라고 주장합니다. 세 번째로, 개념의 정념은 개념뿐만 아니라 이를 활용하는 철학자, 과학자, 이론가 또한 변용affection하는 것을, 쉽게 말해 변형하는 것을 의미합니다. 다르게 말해 개념의 정념은 개념의 변용인 것이죠. 정념과 함께 존립하는 개념과 정념과 함께 존립하는 철학자, 과학자, 이론가가 만남으로써 정념으로 인해 양편 모두가 변화하는 것, 이것이 개념의 정념으로서 개념의 변용이라고 발리바르는 주장합니다.

물론 주류 과학에서 이는 받아들일 수 없는 주장이죠. 주류 과학에서 과학이란 과학자가 자신의 이성과 합리성 속에서 개념을 활용해 진리로 '의미론적 차원에서 상승'하는 것이니까요. 개념 그 자체는 말할 것도 없고요. 하지만 니체를 추수해 푸코가 늘 강조하듯 우리는 서구 근대의 이성과 합리성 이면에 있는 지식과 진리의 의지와 욕망에 주목해야 합니다. 이러한 맥락에서 발리바르는 영미 분석철학에서 말하는 이러한 '의미론적 상승'에 대립해 '논쟁적 상승'이라는 통념을 활용하는데, 과학 내에서의 이단점의 형성은 바로 이러한 논쟁적 상승을 통해 이루어집니다.

발리바르는 이러한 개념의 정념 세 가지를 통해 개념을 이성과 합리성이 아니라 정념과 결합시킵니다. 여기에서 여러분은 지식과 진리 이면의 의지와 욕망에 주목했던 니체를 떠올려야 합니다. 단순화된 설명이지만, 푸코 또한 주목했던 니체의 이러한 관념을 발전시킨 것이 바로 개념의 정념들이라는 발리바르의 정식입니다. 발리바르가 『개념의 정념들』의 결론인 "다시 여는 글. 개념의 개념: "하나는 스스로를 둘로 나눈다""에서 지적하는 것이지만, 개념과 정념의 이분법을 허무는 이러한 작업은 랑시에르에게는 개념과 감각의 이분법을 허무는 작업으로 치환됩니다. 이러한 맥락에서 랑시에르가 예술과 정치를 함께 사유하고자 하는 것이죠.

그런데 알튀세르와 발리바르 간 차이는 발리바르의 경우 이단적 과학뿐만 아니라 인문사회과학 전체가 정념적 과학, 그러니까 대상의 과학이 아닌 문제, 문제화, 질문의 과학이라고 주장한다는 점입니다. 여기에서 발리바르는 그렇다면 자연과학은 어떠한가 하는 질문에 대해서는 유보하는데, 그가 과학기술학의 전문가는 아니기 때문이죠. 이 지점에서는 역시 브뤼노 라투르의 사유에 의거할 수 있는데, 이에 대해서는 라투르를 추수하는 다른 과학기술학 전문가들의 작업을 참고하길 바랍니다.

다만 한 가지만 지적하자면, 앨런 소칼과 장 브리크몽이 『지적 사기』에서 공격하는 프랑스 '포스트모더니스트들' 중 한 명이 바로 라투르이고, 이들 입장에서는 다른 포스트-구조주의자들과 마찬가지로, 아니 이들보다 훨씬 더 심하게, 라투르는 자연과학의 진리성을 부정하고 자연과학을 착취하는 사상가입니다. 첫 번째 강의에서 강조했듯 포스트모더니즘과 포스트-구조주의를 구분해야 한다면, 마찬가지로 라투르의 사상 또한 포스트모더니즘이라는 틀이 아니라 포스트-구조주의라는 틀에서 평가해야 합니다. 라투르가 단순히 자연과학의 진리성을 폐기하고 사회구성주의와 극단적 상대주의를 주장했다고 생각해서는 안 됩니다. 넓은 의미에서는 포스트-구조주의자들이 사회구성주의와 극단적 상대주의를 주장했다고 말할 수도 있지만, 그런 규정은 의밋값이 거의 없어요. 오해를 초래한다는 점에서는 음의 의밋값을 갖는다고 해야 할까요. 오히려 더욱 세심하게 이들이 어떤 방식으로 자연과학에, 진리에 접근하고자 했는지를 묻고 이들이 실제로 한 주장을 이들의 관점에서 이해하고자 노력해야겠죠.[10]

다시 개념의 정념들로 돌아옵시다. 『개념의 정념들』에서 발리바르는 알튀세르로부터 영감을 얻어 생산한 개념의 정념들이라는 정식을 통해 결국 개념과 정념 또는 개념성과 갈등성 사이의 이분법을 지양하고자 하는데, 이를 다음과 같은 이분법의 지양으로 확장할 수 있습니다. 이미 말했던 과학과 혁명, 인식과 비판, 이론과 실천, 임상과 지식, 사실과 가치, 대상과 문제, 앎과 삶의 이분법 말입니다.

중요한 사실은 이러한 지양을 가능케 해 주는 것이 바로 우리가 알튀세르에 관한 세 번째 강의에서 공부했던 이데올로기 개념이라는 점입니다. 모든 인식은 이데올로기의 공간 내에서 생산되는 주체의 인식인데, 이 이데올로기의 공간이 바로 정치의 공간이죠. 그러니까 이데올로기론의 관점에서는 인식 또는 과학과 정치가 이분법적으로 분리될 수 없는데요. 이를 푸코식으로 표현하면 모든 인식은 담론 내에서 수행되는 주체의 인식이고 이 담론의 공간이 지식의 공간이자 바로 권력의 공간이기도 하다는 것입니다. 푸코는 니체를 따라 '지식의 의지'를 논하고 지식과 권력이라는 두 개념을 결합해 '지식-권력'이라고 표현하는 것이죠. 발리바르는 캉길렘을 따라 '과학적 이데올로기'라는 개념도 활용하는데요. 발리바르의 개념의 정념들이라는 정식이 실은 현대 프랑스철학 전체의, 그중에서도 특히 포스트-구조주의의 공통 정신을 표현하고 있다는 점을 조금은 짐작할 수 있을 겁니다.

결론적으로 발리바르에게서 모든 인식은 갈등적 인식입니다. 알튀세르의 이데올로기 개념과 푸코의 담론 또는 지식-권력 개념이 잘 보여주듯 정념, 갈등, 정치는 인식을 가로막는 것이 아니라 인식을 가능케 하는 것, 바로 인식의 가능조건입니다. 발리바르가 이렇게 표현하는 것은 아니지만, 이 인식의 가능조건으로서 정치로 인해 주류 과학이 말하는 진리 그 자체에 도달하는 것은 불가능해진다는 회의주의적 의미를 고려해 이를 데리다 식으로 인식의 (불)가능조건이라 표현해 볼 수 있다고 이미 말했고요. 정치는 인식을 그저 불가능하게 만드는 것이 아니라 인식을 가능하게 만들면서도 불가능하게 만드는, 인식의 (불)가능조건인 것입니다.

이를 조금 더 쉽게 표현하자면, '입장을 취하지 않고 인식하는 것의 불가능성'이라고 말할 수 있습니다. 우리는 자신의, 특히 과학자의 정념과 정치적 입장을 버려야만 과학적 개념을 통해 진리에 도달할 수 있다고 생각합니다. 하지만 알튀세르는, 그리고 발리바르는, 정치적 입장을, 다르게 말해 '당파'를 취하지 않고서는 인식할 수 없다고 생각합니다. 또는 당파를 취하지 않고서는 절대로 볼 수 없는 것들이 있다고 생각합니다. 알튀세르는 이를 '개념의 당파'를 형성해야 한다는 수수께끼 같은 정식으로 표현한 바 있는데요. 결국 입장 또는 당파를 취하지 않으면 관점 그 자체를, 그래서 개념 그 자체를 가질 수 없게 된다는 얘기입니다. 따라서 개념을 가지고서 이를 수단으로 행하는 인식이 곧 이론적 실천이라면, 개념이 정념과 분리되지 않고 정치가 인식의 가능조건이기에, 과학자의 이론적 실천 또한 정념과 정치 바깥에 있지 않은 것입니다. 다르게 말하면 과학자의 이론적 실천도 현실의 일부로서 사회적 실천인 것입니다. 이데올로기 개념을 여기에서 다시 떠올려 보길 바랍니다. 물론 이러한 도발적 관념이 모두 옳고 전부라고 생각하지는 않습니다. 하지만 우리가 오늘날의 학문적 패러다임 속에서 질문하지 않은 채 가지고 있는 과학과 정치 간 이분법을 한 번쯤은 의문에 부쳐 볼 필요는 있어 보입니다. 동시대에 진행 중인 삼중의 위기 속에서요.

한 가지 예만 들어 볼까요? 한국사회에서 2010년대에 '페미니즘 리부트' 운동이 활발히 전개되었습니다. 저 또한 한국사회에서 자란 시스젠더 헤테로 남성으로서 페미니즘에 무지했어요. 역시 자연과학은 제외하고 인문사회과학으로 한정해 논하자면, 여성과 남성을 떠나 그 자체 존립하는 인간과 사회에 대한 과학과 진리라는 것이 존재하고 여성이 자신의 관점과 입장에서 주장하는 바는 자신의 정념으로 인해 오도된 인식 즉 오류라 생각했죠. 그러면서 오히려 남성이, 아니면 여성의 관점과 입장 대신 중립적 관점과 입장을 취한 여성이 이러한 정념에 휘둘리지 않기 때문에 과학과 진리에 도달할 수 있을 거라 생각했습니다. 하지만 저 또한 페미니즘 리부트 운동의 영향을 받으면서 여성들이 자신들의 경험을 말하는 목소리에 귀 기울이게 되었습니다. 그러면서 제가 한국사회에서 성장한 시스젠더 헤테로 남성의 관점과 입장에 머물러서는 절대로 볼 수도, 이해할 수도 없는 것들이 존재한다는 점을 깨닫게 되었습니다. 여전히 한국사회의 남성으로서 보지 못하고 이해하지 못하는 것투성이겠지만, 그래도 페미니즘 리부트 운동 덕에 아주 조금은, 여성에 관한 여러 가지 '실재'를 보고 이해할 수 있게 되었습니다.

일부러 '실재'라는 표현을 썼습니다. 이렇듯 인간과 사회에 관한 실재의 어떤 측면을 보기 위해서는 어떤 입장을 취해야만 합니다. 여성적 측면을 보기 위해서는 여성의 입장을 취해야만 합니다. 그렇지 않으면 절대로 볼 수도, 이해할 수도, 그래서 '과학적' 작업을 수행할 수도 없습니다. 여기에서 실증주의적 인식론과 갈등적 인식론이 대립하는데요. 실증주의적 인식론은 우리가 멸균된 실험실, 즉 정치 또는 정념과 이해관계가 배제된 연구실에서 이론적 실천을 수행하면 그것이 여성적 측면의 실재라 하더라도 인식할 수 있고 과학을 수행할 수 있다고 생각합니다. 하지만 발리바르가 『개념의 정념들』에서 재구성하고자 하는 갈등적 인식론은 여성의 입장을 취하지 않고서는 절대로 볼 수 없는 실재가 존재한다고 생각하죠. 더 나아가서는 그 어떠한 입장을 취하지 않고서도 볼 수 있는 실재가 있다고 생각하지 않는 겁니다.

이런 맥락에서 '맨스플레인mansplain'이라는 개념은 매우 흥미롭습니다.[11] 발리바르가 말하는 정념적 개념, 정치적 개념의 예시로 매우 적절한데요. 정확히 말하면 리베카 솔닛Rebecca Solnit이 맨스플레인 개념을 제시한 것은 아니지만, 솔닛이 맨스플레인을 지시하는 관념을 제시했을 때 남성 지식인들은 그것이 사이비 개념, 자신이 여성으로서 당했던 차별, 배제, 폭력의 경험으로 인해 왜곡된 비과학적 통념에 불과하다고 비판했죠. '남자들이 자꾸 나를 가르치려 든다'는 사태를 어떻게 개념화할 수 있느냐면서요. 그러니까 여성으로서 당했던 차별, 배제, 폭력의 경험이 문제적이며 과학이 다룰 수 있는 대상이라고 할지라도, 그에 기반해 과학의 개념을 생산해서는 안 된다는 것이죠. 기묘한 이분법인데요. 그런 개념은 자신의 상황에 의해 오도되어 과학적 개념으로 기능할 수 없다는 것이 그 근거입니다. 하지만 갈등적 인식론의 관점에서, 최소한 인문사회과학에서는 모든 개념이 이렇듯 정념, 정치, 이데올로기, 권력으로부터 생산되는 담론적인 것이고 이것들은 인식을 불가능하게 만드는 것이 아니라 인식의 가능조건 그 자체입니다. 정확히는 (불)가능조건이라 해야겠지만요.

솔닛으로부터 영감을 얻어 만들어진 맨스플레인 개념이 페미니즘이라는 이단적 과학 내에서, 그리고 이를 넘어 점점 더 개념으로 자리 잡아 가는 과정에 주목하면 좋겠습니다. 이 개념이 흥미로운 것은 이 개념 자체가 남성의 인식이 있고 여성의 인식이 있다는 점을 지시한다는 점인데요. 발화하고 설명하고 관철시킬 수 있는 남성의 권력이 없다면 남성의 인식이란 없다는 점, 역으로 여성에겐 당연히 그런 권력이 없기에 여성의 인식은 이 사회에서는 존립할 수 없다는 점을 이 개념이 잘 보여 주죠. 그러니까 인식은 당파적이고, 그래서 개념은 정념적이란 거예요. 제 생각에 맨스플레인은 우리가 앞으로 계속 주목해야 하는 정념적 개념, 정치적 개념이고, 페미니즘은 입장 즉 당파를 취해야만 보이는 것이 있고 이로써 얻어 낸 관점으로부터 과학을 수행할 수 있다는 점을 보여 주는 탁월한 이단적 과학입니다. 물론 두 번째 강의에서 끊임없이 강조했듯 여기에서 말하는 여성과 남성이 생물(학)적 의미의 여성과 남성이 아님은 노파심에 한 번 더 지적합니다.

한 가지 논의점은 남습니다. 그렇다면 여성의 입장을 취하는 것이 과학자, 더 나아가 지식인의 선택지인가요? 놀랍게도 그렇게 사태가 단순하지 않습니다. 여성학과에서는 정말 여성의 관점에서 과학적 연구를 수행할까요? 물론 기본적으로는 그렇지만, 그게 다는 아닙니다. 여성학과는 여성의 관점과 입장 속에서 과학자의 관점과 입장을 취해 과학적 연구를 수행할 수 있는 연구자를 양성합니다. 정말 미묘한 지점인데요. 발리바르는 『개념의 정념들』에서 『군주론』의 저술가로서 마키아벨리와 관련해 자신의 답변을 제출합니다. 그 답변은 물론 방금 말한 여성학과의 답변과는 정말 미묘하게 다른데, 뒤에서 더 설명할 테니 일단 넘어갑시다.

이제 지금까지 정의하지 않고 사용해 온 관념인 '갈등적 인식론'에 대해 간단히 설명할 필요가 있습니다. 사실 그 요체는 앞서 모두 제시되었어요. 발리바르는 『개념의 정념들』의 4장 "군주가 된다는 것, 인민이 된다는 것: 마키아벨리의 갈등적 인식론"에서 주류 과학과는 준별되는 이러한 이단적이고 독특한 인식론을 '갈등적 인식론'으로 정식화합니다. 그런데 흥미롭게도 발리바르는 이러한 갈등적 인식론의 주창자로 니콜로 마키아벨리를 설정한다는 점만 강조할게요. 발리바르는 마키아벨리가 『군주론』에서 이러한 갈등적 인식론을 세공했다고 주장하는데, 다만 마키아벨리 이후 실증주의적 인식론이 형성되면서 마키아벨리 또한 실증주의적 인식론의 견지에서 독해되고 거부되었다고 주장하죠. 그러면서 발리바르는 마키아벨리가 『군주론』이라는 저서를 집필하면서 스스로가 군주도 아니고 인민도 아닌 제3의 입장을 취해 남들은 볼 수 없는 것을 보게 되었고, 이러한 관점 속에서 끊임없이 동요하고 진동하며 철학적 글쓰기를 수행했다고 해석하죠. 요즘식으로 말하면 비판적 인문사회과학자로서 마키아벨리가 당대 이탈리아 상황 속에서 정치적 개입을 수행했다는 것입니다. 발리바르는 마키아벨리를 갈등적 인식론의 주창자로 설정하면서 광의의 인문사회과학자 또는 좁게는 비판적 연구자의 위치 또한 마키아벨리의 그것과 동일하다고 주장합니다. 이러한 관점에서는 실증주의적 인식론은 존립 불가능해지는 것이고요.

자, 드디어 이제 우리는 현행성을 사유의 대상으로 취하는 철학에 대한 설명으로 넘어갈 수 있습니다. 현행성의 철학, 더 정확히는 구조로서 현행성의 철학을 설명하기 위해서는 갈등적, 분파적, 분열적, 이단적이기에 유별나고 독특한 과학이라는 개념, 개념의 정념들이라는 정식, 결론적으로 갈등적 인식론이라는 문제설정에 대한 설명이 불가피했습니다. 이 셋에 대한 이해를 배경으로 이제 구조로서 현행성의 철학에 관해 공부해 봅시다.

구조로서 현행성의 철학

다시 한번 반복할게요. 발리바르는 『개념의 정념들』에서 현대 프랑스철학, 좁게는 포스트-구조주의의 두 가지 경향을 구분하는데, 한편에는 들뢰즈, 데리다, 바디우의 '사건의 철학'이 있고, 다른 한편에는 알튀세르, 푸코, 버틀러 그리고 발리바르 자신의 '구조로서 현행성의 철학'이 있습니다. '현행성'의 철학이란 무엇일까요? 현행성이라는 철학적 개념의 제 번역을 다시 한번 제시하죠. 저는 현행성이라는 철학적 개념을 '오늘날 지금 여기 우리가 놓여 있는 이 현실'로 풀어 환언할 수 있다고 생각합니다. 현행성은 전혀 어려운 개념이 아닙니다. 말 그대로, 그저 오늘날 지금 여기 우리가 놓여 있는 이 현실을 말하는 거죠.

발리바르는 『개념의 정념들』 7장 "철학과 현행성: 사건을 넘어서?"에서 사건의 철학과 구조로서 현행성의 철학을 구분하기 위해 이런 질문을 던집니다. 철학자 또는 이론가, 더 나아가 과학자에게 명령을 내리는 이는 누구일까? 도대체 철학자, 이론가, 과학자는 누구의 명령에 따라 철학을, 이론을, 과학을 수행하는 것일까? 발리바르는 급진좌파들의 주장과 달리 철학자, 이론가, 과학자에게 명령을 내리는 이는 프롤레타리아나 인민이 아니라고 주장합니다. 물론 군주나 자본가는 당연히 아니죠. 그럼 누구일까요? 발리바르는 바로 현행성, 즉 오늘날 지금 여기 우리가 놓여 있는 이 현실이 철학자, 이론가, 과학자에게 명령을 내린다고 주장합니다. 그러니까 현행성의 철학이란 현행성의 명령에 따라 철학을 수행하는 것, 다르게 말해 오늘날 지금 여기 우리가 놓여 있는 이 현실을 자신의 대상으로 취하는 철학인 것입니다. 철학적으로는 현행성이라고 표현하지만 정치적으로는 이를 '정세'라고 표현할 수 있습니다. 물론 정세라는 개념은 복합적 의미를 지니고 있기 때문에 이렇게 단순화할 수는 없지만, 우리의 설명에서는 이를 정치적 의미로 이해하도록 합시다.

이러한 현행성 또는 정세는 갈등과 모순으로 이루어진 구조에 의해 구성되는 것이기도 합니다. 다르게 표현하면 '갈등적이고 모순적인 사회구조'라고 할 수 있을 텐데요. 구조와 정세 간 관계의 문제는 철학에서 매우 복잡한 문제이지만, 여기서는 간단히 구조를 '정세의 우연한 연속'으로, 정세를 '구조의 특정한 순간에서의 특정한 배치'로 이해하도록 하죠.[12] 그러니까 구조와 정세는 실은 하나의 동일한 사태를 서로 다른 견지에서 표현하는 것이란 말이죠. 이렇듯 현행성 또는 정세를 갈등적이고 모순적인 사회구조에 의해 구성되는 것이라고 한다면, 과연 이를 연구하는 철학자, 이론가, 과학자는 어떤 이일까요?

발리바르는 인문사회과학의 철학자, 이론가, 과학자가 이 갈등적이고 모순적인 사회구조로서 현행성 또는 정세 내에서 제시되어 있는 양자택일이 아니라 이것도 저것도 아닌 제3의 것, 제3의 관점, 제3의 입장, 제3의 당파를, 결국 이단점을 취하는 이라고 주장합니다. 이것이 가능한 이유는 갈등적이고 모순적인 사회구조로 인해 인식론적 선택 체계 내에 간극, 틈새, 흠집이 존재하기 때문이고요. 갈등적이고 모순적인 사회구조가 마치 자신은 갈등적이고 모순적이지 않다는 듯 제시하는 주류적 양자택일은 우리에게 제시된 것 즉 우리에게 보이는 것이고, 그 안에는 우리에게 제시되지 않은 것 즉 우리에게 보이지 않는 것이 존재하죠. 이는 마치 정신분석학에서 말하는 증상과 같이 어떠한 간극, 틈새, 흠집으로만 우리에게 보이는데, 이것들을 보고 그 안으로 비집고 들어가는 게 인문사회과학자의 갈등적 인식론의 실천인 것이죠.

현행성 또는 정세를 이루는 것이 바로 갈등적이고 모순적인 사회구조이기 때문에 간단히 구조와 정세를 하나로 합쳐 설명하는 건데요. 발리바르의 관점에서 인문사회과학의 철학자, 이론가, 과학자는 어떤 실증적 무엇인가, 그것이 심지어 프롤레타리아, 인민, 또는 여성이나 장애인과 같은 소수자라 할지라도, 그런 무엇인가의 명령에 따라 그 무엇인가를 대상으로 취해 연구하는 것이 아니라, 바로 현행성 또는 정세의 명령에 따라 사유합니다. 다르게 말해 이 현행성을 자신의 대상으로 취해 사유하는 것이죠. 그러니까 이 인문사회과학자가 놓여 있는 겉으로는 매끈해 보이는 인식적 장이, 방금 사용한 표현으로는 인식론적 선택 체계가 제시하는 양자택일이 아니라 그 간극, 틈새, 흠집을 보고 그 안으로 비집고 들어가 제3의 관점에서 제3의 당파를, 결국 이단점을 형성해야 하는 것이고요. 물론 여기에는 순환성이 존재하기에 그 역도 마찬가지이고요. 다시 한번 강조하지만 갈등적 인식론의 관점에서는 이 사회가 갈등과 모순으로 구성된 사회구조를 취하고 있기 때문에 인문사회과학자가 놓여 있는 이러한 인식적 장이 제시하는 양자택일에는 간극, 틈새, 흠집이 존재합니다. 물론 그러한 사회구조가 만들어지는 원인은 바로 '재생산'이라는 관점에서 발견할 수 있는데, 이에 대해서는 증상적 독해와 관련해 아주 간단히만 설명하겠습니다.

증상적 독해란 무엇인가

이 겉으로는 매끈해 보이는 인식적 장은 이러한 양자택일을 제시하면서 우리에게는 출구가 없다고 말하지만, 사실 이 인식적 장 자신이 간극, 틈새, 흠집을, 그러니까 결국 출구의 실마리를 지니고 있죠. 그런데 왜 저는 여기에서 인식적 장의 '이면' 또는 '심층'에 출구가 있다고 말하지 않았을까요? 간극, 틈새, 흠집이라는 비유를 사용하는 데는 이유가 있습니다.

생각해 보면 우리는 가시성과 비가시성의 이항대립 속에서 사유하는 것에 익숙하기에, 보이는 것이라는 덮개를 들춰내면 그 이면에 있는 보이지 않는 것을 발견할 수 있다고 생각하곤 하죠. 사태는 그렇게 단순하지 않습니다. 현대 프랑스철학자, 특히 포스트-구조주의자들은 집요하게 이 지점에 천착하죠. 그래서, 앞서 언급했듯 갈등적이고 모순적인 사회구조 내 간극, 틈새, 흠집이 이 사회구조의 '증상'인 것이고, 이 사회구조라는 '텍스트'의 증상으로서 그 간극, 틈새, 흠집을 읽어 내는 '증상적 독해'에 대해 살펴볼 필요가 있는 것입니다. 알튀세르의 개념인 증상적 독해는 제3의 입장, 제3의 당파를 취함으로써 가지게 되는 제3의 관점, 물론 그 역도 마찬가지이겠지만, 이 제3의 관점이 무엇인지 이해함에서 필수적인 관념입니다.

우리는 항상 '비판적 독해'가 문제라고 말하죠. 비판적 독해란 심층적 독해와 다르지 않은데, 이는 베일을 걷어 내어 베일 아래 감춰져 있던 진리를 발견해 내는 독해입니다. 시추의 비유를 활용하자면, 시추 작업을 통해 지층 아래에 숨겨져 있던 석유 즉 진리를 탐지하고 캐내는 것입니다. 하지만 『『자본』을 읽자』의 서장 "『자본』에서 마르크스의 철학으로"에서 알튀세르는 이러한 비판적 독해 즉 심층적 독해가 근대철학을 지배하는

'봄과 보지 못함', '통찰과 간과 또는 실수'의 이분법에 지배되어 있다고 비판합니다.13 알튀세르에 따르면 비판적 독해 즉 심층적 독해는 인식의 문제, 결국 읽기의 문제를 인식 주체의 경험적-심리적 인지와 그 능력의 문제로 환원하는데요. 반면 알튀세르가 이 글에서 세공하는 증상적 독해는 인식 주체의 경험적-심리적 인지와 그 능력의 차원이 아니라 '이론적 문제설정'의 차원에서 인식과 읽기의 문제를 사유합니다.

푸코의 에피스테메 개념과 마찬가지로 알튀세르의 이론적 문제설정 개념은 주체를 구성하는 특정한 구조 자체가 작동해야만 주체가 볼 수 있다는 관념을 제출합니다. 이는 진리가 어딘가에 감춰져 있는 것이 아니라, 바로 그 공간에 놓여 있지만 구조의 효과로 인해 우리가 단지 보지 못하고 있을 뿐이기 때문이에요. 진리는 바로 그 공간에 존재하지만, 그 공간의 간극, 틈새, 흠집인 증상을 통해서만 볼 수 있기 때문입니다. 진리는 베일 아래에 감춰져 있지 않습니다. 다르게 비유해 보자면 진리는 빛이 비치는 공간 바깥에 즉 저쪽의 어둠 속에 놓여 있는 것이 아닙니다. 비판적 독해 즉 심층적 독해를 통해 감춰진 진리를 발견할 수 있는 게 아니라는 거죠.

알튀세르는 푸코가 『광기의 역사』에서 세공한 '감금' 개념과 마찬가지로 '배제의 내부적 어둠'이라는 관념을 통해 이 사태를 설명할 수 있다고 말하는데요. 배제된 진리는 바로 그 공간 안에 내부적 어둠으로 포함되어 있습니다. 첫 번째 공간으로서의 바로 그 공간 안에 포함되어 있는 두 번째 공간으로서요. 장막의 아래에 또는 커튼의 이면에 진리가 있는 것이 아니란 얘기죠. 조금 다르게 말하면 빛을 비춤으로써 어둠은 필연적으로 생길 수밖에 없고, 따라서 그 첫 번째 공간에는 빛을 비추었기에 보지 못하는 것이 생길 수밖에 없다는 거예요. 그렇다면 빛을 더 많이 비춘다고, 또는 빛을 다른 곳에 비춘다고 진리가 보이는 것이 아닙니다. 실은 진리를 본다는 것 자체가 불가능해요. 단지 진리의 증상을 그 공간의 간극, 틈새, 흠집으로서 볼 수 있을 뿐입니다. 구조의, 문제설정의, 에피스테메의, 다르게 말하면 담론의 변화를 수단으로 말입니다. 이를 조금 어렵게 표현하면 가시성과 비-가시성 간의 비-가시적 관계 또는 비-관계라고 표현해 볼 수도 있어요.

이러한 비-가시적 관계 또는 비-관계를, 즉 증상을 탐지하는 읽기가 바로 증상적 독해입니다. 그리고 이러한 증상적 독해가 가능하기 위해서는 인식 주체의 경험적-심리적 인지와 그 능력이 아니라 이론적 문제설정 자체가 변화해야 합니다. 실은 여기에 알튀세르 자신도 풀지 못한 수수께끼로서 어떠한 순환성이 존재합니다. 이 자리에서 이 수수께끼를 해결할 수는 없겠지만, 그것이 무엇인지에 대해서는 언급하겠습니다. 이는 이론적 문제설정 자체가 변화해야 증상적 독해가 가능하다는 것, 하지만 동시에, 증상적 독해를 통해서만 이론적 문제설정이 변화할 수 있다는 것입니다.

혹시라도 이 수수께끼의 정답이 정말 존재한다면, 그 정답에 다가가는 첫 단추는 이 질문을 다음과 같은 방식으로 다르게 던지는 것입니다. 이러한 증상적 독해를 수행하는 이는 누구입니까? 이론적 문제설정을 변화시키는 이는 누구입니까? 알튀세르는 마르크스를 예시로 들지만, 도대체 마르크스는 어떻게 증상적 독해에 이를 수 있었습니까? 특정 개인이 문제설정을 변화시킬 수는 없다고 앞서 말하지 않았나요? 문제설정 자체가 변화하지 않으면 증상적 독해란 불가능한데요. 이는 단순히 시대적 변화의 산물인 걸까요? 푸코식으로 말하면 에피스테메 간 이행이 이루어졌기 때문인 걸까요? 알튀세르는 답하지 않죠. 게다가 중기와 후기로 이행하면서 알튀세르는 이러한 인식론적 문제에 더 이상 관심을 기울이지 않습니다. 물론 이는 알튀세르가 과학과 정치의 이분법을 더 이상 받아들이지 않기 때문인데요. 어떤 면에서 알튀세르는 과학과 정치의 이분법을 거부함으로써 이러한 질문에 대한 답변을 간접적인 방식으로 제출했다고 볼 수 있죠. 그런데 이 지점에서도 더 나아가 이 질문을 극한으로까지 밀어붙여 탐구한 이는 발리바르인데, 그 '극한의 사유'의 결과물이 바로 『개념의 정념들』인 것이죠. 그럼 이 수수께끼에 대한 답변은 발리바르에게서 발견할 수 있겠네요.

우리는 이번 강의의 결론에서 이 문제에 대한 발리바르의 답변을 확인해 볼 텐데요. 발리바르가 이를 증상적 독해의 난점에 대한 답변으로 제출한 것인지는 사실 확실하지 않아요. 하지만 저는 그렇게 해석할 수 있다고 생각합니다. 발리바르는 이 '누구'를 철학자, 이론가, 과학자, 즉 인문사회과학자, 다시 말해 '글쓰는 이'로 설정하고, 이들은 누구의 명령에 따라 철학, 이론, 과학을 하는지, 더 나아가 어떻게 현실을 인식해 이를 변형할 수 있는지에 대한 답변을 구조로서 현행성의 철학의 견지에서 제출하면서 이 증상적 독해의 난제에 대한 답변도 제출합니다. 푸코식으로 이 난점을 표현해 본다면, 근대의 에피스테메에 갇혀 있는 근대의 철학자, 푸코 자신과 같은 그런 근대의 철학자는 도대체 어떻게 탈근대 에피스테메의 도래를 예상하고 희망하며 이를 실현할 수 있는가? 뒤에서 확인해 보겠습니다.

본다는 것, 저항한다는 것, 그리고 현행성

실증주의적 인식론의 심층적 독해에서처럼 감춰진 진리를 드러내는 것이 문제가 아니라, 갈등적 인식론의 증상적 독해에서처럼 갈등과 모순으로 구성된 사회구조 내 간극, 틈새, 흠집을 증상적으로 읽어 내는 것이 문제입니다. 그것이 정치라는 실천을 위한 시작으로서의 '봄'이지요. 이는 말할 것도 없이 앞서 살펴보았던 우리의 테제, 그러니까 입장을 취하지 않으면 볼 수 없다는, 그리고 그 역도 마찬가지라는 테제와 직결되는 것이겠죠. 이러한 이유로 현행성의 철학의 정치적 저항전략은 바로 '정세 내에서의 철학적 글쓰기'일 수밖에 없습니다. 실증주의적 인식론에 기반한 주류 과학에서처럼 과학자가 외부의 인식 대상에 관한 진리적 관념을 실험실에서 도출하고 과학자가 아닌 행위자, 가령 정치인 등이 이 진리적 관념을 수용해 그에 따라 사회를 개조하는 것이 정치가 아닙니다. 현행성 또는 정세의 명령에 따라 또는 이를 대상으로 사유해 철학적 글쓰기를 수행하는 것이 바로 현행성의 철학의 정치적 저항전략인 것이죠.

  외부의 인식 대상에 대한 어떠한 진리적 관념을 생산하는 것은 불가능하기에 현행성의 철학은 바로 이 현행성 또는 정세에 대한 정치적 개입 '속에서' 인식을 생산하고 그 인식 효과를 통해 갈등적이고 모순적인 사회구조를 변형하는 것을 목표로 하는데요. 담론주의 테제에 따라 그 개입은 담론주의적 양태, 더 정확히는 담론적 역설의 양태를 취해야만 하기에, 이러한 개입의 형식은 철학적 글쓰기, 조금 다르게 표현하면 기호적, 텍스트적, 담론적 글쓰기여야만 하죠. 여러 차례 강조했듯 텍스트적인 '흔적'을 남기는 게 바로 정치이고 저항이란 얘깁니다. 첫 번째 강의에서 데리다와 함께 살펴보았듯 의미, 진리는 에크리튀르 속에서만, 흔적 속에서만 현존할 수 있으니까요. 그래서 구조로서 현행성의 철학자는 바로 이 철학적 글쓰기를 통해 정세 내 정치적 개입을 수행하는 것입니다. 발리바르의 관점에서는 『군주론』을 집필한 마키아벨리야말로 이를 수행한 철학자, 이론가, 과학자라는 것이고요. 그리고 포스트-구조주의는 바로 이러한 현행성의 철학이고, 그렇기에 포스트-구조주의의 정치 또는 저항전략은 바로 이러한 정세 내에서의 철학적 글쓰기란 것이고요.

이 담론적 역설에 대해 조금 더 설명해 보자면, 포스트-구조주의가 정세 내에서의 철학적 글쓰기를 정치적 저항전략으로 취하는 이유는 이 포스트-구조주의가 자신의 사유 대상으로 취하는 고유한 역설 때문입니다. 이미 우리는 두 번째 강의에서는 버틀러의 주체화 정식인 사회적 주체의 담론적 생산과 관련해, 세 번째 강의에서는 알튀세르의 주체화 개념인 호명과 관련해, 주체의 역설에 대해 살펴보았습니다. 이를 담론적 역설, 수행적 모순, 언표작용의 역설로 표현할 수 있는데, 여기에서는 '주체와 상황 간 순환성'이라고 간단히 말해 보겠습니다.

자연과학에도 물론 이 논의가 어느 정도 적용되고 그 지점에 과학기술학이 개입한다고 생각하지만, 이 점은 논외로 한다면요. 인문사회과학에서는 자연과학에서와 달리 주체와 대상 간 이분법이 적용되지 않습니다. 인문사회과학에서는 과학자, 이론가, 철학자로서 주체가 자신이 사유하고 개입하려는 대상인 인간과 사회, 즉 상황에 속해 있죠. 자신이 대상으로 취해 사유하려는 현실의 일부를 자신이 구성하고 있는 그러한 이론, 알튀세르는 이를 '토픽적 이론' 또는 '토픽적 과학'이라고 불렀습니다. 토픽적 과학, 즉 '시앙스 아 토픽science à topique'은 자신이 대상으로 취해 사유하려는 현실의 일부를 자신이 구성하고 있는, 그러한 과학을 뜻합니다. 결국 앞서 언급한 갈등적, 분파적, 분열적, 이단적 과학이라는 비주류 과학의 특징이 바로 '토픽적'이라는 것이죠. 이러한 과학은 토픽적 과학이기에 '유별나고 독특한' 과학인 것이고요. 달리 표현하면 이러한 과학은 알튀세르에게는 이데올로기, 푸코에게는 담론 안에 있는 과학인데요. 알튀세르의 이러한 관념을 발리바르는 『개념의 정념들』에서 주류와 비주류를 막론

하고 인문사회과학 전체로 확장한 것이고, 제 식대로 해석하면 라투르 등의 과학기술학은 이를 자연과학으로까지 확장한 것이죠.

푸코적 담론 개념에 따르면 담론 바깥의 진리란 없고 담론 안에서 이루어지는 진리놀이 또는 진리게임만이 존재하죠. 그 진리놀이 또는 진리게임 속에서 주체는 관계 내에서의 진리만을 가질 수 있습니다. 두 번째 강의에서 설명했지만 이번 강의의 흐름에서 매우 핵심적이기에 반복해 보겠습니다.

폴 벤느가 『푸코: 그의 사유, 그의 인격』의 제목을 '사무라이와 금붕어'로 붙이려 했다고 앞서 말했습니다. 사실 이 사무라이와 금붕어라는 비유가 푸코의 사상을 정확하게 표현하거든요. 왜 푸코는 사무라이일까요? 푸코가 펜을 칼처럼 사용했기 때문이죠. 알튀세르, 버틀러와 함께 바로 이 푸코가 현행성의 철학자라는 점을 이번 강의에서 설명하고 있습니다. 푸코는 오늘날 지금 여기 우리가 놓여 있는 이 현실에 개입해 이를 변화시키기 위해, 즉 정치를 수행하기 위해 철학적인 글을 씁니다. 푸코에게 펜은 곧 칼이고, 자신은 사무라이입니다.

그런데 이미 강조했듯 금붕어라는 비유가 더 중요하고 이는 사무라이라는 비유와 이론 내적으로 연결되어 있습니다. 『푸코: 그의 사유, 그의 인격』한국어판 표지를 보면 어항 속 금붕어가 그려져 있죠. 여기에서 금붕어는 주체이고 어항은 담론입니다. 푸코의 관점에서 우리 주체는 모두 금붕어고 이 금붕어는 담론이라는 어항 속에서 살고 있습니다. 어항 바깥으로 금붕어가 나갈 수는 없어요. 나가면 죽고 말겠죠. 그렇다면 우리 주체는 담론이라는 어항 속에 꼼짝없이 갇힌 금붕어에 불과할까요? 다르게 표현한다면, 정치란, 저항이란, 결국 '혁명'이란, 불가능할까요?

포스트-구조주의를 이해하는 데에 바로 이 지점이 중요합니다. 그리고 이를 위해서는 포스트-구조주의가 현행성의 철학이라는 점을 반드시 이해해야 하죠. 주체와 상황 간 순환성에 갇혀 토픽적 과학을 수행하는 우리 인문사회과학자, 즉 과학자, 이론가, 철학자라는 금붕어는 담론이라는 어항 바깥으로 나갈 수 있는가? 또는 담론의 '바깥'을 '사유'할 수 있는가? 주체와 대상이 분간 불가능하다면, 주체로서 '우리'가 주체가 상황의 일부를 이루는 순환성으로부터 벗어날 수 없다면, 대상의 진리를 부여잡아 현실을 변형하는 것은 불가능하잖아요. 이는 사회적 주체의 담론적 생산 즉 호명으로 인한 담론적 역설, 수행적 모순, 언표작용의 역설입니다. 우리는 대문자 주체에 의해 호명당해 생산된 작은 주체들입니다. 이러한 주체들이 어떻게 저항할 수 있나요? 아니, 저항은 고사하고, '이 방향으로 정치, 저항, 혁명을 수행해야 해'라고 말할 수 있는 근거인 '올바른 인식'을 과연 우리가 생산할 수 있나요? 이미 우리가 주체로서 그 상황의 일부라면 말입니다.

질문을 더 정교화할 필요가 있습니다. 정치라 해도 좋고 저항이라 해도 좋고 혁명이라 해도 좋습니다. 주체의 정치, 저항, 혁명은 가능한가? 그런데 이는 담론의 바깥으로 나간다는 것인지, 아니면 담론의 바깥을 사유한다는 것인지, 담론의 바깥으로 나간다면 이는 담론을 깨부순다는 것인지, 담론의 바깥을 사유하는 것이라면 담론 바깥의 무엇을 사유한다는 것인지, 질문해 보아야 합니다. 한 가지 실마리만 제시하자면, 우리의 과학이 주체와 상황 간 순환성에서 탈출할 수 없는 과학, 즉 토픽적 과학이라는 점은 오히려 정치의 가능조건을 마련하는 것일 수도 있습니다. 주체와 상황 간 순환성이 없다면 주체는 상황으로 개입해 들어가 이 상황을 변화시킬 수 있을까요? 아니, 변화까진 가지 않더라도, 이 상황 안으로 들어가지 않고 이 상황을 인식할 수 있나요? 뒤에서 이 문제로 다시 돌아올 테니 한번 생각해 보세요. 불가능성은 오히려 어떠한 가능성의 단초일 수도 있습니다. 철학자가, 과학자가 상황의 바깥에 있다면, 정말로 이 상황을 인식하고 그에 개입해 이를 변화시킬 수 있을까요? 변화는 물론이고 인식도 사실 마찬가지란 거죠.

여기에 우리가 첫 번째 강의에서 살펴봤던 데리다의 포스트-구조주의가 개입해 들어옵니다. 발리바르는 『개념의 정념들』 7장 "철학과 현행성"에서 '현행성으로서의 사건' 또는 '사건으로서의 현행성'이라고 말합니다. 무슨 말일까요? 데리다에게 에크리튀르란, 즉 진리의 기입이란 그 자체 '사건'입니다. 같은 맥락에서 주체가 상황 내로 함축되는 것 또한 발리바르의 지적대로 '사건적'입니다. '주체의 상황 내로의 사건적 함축'인 것이죠. 바로 이 지점에서 사건의 철학이 구조변동을 설명하고자 제시하는 사건이라는 개념과, 구조로서 현행성의 철학이 주체가 놓여 있는 상황으로서 제시하는 현행성이라는 개념이 마주칩니다. 주체가 상황을 변화시킬 수 있는 것은 주체가 상황에 '사건적'으로 함축될 때, 그러니까 주체가 에크리튀르라는, 글쓰기라는 사건을 통해 진리를 담론 내에 기입할 때입니다.

일단 질문을 이렇게 정교화한 뒤, 이제는 이 질문을 염두에 두면서 현행성 개념으로 나아가 보죠. 다시 『개념의 정념들』입니다. 이 책에서 발리바르는 '개념의 정념들'이라는 정식을 지지하고 구성하는 세 가지 개념을 세공하는데요. 바로 이 저서의 1부, 2부, 3부를 각각 구성하는 '진리의 역사', '이단점', 그리고 우리가 탐구하고자 하는 개념인 '현행성'입니다.

발리바르는 이단점이란 '내부-이론적 분기', 그러니까 이론 내에서의 '논쟁적 상승'을 뜻하는 개념이라고, 그리고 현행성이란 글쓰기라는 질문과 사유라는 질문의 교차점으로서 '사유의 존재론적 규정'이라고 설명합니다. 이 말이 너무 어렵다면 '사유가 존재하는 장소' 정도로 이해해도 됩니다. 사유는, 철학은, 과학은 현행성 바깥에, 담론의 바깥에 있지 않으니까요.

그리고 발리바르는 인식이란 '대상들'이 아닌 '문제들'의 질서 내에서의 이단점 형성 즉 논쟁적 상승을 통해 바로 이 현행성에 가닿는 것이라고 설명합니다. 그러니까 메타이론적 갈등이 인식의 가능조건인 것이죠. 이것이 바로 인식의 가능조건으로서 정치라는 마키아벨리적인 갈등적 인식론의 함축입니다. 이를 조금 더 풀어서 얘기해 보자면, 입장을 취하지 않으면 절대로 볼 수 없는 것들이 있으며, 우리 눈에 자명하게 보이는 것이 오히려 헛것일 수 있다는 점을 의미합니다. 이제 진리의 역사란 무엇인지도 설명할 수 있습니다. 진리의 역사란 메타이론적 갈등을 통한 이단점 형성과 이를 수단으로 한 현행성으로의 논쟁적 상승의 과정 그 자체입니다.

이렇게 발리바르는 『개념의 정념들』에서 진리의 역사, 이단점, 현행성이라는 세 꼭짓점으로 구성된 삼각형을 만들고, 이 삼각형을 통해 '개념의 정념들', 다르게 말해 정념과 개념, 정치와 개념의 결합으로서 '정치적 개념'이라는 정식을 생산합니다. 발리바르에게서 현행성 개념이 놓여 있는 맥락이 이제 이해되죠?

한 가지만 더 짚자면, 이러한 구조로서 현행성의 철학의 개념의 정념 또는 정치적 개념의 정신 내에서는 전지적 관점이란 존재할 수 없습니다. 앞서 입장 또는 당파를 취해야만 볼 수 있는 것이 존재한다고, 아니 실은 모든 것이 그렇다고 강조했죠. 그런데 증상적 독해에 관한 설명에서 말했듯, 본다는 것 자체가 볼 수 없는 것을 만듭니다. 다르게 말해 '봄' 자체가 '보지 못함'을 내포하고 있는 것이죠. 빛을 비추면 그 빛 '외부에' 어둠이 생긴다는 점이 아니라, 실은 그 빛 '때문에' 어둠이 생긴다는 점에 주목하는 거예요. 무엇인가를 보려 하면 필연적으로 배제되는 것이 생기는데, 그 배제되는 것은 그 무엇인가의 외부가 아니라 '내부에' 있다는 말입니다. 안과 밖의 통상적인 삼차원 위상학을 생각하면 안 됩니다. 그렇기 때문에 이러한 관념에서는 모든 것을 볼 수 있는 전지적 관점 따위는 존재할 수 없는 것이에요.

 이번 강의에서 자세히 설명하긴 힘들지만, 이러한 관념과 깊이 연결된 발리바르의 관념은 바로 헤겔식의 '사회적 총체성'이란 존재할 수 없다는 것입니다. 인간, 사회, 세계는 단 하나의 본질적 원리에 따라 하나의 총체성으로 뭉쳐질 수 없습니다. 존재한다는 것은 어떠한 총체성을 취할 수 없다는 얘기죠. 그러니까 이를 본다는 것도 불가능하고요. 이러한 사회적 총체성을 움켜쥐고 변형해 '젖과 꿀이 흐르는 땅'을 만드는 것은 불가능합니다. 철학적으로 말해 존재와 의식이 화해하는 지평이자 행복한 종말로서 유토피아나 공산주의 등은 도래할 수 없습니다. 발리바르가 「무한한 모순」에서 지적하듯, 모순은 '무한'한 것입니다. 갈등과 모순이 없는 텍스트, 갈등과 모순이 없는 사회구조는 존재할 수 없습니다. 갈등과 모순이 없다면 구조변동은 말할 것도 없고 실은 구조의 존립 즉 재생산 또한 불가능하죠.

 발리바르는 이러한 테제를 『대중들의 공포』 3부 「마르크스주의에서 이데올로기의 동요」 4장 "정치와 진리"에서 제출하는데, 이에 따라 심지어 마르크스주의 또한 진리일 수는 없다는 테제가 도출됩니다.[14] 물론 페미니즘도, 장애학도, 정신분석학도 다 마찬가지입니다. 이러한 과학은 진리일 수 없어요. 현행성의 철학은 어떠한 체계도 진리도 가질 수 없는 철학입니다. 현행성의 철학이 운신하고 있는 현행성 개념 자체가 이를 불가능하게 만듭니다. 물론 지금까지 강의를 들은 여러분은 이것이 포스트모더니즘의 극단적 상대주의와 이로부터 도출되는 허무주의와는 다르다는 점을 알겠죠. 미묘한 지점이지만, 영원불변의 진리란 없고 오직 현행적 진리만이 있을 뿐입니다. 관계적 진리만이 있을 뿐이고 주체에 의해 생산된 담론 내 진리만이 있을 뿐입니다. 진리가 없다는 게 전혀 아니라, '효과로서의 진리'가 있다는 거예요. 이러한 관념이 결국은 전통적 진리 관념 자체를 파괴하는 모순어법이라 할지라도요. 이를 푸코의 그것인 회의주의라 이름 붙인다 해도 큰 문제는 없을 것 같습니다. 그리고 바로 이러한 이유에서 발리바르는 철두철미 현세의 정치철학자, 세속성의 정치철학자입니다. 발리바르가 사건이나 종말 등의 개념을 거부하는 것은 아니고 사건의 철학자 중 특히 데리다와는 적극적으로 끊임없이 대화하지만, 그럼에도 발리바르 정치철학의 판별적 특징은 그 세속성, 즉 현행성입니다.

미셸 푸코의 현행성의 철학

그럼 이제 푸코에게서 현행성 개념이란 무엇인지, 푸코의 철학은 왜 구조로서 현행성의 철학인지 살펴보죠. 우리는 알튀세르, 푸코, 버틀러 중 푸코에게서 현행성 개념을 중심으로 구조로서 현행성의 철학을 살펴볼 것인데요. 이는 푸코가, 정확히는 후기 푸코 또는 말년의 푸코가 명시적으로 현행성 개념을 세공했기 때문입니다. 사실 발리바르는 『개념의 정념들』에서 푸코적인 현행성 개념을 자신의 것으로 취하기 때문에 현행성에 관한 발리바르와 푸코의 논의는 대동소이할 수밖에 없습니다. 그럼에도 현행성 개념과 관련해 약간의 반복을 무릅쓰겠습니다.

네 번째 강의에서 말했듯, 초기, 중기, 후기 푸코 사이에 전회란 없으며 오직 단 하나의 푸코만이 존재합니다. 이미 초기 푸코의 첨점을 표상하는 1969년 저작 『지식의 고고학』에서 '현재의 진단'이라는 관념을 통해 푸코는 현행성의 철학을 예상합니다. 하지만 푸코가 자신의 철학을 현행성의 철학으로 명확히 자리매김하는 것은 후기에 들어서입니다. 구체적으로는 후기 칸트의 계몽론을 재사유하기 시작하는 1978년의 프랑스철학회 강의 「비판이란 무엇인가」 근방이 시작점입니다.[15] 그러니까 우리는 지금 초기나 중기 푸코보다는 후기 푸코철학의 대상으로서 현행성을 다루는 것이죠.[16]

반복하자면, 현행성의 철학의 핵심은 철학의 대상이, 그것이 존재, 경험, 현상, 실존, 심지어 '타자'라고 할지라도, 정통 철학에서와 같이 어떠한 고정된 실체로서의 무엇인가가 아니라 '현행성', 즉 '오늘날 지금 여기 우리가 놓여 있는 이 현실'인 철학입니다. 그 대상이 현행성이기에 이러한 철학은, 자신조차 자신을 포함하면서도 자신으로부터 개방되어 있는 현행성 내에 실존하고 있다는 점에서, 철학의 바깥 그러니까 철학의 타자에 의거하지 않을 수 없습니다. 이러한 철학은 철학에는 타자가 존재한다는 점을 인정하는 철학, 즉 '비철학적 철학'이죠. 이를 철학의 고정된 대상으로서 타자를 사유하는 철학인 '타자철학'과 혼동해서는 안 됩니다. 타자라는 철학의 개념이 지시하는 바의 외연이 얼마나 넓든, 타자철학은 비철학적 철학에 비해서는 현행성의 철학으로부터 훨씬 더 멀리 떨어져 있습니다.

푸코는 이러한 현행성을 철학의 대상으로 취하는 비철학적 철학을 행하기 때문에 '현재의 역사가'라고 불리는 것이죠. 그런데 생각해 보면 이러한 비철학적 철학으로서 현행성의 철학은 분과학문으로서의 철학을 넘어서 있기 때문에 초기 알튀세르의 생각과는 달리 철학, 이론, 과학 간 구분의 자장 내에 있지 않겠죠. 그래서 현행성을 사유의 대상과 목표로 취하는 철학은 과학과 다르지 않을 뿐 아니라, 특히 『개념의 정념들』에서 발리바르가 주장하듯 대상의 과학이 아니라 문제, 문제화, 질문의 과학이기도 합니다. 대상의 과학이 아닌 문제, 문제화, 질문의 과학, 그러한 것으로서 현행성의 철학, 이렇게 정리해 볼게요. 여기에서 알튀세르가 '문제설정 problématique' 개념을 세공했듯 푸코가 '문제화problématisation' 개념을 세공했다는 점을 살짝 지적하고 넘어가겠습니다. 이러한 과학이 취하는 물음은 바로 '오늘날aujourd'hui'이라는 과학 밖 물음이라는 점도요.

윤영광 선생님이 「푸코의 문제화로서의 철학과 철학의 문제화」에서 제시한 설명을 참고해 말해 보겠습니다.[17] 푸코에게서 문제화 개념은 '일정한 문제가 사유와 경험의 초점으로 정립되는 역사적 과정'과 이에 대한 '비판적 분석', 이 둘 모두를 의미합니다. 그래서 문제화의 과학이란 이러한 분석을 수행하는 과학을 의미하죠. 그렇기에 이러한 문제화의 과학은 어떤 특정 대상에 대한 객관적 탐구가 아닙니다. 심지어 그것이 타자 같은 것이라 할지라도요. 오히려 이러한 과학에 중요한 것은 물음을, 질문을 던지는 것이고, 당연히 이 물음, 질문은 '오늘날 지금 여기 우리가 놓여 있는 이 현실'을 중심으로 구성됩니다. 그래서 이러한 과학에게서 문제화란 '오늘날의 문제로의 생성변화'를 의미하는 것이죠. 오직 단 하나의 푸코가 평생을 걸쳐 수행한 역사학은 오늘날 사유와 경험의 초점으로 정립된 문제와 질문에 대한 역사적 견지에서의 비판적 분석을 뜻하는 것입니다. 그러니까 푸코의 역사학에서 강조점은 사유의 무의식을 탐구하는 푸코만의 방법으로서 역사학을 통해 역사 즉 과거라는 오늘날의 타자의 견지에서 오늘날을 사유하는 것입니다. 역사라는 타자를 분석하는 궁극적 목적은 결국 오늘날을 다른 방식으로 바라보고 그에 기반해 이에 개입하기 위해서인 것이죠.

초기 푸코는 블랑쇼의 문학과 철학에 관한 비평인 『바깥의 사유』에서 '바깥의 사유'라는 정식을 제출하죠. '바깥'을 무엇이라고 보든, 우리는 이 정식을 통해 초기 푸코 전체를 규정할 수 있는데요. 더 나아가 발리바르가 『개념의 정념들』 부록 3번 "바깥의 사유? 블랑쇼와 함께 푸코를"에서 주장하는 바는 우리가 바로 이 정식을 통해 초기, 중기, 후기 푸코 전체를 어떠한 일관성 속에서 규정할 수 있다는 것입니다. 그렇다면 현행성의 철학자로서 후기 푸코의 바깥의 사유는 무엇일까요? 물론 '현행성이라는 바깥'에 관한 사유겠죠. 오늘날 우리가 취하고 있는 이러한 존재가 아니라 다른 존재로의 생성변화라는 맥락에서요. 당연히 이러한 다른 존재로의 생성변화를 위한 사유와 실천, 그것이 정치겠죠.

푸코철학 전체의 결론은 '윤리, 태도(에토스), 비판, 계몽으로서의 현대성 내 현실 혹은 현행성의 존재론으로서의 우리 자신의 역사-비판적 존재론을 구축하기'로 정식화 가능하다고 했습니다. 자신의 지적 여정의 마지막에 후기 푸코가 현행성의 철학의 견지에서 세공하는 정식이 바로 이것이죠. 이제 이 정식을 어느 정도 설명해 볼 수 있을 텐데요. 우선 후기 푸코는 앞서 설명했듯 후기 칸트의 계몽론을 반복적으로 재사유함으로써 현행성 개념을 벼려 냅니다. 특히 후기 칸트의 1784년 텍스트 「질문에 대한 답변: 계몽이란 무엇인가?」를 반복적으로 다시 읽으면서요. 중기 푸코의 역사분석 방법론인 계보학의 결론대로 오늘날 지금 여기 우리가 놓여 있는 이 현실은 '이렇지 않을 수도 있었'고, 그렇기에, 그러니까 역사의 필연성이란 존재하지 않기에, 이 자리에서 우리의 현실을 변화시키는 것은 가능합니다. 그리고, 이건 제 자의성이 개입된 것이지만, 여기에 데리다의 '더 적은 폭력론'을 추가하면, 우리가 만들어 나갈 현실 변화의 방향은 소수자들 또는 비정상인들에 대한 더 적은 폭력의 방향이어야 하고요.[18]

다섯 번째 강의
오늘날 지금 여기의 철학이란 무엇인가?

이러한 존재론의 구축을 목표로 하는 철학은 당연히 자기 폐쇄적 철학 즉 '철학적 철학'이 아니라 역사학과 같은 철학의 바깥에 의거하는 비철학적 철학일 수밖에 없는데, 더 나아가서 푸코는 이러한 현재의 진단이라는 임무를 수행하는 철학을 '영성을 사유하는 철학'이라고 부릅니다. 이 영성을 '지혜'라고 불러도 큰 문제는 없다고 생각하는데, 여기에서 영성 또는 지혜란 데카르트 이후의 인식론화된 철학과 달리, 인식과 자기 변형이 결합되어 있는 그러한 앎을 의미합니다. 다르게 표현하자면, 진실에 접근하기 위해 주체가 자신을 변형하는 탐구, 실천, 경험을 의미합니다.[19] 번역어가 불러일으키는 뉘앙스와 달리 종교적 의미는 특별히 없어요.

푸코는 현재로부터의 탈출로서의 계몽, 즉 더 나은 현재의 도래를 희망하고 사유하는 에토스 즉 태도를 다르게 표현하고자 보들레르에 의거해 '현대' 또는 '현대성'이라는 개념 또한 활용합니다. 보들레르에게 현대란 특정 시대를 지칭하는 것이 아니라 '오늘날 지금 여기'의 고유성을 특권화하면서도 이를 뒤흔들어 버리는 자유의 실천이고 그래서 '댄디즘'과 연결되는 건데요. 현대성 즉 '모더니티'의 특징은 자기-성찰적이라는 것, 그러니까 자신을 메타적으로 인식한다는 것, 그러므로 자신 즉 현재로부터 탈출하고자 한다는 것입니다. 그래서 푸코는 이러한 철학하기를 현행성을 문제화하는 '현대적 철학하기'의 태도라고도 부르죠. 여기에서 에토스 또는 태도를 말하는 것은 이러한 철학이 어떠한 '존재론'이라 표현한다 해도 기존의 존재론과 달리 독특한 의미의 존재론, 즉 윤리학으로서 존재론이라는 점을 함축하는 것이고요. 어떠한 형이상학에 기반한 존재론이 아닌, 윤리학으로서의 존재론, 그저 하나의 태도일 뿐입니다.

이제 이 정식에서 마지막으로 '우리'란 무엇인지를 '역사-비판적 존재론'과의 관계 속에서 질문해 보죠. 기라성 같은 현대 프랑스철학자들이,

그러니까 안토니오 네그리도, 루이 알튀세르도, 질 들뢰즈도 '우리'를 말합니다. '나'도 아니고 '그들'도 아닌 '우리'. 푸코에게는 어떤 의미일까요? 후기 칸트에게 계몽은 현재로부터의 탈출, 현재의 지양을 의미하므로, 이는 결국 이러한 탈출과 지양을 희망하고 실천하는 '우리'란 누구인가를 질문하는 것과 다르지 않습니다. 계보학의 관점에서는 지나간 역사의 종합이 바로 이 '우리'이므로 우리가 누구인지 질문한다는 것은 역사와 이 역사가 만든 현재를 질문하는 것이고, 이러한 질문을 통해 다른 우리로의 생성 변화, 이를 수단으로 한 다른 현재로의 탈출을 희망하는 것이죠. 이게 결국 모더니티의 특징입니다.

네 번째 강의 마지막에도 주목했던 프레데릭 그로의 『미셸 푸코』의 결론에 의거해 조금 더 자세히 설명해 보자면, 그렇기 때문에 이 우리라는 질문은 '초역사적인 인간 본성'과 그 '본질적 진실'에 대한 탐구를 통해 해소할 수 없는 것입니다. 이 우리라는 질문은 '매번의 오늘날 지금 여기마다 항상 독특하고 역사적인 우리의 존재양식에 대한 물음'이며, '현재의 우리의 존재양식에 대한 탈출과 지양'을 희망한다는 점에서 필연적으로 '역사적'임과 동시에 '비판적'일 수밖에 없습니다. 푸코는 우리라는 정체성을 계보학적으로 탐구해 우리가 이렇지 않을 수도 있었다는 점을 확언합니다. 이로부터 도출되는 것은 바로 오늘날 지금 여기의 우리도 변화할 수 있다는 것, 그러니까 '우리 자신의 윤리적 변형'이라는 철학적 에토스입니다. 이를 그로가 『미셸 푸코』의 결론에서 지적하듯 '새로운 주체성의 발명'이라고 표현할 수 있을 텐데, 이러한 새로운 주체성의 발명을 통한 우리의 정체성의 변형, 더 나아가 우리의 현실의 변형이 바로 정치 또는 저항, 궁극적으로는 혁명이겠죠.

역시 『미셸 푸코』에 따르면, '우리는 누구인가'라는 질문은 다음과 같은 두 가지 질문이 결합된 것입니다. 첫 번째는 오늘날 지금 여기의 우리가 가지고 있는 동일성이 어떠한 역사적 종합으로부터 구성된 것인지의 질문입니다. 현재의 우리는 특정한 역사적 종합으로부터 구성된 것이기에, 이 우리를 탐구하기 위해 푸코는 계보학이라는 역사분석 방법론을 수단으로 역사학을 실천하죠. 두 번째는 어떻게 우리가 오늘날 지금 여기의 우리와는 다르게 존재할 수 있는지의 질문입니다. 계보학의 정치적 목표와 동일하죠? 이 두 번째 질문은 그래서 정치적 질문인데, 이에 답하기 위해 푸코는 계보학을 행하는 것이죠. 결론적으로 푸코가 우리는 누구인지 질문을 던지는 이유는 어떤 지적 유희를 위해서가 전혀 아니라 새로운 주체성을 발명하기 위해서입니다. 자유를 수단으로 우리의 존재의 새로운 양태를 발명함으로써 오늘날 지금 여기의 현실과 싸워 나가는 것입니다. 주체의 이러한 자유를 사유하고자 푸코는 권력 개념에서 통치성 개념으로 이행해 자기의 통치와 타자의 통치를 결합하는 것이고요.

후기 푸코의 저항론은 도식적으로 파레시아적 실천과 견유주의적 실천의 결합이라고 정리할 수 있는데요. 파레시아적 실천은 담론의 차원에서 행해지는 것, 견유주의적 실천은 존재론적 차원에서 행해지는 것입니다. 물론 푸코에게 담론과 존재가 하나이듯 이 두 실천은 항상 결합되어 있으므로 이런 이분법적 구분이 푸코에게 큰 의미는 없습니다. 하지만 이러한 도식을 활용해 표현하자면, 푸코는 담론과 존재 양 차원에서 주체의 자유를 수단으로 새로운 주체성을 발명하는 것을 정치와 저항, 궁극적으로는 혁명으로 개념화하는 것이죠. 푸코에게서 총체적 혁명이란 개념은 무의미하니 이 혁명이란 개념의 함축이 기존 좌파의 사유와 정치가 이 개념에 부여하는 함축과는 매우 다르겠지만요.

그러니까 이러한 새로운 주체성의 발명은 사회적 총체성에 관련된 것이라기보다는 말년의 푸코의 화두인 자기가 자기와 맺는 관계의 변형 작업, 더 나아가 자유로운 우리 자신에 관한 우리 스스로의 변형 작업에 관련된 것입니다. 우리 자신에 관한 역사-비판적 존재론에 고유한 철학적 에토스란 자유로운 존재로서의 우리 자신이 우리 스스로에게 가하는 변형 작업인 것이죠. 그런데 이러한 변형 작업은 현재 또는 현행성 내에서 이와는 다른 오늘날 지금 여기를 위한 것이니까, 푸코철학의 최종적 결론을 다음과 같이 표현할 수 있겠네요. '윤리, 태도(에토스), 비판, 계몽으로서의 현대성 내 현실 혹은 현행성의 존재론으로서의 우리 자신의 역사-비판적 존재론을 구축하기.' 미셸 푸코에게서 현행성의 철학을 경유해 우리는 말년의 푸코가 제시한, 푸코철학 전체에 관한 최후의 정식을 해명한 것입니다.

구조와 현행성

그렇다면 이제 왜 그저 '현행성의 철학'이 아니라 '구조로서' 현행성의 철학인지 조금 더 설명해 보겠습니다. 방금 전 우리는 구조와 정세 간 이분법의 지양이라는 견지에서 이 점을 해명했는데, 약간의 설명이 더 필요하거든요. 이 문제에는 발리바르가 '철학적 구조주의'라 부르는 지적 맥락이 깔려 있어서 그렇습니다.

발리바르는 넓은 의미의 구조주의, 그러니까 철학에 생산한 구조주의의 효과를 철학적 구조주의라고 부릅니다. 그리고 현행성의 철학은 포스트-구조주의에서 출발하는 흐름이 아니라 구조주의에서 출발해 포스트-구조주의로 나아가는 흐름의 결론이라고 강조하면서, 이러한 구조주의의 핵심으로 구성되는 주체에 대한 사유를 제시하죠. 그런데 주체는 바로 구조에 의해서 구성됩니다. 그리고 이 구조를 정세와 대립적인 것으로 개념화하는 게 아니라 정세의 우연한 연속으로, 마찬가지로 정세는 구조의 특정한 순간에서의 특정한 배치로 개념화함으로써 현행성의 철학은 오늘날 지금 여기 우리가 놓여 있는 이 현실을 우연한 마주침의 '사건'으로서 '생산'되는 것과 '구조'로서 항상-이미 주어져 있는, 정세의 우연한 연속으로 인해 '재생산'되고 있는 것의 결합으로 사유합니다. 그래서 현행성의 철학은 그 구조주의적 출발점으로 인해 현행성을 이루는 구조에 대한 분석, 더 나아가 이 분석에 기반한 비판 그리고 변형과 분리될 수 없는 것입니다. 그러니까 현행성의 철학은 발리바르가 『개념의 정념들』에서 암묵적으로 강조하듯 사건의 철학과는 조금 다르게 사회과학과 적극적으로 교통하고요.

사건의 철학과의 차이 속에서 이를 다시 서술해 보면요. 현행성의 철학의 목표는 사건을 기다리는 것이 아니라 '현행성을 사건화하는 것', 또는 '사건을 현행화하는 것'입니다. 구체적으로 이는 '예속(적 주체)화로서의 사건', '사건으로서의 예속(적 주체)화'를 사유의 대상으로 취하는 것인데요. 이는 이미 활용한 관념을 가져오면 '주체의 상황 내로의 사건적 함축'을 의미합니다. 바로 이것이 사건의 철학에 대해 지니는 현행성의 철학의 판별적 특징입니다. 그러니까 현행성을 이루는 구조에 대한 분석, 비판, 변형이 현행성의 철학에서는 생략될 수 없습니다. 그래서 현행성의 철학은 항상 '구조로서의 현행성'에 관한 철학일 수밖에 없고, 현행성의 철학과 구조주의 간 긴밀한 관계로부터 출발하는 이러한 특징은 현행성의 철학과 사회과학 간 밀접한 교통 관계를 생산하게 됩니다. 자세히 관찰해 보면 들뢰즈, 데리다, 바디우의 사건의 철학은 사회과학에서 많이 응용되지는 않는다는 점을 확인할 수 있을 거예요. 물론 이는 어떠한 우위를 논하는 것은 당연히 아니고, 단지 사회과학과의 교통가능성 정도에 따라 각 철학의 특징을 보고자 하는 것일 뿐입니다. 사건의 철학과 달리 알튀세르, 푸코, 버틀러의 구조로서 현행성의 철학은 사회구조에 대한 부르디외의 비판사회학적 분석이 그러한 것처럼 사회과학 일반과 잘 교통하죠. 이러한 이유로 여러분은 사회과학 연구를 위한 필수 단계인 이론적 배경의 구성에서 알튀세르, 푸코, 버틀러가 자주 등장하는 것을 쉽게 확인할 수 있는 겁니다.

이러한 지적 맥락 때문에 여러분은 발리바르의 『개념의 정념들』 3부 「현행성」에서 구조주의에 관한 장인 8장 "구조주의: 사회과학의 방법인가 전복인가?"를 발견할 수 있습니다. 이미 강조했듯 이는 부록 1번 "구조주의: 주체의 파면?"과 짝이 되는 텍스트입니다. '주체 파면의 사유'로서 구조주의는 사회과학과 깊은 이론적 관계를 맺고 있는데, 이러한 관계는 현행성 개념의 매개로 형성되는 것이죠. 현행성의 철학의 저항전략이 현행성을 사건화하고 사건을 현행화하는 것이니, 이 현행성을 이루는 구조에 대한 탐구는 사건의 철학과는 달리 현행성의 철학에는 필수적인 일입니다.

현행성의 철학자들 중에서도 특히 푸코가 구조를 탐구하는 방식이 바로 계보학적 역사분석입니다. 진태원 선생님의 명쾌한 설명에 의거해 다시 한번 반복하자면, 계보학은 첫째, 기원이라는 관념을 거부하고, 둘째, 필연성은 역사적으로 우연적인 것일 뿐이라고 사고하고, 셋째, 앞선 두 가지 작업을 통해 현재의 우리와는 다른 우리의 가능성을 확보하는 새로운 가능성의 장을 개방합니다. 그래서 계보학의 궁극적 목표는 현행성, 즉 오늘날 지금 여기 우리가 놓여 있는 이 현실은 '이렇지 않을 수도 있었다'는 점을 보여 주는 것이죠.

이러한 현행성은 갈등과 모순에 의해 구성되어 있는데, 현행성이 갈등적이고 모순적인 사회구조의 특정 순간에서의 특정한 배치이기 때문입니다. 그리고 사회구조가 갈등적이고 모순적인 이유는 그것이 '생산'된 이후 끊임없이 '재생산'되어야 하기 때문이죠. 재생산은 자동적으로 이루어지지 않으며 절대 보증되어 있지 않습니다. 재생산은 매번의 생산을 위험 속에서 강행하며, 필연적으로 갈등과 모순을 산출합니다. 현행성의 철학은 이러한 현행성의 갈등과 모순을 정면으로 사유하는 철학입니다. 그러니까 인간, 사회, 세계, 결국 존재와 역사를 바라보는 관점이 조화의 관점이 아닌 갈등과 모순의 관점인 것이죠.

너무 늦은 감이 있지만 이제 조금 더 자세히 설명하자면, 갈등과 모순 둘 모두를 언급하는 이유는 이러한 관점 내에도 두 가지 정향이 존재하기 때문입니다. 헤겔주의적이고 마르크스주의적인 견해는 이 구조가 '모순과 적대'에 의해 구성되어 있다고 생각하고, 포스트-헤겔주의적이고 포스트-마르크스주의적인 견해는 이 구조가 '갈등과 경합'에 의해 구성되어 있다고 생각합니다. 물론 알튀세르는 전자에 해당하고 푸코는 후자에 해당하죠. 푸코는 니체의 영향하에 명시적으로 헤겔적인 모순의 논리를 거부하고 포스트-헤겔적인 경합의 논리를 채택합니다. 하지만 우리는 이 지점까지는 건드리지 않고 간단히 현행성의 철학이 구조로서 현행성을 갈등과 모순에 의해 관통되어 있는 것으로 본다고 정리합시다.

현행성의 철학이 구조로서 현행성이 취하는 갈등과 모순을 정면으로 사유하는 철학이라는 점에서 이는 알튀세르의 갈등적, 분파적, 분열적, 이단적인, 즉 유별나고 독특한 토픽적 과학에 관한 논의와 곧바로 연결됩니다. 오늘날 지금 여기 우리가 놓여 있는 이 현실인 구조로서 현행성은 '이렇게까지' 폭력적인 갈등과 모순에 의해 관통되지 '않을 수도 있었'고, 그렇기에 다른 구조로서 현행성을 바로 오늘날의 '우리'가 만드는 것도 가능한 것입니다. 데리다의 더 적은 폭력론을 활용해 다르게 표현하면, 주체에 대한 규범권력의 더 적은 폭력이, 구체적으로는 주체성의 한계에 놓여 있는 '소수자' 또는 '비정상인'에 대한 규범권력의 더 적은 폭력이, 그러한 구조로서 현행성을 만드는 것이 가능하다는 것입니다. 발리바르는 구조로서 현행성의 철학의 저항전략은 바로 이러한 구조로서 현행성을 만들기 위해 오늘날 지금 여기의 현행성을 '사건화'하는 것, 사건을 '현행화'하는 것이라고 말합니다. 발리바르는 이를 '사건성 너머의 현행성', '사건으로서의 현행성, 현행성으로서의 사건'이라 표현하죠. 물론 이것이 바로 구조로서 현행성의 철학에서 정치, 저항, 혁명입니다. 이러한 목표에 복무하는 과학이 바로 알튀세르적 과학이고요.

이제 마지막으로 해명해야 할 질문은 이것입니다. 포스트-구조주의에서 정치, 저항, 혁명을 위해 현행성을 사건화하고 사건을 현행화하는 이는 도대체 '누구'인가, 그리고 그것은 '어떻게' 가능한가.

포스트-구조주의에서는 누가 그리고 어떻게 정치, 저항, 혁명을 수행하는가?

이번 강의에서 우리는 발리바르의 『개념의 정념들』에서 제출되는 '개념의 정념들'이라는 정식에서 출발해 푸코철학에서 '현행성' 개념에 도달했습니다. 이제 이에 기반해 구조로서 현행성의 철학의, 결국 포스트-구조주의의 궁극 목표란 무엇인지 정리하며 이 마지막 강의를 마무리할 것입니다.

개념의 정념들이라는 정식과 현행성이라는 개념을 통해 미루어 짐작할 수 있듯, 구조로서 현행성의 철학, 결국 포스트-구조주의의 목표는 분과학문으로서의 철학 내에서 어떠한 논리적 체계를 구축하는 것이 전혀 아닙니다. 현행성이라는 개념 자체가 이러한 구축을 불가능하게 만드는 장애물 역할을 합니다. 오히려 구조로서 현행성의 철학의 목표는 현행성, 그러니까 '오늘날 지금 여기 우리가 놓여 있는 이 현실'을 변화시키는 것입니다.

현실의 변화, 이것이 실은 정치 그 자체이고 이를 위한 실천이 바로 저항이죠. 구조로서 현행성의 철학은 어떠한 철학적 대상을 사유하지 않습니다. 구조로서 현행성의 철학은 바로 이 현실을 변화시키기 위해 이 현실에 개입하는 지극히 정치적인 저항의 철학입니다. 이제 이를 이러한 구조로서 현행성의 철학의 실행자인 '철학자'의 견지에서 조금 더 자세히 설명해 보겠습니다.

다시 한번 반복하자면 『개념의 정념들』에서 발리바르는 포스트-구조주의를 다음과 같이 정의합니다. 구조주의가 구조에 의한 주체의 구성을 사유한다면, 포스트-구조주의는 이렇게 구성된 주체가 취하는 주체성의 현전 불가능한 한계와 그 너머를 사유합니다. 이 한계에서 주체의 정상성은 해소되며 이러한 해소는 주체에게 폭력으로 경험됩니다. 바로 이 현전 불가능한 한계로서 주체성의 한계에 저항의 가능성이 놓여 있는데, 이를 사유하는 것이 포스트-구조주의이죠. 그런데 이러한 주체성의 한계를 사유하는 것, 다르게 말해 정치를 행하는 것, 저항하는 것을 블랑쇼로부터 영감을 얻어 '바깥의 사유'라는 정식을 제출했던 초기 푸코를 따라 '바깥의 사유'라고 부를 수도 있고, 『말과 사물』의 초기 푸코를 따라 '다른 에피스테메로의 이행'이라 부를 수도 있고, 일반적인 방식으로 구조의 넘어섬 혹은 지양 또는 구조 변동, 그러니까 혁명이라 부를 수도 있겠죠.

　푸코는 철학적 글쓰기를 수단으로 오늘날 지금 여기 우리가 놓여 있는 이 현실에 개입해 이를 변화시키려 했던, 펜을 칼처럼 썼던 '사무라이'였습니다. 그리고 바로 이 푸코가 우리는 '어항'이라는 담론 속의 '금붕어'라는 주체라고 생각했습니다. 그렇다면 이 사무라이라는 비유와 금붕어라는 비유는 상충하는 것 아닐까요? 금붕어는 어항 바깥으로 나갈 수 없습니다. 어항 바깥으로 나간다면 금붕어는 죽게 됩니다. 어항의 물속에 있기에 어항 바깥세상을 투명하게 볼 수도 없습니다. 금붕어는 어항을 깨뜨릴 힘도 없고요. 깨뜨린다고 해도 바로 물이 쏟아져 죽게 되고 말겠죠. 그렇다면 사무라이 푸코의 철학적 글쓰기는 무의미할까요? 자신의 담론 개념이 그 바깥의 존재를 부정한다면 푸코는 무엇 하러 정치와 저항을 이야기한 것일까요? 아무 의미 없는 철학적 글쓰기에 푸코는 왜 평생을 바쳤을까요? 포스트모더니즘을 비판하는 이들의 주장대로 포스트-구조주의는 극단적 상대주의로 인해 허무주의에 빠지고 마는 것일까요?

　주체성의 현전 불가능한 한계와 그 너머란 무엇인지 다시 한번 생각해 봅시다. 주체성의 현전 불가능한 한계와 그 너머란, 일반적인 상식으로는 안과 밖을 가르는 것이 경계이고 이 경계가 곧 한계니까, 주체 또는 구조의 외부를 의미하는 것일까요? 여기에서 증상적 독해 개념과 관련해 살펴봤던 알튀세르의 「"자본"에서 마르크스의 철학으로」를 다시 참고해 볼 필요가 있습니다. 알튀세르는 이 글에서 푸코가 『광기의 역사』에서 사유하는 광인에 대한 감금이 안과 밖의 통상적인 삼차원 위상학을 뒤튼다고 설명하죠. 알튀세르는 푸코에게서 바깥이 '안의 바깥'이라고 설명하는 것인데요. 당연히 이는 초기 푸코의 '바깥의 사유'라는 정식에서 제시되는 바깥 개념에도 적용됩니다. 알튀세르는 '배제의 내부적 어둠'이라는 표현으로 푸코의 감금 개념을 설명합니다. 외부는 내부의 안에서 어둠에 가려져 있는 것입니다. 초기 푸코가 자신의 바타유론인 「위반에 관한 서문」에서 제출하는 위반 개념 또한 마찬가지입니다. 푸코에게서 위반은 법의 위반과 경계의 위반 모두를 중의적으로 의미하는데, 그러나 여기에서 위반은 법을 어기고 경계를 넘어섬으로써 이루어지는 것이 아니라, 그 법과 경계가 항상-이미 어겨져 있고 넘어서 있는 것입니다. 안과 밖, 내부와 외부의 통상적인 삼차원 위상학이 완전히 뒤틀려 있다는 점을 기억하길 바랄게요. 바로 이러한 관념으로부터 가시성과 비가시성 간 비-가시적 관계 또는 비-관계에 관한 개념인 증상적 독해 개념이 도출된다는 점도요. 이러한 뒤틀린 위상학으로 인해 빛을 비추면 사물을 볼 수 있고 빛이 없다면 사물을 볼 수 없다는 가시성과 비가시성 간 통상적 관계 또한 교란됩니다.

그렇다면 어떻게 '볼' 수 있을까요? 일반적으로 그러하듯 빛을 비추어서 볼 수 있는 건 아닙니다. 여기에서 증상적 독해 개념이 등장하는 것이고요. 저항을 위해서는 우선 보아야 하잖아요. 아니 실은, 이러한 시공간적 뒤틀림 속에서는 보기 위해서 우선 저항해야 할 수도 있고요. 어떤 경우든 그 본다는 것 자체가 통상적인 방식으로는 이루어질 수 없습니다. 보고 있으면서도 볼 수 없는 사태가 존재한다, 그러니까 분명 여기에 놓여 있는데, 심지어 빛 또한 비치고 있는데, 아니 오히려 그 빛 때문에 보지 못하는 사태가 존재합니다. 공간적 측면에서 다른 곳으로 나가는 것이 문제가 아니듯, 시각적 측면에서도 다른 곳을 보거나 아니면 빛을 비추는 것이 문제는 아닙니다. 이를 주체성의 한계와 그 너머로 요약해 보자면, 주체성의 한계란 이를 넘어서면 주체의 외부로 나갈 수 있는 한계, 이를 넘어서면 저항의 지점에 도달할 수 있는 그런 한계가 전혀 아닌 것입니다. 한계 그 자체를 다른 방식으로 사유해야 하는데, 다음과 같이 다르게 말해 보죠.

현행성의 철학자들이 제출하는 정치철학은 지극히 현세적인, 세속적인 정치철학입니다. 공간적 견지에서는 바로 '이' 공간에서, 다르게 표현하면 오늘날 지금 여기 우리가 놓여 있는 이 현실이라는 '공간'에서 변화가 이루어져야 합니다. 그래서 현행성의 철학자들은 '구조'를 강조하면서 이를 분석하고 사유하는 일에 집중하는 것입니다. 시간적 견지에서도 사태는 동일하겠죠. 시간적 견지에서는 바로 '이' 시간에, 다르게 표현하면 오늘날 지금 여기 우리가 놓여 있는 이 현실이라는 '시간'에서 변화가 이루어져야 합니다. 그래서 현행성의 철학자들은 '정세'를 강조하면서 이를 분석하고 사유하는 일에 집중하는 것입니다.

이를 다르게 표현하기 위해 역사와 헤테로토피아라는 두 개념을 가져올 수 있는데요. 현행성의 철학자 푸코는 왜 역사를 탐구할까요? 역사는 바로 지금 여기의 시간의 타자이기 때문입니다. 푸코는 지금 여기의 시간의 타자를 사유함으로써 지금 여기를 변화시키려는 것이죠. 계보학에 대한 설명을 한번 상기해 보세요. 마찬가지로 헤테로토피아는 바로 지금 여기의 공간의 타자입니다. 헤테로토피아의 가장 단순한 정의는 '실현된 유토피아', '실제의 유토피아'인데요. 이를 다르게 표현하면 지금 여기의 공간의 타자, '다른 공간들'이겠죠.[20] 푸코는 지금 여기의 공간의 타자를 사유함으로써 지금 여기를 변화시키려는 것입니다. 그래서 이 다른 공간들을 '타자적 공간들'이라고 다르게 번역할 수도 있을 것입니다. 계보학적 역사분석과 헤테로토피아적 공간분석을 통해 푸코는 정세와 구조를 분석하고 이로써 오늘날 지금 여기를 변화시키려 하는데, 이는 푸코를 포함한 구조로서 현행성의 철학자들의 공통된 지향이겠죠. 다르게 말해 오늘날 지금 여기의 사회적 관계를 변형하는 현세의 정치철학이라 표현할 수도 있겠네요.

발리바르의 푸코 해석에 의거해 구조로서 현행성의 철학에서 정치와 저항 그리고 혁명에 대해 정리해 볼까요? 다른 구조로서 현행성의 철학자들인 알튀세르와 버틀러의 경우에도 사태는 크게 다르지 않을 테니까요. 『말과 사물』의 초기 푸코에게 탈근대 에피스테메의 도래는 근대 혹은 현행 에피스테메의 한계를 넘어서는 '위반과 바깥의 사유'로서 바타유와 블랑쇼 등의 프랑스문학 즉 '대항-문학'을 통해, 그리고 이러한 한계에 대한 과학으로서 라캉 정신분석학과 레비-스트로스 구조인류학의 '대항-과학'을 통해 가능합니다. 이렇듯 탈근대 에피스테메를 도래케 하는 것이 정치이고 저항이고 혁명이라고 한다면, 이러한 대항-문학과 대항-과학이 수행하는 정치와 저항 그리고 혁명이란 현행 에피스테메가 제시하는 기성 선택 체계 바깥의 선택지를, 결국 이단점을 취하는 것입니다. 물론 이 바깥이 통상적인 삼차원 위상학에서 말하는 바깥이 아니라 간극, 틈새, 흠집이라는 점은 꼭 기억하고요.

그러니까 이것도 저것도 아닌 제3의 입장, 제3의 당파를 취하는 것, 기존 지식 체계, 담론 체계 '내에서' 메타이론적 갈등을 통해 이단점을 형성하는 것, 그것이 바로 정치이고 저항이고 혁명입니다. 『개념의 정념들』의 서문에 의거해 이미 설명했듯 현행성에 가닿기 위해서는, 이제는 다음과 같이 표현해 보자면 오늘날 지금 여기 우리가 놓여 있는 이 현실을 변화시키기 위해서는, 제3의 입장, 제3의 당파를 취해 이단점을 형성함으로써 현행성을 향해 논쟁적으로 상승해야 합니다. 이러한 이단점의 형성이란 기존 선택 체계 '바깥'의 선택지를 취하는 것, 결국 기존 선택 체계 '안'에 있는 간극, 틈새, 흠집에 증상적 독해로써 주목하는 것이죠. 이단점 형성을 통한 논쟁적 상승, 이를 통한 현행성 도달을 위해서는 이 간극, 틈새, 흠집을 증상적으로 탐지한 뒤 이 간극, 틈새, 흠집으로 비집고 들어가 안을 바깥으로 뒤집어 까야만 합니다. 이것이 구조로서 현행성의 철학이 정치와 저항과 혁명을 사유하는 핵심입니다.

　여기에서 철학적 구조주의의 핵심이, 포스트-구조주의의 핵심이 담론주의라는 점을 다시금 강조합시다. 버틀러는 이를 사회적 주체의 담론적 생산으로, 알튀세르는 이를 이데올로기에 의한 개인의 주체로의 호명으로 정식화했죠. 푸코에게 이는 담론 바깥의 주체란 없다는 테제로, 어항 속 금붕어라는 비유로 제시되겠죠. 그래서 포스트-구조주의에서 정치와 저항과 혁명은 예속된 주체의 정치이고 저항이고 혁명이지, 이러저러한 본성을 가진 인간의 또는 어떤 초월적 주체의 정치가 아니고 저항이 아니고 혁명이 아닙니다. 포스트-구조주의에서 저항은 담론 내에서의 저항입니다. 담론이 예속된 주체를 생산하기 때문에 이 예속된 주체의 탈예속화를 경유한 저항 또한 담론적입니다. 여기에서 구조로서 현행성의 철학과 사건의 철학이 갈라집니다. 구조로서 현행성의 철학은 사건을 기다리지 않습니다. 구조로서 현행성의 철학은 오늘날 지금 여기에서 현행성을 사건으로 만듭니다. 그리고 지극히 현세적인, 세속적인 정치를 사유하고 실천합니다.

　그런데 오늘날 지금 여기 우리가 놓여 있는 이 현실을 사건화하는 이는 과연 누구일까요? 바로 '금붕어', 즉 주체겠죠. 이 주체는 바로 '우리'입니다. 주체의 상황 내로의 사건적 함축에 관한 앞선 논의를 떠올려 보세요. 여기에서 우리라는 주체는 '담론적' 주체입니다. 그래서 『개념의 정념들』 7장 "철학과 현행성: 사건을 넘어서?"에서는 이러한 정치와 저항과 혁명의 주체가 바로 '철학자'로, 더 나아가 '글 쓰는 이'로 설정되는 것입니다. 이때 철학자는 직업 철학자인 저와 같은 좁은 의미의 전문가를 말하는 것이 아닙니다. 넓은 의미의 글 쓰는 이를 말하는 것이에요.

여기에서 발리바르는 정치와 저항과 혁명을 현행성, 즉 '오늘날 지금 여기 우리가 놓여 있는 이 현실을 사건화하겠다'는 '철학자의 결단과 개입'으로 정식화하는데, 이 철학자 또는 넓은 의미의 글 쓰는 이는 담론주의에 따라 바로 담론 내에서 이러한 결단과 개입을 수행하죠. 담론적 주체는 상황 내에 함축된 주체로서 상황에 대한 진리적 표상을 획득해 이에 따라 논리적으로 이 상황에 개입할 수 없습니다. 하지만 변화를 위해서 이 담론적 주체는, 철학자는, 논리를 넘어서는 결단에 따라 상황에 개입해야 합니다. 담론적 역설, 수행적 모순, 언표작용의 역설인 거예요. 그렇기 때문에 이 철학자의 결단과 개입은 현행성, 또는 정치적 의미의 정세 내에서의 철학적 글쓰기를 통해 실행되는 것이지, 현행성 또는 정세의 외부에서 행해지는 실체적인 것, 비-텍스트적인 것이 아닙니다. 이를 '정세 내에서의 철학적 글쓰기'로 간단히 정식화할 수 있는데요. 철학자 또는 글 쓰는 이는 이러한 정세 내에서의 철학적 글쓰기, 그러니까 에크리튀르라는 사건을 통해 주체로서 상황 내로 사건적으로 함축되며, 이로써 '예속화의 원환을 전위'시키죠. 이것이 바로 구조로서 현행성의 철학이 개념화하는 정치이고 저항이고 혁명입니다. 그렇다면 왜 갑자기 '예속화의 원환을 전위시킨다'고 발리바르는 주장하는 것일까요?

『개념의 정념들』 4장 "군주가 된다는 것, 인민이 된다는 것: 마키아벨리의 갈등적 인식론"에서 발리바르는 이러한 철학적 글쓰기의 예시로 마키아벨리의 『군주론』을 꼽고 있습니다. 마키아벨리는 당대 이탈리아의 정세 속에서, 제3의 입장과 당파를 취하는 『군주론』을 집필하는 결단과 개입을 통해 정치와 저항과 혁명을 수행했던 것입니다. 마키아벨리의 예시를 통해 알 수 있듯, 구조로서 현행성의 철학이 정치와 저항과 혁명의 주체로 상정하는 철학자 또는 글 쓰는 이가 아무나는 아니라는 점에 주목합시다. 모든 글쓰기가 이러한 효과를 생산할 수 있는 게 아니라, 철학적 글쓰기만이 이러한 효과를 생산할 수 있습니다. 이는 철학자가 자신의 철학적 글쓰기를 통해 수행하는 것이, 바로 이것도 저것도 아닌 제3의 입장과 당파를 취함으로써 이루어지는 이단점의 형성이기 때문입니다.

마키아벨리가 그러했듯, 현행 에피스테메의 선택 체계 내에서 이러한 철학자를 위한 자리는 없습니다. 오히려 철학자는, 그러니까 구조로서 현행성의 철학자는 현행 에피스테메의 갈등과 모순, 다르게 말해 간극, 틈새, 흠집을 비집고 들어가 안을 바깥으로 뒤집어 까 버려야 합니다. 이는 정세적 개입 속에서만 이루어질 수 있는 것이고요. 그렇기에 이러한 철학자는 발리바르를 따라 프레드릭 제임슨Fredric Jameson의 표현을 빌려오자면 '사라지는 매개자vanishing mediator'입니다. 정세 내에서의 철학적 글쓰기를 통해 이단점을 형성함으로써 수행적 모순 또는 담론적 역설 또는 언표작용의 역설의 양태 내에서 예속화의 원환을 전위시키는 것, 이것이 바로 구조로서 현행성의 철학이 세공하는 정치이고 저항입니다.

그럼 우리에게 남게 되는 질문은 왜 실재에 직접 개입해 이 실재라는 물질을 잡아 비틀어 변형하지 않는가입니다. 다르게 표현하면 왜 예속화의 원환을 깨뜨리는 것이 아니라 단지 전위시키는 것에 머무르는가입니다. 후기 푸코는 권력 개념으로부터 통치성 개념을 발전시키면서 저항을 이전과는 다른 방식으로 개념화하는데, 이를 전면적으로 제시한 강연이 바로 1978년의 프랑스철학회 강연 「비판이란 무엇인가」죠. 꽤 유명한 표현인데, 이 강연에서 후기 푸코는 비판을, 또는 정치와 저항을, 또는 혁명을 '이런 식으로는 더 이상 통치받지 않는 기술'로 정식화합니다. 통치로부터 완전히 벗어난 어떠한 순수상태란 존재하지 않습니다. 다르게 표현하면, 담론의 바깥이란 없습니다. 권력의 바깥이란 없습니다. 담론과 권력에 의한 예속화 바깥의 주체란 없습니다. 그러니까 담론과 지식-권력 안에서 예속화의 원환을 전위시켜야 하는 것이죠. 이러한 전위는 지극히 담론적인 방식으로, 즉 철학적 글쓰기를 통해서 이루어질 수밖에 없습니다. 하지만 그것도 기존 선택 체계가 제시하지 않는 제3의 입장과 당파를 선택해 갈등과 모순의 사회구조 내 간극, 틈새, 흠집을 비집고 들어가 안을 바깥으로 뒤집어 까 버림으로써만 가능합니다.

내세의, 유토피아의 정치학의 일환으로 예속화 없는 어떠한 외부를 상정하는 것이 아닙니다. 한계 너머로 나아가는 게 위반이 아닙니다. 초기 푸코는 말할 것도 없고 중후기 푸코 모두에게서, 바깥이란 그런 것이 아닙니다. 이미 우리는 초기 푸코에게서 안과 밖의 통상적인 삼차원 위상학이 유효성을 상실한다는 점을 확인했습니다. 그래서 초기 푸코는 유토피아가 아닌 헤테로토피아를 대안으로 제시하면서 탈근대 에피스테메의 도래란 근대 에피스테메의 종언 이후에 등장하는 것이 아니라 근대 에피스테메 내부에 이미 존재하고 있는, 하지만 근대 에피스테메가 제시하는 선택 체계에는 놓여 있지 않은 그러한 간극, 틈새, 흠집을 철학자가 증상적 독해로써 탐지하고 이와 동시에 철학적 글쓰기를 통해 그 안으로 비집고 들어가 근대 에피스테메를 뒤집어 까면서 도래하는 것이라고 주장한 것입니다. 하지만 이보다 더욱 중요한 이유가 있습니다. 실재를 협의의 물질이 아니라 주체가 생산하고 그로부터 주체가 생산되는 구조, 그러니까 기호와 텍스트 그리고 규범으로서의 구조로 취해야 거기에서 간극, 틈새, 흠집을 발견할 수 있고 역사를 변화를 위한 절대적 우발성에 개방할 수 있기 때문입니다. 물론 이 두 이유는 사실 하나라는 거, 눈치챘겠죠.

이러한 정세 내에서의 철학적 글쓰기를 수행하는 철학자 또는 글 쓰는 이가 정치와 저항과 혁명에 관한 어떠한 체계적 이론을 제시할 수 없으며 자신이 그 실천 속에서 항구적 시간 동안 존재할 수도 없다는 점은 말할 필요도 없겠죠. 이러한 철학자 또는 글 쓰는 이는 정세적 개입 속에서 사라지는 매개자에 불과합니다. 개입 속에서 사라지면서도 자신의 글을 통해 효과 또는 흔적을 남기는 이, 이러한 효과 또는 흔적을 통해 예속화의 원환을 그것이 덧없는 것이라 할지라도 반복해 전위하는 이.

벤느의 사무라이와 금붕어라는 비유를 가지고서 환언해 보자면, 아무리 베어도 끝없이 나타나는 적들 앞에서 사무라이의 칼은 허망하게 덧없고, 물 밖에서 숨 쉴 수 없는 금붕어는 어항 밖으로 나갈 수 없습니다. 하지만 이러한 상황이 정치와 저항과 혁명은 불가능하다는 허무주의로 이어지진 않습니다. 차라리 이는 정치와 저항과 혁명이란 효과를 통해서만 수행될 수 있다는 것, 오히려 그렇기에 정치와 저항과 혁명의 가능성은 항상-이미 존재하고 있다는 것, 하지만 또한 그렇기에 자신의 현행적인 정치, 저항, 혁명에 대해 끊임없이 의심해야 한다는 것, 그러니까 허무주의가 아니라 벤느가 푸코의 것으로 강조하는 '회의주의'로 이어집니다.

눈에 보이는 실재라는 협의의 물질을 잡아 비틀어 이를 변형하는 것만이 정치이고 저항이고 혁명이라는 겁박, '눈에 보이는 것이라는 헛것'에 속아선 안 됩니다. 담론 바깥의 '실재'란 없습니다. 우리는 담론 안의 예속된 주체이고 그러한 주체로서 담론 '바깥'으로 나가야 합니다. 그것이 정치입니다. 이것과 다른 정치란 존재하지 않습니다. 바깥이란 없습니다. 그저 오늘날 지금 여기의 시간과 공간이 있을 뿐입니다.

하지만 바깥은 있습니다. 갈등과 모순으로 구성된 오늘날 지금 여기의 시간과 공간이 품고 있는 간극, 틈새, 흠집이 바로 이 바깥입니다. 철학자 또는 글 쓰는 이는 이 간극, 틈새, 흠집으로 비집고 들어가 안을 밖으로 뒤집어 까 버릴 수 있습니다. 기존의 문학과 과학과 대립하는 대항-문학과 대항-과학을 통해서만 가능한, 그러니까 기존 선택 체계가 제시하지 않는 그래서 보이지 않는 선택지를 보고 이를 이단점으로 취함으로써만 가능한 이러한 작업을 통해 푸코가 꿈꿨던 탈근대 에피스테메는 도래할 것입니다. 그리고 이러한 철학자 또는 글 쓰는 이는 당연히 철학자, 이론가, 과학자로 한정되는 것이 아니라 정말 말 그대로 '글을 쓰는 이', 결국 이러한 정신을 따라 '텍스트를 생산하는 이' 모두입니다. 바로 현대 프랑스철학이 말하는 '우리'인 것입니다. 오늘날 지금 여기 이 현실을 살아가는 '우리'요.

이것이 바로 포스트-구조주의가 여러분에게 제안하는 정치, 지금껏 아무도 여러분에게 제안하지 않았던 정치입니다. 문명사적 위기인 이 삼중의 위기를 빠져나갈 수 있는 출구는 분명히 존재합니다. 심지어 오늘날 지금 여기에 말입니다. 다만 이 출구가 우리가 보던 방식으로는 볼 수 없는 것일 뿐입니다. 이 다섯 번의 강의가 여러분에게 앞으로 철학적 글쓰기를 통해 텍스트를 생산해 나갈, 그래서 그 텍스트를 통해 개입 속에서 흔적을 남긴 뒤 사라지는 매개자가 될 용기를 주었으면 하는 바람입니다. 지금까지 들어 주셔서 정말 감사합니다.

나가며

우리 모두는 현재가
언젠가는 역사가 될 것임을 알고 있다.
나는 사회과학자의 가장 중요한 과제는
현재가 여전히 현재일 때,
우리가 그 모습과 결과에 영향을 미칠 수
있는 힘을 여전히 가지고 있을 때,
현재를 [오늘날] 지금 [여기에서] 역사로서
이해하고자 노력하는 것이라고
믿는다.
—
폴 스위지,『역사로서의 현재』

다섯 번의 강의가 모두 끝났습니다. 우리가 이 다섯 번의 강의를 함께 하며 거쳐 온 여정을 이 자리에서 복기하며 마무리 짓는 것도 나쁘지 않을 것 같아요.

우리는 첫 번째 강의에서 데리다의 포스트-구조주의, 특히 그의 기호론에 의거해 기호와 텍스트 개념을 세공했습니다. 데리다의 독특한 기호와 텍스트 개념을 통해 실재를 포스트-구조주의적으로 이해한다는 것은 무엇인지 확인했죠. 물론 이는 데리다의 기호와 텍스트 개념에 머무르기 위함은 아니었습니다. 오히려 이로부터 데리다, 들뢰즈, 바디우와 같은 사건의 철학자보다는 알튀세르, 푸코, 버틀러와 같은 구조로서 현행성의 철학자의 사유의 중심에 놓여 있는 규범 개념으로 곧장 나아가기 위함이었습니다. 데리다에게 실재가 기호 그리고 텍스트와 다르지 않다면, 구조로서 현행성의 철학자들에게 실재는, 그러니까 구조는, 규범과 다르지 않습니다. 구조로서 현행성의 철학자들이 구조를 규범의 견지에서 사유하는 이유는, 사건의 철학자들과는 조금 다르게, 이들이 주체와 권력이라는 개념쌍을 통해 인간, 사회, 세계, 즉 존재와 역사를 사유하기 때문이죠.

두 번째 강의에서는 버틀러를 중심으로, 세 번째 강의에서는 알튀세르를 중심으로, 네 번째 강의에서는 푸코를 중심으로 이러한 주체와 권력이라는 개념쌍을 설명했습니다. 이는 어떤 면에서는 버틀러, 알튀세르, 푸코라는 구조로서 현행성의 철학자들 각각을 주체와 권력이라는 개념쌍의 견지에서 해설한 것이기도 하고, 어떤 면에서는 버틀러, 알튀세르, 푸코라는 구조로서 현행성의 철학자들 각각을 예시로 취해 포스트-구조주의를 일이관지하는 관념인 주체와 권력이라는 개념쌍을 해설한 것이기도 합니다. "들어가며"에서 말했듯, 이 책은 연구서가 아닌 입문서이기에 이러한 논리적 순환성을 감수하기로 한 것이죠.

두 번째 강의에서 함께 공부한 버틀러는 주체와 권력이라는 개념쌍을 활용해 생물적 섹스와 사회문화적 젠더 간 이분법을 해체합니다. 버틀러는 남성이라는 섹스와 여성이라는 섹스, 정상적 섹슈얼리티와 비정상적 섹슈얼리티를 구분하는 규범과 그 권력이 섹스와 섹슈얼리티의 주체를 생산한다고 주장합니다. 즉 순수한 생물적 섹스와 섹슈얼리타란 존재할 수 없고, 섹스와 섹슈얼리티는 규범권력에 의해 생산된 것으로서 지극히 주체적이라는 거죠. 섹슈얼리티는 말할 것도 없고 섹스 또한 주체 바깥의 어떤 실재, 본질, 진리가 아닙니다. 버틀러는 이러한 논의를 위해 알튀세르의 호명 개념에 의거합니다. 버틀러는 호명을 사회적 주체의 담론적 생산의 메커니즘으로 정식화하면서 언어와 담론에 의한 주체의 생산, 특히 섹슈얼리티의 주체의 생산을 해명합니다. 버틀러에게 주체를 생산하는 권력은 언어, 담론, 규범인 것입니다.

세 번째 강의에서 함께 공부한 알튀세르는 이데올로기적 호명에 의한 주체의 생산을 해명합니다. 그는 기존 마르크스주의의 사유와 달리 실재적 관계로서 경제적 관계와 상상적 관계로서 이데올로기적 관계라는 이분법을 넘어서고자 시도합니다. 알튀세르는 이로써 생산관계의 재생산을 기존 마르크스주의보다 더욱 철저히 사유하는데요. 기존 마르크스주의가 충분히 관심을 기울이지 못했던 지점, 즉 자본주의적 생산양식과 사회구성체 내 주체의 생산을 이론화하는 데 심혈을 기울이죠. 그에게는 이러한 주체를 생산하는 권력이 바로 이데올로기인 것이고요. 결국 이데올로기에 관한 사유를 극한으로 밀어붙이는 알튀세르를 따라 발리바르는 이데올로기를 경제와 동등한 지위를 가진 하나의 토대로까지 인정하게 됩니다. 이는 알튀세르, 그리고 발리바르가 이데올로기 바깥의 실재를, 심지어 그것이 기존 마르크스주의에서 말하는 경제라 하더라도, 인정하지 않게 되었기 때문입니다. 상호-얽힘의 상태에 있는 경제와 이데올로기 모두가 인간, 사회, 세계, 즉 존재와 역사의 토대입니다. 바로 이 이데올로기가 자본주의적 생산양식과 사회구성체 내 주체를 생산하는 것이고요.

네 번째 강의에서 함께 공부한 푸코는 주체와 권력이라는 포스트-구조주의의 개념쌍을 가장 순수한 형태로 사유한 인물이죠. 물론 푸코에게 권력은 권력이라는 이름 대신 초기에는 에피스테메, 언표와 담론이라는 이름으로, 중기에는 지식-권력이라는 이름으로, 후기에는 통치성이라는 이름으로 탐구되기는 하지만 말입니다. 권력을 무엇이라고 부르든, 처음부터 끝까지 푸코는 버틀러 그리고 알튀세르와 마찬가지로 권력에 의한 주체의 생산을 사유합니다. 더욱 구체적으로 말하면, 푸코는 바로 '규범'권력에 의해 주체가 생산된다는 점을 이론화하고자 하는데요. 버틀러에게서와 마찬가지로 푸코에게서 정상인과 비정상인을 가르는 규범은 항구적인 관심사였다고 할 수 있습니다. 정확히 말하면 버틀러가 규범에 관한 논의를 가져온 곳이 바로 푸코의 사유이죠. 버틀러는 푸코와 데리다 모두에게 가장 큰 영향을 받았다고 할 수 있지만, 데리다의 경우 규범 개념을 깊이 세공하지는 않았기 때문입니다.

주체는 바로 이러한 규범권력에 의해 생산되는 것이고, 이러한 주체는, 알튀세르에게는 이데올로기겠지만, 푸코에게는 담론의 바깥으로 나갈 수 없는 주체입니다. 우리는 이러한 사유 경향을 담론주의라고 불렀죠. 두 번째 강의에서 우리는 버틀러의 철학에 다가가기 이전에 담론주의란 무엇인지 간단히 살펴봤습니다. 이 담론주의를 가장 정교하게 세공한 포스트-구조주의자가 바로 푸코이고요. 물론 다시 한번 강조하지만 이 담론주의는 알튀세르에게는 '이데올로기주의'가 될 겁니다. 이런 용어는 알튀세르가 전혀 쓰지 않긴 하지만요. 핵심은 푸코에게 주체는 권력에 의해 생산된다는 것, 권력 바깥의 주체란 없다는 것입니다. 규범, 권력, 담론, 이데올로기 바깥의 주체란 없습니다. 이 주체가 생산하는 것일 뿐인 진리는 말할 것도 없고요.

다섯 번째 강의에서는 이렇게 권력에 의해 생산된 주체가 어떻게 자신을 생산한 권력에 저항할 수 있는지 질문을 던지고 그에 대한 알튀세르, 푸코, 버틀러, 즉 구조로서 현행성의 철학자들의 공통 답변은 무엇인지 탐구해 보았습니다. 이들이 자신을 생산한 권력에 대한 주체의 저항이라는 역설, 결국 정치와 혁명을 사유하는 실마리는 바로 현행성이었죠. 현행성이 없다면 이 악몽 같은 주체의 모순, 역설, 아포리아는 해결 불가능합니다. 하지만 현행성이 있기에, 그러니까 주체는 현행성 내에서 권력에 의해 생산되는 것이기에, 주체의 모순, 역설, 아포리아는 해결 가능합니다. 물론 '현행성' 내에서, 그러니까 과거도 아니고 미래도 아니고 '오늘날 지금 여기'에서만요. 포스트-구조주의의 세계관을 받아들이지 않는 이에게 이것은 전혀 해결책이 될 수 없으리란 걸 알지만요.

그래서 우리는 이 다섯 번째 강의의 출발점에서 오늘날 지금 여기의 우리가 놓여 있는 현행성인 삼중의 위기에 대해 간단히 다루었죠. 그 뒤 포스트-구조주의를, 특히 구조로서 현행성의 철학을 결산하고자 발리바르가 제출한 개념의 정념들이라는 정식을 알튀세르의 갈등적, 분파적, 분열적, 이단적이기에 유별나고 독특한 토픽적 과학이라는 정식과 함께 살펴보았습니다. 이로부터 우리는 알튀세르와 버틀러보다는 푸코의 현행성의 철학으로 나아갔는데, 이는 푸코가 현행성 개념을 가장 명시적으로 세공한 구조로서 현행성의 철학자이기 때문이죠.

여기에서 어떤 순환성이 형성됩니다. 주체와 권력이라는 개념쌍과 현행성이라는 개념은 논리적 선후관계가 없으며 분리 불가능하기 때문입니다. 현행성의 철학이 정치와 저항을 사유하기 위해서는 주체와 권력이라는 개념쌍이 필요하고, 주체와 권력이라는 개념쌍 속에서 정치와 저항을 사유하기 위해서는 현행성 개념이 필요합니다. 주체가 자신을 생산하고 예속화한 규범권력을 비판하고 이에 저항해 해방에 이르는 정치는 현행성 내에서만, 그것도 사라지는 매개자로서 철학자가 정세 내에서의 철학적 글쓰기를 통해 예속화의 원환을 전위시킴으로써만 덧없이 가능하기 때문입니다.

이러한 결론은 권력에 의해 생산된 주체가 어떻게 자신을 생산한 이 권력에 저항할 수 있는지의 문제 때문에, 그러니까 주체의 모순, 역설, 아포리아를 논리적 방식으로는 해결할 수 없기 때문에 제시되는데요. 하지만 역사 속에서도, 그리고 오늘날 지금 여기 우리가 놓여 있는 이 현실에서도, 저항은 끊임없이 일어나고 있습니다. 지배자의 악착같은 노력에도 정치의 공간은 절대로 닫히지 않습니다. 이 탈예속화를, 아니 더 넓게는 역사의 생성변화를 설명할 수 있는 유일한 방법은 저항을 담론주의의 견지에서 사유하는 것뿐입니다. 주체와 권력이 담론 속에서 상호-얽힘의 역동적 상태에, 그러니까 동역학적 과정 내에 놓여 있기에, 주체의 탈예속화는 현행성 내에서, 그것도 담론적 역설의 양태로만, 덧없이 이루어질 수 있습니다.

따라서 포스트-구조주의, 더 나아가 현대 프랑스철학이라는 독특한 사유가 정치에, 아니 여러분의 삶에 주는 교훈은, 다시 데리다의 기호와 텍스트에 관한 논의로 돌아와, 철학적 사유에 기반한 글쓰기를 수단으로 텍스트를 생산해 그 효과가 남기는 흔적을 실재에 각인함으로써 이 실재를 변화시키라는 것입니다. 사라지는 매개자가 되어, 과거도 아니고 미래도 아니고 바로 오늘날 지금 여기 우리가 놓여 있는 이 현실, 즉 현행성 속에서 말입니다.

미주

들어가며
1 자크 데리다의 『마르크스의 유령들』(진태원 옮김, 그린비, 2014)에서 재인용했습니다.

첫 번째 강의: 기호와 텍스트, 그리고 규범에 관한 사유로서 포스트-구조주의
1 인간, 사회, 세계를 바라보는 관점, 즉 세계관을 존재와 역사에 관한 관점으로 정식화한 것은 자크 데리다로부터 영감을 얻은 것입니다. 이 점에 관해서는 『데리다와 역사』(김민호 지음, 에디스코, 2024)를 꼭 읽어 보길 바랍니다. 저는 이 첫 번째 강의와 관련해 이 책으로부터 정말 많은 도움을 얻었습니다.
2 이에 관해서는 『구조주의 혁명』(임봉길 외 지음, 서울대학교출판부, 2000)에 실린, 송기형 선생님의 「구조주의 혁명의 연대기」를 읽어 보세요. 구조주의 사상이 20세기 사유에 얼마나 많은 흔적을 남겼는지 놀랄 겁니다.
3 물론 이런 서술은 너무 단순한데, 마니글리에가 지적하듯 구조주의 또한 구조의 재생산에 갇혀 있는 사유가 아니기 때문이죠. 한국어로 번역되어 있지 않아 소개하기가 조금 저어되지만, 마니글리에는 다음 논문에서 구조주의에 관한 오해들을 정교한 방식으로 일소하고 있습니다. Patrice Maniglier, "Structure in Modern French Philosophy", *The Oxford Handbook of Modern French Philosophy*, Edited by Daniel Whistler and Mark Sinclair, Oxford University Press, 2024. 우리 강의의 뒤에서는 포스트-구조주의와 관련해 구조의 해소보다는 그 한계라는 표현을 특권화할 텐데, 그럼에도 구조의 한계란 결국 해소되는 한계라는 점을 기억하세요.
4 포스트-구조주의에 관한 이 지성사적 작업은 미국을 포함한 여러 학계에서의 포스트-구조주의 수용을 이해하는 데에 필수적인 문헌입니다. 『루이비통이 된 푸코?: 위기의 미국 대학, 프랑스 이론을 발명하다』(프랑수아 퀴세 지음, 문형준·박소영·유충현 옮김, 난장, 2012)를 꼭 읽어 보길 바랍니다.
5 프랑스의 포스트-구조주의와 미국의 포스트-담론을 구분하는 이러한 입장은 진태원 선생님의 것입니다. 『애도의 애도를 위하여: 비판 없는 시대의 철학』(그린비, 2019) 1부 「포스트 담론 이후」를 읽어 보세요. 매우 논쟁적인 글인 만큼 출간 당시 활발한 토론을 불러일으킨 바 있는데요. 하지만 사람들은 진 선생님의 입장을 프랑스의 '진짜' 포스트-구조주의와 미국의 '가짜' 포스트-담론을 구분해야 한다는 것으로 오해했습니다. 직접 읽어 보면 알겠지만 진 선생님이 주장하는 바는 이 둘을 구분해야 더 생산적이고 창조적인 논의가 한국 학계에서 가능하다는 것이었습니다. 저도 서구 사상이 한국에서 독창적으로 수용되려면, 그 사상을 정확히 독해하고 그것이 형성된 역사와 맥락을 세심하게 이해하는 일이 전제되어야 한다고 생각합니다.
6 '원본 없는 재현' 테제를 들뢰즈 계열의 철학자들이 제시하는 재현 비판과 대립되는 것으로

보아서는 안 됩니다. 혹시 이 문제에 관심 있는 사람은 『삶』 16호 2023년 상권인 「특집: 왜 다시 '재현'이 문제인가?」에 수록된 재현에 관한 다섯 편의 글을 참고하세요.

7 왜 이 '생물학적'에 제가 자꾸 따옴표를 치는지는 두 번째 강의까지 가야 온전히 설명되기 때문에 이제는 따옴표를 치지 않을게요.

8 2023년 6월 19일 『한겨레』에 실린 칼럼 「홍준표 대구시장을 위한 성교육」은 다음 사이트에서 전문을 볼 수 있습니다. https://www.hani.co.kr/arti/opinion/column/1096544.html(접속 일자: 2025년 3월 20일)

9 이 '최종심급'이라는 어휘에 대해서는 세 번째 강의에서 설명합니다. 지금은 그저 '최종적 근거' 정도로 이해해도 무방합니다.

10 뒤에서 저는 '성적 진리'를 섹스와 섹슈얼리티 모두에 적용하면서 이 둘을 뒤섞을 텐데, 이는 우리가 남성, 여성이라고 말할 때의 그 '섹스'와, 동성애, 이성애, 무성애 등이라고 말할 때의 그 '섹슈얼리티'가 실은 체계적으로 구분되지 않는다는 점을 전달하고 싶어서입니다. 뒤에서 설명되겠지만, 포스트-구조주의가 도발적으로 주장하고자 하는 바는 섹슈얼리티가 주체의 '정체성'이듯 섹스 또한 주체의 '정체성'이라는 것이니까요.

11 예시 하나만 들게요. 오늘날에도 우리는 난자가 '조신하게' 정자를 기다리고 정자들은 자기들끼리 경쟁한다고 생각하죠. 하지만 이러한 '표상'은 한참 전에 깨졌어요. 우리가 가지고 있던 어떤 표상이 과학자들의 과학적 인식에까지 영향을 미쳤고, 더 적합한 과학적 인식이 생산된 이후에도 이 표상은 여전히 대중에게, 더 나아가서는 과학자들에게 영향을 미치고 있습니다. 임소연 선생님의 칼럼 「정자를 기다리는, 조신한 난자는 없다」(https://www.hani.co.kr/arti/culture/book/955937.html. 접속 일자: 2025년 3월 20일)를 읽어 보세요. 더 자세한 설명으로는, 『신비롭지 않은 여자들』(민음사, 2022)을 참고하세요.

12 『암컷들』(루시 쿡 지음, 조은영 옮김, 웅진지식하우스, 2023)을 참고하세요.

13 『진실 따위는 중요하지 않다』(미치코 가쿠타니 지음, 김영선 옮김, 정희진 해제, 돌베개, 2019)를 참고하세요.

14 『지적 사기』(앨런 소칼·장 브리크몽 지음, 이희재 옮김, 한국경제신문, 2014)를 참고하세요.

15 저의 번역으로 출간된 『개념의 정념들: 인식론, 신학, 정치학(에크리 II)』(에티엔 발리바르 지음, 배세진 옮김, 후마니타스, 2025)를 참고하세요.

16 『우리는 우리 뇌다』(디크 스왑 지음, 신순림 옮김, 열린책들, 2015)와 『나는 뇌가 아니다』(마르쿠스 가브리엘 지음, 전대호 옮김, 열린책들, 2018)를 참고하세요.

17 두 번째 강의에서 더 자세히 설명하겠지만, 알튀세르의 호명 개념은 조금 넓게 보면 자기의식의 문제를 다루는 것인데요. 자기의식의 문제를 자연과학 바깥에서 풀어내려고 한다는 점에서는 의식철학과 같은 편에 서 있다고 볼 수 있습니다. 물론 더 자세히 보면 데리다와 마찬가지로 물질과 이념 '사이'에서 자기의식을 설명하려는 것이겠지만요.

18 데리다는 바로 이러한 이항대립을 해체하는 철학자입니다. 그래서 데리다에 관한 김민호 선생님의 설명을 참고해 이 논쟁 구도를 서술했습니다. 그러니까 어떤 의미에서는 데리다적으로 재구성된 논쟁 구도라고 봐도 됩니다. 특히 이후에 제시되는 '상대주의적 경험론'과 '절대주의적 관념론' 간 대립이 그렇죠. 뒤에서 더 자세히 참고문헌을 제시할게요.

19 『인간의 본질』(로저 스크루턴 지음, 노정태 옮김, 21세기북스, 2023)을 참고하세요.

20 『촘스키와 푸코, 인간의 본성을 말하다』(노엄 촘스키·미셸 푸코 지음, 이종인 옮김, 시대의창, 2015)를 참고하세요.

21 『비밀의 취향』(자크 데리다·마우리치오 페라리스 지음, 김민호 옮김, 이학사, 2022)을 참고하세요. 이 대담집은 데리다 철학에 관한 데리다 자신이 쓴 최고의 입문서라 말해도 손색이 없죠. 김민호 선생님의 강연은 2023년 2월 3일 필로버스 아카데미에서 행해졌으며, 그 녹취록은 다음의 글로 출간이 예정되어 있습니다. 김민호 지음,「자크 데리다, 진리와 시간의 현상학」, 신인섭 편저,『현상학, 프랑스를 만나다』(가제, 근간), 세창출판사. 아직 출간되지 않은 이 글의 인용을 허락해 준 김민호 선생님에게 깊이 감사드립니다.

22 조금 더 자세한 설명으로는 「긍정 부재신학으로서의 자크 데리다의 철학: "plus d'un"의 두 의미에 대한 고찰」(김민호 지음,『철학사상』, 제90호, 2023년 11월)을 참고하세요.

23 「유사초월론: 데리다와 이성의 탈구축」(진태원 지음,『철학논집』제53권, 2018년 1월)을 참고하세요.

24 데리다의 사건 개념에 관해서는 역시 김민호 선생님의 다음 논문의 결론을 참고할 수 있는데, 특히 데리다는 9·11이라는 '사건'에 관한 성찰에서 이 개념을 활용합니다.「푸코-데리다의 광기 논쟁에 대한 '데리다적' 독해: "코기토와 광기의 역사" 다시 읽기」(김민호 지음,『철학사상』, 제79호, 2021년 2월)의 결론을 참고하세요. 또한 「데리다와 유대주의: 어떤 호명의 경험으로부터」(주재형 지음,『철학논집』, vol.60, 2020)도 참고하세요. 우리 강의에서는 단순화해 설명했으나 사건의 철학에서 사건은 단순히 기다리기'만' 하는 대상은 아닙니다. 여기에는 '주체의 책임 있는 결단의 행위'라는 쟁점이 놓여 있습니다. 추가적으로 하나 더 지적하자면, 사실 우리 강의에서 반복적으로 언급되는 '해체' 또는 '탈구축'이라는 개념 또한 사건과 마찬가지로 조금 더 정확히 이해할 필요가 있는데, 참고문헌만 간단히 제시할게요. 이 개념에 대한 더욱 심화된 그리고 정확한 이해를 위해서는 『철학, 혁명을 말하다』(한국프랑스철학회 엮음, 이학사, 2018)에 수록된 주재형 선생님의 논문 「데리다: 혁명의 탈-구축」을 참고해야 합니다.

25 데리다 철학에 관한 평이하면서도 정확한 해설인 강선형 선생님의『자크 데리다』(강선형 지음, 컴북스캠퍼스, 2022)를 봐도 이 상속받은 문제와 발명한 문제의 쌍을 쉽게 확인할 수 있어요. 이 책 또한 전반부에서는 데리다가 상속받은 문제를, 후반부에서는 데리다가 발명한 문제를 다룹니다. 이는 대체적으로 데리다의 사상에서 전반기에는 상속받은 문제가, 후반기에는 발명한 문제가 다뤄지기 때문이죠.

26 『마르크스의 유령들』(자크 데리다 지음, 진태원 옮김, 그린비, 2014) 1장을 참고하세요.

27 『현대 프랑스철학사』(한국프랑스철학회 엮음, 창비, 2015) 중 김상환 선생님의 「자끄 데리다: 해체론의 기초 개념들」을 참고하세요.

28 음성중심주의는 쉽게 말해 글 즉 에크리튀르가 아니라 목소리 즉 말이 본질이고 실재이며 기원이라는 사유를 뜻합니다. 데리다의 음성중심주의 비판에 대해서도 앞서 언급한 주재형 선생님의 「데리다: 혁명의 탈-구축」을 참고하세요. 이 논문에서 주 선생님은 데리다의 음성중심주의 비판, 더 나아가 소쉬르의 구조언어학 비판의 핵심을 정확히 설명하고 있습니다.

29 데리다의 기획이 텍스트에 대한 삼중의 해방 기획이라는 점에 관해서는 특히 김민호 선생님의 논문 「데리다의 반복과 메이야수의 반복: 급진적인 기호론과 더 급진적인 기호론」에 의거합니다. 이 논문은 2024년 5월 25일 한국현상학회&한국하이데거학회 공동학술세미나에서 발표된 바 있습니다. 아직 출간되지 않은 논문의 인용을 허락해 준 김민호 선생님에게 깊이 감사드립니다. 물론 기호 또는 텍스트가 삼중으로 해방된다는 설명은 김상환 선생님 또한 「데리다의 문학론: 데리다의 텍스트」(『프랑스철학과 문학비평』, 한국프랑스철학회 엮음, 문학과지성사, 2008)에서 제시했지만, 『데리다와 역사』를 핵심 교재로 취하는 우리 논의의 일관성을 위해 김민호 선생님 논문에 의거합니다.
30 물론 이러한 평가는 소쉬르의 구조언어학을 복권함으로써 구조주의의 현재성을 재확언하는 파트리스 마니글리에의 시도는 고려하지 않은 판단입니다.
31 주재형 선생님의 「데리다: 진리의 탈구축」(『현상학과 현대철학』, 제87집, 2020년 12월)을 참고하세요.
32 김민호 선생님의 「긍정 부재 신학으로서의 자크 데리다의 철학」을 참고하세요.
33 이 소박 실재론은 진리를 생산의 견지에서 사유하는 현대 프랑스철학 또는 프랑스 역사인식론과 180도 대립합니다. 진리의 생산에 관한 이러한 사유는 알튀세르의 포스트-구조주의에 대한 세 번째 강의에서도 반복됩니다.
34 『젠더 트러블: 페미니즘과 정체성의 전복(개역판)』(주디스 버틀러 지음, 조현준 옮김, 문학동네, 2024)을 참고하세요.
35 『처음 읽는 프랑스 현대철학』(철학아카데미 엮음, 동녘, 2013) 중 진태원 선생님의 「해체, 차이, 유령론으로 읽는 데리다」를 참고하세요.
36 각 사상가에게서의 이 개념들 간 관계에 대해 우리 강의에서는 자세히 설명하지 않을 텐데요. 이 점을 해명하기 위해서는 초기 푸코의 언표 개념, 중기 푸코의 담론 개념은 물론 기호론 일반에 대해서도 다뤄야 하기 때문이죠. 다음 기회에 이에 대한 강의도 진행하도록 약속하겠습니다.
37 이에 대해서는 번역이 되어 있지는 않지만 Pierre Macherey, *De Canguilhem à Foucault. La Force des normes*캉길렘에서 푸코로: 규범의 힘, La Fabrique, 2009와 Pierre Macherey, *Le Sujet des normes*규범의 주체, Éditions Amsterdam/Multitudes, 2014를 참고하세요.

두 번째 강의: 담론주의란 무엇인가 그리고 주디스 버틀러의 포스트-구조주의

1 이 강의에서는 매우 간략히 설명되는 규범이라는 개념 그 자체에 대해서 핵심이 되는 인물은 역시 알튀세르의 제자 피에르 마슈레입니다. 버틀러는 말할 것도 없고 푸코 또한 규범 개념 자체를 철학적으로 정교하게 벼려 냈다고 볼 수는 없는데, 역시 푸코는 독특한 의미의 철학자로서 규범 개념 자체를 철학적으로 탐구하기보다는 계보학적 역사분석을 통해 규범이 어떻게 작동하는지를 밝혀냈죠. 그래서 오히려 규범과 규범권력 개념에 관한 마슈레의 철학적 작업에 주목할 필요가 있다는 거예요. 마슈레의 두 저서, 즉 *De Canguilhem à*

*Foucault: Le pouvoir des normes*와 *Le sujet des normes*를 참고할 수 있습니다. 마슈레의 작업에 관한 마슈레 자신의 평이한 해설로는, 「대담: 미셸 푸코와 이데올로기에 대한 비판들」(피에르 마슈레 · 오라치오 이레라 지음, 황재민 옮김, 『문화과학』, 2019년 봄호, 통권 제97호)을 참고하세요.

2 『근대적 세계관의 형성: 데카르트와 헤겔』(김상환 지음, 에피파니, 2018)과 『왜 칸트인가』(김상환 지음, 21세기북스, 2019)를 참고하세요.

3 『이성의 운명』(프레더릭 바이저 지음, 이신철 옮김, 도서출판b, 2018)을 참고하세요.

4 『유럽 대륙철학』(사이먼 크리츨리 지음, 이재만 옮김, 교유서가, 2016)을 참고하세요. 이 책은 근현대철학사 내에서 포스트-구조주의의 위치를 설정하는 데 아주 유용한 좋은 책입니다.

5 『현대사상 입문』(지바 마사야 지음, 김상운 옮김, 아르테, 2023)과 『라캉, 바디우, 들뢰즈의 세계관』(장용순 지음, 이학사, 2023)을 참고하세요. 두 책 모두 포스트-구조주의 입문서로 아주 유용하고 좋은 책입니다.

6 『마르크스의 철학』(에티엔 발리바르 지음, 배세진 옮김, 오월의봄, 2018)을 참고하세요.

7 이 주제와 관련해서는 꽤 어려울 수 있지만 『마르크스의 철학』 2장 "세계를 변화시키자: '프락시스'에서 '생산'으로"와 재판 후기 "철학적 인간학이가 관계의 존재론인가. '포이어바흐에 관한 여섯 번째 테제'로 우리는 무엇을 할 것인가?"를 참고해 보길 바랍니다.

8 사토 요시유키가 발리바르의 지도로 쓴 박사논문인 『권력과 저항: 푸코, 들뢰즈, 데리다, 알튀세르』(김상운 옮김, 난장, 2012)를 참고하세요.

9 『피메일스』(안드레아 롱 추 지음, 박종주 옮김, 위즈덤하우스, 2023)와 『전부 취소』(호영 지음, 인다, 2024)를 참고하세요.

10 『권력과 저항』의 국역본에서는 이 '예속화'를 '복종화'로 번역했는데요. 이렇게 옮겨도 무방하지만 저는 뒤에서 이어지는 논의와의 통일성을 위해 '복종화' 대신 '예속화'라고 번역하겠습니다. 사실 합의된 번역어가 아직 없기 때문에 여러 번역어가 함께 사용되는 상황인데요. 일단은 '예속화'와 '복종화'가 동일한 어휘라고 봐도 큰 문제는 없습니다. 물론 굳이 원어를 구분하면 '예속화'는 프랑스어 '아쉬제티스망assujettissement', '복종화'는 프랑스어 '쉬제시옹sujétion'의 역어로 보는 게 깔끔하긴 합니다.

11 『불가능한 것의 가능성』(슬라보예 지젝 지음, 인디고 연구소 기획, 궁리, 2012)을 참고하세요.

12 물론 특정 시기의 푸코도 그렇고 알튀세르도 그렇고 '억압'이라는 통념을 활용합니다. 대표적으로 알튀세르는 '억압적' 국가장치라는 개념을 제출하죠. 푸코의 경우는 특정 시기에 이 알튀세르의 억압적 국가장치라는 개념과 '불장난'을 하다가 말고요. 하지만 이들이 활용하는 억압이라는 통념이 억압가설에서 말하는 억압 통념과 동일하지는 않다는 점만 지적하고 넘어갑니다. 억압가설에서 말하는 억압 통념은 정신분석학의 그것과 친화적인데, 오히려 알튀세르와 푸코는 억압이라는 통념을 정신분석학과는 다른 방식으로 끌고 가고자 사유 실험을 했던 것이죠.

13 현대 프랑스철학을 정확히 이해하기 위해서는 프로이트-라캉 정신분석학을 정확히 이해해야 하는데, 프로이트-라캉 정신분석학이 현대 프랑스철학의 학문적 타자이기 때문입니다. 우리 강의에서 이 점을 다루지는 못하지만, 현대 프랑스철학과 그 긴장관계 속에서 함께

하는 정신의 과학이 심리학이나 정신의학이 아니라 프로이트-라캉 정신분석학이라는 점은 기억해 두세요.

14 『문명 속의 불만』(지그문트 프로이트 지음, 김석희 옮김, 열린책들, 2020)을 참고하세요.

15 『바깥의 사유』(미셸 푸코 지음, 배세진 옮김, 이상길 해제, 필로버스, 근간)를 참고하세요.

16 『푸코: 그의 사유, 그의 인격』(폴 벤느 지음, 이상길 옮김, 리시올, 2023)을 참고하세요.

17 『주체란 무엇인가』(이정우 지음, 그린비, 2009)를 참고하세요.

18 『라캉 또는 알튀세르』(최원 지음, 난장, 2016)를 참고하세요. 위니버스의 〈인셉션〉 해설 영상의 링크는 다음과 같습니다. https://www.youtube.com/watch?v=70cxaZfssRY (최종 확인: 2025년 3월 20일)

19 『마르크스의 철학』 재판 후기 "철학적 인간학인가 관계의 존재론인가"를 참고하세요.

20 우리와 주체에 대한 이런 혼란스러운 용어 사용은 사실 현대 프랑스철학이 '나'를 '우리'의 견지에서, 하지만 이 둘을 동일화하지 못하게 그 사이에 무엇인가를 집어넣으면서 접근하기 때문이기도 하고, 다섯 번째 강의에서 다룰 '현행성의 우리'를 위한 것이기도 하니 양해 부탁드립니다.

21 관심 있다면 고쿠분 고이치로의 『고쿠분 고이치로의 들뢰즈 제대로 읽기』(박철은 옮김, 동아시아, 2015) 5장 "욕망과 권력: 정치"를 참고하세요.

22 『알튀세르와 마르크스주의의 전화』(에티엔 발리바르 외 지음, 윤소영 옮김, 이론, 1993)에 수록된 발리바르의 논문 「비동시대성: 정치와 이데올로기」를 참고하세요.

23 '진부함'의 영어 원어는 banality인데, 이를 지금까지는 대부분 '평범성'이라 번역해 왔으나 아렌트 연구자들의 지적에 따라 점점 '진부함'으로 옮기는 추세입니다. 아렌트가 이 개념을 통해 말하고자 하는 바가 악이 평범한 사람들에게도 존재한다는 점이 아니라, 악이 사유하지 않고 남들이 똑같이 생각하는 진부한 것에 머무르는 사람들에게 존재한다는 점이기 때문입니다.

24 박민철 선생님의 이 설명을 더 자세히 살펴보고 싶다면, 「권력, 주체, 철학: 푸코 후기 철학의 세 가지 주제」(『철학논집』, Vol.60, 2020)를 참고하세요.

25 『아미엥에서의 주장』(루이 알뛰세르 지음, 김동수 옮김, 솔출판사, 1991) 중 「이데올로기와 이데올로기적 국가장치」를 참고하세요.

26 호명 테제의 일본어 번역에 대한 한국어 직역인데, 『신자유주의와 권력』(사토 요시유키 지음, 김상운 옮김, 후마니타스, 2014)에서 가져온 것입니다.

27 이 역시 앞서 언급한 한국어판 『아미엥에서의 주장』에 수록되어 있습니다.

28 허공에서 자기 몸을 자기 손으로 끌어올릴 수 있다는 뮌히하우젠 남작의 허풍에서 유래한 뮌히하우젠 효과에 관해서는 『라캉 또는 알튀세르』의 244~245쪽을 참고하세요.

29 『권력의 정신적 삶』(주디스 버틀러 지음, 강경덕·김세서리아 옮김, 그린비, 2019)을 참고하기 바랍니다.

30 지금은 온라인상으로 접근할 수 없지만, 출처는 고려대학교 민족문화연구원에서 발행했던 웹진 『민연』에 진태원 선생님이 기고한 「호명 I」과 「호명 II」라는 글입니다.

31 『연대하는 신체들과 거리의 정치: 집회의 수행성 이론을 위한 노트』(주디스 버틀러 지음, 김

응산 · 양효실 옮김, 창비, 2020)를 참고하세요.
32 『현대 페미니즘의 테제들』(연구모임 사회비판과 대안 엮음, 사월의책, 2016)을 참고하세요.
33 푸코에 대한 이러한 비판은 발리바르의 것입니다. 『개념의 정념들』 1장 "참 내에 존재하기?: 조르주 캉길렘 철학에서 과학과 진리"를 참고하세요.
34 『비판이란 무엇인가? 자기 수양』(미셸 푸코 지음, 오트르망 옮김, 동녘, 2016) 중 「비판이란 무엇인가?」를 읽어 보세요.
35 Louis Althusser, *Lenin and Philosophy and Other Essays*, Monthly Review Press, 2001을 참고하세요.
36 『라캉 또는 알튀세르』 출간 기념 2017년 한국프랑스철학회 여름학술대회에서 진태원 선생님이 발표한 「"라캉 또는 알튀세르"에 대한 몇 가지 논평」(미출간)을 참고하세요. 인용을 허락해 준 진태원 선생님에게 깊이 감사드립니다.
37 『라깡의 재탄생』(김상환 · 홍준기 엮음, 창비, 2002)에 수록된 진태원 선생님의 「라깡과 알뛰쎄르: '또는' 알뛰쎄르의 유령들 I」을 참고하세요.
38 『신자유주의와 권력』을 참고하세요.
39 『윤리적 폭력 비판: 자기 자신을 설명하기』(주디스 버틀러 지음, 양효실 옮김, 인간사랑, 2013)를 참고하세요.
40 『현대 정치철학의 네 가지 흐름』(한국철학사상연구회 지음, 에디투스, 2019)에 수록된 최원 선생님의 「알튀세르의 '최종심급' 개념」을 참고하세요.

세 번째 강의: 루이 알튀세르의 포스트-구조주의

1 『알튀세르의 철학적 유산』(윤종희 · 박상현 외 지음, 공감, 2008)을 참고하세요.
2 관심이 있는 경우 윤소영 선생님의 『일반화된 마르크스주의 개론(개정판)』(공감, 2008)을 읽어 보세요. 이에 대한 비판으로는 졸고 「알튀세르의 철학적 유산을 상속받기 위한 필연적이면서도 불가능한 시도: 과천연구실의 집단저작 『알튀세르의 철학적 유산』(윤종희 · 박상현 외, 2008)에 관하여」(『마르크스주의 연구』, 제20권 제1호, 2023)를 참고하세요.
3 「인터뷰 한국 인문학 지각변동」(김항 · 이혜령 지음, 그린비, 2011)에 실린 진태원 선생님과의 인터뷰 「맑스주의의 전화와 현재적 과제」를 참고하세요.
4 『『자본』을 읽자』(루이 알튀세르 · 에티엔 발리바르 · 자크 랑시에르 · 피에르 마슈레 · 로제 에스타블레 지음, 진태원 · 배세진 · 김은주 · 안준범 옮김, 그린비, 2025)에 실린 진태원 선생님의 해제 「『『자본』을 읽자』를 어떻게 읽을 것인가?」를 꼭 참고하세요.
5 아직 국역되지는 않았지만 관심 있으면 *Althusser, The Infinite Farewell*(Emilio de Ípola, Duke University Press Books, 2018)을 참고해 보세요.
6 『신자유주의: 간략한 역사』(데이비드 하비 지음, 최병두 옮김, 한울, 2014)와 푸코의 『"사회를 보호해야 한다"』(김상운 옮김, 난장, 2015), 『안전, 영토, 인구』(오트르망 옮김, 난장, 2011), 『생명관리정치의 탄생』(오트르망 옮김, 난장, 2012)을 참고하세요.
7 『『자본』을 읽자』 해제에서 진태원 선생님은 알튀세르가 주창한 것은 '구조주의적' 마르크스

주의가 아니라 '구조적' 마르크스주의라고 정당하게 지적하는데, 아쉽지만 이 논점은 생략하겠습니다. 여기에서는 통상적인 표현을 활용해 알튀세르의 그것을 구조주의적 마르크스주의로 규정할게요.

8 『스피노자 윤리학 수업』(진태원 지음, 그린비, 2022)을 참고하세요. 너무 심화된 논점이라 앞서 언급하지 않았지만 생물적인 것과 사회문화적인 것 간 비-관계로서의 관계는 스피노자의 연장속성과 사유속성 간 역설적 관계로부터 사유해야 합니다. 생물적인 것과 사회문화적인 것 간 비-관계로서의 관계는 사실 현실대상과 사고대상 간 비-관계로서의 관계와 깊은 관련을 맺고 있습니다.

9 『생각하는 마르크스』(백승욱 지음, 북콤마, 2017)를 참고하세요.

10 『마르크스를 읽자』(미카엘 뢰비·에마뉘엘 르노·제라르 뒤메닐 지음, 김덕민·배세진·황재민 옮김, 나름북스, 2020)를 참고하세요. 이렇게 마르크스를 읽는 것이 그의 본의에 부합한다고 저는 생각하지만, 알튀세르의 이러한 마르크스 이해를 거부하는 논자들도 물론 많죠. 다만 기억해야 할 점은 이러한 마르크스 독해가 지극히 스피노자주의적이란 겁니다.

11 푸코의 에피스테메 개념의 난점을 해결하는 단초는 제 생각에 에피스테메 개념에 대한 오해를 걷어 내고 이를 정확히 이해하는 것인데, 이에 대해서는 국역되어 있지 않지만 파트리스 마니글리에의 논문을 참고할 수 있습니다. *A Companion to Foucault*(Edited by Christopher Falzon · Timothy O'Leary · Jana Sawicki, Blackwell Publishing Limited, 2013)에 수록된 "The Order of Things"를 참고하세요.

12 물론 최근의 해석 경향은 구조인과성과 우발성의 유물론을 서로 접근시키는 것인데, 관련해 알튀세르 유고집의 3세대 편집자 고쉬가리안[G.M. Goshgarian]의 작업을 참고할 수 있습니다. 2018년 알튀세르 탄생 100주년 기념 학술대회 자료집 『알튀세르의 문제들』(미출간)에 번역·수록된 고쉬가리안의 글 네 편을 참고하세요.

13 「무한한 모순」(에티엔 발리바르 지음, 배세진 옮김, 『문화과학』, 통권 제93호, 2018)을 참고하기 바랍니다.

14 『불평등과 모욕을 넘어』(낸시 프레이저 외 지음, 케빈 올슨 엮음, 문현아·박건·이현재 옮김, 그린비, 2016)에 실린 주디스 버틀러의 「단지 문화적인」을 참고하세요.

15 『비철학자들을 위한 철학 입문』(루이 알튀세르 지음, 안준범 옮김, 진태원 해제, 2020)을 참고하세요.

16 『레닌과 철학』 전체의 한국어 번역이 『레닌과 미래의 혁명』(박노자 외 지음, 그린비, 2008)에 진태원 선생님의 번역으로 수록되어 있는데요. 진 선생님이 본문에 추가한 역어 관련 언급을 참고하길 바랍니다.

17 『알튀세르와 마르크스주의의 전화』(에티엔 발리바르 외 지음, 윤소영 옮김, 이론, 1993)에 수록된 발리바르의 논문 「(철학의) 대상: 절단과 토픽」을 참고하세요. 이 논문의 원제는 '알튀세르의 대상[L'objet d'Althusse]'입니다.

18 발리바르는 『개념의 정념들』에서 이를 '정치적 개념[political concept]'으로 정식화하는데, 다섯 번째 강의를 참고하세요.

19 우리 논의에서 주목하지는 않겠지만, 토픽적 과학으로서 마르크스주의가 되어야 하는 이

데올로기가 정치의 공간 속 대중의 이데올로기라는 점은 지적하고 넘어가겠습니다. 다섯 번째 강의에서 다뤄지는 현행성 개념과 연결해 한번 생각해 보길 바랍니다.
20 이 주제에 관해서는 진태원 선생님이 두 편의 좋은 주석 논문을 쓴 바 있습니다. 『라깡의 재탄생』에 수록된 「라깡과 알뛰쎄르: '또는' 알뛰쎄르의 유령들 I」과 『스피노자의 귀환』(서동욱·진태원 엮음, 민음사, 2017)에 수록된 「스피노자와 알튀세르: 상상계와 이데올로기」를 참고하세요.
21 예를 들어 알튀세르의 「브레히트와 마르크스에 대하여」를 참고하세요. 이 텍스트는 이종현 선생님의 번역으로 「브레히트와 맑스에 대하여」라는 제목으로 『웹진 인-무브』의 '알튀세르를 번역하자' 항목에 수록되어 있습니다.
22 이 예시에 대한 진태원 선생님의 분석으로는 앞서 언급한 「라깡과 알뛰쎄르: '또는' 알뛰쎄르의 유령들 I」을 참고하세요.
23 관심 있는 경우 알튀세르 유고집 『재생산에 대하여』(김웅권 옮김, 동문선, 2007)를 참고하기 바랍니다.
24 「이데올로기와 이데올로기적 국가장치들」에 대한 설명에서 이론적 이데올로기와 실천적 이데올로기 간 구분을 언급하지 않은 이유는 이 구분이 이 글의 모체인 유고집 『재생산에 대하여』에 등장하기 때문입니다. 관심 있으면 읽어 봐도 좋겠습니다. 알튀세르는 이 『재생산에 대하여』라는 원고를 작성한 뒤 출간하지 않고 이로부터 부분 부분 짜깁기를 해서 「이데올로기와 이데올로기적 국가장치들」이라는 논문을 만들어 냅니다.
25 예를 들면 『『자본』을 읽자』 국역본에 실려 있는 발리바르의 새 서문 "『『자본』을 읽자』를 읽자", 그리고 발리바르의 『마르크스의 철학』 재판 서문 "알튀세르적 마르크스주의에서 마르크스의 철학들로? 『마르크스의 철학』 출간 20년 후를", 그리고 "알튀세르와 그람시: 에티엔 발리바르와의 대담 (1과 2)"(에티엔 발리바르·파비오 프로시니·비토리오 모르피노 대담, 서관모 옮김, 『웹진 인-무브』, 2018)을 참고해 보세요. 물론 발리바르의 입장은 상당히 미묘한 것이긴 합니다.

네 번째 강의: 미셸 푸코의 포스트-구조주의
1 『대중들의 공포』(에티엔 발리바르 지음, 서관모·최원 옮김, 도서출판b, 2007)를 참고하세요.
2 『변증법적 이성 비판』(장-폴 사르트르 지음, 박정자·변광배·윤정임·장근상 옮김, 민음사, 2024)을 참고하세요.
3 여기에서 권력에 대한 유명론적 관점이란 경제 권력이든 지식-권력이든 권력을 실체로 간주하는 것이 아니라 관계의 효과로 간주하는 것을 의미합니다. 많이들 오해하는 바와 달리, 마르크스에게서 자본은 실체가 아니라 운동 중인 가치로서 관계 그 자체죠.
4 「푸코에 대한 연구에서 푸코적인 연구로: 한국에서 푸코 저작의 번역과 연구 현황」(진태원 지음, 『역사문제연구소』, 99호, 2012)와 「푸코에게 '철학'은 무엇이었나?」(김은주 지음, 『철학』, 제152집, 2022)를 참고하세요.
5 『타자철학: 현대사상과 함께 타자를 생각하기』(서동욱 지음, 반비, 2022)를 참고하세요.

6 『푸코』(질 들뢰즈 지음, 허경 옮김, 그린비, 2019)를 참고하세요.
7 『푸코의 미학』(다케다 히로나리 지음, 김상운 옮김, 현실문화, 2018)과 『미셸 푸코, 철학의 자유』(존 라이크만 지음, 심세광 옮김, 그린비, 2020)를 참고하세요.
8 『미셸 푸코의 『지식의 고고학』 읽기』(허경 지음, 세창출판사, 2016), 『미셸 푸코의 『광기의 역사』 읽기』(허경 지음, 세창출판사, 2018), 『미셸 푸코의 『임상의학의 탄생』 읽기』(허경 지음, 세창출판사, 2021)를 참고하세요.
9 물론 초기 푸코에서 지식이 구성하는 것은 주체라기보다 인간인데, 그래서 초기 푸코가 인간을 대상으로 취하는 과학으로서 인간과학에 천착하는 것이죠. 여기에서는 인간과 주체 간 거리를 전제하면서도 구성되는 주체라는 관념을 유지할게요. 또한 언표 개념에 대한 더욱 심화된 이해를 위해서는 『바깥의 사유』의 옮긴이 후기 "철두철미 철학의 견지에서"를 참고하세요.
10 앞서 언급한 마니글리에의 논문 "The Order of Things"를 참고하세요.
11 「주체와 권력」의 국역본은 『웹진 인-무브』에 실릴 오규진 선생님의 번역본을 참고하세요.
12 『심리정치』(한병철 지음, 김태환 옮김, 문학과지성사, 2015)를 참고하세요
13 『마르크스와 함께 푸코를』(자크 비데 지음, 배세진 옮김, 생각의힘, 2021)을 참고하세요.
14 「생명정치의 탄생: 미셸 푸코와 생명권력의 문제」(진태원 지음, 『문학과 사회』, 통권 제75호, 2006)를 참고하세요.
15 『새로운 세계합리성』(피에르 다르도·크리스티앙 라발 지음, 오트르망 옮김, 그린비, 2022)을 참고하세요.
16 『자유의 의지, 자기계발의 의지』(서동진 지음, 돌베개, 2009)를 참고하세요.
17 이에 대해서는 발리바르의 『대중들의 공포』 1부와 『폭력과 시민다움』(진태원 옮김, 난장, 2012)을 참고하세요.
18 관련해서 「열광의 정치학: 미셸 푸꼬의 「계몽이란 무엇인가」에 관하여」(이상길 지음, 『안과 밖: 영미문학연구』, n.38, 2015)를 참고하세요.
19 『감시와 처벌』은 바로 이 점을 탐구하는데, 그 핵심을 푸코는 『감옥의 대안』(이진희 옮김, 시공사, 2023)에서 일목요연하게 정리하고 있으니 참고해 보세요.
20 저의 해석이지만 인간과학 III이란 이러한 진실의 과학 아닐까 싶습니다. 이어질 논의를 당겨 가져오자면, 우리는 누구인가라는 질문, 비판과 저항이라는 질문에 대한 탐구로서의 주체의 과학 말이죠.
21 이 논점에 대해서는 부족하나마 졸고 「보편을 다시 무대에 올리며, 보편의 상 아래에서 말하기: '탈진실' 시대 진리 개념의 포스트-구조주의적 재구성을 위한 정치철학적 시론」(『신학과 학문』, 26권 1호, 통권 제40호, 2024)을 참고해 보세요.
22 『바깥의 사유』를 참고하세요.
23 이 복잡한 문제에 관해서는 『개념의 정념들』 5장 "푸코와 '이단점'"을 참고하세요.
24 『미셸 푸코』(프레데릭 그로 지음, 배세진 옮김, 이학사, 2022) 57쪽을 보세요.
25 『미셸 푸코』 188쪽을 참고하세요.
26 「말하기, 대항-말하기: 미셸 푸코에게서 파레시아의 형태들에 관하여」(에티엔 발리바르 지

음, 배세진 옮김, 『웹진 인-무브』, 2025)를 참고하세요.

다섯 번째 강의: 오늘날 지금 여기의 철학이란 무엇인가?
1 한강 작가의 2024년 노벨문학상 수상 기념 강연 중 일부입니다.
2 『우리가 아는 세계의 종언』(이매뉴얼 월러스틴 지음, 백승욱 옮김, 창비, 2001)을 참고하세요.
3 이를 안토니오 그람시 Antonio Gramsci 를 따라 '인터레그넘 interregnum'의 시기, 즉 '궐위기'라 부를 수도 있을 텐데, 이 용어는 '낡은 것은 갔으나 새로운 것은 오지 않은 권력의 공백기'를 뜻합니다.
4 발리바르의 정치철학이 이 점을 정확히 체현하고 있는데요. 발리바르는 바로 이러한 정신 속에서 자신의 정치철학을 벼려 내고 있습니다. 그래서 발리바르의 정치철학이 영미 정치철학으로부터 많은 영감을 길어오면서도 영미 정치철학과 그토록 차이나는 겁니다. 『우리, 유럽의 시민들?』(에티엔 발리바르 지음, 진태원 옮김, 후마니타스, 2010)과 『정치체에 대한 권리』(에티엔 발리바르 지음, 진태원 옮김, 후마니타스, 2011)를 참고하세요.
5 사건의 철학의 문제설정 자체에 대해서는 장용순 선생님의 평이한 설명을 참고할 수 있습니다. 『라캉, 바디우, 들뢰즈의 세계관』을 참고하세요.
6 이 두 편의 논문 모두 윤소영 선생님이 편역한 『알튀세르와 라캉』(공감, 1996)에 수록되어 있으니 직접 읽어 보길 바랍니다.
7 『구조주의 혁명』에 수록된 윤소영 선생님의 논문 「알튀세르의 '스피노자-마르크스적'인 구조주의: 라캉과의 논쟁을 중심으로」를 참고하세요.
8 '멸균된 또는 탈정치화된 실험실로서의 대학'이라는 표현은 알튀세르의 것이 아니라 저의 것이지만, 알튀세르가, 그리고 『개념의 정념들』의 발리바르가 겨냥하는 관념은 바로 이것이라고 저는 생각합니다.
9 물론 여기에서 첫 번째 강의에서 제시된 데리다의 텍스트 개념을 떠올리면서 문제 제기하는 분도 있을 거예요. 정당한 문제 제기입니다. 실재를 텍스트로 바라보는 포스트-구조주의는 바로 그렇기 때문에 철학사에 대한 연구를 방기하면서 현행성 속으로 들어가지는 않는 것입니다. 이 책의 부록 1 "인문사회과학에서 '공부'란 도대체 무엇인가?"에서도 설명하지만, 공부란, 연구란, 심지어 정치란, 지극히 텍스트적입니다. 그래서 과거의 텍스트를, 철학사를, 정치철학사를 '이렇게까지?'라는 우려가 나올 정도로 꼼꼼히 읽어야 하죠. 하지만 쟁점은 결국 철학의 대상으로서 현행성입니다. 철학사 내 텍스트라는 '실재'를 어떤 견지에서 읽을 것이냐가 문제가 되는 거죠. 정통 철학에도 '텍스트-바깥은 없'을 것이지만, 포스트-구조주의는 이 텍스트-바깥은 없다는 테제를 통해 현행성이라는 대상을 사유한다는 변별적 특징을 가지고 있습니다.
10 포스트-구조주의의 견지에서 라투르를 비판적으로 독해하고 이로써 라투르를 포스트-구조주의로 포섭하려는 시도로는, 『브뤼노 라투르 마지막 대화』(브뤼노 라투르 · 니콜라 트뤼옹 지음, 이세진 옮김, 배세진 감수와 해제, 복복서가, 2025)에 제가 쓴 해제 "모든 것을 전부 다시 해야 한다: 브뤼노 라투르, 그리고 비판이론의 지도 다시 그리기"를 참고하세요.

11 『남자들은 자꾸 나를 가르치려 든다』(리베카 솔닛 지음, 김명남 옮김, 창비, 2015)를 참고하기 바랍니다.

12 이는 『알튀세르의 철학적 유산』이 알튀세르에게서의 구조와 정세 개념을 서술하고자 제시한 표현들을 조금 변형한 것인데요. 이 구조와 정세 간 이항대립의 문제는 알튀세르의 철학 전체를 관통하는 중요한 문제입니다. 언젠가 깊이 있게 이 문제를 다룰 기회가 있으면 좋겠어요. 이미 말했듯 이 문제에 대한 상당히 균형 잡힌 입장은 『『자본』을 읽자』에 실린 진태원 선생님의 해제에서 찾을 수 있습니다.

13 『『자본』을 읽자』 중 알튀세르의 "『자본』에서 마르크스의 철학으로"를 보세요.

14 『대중들의 공포』 3부를 참고하세요.

15 앞서 언급했던 『비판이란 무엇인가? 자기 수양』 중 「비판이란 무엇인가?」를 읽어 보세요. 강연록이라 어렵지 않으므로 충분히 혼자서도 읽고 핵심을 파악할 수 있습니다.

16 박민철 선생님의 지적대로 후기 푸코 내에서 칸트의 계몽론에 대한 전유 방식은 변화하는데, 이 점에 대해서는 「권력, 주체, 철학: 푸코 후기 철학의 세 가지 주제」를 참고하세요.

17 「푸코의 문제화로서의 철학과 철학의 문제화」(윤영광 지음, 『철학』, 제156집, 2023)를 참고하세요.

18 데리다의 '더 적은 폭력론'에 대해서도 역시 『데리다와 역사』를 참고하세요. 아쉽게도 더 적은 폭력론 자체는 많이 다뤄지지 않지만, 그 이론적 기반이 무엇인지는 정확히 설명되고 있습니다. 또한 폭력에 관한 포스트-구조주의적 성찰로는 발리바르의 『폭력과 시민다움』을 참고하세요.

19 관련하여 김은주 선생님의 「푸코에게 '철학'은 무엇이었나?」를 참고하세요.

20 「헤테로토피아」와 「다른 공간들」이 모두 수록되어 있는 『헤테로토피아』(미셸 푸코 지음, 이상길 옮김, 문학과지성사, 2024)를 참고하세요.

나가며

1 Paul Sweezy, *The Present as History: Essays and Reviews on Capitalism and Socialism*, Monthly Review Press, 1953에서 인용했습니다.

부록들

부록의 출처는 다음과 같습니다.

부록 1은 대안연구공동체 강의를 수강한 인문사회과학 대학원 입학을 지망하는 한 학부생의 질문에 대한 개인적 답변으로 쓴 글입니다. 이 책에 부록으로 실리기 전 2024년 11월 언리미티드 에디션[UE16]에서 소책자로 소개된 적이 있습니다.

부록 2는 『교수신문』의 기획연재 '천하제일연구자대회'에「번역서 없이 한국의 인문사회 연구자를 양성할 수 없다」란 제목으로 실렸던 글의 최초 판본을 조금 수정한 것입니다. 『교수신문』에 실린 판본은 https://www.kyosu.net/news/articleView.html?idxno=114288(접속 일자: 2025년 3월 20일)을 참고하면 됩니다.

부록 3은 이 책을 위해 따로 작성한 것으로, 3년여간 포스트-구조주의를 학생들에게 가르치면서 입문 강의 구성을 위해 참고한 여러 포스트-구조주의 또는 현대 프랑스철학 입문서들, 더 넓게는 현대사상에 관한 입문서들 중 저의 관점에서 입문자의 눈높이와 맞으면서도 어느 정도 서술이 정확한 것들을 고르고 고른 것입니다. 물론 이 도서 목록이 완전한 것은 결코 아니며 이 목록에 등장하는 도서들이 완전한 것도 아님은 말할 필요가 없겠죠.

부록 1
인문사회과학에서 '공부'란 도대체 무엇인가?

분명 주제넘는 일이라는 것은 알지만, 제 강의를 듣는 영상이론 전공의 학부생 친구가 학부 때 어떤 책을 읽고 어떻게 인문사회과학 공부를 해야 하는지 질문을 주어서, 몇 주 동안 생각해 보고 이 글을 씁니다.

분과에 따른 공부법

우선 전제해야 할 것은, 누구에게나 각자의 공부법이 있고, 특히 자신이 속해 있는 분과에 따라 공부법은 달라야 한다는 것입니다. 그래서 이 글에서 제시되는 제 견해는 순전히 저의 훈련과정 내에서 겪은 경험에 기초한 지극히 주관적인 것이라는 점을 확실히 해야 합니다. 더욱이 제 견해는 인문사회과학 내에서도 '해석학적 전통' 속에서 연구하고자 하는 예비 연구자를 위한 것일 뿐이죠(그래서 통계 중심의 정량적 연구를 하실 분들에게는 그다지 유용하지 못할 수 있습니다).

저 같은 경우, 어느 정도 인생의 행운이 따랐기에 하고 싶은 공부를 제도적 장애물 없이 거침없이 해 온 편입니다만(그럴 수 있었던 이유는 제가 한국에서는 문화연구라는, 프랑스에서는 정치철학이라는 간학제 속에서 훈련받았기 때문인데, 약이기도 하고 독이기도 한 이러한 간학제 내에서의 훈련에 대해서는 다음에 더 이야기할 기회가 있었으면 좋겠네요), 많은 경우에는 자신이 속해 있는 분과에서

(석사논문 또는 박사논문 작업으로 돌입하기 이전에) 읽어야 한다고 제시되는 텍스트들, 즉 '고전들'을 의무적으로 읽어야 합니다(방법론 학습을 포함해 이러한 '패킷'의 '읽기 과정'을 바로 '코스워크'라고 하는 거죠). 저는 하고 싶은 것만 하고 살아와서 남에게 이런 말 하기가 좀 민망하지만, 논문으로 돌입하기 전까지는 하고 싶은 것을 하는 것보다는 이 요구되는 텍스트들을 폭넓게 읽는 것이 중요하다는 점을 갈수록 절감하게 됩니다. 석사논문을 본격적으로 구상하고 집필하기 시작하는 논문 학기에 돌입하기 전까지는 자신의 논문 주제 탐색과 접근을 위한 '기초 체력'과 '상상력'의 강화 차원에서라도 분과에서 요구하는 텍스트들을 폭넓게 읽는 것이 필요하고, 박사논문 집필 때는 (석사과정 때 미진한 부분이 있었다면 그 부분에 대한 텍스트 독해를 박사과정 동안 보충하고 난 뒤) 자신의 주제에 긴요한 텍스트들을 선정해 집요하고 꼼꼼하게 읽어야겠죠.

  박사논문은 기존의 논의를 충실히 '재생산'하는 것만으로도 충분한 이른바 '연습과정'의 결과물인 석사논문과 달리 '새로운 이론의 구성'이나 '새로운 경험적 발견' 둘 중 하나는 만족해야 하는데, 그 전제조건이 바로 분과학문 내 고전적 텍스트들을 넘어 자신의 주제에 해당되는 특수한 그러니까 비-고전적인 텍스트들까지도 모두 수집해 그 전체를 꼼꼼히 읽는 것입니다. 기본적으로 해석학적 전통에서 '대가'란 머리 좋은 사람을 말하는 게 아니라 자기 분야의 문헌을, 그러니까 텍스트를 '마스터링'하고 있는 사람을 뜻하는데, 그렇기에 박사라면 자신의 박사논문 주제와 관련된 텍스트들 정도는 모두 꿰고 있어야 합니다(자기 분과학문의 고전적 텍스트들은 말할 것도 없고요).

학부생의 공부법

그런데 학부생일 때는 어떨까요. 누구나 마찬가지이겠지만 저도 학부생 때 이러이러하게 공부했더라면 더 좋았을 텐데…… 하는 생각을 정말 많이 합니다. 후회를 지겨울 정도로 많이 해요. 그때 이런 식으로 공부했더라면 지금 훨씬 더 '강(인)한 사유'를 하고 있을 거라 항상 생각해요. 제 지식이 얼마나 형편없는지, 정곡을 찌르는 질문 하나에 얼마나 쉽게 무너져 버리는지, 저 스스로는 너무나 잘 알고 있으니까요(사실 정곡을 찌르는 질문을 던지는 것 자체가 대가적 사유 없이는 불가능하죠. 그래서 대가들은 자신의 전공이 아닌 분야에 대해서도 꽤나 통찰력 있는 질문들을 던지곤 한답니다). 제가 사실은 읽지 않은 고전들이 얼마나 많은지(물론 자기 분과 바깥의 고전들까지 모조리 꼼꼼히 읽은 사람은 아무도 없을 거예요…… 라고 자위하기엔 제가 읽은 텍스트의 양이 너무도 초라한데) 사람들이 알게 된다면 저를 얼마나 손가락질할까 항상 불안해하면서요.

각설하고, 지금까지 쌓은 경험을 망각하지 않는다는 조건에서 다시 학부생으로 타임머신을 타고 돌아간다면 저는 어떤 공부 방식을 선택할까 자주 생각해 보는데, 저라면 학부생 때는 (인문사회과학이라는 경계 내에서 석박사과정에 들어갈 거라는 결정은 이미 내렸다면) 인문사회과학의 고전들과 그에 대한 또는 분과학문들에 대한 입문서들과 교과서들을 폭넓게 읽을 것 같습니다. 그러면서, 어떤 분과로 석사과정에 진학할지 결정할 것 같아요. 문화연구라면 당연히 루이 알튀세르, 스튜어트 홀, 레이먼드 윌리엄스 등등을…… 사회학이라면 카를 마르크스, 막스 베버, 에밀 뒤르켐 등등을 읽어야 하고, (아무리 어렵더라도 포기하지 않고 고전과 끝까지 씨름한다는 전제하에서) 이 고전과 나란히 관련 입문서들과 교과서들도 찾아서 도움을 받으며 공부해야겠죠.

하지만 중요한 것은 학부생 단계에서의 고전 이해 수준이란 낮을 수밖에 없다는 점, 아무리 입문서를 통해서 그 결여를 보충한다고 해도 그 입문서 자체의 협소한 관점과 설명에서의 문제점도 분명히 존재하기에 그 낮은 수준을 학부과정에서 끌어올리는 건 쉽지 않다는 점입니다. 이 수준을 끌어올리다 보면 거기에 시간을 너무 많이 쓰게 돼요. 누구든 시간을 많이 투자하면 이해의 수준을 높일 수 있죠. 그런데 저는 학부생 때는 그런 전략보다는 최대한 폭넓게 많이 읽는 게 중요하다고 생각하거든요. 그리고 제 식대로 '오답노트'를 써 가며 정리할 것 같습니다. 그 토양 위에서 자기 분과를 정하고, 세부 전공을 정하고, 그다음 석사논문 주제를 정하고, 석사논문을 쓴 뒤에는 박사논문 주제를 정할 것 같아요. 이런 식으로 훈련의 시간이 흐르면 나중에 그 고전들에 대한 이해도도 훨씬 높아지고 결국 그에 대한 학술논문도 마음껏 쓸 수 있을 거라 생각합니다.

물론 여기에서 전제되어야 할 점은 원전을 대체할 수 있는 입문서는 존재하지 않는다는 것, 그리고 교과서는 정말 말 그대로 교과서에 불과하기에 해당 분과학문을 잘 '요약'해 주긴 하지만 그게 전부일 뿐이라는 것이죠. 공부가 쌓인 뒤에 다시 읽어 보면 허술하게 혹은 잘못 쓰인 부분이 굉장히 많다는 걸 확인할 수 있습니다. 아무리 대가가 쓴 입문서라 해도 '입문'서라는 책의 특성상 그런 한계가 있을 수밖에 없어요. 저는 알튀세르 전공자이지만 제가 알튀세르 입문서를 쓴다고 해도 그런 한계는 분명 있을 겁니다. 그래서 선생님들이 원전 읽기를 강조하는 것이기도 하고요. 시간이 아무리 오래 걸리고 힘들고 이해 못하겠더라도 고전과 씨름하는 것을 포기하지 않아야 하는데, 제 생각으로는 도저히 이해가 안 되더라도 끙끙대며 원전을 끝까지 읽고 책을 덮는 게 중요하다고 생각합니다. 별로 얻은 게 없는 것 같아도 의식하지 못하는 측면에서 그런 독서 경험으로 인해 실력이 쌓인다고 보거든요. 특히 예전에는 이해 못했던 원전을 공부가 쌓인 뒤에 다시 읽고서 이해하게 되는 행복한 경험은 공부를 계속 이어 나갈 수 있게 해 주는 좋은 에너지가 되기도 합니다.

외국어 공부라는 기초 체력 훈련

바로 이 지점에서 이와 평행하게 동일한 중요성을 부여해야 하는 또 다른 공부가 있습니다. 바로 '외국어 공부'입니다. 물론 외국어 공부뿐 아니라 통계학 공부 등도 다 마찬가지인데, 자신이 선택하는 분과에 따라서 필요한 기초적 능력을 기르라는 의미죠. 사회학과에 진학할 것이고 주로 양적 방법론을 활용할 것이라면 당연히 수학과 통계학을 열심히 공부해야 하고, 다른 분과라면 외국어 공부를 열심히 해야 할 것 같습니다. 특수하게 동양철학을 한다거나 그런 경우가 아니라면 기본적으로 영어를 정말 열심히 해야 하고 (물론 동양철학 전공자의 경우에도 한문 이외에 영어를 어느 정도는 해야겠지만……), 거기에서 또 프랑스철학이나 프랑스사회학을 전공할 계획이라면 프랑스어를 정말 열심히 해야 합니다. 정말 '나 죽었다' 생각하고 열심히 해야 해요. 읽기만 하면 안 되고 읽기, 쓰기, 말하기, 듣기 네 차원 모두를 종합적으로, 동등한 비중으로 시간을 투자해서 공부해야 해요(대학원생들의 경우 읽기에만 만족하는 경우가 있는데, 절대 안 됩니다. 언어라는 것이 이 네 차원의 결합이기 때문에 읽을 줄만 안다는 건 그만큼 그 읽기 능력이라는 것도 부실하다는 얘기죠).

어쩌면 학부생 때는 이런 기초적 능력(이른바 '기초 체력')을 기르는 게 고전을 읽는 것보다 더 중요할 수도 있어요. 결국 (몇몇 예외를 제외한다면) 인문사회과학은 기본적으로 텍스트와의 싸움, 특히 한국어와 외국어 텍스트와의 싸움이고, 한국어와 외국어로 듣고 말하면서 토론하는, 그리고 글을 읽고 쓰는 식으로 전개되는 싸움입니다. 한국어를 갈고닦아야 한다는 것, 결국 박사 과정부터는 자신이 속해 있는 분과학문의 고전들을 좋은 한국어로 번역해야 한다는 것은 말할 것도 없고요, 더 나아가 외국어로 말하고 듣고 읽고 쓰는 것까지도 기름칠하고 조이면서 끊임없이 갈고닦아야 합니다. 학부생으로 돌아간다면 한국어는 말할 것도 없고 특히 외국어를 훨씬 더 열심히 공부할 것 같아요. 지금도 너무나 후회하는 부분입니다.

교양력을 기르기 위한 고전 읽기

요약을 위해 조금 다르게 말해 보자면, 어떤 연구자가 '따라가는 집중력'과 '파고드는 집중력'을 구분한 적이 있는데 동의하는 이야기입니다. 연구자는 유행을 따라가는 집중력도, 자신이 선택한 주제에 파고드는 집중력도 모두 가져야 합니다. 그런데 아직 훈련과정 중일 때는, 특히 학부생일 때는 따라가는 집중력도, 파고드는 집중력도 중요하지 않고, 넓은 시야를 가지고 여러 텍스트를 열심히 읽는 과정을 통해 획득하는 '교양력'(그리고 그로부터만 가능한 '상상력')이 중요하다고 생각해요.

저는 제 교양이 너무 천박해서 부끄러운데, 서양학문을 한다면서도 서양사상의 고전들 중 읽은 게 얼마 안 되거든요. 예를 들면 그리스-로마 신화나 성경, 마르셀 프루스트의 『잃어버린 시간을 찾아서』같은 고전적인 외국 문학 등을 말하는 건데요. 심지어 제가 속해 있는 분과의 고전들조차도 안 읽은 게 너무 많습니다. 박사학위를 받은 뒤에 이 결여를 보충하려고 노력하지만, 이미 새로운 것을 학부생 때 그랬듯이 스펀지처럼 빨아들이기에는 머리가 많이 굳어졌다는 생각도 들고 또 제 작업도 해야 하므로 이 보충 작업은 항상 뒷전으로 밀려납니다. 아니, 가장 심각하게는, 예전처럼 자유롭고 열린 마음으로 다른 고전들을 잘 흡수하지 못하는 게 문제인 것 같아요.

강(인)한 사유를 위하여

결론으로 나아가기 위해 조금 우회해 보겠습니다. 제가 최근에 어떤 강의에서 한 얘기인데, 에티엔 발리바르가 알랭 바디우의 사유를 '강한 사유'라고 규정한 바 있습니다. 저는 이 표현을 전유해서, (앞서 이미 활용했지만) 탄탄하면서도 독창적인 사유를 '강(인)한 사유'라고 정의하고 싶습니다. 그럼 어떻게 하면 탄탄한 사유를 할 수 있을까요? 답은 쉽죠. 앞서 이야기한 대로 각 분과학문의 고전들을 집요하게 물고 뜯으면 됩니다. 이건 충분히 예상 가능하죠. 그럼 독창적인 사유는 어떻게 가능할까요? 남들이 하지 않은 사유가 뭔지 찾아보고(!) 그걸 하면 될까요? 전 전혀 그렇지 않다고 생각해요.

여기에는 놀랍게도 탄탄한 사유를 위한 방법과 정확히 동일한 방법이 적용된다고 생각합니다. 선배들과 선생들이 한 것을 충실하게 따라가기. 사람들은 새로운 것, 독창적인 것, 창조적인 것을 찾아 헤매는데, 미안하지만 그런 식으로는 새로운 것을 발견할 수, 혹은 만들어 낼 수 없어요. 사실 너무나도 많은 선배들과 선생들이 너무나도 많은 작업을 해 놓았습니다. 자신이 새로운 것을 하고 있다고 생각한다면, '선행연구'를 한번 찾아보세요. 십중팔구 이미 누가 해 놨을 겁니다(외국어로까지 찾아보면 분명히 있습니다……). 기운 빠지죠? 아닙니다. 그런 과정 자체도 훈련이 되고 자기 사유를 강(인)하게 만들어 줘요. 그런 실패의 경험들, 깨지는 경험들이. 말하자면 그것도 선배들과 선생들한테 깨져 보는 경험인 건데(젊었을 때는 그들을 그렇게나 무시했는데, 지금 보니 그들이 나아간 지점까지 가는 데만도 제 여생 전부가 필요할 것 같습니다), 그런 경험 없이 어떻게 좋은 연구자가 될 수 있을까요. 실패와 부끄러움의 경험 없이는 그 누구도 성장할 수 없습니다.

결국 핵심은 새로운 것이란 선배들과 선생들이 인류 지성의 경계를 밀어붙여 놓은 그곳까지 간 뒤에 놓이는, 그다음의 한 걸음에서 가능하다는 말입니다. 그런데 그 경계까지 나아가는 것 자체가, 사실은 한 연구자의 평생이 걸릴 수도 있는 거예요. 선배들과 선생들의 지성의 모험이 이룩한 경계까지 얼마나 충실하게 나아가느냐가 자기 사유의 탄탄함을 규정하고, 거기에서 더 나아간 한 걸음이 얼마나 독창적인 '진짜' 새로움인지를 규정하는 거예요. 새로운 것, 독창적인 것, 창조적인 것을 만드는 것은 그렇기에 사실 거의 불가능하다고까지 생각합니다. 그런데도 그걸 할 수 있다면, 이런 집요한 독해와 끈질긴 훈련으로부터만 나올 수 있다고 생각합니다. 이 점을 오늘날 대부분의 사람들이 망각하고 있기에, 제가 매 강의 첫 시간에 항상 비판하는 '이론 또는 사유의 도돌이표 찍기'가 횡행하는 것입니다. 이미 선배들과 선생들이 저기까지 사유의 경계를 밀어붙여 놓았는데, 왜 가 보지도 않고 여기에서 새로운 것을 하고 있다는 착각 속에서 빙빙 도돌이표를 그리고 있나요?

텍스트-바깥은 없다

이런 맥락에서, 자크 데리다가 남긴 유명한 말 '텍스트-바깥은 없다'의 의미를 생각해 보죠. 이 말에 대한 조금은 (아니 사실은 상당히) 자의적인 해석을 전개해 볼까요? 프로이트에 대한 이야기를 경유해 보자면, 도대체 21세기에 프로이트를 왜 읽어야 할까요? 뇌과학과 심리학과 정신의학이 이렇게 발달했는데, 시간 낭비 아닐까요? 여기에서 굳이 뇌과학·심리학·정신의학과 정신분석학 간 논쟁으로 진입하지는 않겠지만, 아무리 분석론적 차원의 지식과 사유가 발전하더라도 해석학적 차원을 제거할 수는 없다는 점은 강조하겠습니다. 『유럽 대륙철학』의 사이먼 크리츨리식으로 얘기하자면, 지혜를 지식으로 환원하는 과학주의나 지식을 지혜로 환원하는 몽매주의 양자를 넘어 지식과 지혜 간 간극을 좁히는 작업이 인문사회과학에서는 필수적입니다. 뇌과학과 심리학과 정신의학이 생산하는 지식들의 '과학성'을 진지하게 받아들이면서도, 그것이 인간과 사회와 세계의 해석학적 차원을 제거할 수도 없고 남김없이 설명해 버릴 수도 없다는 점 또한 인정하면서, 해석학적 차원에서 정신분석학이 생산하는 지식(지혜에 훨씬 더 가까운 형태의 지식)도 탐구해야 합니다.

그렇다면 이러한 해석학적 차원의 지식을 생산하기 위한 연구는 어떻게 이루어질 수 있을까요? 여기에서 프랑스 역사인식론의 계보 내에서 알튀세르가 제시하는 '인식과정론'에 대한 논의로까지 진입하지는 않겠습니다만, 알튀세르 인식론의 핵심이 사고과정과 현실과정을 엄격히 구분한다는 것, 그리고 인식의 진전(진리를 향한 전진)이란 현실과정이 아니라 사고과정 내에서 추상에서 구체로, 그러니까 단순한 개념(또는 규정)에서 복잡한 개념(또는 규정)으로 상승하는 것이라는 점은 지적합시다. 경험주의적 인식론에서처럼 현실과정 내에서 현실의 대상으로부터 본질을 추출하는 것이 문제인 것이 아니라, 사고과정 내에서 단순한 개념으로부터 복잡한 개념으로 상승하는 것이 문제인 것입니다(그렇다면 이 상승이란 어떻게 가능한지, 사고과정과 현실과정 간 관계는 무엇인지 등의 문제가 발생하지만, 이는 생략하도록 합시다).

요는, 우리가 연구의 출발점으로 삼아야 하는 것은 현실과정 내 현실대상이 아니라 지금의 사고과정 내 단순한 개념, 그러니까 이전에 선배들과 선생들이 생산해 놓은 복잡한 개념이라는 것입니다. 이것이 모든 과학적 연구에 적용되는지는 모르겠습니다. 하지만 해석학적 연구에서는 충분히 적용된다고 생각합니다. 이전에 선배들과 선생들이 생산해 놓은 텍스트에서 출발해 더 나은 텍스트를 생산하는 것, 이전의 서술보다 더 나은 서술을 제시하는 것, 이전의 글쓰기보다 더 나은 글쓰기를 실천하는 것, 이것이 해석학적 연구에서의 탐구(연구와 분석)와 서술(설명과 기술)의 방식입니다. 결국 저와 같은 몇몇 연구자들에게는 데리다의 지적대로 텍스트-바깥은 없는 것이고, 그렇기에 우리는 텍스트를 '물신화'하는 오류를 범하지는 않으면서도 텍스트를 '신성'하게 다루어야 하는 것이죠. 텍스트 바깥이 아니라 텍스트 안에 진리가 있기에, 우리의 연구는 무엇보다도 텍스트를 진지하게 읽음으로써 이루어져야 하는 것입니다.

텍스트 읽기의 반복

고대부터 지금까지, 우리는 항상 선배들이 제기했던 질문과 제출했던 답변을, 그러니까 동일한 질문과 답변을 끊임없이 반복합니다. 추상에서 구체로의 상승운동을 통해 '더 나은 방식'으로 반복, 즉 '실패'하고 있을 따름입니다. 그래서, 남들이 이전에 생각하지 못했던 멋들어진 아이디어를 내놓는 것이 중요한 것이 아닙니다(해석학적 전통에서는 지금 말하는 방식대로 연구하지 않는다면 이는 가능하지도 않다는 점을 제쳐 두더라도요). 중요한 것은 더 나은 서술, 결국 더 나은 실패입니다. 선배들과 선생들이 너무 많이 연구해서 더 할 것도 없어 보이는 사상가여도 상관없습니다. 이 사상가의 텍스트로부터 선배들과 선생들보다 더 나은 텍스트를 생산한다면, 더 나은 서술을 제시한다면, 그것이 이 사상가의 사상에 관한 요약에 불과하더라도, 성공한 것입니다. 해석학적 연구에서의 인식의 진전이란 이런 것입니다. 그러니까 무엇보다 중요한 것은 이전의 텍스트들을 '정말 이렇게까지?'라는 질문을 받을 정도로 치열하게 반복적으로 읽고 '다시 쓰라'는 것이죠. 이게 텍스트를 물신화하라는 게 아님은 말할 필요도 없을 것입니다. 이것이 물신화라면, 질문하지 말고 마치 경전 외우듯 그 텍스트를 읽는 것에서 멈추라고 말할 것이기 때문이죠. 그런데 지금 우리는 다시 쓰기를, 그러니까 더 나은 실패를 요청받고 있습니다. 그렇기 때문에, 결국 우리가 요청받는 것은 이전의 텍스트들을 이렇게 치밀하게 그리고 독창적으로 읽고 다시 쓰는 작업을 통해 현실을 다른 관점에서 입체적으로 바라보라는 것입니다.

　　글쎄요. 입증할 수 있는 문제는 아니라고 생각하지만, 해석학적 전통의 관점에서는, 현실을 더욱 입체적으로 보기 위해 현실을 더 열심히 들여다보는 것이 정답은 아닙니다(사회과학 내 경험연구의 문제는 제쳐 둡시다. 저의 무지로 인해 지금 너무나도 많은 것을 제쳐 두는 감이 없지 않지만……). 현실을 더욱 입체적으로 보기 위해 중요한 것은 현실을 더 열심히 들여다보는 것이 아니라 이전에 생산된 텍스트들을 더욱 입체적으로 읽고 다시 쓰는 것입니다. 이러한 과정 속에서, 조금 더 구체적으로는 단순한 개념에서 복잡한 개념으로 상승하는 과정에서, 텍스트와는 구분되는 현실(정말 그럴까, 저는 의구심이 들지만……)을 더욱 입체적으로 바라보고 이에 개입할 수 있는 지점들을 발견할 수 있다는 게 해석학적 전통의 믿음입니다. 데리다의 말마따나, 텍스트-바깥은 없기 때문에, 그리고 우리의 믿음에 따르면 진리는 텍스트 내에 있기 때문에. 사고과정 내에서만 이루어지는 이 진리의 운동을 '진리의 텍스트적 변증법'이라고 부를 수도 있겠네요. 이 변증법 속에서만 지식이 현실을 영유할 수 있을 것이고요. 황당한 이야기일까요?

황당하지 않아요. 인문사회과학 내 대가들이 어떤 삶을 살았는지 보세요. 부르디외도 그렇고 베르그송도 그렇고 자신의 생 전체를 '읽는 데' 보낸 사람들이에요(물론 부르디외는 경험연구도 정력적으로 수행했던 사람이지만요). 정말 대부분의 시간을 선생, 선배, 동료 들의 텍스트를 읽는 데 보냈습니다. '날라리' 사상가라 불리는 지젝 또한 마찬가지고요. 지젝은 직접적으로 이렇게 말했는데, 그렇게 지루하게 자기 삶을 허비할 자신이 없다면 공부 길에 들어서는 것을 다시 한번 생각해 볼 필요는 있다고요. 새로운 사유를 행함으로써 인류 지성의 한계에서 모험했던 저 멋들어진 철학자들 대부분의 삶을 보면, 사실은 지루하게 남의 텍스트를 읽는 데 인생을 다 바친 '노잼' 인간들이라고요. 새로움이라는 말에 현혹되지 말고, 오늘 나에게 주어진 훈련과정 그리고 텍스트와 씨름하는 것, 그것이 새로워지는 유일한 길이라고 생각합니다.

돌아가는 길이 지름길이다

정리해 보겠습니다. 제가 학부생이라면 1) 외국어 공부와 한국어 공부(말씀드렸듯 통계학이든 수학이든 마찬가지이고요……)를 죽어라 하고, 2) 인문사회과학의 고전들과 그 입문서들 또는 각 분과학문의 교과서들을 폭넓게 그리고 즐겁게 하지만 끈질기게 읽어 나갈 것 같습니다. 그렇기에, 유행을 따라가는 텍스트들보다는(운이 좋아 제도적 장애물 없이 공부할 수 있었던 제가 딱 이런 유행에 빠져서 공부했던 사람인데, 분명 얻은 것도 많지만 지금 저의 미천한 교양을 생각하면 치러야 할 대가도 만만치 않았다고 생각합니다……) 교유서가의 〈첫단추〉 시리즈라든지 웅진지식하우스의 〈하우 투 리드 How To Read〉 시리즈라든지 책세상의 〈비타 악티바: 개념사〉 시리즈라든지 서양근대철학회나 한국프랑스철학회 등과 같은 학회들이 내는 입문서와 교과서 등을 읽어 보길 추천합니다.

물론 이상한 길로 빠지지 않기 위해서는 각 영역의 전문가들을 잘 찾아서 그 사람들의 입문서와 해설서 들을 잘 찾아 읽는 것도 중요하겠죠. 전문가조차도 자기의 협소한 전공이 아니라면 바보같이 잘 모르는 게 많습니다. 게다가 전문가라 해도 모든 주제를 1차 문헌으로 공부할 수 있는 시간과 능력은 없습니다. 그래서 전문가에게도 다른 전공에 대한 좋은 입문서와 교과서가 꼭 필요한 것이죠. 여기에서 각 주제를 이미 연구한 선배 또는 선생의 역할, 그러니까 좋은 입문서와 교과서를 선별해 주고 그 한계가 무엇인지까지도 알려 주는 이의 역할이 중요해지는 것이죠.

결국 아주 많은 경우, 돌아가는 길이 지름길입니다. 빛이 나지 않는 작업이라 해도 자신의 사유를 더 강(인)하게 만들 수 있다면 그것이 마지막에는 자신의 작업을 빛나게 해 주는 가장 빠른 길일 거라 믿습니다. 제 공부 길에 후회도 정말 많지만, 그럼에도 제가 스스로 잘 했다고 생각하는 단 한 가지는, 바로 이러한 관점에서, 제 허접한 글을 쓰기 이전에(아직도 저는 제대로 쓴 글이 하나도 없습니다), 번역을 먼저 발표함으로써 제가 텍스트를 제대로 읽고 있다는 것을 '증명'해야 한다고 생각했다는 점입니다. 사실 이조차도 저 스스로 생각해 낸 것이 아니라, 제가 존경하는 강(인)한 사유자 진태원 선생님, 이상길 선생님 등이 프랑스어권 사상의 탁월한 번역가이기도 하다는 점에서 배운 거지만요. 정말 나중에 대학원에 진학하게 되신다면, 관련 분과 내 외국어 텍스트를 한국어로 꼭 번역해 보기를 바랍니다.

해석학적 전통 내에서 작업하는 인문사회과학 연구자라면(인문학의 경우 거의 모든 연구자가, 사회과학의 경우 사회이론이나 사회철학을 하는 연구자가 이에 해당됩니다) 외국어 텍스트를 한국어로 번역하는 작업을 자신의 글을 쓰는 작업과 반드시 병행하길 바랍니다. 저처럼 너무 많이 번역할 필요는 없지만, 그럼에도 정기적으로 조금씩은 해야 합니다. 처음에는 짧은 논문이나 얇은 입문서를 번역해서 출판해 보는 시간을 가져 보고, 그런 경험들이 쌓인 뒤에는 본격적으로 고전이나 대가의 텍스트를 번역해야 합니다. '이제 내 글을 쓸 때가 되었다'는 생각이 들어도 수년에 한 권씩은 번역해야 한다고 생각합니다. 왜냐하면 (텍스트를 물신화한다는 게 결코 아니라) 선배들과 선생들의 텍스트를, 더 나아가서는 '타자'의 텍스트를 (데리다가 정말 모범적으로 실천했듯) '이렇게까지 집요하게? 그럴 필요가 있을까? 너무한 거 아닐까? 시간이 정말 그렇게 많나? 니 글은 언제 쓸래?'라는 핀잔을 들을 정도로 꼼꼼히 읽는 과정이 결국 번역이기 때문입니다.

    우리는 기본적으로 서양학문을 하기 때문에 서양어를 읽고 우리말로 푸는 작업을 하는데(한문을 읽어야 하는 동양철학도 크게 다르진 않겠죠), 번역을 해 본 텍스트와 해 보지 않은 텍스트의 이해도 차이는 상상 이상입니다. 번역본이 존재하지 않고 내가 직접 번역하지도 않은 외국어 텍스트를 그냥 읽었을 때 얻는 것은, 자신은 다 이해했다고 착각하더라도, 사실 거의 없다고 봐도 무방합니다. 제가 존경하는 한국의 대가급 선배들과 선생들만 해도, 그들이 쓴 글을 꼼꼼히 읽어 보면, 번역본이 존재하지 않고 자신이 직접 번역하지도 않은 텍스트에 대해서는 그렇지 않은 텍스트의 경우만큼은 깊은 논의를 전개하지 못합니다. 대가라고 해도 그렇습니다. 번역되지 않은 사상은 국내에서는, 그러니까 대중에게서는 말할 것도 없고 외국어를 아주 잘 읽는 공동체(물론 영어 이외의 언어는 그렇지 못하지만……)인 연구자들 모임에서도 전혀 논의되지 못한다는 점은 차치하고서라도요. 번역본이 존재하거나 자신이 번역했어야 깊이 있는 논의를 전개할 수 있는 게 서양학문을 공부하는 동양인 연구자의 '천형'이고 '숙명'입니다. 결국, 학계라는 공동체를 위한 '투쟁과 봉사'이기 이전에, 번역은 자신의 '읽기'와 '다시 쓰기'를 내깃물enjeu로 거는 연구자의 '증명 투쟁'입니다.

사족. 학술장의 안과 밖

여기에서 편지를 끝내면 좋겠지만, 우리가 놓여 있는 엄혹한 현실로 인해, 공부 길에 들어서고자 하는 분을 위해 마지막으로 한 가지 논점만 더 다루고 마무리하겠습니다. 앞서 한 논의를 현실에 적용해 보는 겁니다. 대학의 붕괴가 가속화되고 있습니다. 학술장 바깥으로 나가는 것이 답일까요? 제도의 붕괴로 인해 이제는 자신이 원하지 않더라도 학술장 바깥으로 나갈 수밖에 없는 상황이 되었습니다. 하지만 이런 상황에서도 학술장 바깥보다는 학술장 안을 지향하는 태도로 학술장 바깥에 있어야 한다고 저는 생각합니다('안의 바깥' 또는 '바깥의 안'이라는 역설). 학술장과의 긴장관계를 어떠한 식으로든 유지하는 것이 중요하단 얘기죠. 앞서 제가 말씀드렸던 바와 일맥상통하는 거예요.

이제 내 삶에 실적이 무의미해 보이더라도 학술지 논문을 계속 쓴다든지, 앞서 강조했듯 엄밀한 텍스트 읽기의 긴장감을 유지하기 위해 번역을 가끔일지라도 이어 나간다든지, 학회에 계속 참여하고 발표와 토론도 하면서 동료 연구자들과의 관계를 유지한다든지, 대학 강의를 한 과목이라도 계속한다든지요. '나는 이제 대가의 반열에 올랐기에 동료 평가(피어 리뷰)는 필요하지 않아, 학계는 내 자유로운 사유를 방해하는 족쇄일 뿐이고, 그래서 나는 내 길을 갈 거야!'라는 생각은, 전부는 아니겠지만, 많은 경우 함정입니다. 선배들, 동료들, 후배들로 구성된 학문공동체와의 긴장관계가 끊어지면 '자유로워' 보이지만 결국 엄밀하지 않은 작업으로 빠져 버릴 가능성이 높습니다.

누군가 지적했듯, 그 어떠한 경우에도 '정신은 자유롭게 뛰어놀 수 없'기 때문입니다.

앞서 이야기한 고전, 텍스트, 번역에 관해 생각해 보세요. 이전 선배들과 선생들이 생산해 낸 이 모든 것은 우리 사유를 창의적이고 독창적이지 못하게 만드는 '족쇄'에 불과한 것일까요? 전혀 아니에요. 앞서 강조했듯 바로 이 모든 것들, 구체적으로는 텍스트들에 대한 충실한 해석으로부터만 독창적이고 새로운 무언가가 돌발할 수 있습니다. '기질적 반항자'가 되지 말고 '원칙적 비판자'가 되어야 합니다. 정통을 지향하는 이단자가, 이단을 지향하는 정통가가 되어야 합니다. 더 나은 방식으로 실패해야 합니다. 그러기 위해서는 학문공동체와의 긴장을, 그것이 억압이라고 생각하지 말고, 계속 유지해야 합니다. 이 긴장에 잡아먹혀 버리는 것도 아니고 이 긴장의 끈을 놓아 버리는 것도 아니고 바로 그 사이에서 무한히 진동한다는, 가장 어렵더라도 용기 있는 선택 속에서만 무언가 독창적인 새로운 것을 '쓸' 수 있습니다.

제 실패의 경험에서부터 '텍스트'와 '글쓰기'라는 현대 프랑스철학의 개념들로 길어 올린 이 어쭙잖은 조언이 인문사회과학을 공부하는 분들에게 모쪼록 도움이 되었으면 하는 바람을 담아 이 글에 마침표를 찍겠습니다.

부록 2
인문사회과학에서 '번역'이란 도대체 무엇인가?

짧은 시간 동안 인문사회과학 분야에서 제법 많은 책을 번역했습니다. 인문학자도 아니고 사회과학자가 이렇듯 꽤 많은 책을 번역하는 것이 상당히 특이하고 유별난 일이라는 것 정도는 잘 알고 있어요. 번역 작업에 매달리는 저를 두고, 신진 학자가 가지기 마련인 창조적 에너지를 자기 글을 만드는 대신 남의 글을 앵무새처럼 읊조리는 데 낭비한다며 걱정하는 동료도 있었고, 제가 그 사유 행보를 따라 번역 작업을 모방했던, 번역을 상당히 많이 한 어떤 선생님은 자신이 젊은 시절 번역 작업에 매달려 자기 글을 더 많이 쓰지 못한 것을 후회한다고 저에게 털어놓기도 했죠. 하지만 저는 다음과 같은 매우 합리적이고 경제적인 (한편으로는 '실용적'이고 다른 한편으로는 '학술적'인) 이유에서 인문사회과학 내에서 번역 작업을 해 왔으며, 이것이 여전히 대단치는 않을지 몰라도 저의 공부에 본질적 역량을 부여했다고 생각합니다.

누군가는 번역을 해야 한다

인문사회과학 내 연구자들이 번역을 해야 하는 가장 첫 번째 이유는 무엇보다 '누군가는 번역을 해야' 하기 때문입니다. 여기에서 길게 논증할 문제는 아니지만, 자신들의 연구 실천 속에서 연구자들은 전문번역가가 학술서를 번역할 수 없음을 절감합니다. 이는 전문번역가와 학술연구자 간 위계를 설정하고자 함이 전혀 아니고, 단지 텍스트의 성격상 학술서는 그 텍스트의 내용을 완전히 장악(마스터링)하고 있는 이만이(해당 외국어를 완전히 장악하고 있음은 당연히 전제합니다) 번역할 수 있다는 점을 고려해야 하기 때문입니다. 어떤 주제를 10년, 20년 공부해 학위를 취득한 연구자도 완전히 장악했다고는 쉬이 말할 수 없는 그러한 텍스트를 전문번역가가 해당 언어를 장악하고 있으며 일반적인 번역 기술을(그것도 학술번역의 기술과는 상당히 다른) 가지고 있다고 해서 번역할 수 있는 것은 전혀 아닙니다. 이는 번역에도 각자의 전문 영역이 명확히 나뉘어 있기 때문인데요. 그렇다면 학술공동체 내 누군가는 번역을 해야 한다는 결론이 도출되죠…….

번역하지 않아도 괜찮지 않냐고요? 이미 세계화가 저물어 갈 정도로 세계화의 시간이 흘러 이제 연구자들은 영어를 잘하기 때문에? 한국 연구자들의 영어 실력을 의심하는 건 전혀 아니지만, 엄연히 모국어와 외국어의 장악 수준이 다르다는 점은 고려해야 합니다. 어떤 언어를 '학술 모국어'로 선택했는지에 따라(이는 결국 어떤 언어로 논문을 쓰는가로 표현된다고 생각하는데) 읽기와 쓰기에서 가장 잘 장악한 언어가 연구자마다 존재하며, 말할 것도 없이 한국 학술공동체 구성원 대부분에게 학술 모국어는 한국어입니다. 이는 연구자들 간 세미나에서든 학회에서든 대학(원) 수업에서든 연구자들이 항상 마주하는 '정형화된 사실'이죠. 자연과학은 몰라도 인문사회과학의 핵심 도구는 언어이고, 인문사회과학 내 연구자들은 언어를 통해 자신들의 사유를 교통합니다. 인문사회과학 내에서 모국어와 외국어의 문제는 자연과학에서보다는 훨씬 더 본질적인 문제이고, 그렇기에 인문사회과학 내에서 어떤 텍스트의 한국어 번역이 있고 없고의 문제는 단순한 의사소통의 어려움 정도의 문제가 아니라 그 텍스트가 학술공동체 내에서 어느 수준으로 이해되고 있는지의 문제이기까지 합니다. 그렇기에 번역서 없이 외국어 텍스트들만으로

'한국의' 인문사회과학 연구자들을 양성할 수는 없는 것이죠. 이 문제를 인문사회과학 내에서 학생을 가르치는 사람들은 자신들의 교육실천 속에서 매일매일 절감하고 있고, 그래서 어떻게든 번역본들만으로 커리큘럼을 짜거나 아니면 어쩔 수 없이 영어 원서 또는 영어 번역서로 억지로 수업을 이어 나갈 수밖에 없습니다. 이러한 상황 때문에, 누군가는 번역을 해야 합니다……. 하지만 이 문제가 그토록 고질적으로 학계를 괴롭히고 있다는 것은, 우리가 파악하지 못하고 있는 훨씬 더 복잡한 쟁점이 이 문제에 내재해 있다는 사실을 방증하기도 합니다.

너의 글을 써야 한다(는 강박) 하지만 그 전에……

일단 저의 주장이 인문사회과학 내에서 일부(그 일부가 상당히 넓다고는 생각하지만…… 게다가 인문학의 경우에는 거의 전부일 텐데요) 분과들에만 해당된다는 점을 전제하겠습니다. 특히 통계를 방법론적 기반으로 취하는 사회과학의 경우에는 제 얘기가 적용되지 않을 것입니다. 그러니까 이와 정반대로, 사회이론 또는 사회철학을 전공하는 사회과학자에게는 직접적으로 해당되는 얘기일 것입니다.

앞서 언급한, 번역을 해야 하는 지극히 실용적인 근거가 누군가는 번역을 해야 한다는 게 전부라면 저는 번역을 하지 않았을 것입니다. 저는 여러 저서들을 번역함으로써 동료들에게 고맙다는 이야기를 많이 들었는데, 제 번역 덕에 수업을 더 원활히 진행할 수 있었거나 영어 번역본조차 없는 상황에서 한국어 번역본을 통해 좋은 내용을 접할 수 있었기 때문이죠. 이것이 저의 부족한 번역 작업에 대한 과분한 칭찬이라는 점을 한켠으로 치워 두더라도, 저는 학계를 위한 투쟁과 봉사'보다는' 저의 지극히 개인적인 '학술적' 작업, 그러니까 저의 글쓰기를 위해 번역을 했다는 점에서 그러한 칭찬의 말들에 어떠한 양심의 가책을 느낍니다.

복잡한 논의를 단순화하기 위해 서양사상의 차원으로 논의를 한정해 보자면, 분명히 특정 서양사상가의 학술 번역자로 적임인 연구자가 번역했음에도 번역서의 질이 떨어지는 경우가 왕왕 있습니다. 왜 이런 일이 일어나는지에 대해 우리는 지금까지 깊이 있게 질문하고 탐구해 보지 않았다고 생각합니다. 번역가로서 자신 있게 말할 수 있는 바는, 그 서양사상가가 활용하는 언어는 물론 그 서양사상가의 사상을 장악한 사람이라 해도(!) 번역 기술에 대한 수련을 받지 않았다면(마치 사회학자가 통계 기술을 배우듯) 번역이 전혀 쉽지 않다는 것입니다. 번역이 고도의 특수한 기술이기 때문입니다. 하지만 이 점을 고려하더라도 심각한 오역의 문제를 우리는 너무 자주 마주하게 되고, 이것이 한국 담론장에서의 서양사상에 대한 논의에 걸림돌이 된다는 점에 대해 우리는 매일매일 푸념하고 있죠. 연구자들은 매일매일 이 문제로 고통받으면서도, 게다가 새로운 번역서가 나올 때마다 그 번역이 어떨지 가슴 졸이며 의심할 수밖에 없으면서도, 이 문제와 그 원인, 그리고 그 해결책에 대한 생산적이고 구체적인 논의는 전혀 하지 않고 있습니다.

학술논문과 단행본 저서의 가치를 폄하하는 것이 결코 아니라는 점을 강조하면서, 저는 한국어를 모국어로 취하는 인문사회과학 연구자가 해당 서양사상을 정확히 장악하고 있는지를 '입증'할 수 있는 '증거' 중 하나가 번역이라고 주장하고자 합니다. 해당 서양사상을 완전히 장악하고 있지 않더라도 학술논문이나 단행본 저서를 쓰는 것은 충분히 가능합니다(이것이 매우 예외적인 경우라는 것을 알고 있지만). 명시적인 사실은 전혀 아니지만, 한국의 서양철학계에서 해당 서양사상가에 대한 학술공동체의 인정을 받은 번역서를 낸 철학연구자에게 (제도적으로는 아니라고 해도) 특히나 많은 '크레딧'을 부여하는 이유가 바로 이것입니다.

저의 말을 오해하지 않기를 바랍니다. 저는 학술논문과 단행본 저서의 집필이 인문사회과학 연구자에게 매우 중요한, 아니 동료 연구자들로부터 인정받기 위해 필요불가결한 작업임을 전혀 부정하지 않습니다. 하지만 그와 정확히 동일한 정도로, 자신이 전공하는 서양사상가에 대한 좋은 번역본의 생산 또한 인문사회과학 연구자에게 매우 중요한, 아니 동료 연구자들로부터 인정받기 위해 필요불가결한 작업이라고 확신합니다. '대가란 텍스트를 장악하고 있는 자'라는 철학 연구 내에서의 격언이 사실이라면, 한국어를 모국어로 취하는 이가 외국어 텍스트를 온전히 장악하고 있다는 점을 보여주는 유일한 증거는 번역입니다.

자신의 글을 써야 한다는 정언명령은 지당합니다. 하지만 어떤 분야에서는 자신의 글을 쓰기 전에 타인의 글을 정말 집요하다 싶을 정도로 꼼꼼히 읽는 훈련이 선행되어야 합니다. 인류학에서 참여관찰이라는 기술을 연마하기 위한 훈련이 필요하듯, 사회학에서 통계라는 기술을 연마하기 위한 훈련이 필요하듯, 어떤 분야에서는(인문학의 대다수의 경우, 사회과학 내에서 사회철학이나 사회이론을 하는 경우) 타인의 글을 읽는 훈련이, (서양사상의 경우) 외국어로 된 타인의 글을 읽는 훈련이 반드시 선행되어야 합니다.

그래서, 자신의 글을 써야 합니다. 하지만 이전에, 타인의 글을 제대로 읽어야 합니다. 외국어로 된 타인의 글이라면, 번역을 통해 타인의 글을 제대로 읽는 훈련을 해야 합니다. 한국어와 외국어를 갈고닦아야 합니다. 외국어를 갈고닦아 서양사상가의 글을 엄밀히 독해하고, 한국어를 갈고닦아 이를 한국어로 엄밀히 옮겨야 합니다. 번역은 말할 것도 없고 이에 대한 엄밀한 주해까지도 생산해야 합니다. 이러한 지난하고 고통스러운 훈련을 통해 자신의 사유를 심화시켜 독창성으로까지 상승해야 합니다. 한국에서 한국어로 자신의 독창적 테제를 주장하는 한국의 연구자는, 자신의 글의 참고문헌에 제시되어 있는, 자신이 한국어로 번역했기에 누구나 접근해 읽고서 자신이 얼마나 제대로 텍스트를 읽고 있는지를 검증받을 수 있는 자신의 번역 텍스트들을 통해 자신의 테제의 독창성(유효성은 말할 것도 없고)을 뒷받침할 수 있습니다.

단 한 권이라도 더 번역된다면,
그만큼 우리 지성의 경계는 진전한다

좋은 학술 번역가가 양성되고 재생산되지 않는 데에는 제도적 차원의 문제가 놓여 있다는 점을 잘 알고 있습니다. 그럼에도 번역 실천은, 한 권이라도 번역하면 두 눈으로 확인될 만큼 실질적으로 학술공동체에 기여한다는 점에서, 동시에 그 변화가 두 눈에 보일 정도로 자신의 사유가 깊어지기까지 한다는 점에서, 매력적이고 즐거운 작업입니다. 저는 번역 작업을 통해 텍스트에 대한 이해가 완전히 새로워지는 놀라운 경험을 할 수 있었고, (번역 작업에 대한 동료 연구자들의 인정보다는) 바로 이러한 경험 때문에, 그러니까 번역을 하기 전에 제가 텍스트를 얼마나 허술하게 읽었는지를 부끄러움 속에서 확인하는 과정과 이를 수단으로 이루어지는 텍스트 이해의 갱신 때문에, 번역 작업을 멈출 수 없었습니다. 단 한 권이라도 더 번역된다면, 한국 학술공동체의 지성의 경계는 그만큼 진전합니다. 정확히 동일하게, 단 한 권이라도 더 번역한다면, 자신의 지성의 경계가 그만큼 진전합니다. 예비 연구자들이 번역 작업을 시간 낭비라고 생각하지 않기를 바랍니다. 그 시간이 자신의 사유의 역량이 된다는 점을, '덤으로' 자신의 기여(즉 '컨트리뷰션')를 통해 한국의 학계를 위한 '투쟁과 봉사'까지 할 수 있다는 점을 인지했으면 합니다.

부록 3

현대 프랑스철학 입문자는 무엇을 읽어야 하는가?

여기에서 저는 본 강의에서의 원칙과 동일하게 알튀세르, 푸코, 버틀러라는 개별 사상가에 관한 입문서를 제시하지는 않겠습니다. 대신 포스트-구조주의, 더 넓게는 현대 프랑스철학 일반 또는 현대사상 일반을 다루고 있는 입문서를 제시하겠습니다. 학생들이 포스트-구조주의에 조금 더 쉽고 정확하게 접근하는 것을 도울 수 있는 입문서를 찾고자 국내에 출간된 수많은 책을 읽었습니다. 그중 저의 관점에서 유용하다고 생각되는 평이한 난이도의 몇몇 입문서를 소개하고자 합니다. 물론 여기 소개하는 책들의 내용이나 구성 방식에 모두 동의하지는 않으며, 몇몇 책들의 경우 문제가 있는 부분도 분명 존재합니다. 하지만 최소한 입문자의 수준에서는 충분히 도움을 받을 수 있을 만큼 오류가 적고 정확함과 평이함의 균형을 잘 잡고 있기에 유용한 책들을 고르고 골랐습니다.

『유럽 대륙철학』(사이먼 크리츨리 지음, 이재만 옮김, 교유서가, 2016)
포스트-구조주의, 더 나아가 현대 프랑스철학은 영미 분석철학이 아니라 유럽 대륙철학에 속하는 사유입니다. 그러니 유럽 대륙철학에 대해 간단히라도 살펴볼 필요가 있습니다. 그런데 이 유럽 대륙철학의 시작점이 바로 서양 근대철학이고, 그렇기에 두 번째 강의에서 주마간산 격으로 살펴본 서양 근현대철학사에 대해 조금 더 공부해 본다는 맥락에서도 이 책부터 읽어 보면 어떨까 합니다. 물론 영미 분석철학에 대해서는 이 책 외에 따로 공부해야 합니다. 칸트 이후 서양 근현대철학은 유럽 대륙철학과 영미 분석철학으로 갈라지는데, 이 책은 유럽 대륙철학 일반에 대해서만 다루기 때문이죠. 이 책의 강점은 유럽 대륙철학의 정신을 철학적으로뿐만 아니라 역사학적, 역사기술적 방식으로도 아주 정확히 제시한다는 것입니다. 그래서 서양 근현대철학의 맥락 전체는 아니라고 해도, 그 중요한 한 부분을 이해하는 데에는 매우 좋은 책입니다.

『포스트모던의 테제들』(연구모임 사회비판과대안 엮음, 사월의책, 2012)

들뢰즈, 푸코, 데리다, 바디우 등과 같은 포스트-구조주의자들에 관한 국내 전문가들의 평이한 해설들을 모은 책입니다. 모든 글이 탁월하지만, 특히 푸코에 관한 문성훈 선생님의 해설에 주목하길 바랄게요. (물론 저는 아주 사소한 이견을 가지고 있긴 하지만,) 제 생각에 국내 전문가가 쓴 푸코 관련 해설 중 가장 좋은 것 같아요. 이렇게 짧은 분량에 이렇게 정확히 한 사상가의 사유 전체를 정리해 서술한다는 게 결코 쉽지 않거든요. 덧붙이자면, 연구모임 사회비판과대안이 출간한 관련 시리즈 모두가 정말 좋으니까 한번 살펴보길 바랍니다. 두 번째 강의에서 주목했던 고지현 선생님의 버틀러에 관한 글 또한 이 시리즈 중 한 권인 『현대 페미니즘의 테제들』에 실려 있죠.

『처음 읽는 프랑스 현대철학』(철학아카데미 엮음, 동녘, 2013)

포스트-구조주의를 포함한 현대 프랑스철학 사상가들에 대한 국내 전문가들의 해설을 모아 놓은 책인데요. 역시 전문가답게 모든 해설이 아주 정확하게, 하지만 매우 평이하게 쓰여 있습니다. 이렇게 쉽게, 하지만 정확히 쓸 수 있다는 것은 그만큼 이 해설들을 쓴 국내 전문가들의 학술적 역량이 매우 높다는 사실을 보여 주죠. 『포스트모던의 테제들』과 마찬가지로 우선은

관심이 가는 사상가의 해설부터 찾아 읽고, 필요할 때마다 사전처럼 봐도 좋지 않을까 생각합니다.

『**현대 프랑스철학사**』(한국프랑스철학회 엮음, 창비, 2015)

『처음 읽는 프랑스 현대철학』과 마찬가지로 이 책도 포스트-구조주의를 포함하여 현대 프랑스철학 사상가들에 대한 국내 전문가들의 해설을 모아 놓은 책입니다. 꼭 읽어 보세요.

『**현대사상 입문**』(지바 마사야 지음, 김상운 옮김, 아르테, 2023)

우리 강의에서도 주목했던 책이죠. 일본에서는 포스트-구조주의를 '현대사상'이라고 부르는데, 이 포스트-구조주의 또는 현대사상에 관해 국내에서 구해 읽을 수 있는 최고의 입문서인 것 같아요. 물론 입문서로서 한계는 뚜렷하죠. 하지만 평이한 설명과 정확한 설명 간의 균형을 매우 잘 잡은 좋은 책입니다. 이보다 더 잘 쓰기는 힘들다는 생각을 포스트-구조주의 전문가로서 했습니다. 우리 강의가 어려웠다면 우선 이 책을 읽어 보고 우리 강의를 다시 읽어 보면 어떨까 합니다. 한국에서는 일시적 유행에 그쳤던 것과 달리, 일본의 포스트-구조주의 연구는 매우 발달했고 대중적 인기 또한 현재까지도 상당히 많은데요. 그 축적된 성과의 결과물이라고 보면 됩니다.

『**푸코, 바르트, 레비스트로스, 라캉 쉽게 읽기**』(우치다 타츠루 지음, 이경덕 옮김, 갈라파고스, 2010)

일본의 포스트-구조주의 연구가 매우 발달해 있고 대중적으로도 상당한 인기를 누리고 있다고 말했죠. 이 책 또한 그 축적된 성과의 결과물이라고 볼 수 있습니다. 특히 이 책의 저자 우치다 타츠루는 일본의 포스트-구조주의자, 더 나아가 레비나스주의자로서 포스트-구조주의 사상을 대중적으로 풀어내는 작업을 정력적으로 하고 있는 연구자죠. 여기에서 대중적으로 풀어내는 작업이란 두 가지인데, 하나는 이 책과 같이 포스트-구조주의 사상 그 자체를 교양대중을 위해 해설하는 것이고, 다른 하나는 포스트-구조주의 사상을 현실에 적용하는 것입니다. 포스트-구조주의의 세계관으로 이 인간, 사회, 세계를 바라본다면 어떤 이야기를 할 수 있을지의 질문에 우치다 타츠루는 아주 기발한 답변들을 상당히 많이 제시한 바 있어요. 우치다 타츠루의 책은 국내에 정말 많이 번역되어 있으니까, 무엇이든 한번 읽어 보길 바랄게요. 그중에서도 이 책은 포스트-구조주의 사상가들을 대중적으로 쉽게 소개하는 책이니까 한번 살펴보세요. 역시 입문서로서의 한계는 뚜렷하지만, 그 강점이 약점을 상쇄하니까 너무 걱정하지 않아도 됩니다.

『레비나스, 타자를 말하다』(우치다 다쓰루 지음, 박동섭 옮김, 세창출판사, 2023)

우치다 타츠루(다쓰루)는 일본의 포스트-구조주의자이자 레비나스주의자라고 했죠. 이 책을 통해 레비나스 사상에 대한 그의 애정을 느낄 수 있는데, 애정이 강한 만큼 레비나스의 사상이 정확하면서도 평이하게 소개되고 있습니다. 이 책은 레비나스뿐 아니라 라캉 또한 다루는데요. 레비나스를 소개하는 우치다의 방식이 레비나스를 라캉과 교차시키는 것이기 때문이에요. 라캉 정신분석학은 포스트-구조주의의 학문적 타자라고 했죠. 레비나스와 라캉을 함께 읽음으로써 우치다는 포스트-구조주의, 더 나아가 현대 프랑스철학의 핵심을 정확히 보여 줍니다. 레비나스는 포스트-구조주의보다는 프랑스적 현상학의 흐름에 속하지만, 그래서 이 책을 포스트-구조주의, 더 나아가 현대 프랑스철학 입문서로 소개하는 것입니다. 특히 이 책에서 여러분은 타자에 의해 침윤된 주체, 다르게 말해 타자라는 구조에 의해 생산된 주체라는 관념이 무엇을 의미하는지 정확히 파악할 수 있을 거예요.

『나를 위한 현대철학 사용법』(다카다 아키노리 지음, 지비원 옮김, 메멘토, 2016)

역시 일본에서 나온 현대 프랑스철학 입문서입니다. 일반적인 의미의 입문서는 아니고요. 푸코, 들뢰즈, 레비나스 등의 사상을 중간중간 소개하면서도 동시에 이에 의거해 현실의 문제를, 구체적으로는 나, 타자, 세계, 삶과 죽음 등의 문제를 해결하려고 한다는 점에서 계발적이에요. 막상 각 현대 프랑스철학자의 사상에 대한 해설은 그렇게 정확하지는 않다고 생각하지만, 이와 별개로 현대 프랑스철학을 현실의 문제에 적용함으로써 이 사상의 쓸모를 입증한다는 점에서 강하게 추천합니다.

『흐름으로 읽는 프랑스 현대사상사』(오카모토 유이치로 지음, 차은정 옮김, 포도밭출판사, 2016)

역시 일본에서 나온 포스트-구조주의 입문서인데, 지바 마사야나 우치다 타츠루의 책처럼 정확함과 평이함의 균형을 아슬아슬하게 잘 잡은 책입니다. 포스트-구조주의 사상에 돌입하기 전에 흐름을 잡기 위해 읽어 보면 많은 도움을 받을 수 있을 거예요.

『라캉, 바디우, 들뢰즈의 세계관』(장용순 지음, 이학사, 2023)

국내 저자가 쓴 포스트-구조주의 사상에 관한 입문서 중 상당히 돋보이는 매우 좋은 책입니다. 입문서가 겪을 수밖에 없는 한계는 물론 존재하겠죠. 하지만 라캉, 바디우, 들뢰즈, 그러니까 전반적으로 사건의 철학자라고 부를 수 있는 이들을 다루면서 이들의 세계관, 더 나아가서는 현대 프랑스철학 전체의 세계관이 무엇인지를 직관적으로 잘 설명하고 있어요. 저도 강의에서 항상 활용하는 책입니다. 왜 현대 프랑스철학은 다른 철학들과 달리 이렇게 독특하고 유별난 사유를 제시하는지 알 수 있어요.

『**타자철학: 현대사상과 함께 타자를 생각하기**』(서동욱 지음, 반비, 2022)
타자철학은 철학의 타자를 인정하고 사유하는 철학과는 구분되니까 여기에 포함시켜야 할지 말지 고민을 많이 했지만, 워낙 좋은 책이고 입문자가 큰 도움을 받을 수 있는 책이라 언급합니다. 서동욱 선생님이 오랫동안 철학과 학부생을 상대로 해 온 강의를 정리한, 소중한 책이에요. 제목에서 알 수 있듯 말 그대로 '타자철학'의 계열에 속하는 철학자들, 특히 현대 프랑스철학자들을 중심으로 평이하게 소개하는 강의록입니다. 발리바르가 사건의 철학자로 언급하는 인물 중 데리다나 들뢰즈 같은 이도 타자철학자의 견지에서 다루기 때문에 포스트-구조주의 이해에 큰 도움을 받을 수 있는 유용한 책이죠. 제가 본 강의에서 제시한 타자철학과 철학의 타자를 인정하고 사유하는 철학 간의 구분을 염두에 두면서 한번 읽어 보면 어떨까 합니다.

『**사상의 좌반구**』(라즈미그 쾨세양 지음, 이은정 옮김, 배세진 감수·해제, 현실문화, 2020)
포스트-구조주의를 포함한 현대사상 전반, 그중에서도 특히 좌파적 계열의 사상을 평이한 방식으로 소개하는 책입니다. 특히 이 책의 장점은 현대 좌파 사상의 지도를 그릴 수 있게 해 준다는 것이죠. 포스트-구조주의 사상은 현실의 좌파 운동과 깊은 관련을 맺고 있어요. 물론 포스트-구조주의 사상 자체가 기본적으로 좌파적이고요. 그러니까 당연히 포스트-구조주의 사상은 넓은 의미의 좌파 사상과도 깊은 관련을 맺고 있죠. 방대한 범위에서 이루어지는 지도 그리기를 통해 저자는 이 점을 상당히 정확히 보여 줍니다. 포스트-구조주의만을 배타적으로 다루지는 않지만, 포스트-구조주의에 대한 입문도 제시하고 그 사상적 맥락과 지형도도 제시해서 매우 유용합니다.

『근현대 프랑스철학의 뿌리들』(황수영 지음, 갈무리, 2021)

포스트-구조주의, 그리고 이를 품고 있는 현대 프랑스철학은 매우 독특한 사유입니다. 어떻게 이러한 독특한 사유가 형성 가능했을까요? 당연히 하늘에서 뚝 떨어졌을 리는 없습니다. 그 이전부터 내려오던 근대 프랑스철학이라는 뿌리가 있었기에 가능했던 것이죠.

조금 도식적으로 말하면요. 현대 프랑스철학은 앙리 베르그송부터 시작합니다. 그러니까 근대 프랑스철학은 근대철학의 시작점인 르네 데카르트에서부터 베르그송까지의 프랑스철학을 의미하겠죠. 자기 나라 철학이니까 프랑스에서는 근대 프랑스철학을 열심히 연구하지만, 프랑스 바깥에서는 전혀 연구되지 않았어요. 대부분의 서양철학사 책은 데카르트 이후 스피노자, 칸트, 헤겔로 이어지는 흐름을 다루잖아요. 하지만 현대 프랑스철학으로 나아가기 위해서 복원해야 하는 연결고리가 있다면, 바로 근대 프랑스철학이겠죠. 이런 작업을 입문 강의 수준에서 하기는 어렵습니다.

이 연결고리가 빠져 있기에 현대 프랑스철학이라는 독특한 사유가 하늘에서 갑자기 뚝 떨어졌다고 오해하게 되고, 이러한 오해로 인해 현대 프랑스철학 자체에 대한 이해의 선명도도 떨어지게 되는 것이죠. 그래서 이 책을 읽을 필요가 있는데요. 근대 프랑스철학을 깊이 연구한 황수영 선생님이 데카르트 이후부터 베르그송 이전까지 근대 프랑스철학의 흐름을, 그러니까 현대 프랑스철학의 뿌리를 잘 설명하는 책입니다. 근대 프랑스철학이 사유한 여러 개념을 보면, 그 개념들이 현대 프랑스철학으로까지 이어졌고, 그래서 현대 프랑스철학이 이 개념들을 가지고 자신의 독특한 사유를 형성할 수 있었다는 점을 확인할 수 있어요.

하나만 예를 들어 보면 푸코의 규율권력 개념의 핵심은 그것이 오로지 신체에 작용한다는 것이었죠. 이 개념의 토대에는 그의 독특한 신체 개념이 놓여 있습니다. 그런데 부르디외의 하비투스^{habitus} 개념 또한 그의 독특한 신체 개념을 중심으로 구성되어 있어요. 여기에서 푸코와 부르디외 모두 자신들만의 신체 개념을 토대로 자신들의 새로운 개념들을 생산했음을 알 수 있습니다. 이는 이들이 신체를 사유하는 방식이, 다른 나라의 철학이 신체를 사유하는 방식과 변별적이기에 가능했습니다. 왜 그럴까요? 황 선생님의 설명을 보면 근대 프랑스철학자들이 신체를 아주 독특한 방식으로 사유했다는 점을 확인할 수 있습니다. 그 신체 개념이 말할 것도 없이 베르그송 철학에서도 핵심적인 역할을 수행했고요.

그래서 이 책으로 근대 프랑스철학을 공부하고 나면 현대 프랑스철학, 더 나아가 포스트-구조주의를 공부할 때 정말 많은 도움을 받을 수 있고, 이 독특한 사상을 훨씬 더 입체적으로 향유할 수 있습니다. 그래서 입문자에게는 꽤 어려운 책임에도 추천합니다.

감사의 말

저는 2021년 여름 프랑스 파리-시테 대학교에서 정치철학 전공 박사학위를 취득하고 2022년 초 귀국한 후 포스트-구조주의 사상, 더 넓게는 현대 프랑스철학을 교양대중에게 평이하면서도 최대한 정확한 방식으로 소개하고자 노력해 왔습니다. 그 과정에서, 제가 귀국해 처음으로 한 강의인 2022년 유럽인문아카데미 봄학기 강좌 〈마르크스와 푸코 함께 읽기〉를 시작으로 일반 시민을 대상으로 한 종로도서관 철학 강의를 거쳐 연세대학교 커뮤니케이션 대학원 미디어문화연구 전공 강의인 〈동시대 비판이론의 쟁점〉에 이르기까지, 대학의 안팎에서 여러 분과의 학부생, 대학원생, 연구자, 그리고 일상을 성실히 살아가는 교양대중을 만나며 많은 지적 자극을 받았습니다. 제 강의를 들어 준 모든 분께 이 자리를 빌려 감사드립니다. 이 모든 강의를 열어 준 여러 기관, 그러니까 유럽인문아카데미, 대안연구공동체, 짓;다, 말과활 아카데미, 캣츠랩, 필로버스 아카데미, 종로도서관, 연세대학교 커뮤니케이션 대학원에 감사드립니다.

『사상의 좌반구』에 붙인 해제에서 이론적으로 각별히 강조했듯, 이상길 선생님과 진태원 선생님께 감사드립니다. 이상길 선생님과 진태원 선생님은 아무것도 모르는 신문방송학 전공 학부생이 프랑스 인문사회과학을 한국의 석사과정에서 공부하고 프랑스의 박사과정에서 더욱 깊이 공부할 수 있도록 지적 자극과 모든 가르침을 주셨습니다. 물론 저는 아직 진리를 향한 도정에 있을 뿐이지만, 만일 언젠가 진리에 도달한다면, 두 선생님은 제가 더욱 빠르고 정확하게 진리에 도달할 수 있게 해 준 분들일 것입니다. 끝내 진리에 도달하지 못한다고 해도, 최소한 잘못된 길로 가는 것은 막아 주었을 것입니다. 역시 여러 면에서 부족한 저를 참아 주시고 학위 과정을 무사히 마칠 수 있게 도와주신 프랑스 지도교수님 마리 퀴레Marie Cuillerai에게 감사드립니다. 마리 퀴레 선생님은 프랑스철학과는 다른 프랑스 '정치' 철학이란 무엇인지 가르쳐 주셨고, 제가 학자로서 그 비주류의 길을 계속 걸을 수 있게 지적이고 제도적인 모든 것을 주셨습니다. 연세대학교 커뮤니케이션 대학원의 윤태진 선생님과 이윤영 선생님, 또한 연세대학교 비교문학과의 한보희 선생님은 그 가르침뿐만 아니라 은은하면서도 따뜻한 응원으로 제가 비주류 주제로도 학업을 마칠 수 있게 도와주셨습니다. 이 여섯 분의 선생님은 공부하는 법, 사유하는 법을 가르쳐 준 스승일 뿐만 아니라, 학자는 어떻게 살아야 하는지도 고결한 삶으로써 보여 주신 시민이자 후학에게 모범이 되는 최고의 선생님입니다. 그중에서도 특히 이상길 선생님, 진태원 선생님, 이윤영 선생님은 탁월한 프랑스 인문사회과학 번역자로서 많은 것을 가르쳐 주셨고 제가 현대 프랑스철학 번역가가 될 수 있게 해 주셨음에 특히 감사드립니다.

이외에도 현대 프랑스철학을 연구하고 수용해 한국에 소개, 번역한 선생님들, 선배들 모두에게 감사하고, 특히 한국의 알튀세르 연구자들과 푸코 연구자들에게 진 빚이 너무나 큼을 강조하고 싶습니다. 특히 알튀세르에 관해서는 백승욱 선생님에게서, 푸코에 관해서는 서동진 선생님에게서 정말 많은 것을 배웠습니다. 두 분께 각별히 감사드립니다. 사실상 이 책은 이 모든 선생님들, 선배들의 논의를 후배로서 제 식대로 정리한 것에 불과합니다. 그 독창성을 조금도 주장할 수 없다는 점을 너무 잘 알고 있지만, 이를 이분들에 대한 감사 인사로밖에는 표현할 수밖에 없을 것 같아 죄송한 마음을 전합니다.

철학적 우정의 공동체인 철학유한회사의 동학 김민호 선생님, 엄태연 선생님에게 깊은 감사 인사를 드리고 싶습니다. 훌륭한 학자인 이 두 분께는 선생님들, 선배들에게서 배운 것만큼이나 많은 것을 배울 수 있었습니다. 각자의 길에서 우리 모두가 자신만의 진리를 찾을 수 있기를 간절히 소망합니다.

이 책을 출판해 주신 출판공동체 편앙의 지다율 편집자님에게 감사 인사를 드립니다. 지다율 편집자님은 제가 진행한 많은 강의를 들으시고 편집자로서뿐만 아니라 신문방송학과 동학으로서 날카로운 조언을 해 주셨고 제가 조금이라도 더 나은 책을 쓸 수 있게 많은 것을 주셨습니다. 마찬가지로 제 강의를 충실히 들어 주시고 강의 녹취록 생산부터 응원과 격려까지, 책을 낼 수 있게 여러 가지로 도와주신 반태진 정신분석학 연구자 번역가님께 감사드립니다.

처음부터 끝까지 제 공부를 묵묵히 응원해 주신 아버지와 어머니, 그리고 누나에게 감사드립니다. 마지막으로 그 누구보다도 아내이자 동학인 허연정에게 감사와 사랑을 전합니다. 유학 시절부터 집에서 아내와 나누었던 지적 대화가 없었다면 이 책은 나오지 않았을 것입니다. 이 책은 아내와 함께 쓴 책이라고 해도 전혀 과언이 아니리라 믿습니다.

저자 배세진

1988년 서울 출생. 정치철학자이자 문화연구자.

연세대학교 신문방송학과를 졸업하고 같은 대학 커뮤니케이션 대학원 미디어문화연구 전공에서 『마르크스주의 이데올로기론의 재구성: 알튀세르와 발리바르의 논의를 중심으로』라는 논문으로 석사학위를 취득했다. 이후 프랑스 파리-시테 대학교(구舊 파리-디드로 7대학) 사회과학대학의 '사회학 및 정치철학' 학과에서 푸코와 마르크스에 관한 논문으로 석사학위를, 같은 대학원 같은 학과 정치철학 전공에서 이를 발전시킨 논문 *Monnaie et foucaldo-marxisme: Valeur-travail, fétichisme, relation de pouvoir et subjectivation*푸코-마르크스주의와 화폐: 노동-가치, 물신숭배, 권력관계 그리고 주체화으로 정치철학 박사학위를 취득했다.

현재 연세대학교 매체와예술 연구소 연구원이자 연세대학교 커뮤니케이션 대학원 미디어문화연구 전공 강사이다. 미셸 푸코, 루이 알튀세르, 에티엔 발리바르, 자크 비데, 피에르 마슈레, 피에르 부르디외, 주디스 버틀러의 현대 프랑스 정치철학을 사회과학 내 문화연구의 틀에서 연구·번역하고 있다. 알튀세르의 『무엇을 할 것인가?』, 『검은 소』, 『역사에 관한 글들』(공역), 발리바르의 『마르크스의 철학』, 『역사유물론 연구』, 『개념의 정념들』, 알튀세르와 발리바르 등의 『'자본'을 읽자』(공역), 제라르 뒤메닐·엠마뉘엘 르노·미카엘 뢰비의 『마르크스주의 100단어』와 『마르크스를 읽자』(공역), 비데의 『마르크스의 생명정치학』과 『마르크스와 함께 푸코를』, 푸코의 『바깥의 사유』(근간), 피에르 부르디외·로제 샤르티에의 『사회학자와 역사학자』(공역), 프레데릭 그로의 『미셸 푸코』, 폴린 그로장의 『가부장 자본주의』 등을 옮겼다.

마르크스의 『자본』을 평생 읽을 생각이다.

편집자 지다율

출판공동체 편않에서 책을 만들며 저널리즘스쿨 오도카니를 운영하고 있다. 언제 샀는지, 『사랑과 자본』(메리 게이브리얼 지음, 천태화 옮김, 모요사, 2015)을 이제야 읽기 시작했다. 언젠가 우리는, 『자본』을 통과痛過할 수 있을까.

편집자 김윤우

출판공동체 편않에서 기획 및 편집 등을 맡고 있다. 크지도 작지도 않은 출판사에서 편집자로 일한다. 『천사들의 엄격함: 보르헤스, 하이젠베르크, 칸트 그리고 실재의 궁극적 본질』(윌리엄 에긴턴 지음, 김한영 옮김, 까치글방, 2025)을 재독하고 있다.

디자이너 기경란

출판공동체 편않에서 기획 및 디자인을 맡고 있다. 그리고 또 어딘가에서 북디자인을 하고 있다. 『자살의 연구』(앨 앨버레즈 지음, 최승자·황은주 옮김, 을유문화사, 2025)를 읽고 있다.